KB118754

특수교육학개론 ^{2판}

권요한 · 김수진 · 김요섭 · 박중휘 · 이상훈
이순복 · 정은희 · 정진자 · 정희섭 공저

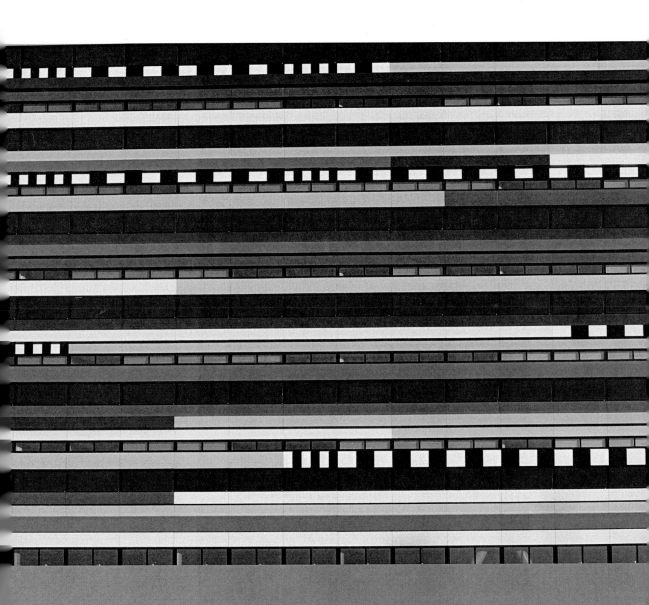

학지사

❷ 2판 머리말

시대와 사회와 교육이 변화하듯이 특수교육 또한 변화하고 있다. 점차 많은 장애아동이 일반아동들과 같은 교육환경에서 같은 내용으로 교육을 받고 있으며, 또한 그러한 권리를 부여받고 있다. 장애아동 교육에 대한 사회적 기대 수준도 많이 향상되었다. 그 결과, 우리나라에서는 종전의 「특수교육진흥법」을 폐지하고 새로이 「장애인 등에 대한 특수교육법」을 제정함으로써 특수교육의 커다란 전환점을 맞이하게 되었다. 특수교육의 개념을 확대하고, 일반교육과의 연계성을 강화하며, 특수교육의 질적 제고를 확보하기 위해 교육과정을 개선하고 장애아동을 담당하고 있는 교사의 전문성을 신장하기 위한 교육계의 노력이 가시화되고 있다.

그러나 이러한 변화는 그것을 주도할 것으로 기대되는 일반교육 교사와 특수교육 교사에 대한 지원 없이는 불가능할 것이다. 특수교육이 통합교육을 지향하면서 특수교육에 대한 일반교육 교사의 이해와 준비는 필수적 요구 사항이 되어 버렸다. 이 책의 집필은 특수교육이 이러한 요구를 충족해야 한다는 입장, 즉 장애아동을 가르치고 있는 특수교육 교사와 일반교육 교사들을 지원하고자 하는 바람에서 시도되었다. 따라서 이 책은 현재 교직에 있으면서 자신의 학생들에게 어떻게 하면 보다 성공적인 경험을 제공할 수 있을 것인가에 대해 알고자 하는 교사들을 위해, 그리고 앞으로 교사가 되기 위해 대학에서 공부하고 있는 예비교사들을 위해 저술되었다. 뿐만 아니라 장애아동이나 특수교육에 대해 보다 많은 내용을 알고자 하는 대학생이나 대학원생 그리고 학부모들을 위해 저술되었다.

이 책은 우리에게 특수교육이 왜 필요하며, 장애아동을 위해 어디서, 무엇을, 어떻게 가르쳐야 하는지, 그리고 변화되어야 할 가치는 무엇인지에 대해 구체적인 사실과 안목을 제시해 줄 것으로 믿는다.

이 책은 모두 17개 장으로 구성되어 있다. 1장부터 6장 그리고 마지막 17장에서는 특수교육 전반에 대한 기초적인 내용들을 기술하였으며, 7장부터 16장은 특수아동, 즉 장애 영역별로 특수교육을 받는 장애아동과 영재아동에 대한 중요한 정보들을 제시하였다. 1장에서는 특수교육이란 무엇이고, 누가 특수교육의 대상이 되며, 얼마나 많은 장애아동이 어떠한 절차를 밟아 어떠한 환경에서 교육을 받고 있는지, 그리고 오늘날 우리 사회에서 특수교육을 받는다는 것은 무엇을 의미하는지 등에 대한 논의를 기술하였다. 2장에서는 특수교육의 역사적 배경과 특수교육 관련 법령에 대해 설명하였으며, 3장에서는 특수아동을 선정하고 그의 특성에 맞는 교육계획을 수립하기 위해 필요한 사정자료의 수집과 그에 따른 의사결정 과정에 대해 설명하였다. 4장에서는 최근 우리나라 특수교육의 가장 큰 이슈인 통합교육의 개념, 배경, 조건과 효과 등에 대해 살펴보았으며, 5장에서는 특수학교나 일반학교에 통합되어 있는 장애아동을 위한 교육과정은 어떻게 선정하고 편성하며 운영해야 하는지에 대해 살펴보았다. 6장에서는 장애아동의 개별적 특성에 부합되는 교육은 어떤 의미를 지니며, 그러한 교육은 어떻게 계획되고 실천되어야 하는지에 대해 교육실천을 중심으로 살펴보았다. 그리고 7장부터 16장까지는 특수교육 대상 영역, 즉 시각장애, 청각장애, 지적장애, 지체장애, 정서 · 행동장애, 자폐성장애, 의사소통장애, 학습장애, 건강장애, 영재아동별로 정의를 살펴보고, 그러한 정의에 부합되는 진단 및 평가 방법을 탐색해 보며, 그러한 아동이 지니고 있는 특성을 밝혀 그에 적합한 교육적 접근은 어떠해야 하는지 모색하였다. 마지막 17장에서는 특수교육의 환경을 확대하여 조기교육, 부모교육, 전환교육에 대해 살펴봄으로써 학교교육의 주된 시사점을 찾아보았다.

특수교육학은 응용과학으로서 관련 분야가 매우 많다. 이 책은 전국의 9개 대학 특수교육 전문가들이 특수교육 입문자들을 위해 특수교육의 이론과 실제를 전공 분야별로 알기 쉽게 기술한 것이다. 1장은 창원대학교 권요한 교수가, 2장과 7장은 영동대학교 박중휘 교수가, 3장, 10장과 15장은 우석대학교 정진자 교수가, 4장과 14장은 가야대학교 김요섭 교수가, 5장과 9장은 원광대학교 정희섭 교수가, 6장과 17장은 조선대학교 정은희 교수가, 8장과 13장은 백석대학교 김수진 교수가, 11장과 12장은 가톨릭대학교 이상훈 교수가, 그리고 16장은 위덕

대학교 이순복 교수가 집필하였다. 우리는 이 책에서 특수교육학개론에 해당되는 가장 기본적이고 기초적인 내용들을 빠짐없이 다루려고 노력하였다. 그러나 특수교육의 광범위한 내용을 모두 기술하는 데는 한계가 있었다. 그리고 각 장의 내용이 서로 중복되지 않도록 노력하였으나 다소 중복되는 부분을 발견할 수 있었다. 특히 총괄적인 내용을 다루고 있는 1~6장과 각론에 해당되는 내용을 다루고 있는 7~16장은 내용 구성상 중복되는 부분을 완전히 피할 수는 없었다. 이러한 점을 보완하기 위해서 이번에 개정판을 내놓게 되었다. 개정판에서는 법과 제도, 특수교육 개념 변화에 따른 내용과 방법을 새롭게 보완하였고, 특히 건강장애 영역을 별도의 장으로 추가하였다. 책을 완성해 놓고 보니 여러 가지 부족한 부분도 발견되어 아쉬운 마음이 앞선다. 부족한 부분은 앞으로 더 많은 연구를 통해 보완해 나가기로 하겠다.

　끝으로, 이 책이 나오기까지 지도와 조언을 아끼지 않은 많은 학문적 동료들, 그리고 출판을 기꺼이 맡아 주신 학지사 김진환 사장님과 김은석 부장님 및 편집부 직원 여러분에게 깊은 감사의 말씀을 전한다.

2015년 2월
저자 일동

❂ 차 례

차 례

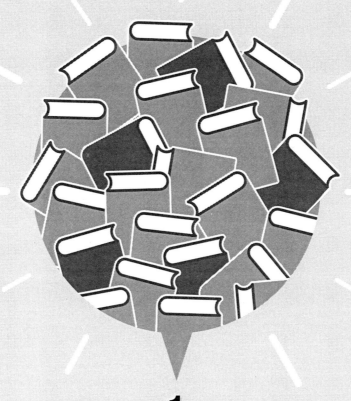

제 **1** 장

특수교육과 특수아동

1. 특수교육

특수교육은 오랜 전통을 지니고 발전해 온 교육의 한 분야다. 특수교육은 아동의 예외성을 연구하고 이에 기초하여 적절한 처방을 계획·실천한다는 측면에서 전문성과 흥미성을 동시에 지니고 있다.

특수교육은 일반교육과 다르다기보다 독자적으로 발전하는 교육의 한 부분임을 인식하는 것이 중요하다. 특수교육은 일반교육과 많은 공통점을 지니고 있다. 실제로 특수교육은 학습자의 차이성뿐만 아니라 유사성에 대해 연구하는 학문의 실천적 분야다. 따라서 특수교육의 이념이나 교육 목적은 일반교육의 그것과 다르다고 할 수 없다. 그러나 특수아동의 독특한 교육적 요구에 적절히 부응하기 위해서는 교육 목적 달성의 수단이라고 할 수 있는 교육내용, 교육방법, 교육환경 등이 달라질 수 있다.

교육내용의 경우, 특수아동의 특성에 따라 일반교육 과정을 그대로 적용할 수도 있고, 일반교육 과정을 조정할 수도 있으며, 부가적 교육과정을 추가할 수도 있고, 별도의 교육과정을 개발할 수도 있다(Bigge & Stump, 2002).

교육방법은 교육내용을 학습자의 특성과 관련지어 주는 교사의 기술로서, 특수아동의 교육적 요구가 다양하면 할수록 그들의 요구를 충족해 주기 위해 사용되는 접근법들은 달라질 수밖에 없다. 자주 사용되는 특수한 방법들로는 정밀교수, 능력훈련, 지시적 교수, 학습전략 훈련, 공부기술 훈련, 인지적 기술훈련, 또래매개 중재법(협동학습, 또래교수, 전학급 또래교수, 또래주도 행동관리 전략, 행동치료, 상담치료, 사회적 기술훈련) 등이 있으며, 특별수정 방법으로는 의사소통 수정방법(의사소통판, 전자의사소통 보조기, 보청기, 교실증폭 시스템, 점자, 합성어, 컴퓨터 등)과 수행수단 보조방법 등이 있다. 그러나 이 방법들은 마법이 아니며, 다만 특수아동이 이 방법에 의존하지 않고서는 배울 수 없는 것을 배우도록 도와주는 것임을 알아야 한다.

교육환경 문제는 통합교육과 관련하여 최근 특수교육계에서 가장 큰 이슈로 부각되어 있다. 특수교육의 환경은 특수아동의 학습 요구 수준에 따라 다양할 수 있다. 교육환경은 특수아동이 일반학교 또래들과 얼마나 통합되고 분리되어 있는가에 따라 일반학교 일반학급, 일반학교 특수학급(전일제, 시간제), 특수학교, 특수교육지원센터, 가정, 병원, 시설 등 여러 형태로 나누어진다. 현재 특수교육은 통합교육을 지향하고 있기 때문에 가능한 한 통합환경에 특수아동을 배치해야 하며, 특수교육이나 관련 서비스를 받기 위해서 일반학급에서 특수아동을 분리시키는 것은 바람직하지 않다는 신념이 점차 확산되고 있다. 가능하다면 서비스 자체를 특수아동에게 보급하는 것이 오히려 바람직하다.

이와 같이 특수교육이란 일반교육의 토대 위에서 특수아동의 특별한 교육적 요구를 충족해 주기 위해 교육내용, 교육방법, 교육환경 및 그와 관련된 서비스 등을 새롭게 설계하여 맞춤형 교육 프로그램으로서 제공하는 교육이라고 할 수 있다. 이러한 의미는 「장애인 등에 대한 특수교육법」에서 규정하고 있는 정의, 즉 "특수교육이란 특수교육 대상자의 교육적 요구를 충족하기 위해 특성에 적합한 교육과정 및 특수교육 관련 서비스 제공을 통하여 이루어지는 교육"과도 상통한다고 할 수 있다.

따라서 어떤 아동에게 이러한 특별한 교육적 요구가 있다면 특수교육 대상으로 고려될 수 있다. 그리고 이들의 요구가 특별한 준거에 해당된다는 법적인 판단이 있을 때 특수교육을 받게 된다. 「장애인 등에 대한 특수교육법」에서는 "시각장애, 청각장애, 정신지체, 지체장애, 정서·행동장애, 자폐성장애, 의사소통장애, 학습장애, 건강장애, 발달지체 가운데 어느 하나에 해당하는 사람 중 특수교육을 필요로 하는 사람으로 진단·평가된 사람을 특수교육 대상자로 선정"한다고 규정하고 있다. 이 법에 따르면, 특수교육 대상자의 범주에 장애 이외에 발달지체도 포함하고 있다. 특히 영유아의 경우 특정 장애로 진단되지 않더라도 발달에 지체가 인지되면 특수교육을 받을 수 있도록 함으로써 특수교육 대상의 범주가 확대되었다.

그러나 어떤 아동이 장애 혹은 발달상의 지체 현상을 나타내고 있고, 이들의 교육적 요구가 법적인 기준을 충족한다고 해서 자동적으로 특수교육이 요구되는 것은 아님을 상기할 필요가 있다. 아동에게 일반교육 프로그램에서 편의가 제공될 수 없을 경우에만 특수교육이 제공되는 것이 합당하다. 즉, 특수교육은 장애 혹은 발달지체를 지니고 있으면서 이들의 교육적 요구가 법적인 준거에 해당되고 일반교육 프로그램에서 적절한 도움을 받을 수 없을 때, 개별 아동의 독특한 교육적 요구를 충족하기 위해 설계한 맞춤식 교육 프로그램인 것이다.

여기에는 앞에서 기술한 것과 같이 교육과정의 조정과 관련된 문제, 교육방법이나 환경과 관련된 문제 그리고 특수교육 관련 서비스와 같은 문제들이 포함되어야 한다. 가령, 교육과정과 관련하여 일반학급에 통합되어 있는 지적장애 아동에게는 특수교육지원센터의 지원과 함께 일반교육과정을 조정하거나 사회적 관계를 증진시키기 위한 부가적 교육과정이 요구된다. 그러나 특수학교에 분리되어 있는 중증 지적장애 아동에게는 기본 교육과정과 같은 별도의 대체 교육과정 적용이 요구된다. 그리고 교육방법과 관련하여 시각장애를 가진 아동에게는 큰 문자로 된 책이 요구되며, 청각장애를 가진 아동에게는 의사소통 보조기나 교실 증폭 시스템이 요구되고, 인지 및 학습 장애를 가진 아동의 경우는 학습전략 훈련법이나 협력교수가 요구된다. 또한 교육환경과 관련해서는 아동의 특성과 통합교육의 조건 등을 감안하여 통합교육 환경을 선택할 수도 있고, 분리교육 환경을 선택할 수도 있다. 특수교육은 특정한 환경으로 제한되지 않는다. 특수교육의 동향은 특수아동을 위해 가장 자연스럽고 정상적이며 적합한 환경에서 교육이 제공될 것을 제안하고 있다. 많은 경우, 적절히 준비만 된다면 일반학급에서 특수교육이 제공될 수 있다.

결국, 특수교육이 진정으로 도움이 되며 아동의 특별한 교육적 요구를 충족할 수 있다면 앞에서 언급한 교육내용, 교육방법, 교육환경의 설계 이외에 관련 서비스 제공을 위한 타 분야의 전문가들과의 협력이 필요하다. 언어재활사, 물리치료사, 작업치료사, 행동치료사 등 치료 지원 전문가는 물론이고, 상담 지원, 가족 지원, 보조인력 지원, 보조공학기기 지원, 학습보조기기 지원 및 정보 접근 지원 전문가들과의 협력체제 구축이 필요하다. 관련 서비스는 특수아동의 교육을 위한 통합된 부분이라 볼 수 있다.

장애를 가진 아동이나 발달에 지체 현상을 보이는 아동들은 실제로 일반아동과 비교해 다른 점보다는 같은 점이 더 많다. 따라서 우리는 항상 장애를 먼저 보기보다 아동을 먼저 볼 것을 유념하고, 그들이 할 수 없는 것보다는 할 수 있는 것에 집중해야 한다. 특수교육은 이러한 관점에서 출발해야 한다. 이 점을 간과할 때 특수아동은 우리로부터 이해되기 어렵고 수용되기 어려워 적절한 교육적 서비스를 받을 수 없게 된다. 우리는 특수아동에 대해 배움으로써 그들을 보다 많이 이해하여 그들을 더욱더 수용할 수 있도록 노력해야 한다.

2. 특수교육의 대상

1) 정상과 이상

오늘날 학교 사회는 민족성, 언어, 문화적 배경, 가족의 경험, 신체적 · 정신적 · 정서적 기능이라는 측면에서 다양성이 증가되고 있다. 이처럼 다양한 사회 속에서 정상과 이상을 구분하기란 매우 어려운 일이다. 대부분의 사람은 나름대로의 기준을 가지고 있으며, 그러한 기준으로 다른 사람의 행동에 대해 판단한다. 이러한 기준은 대개 경험에 기초하고 있으며, 특수한 환경에 따라 변화하기도 한다. 정상과 이상에 대해 이해하는 것은 특수교육의 대상이나 대상자가 지닌 특수성의 의미를 판단하는 데 기초가 된다.

정상이란 상대적인 개념이다. 어떤 아동이 학급 또래들과 같은 행동을 하거나 부모나 교사가 기대하는 방식으로 행동한다면, 그 아동은 정상으로 간주된다. 그렇다고 해서 극히 소수의 아동이 일으킨 행동이라는 이유만으로 반드시 이상행동으로 간주되어서는 안 된다.

어떤 아동이 특수아동인지 아닌지에 대한 결정은 정상적인 발달척도에 근거해서 이루어진다. 예컨대, 3세 유아들은 배변훈련이 되어 있으며, 4세 유아들은 세발자전거 타기나 가위질하기 등 미세운동 기능이 발달하게 되고, 학교에 입학하면 책을 통해 배우기 시작하며 잘 발달된 발화를 사용한다. 4학년 아동들은 읽기, 쓰기, 말하기를 능숙하게 수행하며, 중학교에 들어가면 독립적인 학습 수행 능력이 발달되고 여러 가지 사회적 기술을 습득한다. 그러나 어떤 행동에 대한 판단은 그 행동뿐만 아니라 그 행동이 발생하는 환경도 함께 고려해야 한다.

일반적으로 정상성에 대한 결정은 공인된 표준으로부터 일탈된 개인차를 광범위하게 측정한 평가에 기초해서 이루어진다. 이러한 의사결정 과정에서 흔히 사용되는 조작적 준거로 통계적 표준, 의학적 표준 그리고 사회적 표준을 들 수 있다(Ysseldyke & Algozzine, 2005).

첫째, 통계적 표준은 인간행동의 특성을 정규분포곡선에 비추어 해석할 때 사용된다. 정규분포곡선을 통해 어떤 행동이나 특성이 발생할 확률에 대한 수리적 기초를 얻을 수 있다. 특수교육자들은 정규분포곡선의 양쪽 끝 부분, 즉 ±2 표준편차에 해당되는 백분율에 기초하여 이상성 혹은 특수성의 정의를 내리고 있다. 예컨대, 어떤 집단의 지능은 정규분포를 이루고 있다는 데 기초하여 지능검사 결과 지능지수(IQ)가 평균으로부터 2 표준편차 아래에 분포되어 있는 아동은 지적장애 아동으로 분류한다. 여기서 평균으로부터 2 표준편차 이상 떨어진다는 말은 특수성을 의미하는 기준이 된다. 이렇게 볼 때 전체 아동의 2%는 지적장애에 속한다는 것을 알 수 있다.

둘째, 의학적 표준은 사람의 체온이나 혈압, 호흡 수, 맥박 수, 혈액 등의 정상 상태나 질병의 징후와 관련된 표준을 통해 신체적 정상과 이상을 판단할 때 사용된다. 유전적 이상과 태아기의 문제, 감염 그리고 신체적 외상 등은 특별한 학습 요구를 갖게 하는 원인이 된다. 예컨대, 염색체 이상이나 풍진, 뇌염과 같은 질병은 지적장애의 원인이 되기도 하며, 출생 시의 산소 결핍증은 뇌성마비의 원인이 되기도 한다. 이와 같이 의학적 표준은 어떤 특수성을 측정하는 기준을 제공한다. 현재 아동의 특수성을 결정하기 위한 의학적 표준의 적용에 대한 논리적 기반이 계속 밝혀지고 있다. 그러나 아직까지는 특수아동으로 진단되는 대부분의 아동들이 의학적 표준과는 다른 기준에 따라 주로 진단되고 있다.

셋째, 사회적 표준은 사회학자나 심리학자, 교육학자 등이 정상성을 정의할 때 어떤 행동의 사회적 또는 하위 문화적 규범을 설명하는 용어를 사용하여 정의하는 경우에 사용된다. 정상적인 학교생활을 위한 바람직한 행동들은 대부분 규칙으로 명문화되어 있거나 교육과정상에 명시되어 있다. 그런데 어떤 아동이 3학년을 마칠 때까지 읽기, 쓰기, 수학 등의 기본 기술의 달성에서 표준에 미치지 못한다면, 또는 지시에 잘 따르지 않거나 과잉행동을 보인다면, 이는 특수성의 한 형태가 될 것이다. 그러나 이러한 특수성은 그 지역사회의 문화적 기준을 반영하여 해석되어야 한다. 정상으로 여겨지는 표준 중에서 특히 사회적 표준은 대부분 주관적인 성격을 지닌다고 할 수 있기 때문이다. 예컨대, 어떤 교사는 아동들이 교실에서 조용히 지내야 한다고 믿고 있는 반면, 다른 교사는 아동들이 다른 아동들과 과제에 대해 활발하게 토의하는 것이 바람직하다고 믿고 있다.

2) 특수아동

세계보건기구(WHO)는 장애의 차원을 손상(impairment), 장애(disability), 불리(handicap)로 구분하고, 장애의 발생과정을 ① 질병, 사고 등으로 손상이 발생하여 기능이 손상되고, ② 이로 인해 장애가 야기되어 능력 저하가 생기며, ③ 결국 사회적 불이익에 따른 불리를 겪게 된다고 하였다. 따라서 손상에 대해서는 의료적 지원을, 장애에 대해서는 교육적 · 훈련적 지원을, 그리고 불리에 대해서는 사회적 · 심리적 지원을 강구할 필요가 있다. 그러나 여기서 명심해야 할 것은 장애가 지니고 있는 특수성은 반드시 그 사람의 사회적 혹은 문화적 맥락과 관련하여 이해되어야 한다는 것이다.

특수교육의 대상인 특수아동은 주로 장애와 관련된 특수성을 지니고 있다. 이들은 일반 또래에 비해 신체적 · 감각적 · 인지적 · 행동적 특성 중 하나 이상에서 차이를 보인다. 그래서 이들의 독특한 필요에 부합되는 교육 프로그램을 요구한다. 예컨대, 시각장애 아동에게는 큰 글자의 책이나 점자로 된 책이 요구될 것이며, 지적장애 아동에게는 기능적 학업기술 향상을 위한 교수전략이 요구될 것이고, 중도 · 중복장애 아동에게는 별도로 개발된 교육과정이나 부가적 교육과정이 요구될 것이다. 그러나 중요한 것은 이상이나 장애가 있다고 해서, 그리고 특수아동으로 진단 · 평가된다고 해서 반드시 특수교육이 요구되는 것은 아니라는 점이다. 어떤 경우에는 특수교육 대상자로 선정된 특수아동의 교육적 요구가 교육과정 혹은 교수전략을 조정함으로써 일반학급에서도 충족될 수 있기 때문이다. 그리고 어떤 아동이 이상이나 장애를 가지고 있는 것으로 판명되고, 또 특별한 교육적 요구를 지닌 특수아동으로 진단 · 평가되었다 하더라도 법에서 정한 특수교육 대상자 선정 기준에 부합되지 않는다면 특수교육을 받을 수 없기 때문이다. 다시 말해, 이상이 곧 장애를 의미하는 것은 아니며, 장애를 지니고 있다고 해서 반드시 특별한 교육적 요구를 지닌 특수아동으로 간주될 수도 없고, 특별한 교육적 요구를 지닌 특수아동이라고 해서 모두 특수교육 대상자가 되는 것은 아니다. 우리나라 「장애인 등에 대한 특수교육법」에서는 "특수교육 대상자를 특수교육 대상자 선정 절차에 따라 특수교육을 필요로 하는 사람으로 선정된 사람"으로 정의하고 있다.

　　일반적으로 학교에서 특수아동으로 고려되는 아동들은 장애아동이거나 영재 아동이지만, 최근에는 현재 장애아동으로 진단되지는 않았으나 생물학적·환경 적 혹은 유전적 조건에 따라 장애를 보일 가능성이 매우 높은 위험 아동 그리고 이들 중 영아 및 9세 미만의 운동, 언어, 인지, 사회·정서, 적응행동, 학습기능 등에서 하나 혹은 둘 이상의 발달 영역에 걸쳐 또래에 비해 그 수행능력이 현저 한 지체를 보이는 발달지체 아동도 포함되는 경향이다. OECD(2004)에서는 장애, 학습곤란(learning difficulty), 불리를 지닌 아동을 특별한 교육적 요구를 지닌 아동 으로 규정하고 있고, 유럽에서는 비범주적 체제를 도입하여 특별한 교육적 요구 를 지닌 모든 아동을 특수교육 지원 대상으로 규정하고 있다.

　　특수교육의 대상은 이와 같이 최근에 와서 그 개념이 확대되고 명칭에도 많은 변화가 있었지만 아직까지 많은 국가에서는 특수교육 대상자를 장애 범주에 따 라 구분하고 있다. 이는 특수교육 대상자를 진단·평가·선정하여 교육환경에 배치하고, 이들에게 개별화된 교육을 실시하는 일련의 과정에 여러 가지 편의성 을 제공해 주기 때문이다. 그러나 범주라는 말은 단순히 어떤 장애 집단을 지칭 하는 용어에 불과하다. 장애 범주는 관점에 따라 그리고 국가에 따라 약간씩 다 르다. 여기서는 「장애인 등에 대한 특수교육법」에서 분류한 열 가지 범주에 대해 살펴보기로 한다.

- **시각장애**: 시각계의 손상이 심하여 시각기능을 전혀 이용하지 못하거나 보조 공학기기의 지원을 받아야 시각적 과제를 수행할 수 있는 사람으로서 시각 에 의한 학습이 곤란하여 특정의 광학기구·학습매체 등을 통하여 학습하 거나 촉각 또는 청각을 학습의 주요 수단으로 사용하는 사람
- **청각장애**: 청력 손실이 심하여 보청기를 착용해도 청각을 통한 의사소통이 불가능 또는 곤란한 상태이거나, 청력이 남아 있어도 보청기를 착용해야 청 각을 통한 의사소통이 가능하여 청각에 의한 교육적 성취가 어려운 사람
- **지적장애**: 지적 기능과 적응행동상의 어려움이 함께 존재하여 교육적 성취에 어려움이 있는 사람
- **지체장애**: 기능·형태상 장애를 가지고 있거나 몸통을 지탱하거나 팔다리의 움직임 등에 어려움을 겪는 신체적 조건이나 상태로 인해 교육적 성취에 어

려움이 있는 사람

- **정서 · 행동장애**: 장기간에 걸쳐 다음 각 목의 어느 하나에 해당하여, 특별한 교육적 조치가 필요한 사람
  - 지적 · 감각적 · 건강상의 이유로 설명할 수 없는 학습상의 어려움을 지닌 사람
  - 또래나 교사와의 대인관계에 어려움이 있어 학습에 어려움을 겪는 사람
  - 일반적인 상황에서 부적절한 행동이나 감정을 나타내어 학습에 어려움이 있는 사람
  - 전반적인 불행감이나 우울증을 나타내어 학습에 어려움이 있는 사람
  - 학교나 개인 문제에 관련된 신체적인 통증이나 공포를 나타내어 학습에 어려움이 있는 사람
- **자폐성장애**: 사회적 상호작용과 의사소통에 결함이 있고, 제한적이고 반복적인 관심과 활동을 보임으로써 교육적 성취 및 일상생활 적응에 도움이 필요한 사람
- **의사소통장애**: 다음 각 목의 어느 하나에 해당하여 특별한 교육적 조치가 필요한 사람
  - 언어의 수용 및 표현 능력이 인지능력에 비하여 현저하게 부족한 사람
  - 조음능력이 현저히 부족하여 의사소통이 어려운 사람
  - 말 유창성이 현저히 부족하여 의사소통이 어려운 사람
  - 기능적 음성장애가 있어 의사소통이 어려운 사람
- **학습장애**: 개인의 내적 요인으로 인하여 듣기, 말하기, 주의집중, 지각, 기억, 문제 해결 등의 학습기능이나 읽기, 쓰기, 수학 등 학업성취 영역에서 현저하게 어려움이 있는 사람
- **건강장애**: 만성질환으로 인하여 3개월 이상의 장기입원 또는 통원치료 등 계속적인 의료적 지원이 필요하여 학교생활 및 학업 수행에 어려움이 있는 사람
- **발달지체**: 신체, 인지, 의사소통, 사회 · 정서, 적응행동 중 하나 이상의 발달이 또래에 비하여 현저하게 지체되어 특별한 교육적 조치가 필요한 영아 및 9세 미만의 아동

　장애를 가진 개인을 지칭할 때 우리는 무엇보다 그들이 '사람'이라는 점을 상기해야 한다. 장애를 가진 아동은 정상적인 발달을 보이는 또래 아동과의 차이점보다는 유사점에 초점을 맞추어야 한다. 단지 장애를 가진 아동으로 규정되었다는 이유로 많은 부분에서 일반적인 면을 가진 것마저 저버려서는 안 된다. 교사들은 손상이나 장애에 집중하기보다는 그들이 가진 능력에 집중하고, 약점보다는 강점을 볼 수 있어야 한다.

3) 특수교육 대상자의 수

(1) 출현율

　얼마나 많은 아동이 특수아동으로 평가되고 특별한 교육적 요구를 지닐까? 이것은 그리 간단한 문제가 아니다. 특수아동 출현율은 학령인구 중 특수교육이 필요한 자의 비율을 말한다. 특수아동 출현율은 특수교육기관의 확충, 특수교육 교원 양성, 특수교육 예산 등 특수교육 정책 결정의 중요한 기초 자료가 되기 때문에 매우 중요하다.

　그러나 이러한 특수아동 출현율은 시대나 국가에 따라 차이가 있을 뿐 아니라, 장애 범주별 정의나 선정 기준을 어떻게 정하느냐에 따라서도 차이가 있을 수 있다. 뿐만 아니라 국가마다 정치적·사회적·경제적·문화적 배경이 달라서 나타날 수 있는 장애 인식과 장애아동 지원 문제, 장애의 조기 발견과 사정체제, 장애의 개선과 발생 등에 따라서도 출현율이 다르게 나타날 수 있다. 예컨대, OECD 주요국의 특수아동 출현율을 보더라도 미국과 독일이 7.00%, 노르웨이 6.00%, 호주 5.22%, 스위스 4.90%, 네덜란드 3.63%, 영국 1.85%, 일본 0.89%로 그 출현율은 매우 다양하다.

　우리나라는 2001년 이전까지 추정치인 2.44%를 특수아동 출현율로 적용해 오다가 2001년도에 교육인적자원부와 국립특수교육원이 공동으로 전국의 학령인구를 대상으로 특수아동 출현율을 조사하여 2.71%로 발표하였다. 최근에는 교육과학기술부(2008b)와 국립특수교육원이 통계청과 합동으로 특수교육 실태조사를 실시한 결과, 법적 기준에 해당하는 특수교육 요구 학생으로 진단된 학생 수는 유치원 및 초·중·고등학생 전체 학령인구 940만 8,624명 중 8만 9,051명으로 나타나 전체의 0.95%를 차지하는 것으로 조사되었다. 이 중 7만 7,764명은 취학 학생으로, 7만 1,484명은 특수교육 대상자로 선정되어 특수교육 지원을 받고 있으며, 6,280명은 특수교육 대상자로 선정되지는 않았으나 특수교육 지원을 필요로 하는 학생으로 조사되었고, 1만 1,287명은 미취학 아동이면서 특수교육 지원을 필요로 하는 학생으로 조사되었다. 이렇게 볼 때 우리나라의 법적 특수교육 대상자의 특수교육 수혜율은 80.3%가 된다.

이와 같이 특수아동 출현율은 시대와 국가 그리고 특수아동의 정의와 조사방법 등에 따라 차이가 있을 수밖에 없다. 그래서 최근 선진국에서는 특수아동의 출현율을 산출하기보다는 학령인구 중 특수교육을 받고 있는 학생 수에 따른 특수교육 수혜율을 산출하는 경향이 있다.

(2) 특수교육을 받고 있는 대상자 수

우리나라에서 특수교육을 받아야 할 대상자를 2001년 기준 특수아동 출현율(2.71%)로 환산하거나, 아니면 2008년 기준 법적 특수교육 요구 학생의 출현율(0.95%)로 환산해 보더라도 실제로 특수교육을 받고 있는 대상자 수는 2014년 현재 8만 7,278명으로 이에 크게 미달된다. 그 이유는 특수교육에 대한 우리 사회의 이해 부족, 장애아동 학부모의 특수교육에 대한 부정적 시각, 국가의 행정적·재정적 지원 부족, 특수아동 사정체제의 미흡 등을 들 수 있다.

⟨표 1-1⟩ **학교급별 특수교육 대상 학생 수**   (단위: 명)

| 구 분 | 특수학교 | 일반학교 | | 특수교육 지원센터 | 계 |
		특수학급	일반학급		
장애영아	141	–	–	539	680(0.8%)
유치원	837	1,675	1,707	–	4,219(4.8%)
초등학교	6,556	20,586	6,042	–	33,184(38.0%)
중학교	6,358	11,973	3,828	–	22,159(25.4%)
고등학교	7,448	11,454	4,071	–	22,973(26.3%)
전공과	3,948	115	–	–	4,063(4.7%)
계	25,288 (29.0%)	45,803 (52.5%)	15,648 (17.9%)	539 (0.6%)	87,278 (100.0%)

* 출처: 교육부(2014) 참조.

2014년에 우리나라에서 특수교육을 받은 특수교육 대상자 수는 〈표 1-1〉에
나타난 것과 같이 장애영아 680명, 유치원 4,219명, 초등학교 3만 3,184명, 중학
교 2만 2,159명, 고등학교 2만 2,973명, 전공과 4,063명으로 총 8만 7,278명이다.
학교급별 분포를 보면 초등학교(38.0%)가 가장 높은 비율을 차지하고 있고, 다음
이 고등학교(26.3%), 중학교(25.4%) 유치원(4.8%), 전공과(4.7%), 장애영아(0.8%) 순
이다. 특수교육을 받고 있는 특수교육 대상자 수를 교육환경별로 살펴보면 특수
학교 2만 5,288명(29.0%), 일반학교 특수학급 4만 5,803명(52.5%), 일반학교 일반
학급 1만 5,648명(17.9%), 특수교육지원센터 539명(0.6%)으로 나타나 특수학교
(29.0%)보다는 일반학교(70.4%)에 보다 많이 분포되어 있다.

장애 영역별 특수교육을 받고 있는 대상자 수와 그들의 교육적 요구를 살펴보
면 〈표 1-2〉와 같다. 지적장애가 4만 7,667명(54.6%)으로 가장 많고, 다음이 지
체장애(1만 1,209명, 12.8%), 자폐성장애(9,334명, 10.7%), 청각장애(3,581명, 4.1%),
발달지체(3,395명, 3.9%), 학습장애(3,362명. 3.9%), 정서·행동장애(2,605명, 3.0%),
시각장애(2,130, 2.4%), 건강장애(2,029명, 2.3%), 의사소통장애(1,966명, 2.3%) 순이
다([그림 1-1] 참조).

〈표 1-2〉 **장애 영역별 특수교육 대상 학생 수 및 특수교육적 요구**   (단위: 명)

| 구 분 | 특수학교 | 일반학교 | | 특수교육
지원센터 | 계 | 강조되는 특수교육적 요구 |
		특수학급	일반학급			
시각장애	1,380	333	411	6	2,130 (2.44%)	• 읽기 기술의 개선 • 학습 기술의 개선
청각장애	976	808	1,779	18	3,581 (4.10%)	• 언어 기술의 개선 • 학습 기술의 개선
지적장애	15,235	28,452	3,912	68	47,667 (54.62%)	• 기능적 기술의 증진, 개선 • 사회적 기술의 증진, 개선 • 학습 기술의 개선
지체장애	3,615	4,251	3,180	163	11,209 (12.84%)	• 신체 기술의 개선 • 기능적 기술의 개선
정서·행동 장애	217	1,685	703	–	2,605 (2.98%)	• 사회적 기술의 개선 • 학습 기술의 개선
자폐성장애	3,531	5,113	678	12	9,334 (10.69)	• 사회적 기술의 개선 • 의사소통 능력의 개선

의사소통 장애	76	931	958	1	1,966 (2.25%)	• 의사소통 능력의 개선 • 발화 문제 감소, 언어 기술 개선 • 학습기능 개선
학습장애	23	2,321	1,018	–	3,362 (3.85%)	• 기초학습 기술의 개선 • 사회적 기술의 개선
건강장애	29	280	1,719	1	2,029 (2.32%)	• 신체 기술의 개선 • 기능적 기술의 개선
발달지체	206	1,629	1,290	270	3,395 (3.89%)	• 운동, 언어, 인지, 사회·정서, 적응행동, 학습기능 등 발달상 지체의 개선
계	25,288	45,803	15,648	539	87,278 (100%)	

* 출처: 교육부(2014) 참조.

또한 〈표 1-2〉는 각 장애 영역별로 강조되는 특수교육적 요구를 나타내고 있다. 자세히 살펴보면 강조되는 특수교육적 요구와 특징이 장애 영역들 간에 많이 중복되고 있음을 알 수 있다. 이는 장애 영역과 교육적 요구 혹은 서비스가 일대일로 대응되지 않는다는 것을 나타낸다고 볼 수 있다.

최근에 와서 특수교육을 받는 학생의 수는 꾸준히 증가하고 있다. 특수학교와

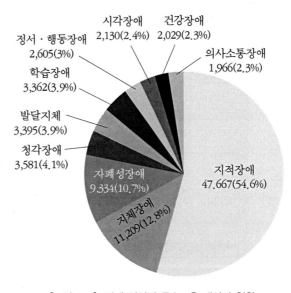

[그림 1-1] 장애 영역별 특수교육 대상자 현황

* 출처: 교육부(2014) 참조.

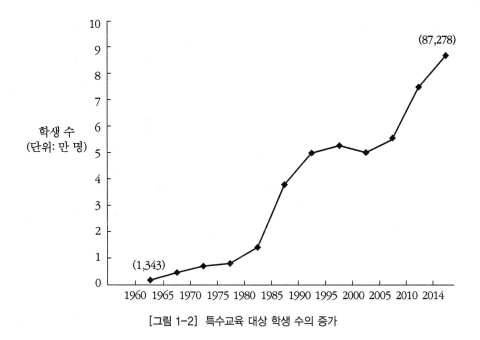

[그림 1-2] 특수교육 대상 학생 수의 증가

일반학교에 통합된 학생 수를 합친 전체 특수교육 대상자 수는 [그림 1-2]에서 보는 것과 같이 1962년 1,343명이던 것이 꾸준히 증가하여 1980년에는 1만 4,139명으로 늘어났고, 1990년에는 약 5만 명으로 대폭 증가하였다. 이후 다소 정체된 추세를 나타내다가 2009년에는 7만 5,187명으로 다시 크게 증가하였고, 2014년 현재 8만 7,278명으로 증가하였다(교육과학기술부, 2009; 교육부, 2014; 국립 특수교육원, 2002).

3. 특수교육 환경

특수교육을 받고 있는 학생 수의 증가는 곧 교육 현장에 새로운 많은 학교와 교사가 필요하다는 것을 의미한다. 현재 우리나라는 「장애인 등에 대한 특수교 육법」(제3조 제2항)에 따라 특수교육 대상자의 유치원, 초등학교, 중학교 및 고등 학교 전 과정의 교육을 의무교육으로 하고 있다.

2014년 현재 전국 특수학교의 수는 166개교이며 학급 수는 4,396개, 교원 수는 7,741명이다(〈표 1-3〉 참조). 이를 설립 형태별로 보면 국·공립이 74개교, 사립

〈표 1-3〉 **특수교육 및 통합교육 환경 현황**

구 분		학교 수	학급 수	학생 수	교원 수	특수교육 보조원	비 고
특수학교		166	4,396	25,288	7,741	2,884	• 설립별 학교 수: 국립(5), 공립(69), 사립(92) (사립의존도 55%) • 장애 영역별 학교 수: 시각장애(12), 청각장애(15), 지적장애(111), 지체장애(21), 정서장애(7) • 학급당 평균 학생 수: 5.8명 • 교사 1인당 학생 수: 3.26명 • 남녀 비율: 남 16,788명(66.3%), 여 8,529명(33.7%)
특수교육 지원센터		197	62	539	301	–	
일반학교	특수학급	7,148	9,617	45,803	9,880	6,758	• 학교급별 학급 수: 유(464), 초(5,073), 중(2,353), 고(1,709), 전공과(18) • 운영 형태별 학급 수: 전일제 통합학급 수(14,671) • 학급당 평균 학생 수: 5.1명 • 교사 1인당 학생 수: 4.63명 • 남녀 비율: 남 29,942명(65.4%), 여 15,861명(34.6%)
	일반학급	6,740	14,671	15,648	–	511	• 학교급별 학급 수: 유(1,534), 초(5,805), 중(3,578), 고(3,745) • 학급당 평균 특수교육 대상 학생 수: 1.07명 • 남녀 비율: 남 9,965명(63.7%), 여 5,683명(36.3%)
계		14,251	28,746	87,278	17,922	10,153	

* 출처: 교육부(2014) 참조.

이 92개교로 사립 의존도가 높다. 장애 영역별 학교 수는 지적장애가 111개교로 가장 많고, 지체장애 21개교, 청각장애 15개교, 시각장애 12개교, 정서장애 7개 교로 분포되어 있다. 특수학교의 학급당 평균 학생 수는 5.8명이며, 교사 1인당 담당 학생 수는 3.26명이다.

이를 보다 더 구체적으로 살펴보면, 특수학교의 수는 1962년 10개교이던 것이 매년 증가하여 1980년에는 56개교, 1990년에는 106개교, 2000년에는 129개교,

2009년에는 150개교, 2014년에는 166개교로 늘어났다. 이러한 특수학교 수의 증가는 특수교육 대상 인구의 증가, 특수학교 규모 조정, 특수교육 기회의 균등화 등과 직접적으로 관련된다.

　장애 영역별 특수학교의 수는 1960년대의 경우, 시각장애학교와 청각장애학교가 대부분이었고, 1980년에는 시각장애학교 11개교, 청각장애학교 17개교, 지적장애학교 23개교, 지체장애학교 6개교로 지적장애학교가 급증하였으며, 2001년에는 시각장애학교 12개교, 청각장애학교 15개교, 지적장애학교 78개교, 지체장애학교 17개교, 정서장애학교 7개교로 역시 지적장애학교가 급증하였다. 2009년에는 시각장애학교 12개교, 청각장애학교 18개교, 지적장애학교 94개교, 지체장애학교 18개교, 정서장애학교 8개교로 다소의 변화가 있었고, 2014년에는 시각장애학교 12개교, 청각장애학교 15개교, 지적장애학교 111개교, 지체장애학교 21개교, 정서장애학교 7개교로 역시 지적장애학교의 수가 급증하였으며, 이는 전체 특수학교의 66.9%를 차지하는 수치다. 특수학교의 장애 영역별 구분은 통합교육의 영향, 특수아동 수의 변화 등으로 현재 복합장애학교의 수가 증가하고 있어 그 개념이 불분명해지고 있다.

　특수학교 학급당 평균 학생 수는 1990년 11.3명이던 것이 2000년에는 9.3명, 2009년에는 6.5명, 2014년에는 5.8명으로 크게 감소하였다. 이는 특수학교 학생의 장애 특성이 중도·중복화됨으로써 교육의 개별적 접근이 보다 강화되어야 함을 전제할 때 당연한 귀결이라 할 수 있다. 「장애인 등에 대한 특수교육법」에서는 특수학교 및 일반학교 특수학급의 학급당 학생 수를 유치원 4명, 초·중학교 6명, 고등학교 7명으로 규정하고 있다.

　특수학교 교사 1인당 담당 학생 수는 1990년 7.3명이던 것이 2000년에는 5.6명, 2009년에는 3.6명, 2014년에는 3.05명으로 크게 감소하였다. 이는 교원의 수업 부담 해소와 교육 여건 개선에 크게 기여한 결과라고 볼 수 있다.

　그리고 장애영아에 대한 무상교육이 실시되면서 시·군·구 교육청에 설치된 특수교육지원센터에 등록된 특수교육 대상자 수는 2009년 195명이었던 것이 2014년에는 539명으로 크게 늘었다.

　한편, 일반학교에 통합되어 있는 특수교육 대상자의 교육환경은 특수학급과 일반학급으로 구분해 볼 수 있다. 먼저 특수학급의 경우, 2014년 현재 7,148개교의 9,617학급에서 4만 5,803명의 학생이 9,880명의 교원으로부터 특수교육을 받고 있다(〈표 1-3〉 참조).

특수학급은 1971년 1개의 특수학급이 설치된 후 1980년에 355개, 1990년에 3,181개, 2000년에 3,802개, 2009년에 6,924개, 2014년 9,617개로 급격하게 증가하였다. 특수학급의 수가 이와 같이 지속적으로 증가한 것은 특수교육 대상 인구의 증가, 통합교육 지향, 학급 규모의 조정, 특수교육 기회 균등화 등이 그 원인이라고 볼 수 있다. 그러나 2008년 특수교육 실태조사에서도 밝혀졌듯이 특수교육을 필요로 하는 학생 중 상당수가 아직까지 특수교육을 받고 있지 못하며, 특수아동 사정체제와 통합교육 지원체제가 확립되면 일반학교에서 특수교육을 필요로 하는 학생 수는 보다 증가할 것으로 보여 앞으로 특수학급의 증설이 요구된다 하겠다.

학교급별 특수학급 설치 비율을 살펴보면, 초등학교(52.8%)에 비해 중학교(24.5%), 고등학교(17.8%)가 상대적으로 낮으며, 특히 유치원(4.8%)의 특수학급 설치 비율은 매우 낮은 편이다. 그러나 최근 유치원 및 중등학교의 특수학급이 크게 증가하고 있다. 특수학급 운영 형태별 학급 수는 전일제에 비해 시간제가 압도적으로 많으며, 순회학급 수도 점차 늘어나는 추세다. 특수학급의 학급당 평균 학생 수는 5.1명으로 1990년(9.4명), 2000년(7.0명)에 비해 크게 감소하였으며, 특수학교의 학급당 평균 학생 수(5.8명)보다 적었다. 특수학급의 교사 1인당 담당 학생 수는 4.6명으로 특수학교의 교사 1인당 담당 학생 수보다 많았다. 특수학교와 특수학급 공히 학급당 평균 학생 수와 교사 1인당 담당 학생 수는 해를 거듭할수록 점차 감소하는 경향을 보이고 있으며, 이는 특수교육 관련 법령의 강화와 정부의 행·재정적 지원의 영향이 컸기 때문이다.

다음으로 일반학교 일반학급의 경우는 총 6,740개교의 1만 4,671개 학급에서 1만 5,648명의 학생이 통합교육을 받고 있다(〈표 1-3〉 참조). 일반학교 일반학급에 통합된 특수교육 대상자의 수는 해마다 증가하고 있는 추세다. 따라서 이들을 위한 통합교육 지원시설이나 특수교육 순회교사의 배치가 확대되어야 하고, 통합교육 담당 일반교사의 특수교육 역량이 강화되어야 한다.

4. 특수교육의 과정

특수교육은 크게 3단계 과정을 거쳐 제공된다. 먼저 대상 아동의 적임성을 결정하고, 다음으로 특수교육을 전달하고, 마지막으로 교육 결과를 평가하는 것이다. 적임성 결정은 장애를 가졌다고 의심되거나 장애가 있는 아동이 특별한 교육적 요구를 가졌는지, 그리고 특별한 교육적 요구를 가졌다면 그것이 법적 준거에 부응하는지를 사정하는 것을 말한다. 특수교육 대상자로 선정되면 이들에게 적절한 특수교육, 진로·직업교육, 특수교육 관련 서비스를 제공하고, 마지막으로 그 결과를 평가하여야 한다.

우리나라 「장애인 등에 대한 특수교육법」은 장애아동 등을 선별하고 교육할 때 특정 절차를 따르도록 요구하고 있다. 이들 절차에는 장애 및 장애 가능성을 조기 발견하기 위한 홍보와 선별검사의 실시, 공적 의뢰 및 진단·평가의 실시, 특수교육 대상자의 선정 및 교육 지원 내용을 결정하여 보호자에게 통보하기, 교육적 배치, 교육과정 운영 및 개별화교육계획 수립, 특수교육 및 진로·직업교육과 특수교육 관련 서비스의 제공, 개별화교육의 평가 및 보호자에게 결과 통보하기 등이 포함된다.

[그림 1-3]은 특수교육 대상자를 발견·진단·평가·선정하여 교육적 배치를 하고, 이후 특수교육을 계획·실시한 다음 평가하는 데 있어서 중요한 단계를 특수교육 관련법(시행령, 시행규칙)을 기초로 하여 제시하고 있다. 첫 단계인 의뢰 전 중재를 제외하고는 「장애인 등에 대한 특수교육법(시행령, 시행규칙)」에 의해 요구되는 절차다.

의뢰 전 중재는 법적으로 규정된 절차는 아니지만 특수교육 대상자로의 과잉 의뢰를 줄이고 교육 문제의 누적화 현상을 예방하기 위한 것으로서, 이에 대한 교육 현장의 준비와 노력이 매우 중요하다. 특히 학급 또는 학교 수준에서의 의뢰 전 중재를 위한 체제가 확립되어야 하고, 일반교사들의 교육과정이나 교수방법에 대한 조정능력이 요구된다.

공적 의뢰된 아동은 특수교육지원센터에서 「장애인 등에 대한 특수교육법 시행규칙」에서 규정하고 있는 특수교육 대상자 선별검사 및 진단·평가 영역별 검

의뢰 전 중재	선별 및 학급 수준에서의 특별한 도움 제공	• 교육청에서 장애 및 장애 가능성을 조기 발견하기 위한 홍보, 상담 및 선별검사 무상 실시 • 아동의 학습, 행동, 발달, 건강 등 사정 정보에 대한 교사나 보호자의 보고나 요구 • 교사는 시험, 관찰, 면담 등을 통해 특별한 도움(개인지도, 또래학습, 교정이나 보상 등)의 필요 여부 결정 및 제공
	학교 수준에서의 예비중재	• 학급 수준에서의 특별한 도움이 기대에 미치지 못할 경우, 부모의 협조를 얻어 학교 수준에서 사정(주로 관찰, 면담, 검사) 후 예비중재 결정 • 학교 수준 중재지원팀의 도움으로 교사는 교육과정 또는 교수방법의 조정, 보상과 보충학습 제공 • 의뢰 전 중재는 「장애인 등에 대한 특수교육법」이 규정하고 있는 사항은 아니지만 공적 의뢰에 따른 노력을 줄이고, 장애로의 가능성을 최소화하기 위함
의뢰 및 진단 · 평가	의뢰	• 예비중재 효과가 만족스러운 경우에는 절차 중지, 만족스럽지 못한 경우에는 공적 의뢰 • 보호자 또는 각급 학교의 장(이때는 보호자의 사전 동의 필요)은 특수교육 대상자로의 선정을 위해 장애를 가지고 있는(또는 의심되는) 영유아 및 학생을 교육장 · 교육감에게 신청, 진단 · 평가 의뢰
	진단 · 평가	• 시 · 군 · 구 교육청에 설치된 특수교육지원센터에서 진단 · 평가 실시. 이때 보호자의 의견 진술 기회 보장 • 특수교육지원센터는 진단 · 평가를 통해 특수교육 대상자로의 선정 여부 및 필요한 교육 지원 내용에 대한 의견을 교육감 또는 교육장에게 보고
선정	특수교육 대상자 선정	• 교육장 또는 교육감은 진단 · 평가 결과를 기초로 시 · 도 및 시 · 군 · 구 특수교육운영위원회의 심사를 거쳐 특수교육 대상자 선정
	선정 및 교육 지원 내용 통보	• 교육장 또는 교육감은 특수교육 대상자로의 선정 여부 및 특수교육, 진로 · 직업교육, 관련 서비스 등 교육 지원 내용을 결정, 보호자에게 통보 • 결과에 대한 보호자의 이의 청구
교육적 배치	배치	• 교육장 또는 교육감은 특수교육 대상자로 선정된 자를 특수교육운영위원회의 심사를 거쳐 일반학교 일반학급, 일반학교 특수학급, 특수학교 중 어느 하나에 배치 • 배치 시 특수교육 대상자의 장애 정도, 능력, 보호자의 의견 등을 참고하여 거주지에서 가장 가까운 곳에 배치 • 결과에 대한 보호자의 이의 청구

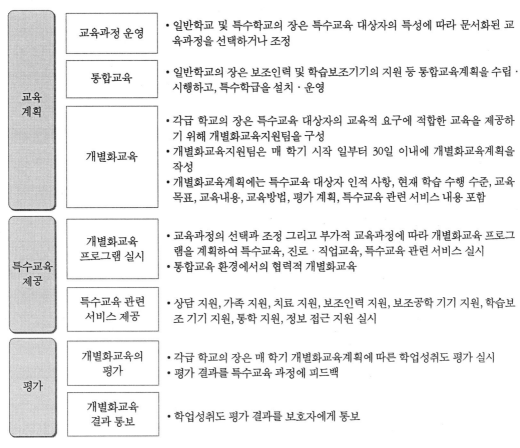

[그림 1-3] 특수교육의 과정

사를 받게 되고, 특수교육 대상자로의 선정 여부 및 필요한 교육 지원 내용이 결정된다. 교육청에서는 이러한 결과를 보호자에게 통보한 뒤 이의가 없으면 특수교육 대상자의 특성에 적절한 교육적 배치를 하고, 그에 따라 해당 학교에서는 교육과정과 개별화교육, 특수교육 관련 서비스 등에 대한 교육 계획을 수립하여 특수교육을 실시하게 된다. 특수교육의 결과는 매 학기 검토·평가되며, 보호자에게 통보되고 이후의 교육계획에 피드백된다.

〈표 1-4〉에 제시한 내용은 사정 정보를 이용한 특수교육 의사결정의 과정이다(Ysseldyke & Algozzine, 2005). 이 표를 통해 알 수 있듯이 특수교육에 대한 의사결정은 광범위한 사정 정보에 기초해 이루어진다. 우리나라에서도 이와 같이 광범위한 사정 정보에 기초하여 특수교육의 과정이 이루어질 수 있도록 사정체계

〈표 1-4〉 사정 정보를 이용한 특수교육 의사결정 과정
• 선별에 대한 결정
• 특별한 도움이나 활동의 제공에 대한 결정
• 학교 중재위원회에의 의뢰에 대한 결정
• 중재(예비중재) 제공에 대한 결정
• 공적 의뢰에 대한 결정
• 대상 아동의 특수성에 대한 결정
• 대상 아동의 특별한 교육적 요구에 대한 결정
• 특수교육 서비스를 위한 자격과 명칭 부여에 대한 결정
• 개별화교육계획 및 교수 계획에 대한 결정
• 대상 아동의 학업성취도 향상 평가에 대한 결정
• 프로그램 평가에 대한 결정
• 책무성에 대한 결정

를 확립해야 한다. 그래야만 특수교육의 과정도 체계성을 가질 수 있다.

5. 특수아동에 대한 반응과 관점

1) 특수아동에 대한 반응

장애아동의 경우, 신체 중 한 부분의 손상에 대해 적절한 의료적 처치가 없는 경우 또 다른 기관에 영향을 미치게 되는데, 이때 어떤 장애 상태 때문에 받게 되는 어려움은 어떤 영역에 국한되는 것만은 아니다. 다시 말해서, 문제는 장애를 바라보는 주위 사람들의 반응이 장애아동의 행동에 크게 영향을 미친다는 점이며, 그로 인해 장애 그 자체뿐만 아니라 그 장애로부터 또 다른 이차적 장애가 유발된다는 점이다. 특수아동에 대한 우리의 반응에 영향을 미치는 요인에는 개인적 가치관, 장애의 원인, 장애의 명칭 등이 있다(Ysseldyke & Alogzzine, 2005).

첫째로, 개인의 가치관이 어떠한가에 따라 특수아동에 대한 반응이 달라진다. 사람들은 자기 주위의 사물이나 타인에 대해 각자 다른 방법으로 생각하고 반응한다. 그리고 그 반응의 유형도 매우 다양하다. 예컨대, 어떤 사람들은 장애인을 매우 불편하게 느껴 피해 버리는가 하면, 또 어떤 사람들은 장애인에게 동정심을 느껴 도와주기도 한다.

특수아동들은 모두가 독특한 존재이지만 그렇다고 해서 그것이 이들을 어떻게 대해야 한다는 것을 의미하지는 않는다. 우리 모두가 독특한 존재이기 때문이다. 다만 한 가지 분명한 것은 특수아동들이 제각기 다르기는 하지만 우리와 비교해서 차이점보다는 유사성이 훨씬 많다는 것이다. 따라서 이러한 차이점을 이해하고 있는 그대로 대하는 것도 중요하지만, 우리와의 유사성에 대해 인식하고 주위 사람과 같이 특수아동을 대하는 것이 더 중요하다고 하겠다. 특수아동에 대한 긍정적 가치관은 통합교육의 전제조건이다.

둘째로, 특수아동이 지니고 있는 장애의 원인이 무엇인가에 따라 우리의 반응이 달라진다. 장애의 원인은 매우 다양하다. 획득성 여부에 따라 유전적 요인과 획득성 요인으로 구분할 수 있고, 발생 시기에 따라 선천성, 출생 시, 후천성으로 구분할 수도 있다. 그리고 개인의 통제 여부에 따라 기능적 장애와 기질적 장애로 구분할 수도 있다. 보다 구체적으로는 감염이나 신체적 외상, 태아기 때나 출산 시의 문제, 유전적 이상, 환경 문제, 기타 많은 요인이 장애의 원인이 될 수 있다. 이러한 장애의 원인은 흔히 장애아동을 대하는 우리의 태도에 영향을 미치기도 한다. 예컨대, 휠체어에 의존하고 있는 지체장애 아동이라 하더라도 일반아동들과 잘 어울리고 수다와 유머로 학급에 즐거움을 가져다준다면, 일반아동이나 교사는 괜찮은 아이로 보고 그와 함께 대화하고 생활하는 것을 즐거워할 것이다. 그러나 부모 문제로 심한 정서적 문제를 지니고 있어서 타인을 신뢰하지 않고, 때때로 분노하고, 규칙을 제대로 지키지 않는 정서장애 아동이라면, 교사뿐만 아니라 학급 친구들에게도 수용되기 어렵다. 그것은 그 아동의 신체적·지적 장애 때문이 아니라 환경적 상황 때문으로 판단된다. 일반적으로 교사나 학급 친구들은 이러한 아동에게 비록 동정심을 가지고 대할 수는 있어도 관용을 보이기는 어렵다.

셋째로, 장애의 명칭에 따라 사람들의 반응이 달라진다. 명칭은 맥락에 따라서 긍정적일 수도 있고 부정적일 수도 있다. 명칭은 강력하며, 편견적이고, 주위 사람들이 어떻게 처신하고 행동할지를 기대하는 데 영향력을 미친다. 교육자나 심리학자가 명칭을 공식적으로 판정한 경우든 혹은 또래가 자유롭게 붙인 명칭이

든 간에 그것은 오명을 씌울 수 있으며, 어떤 경우는 아동에게 형벌이 되기도 한다. 우리가 아동에게 붙인 이러한 명칭은 장애아동 스스로 자신을 바라보는 시각에 영향을 미치고, 그들을 대하는 주변 환경에도 영향을 미칠 수 있다.

명칭이 주는 영향을 한마디로 단정 지을 수는 없다. 교육자들은 특수아동에 대해 영재아동, 자폐아동 그리고 지적장애 아동 등과 같은 전통적인 명칭을 부여한다. 이러한 명칭은 우리의 지식, 인식 그리고 행동을 조직하는 데 도움이 되기도 하며, 그 명칭과 관련된 어떤 기대를 가지게 하기도 한다. 그러나 그러한 기대는 긍정적인 기대일 수도 있고 부정적인 기대일 수도 있다. 이러한 기대는 그 명칭과 실제의 차이로 변화될 수도 있다.

특수교육 분야의 많은 전문가는 명칭 부여가 그들에 대한 부정적 기대를 가지게 하고, 학교와 사회로부터 제외되는 원인이 되며, 부정적 인상을 갖게 할 뿐만 아니라, 명칭 부여에 따라 교수적 안내를 제공하거나 효과적인 수업 관리 전략을 제안하는 경우는 드물다고 주장한다. 그러나 또 다른 전문가들은 명칭을 부여받은 아동은 특별한 서비스와 조치를 받을 권리를 얻게 되고, 그를 위한 예산을 배정받을 수 있으며, 효율적인 연구를 수행할 수 있다는 점에서 명칭이 필요하다는 주장을 한다. 우리나라 교육 당국에서는 아동들이 이러한 특별한 서비스를 받도록 하기 위해서 명칭 사용을 요구하고 있다. 명칭 사용의 영향을 쉽게 판단할 수는 없지만, 많은 부모와 교육 전문가는 특수아동이 필요한 서비스로부터 제외되는 것을 바라지 않을 뿐 아니라, 명칭 부여에 따라 부정적 인상을 받게 되는 것도 원하지 않는다. 그래서 최근에는 명칭 부여를 하지 않는 비범주적 교육 프로그램이 선호되고 있지만, 장애 정도에 따른 분류는 여전히 필요한 것으로 인식되고 있다.

장애아동의 명칭 사용과 관련하여 명칭 사용의 장단점(Heward, 2006)과 표현상의 주의점(Ysseldyke & Algozzine, 2005)을 〈표 1-5〉와 〈표 1-6〉에 제시한다.

〈표 1-5〉 장애 명칭 사용의 장점과 단점

장 점	단 점
• 장애 명칭 사용은 학습이나 행동에 있어서 장애 영역별로 의미 있는 차이를 인식할 수 있게 하므로, 그 차이에 적절히 대처하기 위한 출발점이 된다. • 일반 또래들로 하여금 장애아동의 비전형적인 행동을 보다 긍정적으로 수용할 수 있게 한다. • 관련 전문가들로 하여금 특정 장애 영역의 연구에 있어 의사소통을 도와준다. • 많은 재정 지원과 연구가 장애 영역별로 이루어지고 있다. • 특정 장애 영역을 위한 프로그램을 개발하게 하고, 법적 조치를 취하기 위한 옹호집단을 구성할 수 있게 한다. • 장애 명칭 사용을 통해서 정책 입안자들이나 일반 사회인들이 장애아동의 요구를 쉽게 알 수 있다. • 특수교육을 받을 권리를 갖게 한다.	• 주로 장애, 손실 및 수행 결함 등에 초점을 두기 때문에 사람들로 하여금 장애아동이 할 수 있는 것보다는 할 수 없는 것에 초점을 맞추게 한다. • 장애아동에게 낙인을 찍음으로써 또래들로부터 놀림을 받게 할 가능성을 높인다. • 장애아동의 자존감에 부정적 영향을 준다. • 타인으로 하여금 장애아동에 대해 낮은 기대를 갖게 할 뿐만 아니라 일반 또래들과 다르게 대하도록 함으로써, 장애아동이 새로운 기술을 습득하고 발달하는 것을 저해한다. • 장애아동의 수행상의 문제를 나타내기 위해 사용되는 장애 명칭이 장애아동의 모든 행동 특성을 설명하는 근거로 간주될 수 있다. • 장애아동의 학습 문제가 그들의 내부적인 요인에 일차적으로 기인한다고 암시하게 되어, 교사들의 비효율적인 수업에 대한 면죄부를 제공한다. • 대부분 영구적으로 사용되기 때문에 학습이나 행동 특성에 변화를 보인다 하더라도 쉽게 바뀌지 않는다. • 장애 명칭 사용을 위해 아동을 범주화는 데 물적 자원, 전문가 및 대상 아동의 학습시간 등을 소모하지 않으면 안 된다.

〈표 1-6〉 장애아동에 대한 표현상의 주의점

• 장애 집단을 두고 말할 때 그 사람들을 무시하는 의미가 있거나 장애 상태를 강조하는 말은 가능하면 삼가라(예: '지체' '귀머거리' '벙어리' 등).
• 일반적으로 장애아동을 지칭할 때, 가능하면 사람을 중심으로 말하고 장애를 우선하여 말하지 말라. 예컨대, '언어장애 아동'보다는 '언어장애를 가진 아동'이라고 말하라는 것이다. 만약 간결한 표현을 위해 부득이하게 장애 명칭을 우선하여 말해야 할 경우 그러한 표현이 가지는 함축된 의미를 조심하여야 한다.

- '장애(disability)'라는 용어 대신에 '불리' 혹은 '핸디캡(handicap)'이라는 용어를 쓰지 말라. '불리'라는 용어는 장애 상태를 의미하는 말이며, 사회와 환경 그리고 자기 자신으로부터 부과된 짐을 의미하는 말이기 때문이다. 장애라 함은 그 사람이 직면한 문제이지 그 사람의 특징이라고 할 수는 없다.
- '~로 시달리다.' 혹은 '~로 고통을 받다.' 등의 표현은 장애 상태를 민감하게 하는 말이므로 피하는 것이 좋다. 대신에 간단하게 '~장애를 가지고 있다.'고 표현하라.
- 특별한 의학적 상태나, 의사와 대화나 토론을 할 때를 제외하고는 '~환자' 혹은 '~증상' 등과 같은 의학적 용어의 사용을 피하라.
- 장애보다는 그들의 잔존능력을 강조하라. 예컨대, '휠체어를 사용할 수밖에 없다.'라는 표현보다는 '휠체어를 사용하면 된다.'라는 표현이 좋다.
- 장애아동들의 성취나 수행에 칭찬을 아끼지 말라. 그들은 선심이나 보호가 필요한 것이 아니다.
- 성공한 장애인을 초능력자처럼 표현하지 말라.
- 대화의 주체와 관계없는 경우 장애에 초점을 두지 말라.
- 장애인의 삶을 기술할 때 그들이 사회와 교육환경 그리고 직업환경 등에서 만나는 일반인들과의 상호작용을 강조하여 표현하라. 그렇게 함으로써 우리는 그들이 직면한 사회적 장벽을 허물 수 있고, 불합리한 공포를 제거할 수 있으며, 또한 그들과의 대화의 길을 열어 줄 수 있다.

2) 특수아동에 대한 교사, 부모 및 아동의 관점

세상에 똑같은 사람이란 없다. 얼굴 모양이 다르고, 성격이 다르고, 인지적 능력이 다르다. 이러한 차이를 우리는 '개인 간 차'라고 부른다. 개인 간 차는 집단 속에서의 개인의 특성에 대한 상대적 능력을 나타내며, 아동들을 적절한 교육적 상황에 배치하기 위해 분류하는 데 사용하거나 학급 집단을 구성하고 조직하는 데 사용해 왔다. 특수아동은 일반아동에 비해 개인 간 차가 크다. 이러한 이유로 특수아동은 일반아동 혹은 특수아동을 보호하기 위해, 그리고 교사나 학부모의 기대에 부응하기 위해 때로 집단에서 분리되기도 하였다. 특수아동은 많은 면에서 다를 뿐 아니라 그 때문에 같은 방식으로 인식되거나 처우되지 않는다. 우리는 특수아동을 사람들이 어떻게 인식하고 있는지, 그리고 그들 자신에 대해 어떻게 생각하고 있는지에 대해 알아볼 필요가 있다. 여기서는 특수아동에 대한 교사와 부모, 특수아동 자신(Ysseldyke & Algozzine, 2005) 그리고 일반아동의 관점에 영향을 주는 요인에 대해 살펴보기로 한다.

(1) 교사의 관점

특수아동에 대한 교사의 관점은 아동의 외모나 인종, 성별, 학교에서의 행동, 각종 검사 결과와 학업적 성취 등에 영향을 받는다. 이러한 요인과 그에 따른 교사의 기대는 교사와 아동의 상호작용에도 영향을 미친다. 교사들이 정서, 학습, 시각, 청각, 언어 등에 장애를 가진 아동에 대해 자신의 기대를 보다 구체화한다는 것은 놀랍지 않다. 예컨대, 교사들은 지적장애 아동의 경우 모든 과제를 잘할 수 없을 것으로 믿으며, 이러한 믿음은 다른 요인과 함께 교사의 기대에 영향을 미치게 되고, 아동에 대한 교사의 태도에 영향을 미친다. 아동은 교사가 자신이 과제를 느리게 수행할 것으로 기대하고 있다는 것을 알게 되면 그렇게 수행할 것이며, 따라서 교사의 이러한 믿음이 실현되는 것이다. 교육 현장에서의 피그말리온 효과는 교사의 기대가 높은 경우는 바람직하지만 그렇지 않은 경우는 위험하다.

일반적으로 교사들은 장애를 가진 특수아동들의 사회적 기술이나 학습 잠재력을 실제 확인된 것보다 낮게 평가한다. 특수아동에 대한 교사의 기대가 그 아동 자신이 무엇을 할 수 있는가에 근거하지 아니하고 아동의 장애 명칭에 근거할 때, 교사는 아동에게 기회를 박탈하는 불공정한 환경을 제공하게 되는 것이다. 장애아동도 장애인이기 전에 한 인간이다. 어떤 면에서 그들은 좀 다르기도 하지만 따지고 보면 우리 역시 모두 다르다고 할 수 있다. 따라서 교사들이 가장 경계해야 할 것은 장애 상태에 근거한 낮은 기대와 차별된 처우를 제공하는 것이다.

(2) 특수아동 부모의 관점

특수아동에 대한 부모의 관점은 자녀의 장애 유형, 장애 원인, 장애 정도 등에 따라 다양한 특징을 보이지만, 일반적으로는 자녀의 장애를 인정하지 않으려고 하고, 사회로부터 자신과 자녀를 고립시키며, 때로는 죄책감을 가지거나 분노와 두려움을 나타내기도 한다. 부모의 이러한 행동은 대인관계에 영향을 미치며, 자녀로 하여금 또래들과 상호작용하는 데 좋지 않은 영향을 미친다. 특수아동의 존재는 가족 관계를 악화시키기도 하고, 때로는 가족 상호 간의 결속을 강화시키기

도 한다. 특수아동에 대한 부모들의 반응 특성은 자녀를 세상으로부터 숨기려 하
거나, 침묵과 거부를 통해 잘못된 것이 전혀 없는 것처럼 행동하거나, 자녀의 장
애를 개선하기 위해 노력하거나, 자녀의 일생을 보장하려는 노력을 통해 장애의
충격을 최소화하려는 것으로 요약된다(Ferguson & Ferguson, 2006).

　일반적으로 특수아동의 부모들은 '충격→거부→슬픔→분노→수용'의 단계
를 제대로 거치지 못하거나 수용 단계에 도달하지 못하며, 자녀의 장애에 대한
사회적 · 문화적 편향이 심해 자신들이 불필요한 짐을 짊어지고 있다며 분노하고
좌절하기도 한다. 그리고 자녀의 장애에 대한 부정적인 시각을 갖고 자녀를 과잉
보호하거나 아니면 거부하기도 하며, 자녀와의 대화가 어렵고, 대화 시 스스로를
통제하지 못하며, 자녀의 학교 경험에 대해 부정적인 견해를 가지기도 한다.

(3) 일반아동의 관점

　특수아동에 대한 일반아동의 관점은 특수아동의 장애 요인과 유형, 그리고 장
애 정도 등에 따라서 다른 특징을 나타내며, 이러한 특징은 일반아동의 성별, 연
령, 특수아동 접촉 경험, 장애 이해 교육의 유무 등에 따라 다른 양상을 나타낸
다. 일반아동은 특수아동에 대해 편견이나 거부감을 가지기 쉽다. 그것은 특수아
동의 언어, 적응양식, 사회적 행동, 대인관계 및 인지 기능의 부족 때문이라고 볼
수 있다.

　이러한 편견이나 거부감은 이질성보다는 보편성을 지향하는 사고방식 때문이
기도 하지만, 어릴 적부터 또래 집단의 한 구성원으로서 특수아동과의 상호작용
경험이 부족하여 이들에 대해 무지하고 또 적절히 적응하는 기술을 터득하지
못한 데서 기인하기도 한다. 이것은 우리나라 일반학생의 장애학생에 대한 태도
조사(국립특수교육원, 2002) 결과를 통해서도 알 수 있는데, 초 · 중등학생의 경우
4명 중 1명이 장애학생을 만난 적이 없어서 장애학생에 대한 분명한 태도를 갖고
있지 않은 것으로 나타났다. 그 결과 장애학생을 우리와 똑같은 존중의 대상으로
보아야 한다는 관점보다는 보호나 동정의 대상 또는 격리의 대상으로 보아야 한
다는 관점을 견지하고 있는 것으로 나타났다.

　사람들의 차이에 대한 벽이 생기기 전에, 그리고 특수아동에 대한 태도가 고정
되기 전에 이들에 대한 현실적인 지각과 태도를 초기에 형성시켜 주는 것이 중요

하다. 어릴 적부터 자연스럽게 특수아동과 함께 생활하도록 함으로써 특수아동이 자신과 비교해 차이점보다는 유사점이 더 많다는 것을 알게 하고, 다양성에 대한 경험을 통해 그러한 다양성을 인정하고 존중하는 마음을 갖도록 해야 한다. 이러한 경험 없이 학령기가 되어 물리적 접촉만을 증가시키는 것은 오히려 특수아동에 대한 부정적인 태도를 더욱 악화시킬 수도 있다. 이때에는 특수아동에 대한 일반아동의 태도 변화를 위한 특별한 전략과 학교교육의 재구조화 등의 의도적인 노력이 필요하다.

(4) 특수아동 자신의 관점

　모든 사람은 자기 자신에 대한 관점과 자신에 대한 기대를 가지고 있다. 이러한 자기개념은 어릴 때부터 또래와의 비교나 과거 경험을 통해 형성된다. 과거의 수행 경험과 그러한 수행에 따른 기대는 우리의 현재 행동에 영향을 미쳐서 잘 수행해 온 활동은 이번에도 잘할 수 있을 것이라고 기대하며, 그렇지 못한 활동은 이번에도 잘하지 못할 것이라고 기대한다. 우리 대부분은 자신이 잘하지 못할 것으로 기대되는 일은 가능하면 회피하려 한다.

　마찬가지로 특수아동 역시 자신에 대한 나름의 기대를 가지고 있다. 그들의 기대 역시 과거의 수행에 근거를 두고 있으며, 타인의 기대로부터 영향을 받는다. 특수아동은 '특수' 혹은 '장애'라는 명칭 때문에 타인으로부터 적절한 기대를 얻지 못하며, 분리된 환경이나 시설에 있는 사람으로 인식되고 있다고 믿고 있다. 그러나 이러한 믿음은 자기개념에 좋지 않은 영향을 미친다. 따라서 특수아동들은 자신을 무능력하고 세상에서 귀찮고 불필요한 존재로 생각하여 자신의 특수성을 숨기고 스스로 사회적 접촉을 피해 고립되거나 사회적 관계를 가능한 한 줄이려고 하는 방어적 태도를 취하게 된다(권요한 외, 2005). 이러한 태도로 많은 특수아동은 자신에 대한 느낌과 기대를 부정적으로 형성하며, 학습에 대한 의욕을 상실한다.

6. 특수교육의 목적, 내용, 방법 및 과제

1) 특수교육의 목적, 내용 및 방법

특수교육은 당연하게 인간의 유사성뿐만 아니라 차이에 관한 학문으로 간주될 수 있다. 장애아동들은 차이점보다는 유사점을 더 좋아한다. 따라서 특수교육에서는 특별한 교육적 요구를 가진 아동이 할 수 없는 것보다 할 수 있는 것에 집중하는 것이 중요하다. 이것은 곧 장애로부터 능력을 구별할 필요가 있음을 의미한다.

특수교육의 목적은 일반교육의 목적과 근본적으로 다르지 않다. 「교육기본법」 제2조 '교육이념'에서는 "홍익인간의 이념 아래 모든 국민으로 하여금 인격을 도야하고 자주적 생활능력과 민주시민으로서 필요한 자질을 갖추게 함으로써 인간다운 삶을 영위하게 하고 민주국가의 발전과 인류 공영의 이상을 실현하는 데 이바지하게 함"을 교육 목적으로 규정하고 있다. 이 교육 목적은 일반교육에서든 특수교육에서든 똑같이 달성해야 할 교육의 지향점이다. 그리고 이러한 교육 목적을 달성하기 위해서 「교육기본법」 제4조 '교육의 기회 균등'에서는 신체적 조건 등을 이유로 교육에서 차별을 받지 않도록 규정하고 있다.

교육의 목적과 달리 교육내용에서는 특수교육과 일반교육 간에 차이가 있을 수 있다. 「초·중등교육법」 제55조에서는 "특수학교는 신체적·정신적·지적장애 등으로 인해 특수교육을 필요로 하는 자에게 초등학교·중학교 또는 고등학교에 준하는 교육과 실생활에 필요한 지식·기능 및 사회적응교육을 하는 것을 목적으로 한다."고 규정하고 있다. 즉, 특수교육은 일반교육에 준하는 교육과 함께 별도의 실생활 및 사회적응과 관련된 교육을 함께 하도록 하고 있다. 교육내용은 교육 목표의 체계로서 흔히 교육과정을 지칭하며, 교육 목적을 달성하기 위한 수단이 된다. 특수교육 내용은 특수교육 대상자의 심리적 특성을 감안하여 일반교육 내용을 조정하거나 부가적 혹은 대체 교육과정을 개발하여 적용하는 것이 바람직하다.

그리고 이러한 교육과정은 특수교육 대상자 개개인의 학습 수행능력에 따라 개별화교육계획으로 다시 설계되어야 한다. 특수교육의 목적은 일반교육의 목적과 다르지 않지만, 그 수단이 되는 교육내용은 특수교육 대상자의 특별한 교육적 요구와 관련하여 특별히 설계되지 않으면 안 된다. 2013년부터 단계적으로 적용되는 2012년 개정 특수교육교육과정(교육과학기술부 고시 2012-32호)은 「교육기본법」에서 추구하고 있는 교육 목적과 「장애인 등에 대한 특수교육법」에서 추구하고 있는 법의 정신에 기초하여 통합교육의 정신에 따라 일반학교 교육과정과 연관·조정 방식으로 부분 개정된 것으로 특수교육교육과정 내의 '유치원 교육과정', '공통 교육과정', '선택 교육과정'은 일반학교의 내용과 크게 다르지 않으며, 이 교육과정에 참여하기 어려운 특수교육 대상자를 지원하기 위하여 그 내용을 대체한 대안교육과정인 '기본 교육과정'을 적용하도록 하고 있다(교육과학기술부, 2012).

특수교육의 방법적 측면은 특수교육에서의 특수성을 가장 잘 대변하는 부분이다. 교육내용과 교육방법을 엄밀히 구분하기란 쉽지 않지만, 교육방법은 교육내용(혹은 교육 목표)을 성취하기 위해 온갖 수단을 동원·조직·전개하는 원리와 기술을 총칭하는 것으로서 학습자 변인에 맞게 선택되어야 한다. 특수아동들의 특별한 교육적 요구를 충족하기 위해 사용되는 교육방법은 매우 다양하다. 예컨대, 아동의 과제수행도를 향상시키기 위해 사용되는 정밀교수, 학업 전 기술 습득을 위한 능력훈련, 학습내용 습득을 위한 단계적 절차와 관련된 학습전략 훈련, 과제해결 기술을 증진시키기 위한 공부기술 훈련 그리고 지시적 교수, 인지적 기술훈련, 또래매개 중재법, 행동치료, 사회적 기술훈련 등이 그것이다. 이 외에도 교육자료, 집단 조직, 교육공학 매체, 수업설계 등 다양한 접근이 필요하다.

따라서 특수교사는 교육내용이나 학습과제의 성격과 특수아동의 특성에 따라 수업 처방이나 교육방법을 결정해야 한다. 최근 이와 관련하여 내용(학습과제), 학습자 특성, 수업 처치 상호작용(Task Traits Treatment Interaction: TTTI) 모형이나 Dick의 수업설계모형, 개별 처방식 수업모형이 수업설계나 개별화교육계획 시 많이 활용되고 있다.

2) 특수교육의 과제

국내의 장애인에 대한 사회적 인식 변화와 특수교육에 대한 제도 변화 그리고 국제사회의 특수교육 혁신 요구 등에 따라 우리나라 특수교육은 그동안 비약적인 발전을 해 왔다. 그러나 특수교육계에서는 아직도 특수교육의 양적 측면에 비해 질적 측면의 발전은 매우 미흡하며, 사회 변화에 따른 특수교육의 개념을 확대하고, 그와 관련하여 특수교육 지원체제를 강화해야 한다는 데 의견을 같이한다. 우리나라 특수교육 발전과 관련하여 해결해야 할 과제는 수없이 많지만 여기서는 특수교육에 대한 국제사회의 요구, 특수교육 관련 제도의 변화, 특수교육 실태에 따른 문제를 중심으로 살펴보기로 한다.

첫째로, UN이나 UNESCO 그리고 OECD 등 국제기구에서는 장애의 개념을 확장하고 특별한 교육적 요구를 지닌 모든 학생의 교육적 접근권 및 적합한 교육 지원을 요구하고 있다. 따라서 장애 위험 영유아나 아동 또는 학습 곤란을 지니고 있거나 문화적 · 사회적으로 불리한 상태에 있는 영유아나 아동에 대한 교육은 물론 관련 서비스 체제를 정비해서 대상별로 적절한 교육을 제공해야 한다.

둘째로, 「장애인 등에 대한 특수교육법」이 제정 · 공포되어 시행됨에 따라 법 시행에 필요한 특수교육 환경의 개선이 요구되고 있다. 이를 위해 정부에서는 장애영아 조기 발견 및 무상교육 지원, 유치원, 초 · 중 · 고등학교 전 과정 특수교육 대상자의 조기 발견과 의무교육 실시, 특수교육 대상자의 고등교육 및 평생교육 지원을 위한 근거를 마련하고 종합적인 계획을 수립하여 연차적으로 추진해야 한다.

셋째로, 우리나라 특수교육 실태와 관련된 과제로는 특수교육 기회의 보장(장애 범주 확대, 교육 진단 · 평가 도구 개발, 사정 및 배치 절차 확립, 예비중재 활성화, 특수교육 관련 기관 확충 등), 통합교육의 보장(특수학교 운영 형태 전환, 특수학급 기능 전환과 확충, 장애 인식 개선, 학교교육의 재구조화 등), 특수교육 내용의 적합성 보장(교육과정의 선택과 조정, 교육과정과 개별화교육계획의 연관 · 조정, 교육과정의 수준과 양의 적합성 제고, 성인 및 직업 생활 지원, 관련 서비스의 지속적 제공 등), 특수교육 방법의 적절성 보장(개별화교육계획의 효율적 운영, 개별 처방식 수업모형의 실제적 적용, 다양한 교수전략 활용, e-러닝과 수업설계 등 다양한 공학적 원리 도입 등), 평생교육의 보장(장애 영유아 특수교육 기회 확대, 전환교육 강화, 장애성인 교육 강화 등), 특수교육 및 통합교육 담당 교원의 전문성 신장, 특수교육 지원의 확대(특수교육지원센터의 활성화, 특수교육 행정적·재정적 지원 등) 등으로 나누어 볼 수 있는데, 이들에 대한 실천적 노력이 요구된다.

참·고·문·헌

교육과학기술부(2008). 장애인의 자아실현과 사회통합을 위한 제3차 특수교육발전 5개년 계획('08~'12).

교육과학기술부(2008b). 특수교육 실태조사서.

교육과학기술부(2008c). 특수교육 연차보고서(정기국회보고자료).

교육과학기술부(2009). 특수학교 교육과정 해설(II): 기본교육과정.

교육부(2014). 2014 특수교육통계.

국립특수교육원(2002). 2002 한국의 특수교육 지표. 경기: 국립특수교육원.

권요한(2008). 기본교육과정의 개정 중점 및 내용 이해. 특수학교 교육과정 전문가 과정: 2008년 개정 특수학교 교육과정의 이해와 적용. 경기: 국립특수교육원.

권요한, 김인식(1995). 수업설계의 원리. 서울: 교육과학사.

권요한, 윤광보, 이만영, 정희섭, 김원경, 정은희, 김요섭(2012). 특수교육 교육과정. 서울: 학지사.

권요한, 이만영(2002), 통합교육에서의 교육과정 조정요인. 특수교육학연구, 37(2), 249-277.

권요한, 이만영(2003). 특수아동을 위한 교육과정과 수업. 서울: 도서출판 특수교육.

권요한, 이만영, 이말련, 이혜경, 최미숙(2009). 장애아동 진단 및 평가. 서울: 시그마프레스.

권요한, 김원경, 강영심, 박찬웅, 김기민, 김동일, 강창욱, 곽승철(2005). 특수교육학서설: 교사를 위한 지침서. 서울: 교육과학사.

김원경 외(2008). 최신특수교육학. 서울: 학지사.

박승희, 장혜성, 나수현, 신소니아(2007). 장애관련종사자의 특수교육입문. 서울: 학지사.

신현기 외(2005). 특수교육의 이해. 서울: 교육과학사.

장애인 등에 대한 특수교육법(제정 2007. 5. 25. 법률 제8483호).

Bigge, J. E., & Stump, C. S. (2002). *Curriculum, assessment, and instruction for students with disabilities.* Belmont: Wadsworth Publishing Co.

Ferguson, P. M., & Ferguson, D. L. (2006). The promise of adulthood. In M. E. Snell & F. Brown (Eds.), *Instruction of students with severe disabilities.* N. J.: Prentice-Hall, Inc.

Gargiulo, R. M. (2003). *Special education in contemporary society.* Belmont: Wadsworth Publishing Co.

Hardman, M. L., Drew, C. J., & Egan, M. W. (1999). *Human exceptionality: Society, school and family.* Needham Heights: Allyn and Bacon.

Heward, W. L. (2006). *Exceptional children: An introduction to special education.* New Jersey: Prentice-Hall, Inc.

Kirk, S. A., Gallagher, J. J., & Anastasiow, N. J. (2003). *Educating exceptional children.* Boston: Houghton Mifflin Co.

Rosenberg, M. J., O'Shea, L. J., & O'Sea, D. J. (2005). *Student teacher to master teacher: A practical guide for educating students with special needs.* New Jersey: Pearson Education, Inc.

Westling, D. L., & Fox, L. (2000). *Teaching students with severe disabilities.* New Jersey: Prentice-Hall, Inc.

Ysseldyke, J. E., & Algozzine, B. (2005). *Special education: A practical approach for teachers.* Boston: Houghton Mifflin Co.

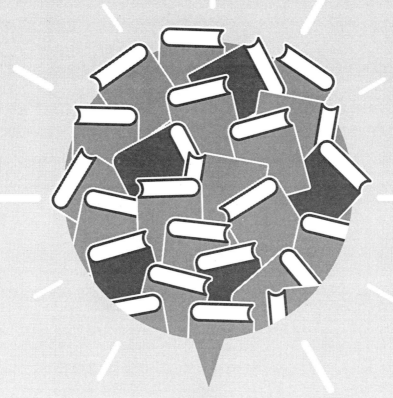

제**2**장

특수교육의 역사와 법적 논거

고대에서부터 오늘날에 이르기까지 장애인에 대한 인식과 철학은 다양한 변천과정을 거쳐 왔다. 장애를 가지고 태어나든 살아가면서 장애를 갖게 되든, 장애인은 많은 고통과 어려움을 겪으면서 살아야 한다.

특수교육의 발전과정이나 그 형태는 민족, 지역, 시기 등에 따라 다양하게 이루어졌으나 장애인에게 교육받을 당위성이 인정되기 시작한 것은 얼마 되지 않는다. 특히 모든 장애아동이 원하는 교육을 받을 수 있게 된 것은 극히 최근의 일이다.

여기서는 유럽과 미국을 중심으로 한 외국의 특수교육 발달과정을 먼저 살펴본 다음, 우리나라의 특수교육 발전과정과 특수교육을 뒷받침하고 있는 법규에 대해 살펴보도록 한다.

1. 외국의 특수교육 역사

1) 고대와 중세의 특수교육

고대사회에는 자신을 부양할 수 없거나 스스로 방어하지 못하는 사람은 그 집단으로부터 분리 또는 죽임을 당하였다. 이 시대의 사회적 목적은 생존과 안정이었기 때문에 장애인들은 자신이나 가족을 적으로부터 방어하기 어렵고, 생산력이 떨어진다는 이유로 생존권을 인정받지 못했다.

스파르타와 아테네 그리고 로마와 같은 고대 서구 문명의 중심지에서는 장애인을 여러 가지 방법으로 살해하였다. 스파르타의 리쿠르고스법전(B.C. 7세기)은 건강한 군인 양성을 위하여 장애아동과 허약한 아동은 산중에 버릴 것을 규정했다(Wilds, 1956). 로마의 12동판법은 아버지가 장애아의 삶과 죽음을 결정하도록 했으며, 아테네에서는 장애아를 진흙으로 만든 배에 넣어 죽게 했고, 로마에서는 장애아를 갈대 광주리에 담아 티베르버 강에 띄워 죽게 하였다(Heck, 1953).

Platon, Aristoteles, Seneca와 같은 철학자들은 장애아동의 살해를 학문적으로 뒷받침했다. 즉, Platon은 장애아를 살해하는 것을 인정했고, Aristoteles는 장애아동은 교육의 대상이 될 수 없으며 말 못하는 농아동은 인간의 이성을 갖지 않왔던 것으로 생각했다. Seneca도 장애아를 익사시키는 것을 당연한 것으로 인정하였다(Lowenfeld, 1973).

중세에 접어들면서 니케아종교회의 이후 기독교가 크게 발전하면서부터 희랍이나 로마시대의 학대와 죽임은 사랑과 동정으로 변하게 되었으며, 성직자들이 중심이 되어 빈곤자, 병자 및 장애자를 위한 시설을 설립하기 시작했다. Nicholas는 자선단체를 조직하여 지적장애아를 보호하였고, 1254년에 루이 9세(Saint Louis IX)는 실명한 십자군 용사 300명을 위하여 맹인보호시설(Hospice de Quinze Vingts)을 프랑스 파리에 설립하였다. 이후 이러한 수용소는 이탈리아, 스페인, 독일, 스칸디나비아 등에도 설립되었다(임안수, 2008).

중세의 구빈·보호 시설들은 주로 맹인을 대상으로 이루어진 것이 특징이며, 이러한 사실들은 이후 맹교육의 발전에 큰 영향을 미쳤다고 볼 수 있다. 고대와 중세까지의 장애인의 삶은 격리, 방임, 살해, 조롱 등으로 표현되는 차별의 삶을 살아 왔으며, 교육 대상에서 제외되었다.

2) 근대의 특수교육

근대의 특수교육은 14세기의 르네상스 이후 인간에 대한 재발견에 따른 인간 존중의 사상과 더불어 장애인에 대한 생각의 변화로 발전하기 시작하였다. 르네상스의 근본 사상은 인간성 회복이 중심이며, 중세의 종교 중심의 생활에서 인간의 세계로, 내세주의에서 현세주의로, 권위주의에서 합리주의로, 염세주의에서 낙천주의로, 금욕주의에서 자유주의로 옮기는 운동으로 인간이 세계의 주인이 되는 사상이다(이태영, 김정권, 1983). 이러한 사상은 당시까지 도외시되어 왔고 잘못 인식되어 온 장애인관을 바꾸도록 하였으며, 장애를 가진 아동에 대한 교육이나 훈련의 가능성도 점차 인정되어 특수교육을 시작하게 되었다.

특수교육의 시작과 더불어 장애인관의 변화에 영향을 준 요인들을 살펴보면, 인본주의 사상은 인간성을 회복하는 계기가 되었고, 심리학이나 의학의 발달은 개인 간의 능력 차를 밝혀내어 누구나 소질 계발의 권리를 갖고 있음을 인정하게 하였다. 또한 의학의 발달은 장애아동의 생리와 병리를 과학적으로 해명함으로써 특수아동에 대한 합리적 이해와 대책 수립에 크게 기여하였다. 또 종교개혁의 교육사상은 공교육제도의 실시를 주장하여 이후 특수학교 교육 실현에 중요한 사상적 기반이 되었다(김동연, 1985).

근세에 접어들면서 특수교육의 선구자적 역할을 한 개인이나 실험적 측면에서 특수교육이 이루어지기 시작하였다. 18세기 후기에 프랑스의 Pereire는 Rousseau의 교육사상에 영향을 받아 독자적인 농아언어 지도법을 개발하였다. 즉, 촉지각의 훈련에 기초하여 프랑스어의 철자 및 음성의 특성을 반영한 한 손 지문자를 개발하여 발음지도를 하는 한편 언어의 자연적 발달에 주목하여 일상적 언어에서 개념적 언어로 점진적이면서도 단계적인 농교육방법론을 체계화하였다(신현기 외, 2007). Pereire의 이러한 교육 활동은 이후 지적장애 아동의 교육이 태동되는 데 많은 영향을 미쳤다.

프랑스의 의사이며 농교육자인 Itard는 1799년 파리 근교의 아베롱이라는 숲에서 사냥꾼들에 의해 완전 나체 상태로 발견된 11~12세가량의 야생 소년을 5년간 교육하였다(Itard, 1978). 그는 사회화, 감각적 자극, 개념발달, 언어, 학습의 전이 등 다섯 가지 훈련 전략을 가지고 감각기능, 지적 기능, 감정능력 발달을 목적으로 교육적 실험을 실시하였으며, 야생 소년에 대한 연구 결과 감각기능과 지적 발달에는 조금의 성과가 있었으나 언어발달과 사회성 발달은 별 성과가 없었다.

Itard의 연구에 크게 감명받은 Seguin은 파리에 백치원을 개설하였으며, 생리학적 방법에 기초를 두어 지적장애 교육을 실시하였다. 그는 근육운동이나 신경계통의 훈련을 통하여 신경계통 및 감각기관을 훈련시키고 이에 따라 일반 관념의 교육을 시키고 그 결과 추상적 사고력의 도야로 도덕성과 사회성을 함양하고자 하였다(Talbot, 1904).

서구의 특수교육에 선구적 역할을 한 나라는 프랑스다. 1760년 Michael de l' Epée는 세계 최초의 특수학교를 파리에 세웠다. 처음 두 명의 농학생을 개인적으로 가르치면서 농아를 위한 교육방법으로 수화법을 창안하게 되었고 나중에는 70명이 넘는 농학생을 교육하는 학교를 설립하여 일생 동안 농교육을 위해 힘썼다. 이어 1778년 Samuel Heinicke는 독일의 라이프치히에 최초의 공립 구화학교를 설립했다. 이때부터 유럽에서는 수화주의와 구화주의가 상호 논쟁을 거듭해 왔다(김영욱 외, 2006). 19세기에 이르러 미국에서는 유럽의 청각장애 교육을 적극 수용하기 시작했으며, 1816년 Gallaudet은 7명의 농아를 데리고 컬럼비

아 농학교를 설립하였다.

　농교육이 시작된 지 30년 후인 1784년에는 Valentin Hauy가 맹학생을 위한 맹학교(Royal Institution for Blind Youth)를 설립하였다. 이 학교 역시 맹학교로서는 세계 최초로 설립된 학교다. Hauy의 영향을 받아 영국에서는 1790년에 리버풀에 Rustion이 맹학교를 설립하였고, 스코틀랜드는 1793년, 오스트리아는 1804년, 독일은 1806년에 각각 맹학교를 설립하였다.

　미국에서의 맹학교는 거의 같은 시기에 세 개의 사립 맹학교가 설립되었다. 뉴잉글랜드 맹인원(후에 Perkins School for the Blind로 개칭됨)이 1832년에 보스턴에서 개교했고, 뉴욕 맹학교(현재는 New York Institution for Special Education임)가 1832년에 개교했으며, 펜실베이니아 맹학교가 1833년에 필라델피아에 설립되었다가 1899년 오버브룩으로 옮겨 가 오버브룩 맹학교(The Overbrook School for the Blind)로 개칭되었다. 미국에는 많은 맹학교의 설립과 함께 점자도서관을 비롯하여 점자인쇄소가 설립되어 점자교재와 점자교구 개발이 다양하게 이루어졌으며, 특히 직업교육, 음악, 체육 등 다양한 교육과정이 개설되어 교육 활동이 활발하게 전개되었다.

　서양의 맹교육 역사에서 맹학생이 교육을 할 수 있도록 실질적 수단을 제공한 사람은 Louis Braille다. 그는 Barbier가 군 암호로 사용하기 위해 개발한 12점의 점자 코드를 기초로 해서 오늘날 세계적으로 사용하고 있는 6점(종3점, 횡2점) 점자를 처음으로 개발하여 1829년 공식적으로 발표했으며, 1834년 이를 다소 개편하여 지금의 점자체계를 갖추었다. 지적장애아의 교육은 농교육이나 맹교육에 비해 다소 늦게 발전했다. Itard의 아베롱 야생 소년에 대한 교육적 실험에 영향을 받은 Seguin이 지적장애아 교육의 가능성에 주목하면서 1842년 『백치교육의 이론과 실제』와 『생리학적 방법에 의한 백치의 교육』을 각각 발표함으로써 지적장애아 교육의 이론적 기초를 마련하였다(이상춘, 1981).

　지적장애학교는 프랑스 1828년, 독일 1835년, 영국 1847년, 덴마크 1855년, 핀란드 1877년에 각각 설립되었다. 초기의 지적장애학교는 주로 보호하고 수용하는 정도였기 때문에 교육방법과 성과에 대한 특이점은 찾아보기 어렵다. 그러나 Binet가 1905년에 창안한 지능검사는 지적장애아의 교육 발전에 크게 기여한 것으로 볼 수 있다.

지체장애아 교육은 18세기 후반부터 정형외과적 측면에서 치료적 조치가 강조되었으며, 19세기부터는 치료와 교육적 조치를 병행하는 것이 강조되면서 이때부터 특수교육에 있어서 치료교육이 강조되기 시작했다. 지체장애아에 대한 조치는 신체적 보호에서 치료가 우선적이었고 나중에 교육을 생각하게 되었다. 1832년 독일의 Kurz는 교육시설을 마련하였고, 1851년 영국 메릴본에 지체장애아 교육시설이 설립되었으며, 1900년에는 미국에서 지체장애아 특수학교가 설

〈표 2-1〉 **근대 특수교육에 영향을 끼친 선구자**			
학자명	시 대	국 적	주요 업적
Jean M. G. Itard	1775~1838	프랑스	지적장애아의 훈련방법을 1인의 연구 대상자를 사용해서 개발
Samuel Gridley Howe	1801~1876	미국	장애아는 학습할 수 있고 조직적인 교육을 받을 수 있음을 시사
Edward Seguin	1812~1880	프랑스	지적장애아는 특별한 감각훈련을 통해 학습 가능
Francis Galton	1822~1911	영국	천재는 혈통에 의하고, 그의 근원은 결정적인 것임
Alfred Binet	1857~1911	프랑스	지능은 측정되고 교육으로 개발됨
Louis Braille	1809~1852	프랑스	6점 점자를 고안하여 시각장애아의 학습이 가능하게 함
Thomas Hopkins Gallaudet	1789~1851	미국	농아가 손가락과 몸짓, 철자의 사용으로 학습할 수 있게 됨
Alexander Graham Bell	1847~1922	미국	청각장애아가 말을 사용해서 학습할 수 있고 기구를 통해 증폭이 된다면 보유청력을 사용할 수 있음
Maria Montessori	1870~1952	이탈리아	특별히 고안된 교수자료를 사용해서 구체적 경험을 갖게 하여 조기교육 강조
Anna Freud	1895~1979	오스트리아	정서장애 아동에게 심리분석 기술 사용
Lewis Terman	1897~1956	미국	지능검사를 개발하여 우수아가 생애를 통해서 우수성을 유지하도록 판별하는 데 사용
Alfred Strauss	1897~1957	독일	아동은 각기 독특한 학습 문제 유형을 갖고 있기 때문에 특정 훈련이 필요하며, 뇌손상에서 야기됨을 발견

* 출처: Kirk & Gallagher (1979), p. 6.

립되었다(김병하, 2003). 지체장애아 교육은 정형외과의 의학적 발전으로 교육 가능성에 더욱 관심을 가지게 되었다.

Kirk와 Gallagher(1979)는 근대 특수교육에 지대한 영향을 끼친 선구자들을 〈표 2-1〉과 같이 요약하여 제시하였다.

3) 특수교육의 질적 변화

유럽을 중심으로 시작된 근대의 특수교육은 20세기에 들어서면서부터 비약적으로 발전하였는데, 오늘날 특수교육을 주도하고 있는 나라는 미국이다. 특수교육의 법적 정비와 제도적인 체제 확립은 특수아의 교육권이나 생활권에 커다란 변화를 가져왔으며, 무상교육, 통합교육, 조기교육, 개별화교육 등의 질적 변화는 20세기 초에 미국 전 지역으로 확산된 특수학교의 교육 활동으로부터 영향을 받았다고 할 수 있다(김영욱 외, 2006).

제1차 세계대전과 제2차 세계대전 이후 재활을 목적으로 한 특수교육의 발전과 더불어 종전의 맹·농교육 중심에서 벗어나 지적장애와 학습장애, 언어장애 등의 경도장애 교육에까지 폭넓게 확산되면서 특수교육의 기회 확대와 질적 변화를 가져왔다.

미국의 경우 1970년대에 접어들면서 장애아동들의 권익과 관련한 각종 소송과 함께 국가와 사회의 책임을 강조하는 각종 법령의 제정은 특수교육의 근본적인 질적 변화를 가져오게 했다. 특수아동의 부모들이 미국 정신지체인협회와 같은 압력 단체를 조직하여 사회적·정치적 활동을 하게 되었고, 주의회나 국회에 영향을 미쳐 국가적 차원에서 특수교육 계획을 수립할 수 있도록 하였으며, 1975년에는 마침내 연방 수준에서 모든 장애아동을 위한 「교육법」을 제정하여 적절한 공교육을 제공받을 수 있게 되었다. 이 법은 미국의 특수교육 발전뿐만 아니라 세계의 특수교육 발전에 큰 영향을 미쳤다.

20세기 이후 영국과 프랑스, 독일, 일본의 특수교육의 질적 변화에 대하여 김윤옥 등(2007)이 소개한 내용을 요약하면 다음과 같다.

영국은 1944년 「교육법」에서 특수교육 영역을 10개로 나누어 만들었으며, 일반 초등 및 중등 교육에 관한 규정의 일부로 특수교육을 편성하여 의무화하였다.

이후 1981년에 「특수교육법」이 제정되었으며, 기존의 장애 유형을 폐지하고 특수교육을 필요로 하는 아동을 포괄적으로 정의하고 비장애아동들과 같이 학교의 여러 가지 활동을 할 수 있게 하였다.

프랑스는 1958년에 만 6~16세의 모든 장애아동이 의무적으로 특수교육을 받을 수 있도록 법률을 제정하였으며, 1985년에는 장애아동이 일반학교에서 통합교육을 받을 수 있도록 법률을 제정하여 시행하고 있다.

독일은 1938년에 「아리히 취학의무법」을 제정하여 장애아동이 특수교육을 받을 수 있도록 하였고, 1972년에 '특수학교 제도 정비를 위한 권고'가 공포되었으며, 1977년에는 학습장애학교, 행동장애학교, 언어장애학교의 수업에 대한 권고가 공포되어 특수교육에 대한 제도가 정비되었다.

일본은 1947년 「교육기본법」 및 「학교교육법」에서 특수교육도 의무교육으로 실시할 것을 입법화하였으며, 1979년 4월부터 학령기 아동의 완전취학을 의무적으로 실시하고 있다. 특수학급의 경우 전일제 특수학급, 시간제 특수학급, 특별지도실 등 다양하게 운영하고 있으며, 1993년 이후에는 자료실(resource room)의 질적 향상으로 일반학교에 재학 중인 특수교육 요구 아동에 대하여 효과적으로 지원하고 있다.

2. 우리나라의 특수교육 역사

여기서는 우리나라 특수교육의 역사를 살펴보면서 서양 중심보다는 우리나라 고유의 생활양식과 교육방법을 토대로 한 역사적 사실을 중심으로 알아보고자 한다. 우리나라의 역사적 문헌에서 장애인 관련 내용이 많지 않은 이유는 우리 민족의 정서를 감안해 볼 때 비교적 소외계층에 해당되는 장애인에 대한 내용을 문서로 남기는 것은 적절하지 못한 것으로 여겨서 의도적으로 제외했기 때문일 수도 있다. 여기서는 지금까지 밝혀진 우리나라의 장애인 관련 내용들을 특수교육적 입장에서 시대 순으로 네 단계로 나누어 살펴보고자 한다.

1) 삼국시대부터 조선시대까지

우리나라의 역사적 기록에서 장애인에 관한 기록은 삼국시대부터 나타나기 시작하며, 맹인과 관련한 내용이 대부분이다. 삼국시대에는 기원 1세기부터 고구려, 백제, 신라의 세 나라가 정립되었던 7세기 중엽까지와 통일신라시대가 포함된다. 이 시대에는 맹인을 도와준 선행이나 종교의 포교를 목적으로 한 맹인에 관한 기록들이 전해지고 있다. 그 사례를 임안수(2008)가 정리한 내용을 중심으로 살펴보면 다음과 같다.

> 백제의 개루왕(128~166)이 절색미인인 도미의 아내를 차지하기 위하여, 도미의 두 눈을 빼어 맹인이 되게 했다. 그러나 도미의 아내는 왕의 요구를 거절하고 도미와 고구려로 도망하여 그를 돕고 살았다(『삼국사기』, 권 48, 열전 8, 도미전).

> 신라 진흥왕(540~576) 때 백운과 제후는 같은 마을에서 태어나 부모에 의하여 혼약된 사이였다. 백운이 맹인이 되자 제후의 부모는 무진 태수 이교평에게 시집보내려 하였으나, 제후는 부모의 반대를 무릅쓰고 백운과 결혼하여 살므로 왕의 칭송을 받았다(『동사강목』, 권 1).

> 진성여왕(887~897) 때 20여 세 된 지은(智恩)이가 곡식 300석에 자신의 몸을 팔아 앞 못 보는 어머니를 극진히 봉양했다. 이 일이 알려지자, 진성여왕은 곡식 500석과 집 한 채를 하사하고, 군사를 보내어 그 집을 호위하여 도적을 막게 하며, 그 마을에 정문(旌門)을 세우고 '효양리'라 했다(『삼국유사』, 권 5, 효녀 9).

몇 가지 사례만으로 삼국시대 장애인들의 삶에 대하여 파악하기란 쉽지 않지만 장애인들의 직업이나 교육에 관한 내용보다는 가족의 도움을 받으며 살았음을 알 수 있다.

고려시대부터는 맹인들이 점복업에 종사하기 시작하였다. 그 기록을 보면 충

렬왕 2년 5월에는 맹승(盲僧)을 모아 기우제를 지내게 하였고(『고려사』, 권 29, 세
가, 충렬왕 2년조), 공양왕 원년(1389)에는 10학을 설치함에 따라 풍수음양학이 관
학(官學)으로 확립되었고, 고려시대에는 점복이 복업(卜業)으로 과거제도에 포함
되었고, 점복 맹인들이 강안전시위호군(정4품), 자섬부사(종5품) 등의 벼슬을 받
기도 했다(『세종실록』, 권 75, 세종 18년 10월 정묘조).

　　조선시대에는 숭유배불 정책으로 유교를 숭상하고 불교(도교 포함)를 배척하
였기 때문에 맹승들은 천인의 신분으로 전락하였다. 세조 12년(1466)에 풍수학
은 지리학으로, 음양학은 명과학(命課學)으로 개칭되었는데(『세조실록』, 권 38, 세
조 12년 정월 무오조), 이 명과학은 맹인들만이 할 수 있는 학문인 동시에 직업이
었다. 고려시대와 마찬가지로 맹인들은 과거에 응시하여 벼슬을 하였다.

　　세종 27년(1445)에는 젊고 영리한 맹인 10명을 선발하고 훈도 4~5명을 두어
3일에 한 번씩 서운관(書雲觀: 후에 관상감이라 함)에 모여 원천강(袁天綱), 서자평
(徐子平) 등의 교과목을 익히게 하였다(『세종실록』, 권 107, 세종 27년 3월 무오조)는
기록이 있는데, 이로써 맹인들에게 점복교육이 시작되었고 이 제도는 갑오경장
(1894) 때까지 계속되었다(임안수, 2008).

　　조선시대 맹인들이 할 수 있는 또 하나의 직업으로 관현맹인(管絃盲人) 제도를
들 수 있다. 이 관현맹인은 궁중 내연(內宴)에서 관현합주(管絃合奏)나 가무반주
(歌舞伴奏)를 맡았던 특수한 맹인 음악인들이다(장사훈, 1982). 세종 초에는 관습
도감에 맹인 18명을 입속시키고 음악교육을 실시하였다.

　　조선시대의 이러한 역사적 기록으로 볼 때, 서양보다 훨씬 앞서서 국가에서 장
애인에 대한 직업교육을 실시하였고 관직에 등용할 수 있도록 한 점은 우리나라
의 특수교육사적으로 볼 때 큰 의미를 가지고 있다.

2) 개화기 및 일제강점기 시대

　　우리나라의 근대식 특수교육의 성립은 구한말 개화기에 서구 문명을 받아들
임으로써 주로 외국인 선교사들에 의해서 이루어졌다고 말할 수 있다. 구한말의
개화사상은 개화의 보급과 그 실천을 교육을 통해 이루고자 했으며, 이에 따라
교육의 실용화, 민주화, 구국화를 강조하는 신교육 운동이 전개됨에 따라 우리의

전통적인 경전 중심의 교육을 탈피하여 새로운 학문 전수를 위한 근대학교가 보급되기에 이르렀다(김영욱 외, 2006).

1881년에는 박정양 등 신사유람단이 일본의 각종 교육기관을 둘러보고 맹아원을 소개하였는데, 이것이 우리나라의 문서로 근대식 특수교육을 소개한 최초의 기록이다. 당대의 대표적 사상가인 유길준은 구미 등을 돌아보고 1895년에 펴낸 『서유견문』에서 치아원(지적장애 교육기관), 맹인원(맹 교육기관), 아인원(농 교육기관) 등을 비교적 상세히 소개하였다.

우리나라에서 처음으로 서양식 특수교육을 시작한 사람은 미국 감리교 의료 선교사였던 Rosetta Sherwood Hall 여사였다. 1892년 같은 의료 선교사인 William S. Hall과 결혼하여 평양에서 의료 활동을 하였으며, 1894년에 진료소의 조수였던 오석형의 딸인 맹소녀 오봉래에게 처음으로 점자교육을 시작했다. 청일전쟁 때 남편이 사망하였으며, 1897년에 휴가를 얻어 뉴욕 맹학교에 가서 점자와 맹교육에 관한 자료를 수집하여 평양으로 돌아와 1900년에 평양 여자 맹학교를 개교하여 맹교육에 힘썼다. Hall 여사는 우리나라 최초의 한글점자(4점형 점자)를 창안한 후, 맹인 여학생들을 대상으로 본격적인 교육을 실시했다. Hall 여사가 1894년에 오봉래에게 점자를 지도한 것을 근대식 특수교육의 효시로 보는 경우도 있으나, 학교교육의 일환으로 특수교육을 시작한 시기에 대해서는 1900년을 주장하기도 한다.

1903년에 평양에 있는 정진 소학교에 맹아 학급을 설치하고, 부분적으로 통합교육을 실시함으로써 최초로 통합교육을 시작했다. 농교육도 Hall 여사가 시작하였으며, 그 시작 연도가 1909년이라는 주장(백낙준의 주장)도 있으나 알파벳을 익히는 등 체계적으로 농교육을 시작한 해는 1910년으로 보기도 한다.

한일합병으로 일본이 조선을 강점함으로써 지금까지 선교사들이 실시하였던 특수교육은 조선총독부가 통제하였으며, 1912년에 제생원 관제 및 규칙을 제정·공포하고, 1913년부터 제생원에 맹아부를 두고 맹생 16명, 농아생 11명, 모두 27명으로 교육을 시작했다. 초대 맹아부장은 일본인 오츠카였고, 한국인 교사로는 박두성 선생이 부임하였다. 맹학생의 교과목은 수신, 일본어, 조선어, 산술, 음악, 침안(鍼按) 및 체조 등이었다. 수업 연한은 맹생과 3년, 농아생과 5년, 맹생의 속성과는 1년이었다(임안수, 2008).

일본의 이러한 식민지 교육은 교육 연한을 짧게 하고, 경비를 최대로 절약하며, 일본 통치에 필요한 실용적인 교육내용으로 구성하여 실시하였기 때문에 질적으로 수준 낮은 교육이 될 수밖에 없었다.

일본 강점기 시대에서도 박두성은 1920년 제자들과 함께 '조선어 점자 연구위원회'를 조직하고, 6점형 한글점자를 제정하기 위한 노력을 기울이기 시작했다. 1923년에는 3·2점자(자음은 3점으로, 모음은 2점으로 구성된 점자)를 제정했으나, 초성과 종성이 구별되지 않아 다시 연구를 계속했다. 박두성 선생은 1926년 8월에 한글점자를 제정하여 사용해 본 결과 그 우수성이 인정되어, 1926년 11월 4일에 '훈맹정음'이란 이름으로 발표하기에 이르렀다. 일반 맹인들에게 조선어 독본, 천자문, 명심보감, 편지틀, 불쌍한 동무 등 많은 도서를 점역하여 도서관 사업을 했고, 점자를 모르는 맹인들에게는 점자판과 점자 해설서, 조선어 독본을 보내어 통신교육을 실시함으로써 문맹 퇴치에 심혈을 기울였다. 제생원을 은퇴한 후에도 자택에 점자 인쇄시설을 갖추고 성경책과 다른 점자도서를 출판하여 맹인들에게 대출했다. 이와 같이 우리나라 맹교육에 가장 빛나는 업적을 남긴 박두성을 가리켜 시인 노산 이은상은 '맹인의 세종대왕'이라고 칭송하였다(임안수, 2008).

1935년 이창호 목사는 한국인으로서는 처음으로 평양에 맹 남학생을 위한 평양 광명맹아학교를 설립했으며, 1938년 제생원 졸업생 손용주는 원산맹학교를 설립하였다. 그리고 함흥맹학교와 부산에 경남맹학교가 각각 설립되었으며, 이들의 교육내용은 제생원의 교육과정에 준하여 이루어졌다.

한편, 일반 초등학교 내에 설치된 최초의 특수학급은 1937년 서울 동대문 국민학교의 병허약아 학급으로 알려지고 있다.

3) 광복 이후부터 1990년대까지

광복 이후 미군정 기간 동안에는 특수교육의 발전이 거의 없었다. 제생원 맹아부가 미군정청 보건후생부로 이관되고, 교명도 국립 맹아학교로 고쳤으며, 학제도 6년 과정의 초등교육을 실시하게 되었다. 1947년 9월 1일에는 중등과를 신설했고, 1948년 2월 국립 맹아학교는 보건사회부에서 문교부로 이관되었으며,

1950년 6월 1일 3년제 사범과를 신설하여 교원을 양성하기 시작했으며, 1964년 고등부를 신설하면서 사범과를 폐지하였다. 1959년 4월 1일 서울맹아학교는 서울맹학교와 서울농아학교(현 서울농학교)로 분리되었다(서울맹학교, 2013).

해방 후 처음으로 설립된 사립특수학교는 1946년 이영식 목사가 설립한 대구맹아학교(현 대구광명학교와 대구영화학교의 전신)이다. 그리고 최초의 지체부자유학교는 1964년에 설립된 연세대학교 세브란스병원 소아재활원 부속 국민학교(현 연세재활학교)이며, 지적장애학교는 1966년에 설립된 대구보명학교다. 이후 전국 각 지역에 사립 특수학교가 설립되었는데, 당시 사립 특수학교들은 기독교적 인도주의와 박애주의 정신에 입각하여 설립된 것이 대부분으로 우리나라 특수교육의 발전에 중요한 역할을 해 왔다.

1967년 9월 문교부가 마련한 '특수교육 5개년 계획'을 계기로 해서 국가가 적극적으로 특수교육을 발전시키기 위한 노력을 하기 시작했다. 정부의 경제발전 우선정책에 따라 특수교육 발전의 큰 성과는 없었으나 경남혜림학교와 대구남양학교가 설립되었고, 대전맹학교가 사립에서 공립으로 바뀌게 되었다.

1970년대에 들어와 일반 초등학교에 특수학급이 설치되면서 우리나라 특수교육의 공적 책임 확대를 위한 중요한 역할을 하였다. 1971년 대구 칠성국민학교에 설치된 최초의 교육가능 지적장애아 특수학급을 시작으로 하여 1972년에는 18개, 1973년에 33개의 특수학급에 532명의 학생이 교육을 받았다. 또한 1979년에는 서울 여의도 중학교에 특수학급이 설치되었으며, 1982년에는 여의도 고등학교, 1986년에는 여의도 초등학교에 약시학급이 설치되어 현재까지 운영되고 있다. 1984년에는 경기도에 지적장애 중학교 특수학급이 설치되어 실험적으로 운영되었고, 1989년에는 서울 교동초등학교에 난청아동 특수학급이 설치되어 운영되었다.

우리나라 특수교육의 질적 발전은 1977년 「특수교육진흥법」의 제정이 큰 역할을 했다고 볼 수 있으며, 이후 1988년 세계 장애인올림픽 개최가 장애인에 대한 교육과 복지의 질적 향상을 이룰 수 있도록 하였다.

「특수교육진흥법」의 제정과 함께 이듬해 동법 시행령과 시행규칙이 공포되면서 우리나라 장애인 교육을 공적으로 보장하기 시작하였고, 전국 시 · 도에 공립특수학교 및 특수학급이 설치되는 등 특수교육 발전의 기틀을 마련하는 법적 근거가 되었다. 1994년 전면 개정에서는 통합교육 및 개별화교육 등 새로운 교육 사조의 도입, 장애학생의 적절한 선정·배치 등 절차적 권리 강화를 위한 특수교 육운영위원회의 도입 등 획기적인 조치를 포함하였고, 초등학교, 중학교 과정의 의무교육과 유치원 및 고등학교 과정의 무상교육이 이루어질 수 있도록 하였다.

4) 2000년대 이후 특수교육

1990년 이후 우리나라는 민주화의 영향으로 인하여 시민사회의 힘이 커지고, 구조 금융과 구조 조정이라는 지역사회의 변화와 더불어 장애인 교육과 복지에 새로운 변화를 가져오게 되었다. 산업혁명 이후 우리 사회는 기계화를 통하여 제 품의 대량생산을 가능하게 하는 체제로 바뀌면서 품목의 획일화와 규격화를 초 래하여 인간에게서 선택권이 박탈되었다. 즉, 수요자의 요구보다는 공급자의 요 구가 우선되는 사회구조로 변화하였다.

그러나 2000년대 이후 우리 사회는 교육을 수요자의 요구에 따라 재구조화하 자는 취지하에 학생 중심의 교육을 강조하게 되었고, 이와 더불어 열린교육 체제 를 갖추기 위한 노력도 함께 있어 왔다. 또한 지식·정보화 시대가 도래하여 지 식과 정보의 생산과 소멸의 주기가 매우 빨라지면서 변화하는 지식과 정보를 계 속적으로 받아들일 수 있도록 평생학습 체제를 구축하기에 이르렀다. 이러한 영 향으로 인하여 장애학생들이 가지는 개인적인 독특한 요구에 가장 적절한 교육 을 제공하기 위한 노력을 기울이게 되었고, 이와 함께 장애 영역에 따라 규정하 였던 특수학교 교육과정도 그 벽을 허물어 학생 개개인의 특성에 맞는 교육과정 을 선택해서 사용할 수 있도록 하고 있다. 그리고 장애인의 평생교육을 보장하기 위한 법적·제도적 장치도 마련되었다.

2000년대에 들어서면서 이루어진 법적·제도적 정비는 특수교육의 양적 변화 와 함께 질적 변화를 가져왔다. 「장애인복지법」 제31조 및 「장애인복지법 시행 령」 제18조에 근거하여 우리나라 장애인복지정책의 대상이 되는 장애인들의 생 활 실태 및 복지서비스 욕구 등을 파악함으로써 장·단기 장애인복지정책 수립 및 시행을 위한 기초 자료를 생산하는 것을 목적으로 3년마다 장애인 실태조사 를 실시하도록 규정하고 있으며, 「2011년 장애인 실태조사」에서 나타난 등록 장

〈표 2-2〉 등록 장애인 현황 (단위: 명)

구 분	지체장애	뇌병변장애	시각장애	청각장애	언어장애	지적장애	자폐성장애	정신장애
2005년	923,183	154,614	180,526	151,184	13,874	123,868	8,754	59,223
2011년	1,337,722	261,746	249,259	260,403	17,207	161,249	14,888	95,821
구 분	신장장애	심장장애	호흡기장애	간장애	안면장애	장루·요루장애	간질장애	전체
2005년	40,288	12,226	10,815	4,583	1,311	8,848	6,032	1,669,329
2011년	57,142	12,864	15,551	7,920	2,696	13,072	9,772	2,517,312

* 출처: 보건복지가족부, 한국보건사회연구원(2011), p. 6.

애인 현황을 살펴보면 〈표 2-2〉와 같다(보건복지부, 한국보건사회연구원, 2011).

〈표 2-2〉에서 보는 바와 같이, 2005년과 2011년 등록 장애인 현황을 보면, 2005년 166만 9,329명에서 2011년 251만 7,312명으로 6년 사이에 등록장애인 수가 약 84만 7천여 명이 늘어나 50.8%의 증가율을 나타내었다. 이러한 현상에 대해서 보건복지가족부와 한국보건사회연구원(2011)에서는 장애에 대한 인식 개선, 장애인복지시책의 다양화 등으로 장애인 등록이 많아지고 있고, 인구 고령화 및 각종 사고의 증가, 만성질환 증가 등으로 인하여 장애 발생률 자체도 높아지는 것으로 유추하였다.

2011년도 현황에서 장애 유형별 장애인 수는 지체장애인이 133만 7,722명으로 가장 많으며, 안면장애인이 2,696명으로 가장 적은 것으로 나타났다.

〈표 2-3〉에서 보는 바와 같이 보건복지부 홈페이지에서 제공한 2013년 장애

〈표 2-3〉 2013년 등록 장애인의 성별 분포 (단위: 명)

구 분	지체장애	뇌병변장애	시각장애	청각장애	언어장애	지적장애	자폐성장애	정신장애
남자	757,723	145,303	151,009	140,022	12,840	107,993	15,438	50,183
여자	551,562	108,190	102,086	115,377	4,990	70,873	2,695	45,492
계	1,309,285	253,493	253,095	255,399	17,830	178,866	18,133	95,675
구 분	신장장애	심장장애	호흡기장애	간장애	안면장애	장루·요루장애	간질장애	전체
남자	38,199	4,340	9,933	6,717	1,567	8,349	3,990	1,453,606
여자	28,352	2,588	3,217	2,477	1,129	5,197	3,281	1,047,506
계	66,551	6,928	13,150	9,194	2,696	13,546	7,271	2,501,112

*출처: 보건복지부 홈페이지(장애인 등록 현황, 2013년 12월 말).

인 등록 현황을 살펴보면, 남자 145만 3,606명, 여자 104만 7,506명으로 남자가 여자에 비해 40만 6,100명이 더 많은 것으로 나타났다. 성별 간 많은 차이가 있는 장애 유형으로는 자폐성장애와 호흡기장애, 언어장애 등이 있으며, 성별 간 차이가 적은 장애 유형으로는 간질장애, 정신장애 등이 있다.

교육부(2013)가 2013년도 정기국회에 제출하기 위하여 작성한 「특수교육 연차 보고서」에 따른 특수교육의 변화 추이는 〈표 2-4〉에서 보는 바와 같이 2005년 부터 2013년까지 특수학교 수, 특수학급 수, 학생 수, 교원 수 모두 증가 추세에 있다.

〈표 2-4〉 특수교육의 변화 추이에 대한 교육부(2013)의 보고서에 따르면, 최근 장애학생의 통합교육 확산으로 특수학교 수는 크게 증가하지 않으나 특수학급은 계속 늘어나는 추세이며, 일반학교에서 통합교육을 받는 특수교육 대상 학생이 증가함에 따라 특수학교의 학생은 장애 정도가 심한 중도·중복장애 학생이 많아지는 경향을 나타내는 것으로 보았다.

특수학교 수의 경우 2005년에 142개교에서 2013년 현재 162개교로 늘어났으며, 특수학급 수는 4,697개 학급에서 9,343개 학급으로 거의 2배 가까이 증설되었다.

학생 수의 변화 추이를 보면, 2013년 특수교육 대상 학생은 8만 6,633명으로 2005년보다 2만 8,271명이 증가하였으며, 최근 특수교육 대상 학생의 교육 기회

〈표 2-4〉 **특수교육의 변화 추이** (단위: 교, 학급, 명)

구 분		2005	2006	2007	2008	2009	2010	2011	2012(A)	2013(B)	B-A
특수학교 수		142	143	144	149	150	150	155	156	162	6
특수학급 수		4,697	5,204	5,753	6,352	6,924	7,792	8,415	8,927	9,343	416
학생수	계	58,362	62,538	65,940	71,484	75,187	79,711	82,665	85,012	86,633	1,621
	장애영아	-	-	-	-	288	290	356	403	578	175
	유치원	3,057	3,243	3,125	3,236	3,303	3,225	3,367	3,675	4,190	515
	초등학교	31,064	32,263	32,752	33,974	34,035	35,294	35,124	34,458	33,518	-940
	중학교	12,493	13,972	15,267	16,833	17,946	19,375	20,508	21,535	22,241	706
	고등학교	10,756	11,851	13,349	15,686	17,553	19,111	20,439	21,649	22,466	817
	전공과	992	1,209	1,447	1,755	2,062	2,416	2,871	3,292	3,640	348
교원 수		10,429	11,259	12,249	13,165	13,997	15,244	15,934	16,727	17,446	719

출처: 교육부(2013), p. 10.

확대 및 지원서비스 강화로 특수교육 대상자로 등록하는 학생 수가 지속적으로 증가하는 추세를 보이고 있다. 특히, 특수교육 지원내용을 살펴보면 무상교육 지원, 특수교육 보조원 배치, 특수교육기관 종일반·방과후학교 운영, 특수교육지원센터 운영 지원, 치료 지원 제공, 병원학교 설치·운영, 일반학교 장애인 편의시설 설치, 특수교육 대상 학생 학교 급식비 등 지원, 장애영아 무상교육 지원, 학교기업 운영 등 진로·직업교육 지원, 장애인식개선 사업 등 많은 일을 지원하고 있다.

특수교육 담당 교원 1인당 학생 수는 2013년도 현재 4.97명으로 「장애인 등에 대한 특수교육법」에서 특수학교 및 특수학급 교사 배치 기준이 학생 4명당 1명으로 규정하고 있는 데 비해 높은 편이다.

〈표 2-5〉에서는 2008년도부터 2013년 4월 현재까지 연도별 특수교육 대상 학생의 배치 현황을 나타내고 있다.

2008년에 특수학교의 배치 학생 수가 2만 3,400명에서 매년 조금씩 증감 배치되었고 2013년에는 2만 5,522명이 특수학교에 배치되어 있어서 2008년에 비해 2,122명이 증가 배치되었다. 이에 비해 일반학교의 특수학급에 배치된 학생 수는 2008년에 3만 7,857명이 배치되었으며 매년 조금씩 증가되면서 2013년에는 4만 5,181명이 배치되어 2008년에 비해 7,324명이 증가 배치되었다. 일반학교 일반

〈표 2-5〉 **연도별 특수교육 대상 학생 배치 현황**　　　　(단위: 명, %)

연 도	특수학교 배치 학생 수	일반학교(일반학급) 배치 학생 수			전체 학생 수
		특수학급	일반학급	소계	
2009	23,801 (31.7)	39,380	12,006	51,386 (68.3)	75,187 (100)
2010	23,944 (30.0)	42,021	13,746	55,767 (70.0)	79,711 (100)
2011	24,741 (29.9)	43,183	14,741	57,924 (70.1)	82,665 (100)
2012	24,932 (29.3)	44,433	15,647	60,080 (70.7)	85,012 (100)
2013	25,522 (29.5)	45,181	15,930	61,111 (70.5)	86,633 (100)

출처: 교육부(2013), p. 11.

학급에 배치된 학생 수는 2008년에 1만 227명에서 매년 증가 배치되었고 2013년에는 1만 5,930명이 배치되어 2008년에 비해 5,703명이 증가 배치되었다. 연도별로 조금씩 차이는 있지만 매년 특수학교에 배치되는 학생에 비해 특수학급과 일반학급에 배치되는 비율이 높아지고 있음을 알 수 있다.

〈표 2-6〉에서는 연도별 장애 영역별 학생 수를 2009년부터 2013년 4월 현재까지 시각장애, 청각장애, 지적장애, 지체장애, 정서행동장애, 자폐성장애, 의사소통장애, 학습장애, 건강장애, 발달지체로 나누어 제시하고 있으며, 지적장애와 자폐성장애, 발달지체, 의사소통장애 학생 수는 매년 증가 추세를 보이고 있으나 학습장애와 정서행동장애 학생 수는 오히려 감소 추세를 보이고 있다.

1977년 12월에 제정되어 약 30년 동안 특수교육의 발전에 실질적인 역할을 한 「특수교육진흥법」의 폐지와 함께 새롭게 제정된 「장애인 등에 대한 특수교육법」은 특수교육 현장에 많은 변화와 발전을 가져오고 있다. 인권 존중에 대한 인식의 변화와 더불어 다 함께 살아가기 위한 노력은 통합교육을 더욱 앞당기게 될 것이며, 정부의 앞서가는 정책 마련과 예산 지원 노력이 뒷받침된다면 특수교육의 정상화는 더욱 빨리 이루어질 것이다.

〈표 2-6〉 **연도별 장애 영역별 학생 수** (단위: 명, %)

연도	시각장애	청각장애	지적장애	지체장애	정서행동장애	자폐성장애	의사소통장애	학습장애	건강장애	발달지체	전체학생 수
2009	2,113 (2.8)	3,385 (4.5)	40,601 (54.0)	9,659 (12.8)	3,537 (4.7)	4,647 (6.2)	1,324 (1.8)	6,526 (8.7)	1,945 (2.6)	1,450 (1.9)	75,187 (100)
2010	2,398 (3.0)	3,726 (4.7)	42,690 (53.6)	10,367 (13.0)	3,588 (4.5)	5,463 (6.9)	1,591 (2.0)	6,320 (7.9)	2,174 (2.7)	1,394 (1.7)	79,711 (100)
2011	2,315 (2.8)	3,676 (4.4)	45,132 (54.6)	10,727 (13.0)	2,817 (3.4)	6,809 (8.2)	1,631 (2.0)	5,606 (6.8)	2,229 (2.7)	1,723 (2.1)	82,665 (100)
2012	2,303 (2.7)	3,744 (4.4)	46,265 (54.4)	11,279 (13.3)	2,713 (3.2)	7,922 (9.3)	1,819 (2.1)	4,724 (5.6)	2,195 (2.6)	2,048 (2.4)	85,012 (100)
2013	2,220 (2.6)	3,666 (4.2)	47,120 (54.4)	11,233 (13.0)	2,754 (3.2)	8,722 (10.1)	1,953 (2.3)	4,060 (4.7)	2,157 (2.5)	2,748 (3.2)	86,633 (100)

출처: 교육부(2013), p. 11.

3. 장애학생 교육을 위한 법령

새로운 한 세기를 맞으면서 우리 사회는 장애아동의 교육적 욕구 충족과 함께 그들이 가지고 있는 잠재능력을 최대한 계발시키기 위해 일반아동과 동일한 교육환경과 여건 속에서 함께 통합교육을 받을 수 있도록 하는 데 중점을 두고 특수교육이 이루어질 수 있도록 노력하고 있다.

그 한 방편으로 급변하는 사회 변화에 적합한 장애인 관련 정책을 수립하자는 요구에 따라 장애인 등의 관련 정책에 대한 법률이 개정 또는 제정되었다. 즉, 「장애인복지법」의 개정과 「장애인차별금지 및 권리구제 등에 관한 법률」 및 「장애인 등에 대한 특수교육법」의 제정이 그것이다.

이러한 법률들은 2000년대에 접어들면서 장애인 당사자주의에 입각한 입법 및 인권 패러다임으로의 전환, 장애인 차별에 대한 인식 변화, 사회적 약자의 인권 보장, 국제인권협약의 국내 이행 등 정치적 · 사회적 변화를 수용하기 위한 것으로 장애인에 대한 복지 증진, 장애인의 권리 보장과 차별금지, 장애인 교육권 보장 등의 요구들을 담고 있다.

1) 특수교육 관련 법령

우리나라의 특수교육 관련 법령은 〈표 2-7〉과 같이 「헌법」, 「교육기본법」, 「유아교육법」, 「유아교육법시행령」, 「초 · 중등교육법」, 「초 · 중등교육법 시행령」, 「장애인 등에 대한 특수교육법/시행령/시행규칙」, 「특수학교시설 · 설비기준령」, 「특수교육담당교원 및 교육전문직 인사관리기준」, 「장애인 차별금지 및 권리구제 등에 관한 법률」 등이 정한 규정에 따라 이루어지고 있다.

「헌법」 제31조 제1항은 "모든 국민은 능력에 따라 균등하게 교육을 받을 권리를 가진다."라고 명시하고 있다. 또한 「교육기본법」 제3조(학습권)는 "모든 국민은 평생에 걸쳐 학습하고, 능력과 적성에 따라 교육받을 권리를 가진다."라고 명시하고 있고, 제4조(교육의 기회균등) 제1항은 "모든 국민은 성별, 종교, 신념, 인종, 사회적 신분, 경제적 지위 또는 신체적 조건 등을 이유로 교육에서 차별을 받

지 아니한다."라고 명시하고 있으며, 제2항은 "국가와 지방자치단체는 학습자가
평등하게 교육을 받을 수 있도록 지역 간의 교원 수급 등 교육 여건 격차를 최소
화하는 시책을 마련하여 시행하여야 한다."라고 명시하고 있다.

　「헌법」과 「교육기본법」에서 명시하고 있는 바와 같이 우리나라의 모든 국민은
장애의 유무와 관계없이 누구나 평등하게 교육받을 권리가 보장되어 있다. 즉,
장애를 이유로 교육받을 기회를 주지 않거나 교육에서 차별을 해서는 안 된다.

　「유아교육법」제15조(특수학교 등)에서는 특수학교는 장애를 가진 유아들에게

〈표 2-7〉 **특수교육 관련 법령**

법 령	관련 조항
헌법	제31조
교육기본법	제3조(학습권), 제4조(교육의 기회 균등), 제8조(의무교육), 제18조(특수교육)
유아교육법	제15조(특수학교 등)
유아교육법 시행령	제25조(특수학교의 교직원)
초·중등교육법	제2조(학교의 종류), 제12조(의무교육), 제19조(교직원의 구분), 제21조(특수학교), 제55조(교원의 자격), 제56조(전공과의 설치), 제57조(특수학급), 제58조(학력의 인정), 제59조(통합교육)
초·중등교육법 시행령	제11조(평가의 대상), 제14조(위탁 시의 협의), 제40조(특수학교 등의 교원), 제43조(교과), 제45조(수업일수), 제57조(분교장), 58조(국·공립 학교운영위원회의 구성), 제63조(사립학교의 운영위원회)
장애인 등에 대한 특수교육법/시행령/시행규칙	전체
특수학교시설·설비기준령	전체
장애인복지법	제2장 제20조(교육)
장애인차별금지 및 권리구제 등에 대한 법률	제2장 제2절 교육
장애인·노인·임산부 등의 편의증진보장에 관한 법률	제8조(편의시설의 설치기준)
장애인고용촉진 및 직업재활법	제8조(교육부 및 보건복지부와의 연계)

* 출처: 교육부(2013), p. 2.

유치원에 준하는 교육의 실시와 유치원과의 통합교육 실시에 필요한 시책을 강구해야 함을 명시하고 있으며, 「유아교육법 시행령」 제25조에서는 필요시 교원의 배치를 할 수 있도록 명시하고 있다.

「초·중등교육법」과 「초·중등교육법 시행령」에서는 특수교육 교원의 자격, 특수학교 운영의 목적, 전공과 및 특수학급의 설치 근거, 학력의 인정, 통합교육 실시에 필요한 시책 마련, 교과, 수업일수, 국·공립 학교운영위원회의 구성, 사립학교의 운영위원회 등을 명시하여 특수교육 실시에 필요한 법적 근거를 제공하고 있다.

「장애인 등에 대한 특수교육법/시행령/시행규칙」과 「특수학교시설·설비 기준령」은 모든 조항에서 특수교육의 실천을 뒷받침하고 있으며, 「장애인차별금지 및 권리구제 등에 관한 법률」은 모두 6장 50개 조문으로 규정되어 있으며, 제2장(차별금지) 제2절(교육)에서는 교육책임자의 차별금지와 정당한 편의 제공 의무를 명시하고 있다.

2) 「장애인복지법」의 교육 관련 규정

「장애인복지법」은 모두 9장 90개 조문으로 규정하고 있으며, 교육 관련 규정은 다음과 같다.

제4조는 장애인의 권리를 보장하는 조항으로 인간으로서 존엄과 가치를 존중받으며, 그에 걸맞은 대우를 받으며, 국가·사회의 구성원으로서 정치·경제·사회·문화, 그 밖의 모든 분야의 활동에 참여할 권리를 가지며, 장애인 관련 정책결정과정에 우선적으로 참여할 권리를 보장하고 있다.

제8조는 장애인에 대한 차별금지 등에 대한 조항으로 누구든지 장애를 이유로 정치·경제·사회·문화 생활의 모든 영역에서 차별을 받지 않으며, 누구든지 장애인을 비하·모욕하거나 장애인을 이용하여 부당한 영리행위를 하여서는 아니 되며, 장애인의 장애를 이해하기 위하여 노력해야 함을 명시하고 있다.

제20조는 교육과 관련한 조항으로 다음과 같이 명시하고 있다. ① 국가와 지방자치단체는 사회통합의 이념에 따라 장애인이 연령·능력·장애의 종류 및 정도에 따라 충분히 교육받을 수 있도록 교육 내용과 방법을 개선하는 등 필요한

정책을 강구하여야 한다. ② 국가와 지방자치단체는 장애인의 교육에 관한 조사·연구를 촉진하여야 한다. ③ 국가와 지방자치단체는 장애인에게 전문 진로교육을 실시하는 제도를 강구하여야 한다. ④ 각급 학교의 장은 교육을 필요로 하는 장애인이 그 학교에 입학하려는 경우 장애를 이유로 입학 지원을 거부하거나 입학시험 합격자의 입학을 거부하는 등의 불리한 조치를 하여서는 아니 된다. ⑤ 모든 교육기관은 교육 대상인 장애인의 입학과 수학(修學) 등에 편리하도록 장애의 종류와 정도에 맞추어 시설을 정비하거나 그 밖에 필요한 조치를 강구하여야 한다.

제88조 벌칙 조항에서는 제20조 제4항을 위반하여 장애인의 입학 지원을 거부하거나 입학시험 합격자의 입학을 거부하는 등 불리한 조치를 한 자는 300만 원 이하의 벌금에 처하도록 명시하고 있다.

3)「장애인 등에 대한 특수교육법」

「장애인 등에 대한 특수교육법」은 2007년 5월 25일에 제정되어 2008년 5월 26일부터 시행되었다. 「장애인 등에 대한 특수교육법」이 시행되기 전까지는 1977년 12월 31일 법률 제3053호로 제정·공포된 「특수교육진흥법」이 우리나라 특수교육 발전의 기틀을 마련하는 법적 근거가 되었다.

「특수교육진흥법」은 모두 9차례 개정되었으며, 그중 1994년의 개정에서는 통합교육 및 개별화교육, 장애학생의 적절한 선정·배치, 특수교육운영위원회의 도입 등이 이루어졌다.

그러나 「특수교육진흥법」은 초·중등교육 중심으로 규정되어 있어 장애 영유아 및 장애 성인을 위한 교육 지원에 대한 규정이 미흡하였으며, 국가 및 지방자치단체의 특수교육 지원에 대한 구체적인 제시가 부족하여 법의 실효성에 한계가 있었다. 이러한 이유 등으로 「특수교육진흥법」을 폐지하고 「장애인 등에 대한 특수교육법」을 제정하게 되었다.

「장애인 등에 대한 특수교육법」은 「교육기본법」 제18조에 따라 국가 및 지방자치단체가 장애인 및 특별한 교육적 요구가 있는 사람에게 통합된 교육환경을 제공하고 생애주기에 따라 장애 유형, 장애 정도의 특성을 고려한 교육을 실시하여 이들이 자아실현과 사회통합을 하는 데 기여함을 목적으로 하고 있으며, 전체 6개 장 38개 조문으로 규정되어 있다. 각 장별 주요 내용은 다음과 같다.

(1) 제1장 총칙

제1장은 법의 목적과 용어의 정의, 의무교육 등과 차별의 금지에 대한 조항으로 구성되어 있다. 이 법에서 사용하는 용어로 '특수교육', '특수교육 관련 서비스', '특수교육 대상자', '특수교육 교원', '보호자', '통합교육', '개별화교육', '순회교육', '진로 및 직업 교육', '특수교육기관', '특수학급', '각급 학교'가 정의되어 있다.

의무교육은 교육의 기회균등 사상에 입각하여 모든 국민에게 사회적·경제적 지위에 관계없이 최소한의 필수적인 공통교육을 보장하기 위한 제도를 말한다. 특수교육 대상자에 대하여 유치원, 초·중·고등학교 과정(만 3세부터 만 17세까지)의 교육을 의무교육으로 하고, 고등학교 과정을 졸업한 자에게 진로 및 직업 교육을 제공하는 전공과와 만 3세 미만의 장애영아 교육은 무상으로 하며, 의무교육 및 무상교육에 드는 비용은 국가 또는 지방자치단체가 부담하도록 규정하고 있다.

차별의 금지에 대하여는 각급 학교의 장 또는 대학의 장은 특수교육 대상자가 그 학교에 입학하고자 하는 경우에는 그가 지닌 장애를 이유로 입학의 지원을 거부하거나 입학전형 합격자의 입학을 거부하는 등 교육 기회에 있어서 차별을 하여서는 아니 된다. 또한 특수교육 관련 서비스 제공에서의 차별, 수업 참여 배제 및 교내외 활동 참여 배제, 개별화교육지원팀에의 참여 등 보호자 참여에서의 차별, 대학의 입학전형 절차에서 장애로 인하여 필요한 수험 편의의 내용을 조사·확인하기 위한 경우 외에 별도의 면접이나 신체검사를 요구하는 등 입학전형 과정에서의 차별 등에 있어서 특수교육 대상자 및 보호자를 차별하여서는 아니 된다.

(2) 제2장 국가 및 지방자치단체의 임무

국가 및 지방자치단체는 특수교육 대상자에게 적절한 교육을 제공하기 위하여 장애인에 대한 특수교육종합계획의 수립, 특수교육 대상자의 조기 발견, 특수교육 대상자의 취학지도, 특수교육의 내용, 방법 및 지원체제의 연구·개선, 특수교육 교원의 양성 및 연수, 특수교육기관 수용 계획의 수립, 특수교육기관의 설치·운영 및 시설·설비의 확충·정비, 특수교육에 필요한 교재·교구의 연구·개발 및 보급, 특수교육 대상자에 대한 진로 및 직업 교육 방안의 강구, 장애인에 대한 고등교육 및 평생교육 방안의 강구, 특수교육 대상자에 대한 특수교육 관련 서비스 지원방안의 강구, 그 밖에 특수교육의 발전을 위하여 필요하다고 인정하는 사항 등의 업무를 수행하도록 규정하고 있으며, 이러한 업무를 수행하는 데 드는 경비를 예산의 범위 안에서 우선적으로 지급하도록 규정하고 있다.

또한 국가 및 지방자치단체는 특수교육 대상자의 취학 편의를 고려하여 특수교육기관을 지역별 및 장애 영역별로 균형 있게 설치·운영하도록 규정하고 있으며, 국립 또는 공립의 특수교육기관이 부족하거나 특수교육 대상자의 의무교육 또는 무상교육을 위하여 필요한 경우에는 사립의 특수교육기관에 그 교육을 위탁할 수 있도록 규정하고 있다. 교육을 위탁받은 사립의 특수교육기관에 취학하고 있는 특수교육 대상자 또는 그의 보호자는 해당 특수교육기관의 교육 활동이 매우 불량하거나 특수교육 대상자의 특성에 맞지 아니하여 특수교육 대상자의 교육에 현저한 지장을 주고 있다고 판단되는 때에는 교육장 또는 교육감에게 그 사유를 구체적으로 명시하여 취학하고 있는 교육기관 외의 교육기관에 취학할 수 있도록 교육기관 변경을 신청할 수 있도록 규정하고 있다.

국가 및 지방자치단체는 특수교육 교원의 자질 향상을 위한 교육 및 연수를 정기적으로 실시하여야 하며, 특수교육 대상자의 통합교육을 지원하기 위하여 일반학교의 교원에 대하여 특수교육 관련 교육 및 연수를 정기적으로 실시하도록 규정하고 있다.

이 외에 특수교육 대상자의 권리와 의무의 안내, 특수교육운영위원회 구성·운영, 특수교육지원센터의 설치·운영, 특수교육에 관한 연차보고서 작성, 특수교육 실태조사 실시 등에 대한 사항이 규정되어 있다.

(3) 제3장 특수교육 대상자의 선정 및 학교 배치 등

교육장 또는 교육감은 영유아의 장애 및 장애 가능성을 조기에 발견하기 위하여 지역주민과 관련 기관을 대상으로 홍보를 실시하고, 해당 지역 내 보건소와 병원 또는 의원에서 선별검사를 무상으로 실시하여야 하며, 선별검사를 효율적으로 실시하기 위하여 지방자치단체 및 보건소와 병·의원 간에 긴밀한 협조체제를 구축하도록 규정하고 있다.

특수교육을 필요로 하는 사람, 즉 시각장애, 청각장애, 지적장애, 지체장애, 정서·행동장애, 자폐성장애(이와 관련된 장애를 포함), 의사소통장애, 학습장애, 건강장애, 발달지체, 그 밖에 대통령령으로 정하는 장애로 진단·평가된 사람을 특수교육 대상자로 선정하며, 특수교육 대상자로 선정된 자를 해당 특수교육운영위원회의 심사를 거쳐 일반학교의 일반학급, 일반학교의 특수학급, 특수학교 중 어느 하나에 배치하여 교육하도록 규정하고 있다.

(4) 제4장 영유아 및 초·중등교육

만 3세 미만의 장애영아의 보호자는 조기교육이 필요한 경우 교육장에게 교육을 요구할 수 있으며, 요구를 받은 교육장은 특수교육지원센터의 진단·평가 결과를 기초로 만 3세 미만의 장애영아를 특수학교의 유치원 과정, 영아학급 또는 특수교육지원센터에 배치하여 특수교육 교원 및 특수교육 관련 서비스 담당 인력 등으로 하여금 순회교육을 제공하도록 규정하고 있다.

특수교육기관의 유치원, 초·중·고등학교 과정의 교육과정은 장애의 유형 및 정도를 고려하여 교육과학기술부령으로 정하고, 영아교육 과정과 전공과의 교육과정은 교육감의 승인을 받아 학교장이 정하도록 규정하고 있다.

각급 학교의 장은 교육에 관한 각종 시책을 시행함에 있어서 통합교육의 이념을 실현하기 위하여 노력하여야 하며, 특수교육 대상자를 배치받은 일반학교의 장은 교육과정의 조정, 보조인력의 지원, 학습보조기기의 지원, 교원연수 등을 포함한 통합교육 계획을 수립·시행하여야 한다. 그리고 각급 학교의 장은 특수교육 대상자의 교육적 요구에 적합한 교육을 제공하기 위하여 보호자, 특수교육 교원, 일반교육 교원, 진로 및 직업 교육 담당 교원, 특수교육 관련 서비스 담당 인력 등으로 개별화교육지원팀을 구성하여야 하며, 개별화교육지원팀은 매 학기에 특수교육 대상자에 대한 개별화교육계획을 작성하여야 한다.

중학교 과정 이상의 각급 학교의 장은 특수교육 대상자의 특성 및 요구에 따른 진로 및 직업 교육을 지원하기 위하여 직업평가·직업교육·고용 지원·사후

관리 등의 직업재활 훈련 및 일상생활 적응훈련 · 사회적응 훈련 등의 자립생활 훈련을 실시하고, 대통령령으로 정하는 자격이 있는 진로 및 직업 교육을 담당하는 전문인력을 두어야 하며, 특수교육기관에는 고등학교 과정을 졸업한 특수교육 대상자에게 진로 및 직업 교육을 제공하기 위하여 수업 연한 1년 이상의 전공과를 설치 · 운영할 수 있도록 규정하고 있다.

교육장 또는 교육감은 일반학교에서 통합교육을 받고 있는 특수교육 대상자를 지원하기 위하여 일반학교 및 특수교육지원센터에 특수교육 교원 및 특수교육 관련 서비스 담당 인력을 배치하여 순회교육을 실시하도록 규정하고 있으며, 종일제를 운영하는 유치원 과정의 교육기관에 특수교육 대상자가 배치되는 경우 해당 각급 학교의 장은 특수교육 대상자에 대한 종일제 운영을 담당할 인력을 학급당 1인 이상 추가로 배치할 수 있도록 규정하고 있다. 이 외에 특수학교의 학급 및 각급 학교의 특수학급 설치 기준과 특수교육 관련 서비스에 대하여 규정하고 있다.

(5) 제5장 고등교육 및 평생교육

대학의 장은 대학의 장애학생 지원을 위한 계획, 심사청구 사건에 대한 심사 · 결정, 그 밖에 장애학생 지원을 위하여 대통령령으로 정하는 사항을 심의 · 결정하기 위하여 특별지원위원회를 설치 · 운영하여야 하며, 장애학생의 교육 및 생활에 관한 지원을 총괄 · 담당하는 장애학생지원센터를 설치 · 운영하도록 규정하고 있다.

장애학생지원센터는 장애학생을 위한 각종 지원에 관한 사항, 제31조에서 정하는 편의 제공에 관한 사항, 교직원 · 보조인력 등에 대한 교육에 관한 사항, 장애학생 교육복지의 실태조사에 관한 사항, 그 밖에 대학의 장이 부의하는 사항을 담당한다.

또한 대학의 장은 해당 학교에 재학 중인 장애학생의 교육 활동의 편의를 위하여 각종 학습보조기기 및 보조공학기기 등의 물적 지원, 교육 보조인력 배치 등의 인적 지원, 취학 편의 지원, 정보 접근 지원, 「장애인 · 노인 · 임산부 등의 편의증진보장에 관한 법률」 제2조 제2호에 따른 편의시설 설치 지원 등을 적극적으로 강구하고 제공하도록 규정하고 있다.

각급 학교의 장은 해당 학교의 교육환경을 고려하여 「장애인복지법」 제2조에 따른 장애인의 계속교육을 위한 장애인 평생교육과정을 설치·운영할 수 있다. 국가 및 지방자치단체는 초·중등교육을 받지 못하고, 학령기를 지난 장애인을 위하여 학교 형태의 장애인 평생교육시설을 설치·운영할 수 있으며, 장애인 평생교육시설의 운영에 필요한 경비를 예산의 범위 안에서 지원하도록 규정하고 있다.

(6) 제6장 보칙 및 벌칙

장애학생 및 그 보호자는 대학에 이 법에 따른 각종 지원 조치를 제공할 것을 서면으로 신청할 수 있으며, 대학의 장은 2주 이내에 지원 여부 및 그 사유를 신청자에게 서면으로 통지하도록 규정하고 있다.

특수교육 대상자 또는 그 보호자는 특수교육 대상자의 선정, 교육 지원 내용의 결정 사항, 학교에의 배치, 부당한 차별 중 어느 하나에 해당할 경우 교육장, 교육감 또는 각급 학교의 장의 조치에 대하여 이의가 있을 때에는 해당 시·군·구 특수교육운영위원회 또는 시·도 특수교육운영위원회에 심사청구를 할 수 있도록 규정하고 있다.

장애를 이유로 특수교육 대상자의 입학을 거부하거나 입학전형 합격자의 입학을 거부하는 등의 불이익한 처분을 한 교육기관의 장, 특수교육 관련 서비스의 제공, 수업 참여 및 교내외 활동 참여와 개별화교육지원팀에의 보호자 참여에서 차별한 자, 대학의 입학전형 절차에서 수험 편의의 내용의 확인과 관계없는 별도의 면접이나 신체검사를 요구한 자 중에서 어느 하나에 해당하는 자는 300만 원 이하의 벌금에 처하도록 규정하고 있다.

「특수교육진흥법」과 「장애인 등에 대한 특수교육법」의 주요 차이점을 살펴보면 〈표 2-8〉과 같다.

〈표 2-8〉 「특수교육진흥법」과 「장애인 등에 대한 특수교육법」의 주요 차이점

구분	「특수교육진흥법」	「장애인 등에 대한 특수교육법」	입법 의의 및 효과
의무교육 연한	• 초·중등학교-의무교육 • 유치원, 고등학교-무상교육	• 유치원, 초·중·고등학교-의무교육(전공과 무상교육)	• 장애인 교육에 대한 국가의 책무성 강화
장애영아 교육	• 내용 없음	• 3세 미만 장애영아	• 장애아동 조기 발견 및 조기교육 가능, 장애아동 사교육비 절감
고등교육	• 내용 없음	• 대학 내의 장애학생지원센터 마련 • 각종 학습 지원 근거 마련	• 장애인의 고등교육권 확보
평생교육	• 내용 없음	• 장애인의 평생교육 근거 마련	• 장애성인의 평생교육 근거 마련
특수교육 실태조사	• 5년마다 실시	• 3년마다 실시	• 특수교육 정책 수립의 정확성 제고
특수학급 설치기준	• 시행령(제13조의 2) 1~12인의 경우 1개 학급 설치	• 유치원: 1~4인 이하일 경우 1개, 초과 시 2개 학급 이상 설치 • 초·중등학교: 1~6인 이하일 경우 1개, 초과 시 2개 학급 이상 설치 • 고등학교: 1~7인 이하일 경우 1개, 초과 시 2개 학급 이상 설치	• 설치 기준 강화
특수교육 지원센터	• 내용 없음	• 지역에 특수교육지원센터 설립을 모법에 명시	• 특수교육 지원 센터 설립 근거 마련
치료교육	• 특수학교에 치료교육담당 교원을 배치하여 치료교육 실시	• 치료교육 조항 삭제, 치료지원 등을 관련 서비스에 포함	• 전문성이 강화된 치료지원 제공

* 출처: 교육부(2013), p. 2.

참·고·문·헌

교육부(2013). 특수교육 연차 보고서(2013년 정기국회 보고자료).

김동연(1985). 세계 속의 한국특수교육: 역사적 전개과정. 특수교육학회지, 6(6), 159-167.

김병하(2003). 특수교육의 역사와 철학. 대구: 대구대학교 출판부.

김영욱, 김원경, 박화문, 석동일, 윤점룡, 정재권, 정정진, 조인수(2006). 특수교육학(제3개
정판). 서울: 교육과학사.

김윤옥, 김진희, 박희찬, 정대영, 김숙경, 안성우, 오세철, 이해균, 최성규, 최중옥(2007).
특수아동 교육의 실제. 서울: 교육과학사.

김정권, 김병하(2002). 사진으로 보는 한국 특수교육의 역사. 서울: 도서출판 특수교육.

보건복지가족부, 한국보건사회연구원(2011). 2011 장애인 실태조사.

서울맹학교(2013). 서울맹학교 100년사. 서울: 서울맹학교.

신현기, 변호걸, 김호연, 정인호, 전병윤, 정해동, 강영택, 성수국, 마주리, 유재연(2007).
특수교육의 이해(개정판). 서울: 교육과학사.

이상춘(1981). 세강의 백치교육사상. 대구: 대구대학교 출판부.

이태영, 김정권(1983). 특수교육학(제2판). 서울: 형설출판사.

임안수(2008). 시각장애아 교육. 서울: 학지사.

장사훈(1982). 세종조 음악 연구. 서울: 서울대학교 출판부.

Heck, A. O. (1953). *The education of exceptional children*. New York: McGraw-Hill
Book Co.

Itard, J. M. G. (1978). 아베롱의 야생소년(김정권 역). 서울: 형설출판사.

Kirk, S. A., & Gallagher, J. J. (1979). *Educating exceptional children* (3rd ed., p. 6).
Boston: Houghton Mifflin Co.

Lowenfeld, B. (Ed.). (1973). *The visually handicapped child in school*. New York: The
John Day Company.

Talbot, M. E. (1904). *Edouard seguin: A study of an educational approach the treatment
of mental defective children*. New York: Teachers College, Columbia Univ.

Wilds, E. H. (1956). *The foundation of modern education*. New York: Rinhart & Co..

국가법령정보센터 http://www.law.go.kr/

보건복지부 http://www.mw.go.kr/

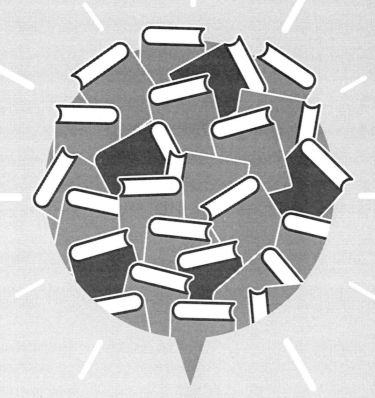

제**3**장

특수아동의 진단 및 평가

1. 의사결정을 위한 사정과정

1) 진단 · 평가의 개념

진단과 평가는 넓은 의미의 '평가'라는 용어와 구분 없이 사용되고 있으며 측정, 검사 등과 함께 혼용되고 있다.

측정(measurement)이란 사물을 구분하기 위해 규칙에 따라 수를 부여하는 절차로서, 대체로 연구자가 관심을 가지고 있는 대상의 특성을 조작적으로 규정한 다음 반복할 수 있는 절차에 따라 체계적으로 숫자를 지정한다. 또한 측정은 어느 시점에서의 현상이나 개인의 특성이 비교적 안정적이라는 가정하에 실시하므로 신뢰도 및 객관도에 중점을 둔다. 즉, 측정이란 인간의 행동이나 사물 및 사건의 증거를 수집하여 이를 수량으로 표시하는 것으로 단순히 양적인 혹은 수적인 특성을 재는 것을 의미한다. 그리고 평가(evaluation)란 어떤 특성, 활동, 프로그램, 산물 등이 얼마나 바람직하고 능률적이며 가치 있는가를 판단하는 체계적인 과정이며 좁은 의미의 평가로서, 어떤 목적을 가지고 대상에 대하여 가치판단을 하는 것을 의미한다. 즉, 평가란 수집된 자료에 근거하여 가치판단을 통하여 교육적 의사결정을 내리는 과정이다. 또한 사정(assessment)이란 양적인 특성뿐 아니라 질적인 특성을 파악하는 것을 말하며, 특수교육에서의 사정은 관심 문제를 구체화하거나 확인하고 학생에 대한 적절한 의사결정을 내리기 위하여 관련 정보를 체계적으로 모으는 매우 다면적이고 역동적인 과정이다. 즉, 사정이란 교육적 의사결정에 필요한 자료를 수집하는 과정이다(김동일, 2000; 이승희, 2010; Salvia & Ysseldyke, 2006; Venn, 2000).

따라서 양적 또는 수량적 자료를 수집하는 과정을 측정이라 하므로 사정이 측정보다 더 포괄적인 용어다. 사정을 통하여 양적 및 질적 특성을 파악한 후 가치판단을 통하여 미래 방향을 설정하는 것을 평가라고 한다.

여기서 교육 진단 · 평가란 특수교육을 받을 필요가 있는 대상자를 선별하기 위하여 그들의 특성 또는 교육상의 현저한 문제성을 파악하는 과정으로 학생의 특성과 특별한 요구를 진단하여 적절한 교육적 조치를 강구하기까지의 여러 절차와 방법을 모두 일컫는다. 즉, 교육 진단 · 평가라 함은 각 개인이 가지고 있는 여러 가지 특성을 측정하여 입급 여부를 가려내는 작업으로서, 첫째, 아동을 어떤 교육장면에 참여시킬 것인가 하는 문제, 즉 교육 배치를 결정하는 것, 둘째, 아동에게 어떤 교육내용을 제공할 것인가 하는 문제, 즉 개인차를 알아서 각 영역의 능력에 따라 적절한 프로그램을 만드는 것이 무엇보다 중요하다(교육부, 1991).

미국의 「장애인교육법」에서는 장애 아동에게 적절한, 그리고 개인에게 적절한 공평한 평가를 할 것을 요구하고 있다. 첫째, 검사와 기타 진단 · 평가 자료는 아동의 모국어나 능통한 언어로 제작되고 실시될 수 있어야 하며, 검사의 사용 목적에 타당해야 한다. 검사를 실시하는 사람은 제작자가 의도한 사항을 충분히 숙지하고 있는 훈련된 사람이어야 한다. 둘째, 검사자료와 진단 · 평가 자료는 특정한 교육 요구를 평가하기 위해 만들어진 것이어야 하며, 단순히 일반적인 지능지수를 알기 위한 것이어서는 안 된다. 셋째, 감각 손상, 수지 손상, 언어장애 등을 가지고 있는 아동을 진단 · 평가할 때 평가 결과는 아동의 감각 손상, 수지 손상의 정도를 재기보다는 아동의 태도나 성취 수준, 측정하고자 하는 검사의 요소 및 수준을 정확하게 반영해야 한다. 넷째, 단순한 절차가 아동의 적절한 개별화 프로그램을 결정하는 단일한 준거로 사용되어서는 안 된다. 다섯째, 진단 · 평가는 적어도 한 명의 교사와 장애 영역에 대한 지식을 가지고 있는 전문가 집단이나 종합적 팀(multidisciplinary team)이 실시하여야 한다. 여섯째, 아동은 건강, 시력, 청력, 사회 · 정서적 상태, 일반지능, 학습 수행능력, 의사소통, 운동능력 등 의심되는 모든 장애 영역에서 평가되어야 한다(김원경 외, 2009).

2) 진단 · 평가의 목적

진단은 특수교육의 적격성 판정에 필요한 종합적인 사정을 의미하는 것으로 가족, 의사, 교사들의 염려와 의뢰 또는 발달 및 건강 선별체계에 의해 아동의 문제점이 나타나는 경우 장애의 여부를 결정하기 위해 실시되며 진단적 사정(diagnostic assessment) 또는 진단적 평가(diagnostic evaluation)라는 용어가 사용되기도 한다. 최초에 이루어지는 평가는 아동의 특수교육 대상자로서의 적격성 판정, 교육적 요구 확인, 개별화교육 프로그램 개발 및 이에 따르는 교육적 배치를 결정하기 위한 자료가 된다. 그러나 일반적으로 진단은 평가와 분리하여 장애의 조건 및 발달지체 정도를 알아내고 서비스 적격성 기준에 따라 아동의 서비스 수혜 여부를 결정하는 데 목적이 있다(하정주, 2003).

　　Browder(1991)는 여러 가지 평가 유형은 서로 다른 여러 가지 정보를 제공하며, 교사들이 특별한 표적기능에 맞는 교육적 중재를 선택해야 하기 때문에 목적에 맞는 평가를 선택해야 한다고 하였다. 즉, 평가는 ① 선별, ② 진단과 배치, ③ 교육과정과 프로그램 개발, ④ 평가를 위해 사용된다. 따라서 전문가들은 평가 목적에 따라 측정 시기, 사용 도구나 전략 등의 다양한 영역과 관련성이 있어야 한다. 또한 특수교육에서 평가의 목표는 학생을 독특한 평가 절차에 맞추는 것이 아니라 학생 개개인의 욕구에 맞는 절차를 채택해야 한다. 그러므로 평가는 학생 개개인마다 다르게 진행되어야 하는데, 이에 대해 〈표 3-1〉에 제시하였다 (Bricker, 1997; Snell & Brown, 2000; Taylor, 2008).

〈표 3-1〉 **평가 과정과 목적 및 특성**

평가 과정	평가의 목적	평가 유형	주요 평가자	평가 시기
선별	• 일반적인 성취 수준을 파악하기 위해 • 더 세부적인 진단이 필요한 아동의 발견을 위해	• 신생아와 유아의 측정 • 감각과 운동기능 측정 • 특정 영역 평가	• 의료진 • 작업치료사, 언어 치료사, 물리치료사 • 심리학자	• 아동기 초기 • 뇌 손상 이후
진단과 배치	• 규준집단과 비교하여 문제와 지체를 발견하기 위해 • 특수교육 서비스의 질을 결정하기 위해 • 학생의 IEP 개발을 위해	• 지능검사 • 적응행동검사 • 운동과 감각기능 검사	• 심리학자나 교육 전문가 • 작업치료사, 언어 치료사, 물리치료사	• 아동기 초기 • 뇌 손상 이후
교육과정과 프로그램 개발	• IEP 목표에 맞는 교수활동에 관련한 자료 수집을 위해	• 생태학적 분석 • 적응행동 검사 • 과제 분석적 평가	• 교육팀 • 심리학자	• 학령기 동안 규칙적으로
평가	• 학생의 성취도 평가 • IEP 성취도 평가 • IEP 적절성과 프로그램 효과를 모니터 하기 위해	• 준거 지향적인 조건에서 IEP 행동과 기능에 관한 직접 관찰 • 자료 조사 • 프로그램 평가 • 삶의 질 평가	• 교사 • 교육팀	• 매일, 매주, 2주마다 • 학기별, 연간, 팀의 결정에 따라

(1) 선 별

특별한 서비스나 특수교육이 요구되는 학생들은 대개 사정 절차를 통해 초기 판별된다. 이러한 사정 절차는 관찰이나 성취 결과의 분석 등과 같은 비형식적 절차 혹은 형식적 절차에 따라 이루어진다. 달리 말하면 사정은 후속적인 평가가 요구되는 학생을 판별하기 위해 사용될 수 있다.

또한 사정은 여러 가지 문제를 야기할 가능성이 높은 학생을 선별하는 데 사용될 수 있다. 이 학생들은 특별한 관심이 요구될 만한 결함을 나타낼 뿐 아니라 장래에 문제가 될 만한 행동을 나타낸다. 이러한 학생은 판별을 통해 잠재적인 문제 영역에 대한 세심한 관찰이나 문제 예방을 위해 고안된 프로그램이 요구된다(Bricker, 1998).

따라서 선별검사는 교수-학습을 위한 정보를 얻거나 학생에게 왜 문제가 존재하는가를 결정하기 위한 것이 아니라, 장애아동이 또래들과 다른지, 더 많은 검사가 요구되는지 등을 결정하는 것이다. 즉, 선별은 시각, 청각, 발달검목표 등과 같은 다양한 영역에서 실시하는데, 유전자 이상을 확인하기 위한 양수천수검사(amniocentesis)법은 신생아기에 실시하며, 출생 즉시 이루어지는 판별검사는 장애조건이나 유전적 이상, 신진대사 이상을 체크하기 위해 내과 의사가 실시한다(Browder, 1991; Lewis & Russo, 1998).

신생아를 위한 선별검사 도구로는 Apgar 검사나 Brazelton Neonatal Behavioral Assessment 등이 있으며 유아와 아동을 위한 선별검사 도구로는 대인관계, 사회성, 대근육운동, 소근육운동, 언어, 자립기능 등을 측정하는 덴버발달선별검사(Denver Development Screen Test: DDST) 등이 있다(Snell & Brown, 2000).

특히 선별과정에서 사용되는 평가방법은 가능한 한 효과적이고, 시간이 많이 들지 않으며, 신뢰할 만한 것이어야 한다. 수행능력이 낮은 아동은 교사가 관찰하고, 그들의 학습 수행능력과 사회적 행동을 평가한다. 학습 문제가 있는지에 관한 부모의 생각도 언급된다. 이런 경우 학생의 현재 학습환경이 검토되어야 하며, 학생의 학습과 행동 요구에 맞춰 고안된 다른 방법을 시도해 보도록 한다. 이렇게 해 본 결과 학습 문제가 지속된다면, 그 학생은 검사를 받도록 의뢰되어야 한다(김은경, 1999).

(2) 진단과 배치

진단과 배치는 사정과정에서 지체 원인과 장애 유형을 확인하는 적격성, 분류, 배치 결정을 위한 좀 더 발전적인 과정이다.

분류와 적격성에 관한 결정은 한 가지 검사에 기초를 두고 실시하는 것은 비합법적이기 때문에 몇 가지 검사자료에 기초해서 평가팀이나 IEP팀이 실시한다. 또한 지체나 불능이 예견될 경우, 즉시 선별이나 관찰을 통해 감각 손상, 지적 능력, 적응기능에 대한 진단검사가 실시되어야 한다. 즉, 신경학적 검사, 지능검사, 적응행동검사 등이 진단검사에서 사용되며 이러한 검사는 심리학자, 교육 전문가, 치료사들이 실시하고 IEP 미팅 시 그 결과가 제시된다(Snell & Brown, 2000).

분류를 목적으로 사정자료를 사용하는 것에 대해서는 논란이 있다. 이론적으로 볼 때, 학생이 야기하는 교육적 문제들 간의 관계나 동질성에 따라 개인을 분류하게 되고 이를 통해 전문 영역 내에서의 학술적 의사소통이 용이해진다. 또한 특수교육 서비스를 받기 위해서도 학생들은 분류되어야 한다. 그러나 분류는 특정 명칭에 의한 낙인이라는 부정적인 영향을 야기하기도 한다. 배치는 대개 분류를 통해 이루어지며 사정자료는 이러한 결정을 돕게 된다. 그러나 보다 중요한 것은 학생에게 부여되는 분류 명칭에 따른 배치가 아니라 그 학생이 가장 잘 배울 수 있고 성취할 수 있으며 최소 제한적인 배치다(이상훈, 1999).

(3) 교육과정과 프로그램 개발

사정이 가지는 또 하나의 중요한 역할은 적절한 교수 프로그램과 전략을 결정하도록 돕는 일이다. 사정을 통해 도출된 정보는 네 가지 차원에서 사용될 수 있다. 첫째, 해당 학생이 특수교육을 받기에 앞서 일반교사들이 무엇을 가르쳐야 하고 어떤 교수가 최선의 방법인지를 결정하는 데 도움을 줄 수 있다. 둘째, 사정 절차는 특정 교수 프로그램이나 전략의 효과성을 평가하기 위한 방법으로 기능할 수 있다. 셋째, 적절한 프로그램과 전략의 효과를 측정함으로써 더 상세한 진단이 필요한지의 여부를 판단하게 한다. 넷째, 지금까지 어떤 교수전략이나 접근법이 사용되어 왔고, 그 효과는 어떠했는지 등의 정보를 제공하며 이러한 정보들은 학생들의 개별화교육 프로그램에 활용될 수 있다. 특히 아동에게 적용되었던 교육전략이나 방법의 효과 여부와 관련이 있다(이나미, 2008).

이 사정 단계는 마치 부모, 심리학자, 치료사들로부터 부수적인 정보를 이끌어 내는 것처럼 교사가 직접 관찰하고 평가하여야 한다. 준거지향검사, 정해진 적응 행동척도와 같은 도구들은 다른 교육평가보다 더 많이 활용되며 생태학적인 목록표와 같은 비형식적인 도구들은 중증 장애아동들을 위한 기능적 교육과정과 연령에 적절한 프로그램 개발에 중요한 정보를 제공한다(Snell & Brown, 2000).

(4) 진전도 및 프로그램 평가

학생들이 특수교육을 받기 위해서는 현재 받고 있는 교육이 그들의 욕구를 충족해 주지 못한다는 사실이 입증되어야 한다. 이를 위해서는 각 학생의 교과 영역뿐 아니라 사회성 영역 등 제반 영역에 대한 평가 정보가 제공되어야 한다. 이 정보에는 부가적인 도움이 요구되는 일반적인 영역과 학생의 강점과 약점, 요구되는 교수전략과 치료적 접근 등이 포함된다.

평가는 사정과정의 또 하나의 구성요소로서 학생의 개별화교육 프로그램과 학생의 가족에게 제공된 교육 프로그램에 대한 책임을 감당해야 한다. 또한 학생의 진전도, 학생의 삶의 질에 관한 교육 프로그램의 영향, 전체 교육 프로그램에 대한 평가를 포함하고 있다.

• 학생의 진전도 평가는 전통적인 교육 프로그램 측정 유형으로 교사들은 학생의 IEP 목표에 대한 진전도 평가부터 다른 부수적인 결과까지 폭넓은 평가를 실시해야 한다.
• 학생의 성취도에 관한 평가는 양적인 평가뿐만 아니라 질적 측정을 포함해야 한다.
• 삶의 질에 관한 핵심적인 구성요소는 정서적 안녕, 대인관계, 물질적 안녕, 개인적 발달, 신체적 안녕, 자기결정, 사회통합, 인권(박승희, 2002; Schalock, 1996) 등이다. 각 개인의 삶의 질은 생활환경이나 교육 장면, 기회 등과 관련되어 결정된다(Wehmeyer, 1996). 그러나 삶의 질에 관한 평가는 대상 특성 때문에 정확하게 측정될 것인가에 대한 의견이 다양하다.
• 전체 교육 프로그램에 대한 평가는 아동과 그의 가족들에게 즉시 영향을 미

치며 학생의 진전도에서 나타나는 결함은 부적절하게 제공된 서비스에 의해 기인되며 교육 프로그램 그 자체가 표적했던 결과를 지원하지 못할 경우에는 교수 프로그램을 수정해야 한다(Snell & Brown, 2000).

3) 진단·평가 관련 요소

평가도구의 선택은 정보 수집에 중요한 영향을 주기 때문에 부적절한 도구는 결과가 정확할지라도 교육적 결정에 도움이 되는 정보를 제공하지 못한다.

장애학생들에게 제공되는 심리검사 도구는 대부분 표준화된 검사다. 표준화된 검사도구는 타당도, 신뢰도, 규준집단의 적합성 측면에서 만족할 만한 측정학적 특성을 갖고 있다.

(1) 신뢰도

신뢰도(reliability)란 측정하고자 하는 것을 얼마나 안정적으로 일관성 있게 측정하였느냐의 문제이며 검사도구가 정확하게 오차 없이 측정한 정도를 의미하므로 만약 측정 오차가 크다면 신뢰도는 낮아진다. 즉, 어떤 측정도구로 여러 다른 시기에 반복 측정을 하였을 때 나오는 결과 간의 일치 정도가 높을수록 신뢰로운 검사다. 한 검사 점수가 일관성 없이, 어제 측정한 결과와 오늘 측정한 결과가 예측할 수 없을 정도로 다르고 그 결과를 전연 믿을 수 없다면, 그 측정 결과는 아무런 효용이 없을 것이다. 따라서 한 검사도구가 어떠한 목적으로 쓰이기 위해서는 우선 최소한의 신뢰도가 있어야 한다. 특히 인간의 속성을 측정하는 심리검사 도구는 물리적 속성을 측정하는 검사도구에 비해 일반적으로 검사 결과의 신뢰도가 낮게 나타난다. 이는 검사 실시 시 아동의 심리적 상태, 검사 시기, 검사환경이 서로 다른 것이 검사 결과의 일관성에 부정적인 영향을 미치게 되기 때문이다. 신뢰도에는 검사도구의 안정성을 측정하는 재검사 신뢰도, 두 검사 간의 유사성을 측정하는 동형검사 신뢰도, 진점수 분산의 비율 개념에 의한 내적 일관성 신뢰도 등이 있으며, 신뢰도는 최소한 .80은 넘어야 한다(김은경, 1999; 성태제, 1998; 성태제, 시기자, 2014; 신종호, 2002; 이상훈, 1999).

① 재검사 신뢰도

재검사 신뢰도(test-retest reliability)는 동일한 검사를 동일한 피험자 집단에게 일정 시간 간격을 두고 두 번 실시하여 얻은 두 점수 간의 상관관계에 의하여 신뢰도를 추정하는 방법으로 장애학생의 선별을 위해 검사도구가 활용되는 경우 중요한 정보를 제공한다. 즉, 재검사 신뢰도는 한 검사도구가 두 번의 시행에서 얻은 안정성의 지표다(성태제, 1998; 성태제, 시기자, 2014; 신종호, 2002). 일반적으로 장애학생의 선별(screen)을 위해 요구되는 검사도구의 신뢰도는 .80, 판별(disability decision)을 위해 요구되는 신뢰도는 .90 이상이 요구된다(Salvia & Ysseldyke, 2006).

② 동형검사 신뢰도

동형검사 신뢰도(parallel-form reliability)는 똑같은 검사가 아닌 '같은 유형'의 서로 다른 검사를 동일 대상자에게 실시했을 때 검사 결과 간의 일관성이 얼마나 있는지를 보여 주는 신뢰도 계수로서 두 검사의 유사성을 측정하며 평행검사 신뢰도라고도 한다. 여러 유형의 검사를 이용하여 장애학생의 학업적·심리적 변화를 측정하고자 할 때 반드시 검사도구가 보고해야 하는 신뢰도 지표이며, 장애아동의 경우 타인과의 비교보다는 자기 자신과의 비교(과거 수준과 현재 수준의 비교)가 훨씬 의미 있는 평가 결과를 제공하는 경우가 많으므로 상대적 평가보다는 시간에 따른 변화에 평가의 초점을 맞추는 것이 바람직하다(신종호, 2002).

동형검사를 제작할 때에는 두 검사가 동일한 내용을 측정하여야 하며, 동일한 문항 유형과 문항 수 그리고 동일한 문항 난이도와 문항 변별도를 가져야 한다. 그러므로 동형검사 제작이 용이하지 않음을 알 수 있다(성태제, 시기자, 2014).

③ 내적 일관성 신뢰도

내적 일관성 신뢰도(internal consistency reliability)란 검사를 구성하고 있는 부분 검사 또는 문항 간의 일관성 정도를 말하며, 검사를 구성하는 부분 검사나 문항들이 측정하고자 하는 내용을 얼마나 일관성 있게 측정하는가의 문제다.

내적 일관성 신뢰도는 재검사 신뢰도와 동형검사 신뢰도처럼 동일 피험자에게 검사를 두 번 실시하는 번거로움 없이 두 번 검사를 실시하지 않고 검사의 신뢰도를 추정하는 방법이다. 내적 일관성 신뢰도는 검사를 구성하는 두 부분 검사

간의 유사성으로 검사의 신뢰도를 추정하는 방법, 즉 반분검사 신뢰도와 문항 간의 측정의 일관성을 추정하기 위하여 관찰점수 분산 중 진점수 분산이 차지하는 비율을 추정하는 방법, 즉 문항내적 일관성 신뢰도가 있다. 여기에서는 장애아동의 진단 및 평가를 위해 사용되는 심리검사 도구의 실시 및 해석 지침서에 보고되는 Cronbach의 α계수에 대해 살펴보고자 한다. 즉, Cronbach의 α계수란 문항 간의 내적 일치성의 정도를 나타내 주는 신뢰도 계수로서, 검사 결과 자체보다 검사를 구성하는 문항에 대한 반응의 일관성을 보여 주며, 반복 측정의 어려움 때문에 검사의 실시 및 해석 지침서에 가장 많이 보고되고 있다(성태제, 1998; 성태제, 시기자, 2014; 신종호, 2002).

(2) 타당도

타당도(validity)는 측정하고자 하는 것을 얼마나 바르고 충실하게 측정하였느냐, 즉 검사 점수가 검사 사용 목적에 얼마나 부합되는가, 이 검사는 어떠한 인간 특성을 재고 있는가, 이 검사는 본래 재고자 하는 것을 잘 재고 있는가, 이 검사는 어떤 결정을 내리고자 하는 일에 필요한 정보를 제공하고 있는가, 검사 점수의 몇 퍼센트(%)가 그 검사가 재고자 하는 변인을 설명해 주고 있는가를 묻는 것이다.

타당도는 어떤 목적 또는 기준에 따라서 결정될 뿐만 아니라 그 타당도를 평가하는 방법, 표집 또는 자료 수집의 조건 등에 따라서 타당도의 추정 결과가 달라지므로 어떤 특정한 상황 속에서 그 의미가 규정된다. 타당도에는 검사가 명확히 정의된 전집의 내용을 얼마나 잘 대표하고 있는지를 알아보는 내용타당도, 예언타당도, 공인타당도와 같은 준거타당도, 검사가 우리가 재고자 하는 심리적 구성요인을 얼마나 잘 측정해 주고 있는가를 알아보는 구인타당도 등이 있다(성태제, 1998).

① 내용타당도

내용타당도(검사내용에 기초한 근거)는 검사 문항들이 검사에서 측정하고자 하는 속성과 얼마나 관련이 있는지를 전문가의 판단이나 이론적 근거를 통해 밝히는 것으로 논리적 사고에 입각한 논리적인 분석과정으로 판단하는 주관적인 타당도다. 객관적 자료에 근거하지 않으므로 내용타당도에 의한 검사도구의 타당성 입증은 논란이 따른다. 교수-학습 과정에서 설정하였던 교육 목표의 성취 여부를 묻는 학업성취도 검사의 타당성 검증을 위하여 내용타당도가 주로 사용되며, 교과타당도(curriculum validity)와 교수타당도(instructional validity)로 구분된다. 교과타당도는 검사가 교육과정에 있는 내용을 얼마나 잘 포함하고 있느냐를 말하고, 교수타당도는 교수-학습 중에 가르치고 배운 내용이 검사에 얼마나 포함되었느냐를 말한다(성태제, 시기자, 2014).

② 준거타당도

준거타당도는 검사도구에 의한 점수와 어떤 준거 간의 상관계수에 따라서 검사도구의 타당도를 검증하는 방법이다. 즉, 검사가 같은 속성을 측정하는 사회적으로 타당하다고 인정되는 기존의 다른 검사와 어떤 관련이 있는지를 보여 준다.

③ 구인타당도

구인이란 심리적 특성이나 행동 양상을 설명하기 위해 존재를 가정하는 심리적 요인이다. 그리고 구인타당도란 조작적으로 정의되지 않은 인간의 심리적 특성이나 성질을 심리적 구인으로 분석하여 조작적 정의를 내린 후 검사 점수가 조작적 정의에서 규명한 심리적 구인들을 제대로 측정하였는가를 검사하는 방법이다. 따라서 구인타당도는 검사 점수를 관심 있는 심리적 속성의 측정치로 보는 데 주안점을 두고 있으며, 구성타당도라고도 한다.

(3) 원점수와 종합점수

원점수(raw score)란 검사 수행으로부터 직접적으로 얻은 점수로서 가장 공통적으로 사용되는 원점수는 정답 문항의 수다. 그러나 오답의 수, 다양한 문항에 대한 점수의 합, 문항 수행 소요시간, 평정 등과 같은 다른 척도들도 사용될 수 있다. 대부분의 검사는 각각의 문항으로 구성되고 다양한 문항 점수를 합하여 원점수를 구한다. 이와 같이 여러 개의 개별 점수를 합하여 얻은 점수를 종합점수(composite score)라고 한다(김은경, 1999; 신종호, 2002; 이상훈, 1999).

(4) 변환점수

변환점수란 원점수의 상대적 위치를 알려 주는 점수로, 원점수는 그 자체로는 의미가 거의 없기 때문에 원점수를 비교집단의 점수 혹은 어떤 산출이나 준거에 따라 제시된 표준과 비교해야 한다. 즉, 원점수를 다른 척도로 변환시키는 과정이 요구된다. 새로운 점수척도는 통계적 변환을 통해서 유도되는 것이기 때문에 변환점수 혹은 전환점수(transformed score) 또는 유도점수(derived score)라고 한다. 변환점수로는 주로 백분위, 표준점수, 발달척도, 학년척도 등이 가장 일반적으로 사용되고 있다(곽승철 외, 2003; 신종호, 2002).

① 백분위와 백분위 점수

백분위 점수란 한 주어진 집단의 점수 분포상에서 한 개인의 상대적 위치를 나타내는 점수로서, 모든 구성원의 점수를 낮은 점수부터 가장 높은 점수로 배열하여 100등분할 때 어디에 있는지를 알고자 하는 것이다. 즉, 백분위는 한 규준집단에서 주어진 점수 미만에 놓여 있는 한 사례의 전체 사례에 대한 백분율을 말한다.

백분위 점수는 비교하고자 하는 집단에 대해서 한 개인의 상대적인 위치를 나타내 주므로 모든 사람에게 그 의미가 단순하고 직접적이며 이해하기가 쉽다. 그러나 이 점수척도는 서열을 나타내는 서열척도로서 가감승제를 할 수 없다.

② 표준점수

표준점수는 각 단위가 모두 같은 크기를 나타내는 점수로 전환시킨 것으로 동간성을 가정하는 점수척도다. 모든 표준점수 체제의 기본 단위는 표준편차가 된다. 표준점수는 원점수를 그 평균으로부터의 편차점수로 전환시킨 다음, 이것을 표준편차의 단위로 나타낸 것이다. 표준점수의 절댓값은 분포의 평균으로부터 그 점수가 얼마나 떨어져 있느냐의 거리를 나타낸다. 그리고 평균보다 큰 점수는 + 부호가 붙고, 평균보다 작을 때는 − 부호가 붙는다.

Z점수는 편차를 표준편차로 나눈 값으로 분포가 정규분포라는 가정하에서 원점수의 평균을 0으로 하고 표준편차를 1로 하는 변환점수를 의미한다. 또한 T점수는 평균점을 50점으로 하고 표준편차를 10점으로 변환한 표준점수다. 스테나

인(stanine) 점수는 9개의 범주를 가진 표준점수로서 평균을 5, 표준편차를 2로 표준화한 점수다.

4) 특수교육 대상자 선정 · 배치 절차

(1) 선정 · 배치 신청

우리나라의 특수교육 대상자에 대한 유치원, 초등학교, 중학교 및 고등학교 과정의 교육은 의무교육으로 되어 있으며 전공과와 만 3세 미만의 장애영아 교육은 무상으로 실시하고 있다(「장애인 등에 대한 특수교육법」 제3조). 그리고 교육장 또는 교육감은 시각장애, 청각장애, 정신지체, 지체장애, 정서 · 행동장애, 자폐성장애(이와 관련된 장애를 포함한다), 의사소통장애, 학습장애, 건강장애, 발달지체, 그 밖에 대통령령으로 정하는 장애의 어느 하나에 해당하는 사람 중 특수교육을 필요로 하는 사람으로 진단 · 평가된 사람을 특수교육 대상자로 정하고 있다(「장애인 등에 대한 특수교육법」 제15조). 교육장 또는 교육감은 영아의 장애 가능성을 조기에 발견하기 위하여 지방자치단체, 보건소 및 병 · 의원 간에 긴밀한 협조체제를 구축하여야 하며, 보호자 또는 각급 학교의 장으로부터 진단 · 평가를 의뢰받은 경우 즉시 특수교육지원센터에 회부하여 진단 · 평가를 실시하고 그 결과를 보호자에게 통보하여야 하며(「장애인 등에 대한 특수교육법」 제14조), 특수교육지원센터는 진단 · 평가가 회부된 후 30일 이내 진단 · 평가를 시행하고, 교육장 또는 교육감은 특수교육지원센터로부터 진단 · 평가 시행 결과 최종 의견을 통지받은 지 2주일 이내에 특수교육 대상자로의 선정 여부 및 교육 지원내용을 결정하여 보호자에게 서면으로 통지하여야 한다. 교육 지원내용에는 특수교육, 진로 및 직업 교육, 특수교육 관련 서비스 등 구체적인 내용이 포함되어야 한다(「장애인 등에 대한 특수교육법」 제16조).

교육장 또는 교육감은 특수교육 대상자로 선정된 자를 특수교육운영위원회 심사를 거쳐 일반학교 일반학급(통합학급), 일반학교 특수학급, 특수학교 중 어느 하나에 배치하여야 하며 이때 특수교육 대상자의 장애 정도, 능력, 보호자 의견 등을 종합적으로 판단하여 거주지에서 가장 가까운 곳에 배치하여야 한다. 특수교육 대상자를 일반학교의 일반학급에 배치한 경우에는 특수교육지원센터에서

근무하는 특수교육 교원에게 그 학교를 방문하여 학습을 지원하도록 하여야 한다(「장애인 등에 대한 특수교육법」 제17조). '대통령령으로 정하는 특별한 사유', 즉 해당 특수학교가 교육하는 특수교육 대상자의 장애 종류와 배치를 요구받은 특수교육 대상자의 장애 종류가 달라 효율적인 교육을 할 수 없는 경우에는 특수교육 대상자 배치에 대한 이의를 제기할 수 있다(「장애인 등에 대한 특수교육법」 제17조 제4항).

또한 특수교육 대상자 또는 그 보호자는 교육장, 교육감 또는 각급 학교의 장의 조치에 대하여 이의가 있을 때에는 해당 시 · 군 · 구 특수교육운영위원회 또는 시 · 도 특수교육운영위원회에 심사청구를 할 수 있다(「장애인 등에 대한 특수교육법」 제36조).

특수교육 요구 학생의 배치 현황에서 2013년 특수교육 대상자는 8만 6,633명으로 2012년보다 1,621명이 증가하였으며, 최근 특수교육 대상자의 교육 기회 확대 및 지원 서비스 강화로 특수교육 대상자로 등록하는 학생 수가 지속적으로 증가하는 추세를 보이고 있다. 그리고 특수학교 및 특수교육지원센터 배치 학생

보호자 또는 각급 학교의 장 (보호자 동의)	• 장애가 있거나 장애가 있다고 의심되는 영유아 및 학생 발견 시 진단 · 평가 의뢰
⇩	
교육감 또는 교육장	• 특수교육지원센터에 진단 · 평가 의뢰
⇩	
특수교육지원센터	• 진단 · 평가 회부된 후 30일 이내에 진단 · 평가 시행 • 선정 여부 및 필요한 교육 지원내용에 대한 최종 의견을 작성하여 교육장 또는 교육감에게 보고 • 과정에서 보호자의 의견 진술 기회 충분히 보장
⇩	
교육장 또는 교육감	• 특수교육지원센터로부터 최종 의견을 통지받은 때부터 2주일 이내에 특수교육 대상자로의 선정 여부 및 교육 지원내용을 결정하여 보호자에게 통보 –특수교육운영위원회에서 대상 선정 및 학교 지정 · 배치에 대해 심사 ※ 시 · 군 특수교육운영위원회: 유 · 초 · 중학생 ※ 도 특수교육운영위원회: 고등학생 • 특수교육 대상자의 학교 지정 · 배치를 신청인에게 서면으로 통지
⇩	
학생 또는 보호자	• 배치된 학교에 취학

[그림 3-1] 특수교육 대상자 선정 · 배치 절차

은 2만 5,522명(29.5%), 일반학교 배치 학생은 6만 1,111명(70.5%)으로 일반학급의 배치 현황이 높게 나타났다. 즉, 일반학교에서 통합교육을 받는 특수교육 대상자가 증가함에 따라 특수학교의 학생은 장애 정도가 심한 중도·중복장애 학생이 많아지는 경향을 나타내고 있다(교육부, 2013).

특수교육 대상자의 선정·배치 절차는 [그림 3-1]과 같다.

(2) 선정·배치 심사 및 통보

특수교육운영위원회의 특수교육 대상자의 선정·배치에 대한 심사 및 결정은 다음 절차에 따른다.

① 특수교육운영위원회의 회의 소집
② 심사대상 확인 및 심사방법 결정(대상자 및 보호자 면담 여부 등)
③ 신청 서류 및 면접을 통한 심사
  • 진단·평가 결과의 타당성 검토, 보호자 진술 의견내용의 검토(구술 또는 서면)
  • 선정 기준에의 부합 여부 검토
④ 학교 배치 요구내용 검토
⑤ 선정 및 배치 결정
⑥ 복지카드가 있는 특수교육 대상자 또는 건강장애 학생으로서 수시로 발생하는 선정·배치 심사는 위원회의 서면심사로 할 수 있다.

그리고 보호자의 의견을 반드시 진술하도록 하되 「특수교육 대상자 배치 신청서」의 '학부모 의견'란의 서면 진술도 가능하며, 서면 진술한 경우에는 진술한 보호자의 인장 날인이 있어야 하며, 이는 보호자 동의서를 대신한다.

또한 장애학생 판별을 위한 행정적 절차와 지원내용은 다음과 같다.

① 학교에서의 특수교육 대상자 선정·배치 신청
  • 본인 또는 보호자, 원적 학급담임이 신청한 원서 접수
  • 학교의 특수교육운영위원회의 진단 및 평가 실시

• 시 · 군 교육청 또는 도 교육청에 선정 · 배치 신청

② 시 · 군 및 도 교육청의 선정 · 배치 업무 추진

　　• 특수교육 대상자의 선정 · 배치 신청서 접수

　　• 접수 대상

　　　－시 · 군 교육청: 중학교 과정 이하(특수학교 포함)

　　　－도 교육청: 고등학교 과정(특수학교 고등부 및 일반 고등학교) 및 전공과

③ 특수교육 대상자의 선정 · 배치 신청서 접수처

　　• 중학교 과정 이하(특수학교 중학부 이하 포함): 시 · 군 교육청 학무과

　　• 고등학교 과정 및 전공과

　　　－일반 고등학교 취학 희망자: 도 교육청 중등교육과로 제출

　　　－특수학교 고등부 및 전공과: 도 교육청 초등교육과로 제출

④ 선정 · 배치 결과 통보

　　• 시 · 군 교육청 선정 · 배치 일정은 교육청 계획에 따라 적의 실시함

　　• 선정 · 배치 신청서 접수한 부서에서 개별 통보

(3) 특수교육 대상자 선정 취소(환급) 절차

특수교육 대상자로 선정되어 일반학교의 일반학급(통합학급) 또는 일반학교의 특수학급에 배치된 학생의 선정 취소는 다음과 같다.

① 시기: 선정 취소는 수시로 할 수 있으나 가급적 학기 말 또는 학년 말에 한다.

② 대상

　　• 일반학급에서 학습과 생활에 지장이 없는 학생으로 아래 기준에 해당되는 자

　　　－학습 활동: 개인별 교과별 성취 목표 달성 수준, 일반학급에서의 학습 가능성

　　　－적응능력: 사회적응 능력의 변화된 상태

　　• 진단 · 평가의 오류에 따른 선정(발견 즉시 선정 취소)

　　• 학부모가 선정 취소를 요구하는 학생

③ 선정 취소 조치 및 보고

학교장이 선정 취소 신청서를 특수교육운영위원회에 제출하고, 특수교육운영위원회에서는 해당 학교의 장 및 특수교육 대상자(학부모)에게 선정 취소 결정을 통보한다.

(4) 특수교육 대상자 선정 관련 유의 사항

① 학습장애 학생의 선정 조건 및 절차

교육부(2014)의 특수교육 대상자(학습장애) 선정 관련 규제 개선(교육부 특수교육정책과-1547[2014. 3. 27.])에 따라 기존 3개월 중재과정(평가)이 삭제되고 [그림 3-2]와 같은 선정 조건 및 절차에 따라 학습장애 학생을 선정하도록 하고 있다.

1단계: 선별 및 의뢰 〈각급 학교의 장 및 보호자〉	2단계: 진단 · 평가 실시 및 결과 보고 〈특수교육지원센터〉	3단계: 특수교육 대상자 선정 〈교육감 또는 교육장〉
※ ①+② 필수 제출 ① 기초학력평가에서 부진학생으로 선별된 결과 ② 학생의 학업 수행이 또래에 비해 낮다는 것을 증명할 수 있는 교사의 관찰평가 ※ ①, ②, ③, ④ 중 1개 이상 선택 제출 ① 국가수준 학업성취도평가에서 부진학생으로 선별된 결과 ② 교과학습 진단평가에서 부진학생으로 선별된 결과 ③ 학습장애 선별검사에서 학습장애 위험군으로 선별된 결과 ④ 외부 전문기관의 학습장애 관련 검사 결과 ※ 부모가 직접 의뢰할 경우, 진단평가 의뢰서를 작성하여 제출	① 선별검사 결과 ② 지능검사 결과 　표준화된 개인별 지능검사 결과에서 전체 지능지수가 70 이상인 자 ③ 학력진단검사 결과 　표준화된 개인별 학업성취도 검사 결과에서 하위 16%ile (백분위 16) 혹은 -1 SD에 해당하는 자 ④ 배제요인 검토 결과 　다른 장애(예: 감각장애, 정서 · 행동장애)나 외적 요인(예: 가정환경, 문화적 기회 결핍)이 학습 문제의 직접적인 원인이 되는 경우는 제외(단, 학습의 문제가 다른 장애나 외적 요인의 직접적인 결과인 것으로 명확하게 밝혀지지 않은 경우, 위의 ①~④ 조건을 만족시키면 학습장애로 진단하여야 함)	교육장 또는 교육감은 해당 특수교육위원회의 심사(검사 결과 및 제출자료 등 검토)를 거쳐 학습장애를 지닌 특수교육 대상자로 최종 선정

[그림 3-2] 학습장애 학생의 선정 조건 및 절차

② 건강장애 학생의 재심사 및 절차

건강장애 학생의 경우 일반학급 배치를 원칙으로 하며, 기존 건강장애로 선정된 학생 중 해마다 심사하여 재선정하는 것을 원칙으로 하고 있다. 건강장애 학생의 선정은 ① 만성질환 치료를 위한 장기 의료처치가 요구되어, ② 연간 수업 일수의 3개월 이상 결석 및 이로 인해 유급 위기에 처해 있는 학생으로, ③ 학교생활 및 학업 수행에 어려움이 있어 특수교육 지원이 요구되는 학생이라는 세 가지 조건을 모두 갖춘 경우 이루어진다. 또한 만성질환으로 관리가 필요하나 학교에 정상적으로 출석이 가능하고, 특수교육 지원이 요구되지 않는 경우에는 건강장애 특수교육 대상자가 아니다(주의력결핍 과잉행동장애, 우울증 등은 해당사항 없음).

③ 발달지체로 선정된 학생에 대한 재심사 및 절차

발달지체로 선정된 학생 중 9세 이상의 학생은 「장애인 등에 대한 특수교육법 시행령」 제10조에 의거 진단 · 평가를 재실시하여 학생의 장애 정도에 적합한 영역으로 재선정한다.

5) 미국 「장애인교육법(IDEA)」의 특수교육 절차

미국 연방정부의 「장애인교육법(IDEA)」은 학교로 하여금 장애아동을 선별하고 교육하는 데 있어서 특정 절차를 따르도록 요구하고 있으며, 특수교육을 계획하고 실시하고 평가하는 데 있어서 중요한 단계를 제시하고 있다. 첫 단계인 의뢰 전 중재를 제외하고는 「장애인교육법」에서 요구하고 있는 절차 순서를 반드시 따라야 한다(Heward, 2006).

(1) 의뢰 전 중재

아동의 학습, 행동과 같은 발달에서 일반아동과 다르거나 선별검사 결과가 장애의 가능성을 시사하는 경우 형식적인 검사나 평가를 하기 전에 의뢰 전 중재과정을 거친다. 의뢰 전 중재는 비형식적인 문제해결 과정으로서 아동이나 교사에게 즉각적인 교수적 또는 행동적 중재에서 도움을 주고, 일반아동을 장애아동으로 판별하는 오류를 줄인다는 두 가지 목적이 있다.

(2) 진단 및 평가

「장애인교육법」은 장애를 가지고 있을 것으로 의심되는 모든 아동이 비차별적인 다학문적 평가를 받도록 요구하고 있다. 진단·평가는 학교별로 구성된 팀 또는 다학문적 팀으로 불리는 아동연구팀이 실시하는데, 팀 구성원들은 검사 결과와 관련 정보들을 검토하여 아동이 장애를 가지고 있는지, 특수교육이 필요한지 등을 결정하게 된다. 이 아동연구팀은 대상 아동의 부모를 포함하는데, 형식적인 진단을 실시하기 전에 부모로부터 사전 동의를 받아야만 한다.

(3) 프로그램 계획

평가팀에 의해 아동이 교육적 수행에 부정적인 영향을 미치는 장애를 가지고 있다고 판단되면 30일 이내에 개별교육팀이 소집되는데, 장애아동의 부모도 팀의 구성원으로 참여하게 되며 필요에 따라서는 장애아동이 참여하기도 한다.

(4) 교육 배치

아동의 교육적 필요와 그 필요를 충족하기 위한 특수교육과 관련 서비스가 결정되고 나면 개별화교육 프로그램팀은 아동이 적절한 교육을 받을 수 있는 최소제한환경에 관해 결정하게 된다. 교육적 배치를 결정하는 데 있어서 부모가 참여해야 할 뿐만 아니라 부모의 동의가 필수적이다.

(5) 평 가

특수교육은 특별하고도 강도가 높은 목표 지향적인 교육일 뿐만 아니라 지속적으로 평가되어야 한다. 장단기 목표, 교수법, 관련 서비스, 교육 배치 등 아동의 개별화교육계획안의 모든 구성요소는 지속적으로 검토되고 수정된다.

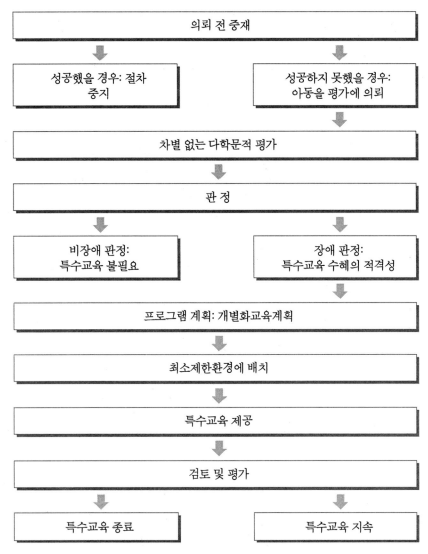

[그림 3-3] 특수교육의 계획, 제공 및 평가의 기본 단계

* 출처: Heward (2006).

2. 사정자료 수집

사정은 교육적 의사결정에 필요한 자료를 수집하는 과정이며, 사정을 통하여 수집되는 자료는 양적 자료 또는 질적 자료일 수 있다. 양적 자료란 수량적 형태로 제시되거나 요약된 자료(예: 지필검사 점수, 5점 척도 점수 등)를 의미하고, 질적

자료란 서술적 형태로 제시되거나 요약된 자료(예: 행동 또는 과제물에 대한 기술적 표현)를 의미한다. 사정에서 어떤 자료가 수집되어야 하는지는 평가에서 내리고자 하는 의사결정의 유형에 따라 달라질 수 있다.

의사결정에 필요한 자료가 결정이 되면 적절한 사정방법에 따라 자료를 수집하게 된다. 사정방법은 배경정보, 검사, 관찰, 면접, 교육과정중심 사정, 수행사정, 포트폴리오 사정 등을 포함한다(권요한, 이만영, 이말년, 이혜경, 최미숙, 2009; 김원경 외, 2009; 노진아, 2005; 배혜숙, 2008; 이승희, 2006; 한국정신지체아교육연구회, 1993).

1) 배경정보

평가하려는 특수아에 대한 적절한 배경정보(background information)를 수집하는 것이 아주 중요하다. 그것은 임상 진단가가 자료를 많이 얻으면 얻을수록 마지막 분석에서 정확한 추론을 유도하기가 쉽기 때문이다.

(1) 개인정보

이 영역에는 아동의 이름, 성별, 생년월일, 출생지, 별명, 주소, 전화번호, 학교, 학년, 부모 성명 등이 포함된다.

(2) 의뢰 이유

이것은 의뢰자가 문제(problem)라고 지각한 것을 드러낸다는 점에서 중요하다. 실제적으로 그 아동의 환경에 대한 한 측면만이 문제 상황으로 보이기 쉽다. 그러므로 의뢰 이유가 평가 결과와는 관련이 없다 하더라도 보고서에 직접 기재해야 한다.

(3) 생육사

가능한 한 아동을 잘 이해하기 위해서는 아동 초기부터 기본적이고 실제적인 정보를 얻어야 한다. 생육사(developmental history)는 임신부터 시작하여 폭넓은 영역을 포함하며, 평가과정의 필수적인 부분이다.

〈표 3-2〉 사정 영역: 정보 수집을 위한 자료와 전략	
지적 적성	
자료	전략
• 학교 기록: 검사 결과, 학교 이력 • 학생: 검사 결과, 행동 • 교사: 관찰, 적응행동 • 부모: 발달사, 관찰, 적응행동	• 집단검사 • 개별검사 • 기능사정
학업 성취	
자료	전략
• 학교 기록: 성적, 유급, 서비스, 출석, 검사 결과 • 학생: 검사, 수업 내 수행, 학업 목적 • 교사들: 의뢰 근거, 수업 수행, 교수 조정 • 부모: 의뢰 근거, 과거 교육 수행, 가정과 학교에서 의 수행	• 집단검사 • 개별검사 • 교육과정중심 사정 • 기능사정
학습능력과 전략	
자료	전략
• 학교 기록: 준비성 검사 점수, 시각검사와 청각검 사, 능력 · 성취 · 불일치, 지각-운동 기술 측정 • 학생: 개별적 측정, 학습전략, 학습기술 • 교사들: 현재 능력, 학습전략, 능력 성취 · 불일치 • 부모: 시각적 · 청각적 기록, 가정 관찰	• 감각검사 • 지각-운동 기술 측정 • 준비성 검사 • 불일치 분석
사회 · 정서적 행동	
자료	전략
• 학교 기록: 교육과 출석 기록, 관찰, 서비스 • 학생: 교실행동, 지각력 • 교사들: 관찰, 학습환경 • 동료들: 수용, 상호작용 • 부모: 관찰, 가정환경	• 직접 관찰 • 평정척도, 체크리스트 • 질문과 인터뷰 • 동료 간의 수용 • 학습환경 • 기능분석 • 집중력 결함과 과민 활동 측정 • 관심사, 태도와 신념

* 출처: 권요한, 이만영, 이말년, 이혜경, 최미숙(2009).

① 임 신

출생 전, 출생 시, 출생 후의 사건들을 조사하고 발달과정 초기에 아동의 신체적 · 사회적 · 경제적 및 심리적 환경에 대해 아는 것이 중요하다.

- 출생 전 요인: 임신의 진전 상황, 질병요인, 유전요인, 어머니의 건강 상태, 약물 복용(알코올 및 흡연 포함), 혈압, 빈혈 등
- 출생 시 요인: 분만지연 시간과 특징, 분만의 유형, 촉진제 사용 여부, 분만 시 태아의 위치, 어머니가 병원에 입원한 기간, 신생아가 특별한 치료를 받았는지의 여부 등
- 출생 후 요인: 외모, 체질 또는 활동 수준 등이 다른 아동과 다르게 보였는지의 여부, 그에 따른 어머니의 심리 상태, 생후 몇 주 동안에 걸렸던 질병, 사고 또는 기타 문제 등

② 초기 행동

아동이 성장하고 발달함에 따라 주의를 기울여야 할 많은 영역이 있다.

- 섭식: 초기의 섭식행동 및 섭식 문제, 아동의 초기 체중의 증감, 영양 상태 등
- 수면: 수면의 유형과 양, 밤에 깨는 횟수, 무서운 꿈의 존재, 수면 보행, 수면 장애 등
- 발달적 이정표: 앉기, 기기, 서기, 걷기 및 말하기와 같은 주요 발달적 시기, 배변훈련, 만일 이런 발달과제의 출현이 늦거나 빠를 경우 아동의 발달에 대한 부모의 감정과 반응 등

③ 병 력

- 질병: 홍역, 수두, 이하선염(mumps), 감기, 경련의 유형과 치료방법 등
- 상해: 의료적 치료가 요구되었던 사고와 손상 정도, 손상 후 의식 여부 등
- 투약: 의사가 처방한 약과 의학적 중재 없이 부모가 직접 복용시킨 약물 등
- 입원: 입원 전, 입원 중, 입원 후의 아동의 반응과 이에 대한 부모의 반응

④ 교육 경력

학교에서의 경험은 아동의 전반적인 발달에 있어서 중요하다. 학교 성적, 좋아하거나 싫어하는 과목 등 학업 문제뿐만 아니라 거짓말, 훔치기, 속이기, 무단결석, 또래와의 상호작용, 공격성 행동 등을 조사해야 한다.

⑤ 가정환경

대부분의 경우, 가정환경은 아동의 문제와 밀접하게 관련되어 있으므로 주의 깊게 알아보아야 한다.

- 부모: 부모의 아동에 대한 양육 태도, 주 양육자, 부부관계(싸움, 별거, 이혼 등)
- 형제: 형제들의 수, 나이, 기질, 그들 간의 상호작용, 학교생활, 성격, 질병 등

2) 검 사

검사(test)란 점수 또는 다른 형태의 수량적 자료를 산출하기 위하여 사전에 결정된 반응 유형을 요구하는 질문 또는 과제로서 규준참조검사와 준거참조검사가 있다. 규준참조검사는 그 검사를 받은 또래 아동들의 점수의 분포인 규준에 아동의 점수를 비교함으로써 또래 집단 내 아동의 상대적 위치에 대한 정보를 제공하는 검사다. 준거참조검사는 사전에 설정된 숙달 수준인 준거에 아동의 점수를 비교함으로써 특정 지식이나 기술에서의 아동의 수준에 대한 정보를 제공하는 검사다.

3) 관 찰

관찰(observation)은 일상적인 상황에서 자연스럽게 나타나는 아동의 행동을 기술 또는 기록함으로써 특정 현상에 대한 객관적인 자료를 수집하는 방법이며, 관찰에서 사용할 수 있는 기록방법은 서술기록, 간격기록, 사건기록 및 평정기록 등이 있다. 정보를 수집하는 과정에서 교사가 그 아동을 직접 접촉함으로써 보다 객관적이고 명확하게 문제를 파악하는 데 유용한 자료를 얻을 수 있다.

또한 아동이 행동할 때, 놀 때, 타인과 상호작용할 때 및 홀로 있을 때 등의 특별한 행동을 관찰하는 기회는 검사 결과와 전달과정에서 많은 도움을 준다. 관찰은 여러 장면에서 일어날 수 있으며 직접적이거나 간접적일 수 있다.

(1) 직접적 관찰

교사가 실시하는 가장 직접적인 관찰은 면접과 실제 검사 시에 일어난다. 이때 아동은 구조화된 자료와 비구조화된 자료로 반응할 수 있다. 그런 반응과 행동에 대한 개관은 아동의 능력과 특성을 잘 종합할 수 있다. 특히 외모, 특수한 특징, 걸음걸이, 자세, 버릇, 목소리, 단어 사용 등의 기타 영역에 주목해야 한다.

(2) 간접적 관찰

불행하게도 교사가 면접과 검사 상황 이외에는 대부분 직접 관찰할 수 없는 경우가 많다. 따라서 교사, 타 전문가, 부모, 행정가 등에 의한 간접적인 관찰을 해야 한다. 이러한 관찰은 체계적 관찰계획(Systematic Observation Schedule: SOS)에 따라 잘 수행될 수 있으며, 이 체계적 관찰계획은 크게 3단계, 즉 ① 신체적 외모와 감각 양상, ② 외현행동, ③ 환경과의 상호작용으로 구분된다.

4) 면 접

면접(interview)이란 면접자와 피면접자 간의 면대면 대화를 통해 일련의 질문에 대한 반응을 기록함으로써 자료를 수집하는 방법으로, 질문이 제시되는 방식의 구조화에 따라 비구조화 면접, 반구조화 면접 및 구조화 면접으로 장애아동에게 적용할 경우는 얻어진 정보의 유형과 아동과 관련된 상황에 달려 있다. 즉, 말이 없거나 비협조적인 아동에게는 구조화된 면접이 더 효과적인 경향이 있다. 그러나 아동에게 동시에 반응하게 하고 특수한 정보를 얻기 위해서는 두 가지 접근을 모두 사용할 수 있다.

아동과의 면접은 임상 진단가와 아동 간의 관계 형성과 성공적인 평가를 위해서 중요하다. 따라서 다음과 같은 사항이 고려되어야 한다.

(1) 관계 형성

성공적이고 정확한 면접과 검사가 되기 위해서는 아동이 비교적 편안해야 한다. 그러나 환경이 변화되면 아동이 불안해하거나 두려워할 수 있다. 교사는 아동이 편안하게 느낄 수 있도록 하기 위해 상냥하고, 격려하며 중립적일 필요가 있다. 적절한 시기의 눈 맞춤과 얼굴 표정 등은 아동으로 하여금 그 과정을 자연스럽게 받아들이도록 해 준다.

(2) 환경에 대한 아동의 지각

아동과의 라포(rapport)가 형성되었으면, 교사는 가정환경, 교육환경, 또래와의 관계 및 자기에 대해서 어떻게 지각하고 있는지 등을 자세히 알아보아야 한다.

① 가정환경

아동에 대한 가정환경의 영향을 확인하기 위하여 가정의 여러 측면을 아동이 어떻게 지각하고 있는지 알아보아야 한다.

- 부모: 아동이 부모 중의 한 사람이나 둘 모두를 '지적이다', '훌륭하다', '보통이다', '잔인하다', '위협적이다', '슬프다', '무시한다' 등으로 특징짓는지의 여부를 알아보아야 하며, 사망 이혼, 별거 등에 대한 다양한 아동의 인상 등을 알아보아야 한다.
- 형제: 연령에 관계없이 형제는 아동에게 부정적이거나 긍정적인 영향을 강하게 미치므로 형제 각각에 대한 지각을 알아보아야 한다.
- 대중매체의 영향: 좋아하는 TV 프로그램과 비디오 유형은 그 아동에 대해 많은 것을 알 수 있도록 해 준다. 즉, TV를 보는 아동은 더욱더 생산적이거나 상호작용적인 활동에 시간을 사용할 수 없다.
- 개인적 습관: 섭식, 수면 및 개인위생 습관에 대해 알아보아야 한다. 그런 행동들은 학습되기 때문에 아동과 부모 간의 상호작용을 알 수 있게 해 준다.

② 외부 환경

또래 집단은 아동의 태도와 행동에 큰 영향을 줄 수 있다. 따라서 교사는 또래 집단의 특성 및 그 집단과 아동과의 상호작용에 관한 정보를 얻어야 한다. 어떤 유형의 아동들을 선택하는지, 또래 집단의 누구와 불편한 관계인지, 또래 집단의 활동 경향은 어떤 유형인지, 잘 어울리는 성별과 연령 등을 파악하는 것이 유용하다.

③ 학교환경

많은 아동에게는 학교환경이 가치감과 성취감을 형성하는 중요한 요인이다. 그러나 어떤 아동에게는 학교가 실패감과 열등감을 주는 부정적인 영향을 줄 수도 있다. 임상 진단가는 동료 학생, 교사 등에 대한 아동의 지각과 과외 활동에 대한 아동의 지각을 알아보는 것이 중요하다.

④ 자기지각

아동의 자기지각에 대한 많은 것이 심리검사를 통해 측정될 수 있지만, 면접하는 동안에 여러 질문을 통해서도 알아낼 수 있다. 아동이 자기 자신을 어떻게 보고, 문제 상황을 어떻게 다루며, 현실적인 포부와 관련해서 목적을 성취하려는 의지 등은 어떤지를 알아보아야 한다.

5) 사 정

(1) 교육과정중심 사정

교육과정중심 사정(curriculum-based assessment)은 아동에게 가르치는 교육과정과 관련하여 아동의 수행에 대한 자료를 수집하는 방법이다.

(2) 수행 사정

수행 사정(performance assessment)은 행위를 수행하거나 결과를 산출하는 아동의 기술을 관찰하여 판단하는 사정방법이다.

(3) 포트폴리오 사정

포트폴리오 사정(portfolio assessment)은 아동의 성취를 평가하기 위하여 아동 또는 교사가 선택한 아동의 작업이나 작품의 수집에 의존하는 방법이다. 즉 아동 개개인이 수행한 결과물을 통하여 아동의 능력 향상과정을 판별하는 방식으로 결과물들을 순차적으로 평가하고 비교하여 수행능력을 향상시키는 데 목적이 있다.

3. 표집행동 사정

행동을 측정하려 할 때 측정하려는 행동을 정확히 규정해야 한다. 즉, 구체적이고 관찰 가능한 단위행동(표적행동)을 명확히 정의해야 한다(안병환, 윤치연, 이영순, 이효신, 천성문, 2005; 이성진, 2001, 홍준표, 2010). 또한 관찰 · 측정은 행동의 결과로 발생한 어떤 산물이 영속적으로 남지 않고 일시적으로 출현하였다가 사라지는 행동을 대상으로 한다. 즉, 비영속성 때문에 관찰된 내용을 기록해 두는 것이다(홍준표, 2010).

표적행동의 정의가 끝나면 그 행동을 양적으로 측정할 필요가 있다. 측정방법에는 성과측정법과 관찰기록법이 있다.

1) 성과측정법

성과측정법은 교사가 학교에서 흔히 사용하는 방법으로 학생들의 학습 결과를 사후에 검토하고 측정하는 방법이다(예: 시험이 끝난 다음 학생들의 시험지를 채점하기).

2) 관찰기록법

학생들이 행동하는 것을 계속 지켜보면서 어떤 행동이 발생할 때마다 그의 성격, 발생빈도, 지속시간을 그때그때 관찰 · 기록하는 것으로 서술기록, 간격기록, 사건기록 및 평정기록 등이 있다.

〈표 3-3〉 관찰기록법

종 류			유 형
서술기록	특정 사건이나 행동의 전모를 이야기하듯 있는 그대로 사실적으로 묘사하는 방법	일화기록	특정한 시간이나 장소에 제한 없이 관찰자가 기록할 만한 가치가 있다고 느꼈던 어떤 짧은 내용의 사건, 즉 일화에 대한 간략한 서술적 기록
		연속기록	일정한 시간 또는 미리 정해진 활동이 끝날 때까지 사건이 발생한 순서대로 상세하게 이야기식으로 서술하는 기록
간격기록	관찰 대상의 행동을 관찰기간 동안 일정한 간격으로 여러 회에 걸쳐 관찰하여 기록하는 방법	전체간격 시간표집	전체 관찰시간을 일정한 간격으로 나눈 후 행동이 간격의 처음부터 끝까지 나타났을 때 해당 간격에 행동이 발생했다고 기록하는 것
		부분간격 시간표집	전체 관찰시간을 일정한 간격으로 나눈 후 행동이 간격의 어느 순간에 한 번이라도 나타났을 때 해당 간격에 행동이 발생했다고 기록하는 것
		순간 시간표집	전체 관찰시간을 일정한 간격으로 나눈 후 행동이 간격의 마지막 순간에 나타났을 때 해당 간격에 행동이 발생했다고 기록하는 것
사건기록	관찰기간 동안 지속적으로 관찰하여 관찰 대상의 행동이 발생할 때마다 기록하는 방법	행동의 빈도	관찰기간 동안 행동이 발생한 횟수
		행동의 강도	행동의 힘, 에너지, 발휘력 등의 정도
		행동의 지속시간	행동이 시작되어 끝날 때까지의 전체 시간
		행동의 지연시간	자극이 주어지고 행동이 발생하기까지의 시간
평정기록	관찰 대상의 행동을 관찰한 후 사전에 준비된 평정 수단(범주, 척도 또는 검목표)을 사용하여 행동의 특성, 정도 또는 유무를 판단해 기록하는 방법	범주기록	연속성 있게 기술된 몇 개의 범주 중 관찰 대상의 행동을 가장 잘 나타내는 범주를 선택하여 기록하는 것
		척도기록	행동의 정도를 몇 개의 숫자로 표시해 놓은 척도, 즉 숫자척도를 사용하여 관찰 대상의 행동을 가장 잘 나타내는 숫자를 선택해 기록하는 것
		검목표기록	일련의 행동이나 특성의 목록, 즉 검목표에 해당 행동이나 특성의 유무를 기록하는 것

* 출처: 이승희(2010).

4. 진단 및 평가 도구

장애학생의 진단·평가를 위한 선별 및 진단·평가는 「장애인 등에 대한 특수
교육법」 제14조 제1항 또는 제3항에 의거하여 〈표 3-4〉에 제시된 검사를 각각
실시하여야한다.

그리고 각 영역별 진단·평가 도구는 〈표 3-5〉와 같다(노선옥 외, 2009; 박영숙,
1982; 박화문, 구본권, 1990a, 1990b; 서경희 외 2000; 이승희, 2010; 학지사 심리검사연
구소 http://www.kops.co.kr; Heward, 2006).

〈표 3-4〉 **특수교육 대상자 선별검사 및 진단·평가 영역**

구 분		영 역
장애 조기 발견을 위한 선별검사		1. 사회성숙도검사 2. 적응행동검사 3. 영유아발달검사
진단 및 평가 영역	시각장애, 청각장애 및 지체장애	1. 학습기능검사 2. 시력검사 3. 시기능검사 및 촉기능검사(시각장애의 경우에 한함) 4. 청력검사(청각장애의 경우에 한함)
	지적장애	1. 지능검사 2. 사회성숙도검사 3. 적응행동검사 4. 기초학습검사 5. 운동능력검사
	정서·행동장애, 자폐성장애	1. 적응행동검사 2. 성격진단검사 3. 행동발달검사 4. 학습준비도검사
	의사소통장애	1. 구문검사 2. 음운검사 3. 언어발달검사
	학습장애	1. 지능검사 2. 기초학습기능검사 3. 학습준비도검사 4. 시지각발달검사 5. 지각운동발달검사 6. 시각운동통합발달검사

〈표 3-5〉 진단·평가 도구

영 역	검사도구명	적용 연령	목 적
영유아 발달검사	한국판유아발달선별검사 (K-DIAL-3)	만 3세부터 7세까지 유아	잠재적 발달지체 유아 선별
	한국형 덴버발달선별검사 (K-DDST-II)	출생부터 6세까지의 아동과 발달지연 및 문제의 가능성이 있는 아동	발달지연 또는 문제 가능성 있는 아동 선별
	0~5세 영·유아발달선별검사	0~5세 사이 유아	아동의 발달기능과 요구 평가: 아동의 발달이 연령에 적절한지 또는 어떤 면에서 지연되는지 확인하고 효과적으로 부모와 대 화하고 참여시키기 위함
지능검사	웩슬러 아동용 지능검사 (Korean-Wechsler Intelligence Scale for children IV: KWISC-IV)	만 6세부터 16세 11개월까지	아동의 지적 능력
	웩슬러 유아용 지능검사 (Korean-Wechsler Preschool and Primary Scale of Intelligence: K-WPPSI)	만 3세에서 7세 3개월까지	영재성 또는 지적장애 특성 조기 발견
	KISE 한국형 개인지능검사 (Korea Institute for Special Education-Korea Intelligence Test for Children: KISE-KIT)	만 5세부터 17세 11개월까지	아동 및 청소년의 지적 능력 측정
	카우프만 아동용 지능검사 (Kaufman Assessment Battery for Childen: K-ABC)	만 2세 6개월부터 12세 5개월 까지의 장애아동과 일반아동	아동의 동시처리 능력과 순차처 리 능력 측정을 통하여 전체적 인 인지능력 평가
	종합인지기능 진단검사 (Cognitive Assessment System: CAS)	만 5~12세	상위 인지과정인 계획기능에 대 한 측정 및 비지적 요소로 알려 졌던 주의집중을 포함한 인지기 능, 학습의 강약점 진단
학습능력 검사	국립특수교육원-기초학력검사 (Korea Institute for Special Education-Basic Academic Achievement Test: KISE-BAAT)	만 5세부터 14세 11개월 30일까 지의 아동	읽기, 쓰기, 수학의 세 영역에서 의 아동의 기초학력 측정
	기초학습기능검사	만 5세부터 만 12세 11개월까지	아동의 학습 수준 측정

학습능력 검사	기초학습기능 수행평가체제(BASA) 읽기 검사	초등학교 1학년부터 3학년까지	아동의 읽기능력을 읽기부진 및 읽기장애 아동의 진단평가 및 형성평가로 활용
	기초학습기능 수행평가체제(BASA) 수학검사	초등학교 1학년부터 3학년까지	아동의 수학연산 능력을 수학부진 및 수학장애 아동의 진단평가 및 형성평가로 활용
	기초학습기능 수행평가체제(BASA) 쓰기검사	초등학교 1학년부터 성인까지	아동의 쓰기능력을 쓰기부진 및 쓰기 학습장애 아동의 진단평가 및 형성평가로 활용
	학습준비도 검사	유치원 졸업생 또는 초등학교 1학년 초기 아동	특별한 교육적 지원이 필요한 아동 선별
	학습장애선별검사(LDSS)	초등학교 1학년부터 6학년 아동 중 학습장애가 의심되는 아동	학습장애 위험군 아동 선별
	한국판 학습장애 평가 척도 (K-LDES)	만 6세부터 11세까지	학령기 아동의 학습장애 여부 및 문제의 심각성, 학습장애 유형평가
적응행동 검사	KISE 적응행동검사 (Korea Institute for Special Education-Scale of Adaptive Behavior: KISE-SAB)	일반아동: 만 21개월부터 17세까지 지적장애 아동: 만 5세부터 17세까지	검사자의 선별과 특수교육의 적격성 결정, 특정 교수 프로그램의 개발과 평가
	사회성숙도검사 (Social Maturity Scale: SMS)	0세부터 만 30세까지	자조, 이동, 작업, 의사소통, 자기관리, 사회화 등과 같은 변인으로 구성된 개인의 적응행동을 측정 혹은 평가
	지역사회적응검사 (Community Integration Skills-Assessment: CIS-A)	지적장애인이나 발달장애인	지역사회 적응 기술 및 수준 파악 및 훈련
	적응행동 검사(K-ABS)	만 3세부터 17세까지 모든 아동	미국의 AAMD의 적응행동검사-학교판(ABS-SE)을 한국의 아동들을 대상으로 표준화한 도구임
자폐증 진단 및 행동검사	자폐증 진단관찰 스케줄 (Autism Diagnostic Observation Schedule: ADOS)	언어기능이 3세 이상인 아동과 성인	자폐범주성장애 선별 및 진단
	자폐증 진단 면담지-개정판 (Autism Diagnostic Interview-Revised: ADI-R)	만 2세 이상 자폐성장애가 의심되는 사람으로 언어의 수준에 관계없이 사용 가능함	DSM-IV와 ICD-10의 진단 준거에 의거해 자폐범주성장애 선별 및 진단

자폐증 진단 및 행동검사	사회적 의사소통 설문지 (Sosial Communication Questionnaire: SCQ)	만 2세 이상의 아동으로 언어의 수준에 관계없이 사용 가능함	DSM-IV와 ICD-10의 진단 준거에 의거해 자폐범주성장애 선별
	이화–자폐아동 행동발달평가도구 (E-CLAC)	만 1세부터 6세까지의 유아 및 아동	자폐성장애 아동 및 발달장애 아동의 일반적인 행동발달 및 병리적 수준 평가
	한국자폐증진단검사(K-ADS)	만 3세부터 21세까지의 아동 및 청소년	자폐범주성장애 아동 선별 및 평가
	아동기 자폐증 평정척도(CARS)	취학 전 아동을 포함한 모든 연령군의 아동	자폐성장애 진단 및 선별
	심리교육프로파일 개정판(PEP-R)	만 1세부터 7세 5개월까지	자폐범주성장애 아동의 진단 및 아동의 학습과 행동 발달을 평 가하여 교육 프로그램에 활용할 수 있음
	한국 아동·청소년 행동 평가척도 (Korea-Child Behavior Checklist: K-CBCL)	만 4세부터 17세까지	아동 및 청소년의 정서·행동 문제 평가(선별과 진단에 사용)
	KISE 정서·행동장애학생 선별 척도	초등학교 2학년과 5학년 아동	정서·행동장애 아동을 진단하 기 위한 전 단계에 실시하는 선 별도구임
지각–운동 검사	지각–운동발달진단검사 (Perceptual-Motor Diagnostic Test: PMDT)	만 3세부터 11세까지 (약 4~8세가 최적)	아동의 지각–운동 발달능력 파악
	한국판–시지각발달검사–2 (Korea-Development Test of Visual Perception: DTVP-2)	만 4세부터 8세까지	시지각 능력과 시각–운동 능력 측정
	시각–운동통합발달검사 (Developmental Test of Visual- Motor Integration: VMI)	–만 2세 이상 15세까지 –개별 검사는 4세 이하인 아 동에게 실시하며 4세가 넘어 선 아동의 경우 소집단으로 실시 가능함	시지각과 소근육운동 협응능력 을 평가하고 조기 선별을 통한 학습 및 문제행동 파악
	브루이닝스–오세레츠키 운동능력 검사(Bruininks-Oseresky Motor Skill Test)	만 4세 5개월부터 14세 5개월	심한 운동 역기능과 발달장애를 가진 아동뿐만 아니라 일반아동 들의 운동기능을 평가
	감각통합검사 (Senory Integration and Praxis Test)	4세부터 9세까지	학습과 행동의 기초인 감각통합 을 측정

지각-운동 검사	퍼듀 지각운동 검사(PPM)	취학 전부터 8세까지	검사지가 아동의 운동신경 기술을 관찰하도록 만들어진 일련의 작업으로 학습 활동에 필요한 지각, 운동 능력에 결함이 있는 아동을 진단하기 위해 고안됨
언어검사	우리말 조음 · 음운평가 (Urimal Test of Articulation and Phonation: U-TAP)	만 2세부터 12세까지 취학 전 (3~6세) 아동에게 가장 적합함, 성인에게는 모방이나 읽기를 통한 검사를 실시할 수 있음	자음과 모음 오류 여부 검사 -정상아동과 비교하여 조음치료 필요 여부 결정 -음소목록과 분석자료로 조음치료 계획 수립
	구문의미이해력검사	만 4세부터 9세까지(또는 초등학교 3학년)	구문의미 이해능력 평가
	영유아언어발달검사 (Sequenced Language Scale for Infants: SELSI)	생후 5개월부터 36개월의 영유아	언어장애 위험성이 있는 영유아 조기 선별
	취학전 아동의 수용언어 및 표현언어 발달척도 (Preschool Receptive-Expressive Langeage Scale: PRES)	언어발달 수준이 2세부터 6세까지 해당되는 아동	수용언어 및 표현언어 능력 측정을 통해 언어발달 지체 판별
	수용 · 표현어휘력 검사(REVT)	만 2세 6개월부터 성인까지	수용어휘 능력과 표현어휘 능력 측정
	파라다이스 유창성 검사(P-FS)	취학 전 아동, 초등학생 및 중학생 등	유창성장애 여부와 그 정도를 파악
	그림어휘검사	만 2세부터 8세 11개월 아동	수용어휘 능력 측정
	문장이해력검사	만 4세부터 6세 11개월 아동, 정상 아동은 물론 지적장애, 청각장애, 언어장애, 자폐장애, 주의력결핍 과잉행동장애, 뇌성마비 등으로 인해 언어 문제가 있는 아동	문장이해 능력의 수준 측정

참·고·문·헌

참·고·문·헌

곽승철, 김하경, 노선옥, 박석돈, 박재국, 박화문, 안병룡, 오세철, 전헌선, 정재권, 정진자, 조홍중, 한경임(2003). 중복·지체부자유아교육. 대구: 대구대학교 출판부.

교육부(1991). 특수학급운영 이론과 실제. 서울: 삼진인쇄주식회사.

교육부(2013). 특수교육연차보고서. 서울: 교육부.

교육부(2014). 특수교육통계. 세종: 교육부.

권요한, 이만영, 이말련, 이혜경, 최미숙(2009). 장애아동진단 및 평가. 서울: 시그마프레스.

김동일(2000). 발달장애학생의 학습능력 평가. 2000년 자격2기 특수학교(정신지체 초등) 1급 정교사. 경기: 국립특수교육원.

김원경, 조홍중, 허승준, 추연구, 윤치연, 박중휘, 이필상, 김일명, 문장원, 서은정, 유은정, 김자경, 이근민, 김미숙, 김종인, 이신동(2009). 최신특수교육학. 서울: 학지사.

김은경(1999). 진단 평가의 과정 및 방법. 99일반 연수4기. 국립특수교육원.

노선옥, 김수연, 김애화, 김형일, 남상석, 박순희, 유장순, 이성봉, 이효자, 정영옥, 정은희, 최성규, 한경근(2009). 특수교육대상아동 선별·진단지침. 경기: 국립특수교육원.

노진아(2005). 발달지체유아의 선별 및 진단평가의 최근 연구동향에 관한 고찰. 유아특수교육연구, 5(1), 5-24.

박승희(2002). 한국 장애인의 삶의 질 측정 도구 개발 연구. 장애인 삶의 질 향상을 위한 전환교육의 과제와 전망. 2002년도 학술대회. 한국특수교육학회.

박영숙(1982). 심리검사의 이론과 활용. 서울: 삼일당.

박화문, 구본권(1990a). 지각-운동발달진단검사: PMDT 실시요강. 서울: 도서출판 특수교육.

박화문, 구본권(1990b). 시각-운동통합발달검사: VMI 실시요강. 서울: 도서출판 특수교육.

배혜숙(2008). 장애유아통합을 실시하고 있는 유아교육기관의 장애유아 선별, 진단, 배치에 관한 실태조사. 공주대학교 교육대학원 석사학위논문.

서경희, 윤점룡, 윤치현 외(2000). 발달장애아의 진단과 평가. 대구: 대구대학교 출판부.

성태제(1998). 교육연구방법의 이해. 서울: 학지사.

성태제, 시기자(2014). 연구방법론. 서울: 학지사.

신종호(2002). 장애학생의 심리검사 및 평가. 자격2기 특수학교(치료교육) 1, 2급 정교사 과정. 경기: 국립특수교육원.

안병환, 윤치연, 이영순, 이효신, 천성문(2005). 행동수정. 서울: 시그마프레스.

이나미(2008). 특수아동진단 및 평가. 서울: 집문당.

이상훈(1999). 장애학생의 선별과 진단. 99일반 연수5기. 경기: 국립특수교육원.

이성진(2001). 행동수정. 서울: 교육과학사.

이승희(2006). 특수교육평가. 서울: 학지사.

이승희(2010). 특수교육평가(제2판). 서울: 학지사.

장애인 등에 대한 특수교육법(제정 2013. 10. 30. 법률 제12127호).

장애인 등에 대한 특수교육법시행규칙(제정 2013. 10. 04. 교육부령 제8호).

하정주(2003). 장애유아 선정 및 교육진단 도구의 활용실태와 개선 방안 연구. 공주대학교 교육대학원 석사학위논문.

한국정신지체아교육연구회(1993). 특수아동의 교육·심리진단 이론과 실제. 서울: 도서출판 특수교육.

홍준표(2010). 응용행동분석. 서울: 학지사.

Bricker, D. (1998). *An activity-based approach to early intervention* (2nd ed.). Baltimore: Paul H. Brookes.

Browder, D. M. (1991). *Assessment of individuals with severe disablities: An applied behavior approach to life skills assessment.* Baltimore: Paul H. Brookes.

Heward, W. L. (2006). *Exceptional children: An introduction to special education.* Upper Saddle River, NJ: Pearson Education.

Heward, W. L. (2013). 최신특수교육(제10판)(김진호, 박재국, 방명애, 안성우, 유은정, 윤치연, 이효신 역). 서울: 시그마프레스.

Lewis, S., & Russo, R. (1998). Educational assessment for students who have visual impairments with other disabilities. In S. Z. Sacks & R. I. Silberman (Eds.), *Educating students who have visual impairments with other disabilities.* Baltimore: Paul H. Brookes

Pierangelo, R., & Giuliani, G. (2006). 109가지 진단검사: 선정, 해석 및 활용법(한국발달장애학회 역). 서울: 학지사.

Salvia, J., & Ysseldyke, J. E. (2006). *Assessment: In special and inclusive education.* Boston: Houghton Mifflin.

Schalock, R. L. (1996). Reconsidering the conceptualization and measurement of quality of life. In R. L. Schalock (Ed.), *Quality of life vol. 1: Conceptualization and measurement.* Washington, DC: American Association on Mental Retardation.

Snell, M. E., & Brown, F. (2000). *Instruction of students with severe disabilities.* New Jersey: Prentice-Hall Inc.

Taylor, R. L. (2008). *Assessment of exceptional students: Educational and psychological procedures.* Boston: Allyn and Bacon.

Venn, J. J. (2000). *Assessing students with special needs.* New Jersey: Prentice-Hall Inc.

Wehmeyer, M. L. (1996). Self-determination as an educational outcome: Why is it important to children, youth, and adults with disabilities? In D. J. Sand & M. L. Wehmeyer (Eds.), *Self-determination across the life span: Independence and choice for people with disabilities.* Baltimore: Paul H. Brookes.

학지사 심리검사연구소   http://www.kops.co.kr

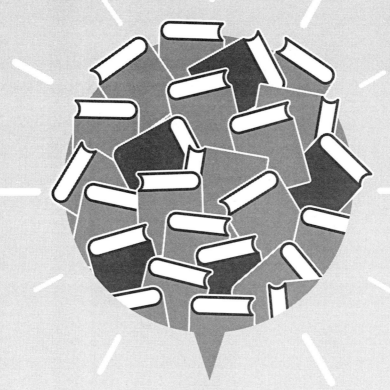

제 **4** 장

통합교육

1. 통합교육의 개념

장애학생을 분리된 환경이 아닌 일반교육 환경에서 교육하려는 통합교육은 오늘날 특수교육서비스의 큰 흐름으로서 지향하는 목적이나 가치 및 실천과정에서 복잡한 변인들을 포함하고 있다. 뿐만 아니라 통합교육의 실천은 시대정신이나 교육철학, 학습자 및 그 부모들의 요구 그리고 사회적·경제적 요인 등 여러 가지 변인의 영향을 받는다(한국통합교육학회 편, 2009). 이러한 통합교육의 물결은 현재 우리나라를 비롯하여 세계 각국에서 가치나 철학 및 장애인 권리 중심의 당위성에 근거하여 빠르게 확산되고 있는 가운데, 관심의 초점은 필요성이나 실시 여부가 아니라 실천 정도와 효과적인 실천방법에 집중되어 있으며 이에 대한 연구와 논의가 활발히 진행되고 있다(김윤옥 외, 2005; Friend & Bursuck, 2006). 또한 특수교육의 궁극적 목표가 장애학생이 장차 통합된 사회에 나가서 가능한 한 생산적이고 독립적인 삶을 살아가도록 준비시키는 데 있다고 볼 때, 통합교육은 곧 장애학생이 이러한 독립적인 삶의 성취를 실현하도록 도와주는 방법이기도 하다.

1) 용어의 사용

통합교육을 의미하는 용어들을 보면 그동안 다양한 용어가 생성되고 새로운 용어로 대치되어 사용되어 왔다. 특히 국내에서는 용어에 관한 충분한 논의가 없었는데, integration을 '통합교육', full integration, inclusion, full inclusion을 '완전통합교육', inclusion을 '포함교육', '포괄교육' 혹은 '통합교육', full inclusion을 '완전포함교육', 그리고 full inclusive education을 '모든 학생을 위한 일원화된 교육공동체로서의 통합교육' 등으로 다양하게 번역하여 사용하여 왔다(한국통합교육학회 편, 2009).

그러나 통합의 과정적 측면에 주의를 기울여 보면 이러한 용어들은 크게 두 가지, 즉 '합침'이란 의미의 통합(integration)과 '포함'이란 의미의 통합(inclusion)으로 나누어 볼 수 있다. 먼저 '합침'이란 의미의 통합은 개념적으로 '선 분리 후

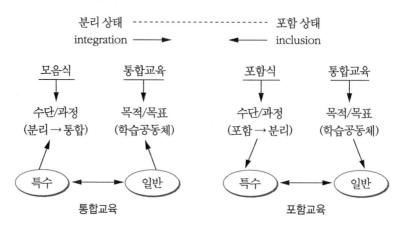

[그림 4-1] '합침'이란 의미의 통합과 '포함'이란 의미의 통합의 의미 비교도

* 출처: 한국통합교육학회 편(2009).

통합'을 지향하는 모음식 통합교육이라고 할 수 있다. 이와 같은 맥락에서 사용된 용어로는 주류화(mainstreaming), 최소제한환경(least restrictive environment: LRE) 등이 있다(한국통합교육학회 편, 2009). 즉, '합침'이란 의미의 통합, 주류화 그리고 최소제한환경은 장애를 가진 아동은 특수학급에 소속되며 가능한 한 최고로 일반교육에 포함되어야 한다는 개념에서 시작한다(Smith et al., 2004). 반면에, '포함'이란 의미의 통합은 '선 장애인 포함교육 시작 후 필요에 따른 분리'라는 전제를 지니고 있으며 이는 곧 포함식 통합교육을 의미한다고 볼 수 있다(한국통합교육학회 편, 2009). 즉, '포함'이란 의미의 통합은 모든 학생은 일반학급에 소속 혹은 포함되어 있으며, 일반학급에서 적절한 서비스를 제공받을 수 없는 경우에만 분리시켜야 한다는 가정에서 시작한다(Smith, Polloway, Patton, & Dowdy, 2004). [그림 4-1]은 이러한 '합침'이란 의미의 통합과 '포함'이란 의미의 통합에 따른 비교를 그림으로 나타낸 것이다.

2) 통합교육의 정의

통합교육의 합의된 정의를 도출하기 위해 지금까지 논쟁이 있어 왔고 여러 가지 다른 내용을 포함한 정의들이 제시되어 왔지만, 아직까지 모두가 동의하여 널리 사용되는 정의는 부재하다(Friend & Bursuck, 2006). 그러나 전문가들이 제시하는 통합교육에 대한 대부분의 정의는 교육에서 특수아동을 일반아동에 포함시키는 것을 공통적인 핵심 내용으로 하고 있다. 즉, 통합교육은 다양한 배경에서 온 다양한 교육적 필요와 능력을 지닌 학생들이 그 배경이나 필요 및 능력에 관계없이 함께 일반학교에서 교육받는 것으로, 그 특징은 장애아동과 일반아동이 교수 활동이나 사회적 활동에서 의미 있는 상호작용을 하는 것이다(이소현, 박은혜, 2011).

우리나라의 「장애인 등에 대한 특수교육법」 제2조 제6항에서는 "통합교육이란 특수교육 대상자가 일반학교에서 장애 유형, 장애 정도에 따라 차별을 받지 아니하고 또래와 함께 개개인의 교육적 요구에 적합한 교육을 받는 것을 말한다."고 정의하고 있다.

Friend와 Bursuck(2006)에 따르면, 통합교육은 장애를 가진 학생이 일반학교나 일반학급에 완전히 포함되어야 하며, 그들을 위한 교수는 그들이 가진 장애(disability)가 아닌 능력(ability)에 기초하여야 한다는 신념과 철학을 나타낸다. 이와 함께 통합교육은 세 가지 측면의 통합, 즉 물리적 통합, 사회적 통합 그리고 교수적 통합이 모두 포함되어야 한다고 진술하고 있다. 첫째로, 물리적 통합은 장애학생을 우선적으로 비장애학생들과 같은 교실에 배치하되 반드시 필요한 경우에만 그들로부터 분리하는 것을 말한다. 둘째로, 사회적 통합은 장애학생이 또래나 성인들과의 상호 관계를 형성하도록 하는 것을 의미한다. 셋째로, 교수적 통합은 대부분의 학생을 비장애학생을 위한 교육과정과 동일한 교육과정으로 가르치되, 교수-학습 과정이 고안되고 평가되는 방법을 수정함으로써 장애학생들이 성공적으로 학습하도록 도와주는 것을 의미한다.

2. 통합교육의 배경

장애학생의 통합교육의 역사는 비교적 최근에 시작되었으며 전문가들이 통합교육 운동을 전개하고 그 실시를 강조한 것은 반세기에 불과하다. 그러나 이 시기 동안 철학적 · 사회적 · 법적 배경을 가진 여러 가지 요인이 통합교육 전개 및 발달에 직간접적으로 영향을 미쳐 왔다. 통합교육을 가속화한 이러한 요인들로는 정상화 원리와 같은 철학적 믿음과 이에 따른 탈시설 수용화(deinstitution-alization) 및 지역사회 통합, 최소제한환경에서의 교육의 의무화와 같은 법률 제정, 주류화, 일반교육 주도 그리고 완전통합 등이 있다.

1) 정상화 원리

1950년대 덴마크의 지적장애 서비스의 권위자인 Bank-Mikkelsen이 처음으로 공포하고 Nirje와 Wolfensberger 등이 전개한 정상화 원리(the principle of norma-lization)는 장애인들의 사회통합운동을 위한 기본적인 철학을 제공하였다(Beirne-Smith et al., 2002). Nirje(1985)에 따르면, 정상화는 "장애나 기타 불이익(handicap)을 경험하는 모든 사람으로 하여금 가능한 한 사회의 일반적인 환경 및 생활방식과 유사하거나 실제로 동일한 삶의 형태와 일상생활의 조건을 제공해 주는 것"을 의미한다(이소현, 박은혜, 2011에서 재인용). 또한 정상화를 장애인을 위한 서비스의 원리로 적용한 Wolfensberger(1972)는, 정상화는 문화적으로 정상적인 개인의 행동이나 특성을 형성하고 유지하기 위해서 가능한 한 문화적으로 정상적인 수단을 사용해야 한다는 철학이라고 규정하였다. 이는 장애인이 정상적인 생활에 참여하는 데 방해가 되는 장벽들이 없어져야 하며, 장애학생들을 위한 교육의 목적이나 수단도 가능한 한 일반학생들의 그것과 같아야 한다는 아이디어를 제공하였다. 아울러 이러한 정상화 원리는 특수교육에 적용되어 중증 장애아동을 포함한 개개인의 장애학생에게 가능한 한 정상에 가까운 교육적 환경 및 생활환경이 보장되어야 한다는 철학적 믿음을 제공하였으며, 미국의 「장애인교육법」에서 '최소제한환경'의 개념을 탄생시키는 데 중요한 역할을 하기도 하였다(Hallahan et al., 2009).

2) 최소제한환경

최소제한환경(least restrictive environment: LRE)이란 1975년에 처음 제정되고 최근까지 수차례 개정된 미국 「장애인교육법」에 명시된 용어로서, 통합교육의 당위성을 제공해 주는 규정이기도 하다. 즉, 「장애인교육법」에서 장애학생은 "최소로 제한된 환경에서 교육"해야 한다고 규정하고 있고, 따라서 '최소제한환경에서의 교육'이라는 용어 그 자체가 통합교육과 동일한 개념은 아니지만, 통합교육을 뒷받침하는 법적 개념으로 받아들여지고 있는 것이다. 최소제한환경은 장애학생을 배치할 때 장애가 없는 또래로부터 가능한 한 최소한으로 분리시켜야 한다는 원리로서, 「장애인교육법」은 이를 "장애학생들은 적절한 최대의 한도까지 비장애학생들과 함께 교육을 받아야 하며, 만일 특수학급이나 분리된 학교 혹은 일반학급 환경으로부터 제외되는 환경으로 배치할 경우는 장애학생의 장애의 성격이나 심한 정도 때문에 보완적 도구나 서비스의 도움을 받아도 일반학급에서의 교육이 만족스럽게 달성될 수 없는 경우에만 한한다."고 규정하고 있다.

이러한 최소제한환경 규정은 두 부분으로 해석될 수 있다. 먼저, 모든 장애학생은 비장애학생들과 함께 교육받을 권리가 있으며, 따라서 학교는 장애학생을 최소로 제한된 환경에 배치하고 유지시키기 위해 최대한 노력해야 한다는 것이다. 예를 들어, 일반학급에서 필요한 보완적 도구나 서비스의 도움을 받으면서 효과적인 특수교육적 도움을 받을 수 있는 학생을 특수학급에 배치해서는 안 되며, 특수학급에서 적절한 교육이 가능한 학생을 분리된 특수학교에 배치해서는 안 된다는 것이다. 그러나 최소제한환경의 규정은 어떤 장애학생들에게는 보다 더 제한적이거나 분리된 환경이 더 적절할 수도 있다는 것 또한 인정하고 있다. 즉, 보다 더 제한된 물리적 환경이 반드시 심리적 자유나 인간의 잠재력을 제한하는 환경이라고 볼 수 있는 것도 아니라는 것이다. 예컨대, 특수학급이나 특수학교에서 즐겁게 공부하거나 생활하던 학생이 일반학급에 배치된 후 결국 또래들에게 수용되지 못하거나 필요한 기능을 습득하지 못한다면 일반학급이 오히려 더 제한된 환경일 수 있다는 것이다(Hallahan, Kauffman, & Pullen, 2009).

「장애인교육법」은 최소제한환경 규정과 함께 장애학생들의 개인적인 요구를 채워 주기에 가장 적합한 환경에서 교육받도록 하기 위해 각 학교는 연계적 배치체계(continuum of alternative placement)를 사용하도록 규정하고 있는데, 이는 학교가 장애학생에게 적합한 최소제한환경을 결정할 때 여러 가지 대안 가운데서 선택하도록 허용하는 것이다(Yell, 2006). 「장애인교육법 시행규칙」에 기술된 연계적 배치체계 모형은 [그림 4-2]와 같다.

[그림 4-2]에서 보듯이 장애학생의 제한 정도는 일반학급에 배치되었을 경우

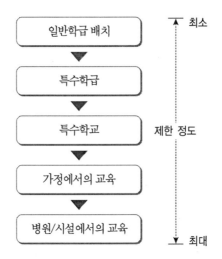

[그림 4-2] 「장애인교육법」에 제시된 연계적 배치체계 모형

* 출처: IDEA Regulations, 34 C. F. R. § 300.551

최소이며, 다음 단계로 갈수록 커져서 병원이나 시설의 경우 최대로 제한된 환경으로 배치되는 것을 의미한다. 비록 장애학생을 최소로 제한된 교육환경에 배치해야 한다는 규정은 매우 바람직한 것이기는 하지만, 이를 실제에 적용하는 과정은 개념을 정의하는 것만큼 단순하지 않다(Hallahan et al., 2009). 예컨대, 최소제한환경 규정의 구체적인 해석에 있어 논란이 있어 왔는데 "장애학생이 적절한 최대의 한도까지 비장애학생들과 함께 교육을 받아야 한다."는 규정에서 '적절한 최대의 한도'에 대한 해석이 그 대표적인 예다. 이와 같은 최소제한환경 규정의 해석상의 논란은 특히 장애학생의 배치 결정 시 학교와 장애학생 부모 사이에 많은 마찰을 가져왔고, 그 결과 적지 않은 법정 소송을 초래하기도 하였다(Yell, 2006). 이러한 최소제한환경의 적용과 관련하여 발생하는 문제들을 해결하기 위하여 Yell(2006)은 「장애인교육법」과 그 시행령 그리고 사법부의 관련된 판례들을 분석하여 배치결정팀(IEP팀)이 특정 장애아동을 최소제한환경으로의 배치를 결정하는 데 도움을 주는 기준들을 제시하였다. 이를 살펴보면 〈표 4-1〉과 같다.

〈표 4-1〉 **최소제한환경 배치 결정 기준 및 점검내용**

최소제한환경 배치 결정 기준	점검내용
학교는 아동이 일반학급에 남아 있을 수 있도록 하기 위해 단계적인 노력을 기울였는가?	• 보완적 도구 및 서비스들을 제공하였는가? • 필요한 중재를 시도하였는가? • 얼마나 많은 중재를 시도하였는가?
보완적 도구나 서비스의 제공과 함께 일반학급에서 교육받을 때와 특수교육을 받을 때 그 혜택이 어떻게 다른가?	• 학업적인 혜택에서 어떻게 다른가? • 사회성이나 의사소통 기술 향상과 같은 비학업적 혜택에서 어떻게 다른가?
다른 아동의 교육에 미치는 영향은 어떠한가?	• 아동이 방해행동을 보이는 경우 다른 아동에게 부정적인 영향을 미치는가? • 아동에게 교사의 지나친 관심이 필요하고, 이에 따라 다른 아동의 교육에 부정적인 영향을 미치는가?
만일 아동이 일반학급이 아닌 다른 환경에서 교육받고 있다면, 가능한 범위에서 최대한으로 또래들과 통합된 경험을 하고 있는가?	• 아동은 어떤 학업적 활동에서 또래들과 통합되고 있는가? • 아동은 어떤 비학업적 활동에서 또래들과 통합되고 있는가?
연계적 배치체계의 종류가 적절한 배치를 선택하기에 모두 가능한가?	

* 출처: Yell, M. L. (2006).

3) 주류화

통합교육과 관련하여 사용된 용어 중 하나인 주류화(mainstreaming)는 다양한 의미로 해석되었다. 먼저 넓은 의미에서의 주류화는 장애아동을 가능한 한 일반아동의 생활 흐름에 포함시키는 것을 말한다(Turnbull & Turnbull, 1990). Hallahan 과 Kauffman(2003)은 "통합교육에 적용된 주류화는 장애아동을 일과 중 하루 종일 혹은 일정 시간 동안 학급 활동의 전체나 부분을 일반학급에 배치하는 것을 의미한다."고 하였다. 사실 1980년대에 등장한 주류화는 앞서 살펴본 최소제한환경 원리에 기초하여 등장한 개념이며, 따라서 초기에는 최소제한환경을 해석하는 용어로 사용되거나 동일한 의미로 사용되기도 하였다. 즉, 미국의 「장애인 교육법」에서 최소제한환경 원리가 규정되었을 때 실제로 대부분의 장애학생을 위한 최소제한환경은 부분제나 전일제 특수학급에 배치되는 것이었다. 그리고 이처럼 장애학생들이 일반교육에 참여하도록 허용하는 것을 주류화라고 하였다. 그러나 1990년대 이후 주류화는 더 이상 사용되지 않는 대신 통합(inclusion)이라는 용어로 대치되었다(Friend & Bursuck, 2006).

4) 일반교육 주도

일반교육 주도(regular education initiative: REI)는 1970년대의 장애학생 특수학급 배치나 1980년대의 자료실(resource room) 배치에 대한 비판과 함께 이들을 보다 일반교육 프로그램에 포함시키려는 노력에서 시작된 움직임이었다(Smith et al., 2004). Will(1986)이 처음으로 주창한 이러한 일반교육 주도는 장애학생이 적절한 교육을 받기 위해서는 근본적으로 기존의 학교체제의 개혁이 필요하다는 주장이었다. 즉, 일반교육 주도 주창자들은 교육체제가 장애학생을 포함한 모든 학생의 요구를 충족하기 위해서는 현재의 일반교육과 특수교육의 이중교육 구조를 폐지하고 하나의 교육체제로 통합해야 한다고 보았다(Smith et al., 2004). 뿐만 아니라 그들은 하나의 교육체제 모델이 되면 학교가 장애학생들을 구별하고 특수교육서비스 대상인지를 결정하기 위해 많은 시간과 노력을 기울이는 대신, 모든 학생에게 적절한 서비스를 제공하기 위해 보다 광범위한 노력을 기울일 것이라고 주장하였다(Smith et al., 2004).

그러나 이러한 일반교육 주도 운동에 대해서는 지금까지도 찬반 논의가 진행되고 있다. 먼저 일반교육 주도 운동을 지지하는 사람들의 주장을 Stainback과 Stainback(1984)은 다음과 같이 요약하고 있다. 첫째, 현재의 일반교육과 특수교육의 이중구조는 일반학생과 장애학생 두 종류의 학생이 있다는 것을 가정하는 체제다. 그러나 실제로 모든 학생은 한 연속선상에서 다양한 특성을 가지고 있는 것이며, 따라서 모든 학생을 단순히 두 종류로 구분하는 것은 잘못된 것이다. 모든 학생은 자신만의 독특한 장점과 단점을 지니기 때문이다. 둘째, 장애학생들에게만 효과적인 특별한 교육방법이란 존재하지 않는다. 바람직한 교육 프로그램은 모든 학생에게 효과적인 프로그램이다. 셋째, 이러한 이중교육 구조에서는 학생들이 특수교육과 일반교육 중 어떤 교육체제에 적합한지, 그리고 만일 특수교육 대상자라면 어떤 유형의 장애를 가지고 있는지를 판정하기 위해 많은 시간의 소비와 값비싼 노력이 요구된다. 불행하게도, 장애의 유형 분류는 때때로 신뢰할 수 없을 뿐만 아니라 장애학생들에게 불필요한 낙인(stigma)이나 표찰(labeling)을 부여하는 결과를 가져오기도 한다. 그러나 하나의 교육체제가 되면 이러한 낙인이나 표찰의 부정적인 영향을 감소시키고, 장애학생들이 일반학생들의 바람직한 행동을 관찰하여 학습할 수 있는 혜택을 누릴 수 있다. 넷째, 일반교육과 특수교육 구조를 영속시키는 것은 교육 분야의 전문가들 사이의 불필요한 경쟁과 이중적인 노력을 요구하는 결과를 낳는다. 그러나 하나의 교육체제 모델이 되면 모든 교육자가 전문성과 효과적인 교육방법 및 교육의 목적을 공유하기 위해 함께 노력하게 됨으로써 이점이 발생한다.

그러나 많은 특수교육 전문가나 단체는 비록 일반교육 주도를 통해서 긍정적인 혜택을 얻을 수 있다는 사실을 인정한다고 하더라도 실제의 실행에서는 어려움이 있음을 지적하고 있다(Fuchs & Fuchs, 1994). 예를 들어, 일반교사들은 장애학생을 교육할 준비가 되어 있지 않을 뿐 아니라, 모든 장애학생을 장애의 성격이나 정도에 관계없이 일률적으로 일반학급에 배치하는 것에 대하여 실증을 거친 타당성이 제시되지 않고 있다는 것이며, 따라서 이들은 연계적 배치체계 모델의 계속적인 사용을 주장한다.

5) 완전통합

장애학생의 통합에 대한 개념은 1990년대 중반 이후에는 완전통합(full inclusion)의 개념으로 발전하였으며, 이는 현재 특수교육에서 가장 활발하게 논쟁되고 있는 문제다. 사실 완전통합의 개념은 앞서 살펴본 일반교육 주도 그리고 통합(inclusion)의 개념과 서로 관련이 있으며, 경우에 따라서 거의 동일한 의미로 사용되고 있다. 즉, 장애학생을 보다 완전히 일반교육에 포함시키기 위한 모델이 일반교육 주도였으며, 이후 일반교육 주도를 실현하기 위한 프로그램 모델을 지칭하기 위한 용어가 곧 '통합'이었다(Smith et al., 2004). 즉, 통합은 주류화가 아닌 포함의 개념을 의미하는 'inclusion'으로 표현되는 통합교육의 새로운 용어였으며, 후에 완전통합의 개념으로 발전하였다.

완전통합의 정확한 개념에 대해서는 전문가들에 따라 다소 이견이 있는 것이 사실이다. 그러나 다양하게 표현되는 의미들이 공통적으로 내포하는 주요 개념들을 정리해 보면 다음과 같다. 첫째, 장애의 형태나 정도에 관계없이 모든 장애학생은 오직 일반학급에 참여한다. 즉, 분리된 특수교육은 존재하지 않는다. 둘째, 모든 장애학생은 자신이 속한 지역의 학교, 즉 그들이 장애가 없었을 경우 다니게 되었을 학교에 다닌다. 셋째, 특수교육이 아닌 일반교육이 모든 장애학생을 위한 주된 책임을 진다. 즉, 완전통합은 일반적으로 모든 장애학생이 장애의 유형이나 정도와는 관계없이 일반학급에 완전히 포함되어 하루 종일 교육받는 것을 의미한다(Stainback & Stainback, 1992).

완전통합을 주장하는 사람들은 분리교육을 포함하고 있는 현재의 특수교육 제도가 장애학생의 개별적인 요구를 충족하는 데 실패했다고 본다. 뿐만 아니라 장애학생의 학업 및 사회적 발달을 도와주기에 필요한 풍부하고도 다양한 일반교육 환경으로부터 장애학생을 제외시키고 있다고 주장한다. 그들은 경도 및 중도 장애학생을 포함한 모든 장애학생을 위한 가장 적절한 교육환경은 일반학급이며, 일반학급을 통해 장애학생들은 필요한 교육적 혜택을 누릴 수 있다고 본다(Beirne-Smith, Ittenbach, & Patton, 2002; Hardman, Drew, & Egan, 1999).

그러나 다른 특수교육 전문가들은 연구 결과 및 논리적 분석에 근거하여 완전통합이 장애학생을 위한 최선의 선택이라는 주장에 이의를 제기한다(Kauffman & Hallahan, 2005). 이들은 완전통합이 모든 학생들에게 가장 이익을 주는 것은 아니며 어떤 학생들은 보다 분리된 상황에서 오히려 더 나은 향상을 보인다고 주장하고 있다. 즉, 많은 장애학생은 실제적인 향상을 위해 보다 집중적인 교육이 필요하며, 그러한 교육은 결국 특수학급이나 자료실 같은 분리된 특수교육 환경에서 제공되어야 한다는 것이다. 그것은 장애학생이 일반학급의 교육과정에서 적응할 수 있도록 돕기 위해 일반학급 교사들이 지원을 제공한다고 하더라도 집중적으로 교육을 제공하기에는 어려움이 많기 때문이다.

장애학생의 사회적 적응에서 또래의 태도는 매우 중요하다. 그러나 연구 결과들은 특히 지적장애 아동에게는 완전통합이 그들의 사회적 수용을 향상시킨다고 볼 수 있는 명확한 근거를 제시하지 못하고 있다고 지적한다(Zigmond, 2003; Zigmond, 2007: Hallahan et al., 2009에서 재인용). 이에 대해 Zigmond(2003)는 장애학생이 교육되어야 할 장소보다는 그의 요구를 채워 주는 것이 더 중요하게 고려되어야 한다고 주장하고 있다. 결국 완전통합 아이디어에 반론을 제기하는 사람들은 현실적으로 연계적인 배치체계가 장애학생의 요구를 충족하기에 적절하다고 보고 있다.

6) 우리나라의 통합교육

통합교육의 세계적인 추세에 따라 우리나라에서도 1971년에 처음으로 특수학급이 설치된 이후 그동안 분리교육 상태에 있던 장애학생을 일반학교에 통합하려는 노력이 꾸준히 진행되어 왔다. 먼저, 우리나라 통합교육의 발전에는 이를 규정하는 다양한 법적 근거가 있어 왔다. 이를 살펴보면, 가장 근본적인 법적 근거는 "모든 국민은 능력에 따라 균등하게 교육을 받을 권리를 가진다."고 규정한 「헌법」 제31조를 들 수 있다. 또한 「초·중등교육법」 제59조(통합교육)에서는 "국가와 지방자치단체는 특수교육이 필요한 사람이 초등학교·중학교 및 고등학교와 이에 준하는 각종학교에서 교육을 받으려는 경우에는 따로 입학절차, 교육과정 등을 마련하는 등 통합교육을 하는 데에 필요한 시책을 마련하여야 한다."고 규정하고 있다. 「장애인 등에 대한 특수교육법」 제21조에서는 "각급 학교의 장은 교육에 관한 각종 시책을 시행함에 있어서 통합교육의 이념을 실현하기 위하여 노력하여야 한다."고 규정하고 있다. 아울러 특수교육 대상자를 배치받은 일반학교의 장에게 통합교육 계획을 수립·시행하도록 명시하고 있으며, 특수학급을 설치하여 시설과 설비, 교재와 교구를 갖추도록 규정하고 있다. 또한 제17조에서는 특수교육 대상자를 일반학교의 일반학급에 우선 배치할 수 있는 근거를 규정하고 있다. 이로 미루어 볼 때 우리나라의 법적 근거는 완전포함교육을 명시한 것은 아니지만, 특수교육 정책의 토대는 포함식 통합교육의 가치와 철학을 바탕으로 하고 있다고 하겠다(한국통합교육학회 편, 2009).

한편으로 특수학급이 설치된 이후 특수학급뿐 아니라 장애학생이 포함된 일반학급인 통합학급이 급속히 늘어나면서 통합교육을 받는 학생이 해마다 증가하고 있다. 최근 특수교육 대상 학생의 교육환경별 배치 현황을 살펴보면 일반학교에 배치되어 통합교육을 받는 특수교육 대상 학생, 즉 분리 배치 형태인 특수학교에 다니지 않고 일반학교 내의 특수학급이나 일반학급에서 교육을 받는 특수

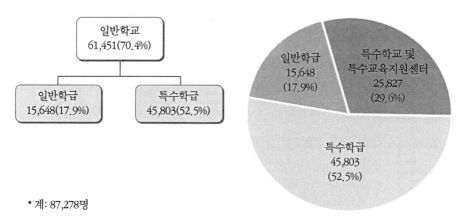

* 계: 87,278명

[그림 4-3] 교육환경별 특수교육 대상 학생 배치 현황

* 출처: 교육부(2014).

교육 대상 학생의 수는 해마다 증가하고 있다. 그 구체적인 수치를 보면, 2001년
에는 통합교육에 배치된 학생이 전체 특수교육 대상 학생의 45.8%였던 것이,
2005년 59.8%, 2010년 70.0%, 그리고 2014년 70.4%로 매년 증가되어 왔다(교육
부, 2014). 2014년 9월 현재 특수교육 대상 학생의 배치 현황을 보면 전체 8만
7,278명 중 29.6%만이 특수학교 혹은 특수교육지원센터에 배치되어 있으며, 일
반학교에 배치되어 있는 학생 70.4% 중 52.5%는 특수학급에, 나머지 17.9%는 일
반학급에 배치되어 있다([그림 4-3] 참조).

3. 통합교육의 조건

　성공적인 통합교육을 위해서는 여러 가지 조건이 갖추어져야 한다. 그 가운데
서도 통합학교 구성원들의 다양성 수용과 같은 바람직한 통합문화의 형성이 필
수적이며, 아울러 일반교사 및 특수교사의 태도와 자질, 부모의 태도, 학생의 태
도 등이 성공적인 통합교육에 중요한 역할을 한다.

1) 다양성 수용의 문화 형성

통합교육은 일반학교에서 제외되었던 장애학생들을 장애가 없는 또래가 다니는 환경에 통합하여 각 학생의 교육적 요구에 적합한 교육을 제공하는 것이다. 그러므로 기존의 일반교육이나 일반학교 환경의 변화는 필수적이라고 할 수 있다(김원경 외, 2008). 그중에서도 통합학교의 구성원인 교사, 학교 행정직원, 일반학생 그리고 이들과 관련된 학부모 등 모두가 '차이'를 바로 인식하고 수용하는 분위기가 형성되어야 한다. 즉, 장애로 다른 사람들과 차이를 보이는 장애학생에 대한 인식의 전환이 있어야 한다. 이를 두 가지 측면에서 살펴보면 다음과 같다.

첫째, 장애학생이 지닌 '차이'를 다양성으로 인정해야 한다. 즉, 장애학생이 가진 장애를 분리해야 하는 특성으로 보는 것이 아니라, 개인이 가지는 개성이나 다양성의 측면에서 바라보고 수용해야 한다는 것이다. 개인이 가진 이러한 차이를 다양성으로 바라보고 얼마만큼 수용하는가는 통합교육의 성공에 중요한 요소가 될 것이다. Salend(1999)에 따르면, 학생들은 종종 다른 사람이 자기와 '다름'을 느끼면 쉽게 친구가 되지 못하는 경향이 있다고 한다. 그리고 이러한 '다름'을 느끼도록 하는 요인들은 인종이나 성별, 사회적·경제적 요소 등이며, 장애도 포함된다고 한다. 그러나 학생들로 하여금 인간에게는 여러 측면에서 개인차가 존재한다는 것을 인정하고 수용하도록 할 뿐 아니라, 더 나아가서 이를 존중할 줄 아는 태도를 갖도록 지도해야 한다.

둘째, 차이 때문에 차별을 하거나 편견을 가지는 것은 옳지 않다. 차이는 하나의 연속선상에 존재하며 곧 동일한 집단에 속하기 때문이다. 가령 우리는 교육적 필요에 따라 학생들을 구분하고, 이때 구분의 기준으로 차이를 사용한다. 잠재적인 지적 능력의 차이에 따라 지적장애 장애학생과 일반학생으로 구분하는 것이 그 예다. 그러나 이러한 지적 능력의 차이는 차별을 당하거나 편견 혹은 부정적인 인식을 갖도록 하는 요소가 될 수 없다. 왜냐하면 학생 각자의 지적 능력은 연속선상의 어느 한 곳에 속해 있으며, 우리는 지적장애 장애학생에게 요구되는 서비스를 제공하기 위한 필요 때문에 임의로 정한 기준(예: 지능지수 70~75)에 따라 지적장애 학생과 일반학생을 구분할 뿐이다. 즉, 지적장애 학생은 이러한 기준하에 있기는 하나 결국은 하나의 연속선상에 있는 것이며, 별개의 집단에 속해 있는 것이 아니라 동일한 학생 집단 내에 있는 것이다.

2) 교사의 태도 및 자질

(1) 교사의 태도

한 사람의 교사가 장애학생의 삶에 미칠 수 있는 영향은 대단하다. 교사의 태도와 행동은 장애학생이 일반학생에게 수용되는 데 지대한 영향을 미치며, 이는 곧 장애학생들의 학교에서의 성공을 좌우하는 중요한 요인이 된다(Smith et al., 2004). 교사의 역할은 통합학급의 긍정적인 분위기 조성에도 매우 필요하다. 특히 교사는 통합학급의 성공적인 분위기 조성을 위해 필요한 여러 가지 자질을 갖추어야 하는데, 이들은 학생에 대한 태도 및 기대, 교사의 능력, 교사의 협력기술 및 지원기술 등을 포함한다. 먼저 장애학생에 대한 교사의 긍정적이고 수용적인 태도는 매우 중요한데, 그것은 일반학생들이 이러한 교사의 태도를 느낄 뿐 아니라 모방하기 때문이다. 따라서 교사는 장애학생과 관련한 자신의 태도나 행동을 자주 점검해 볼 필요가 있다(Salend, 1999).

교사들은 장애학생들의 수행에 대해 적절한 기대를 갖도록 해야 한다. 만일 교사가 너무 낮은 기대를 하면 학생은 교사가 기대한 만큼만 수행할 수 있다. 또한 교사는 장애학생의 교육적 요구를 채워 주는 데 필요한 기능을 소유하고 있어야 한다. 일반학생들을 교수하는 방법과 같은 방법으로 장애학생들을 교수하면 효과적이지 않다. 교사들은 일반학생들이 신체적 특성이나 행동 혹은 학습에서 특별한 요구를 가진 장애학생들과 상호작용하도록 도와주어야 한다. 일반학생들이 다름에 대한 두려움을 가지지 않도록 장애나 다양성에 대해 가르쳐야 한다. 또한 교사들 자신이 학교 내에서 다양성을 수용하는 것을 보여 주는 훌륭한 모델이 될 수 있을 뿐 아니라, 일반학생과 장애학생이 상호작용을 통해 조화를 이루는 분위기를 조성함으로써 서로를 수용하는 태도를 기르도록 해야 한다(Smith et al., 2004). 특히 장애학생들의 입장에서는 학령기 동안 학교 사회에서 수용을 경험해야 장차 성인이 되었을 때도 지역사회나 일터에서 일반인들과 어울려 살아갈 수 있다. 장애학생들이 어린 시절부터 통합환경에서의 경험을 쌓아야 하는 이유가 여기에 있다(Smith et al., 2004).

(2) 교사의 자질

성공적인 통합교육을 위해서 일반교사와 특수교사 모두 교육과정 운영 및 교수 능력뿐 아니라 서로 간에 협력을 위한 자질을 갖추어야 한다. 〈표 4-2〉에서는 장애학생을 교육하기 위하여 모든 교사가 지녀야 하는 기본적인 자질과 특수교사로서의 전문적인 자질을 요약하였다(Hallahan et al., 2009).

〈표 4-2〉 통합교육을 위해 필요한 교사의 자질

모든 교사에게 필요한 기본적 자질		특수교사로서의 전문적 자질	
자질	설명	자질	설명
개별 학생의 요구를 충족하기 위해 최대한으로 노력하기	한 학급에는 다양한 학생이 있다. 교사는 이러한 학생들의 요구를 충족하기 위해 융통성, 수정, 조정 등의 기술을 필요로 한다. 교사가 최선의 노력을 기울인 후에도 학생들의 개별적인 요구가 충족되지 않을 경우에만 특수교육이 필요하다.	학습 문제를 지닌 학생들을 위한 교수하기	대부분의 장애학생은 비장애학생들보다 학업기술 습득에 어려움을 보인다. 특히 감각장애, 지체장애, 지적장애, 정서·행동장애 등은 이들의 학과 학습을 어렵게 한다. 그러므로 특수교사들은 인내와 희망 같은 자질도 필요하지만, 동시에 장애학생들이 이해하고 적절하게 반응할 수 있도록 학업과제를 제시하는 기술도 지녀야 한다.
학업상의 능력과 무능력 평가하기	학생에 대한 적절한 평가는 평가 전문가의 평가뿐 아니라 교사가 학급 내에서의 성취를 진단하는 것을 포함한다. 따라서 교사들은 모든 과목에서의 학생의 성취를 정확하고 상세하게 진단할 수 있어야 한다.	심각한 문제행동 다루기	많은 장애학생은 행동 문제도 함께 보이곤 한다. 가끔은 기본적으로 그들의 행동 문제에 따라 특수교육의 적격성이 인정되기도 한다. 특수교사들은 평범한 행동 문제를 넘어서는 이러한 심각한 행동을 효과적으로 다룰 수 있어야 한다. 즉, 특수교사들은 위축된 학생들을 참여시키고 과잉행동이나 공격행동을 조절하며, 적절한 사회적 기술을 가르치기 위한 기술을 습득해야 한다. 예를 들어, 긍정적 행동중재 등이 사용될 수 있다.
장애 진단·평가를 위한 의뢰하기	학교는 장애를 지닌 학생들을 선별하고 판별할 수 있어야 한다. 따라서 교사들은 장애가 의심되는 학생들을 관찰하고 진단팀에게 의뢰하여 진단을 받도록 해야 한다. 그러나 의뢰에 앞서 그 학생이 일반학급에서 교육받을 수 있도록 하기 위한 광범위한 노력을 기울여야 하며, 의뢰 시 이러한 이전의 노력에 대한 설명이 이루어져야 한다.		

자 질	설 명	자 질	설 명
특수교육 대상자 적격성 판정 회의에 참석하기	학생에게 특수교육이 제공되기 전에 다양한 영역의 전문가로 구성된 팀이 특수교육 대상자로서의 적격성을 판정하여야 한다. 교사들은 학생의 특수교육 적격성 결정을 위하여 다른 영역의 전문가들과 함께 협력적으로 일할 수 있어야 한다.	진보된 공학 활용하기	장애학생들의 교육이나 삶의 향상을 위하여 공학기술의 적용이 증가되고 있다. 특히 감각장애나 지체장애 학생들을 위해 새로운 도구나 방법들이 급속히 개발되고 있다. 교사들은 현재 개발되어 있는 공학에 대해 잘 알고 있을 뿐 아니라, 이들의 장단점을 이해함으로서 장애학생들을 위해 적절하게 사용할 수 있어야 한다.
개별화교육 프로그램 개발에 참여하기	특수교육을 받는 모든 학생은 개별화교육 프로그램(Individualized Education Program: IEP)을 가지게 된다. 따라서 교사들은 학생의 IEP 개발 회의에 참여해야 한다.		
부모나 보호자와 의사소통하기	학생의 특수교육 대상 적격성 판정, IEP 개발 및 특수교육 프로그램의 평가 등의 과정 동안 부모나 보호자의 의견이 반영되어야 한다. 따라서 교사는 학생의 문제나 배치 및 진보에 대해 학교와 가정 사이의 의사소통을 책임져야 한다.	특수교육 관련 법률에 대한 지식 갖기	특수교육은 여러 가지 관련 법령에 따라 규정 및 운영되고 있다. 즉, 장애학생들의 권리가 법률에 따라 보장되고 있음을 의미한다. 따라서 교사들은 특수교육과 관련된 법률과 시행령 등을 잘 알고 있어야 하며, 더 나아가서 장애학생을 위한 옹호자 역할을 할 수 있어야 한다.
장애학생의 능력을 확인하고 최대한으로 활용하기 위하여 다른 전문가들과 협력하기	장애학생의 교육이 어느 한 전문 영역의 책임이 될 수는 없다. 일반교사와 특수교사들은 장애학생의 교육을 위한 책임을 공유해야 한다. 이에 더하여 교사들은 학생의 특수성에 따라 필요한 다른 영역의 전문가들과 협력적으로 일해야 한다.		

* 출처: Hallahan, Kauffman, & Pullen (2009).

3) 부모의 태도

장애학생의 일반교육에의 통합에 대한 부모의 태도와 행동은 통합교육의 성공에 중요한 영향을 미친다. 특히 장애학생의 부모들이 통합에 대한 긍정적인 인식을 가지고 자녀교육의 파트너로서 적극적인 지원과 협조를 하는 것은 성공적인 통합교육의 중요한 요소 중 하나다. 그러나 연구들에 따르면, 통합교육에 대한 부모들의 태도는 지지하는 편과 반대하는 편으로 나누어지며, 자녀의 장애 유형에 따라 지지의 정도가 다르다고 보고하고 있다(Palmer, Borthwick-Duffy, & Widaman, 1998).

먼저, 통합을 지지하는 부모들은 자녀들이 일반학급에서 교육받을 때 학업적인 성취나 사회적 기술의 습득에 도움이 되며 문제행동이 감소된다고 믿는다(Friend & Bursuck, 2006). 그러나 통합을 꺼리는 부모들은 장애를 가진 자녀들이 일반학급에서는 정서적 혹은 사회적으로 수용되지 못하고 따돌림을 당하기 쉽다는 점, 특수교육 환경에서 제공되던 만큼 개별 요구에 적합하고 질 높은 교육이나 치료 지원 등의 서비스가 제공되지 못하여 자녀의 학업적·정서적·행동적 발달에 불리할 것이라는 점, 그리고 일반교사들이 준비되지 않았을 것이라는 점을 그 이유로 들고 있다(Smith et al., 2004). 한편으로 어떤 부모들은 특수학급을 더 선호하는 것으로 나타났는데, 그 이유는 장애 자녀들이 일반학급보다 더 적은 학급 인원의 잘 구조화된 특수학급에서 보다 편안함을 느끼기 때문이다(Johnson & Duffett, 2002).

통합교육에 영향을 미치는 또 다른 요소는 일반 자녀를 둔 부모들의 태도인데, 이들 역시 부정적인 견해와 긍정적인 견해를 보인다. 먼저, 부정적인 견해를 보이는 부모들은 장애학생 때문에 자신의 자녀들이 바람직하지 않은 행동을 모방하거나, 학습하는 데 여러 가지로 방해가 된다고 생각한다. 이러한 장애학생에 대한 일반학생 부모의 우려는 통합교육 실행 자체에도 방해 요인으로 작용할 뿐 아니라 자녀에게 장애학생에 대한 편견을 심어 주는 역할을 하기도 하며, 그 결과 통합교육에 부정적인 요인으로 작용할 수 있다. 그러나 통합교육에 대해 긍정적인 태도를 가지는 일반학생의 부모들도 있다. 이들은 자녀에게 장애학생을 수용하고 잘 어울리도록 독려하기도 하고, 통합교육을 강조하거나 성공적으로 이루어지도록 행정적 및 제도적 변화의 촉구 등을 통해 지원하기도 한다(한국통합교육학회 편, 2009).

4) 학생의 태도

통합환경에서 일반학생들이 장애학생들에 대한 고정관념이나 편견에서 벗어나 올바른 태도를 갖도록 하는 것이 중요하다. 그리고 이러한 태도가 고정되기 전, 즉 가능한 한 어린 시절에 일반학생들이 장애학생들에 대한 긍정적인 태도나 수용적인 자세를 개발하도록 도와주어야 한다(Favazza, Phillipsen, & Kumar, 2000). 학령기에 장애학생들과 긍정적인 상호작용을 통해 필요한 경험을 해야 성인이 되어서도 자연스럽게 이들과 함께 살아갈 수 있다. 장애학생이 일반학생들에게 진정으로 통합되기 위한 중요한 조건 가운데 하나는 교사들이나 또래로부터 사회적으로 수용되는 것이다. 장애학생이 통합을 통해 사회적으로 수용되는 경험은 자신의 가치를 인식하는 데도 큰 도움이 된다. 따라서 교사는 장애학생뿐 아니라 일반학생에게도 학교는 다양한 사람이 속해 있고 서로 돌보는 장소라는 사실을 계속적으로 인식시킬 때, 학생들은 서로를 더욱 수용하고 이해하며 돌보는 분위기를 형성하게 된다는 것을 기억하여야 한다.

일반학생이 장애학생과 긍정적인 상호작용을 하기 위해서는 장애학생에 대한 편견이나 두려움을 갖지 않아야 한다. 아울러 개개인의 차이점을 이해하고, 타인을 언제 그리고 어떻게 도와야 하는지를 알고 있어야 한다. 일반학생들이 장애학생들에 대해 올바른 태도를 가지고 긍정적으로 상호작용하도록 하는 방법 가운데 하나는 일반학생과 장애학생이 친구가 되어 우정을 형성하도록 도와주는 것이다. 이를 위한 구체적인 방법으로는 장애학생과 일반학생이 포함된 그룹 활동(예: 농구팀 활동), 과제 진행 시 짝을 이루어 하기, 함께 자리 배정하기 등이 있다(Smith et al., 2004).

4. 통합교육의 실제

통합환경에서 장애학생과 일반학생 모두에게 효율적인 교수 실제를 제공하는 것은 통합교육의 필수 요인 가운데 하나다. 여기서는 통합교육의 실제로서 통합교육 배치 모형, 통합학급에서의 교수방법인 교수 적합화 그리고 협력교수에 대해 알아보기로 한다.

1) 통합교육 배치 모형

특수교육 대상자로 판정된 장애학생은 필요에 따라 다양한 환경에 배치된다. 일반적인 교육환경의 측면에서 볼 때 최소의 제한적인 환경인 일반학급에서부터 최대의 제한적인 환경인 기숙제 학교에의 수용까지 다양한 배치 형태가 하나의 연계적인 배치체계를 이루고 있다. [그림 4-4]는 앞서 언급한 최소제한환경의 관점으로부터 비롯된 연계적 배치체계이며 〈표 4-3〉은 각 배치 형태의 특징을 설명해 주고 있다.

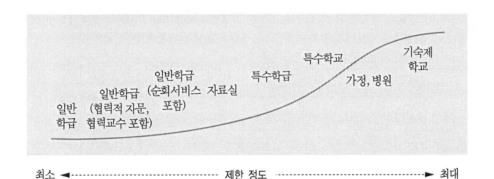

[그림 4-4] 연계적 배치체계

* Hallahan, Kauffuman, & Pullen (2009).

〈표 4-3〉 연계적 배치체계의 유형별 특징

유 형	특 징
일반학급	모든 교육적 배치에서 최소로 제한된 환경이다. 장애학생이 일반학급에서 학교생활의 전부를 보내며 교사나 학생 모두 직접적으로 특별한 서비스를 제공받지 않는다. 즉, 일반교사가 적절한 교수방법과 학습 도구 및 자료 등을 활용하여 장애학생에게 필요한 서비스를 제공한다. 그러나 청각장애 학생에게 보청기를 제공하는 등의 간접적 서비스가 제공되기도 한다.

일반학급 (협력적 자문, 협력교수 포함)	장애학생은 일반학급에서 학교생활의 전부를 보낸다. 그러나 일반교사는 특수교사나 다른 전문가로부터 필요한 자문을 받는다. 즉, 특수교사가 일반교사를 교육하거나 필요한 교육방법 등에 대해 자문한다. 혹은 일반교사와 특수교사가 함께 교수할 수 있으며, 이때 특수교사는 장애학생을 중점적으로 지도한다.
일반학급 (순회서비스 포함)	특수교사가 일반학급을 순회하여 장애학생이나 일반교사에게 필요한 서비스를 제공한다. 즉, 순회교사는 규칙적인 일정에 따라 학급을 방문하여 장애학생을 개인적으로나 소그룹 형태로 지도한다. 아울러 일반교사에게 교수법이나 특별한 문제해결을 위한 자문을 하기도 한다.
자료실 혹은 도움학급	자료실 교사가 일반학급에 소속된 장애학생이나 교사에게 필요한 서비스를 제공한다. 자료실은 특별한 자료와 도구들을 갖추고 있으며 장애학생이 매일 일정한 시간에 특별 수업을 받기 위해 이동하는 교실이다. 자료실 교사는 개별적으로나 소그룹 형태로 장애학생을 교육하기도 하고, 일반학급 교사에게 장애학생 교수법이나 문제행동 다루기 등에 대해 자문하기도 한다.
특수학급	일반학교에 설치된 학급으로서 특수교사가 보조교사의 도움을 받으며 배치된 장애학생들을 교육한다. 이 학급에 배치된 학생들은 학교생활의 전부나 대부분의 시간을 여기에서 보내거나 일부 시간, 즉 음악이나 체육 혹은 다른 적절한 활동에서 일반학생들과 통합하는 시간을 갖기도 한다.
특수학교	일반학교에 배치되면 혜택을 볼 수 없는 장애학생, 즉 주로 중증 장애학생들이 배치된다. 이 배치 유형은 특별한 서비스가 집중적으로 제공되어야 하는 유형의 학생들에게 적절하며, 필요로 하는 특수교육서비스가 하루 종일 제공된다.
가정, 병원	주로 건강장애나 지체장애 혹은 정서·행동장애 학생들 중 병원이나 가정에서 교육받는 방법 외의 대안이 없을 경우 사용되는 유형이다. 그러나 배치기간은 단기간이어야 한다. 교사가 학생을 방문하여 교재 등을 제공하고 지도한다.
기숙제 학교	교육적 배치에서 가장 제한된 환경이다. 즉, 장애학생을 가정이나 지역사회로부터 분리된 환경에서 하루 종일 보살핀다. 주로 덜 제한적인 특수교육 상황에서는 제공될 수 없는 집중적인 서비스를 필요로 하는 중증 행동장애나 최중도 지적장애, 중복장애 학생들을 대상으로 일상생활 기술 등을 포함하는 교육적 서비스 및 의료적 서비스가 제공된다.

2) 협력교수

(1) 협력교수의 의의

진정한 의미의 통합교육이 실현되기 위한 조건은 일반교사 및 특수교사 그리고 이들을 지원하는 행정가들이 장애학생의 교육에 대한 책임을 공유하고 협력하는 데서 시작된다(이소현, 박은혜, 2011). 특히 일반교사와 특수교사가 협력의 의미와 중요성을 이해하고 협력하기 시작하는 것만으로도 통합교육의 정착이나 발전의 밑거름이 될 것이다.

통합교육을 위한 협력적 접근의 유형 가운데 하나는 협력교수(co-teaching 혹은 cooperative teaching)다. 협력교수는 두 명 이상의 전문가, 즉 주로 일반교사와 특수교사 혹은 특수교육 분야의 전문가가 동일한 물리적 공간에서 다양한 능력을 가진 한 그룹의 학생들을 함께 교수하는 것이다(Friend & Cook, 2003). 협력교수는 통합교육에서 매우 유행하는 교수 유형이 되었는데, 이는 장애학생을 포함하는 일반학급에서 일반교사와 특수교사가 학생들을 지도할 때 자신들이 가진 장점의 결합을 통해 여러 가지 방법 가운데 선택적으로 활용할 수 있기 때문이다(Friend & Cook, 2003). 협력교수는 다양한 유형을 취할 수 있는데, 예를 들어 매일 일정한 시간을 정해 놓고 실행될 수도 있고(예: 매일 3교시 때), 일주일 가운데 정해진 요일에만 시행될 수도 있다. 그러나 협력교수는 모든 유형의 장애학생들에게 효과적인 방법이 되거나 모든 통합학급 상황에 적용 가능한 것이라기보다는 통합학급 학생들의 교수방법 중 하나라는 사실을 고려해야 한다(Friend & Bursuck, 2006).

(2) 협력교수의 유형

협력교수는 협력교사들에게 다양한 유형의 대그룹 혹은 소그룹 교수전략을 사용할 수 있는 기회를 제공한다. 여러 전문가가 다양한 협력교수의 유형을 제시하였는데, 여기서는 Friend와 Cook(2003)이 제시하는 여섯 가지 유형, 즉 교수-관찰 교수(one teach, one observe), 교수-지원 교수(one teach, one assist), 스테이션 교수(station teaching), 평행교수(parallel teaching), 대안교수(alternative teaching), 그리고 상호교수(teaming 혹은 team-teaching)로 나누어 살펴본다([그림 4-5] 참조).

① 교수-관찰 교수

한 교사는 교수를 주도하는 동안 다른 교사는 학생들을 보다 이해하고 교수적인 결정에 사용하기 위해 필요한 자료를 모으는 유형이다. 예를 들어, 학생들을 몇 개의 협력 그룹으로 나누어 가르치는 수업에서 일반학급 교사인 김 교사가 우리나라의 지리에 대해 질의응답식 수업을 진행하는 동안, 특수교사인 박 교사는

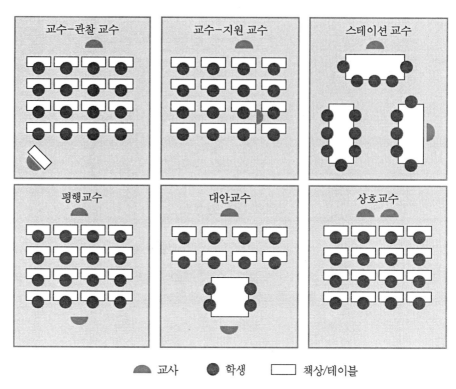

교사 ● 학생 □ 책상/테이블

[그림 4-5] 협력교수 유형

* 출처: Friend & Cook (2003); Friend & Bursuck (2006)에서 재인용.

사회적 기술에 어려움을 보이는 3명의 학생을 체계적으로 관찰한다. 박 교사는 이 3명의 학생이 또래와 상호작용하는 횟수라든지, 다른 학생들이 그들에게 얼마나 자주 직접적인 도움을 주는지 등을 미리 준비한 차트에 기입할 수 있다. 이러한 교수 유형에서 교사들은 학생들의 주의집중하기, 독립적으로 과제 수행하기, 도움이 필요할 때 질문하기 등의 행동을 관찰할 수 있다. 한편으로 교수–관찰 교수 유형을 사용할 때 각 협력교사는 가끔 수업을 진행하고 관찰하는 역할을 교대로 돌아가며 맡아야 하며, 수업 진행 결과에 대한 책임과 신뢰를 공유해야 한다.

② 교수–지원 교수

교수가 진행되는 동안 한 교사는 수업을 진행하고 다른 교사는 조용히 개별적인 학생들을 보조하는 유형이다. 예를 들어, 일반교사가 다가올 시험에 대비한 복습 수업을 진행하는 동안 특수교사는 학생들이 어휘에 대한 질문이 있을 때 이들을 개별적으로 도와주는 유형이며, 반대로 두 교사는 역할을 바꾸어 진행할 수도 있다. 그러나 이러한 유형의 교수법은 여러 가지 협력교수 모델 중 하나라는 점을 인식해야 한다. 만일 이러한 유형을 과도하게 사용하면 두 교사 중 한 사람, 즉 대개는 특수교사가 교실에서 정교사로서의 역할을 하기보다는 보조교사로서의 기능만을 하는 것으로 느낄 수 있다. 더 나아가서 교수-지원 교수 유형이 너무 자주 사용되면 학생들로 하여금 보조적인 도움에 지나치게 의존적이 되도록 할 수 있다.

③ 스테이션 교수

이 유형에서는 대개 교수내용이 두 부분으로 나누어진다. 한 명의 교사는 학급 학생의 1/2을 대상으로 독립된 학습 영역(station)에서 교수내용의 1/2을 교수하고, 다른 교사는 나머지 1/2을 대상으로 다른 독립된 학습 영역에서 역시 나머지 1/2의 내용을 교수한다. 다음으로 학생들이 학습 장소를 서로 바꾸면 각 교사는 앞서 자신이 가르친 내용을 반복하여 교수한다. 독립적으로 학습이 가능한 학생들이 있는 교실에서는 세 번째 그룹을 만들고 이들이 독자적으로나 혹은 복습과제 같은 내용일 경우 서로를 가르치는 학습 파트너를 통해 과제를 수행하도록 할 수도 있다. 경우에 따라서는 부모 봉사자가 세 번째 학습 영역에서 교수를 담당할 수 있다. 예를 들어, 수학 수업에서 일부 학생은 일반교사로부터 방정식 문제해결 방법에 대해 배울 수 있고, 두 번째 그룹의 학생들은 특수교사와 함께 다른 방식의 문제해결 방법을 배울 수 있다. 마지막 세 번째 그룹은 학생들끼리 짝을 이루어서 그 문제를 해결할 수 있을 것이다.

④ 평행교수

가끔은 두 명의 교사가 단순히 학급 학생을 동질의 두 그룹으로 나누고 각각 한 그룹씩 가르칠 때 이점이 있음을 발견하게 된다. 이렇게 교수하는 유형을 평행교수라고 하는데, 이 유형에서는 학급 학생을 1/2씩 나누어 학습하므로 모든 학생이 토론에 참여하거나 교사의 질문에 답하는 기회를 적어도 두 배로 가지는 셈이 된다. 가령, 시각자료를 통해 가르치는 것에 능숙한 한 교사가 그러한 방법을 사용할 때 다른 교사는 듣기를 통하여 가르칠 수 있다. 따라서 학생들은 이 두 방법 중 자신이 선호하는 방법으로 가르치는 교사에게서 배우게 된다. 예를 들어, 초등학교 교실에서 평행교수는 학생들로 하여금 자신들의 흥미에 따라 책을 읽는 그룹과 읽기 수준에 따라 책을 읽는 그룹으로 나누어 지도하는 데 사용될 수 있다.

⑤ 대안교수

한 교사가 학급 학생 대부분이 포함되는 대그룹을 대상으로 수업을 진행하는 동안 다른 교사는 도움이 필요한 일부 학생으로 이루어진 소그룹을 대상으로 교수한다. 이때 소그룹은 일반적으로 중재가 필요한 학생들을 대상으로 활용할 수 있으나 그 외에도 사전학습이나 추가적인 심화학습이 필요한 학생들을 대상으로 활용할 수도 있다. 예컨대, 대그룹이 작문 수업을 하는 동안 아직 한글 철자 쓰기에 어려움이 있어 작문 수업에 참여하기 어려운 일부 학생은 소그룹에서 철자 쓰기를 학습하는 경우다.

⑥ 상호교수

두 교사가 모두 주교사가 되어 모든 학생을 대상으로 동등한 책임과 역할을 가지고 수업을 진행하는 형태다. 이때 두 교사는 번갈아 가며 다양한 역할, 즉 개념교수, 시범, 역할놀이, 모니터 등의 방법을 통해 학생들을 가르칠 수 있다. 예를 들어, 수업내용이 노트 필기법을 가르치는 것이라면 한 교사가 학생들에게 노트 필기법에 대해 설명한 후, 다른 교사는 실제로 노트 필기 시범을 보이며 지도할 수 있다. 혹은 '협동'이라는 개념을 두 교사가 함께 역할놀이를 통해 가르칠 수도 있다.

3) 교수 적합화

(1) 교수 적합화의 의미

통합학급에 포함된 장애학생들의 경우 일반학급에서 주로 사용되는 일반적인 교수방법을 통해서는 성공적인 학업성취를 이루기 어렵다. 즉, 일반학급에 포함된 장애학생의 성공 기회를 높이기 위해서는 교육내용이나 교육방법 그리고 교육평가 방식 등 다양한 측면에서 모종의 조절과 변화가 요구된다. 교육과정이나 교수 활동 측면의 이와 같은 노력을 적합화(adaptation)라고 한다(이대식, 김수연, 이은주, 허승준, 2006). 이를 좀 더 구체적으로 정의한, 교수 적합화(instructional adaptation) 혹은 교육과정 적합화(curriculum adaptation)는 "다양한 교육적 요구를 지닌 학생들의 수행의 향상과 수업 참여의 범위와 양을 확장하기 위하여 교수환경, 교수 집단, 교수내용, 교수방법, 평가방법을 포함하는 교육의 전반적인 환경을 조절하고 수정하는 과정"(신현기, 2004, p. 67)이다.

한편으로, 권요한과 이만영(2002)은 일반학교에 통합되어 있는 장애학생의 교육을 위해 교수 적합화라는 용어보다는 교육과정 조정이라는 용어를 사용하고, 그 하위 요인으로 학생 요인(학습전략, 공부기술, 학생 활동, 긍정적 태도 등), 교과 요인(교과 목표, 내용, 과제의 양, 내용 가치 등), 교사 요인(평가 수준, 평가방법, 협력교수, 수업조직, 수업 형태, 수업매체, 수업기법, 정보 제시방법 등)과 환경 요인(학생 수, 학생 배치, 교육 시설과 장비, 규칙 제정, 교실 분위기 등)을 제시하였다. 이상과 같은 정의를 보면 교수 적합화는 두 가지의 공통적인 요소를 포함하고 있는데, 첫째는 장애학생 개개인의 수행의 향상이나 수업 참여를 촉진하기 위한 목적을 지니며, 둘째는 교수 자체와 교수환경 또는 교수내용과 자료, 평가방법 등을 조정하거나 수정 혹은 보완하는 행위다(한국통합교육학회 편, 2009).

(2) 교수 적합화의 대상 영역

교수 적합화에 대한 선행 연구들은 교수 적합화의 영역 혹은 항목에 대해 다양하게 제시하고 있다. 일반적으로 제시되는 적합화할 대상 영역으로는 교수환경, 교수방법, 교수내용, 교수 집단화 그리고 평가방법 등이 포함된다(박승희, 2003). 〈표 4-4〉는 이러한 교수 적합화 영역을 반영한 항목을 정리한 것이다.

〈표 4-4〉 교수 적합화 영역별 항목(예)

영 역		항 목
교수 환경의 적합화	물리적 환경	① 자리 배치 • 교실 앞이나 중앙에 배치 혹은 교사 옆에 배치 • 소음이나 장애물 혹은 주의를 산만하게 만드는 물체에서 멀리 배치 • 조명 밝기 조절 ② 자리 구조 • 휠체어 출입 가능한 책상 배치 • 무릎 위에 놓을 수 있는 책상 제공 • 책상 대신 대형 테이블 제공 ③ 기타 일반적인 구조화 • 서랍 달린 책상 제공 • 책꽂이 제공 • 책상, 책 등에 시간표 부착하기 • 과제 및 완수해야 할 일의 목록 기록지 책상에 부착
교수 집단화의 적합화	보조 인력	• 모델 역할자, 보조자, 대독자, 대필자 등으로서의 또래 배치 • 협력 활동을 위한 또래 • 교사 보조인력 배치
교수 내용 및 방법의 적합화	수업내용 제시 방식	• 손 신호나 수화 사용 • 시각 · 청각 정보 사용 • 반복 지도 • 학생 옆에서 말해 주기 • 복잡하거나 많은 정보를 나누어서 제시하기 • 시범 보이기 • 그림이나 그래픽 사용하기 • 실험적 활동 사용하기(역할연기, 신체 움직임, 컴퓨터 이용 수업 등) • 중요한 요점 강조하기 • 수업 진행 속도 조절하기 • 협동학습이나 소집단 토의 활용하기 • 질문에 대한 답 단서 주기
	교재/ 교구	① 자료의 유형 적합화하기 • 받아쓰기 • 녹음하기 • 그림 그리기 • 잡지에서 그림 오려 붙이기 • 컴퓨터 활용하기 • 확대 혹은 축소한 자료 주기 ② 적합화된 도구 사용하기 • 잡기 편하게 된 가위 • 손잡이가 보완된 연필 • 지워지는 연필 • 맞춤법 교정기 • 날짜나 숫자 도장 • 여백이 많은 답안지 작성용 문제지
	목표	• 학습 분량 감소 • 단순화, 쉬운 문제 • 실용적 기능 강조 • 지역사회 적응이나 요리 활동 등 차별화된 목표 적용
평가방법의 적합화		• 시험 시간 더 주기 • 시험 가이드 제공 • 짧은 시험 자주 보기 • 대안적 평가방법 사용하기(합격/불합격 체계, 포트폴리오 평가, 다면적 점 수화)

* 출처: 박승희(2003); 이대식, 김수연, 이은주, 허승준(2006)에서 수정 발췌.

5. 통합교육의 효과

통합교육의 효과를 논의하는 것은 매우 중요한 일이다. 왜냐하면 만일 장애학생이 통합교육을 통해 성취되는 향상이나 혜택이 없다면 통합교육은 장애학생을 위한 최선의 방법이 아닐 것이기 때문이다.

1) 장애학생과 통합교육

통합교육의 효과에 대한 연구들은 분리교육에 비해 통합교육이 여러 가지 측면에서 장애학생에게 주는 혜택이 많음을 보고하고 있다. 먼저 심리·사회적 측면에서 통합교육은 장애학생이 일반학급에서 또래들과 함께 교육받게 함으로써 특수학교에서 교육받는 것에 비해 장애 표찰로 인한 낙인의 부정적인 영향을 감소시킬 수 있다(이소현, 박은혜, 2011). 또한 통합교육은 장애학생들이 접할 수 없는 일반교육 과정에 쉽게 접근하고 참여할 수 있는 기회를 제공해 준다(King-Sears, 2001).

통합교육은 장애학생의 학업성취에 긍정적인 영향을 미치는 것으로 나타났다. 예를 들어, 일반학급에 통합되어 교육을 받은 학생들이 특수학급에 배치되었던 비슷한 수준의 학생들보다 높은 수준의 학업성취를 보였다(Luster & Durrett, 2003). 또한 통합교육은 장애학생들의 언어발달이나 문제해결 기술의 향상에도 긍정적인 영향을 미쳤다(Rafferty et al., 2003: Friend & Bursuck, 2006에서 재인용). 통합교육은 장애학생들의 사회적인 상호작용의 기회를 증가시켜 줄 뿐 아니라 이를 통해 사회성 발달에도 도움이 되는 것으로 나타났다(Hunt, Hirose-Hatae, & Doering, 2000). 즉, 장애학생은 통합교육 환경에서 전형적인 발달을 보이는 또래들과 함께 교육받음으로써 나이에 맞는 적절한 행동을 관찰하고 배울 뿐 아니라 그들과 상호작용할 기회를 가지게 된다(Odom & McEvoy, 1990).

통합교육은 장애학생에게 제공하는 교육의 질도 향상시키는 것으로 나타났다. 즉, 장애학생들은 잘 계획된 개별화교육 프로그램과 적절한 관련 서비스가 제공되면 일반학급에서도 충분한 학업적 및 행동적 성취를 보이며(Madden &

Salvin, 1983: 이소현, 박은혜, 2006에서 재인용), 통합교육의 시간이 많을수록 개별화교육 프로그램의 목표 달성도도 높은 것으로 나타났다(Brinker & Thorpe, 1984; Hunt et al., 1986: Friend & Bursuck, 2006에서 재인용). 통합교육은 또한 취학 전 장애아동의 발달에도 긍정적인 영향을 미치는 것으로 나타났다. 즉, 중증 발달장애아동을 대상으로 한 연구에서 통합학급에서 교육을 받은 아동들은 분리학급에서 교육을 받은 아동들보다 언어발달이나 사회성 기술에서 보다 높은 점수를 얻었다(Rafferty et al., 2003: Friend & Bursuck, 2006에서 재인용).

2) 장애 정도와 통합교육

통합교육의 효과가 장애 유형이나 정도에 따라 다른지에 대한 연구 결과들도 보고되었다. 예를 들어, Cole과 동료들(2004)의 연구 결과에 따르면, 경도 정신지체 학생의 경우 일반교육 환경에 통합되어 교육받은 학생이 특수교육 환경에서 교육받은 학생보다 더 높은 학업성취를 가져온 것으로 나타났다. 또한 경도 장애학생들은 통합 프로그램에서 더 적극적으로 참여하며, 분리된 환경에서보다 통합된 환경에서 교육받을 경우 사회적 능력이 강화되고 행동이 개선된 것으로 나타났다(Baker et al., 1994; Cole & Meyer, 1991; McLeskey et al., 1993; Saint-Laurent & Lessard, 1991: Peterson & Hittie, 2003에서 재인용).

그러나 장애 정도가 심한 경우는 다른 결과가 보고되었다. 먼저, 중도·중복장애를 가진 학생들도 통합교육을 통하여 사회적 상호작용의 증진이나 의사소통 기술에서 향상을 보인다(Bennett et al., 1997; McDougall & Brady, 1998: 이소현, 박은혜, 2011에서 재인용)는 점이나 우정과 사회적 상호작용이 학교 안에서 확대되고 이것이 방과 후 환경까지 이어진다는 결과가 보고되었다(Fryxell & Kennedy, 1995; Hall, 1994; Hunt et al., 1994; Ryndak et al., 1995; Salisbury et al., 1993: Peterson & Hittie, 2003에서 재인용). 한편으로 다른 연구에서는 중증 장애학생의 경우는 통합교육 환경에서 학업성취도가 향상되거나 분리교육 환경에서 교육받은 학생들과 동등한 것으로 나타났다(Cole & Meyer, 1991; Giangreco, Dennis, Cloninger, Edelman, Schattman, 1993).

3) 일반학생과 통합교육

통합교육의 실시에서 걸림돌이 될 수 있는 문제 중 하나는 장애학생이 일반학생에게 부정적인 영향을 미치지 않을까 하는 점이다. 특히 일반학생의 부모들의 경우 통합교육이 혹시 자녀의 학업성취나 행동에 부정적인 영향을 미치거나, 통합학급 교사가 장애학생을 지도하기 위해 너무 많은 시간을 빼앗기면 상대적으로 일반학생에게 소홀해지지 않을까 염려할 수 있다. 이러한 우려를 해결하기 위해서 많은 연구가 행해졌으며, 그 결과 통합교육은 오히려 일반학생들에게도 다양한 긍정적인 혜택을 주는 것으로 나타났다(Salend & Duhaney, 1999).

먼저 학업적인 측면을 조사한 경우를 보면, 장애학생과 통합된 환경에서도 일반학생은 학업적 진보에서 방해를 받지 않았으며 오히려 몇몇 경우는 일관되게 향상되었고(Fishbaugh & Gum, 1994; Hunt et al., 1994; Saint-Laurent et al., 1998: Peterson & Hittie, 2003에서 재인용), 문제해결 기술이 습득되었다(Biklen et al., 1989; Salisbury et al., 1993: Peterson & Hittie, 2003에서 재인용)는 결과가 보고되었다.

아울러 사회성 측면에서도 일반학생들은 장애학생과 함께 공부하는 것을 긍정적으로 보았으며(Altman & Lewis, 1990; Helmstetter et al., 1994; McLeskey, 1993; Pugach & Wesson, 1995; Stainback et al., 1992: Peterson & Hittie, 2003에서 재인용), 다양성에 대한 이해가 높아졌을 뿐 아니라(Fisher et al., 1998; Helmstetter et al., 1994; Peck et al., 1992: Peterson & Hittie, 2003에서 재인용), 자존감이 높아지고 행동이 개선되었다(Staub et al., 1996: Peterson & Hittie, 2003에서 재인용)는 결과들이 보고되었다. 또한 이소현과 박은혜(2011)는 일반학생이 통합교육을 통해서 얻을 수 있는 가장 큰 혜택은 장애학생들을 사회의 구성원으로 인정하고 수용할 수 있게 되는 것이라고 강조하고 있다.

요약하면, 통합교육은 분리교육에 비해 다양한 측면에서 효과적이었으며, 장애학생은 물론 일반학생들에게도 여러 가지 측면에서 긍정적인 영향을 미치는 것으로 나타났다. 이러한 점이 곧 통합교육의 정착 및 발전에 당위성을 제공할 뿐 아니라 통합교육의 질적인 향상을 촉진하는 요인으로 작용할 것이다.

참·고·문·헌

교육부(2014). 특수교육연차보고서(정기국회 보고자료). 교육부.

권요한, 이만영(2002). 통합교육에서의 교육과정 조정 요인. 특수교육학 연구, 37(2), 249-277.

김원경, 조홍중, 허승준, 추연구, 윤치연, 박중휘, 이필상, 김일명, 문장원, 서은정, 유은정, 김자경, 이근민, 김미숙, 김종인(2008). 최신특수교육학. 서울: 학지사.

김윤옥, 김진희, 박희찬, 정대영, 김숙경, 안성우, 오세철, 이해균, 최성규, 최중옥(2005). 특수아동교육의 실제. 서울: 교육과학사.

박승희(2003). 한국 장애학생 통합교육: 특수교육과 일반교육의 관계 재정립. 서울: 교육과학사.

신현기(2004). 교육과정의 수정과 조절을 통한 통합교육 교수적합화. 서울: 학지사.

이대식, 김수연, 이은주, 허승준(2006). 통합교육의 이해와 실제. 서울: 학지사.

이소현, 박은혜(2006). 특수아동교육(2판). 서울: 학지사.

이소현, 박은혜(2011). 특수아동교육(3판). 서울: 학지사.

장애인 등에 대한 특수교육법(일부개정, 2013. 12. 30, 법률 제12127호).

초·중등교육법(일부개정, 2014. 1. 28, 법률 제12338호).

한국통합교육학회 편(2009). 통합교육(2판). 서울: 학지사.

헌법(전부개정 1987. 10. 29).

Beirne-Smith, M., Ittenbach, R. F., & Patton, J. R. (2002). *Mental retardation* (6th ed.). Englewood Cliffs, NJ: Prentice Hall.

Cole, C. M., Waldron, N., & Majd, M. (2004). Academic progress of students across inclusive and traditional settings [Electronic version]. *Mental Retardation, 42,* 136-144.

Cole, D., & Meyer, L. H. (1991). Social integration and severe disabilities: A longitudinal analysis of child outcomes. *The Journal of Special Education, 19*(4), 483-492.

Favazza, P. C., Phillipsen, L., & Kumar, P. (2000). Measuring and promoting acceptance of young children with disabilities. *Exceptional Children, 66,* 491-508.

Friend, M., & Bursuck, W. D. (2006). *Including students with special needs: A practical guide for classroom teachers* (4th ed.). Boston: Allyn & Bacon.

Friend, M., & Cook, L. (2003). *Interactions: Collaboration skills for school professionals* (4th ed.). Boston: Allyn & Bacon.

Fuchs, D., & Fuchs, L. S. (1994). Inclusive schools movement and radicalization of special education reform. *Exceptional Children, 60,* 294-309.

Giangreco, M. F., Dennis, R., Cloninger, C., Edelman, S., & Schattman, R. (1993). "I've counted Jon.": Transformational experiences of teachers educating students with disabilities. *Exceptional Children, 54,* 415-425.

Hallahan, D. P., & Kauffman, J. M. (2003). *Exceptional learners: An introduction to special education* (9th ed.). Boston: Allyn & Bacon.

Hallahan, D. P., Kauffman, J. M., & Pullen, P. C. (2009). *Exceptional learners: An introduction to special education* (11th ed.). Boston: Allyn & Bacon.

Hardman, M. L., Drew, C. J., & Egan, M. W. (1999). *Human exceptionality: Society, school, and family* (6th ed.). Boston: Allyn & Bacon.

Hunt, P., Hirose-Hatae, A., & Doering, K. (2000). "Communication" is what I think everyone is talking about. *Remedial and Special Education, 21,* 305-317.

Individuals with Disabilities Education Act (IDEA), 20 U. S. C. §G 1401. etseq.

Individuals with Disabilities Education Act Regulations, 34 C. F. R. §G 300. 551.

Johnson, J., & Duffett, A. (2002). *When It's your own child: A report on special education from the families who use it.* New York: Public Agenda Foundation. (ERIC Document Reproduction Service No. ED471033).

Kauffman, J. M., & Hallahan, D. P. (2005). *Special education: What it is and why we need it.* Boston: Allyn & Bacon.

King-Sears, M. E. (2001). Three steps for gaining access to the general education curriculum for learners with disabilities. *Intervention in School and Clinic, 37,* 67-76.

Luster, J. N., & Durrett. J. (2003). Does educational placement matter in the performance of students with disabilities? Paper presented at the annual meeting of the Mid-South Educational Research Association, Biloxi, MS. (ERIC Document Reproduction Service No. ED482518).

Odom, S. L., & McEvoy, M. A. (1990). Mainstreaming at the preschool level: Potential barriers and tasks for the field. *Topics in Early Childhood Special Education, 10*(2), 48-61.

Palmer, D. S., Borthwick-Duffy, S. A., & Widaman, K. (1998). Parents perceptions of inclusive practices for their children with significant cognitive disabilities. *Exceptional Children, 64,* 271-279.

Peterson, J. M., & Hittie, M. M. (2003). *Inclusive teaching: Creating effective schools for all learners.* Boston: Allyn & Bacon.

Salend, S. J. (1999). Facilitating friendships among diverse students. *Intervention in School and Clinic, 35,* 9-15.

Salend, S. J., & Duhaney, L. G. (1999). The impact of inclusion on students with and without disabilities and their education. *Remedial and Special Education, 20,* 114-126.

Smith, T., Polloway, E., Patton, J. R., & Dowdy, C. A. (2004). *Teaching students with special needs: In inclusive settings* (4th ed.). Boston: Pearson Education, Inc.

Stainback, S., & Stainback, W. (1992). School as inclusive communities. In W. Stainback & S. Stainback (Eds.), *Controversial issues confronting special education: Divergent perspectives* (pp. 29-43). Boston: Allyn & Bacon.

Stainback, W., & Stainback, S. (1984). A rationale for the merger of special and regular education. *Exceptional Children, 51,* 102-111.

Turnbull, H. R., & Turnbull, A. P. (1990). The unfulfilled promise of integration: Does part H ensure different rights and results than part B of the education of the handicapped act? *Topics in Early Childhood Special Education, 10*(2), 18-32.

Will, M. (1986). Educating children with learning problems: A shared responsibility. *Exceptional Children, 52*(5), 411-415.

Wolfensberger, W. (1972). *The principle of normalization in human services.* Toronto: National Institute of Mental Retardation.

Yell, M. L. (2006). *The law and special education* (2th ed.). NJ: Pearson Education Inc.

Zigmond, N. (2003). Where should students with disabilities receive special education services? Is one place better than another? *The Journal of Special Education, 37,* 193-199.

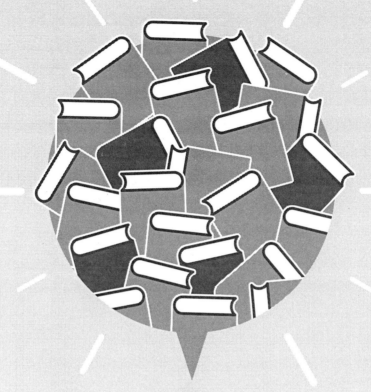

제**5**장

특수아동 교육과정

1. 특수아동 교육과정의 개념

특수아동을 위한 교육과정은 특수교육을 요구하는 대상 아동을 교육하기 위하여 학교에서 편성·운영하는 교육과정을 의미하는 것으로, 특수교육이 가지는 기본 성격과 교육과정의 주요 개념에 대한 선행적 이해를 필요로 한다. 최근의 특수교육은 교육의 질에 대한 관심이 높아지고 있고 그 교육 실천이 교육과정을 근간으로 하고 있기 때문에 특수아동 교육과정에 대한 중요성이 보다 더 강조되고 있다.

1) 특수교육의 기본 성격

특수교육은 특수아동이 받을 수 있는 '권리'로서의 교육을 뜻하기도 하고, 그들만이 받을 수 있는 '특혜'로서의 교육을 지칭하는 것이기도 하다. 이 밖에도 특수교육은 그들이 반드시 받아야 하는 '의무'로서의 교육을 의미하는가 하면, 일반적인 교육의 내용과 방법을 통해서는 그 교육의 성과를 기대하기 어렵거나 기대할 수 없는 아동들에게 제공하는 일련의 '서비스'로서의 교육을 뜻하기도 한다(정희섭, 한현민, 2005).

교육과정과 관련하여 특수교육이 가지는 기본적인 성격을 몇 가지로 나누어 제시하면 다음과 같다(교육과학기술부, 2008, pp. 93-94).

첫째, 특수교육은 대상 아동을 위한 일반교육의 보편성을 근간으로 실천되는 교육이다. 특수교육은 일반교육이 추구하는 국민 생활에 필요한 기초적이고 기본적인 교육으로서의 초등학교 교육, 아동의 학습과 일상생활에 필요한 기본 능력과 민주 시민으로서의 자질을 함양하는 교육으로서 중학교 교육, 학생의 적성과 소질에 맞는 진로 개척능력과 세계 시민으로서 자질을 함양하는 교육으로서의 고등학교 교육의 기반 위에서 이루어지는 교육이다. 그러므로 특수교육의 궁극적인 목적은 일반교육 초·중·고등학교 교육과 마찬가지로 전인교육에 있다. 이는 특수교육이 특정한 발달 영역만을 강조하거나 심화시키는 편중교육이나 준비교육이 아니라, 신체적·지적·정서적·사회적·도덕적 영역의 모든 영역을 고르게 하는 기본교육 및 심화교육이라는 특성을 지닌다.

둘째, 특수교육은 대상 아동을 위한 특수교육의 특수성을 반영하여 실천되는 교육이다. 특수교육은 다양한 교육적 요구를 가진 아동을 위하여 일반교육의 보편성과 특수교육의 특수성 간의 연관·조정을 통하여 이루어지는 교육으로서, 대상 아동이 가진 교육적 요구에 대응하여 일반교육의 목표, 내용, 방법, 평가 등을 근간으로 그대로 적용하거나 수정·보완하는 교육과정 재구성을 통해서 개별화교육계획(IEP)에 근간하여 이루어지는 교육으로 실천된다. 또한 특수교육은 효율성을 위하여 교수-학습에 직접적인 지원이 이루어지는 보충적 서비스와 교수-학습에 간접적인 지원이 이루어지는 관련 서비스를 통해서 교육이 실천된다. 다시 말해서, 특수교육은 일반교육에서 추구하는 인간상, 교육의 목표와 내용 등이 특수아동을 위한 교육에도 그대로 적용되지만, 이의 효율적인 교육 실시를 위해서 교육의 방법, 매체는 일반교육과 차별화된 특수성을 가지고 있다.

셋째, 학습자의 요구와 필요에 부응하는 질적 운영체제를 통해 개별성과 공통성을 추구하는 교육이다. 개별성은 아동의 능력과 요구에 부응하는 교육을 통해 자아를 실현하고자 하는 아동의 욕구를 충족해 주어야 한다는 것이다. 반면, 공통성은 어떤 개인차는 극복해야 하고, 어떤 개인차는 무시해야 하는 측면에서 다른 사람들과 공통성을 가지려는 노력도 필요하다는 것이다. 따라서 특수학교(급) 교육은 질적 운영체제를 갖추어야 하고, 개별성과 공통성을 적절히 조화하면서 다양성 속에서 통일성을 살려 나가도록 교육의 목적 및 계획, 교육 활동 및 지원 활동이 전개되어야 한다. 그러므로 개개 아동의 능력과 요구에 부응하는 최적의 교육의 질은 학습자의 개별성과 개별성을 넘는 공통성, 개별성과 공통성을 엮어 내는 학교교육의 질적 운영체제가 상보적인 작용을 통해 담보될 수 있다.

특수교육은 그 기본 성격을 고려할 때, 아동의 독특한 교육적 요구에 맞춘 '특별히 설계된 교수-학습 체제'를 의미한다(IDEA, 2004). 여기서 '특별히 설계된 교수-학습 체제'는 교육과정과 관련 서비스를 구현 수단으로 하고 있다. 즉, 특수아동들을 위해서 독특한 교육적 요구에 적합한 교육과정을 제공하는 것과 아동이 학습 기회를 가질 수 있도록 교수 전달 방식을 수정(예: 감각적, 신체적, 행동적, 환경적)하는 것을 특별히 설계된 교수-학습 체제로 보는 것이다. 이와 같은 특수교육은 교육 실천 측면에서 특수성과 보편성, 개별성과 공통성이라는 성격을 가지고 있다.

2) 교육과정의 주요 개념

교육과정(curriculum)이란 '학교교육을 위한 교육의 전체 계획'을 의미하며, 그 전체 계획 속에는 학교교육을 통해서 추구해야 하는 목표, 교과별 내용, 교과별 교수-학습 방법, 목표 달성 정도에 대한 평가, 학교 전반의 교육 운영에 관한 사항들이 포함되어 있다. 그러므로 해당 학교는 제시된 교육과정을 근간으로 교육 실천을 통해서 교육과정이 의도하고 있는 것을 수업으로 전개해 나가고, 학습자를 통해서 교육적 성취로 실현하는 기본 체제를 갖추어야 한다.

학교교육의 전체 계획으로서의 교육과정은 그 속에서 다양하게 이해되는 정의의 문제, 개념 규정의 문제, 수업 관련 문제를 포함하고 있다.

첫째, 교육과정 정의의 문제는 교육과정을 어떻게 조망하고 규정할 것인지에 대한 다양한 시각의 차이와 관련된 것이다. 일반적으로 교육과정의 정의는 다양하게 제시되고 있지만, 계획으로서의 교육과정, 내용으로서의 교육과정, 의도된 학습 결과로서의 교육과정, 경험으로서의 교육과정으로 크게 구분할 수 있다(이성호, 2004). 교육과정을 '계획', '내용', '학습 결과'로 보는 경우는 협의로 교육과정을 정의하는 것이고, 교육과정을 '경험'으로 보는 경우는 광의로 교육과정을 정의하는 것이다. 즉, 교육과정을 '학교에서 가르치는 그 무엇', '일련의 교과목표', '교과내용', '교육 프로그램', '일련의 자료', '코스의 계열', '일련의 교육목표 성취' 등으로 정의하는 경우는 계획·내용·결과로서의 교육과정을 규정하고, 협의로 교육과정을 정의하는 것이다. 반면, '학교 내의 모든 활동', '학교에서 아동들에게 부과되는 일련의 학습 경험' 등으로 정의하는 경우는 경험으로서의 교육과정을 규정하고, 광의로 해석하는 것이 된다.

둘째, 교육과정 개념 문제는 교육과정 자체에 포함되어 있는 다의적인 성격을 규정하는 문제와 관련되어 있다. Hoover와 Patton(1997)은 교육과정이 수업으로 전환되어 실천될 때, 반드시 명시적 교육과정(explicit curriculum)과 잠재적 교육과정(hidden curriculum), 부재 교육과정(absent curriculum)이 동시에 나타나며, 이 세 가지 유형의 교육과정이 맞물려서 교육과정이 실행된다고 주장한다. 또한

Doll(1996)은 교육과정을 공식적 교육과정(formal curriculum)과 비공식적 교육과정(informal curriculum)으로 구분하고 있다. Doll에 따르면, 모든 학교는 '계획된', '공식적', '인지된' 교육과정과 '계획되지 않은', '비공식적' 혹은 '잠재적' 교육과정이 있다고 본다. 한편, 김재춘, 부재율, 소경희, 채선희(2002)는 교육과정을 표면적 교육과정(manifest curriculum)과 잠재적 교육과정(hidden curriculum)으로 구분하고, 학교의 구체적인 교육 계획이 실천되면서 학습자가 획득하게 되는 지식, 기능, 태도, 가치 등을 표면적 교육과정으로 보고, 학교의 구체적인 교육 계획의 전개과정에 참여함으로써 다소 우연히 아동들이 획득하게 되는 지식, 기능, 태도, 가치를 잠재적 교육과정으로 보고 있다.

셋째, 교육과정과 수업의 관계 문제는 동일하게 보는 '일원적 관점'과 분리해서 보는 '이원적 관점' 중 어떠한 관점을 취하는가에 관한 시각 차이를 반영하고 있다. 최근까지 교육과정 분야의 지배적인 관점을 형성하고 있는 Tyler(1949)는 교육과정과 수업을 분리하지 않고 있으며, Tanner와 Tanner(1980)도 교육과정과 수업을 분리된 요소로 보는 것은 바람직하지 않고 사실상 분리가 불가능하다고 주장한다. 반면, Sands, Kozleski와 French(2000)는 학교과정과 아동의 경험을 설명하면서 교육과정은 '무엇', 수업은 '어떻게'라는 관점으로 구분하고 있다. 그리고 Wehmeyer(2002)는 교육과정과 수업 사이에는 독특한 구성요소들이 있기 때문에 이분법적으로 구분해야 한다는 관점을 취하고 있다. 일반적으로 교육과정은 내용으로서 '무엇', 수업은 방법으로서 '어떻게'로 간주할 수 있다. 그러나 교육과정과 수업은 각기 독립된 존재로 정의하고 연구할 수는 있으나 독립된 존재로 교육 현장에 적용할 수는 없으므로 그 관계를 분명히 하는 것이 필요하다.

이와 같은 교육과정의 주요 개념은 그 자체의 속성에서 나타나는 것으로, 특수아동을 위한 교육과정에 다양한 관점을 제시해 주고 있다. 즉, 특수아동을 위한 교육과정은 '내용' 혹은 '경험'으로도 정의될 수 있고, 표면적 교육과정과 잠재적 교육과정 모두에 관련되어 있으며, 일원론적 관점 혹은 이원론적 관점에서의 교육과정과 수업의 관련성을 파악할 수도 있다. 다만, 이와 같은 교육과정의 주요 개념은 '학교교육을 위한 교육의 전체 계획'이라는 관점 내에서 그 생명력을 가지며, 학교교육이 추구하는 가치와 실천되는 교육 중점에 변화를 가져오는 원인이 된다.

3) 특수아동 교육과정의 개념화

특수아동 교육과정은 특수교육과 교육과정의 관련성 속에서 파악되는 개념으로서 그 의미 자체가 매우 복잡한 특성을 가지고 있다. 특수아동 교육과정을 정의하면, '특수교육 대상 아동을 위한 특수학교와 특수학급(일반학급 포함)에서 운영하는 교육의 목표, 내용, 방법, 평가 및 운영에 관한 종합 계획'으로 정의할 수 있다. 이와 같은 정의를 교육과정과의 관련성을 전제로 보다 구체적으로 분석하여 설명하면 다음과 같다.

첫째, '대상 아동'은 특수교육을 요구하는 아동으로서 장애 유형과 장애 정도에서 다양성을 가지지만, 학업 수행능력을 중심으로 인지적 장애와 비인지적 장애로 구분할 수 있다. 즉, 인지적 장애는 지적장애, 정서장애, 자폐성 장애 등을 나타내며 통상적인 학업 수행에 어려움을 겪는 지적 능력을 가진 장애아동이 해당되고, 비인지적 장애는 시각장애, 청각장애, 지체장애 등을 나타내며 통상적인 학업 수행에 어려움이 없는 지적 능력을 가진 장애아동이 해당된다.

둘째, '교육 배치'는 특수아동이 교육받고 있는 분리교육 환경으로 특수학교와 통합교육 환경으로 특수학급(혹은 일반학급)을 의미한다. 일반적으로 특수아동의 교육은 개별화교육계획을 근간으로 독특한 교육적 요구를 실현해 주는 방식으로 교육이 이루어진다. 그러나 학교교육은 교육과정을 수단으로 운영되기 때문에 개별화교육계획을 구안·작성하기 위한 근거로서 교육 배치 장면에 따라 적용되는 교육과정의 유형과 형태를 고려하는 것이 필요하게 된다.

셋째, '교육의 종합 계획'은 대상 아동의 교육을 위한 세부적인 교육 실천 계획을 만드는 과정으로 볼 수 있다. 일반적으로 단위학교에서는 학년별·교과별로 조직을 갖추어 교육과정을 편성·운영한다. 이 경우, 해당 학교에서 운영하는 교육과정은 국가 혹은 교육청 차원에서 제시하고 있는 학년별·교과별 교육의 목표, 내용, 교수-학습 방법, 평가, 학교 전반의 교육 운영에 관한 사항들을 세부적으로 구체화한 실행 계획을 의미하게 된다.

특수아동 교육과정은 인지적 장애와 비인지적 장애를 가진 특수교육 대상 아동들의 독특한 교육적 요구를 기반으로, 특수학교와 특수학급(일반학급 포함)에서의 교육 실천을 위해서 교육의 목표, 내용, 방법, 평가 및 운영 전반의 사항들

을 상세화한 실행 계획을 의미한다. 그러므로 특수아동 교육과정은 장애 유형과
정도, 교육 배치 장면에 근거해서 교육과정 구성요소들에 대해서 특수교육이 가
지는 기본 성격으로서 보편성과 특수성, 개별성과 공통성을 고려해야 하고, 교육
과정이 가지는 주요 개념으로서 정의의 문제, 개념 규정의 문제, 수업과의 관련
성 문제 등이 고려되어야 한다.

결국, 특수아동 교육과정은 보편성과 특수성, 개별성과 공통성을 양극단으로
하는 교육의 종합 계획으로 구안되어 학교에서 실천되어야 할 것이다. 그리고 특
수아동 교육과정은 그 자체가 일반학교 교육과정과의 동등 혹은 변형 관련성을
가진 교육과정의 한 유형에 속하기 때문에 내용, 결과, 경험 등으로 교육과정 정
의의 문제를 가지고 있고, 표면적 교육과정과 잠재적 교육과정의 효과를 그대로
가지고 있으며, 일원론적 혹은 이원론적 관점에서의 교육과정과 수업의 관련성
문제를 그대로 유지하고 있다.

2. 특수아동 교육과정의 구조 및 유형

특수아동은 다양한 교육 요구를 가지고 있고, 다양한 교육 형태로 교육을 받고
있다. 그러므로 교육과정은 특수교육 대상 아동의 다양하고 복잡한 교육 양상에
적절하게 대응하기 위해서 가능하면 융통성과 탄력성을 가지도록 해야 한다. 그
리고 특수아동 교육과정이 융통성과 탄력성을 갖기 위해서는 전반적인 교육 양
상을 전제해 두고, 이에 대응하는 교육과정 적용 유형을 사정 및 평가를 통해서
선택하고, 교육과정 유형별 특성에 맞는 교육으로 실천되어야 한다.

1) 특수아동의 교육 형태

특수교육은 '특수교육을 요구하는 아동들을 위하여 특별히 설계된 교수–학
습 체제'를 의미한다(IDEA, 2004). 여기서 '특별히 설계된 교수–학습 체제'는 교
육과정과 관련 서비스를 구현 수단으로 하고 있다. 즉, 특수아동들을 위해서 독
특한 교육적 요구에 적합한 교육과정을 제공하는 것과 아동이 학습 기회를 가질

수 있도록 하는 관련 지원을 제공하는 것을 통해서 특별히 설계된 교수-학습 체제를 구축·운영하는 것이 된다.

특수교육이 교육과정과 관련 서비스를 중심으로 특별히 설계된 교수-학습 체제라고 한다면, 특수아동들을 위한 교육 형태는 네 가지 형태로 구분할 수 있다. 즉, 교육과정 측면에서는 일반학생에게 제공되는 교육의 목표와 내용이 동일한 혹은 유사한 프로그램을 적용하는 경우와 개별 장애학생에게 제공되는 교육의 목표와 내용이 확장·조정·개별화된 프로그램을 적용하는 경우로 구분할 수 있다. 반면, 관련된 지원 측면에서는 관련 서비스로서 일반아동에게 제공되는 유사한 일반적 지원(담임교사, 급우, 학급 기자재 등)과 장애로 인한 교육적 요구에 의해 제공되는 특별한 지원(문자 확대기, 수화통역사, 녹음기 등)을 통해서 교육이 실천되는 형태로 구분된다. 이를 근거로, 교육과정과 지원(관련 서비스)의 조합에 의해 생성되는 특수아동의 교육 형태는 [그림 5-1]과 같다(Snell & Brown, 2006).

[그림 5-1]에 따르면, 교육 배치로서 통합교육 혹은 분리교육 환경, 장애 유형으로서 인지적 혹은 비인지적 장애를 불문하고, 교육과정 측면에서의 프로그램과 관련 서비스 측면에서의 지원에 따라서 교육 형태를 네 가지로 구분할 수 있다.

• 선택 A 형태: 일반교육과 유사한 교육 프로그램의 적용을 받으면서도 특정 학급에서 일반아동에게 제공되는 것과 동일한 일반적 지원을 통해 교육이 이루어지는 것으로, 프로그램과 지원에서 조정이 필요하지 않은 교육 상황이다.
• 선택 B 형태: 일반교육과 유사한 교육 프로그램의 적용을 받으면서도 확장,

| | | 지원(관련 서비스) | |
		일반적 지원	특별한 지원
교육과정	일반 프로그램 (동일 혹은 유사)	A	B
	개별 프로그램 (확장, 조정, 개별)	C	D

[그림 5-1] 교육과정과 관련 서비스에 따른 특수아동 교육 형태

수정 혹은 개별화된 특별한 지원을 통해서 교육이 이루어지는 것으로, 프로
그램 조정은 필요하지 않으나 지원의 조정이 필요한 교육 상황이다.
- 선택 C 형태: 일반교육 프로그램을 수행하기 어렵기 때문에 확장, 조정 혹은
  개별화된 교육 프로그램의 적용을 받으면서 일반적인 지원을 통해서 교육
  이 이루어지는 것으로, 프로그램 자체의 조정이 필요한 교육 상황이다.
- 선택 D 형태: 일반교육 프로그램을 수행하기 어렵기 때문에 확장, 조정 혹은
  개별화된 교육 프로그램의 적용을 받으면서 동시에 확장, 조정 혹은 개별화
  된 특별한 지원을 통해서 교육이 이루어지는 것으로, 프로그램과 지원 모두
  의 조정이 필요한 교육 상황이다.

특수아동을 위한 교육 형태는 프로그램과 교육적 지원의 두 차원에서 개별 아
동의 주관적인 교육적 요구와 객관적인 교육적 필요를 기반으로 선택적인 교육
이 이루어질 수 있다. 그리고 이러한 네 가지 교육 형태는 일반학교 교육과정을
근간으로 한 것으로 프로그램의 적용 및 교육적 지원의 고려를 통해서 구분된다
는 점에서 장애가 없는 일반아동들을 위하여 고안된 일반학교 교육과정이 특수
아동들을 위한 교육과정의 기준으로서의 성격을 가지고 있다.

2) 기준으로서의 일반학교 교육과정

일반학교 교육과정이란 '장애가 없는 일반아동들이 참여하는 것과 동일한 교
육과정'을 의미하며, 공식적으로는 국가 혹은 지역 교육 당국에서 채택한 교육과
정으로 해석되기도 한다(Wehmeyer, 2002). 일반학교 교육과정은 일반아동들을
비롯한 모든 아동이 학습해야 할 내용 기준(content standards)과 그 수행 기준
(performance standards)이 체계적으로 구성된 것으로서, 구체적으로는 다음의 네
가지 요소로 분류된다(Pugach & Warger, 2001). 즉, ① 영역과 단계로 표현되는 교
수 목표, ② 아동들이 사용하는 매체 및 자료, ③ 구체적인 교수방법, ④ 아동의
진보 정도를 측정하는 진단 · 평가다.
최근의 일반학교 교육과정 '접근'이란 일반학교 교육과정에 특수아동을 포함
한 다양한 능력의 모든 아동이 참여하여 학업적인 진보를 이루는 것을 의미하며

(Wehmeyer et al., 2001), 교수 활동 측면의 통합을 실현하기 위한 전제 조건으로서 특수아동의 개별화교육계획을 고안하고 실행하는 팀원들이 해결해야 하는 중요 항목으로 규정되어 있다(IDEA, 2004).

일반학교 교육과정 접근의 필요성은 교육의 내적 요인과 외적 요인에서 찾을 수 있다. 우선 교육의 내적 요인은 교육과정 그 자체가 학교교육 활동의 핵심, 공식화된 지식 혹은 경험의 보고, 행동양식과 생활양식의 산실이라는 측면에서 나타나는 것이다. 일반적으로 해당 학교들이 설정한 교육 목표 달성을 위하여 교육과정을 통해서 가르쳐야 할 교육내용을 제시하고, 제시된 교육내용을 정선하여 수업에 용이하도록 '교과'를 형성하며, 이를 통해서 학교는 교과를 활용하여 교수–학습을 전개하는 기본체제를 갖추고 있다(김경배, 김재건, 이홍숙, 2006; 진영은, 조인진, 2001; 최병옥, 1996). 여기서 학교교육의 핵심이 되는 '교과'는 그 본질에 있어서 사회 구성원들이 획득해야 하는 문화를 정선하고 범주화한 것이다(이돈희 외, 1998; 이홍우, 2004). 즉, 교과는 '문화'이고, 교과에 포함된 내용은 '문화내용'이며, 문화내용을 지식 혹은 경험으로 아동들의 습득이 용이하도록 선정·조직한 것이다. 구체적으로는 사회 구성원으로서 살아가는 데 요구되는 행동양식과 생활양식을 획득하는 중요한 통로가 된다(곽병선, 1992). 따라서 특수아동도 일반아동과 마찬가지로 학교교육을 통해서 교육과정(교과) 그 자체의 내재적 가치에 참여하고 습득해야 하는 '당위성'이 일반학교 교육과정 접근의 필요성을 형성하는 내적 요인이 된다.

한편, 교육의 외적 요인은 특수아동의 교육을 위한 환경적 변화 요인에 따른 것으로, 통합교육 추세, 기준 중심의 교육개혁 등에서 찾을 수 있다. 통합교육은 1970년대 중반 이후 지속적으로 강조되어 왔으며, 최근에는 특수교육을 요구하게 된 장애 정도를 불문하고 완전통합(full inclusion)을 지향하며, 통합 수준에서도 교육과정적 통합의 필요성이 강조되고 있다. 최근의 통합교육은 이념을 넘어 '실천'을 강조하는 교육 본질 추구 양상으로 전개되어 왔다. 한편, 1990년대 초부터 시작된 '기준 중심의 교육개혁(standard-based reform)'은 성취해야 할 내용 기준과 수행 기준에 대한 아동의 성취도 평가와 교육 당국의 책무성 평가와 연관되어 있다. '기준 중심의 교육개혁'은 일반아동과 특수아동 모두에게서 일정 수준의 교육적 성취에 도달해야 하는 의무를 강조하고 있다. 이는 일반아동 및 특수아동 모두, 즉 다양한 능력과 요구 수준의 모든 아동을 통하여 기준에 실제로 진보를 보이며 일정 수준 이상의 성취를 담보해야 한다는 구체적인 요구를 반영하고 있다(이은정, 2006; 정동영, 2007).

결국, 특수아동의 일반학교 교육과정 접근은 교육의 내·외적 필요성을 근간으로 일반학교 교육과정에의 접근을 전제로 참여하고 진보를 담보해야 하는 의무와 권리 속에서 필요성이 정당화된다. 따라서 일반학교 교육과정은 특정 국가가 표방하는 공식화된 학교교육을 위한 내용이고, 편성·운영될 체제이기 때문에 특수아동을 위한 교육과정이 참조되어야 할 기준으로서의 성격을 가지고 있다. 그럼에도 불구하고 일반아동들을 위하여 고안된 일반학교 교육과정을 기준으로 변형성의 정도에 따라 제시될 수 있는 세 가지 교육과정의 유형은 다원적이고 복잡한 상황에서 특수아동 교육과정에 대한 이해의 용이성을 제공해 준다. 즉, 특수아동 교육과정은 일반형, 수정형, 대안형으로 구분할 수 있으며, 이들 특수아동 교육과정 유형이 전체 특수교육 교육과정 구조를 형성하고 있다.

3) 특수아동 교육과정의 유형

(1) 일반형: 일반학교 교육과정

일반형(general type: G-type)의 기본적인 특징은 장애를 가지지 않은 일반아동을 대상으로 고안된 교육과정을 특수아동에게도 적용하는 유형이다. 이는 앞서 제시한 '조정이 필요하지 않은 교육 상황(선택 A 형태)'과 '확장, 조정 및 개별화된 특별한 지원이 필요한 교육 상황(선택 B 형태)'에 적용되는 교육과정으로 볼 수 있다.

일반형 교육과정은 '일반아동 대상의 전형적인 학교 교육과정'(McLaughlin, 1993), '일반학교 교육과정을 수정하지 않고 그대로 적용하는 교육과정'(Bigge & Stump, 1999), '통합교육 장면에서 일반아동이 적용받는 그 자체의 교육과정'(Wehmeyer, 2002), '더 많은 학습 기회, 다른 기술(점자나 수화)이 요구되는 일반학교 교육내용 그 자체의 교육과정'(Schultz & Carpenter, 1995)으로 정의된다.

이 교육과정은 특수아동이 일반학교 교육과정에의 참여와 진보에 주된 초점을 두는 접근성(accessibility)을 강조하기 때문에, 학교에서 적용하는 경우는 일반학교 교육과정의 학년별·교과별 내용 그 자체를 변형하지 않도록 하여야 한다. 다만, 특수아동에게 일반학교 교육과정을 효율적으로 적용하기 위하여 필요한 경우에 따라 교수 적합화 '조절' 전략과 관련 서비스 중심의 교육과정 지원 전략을 교육과정 적용 조치로 활용해야 한다.

(2) 수정형: 수정 일반학교 교육과정

수정형(transformative type: T-type)의 기본적인 특징은 일반아동을 위해 고안된 일반학교 교육과정 그 자체를 적용하기가 곤란하여 교육과정 구성요소인 목표, 내용, 방법, 평가와 교육환경 등을 수정한 교육과정이라는 것이다. 이 유형은 앞서 제시한 교육 상황 중에서 확장, 조정 및 개별화된 교육 프로그램의 적용을 받으면서 일반아동에게 제공되는 일반적 지원과 확장, 조정 및 개별화된 특별한 지원을 필요로 하는 아동에게 적용된다(선택 C 형태와 선택 D 형태).

수정형 교육과정은 '일반학교 교과 교육과정의 내용을 단순화한 교육과정'(Schultz & Carpenter, 1995), '일반학교 교육과정과 교육 목표는 동일하지만 교과 내용의 수준을 낮추어 단순화한 병행의 교육과정'(Bigge, 1991), '학습자의 개별적 요구에 적합하게 일반학교 교육과정의 제시, 연습 및 평가방법을 수정한 수정된 표준 교육과정'(McLaughlin, 1993), '일반학교 교육과정의 수정된 난이도, 과제의 유형, 학습 전략 등을 수정한 일반학교 교육과정'(Bigge & Stump, 1999), '다양한 지원을 전제로 교육과정 요소들의 수정이 필요한 교육과정'(Wehmeyer, 2002) 등으로 정의된다. 이 교육과정은 특수아동에게 별도로 고안된 교육과정을 적용하기보다는 일반학교 교육과정을 적용하는 것에 초점을 두되, 개별 아동의 교육적 요구와 필요를 고려하여 일반학교 교육과정의 수행 가능성을 확장한 경우다. 또한 일반학교 교육과정으로부터 변형이 이루어질 경우, 교수 적합화 '수정' 전략을 통하여 교수환경 및 교수방법은 물론이고 수업 목표와 내용도 수정이 이루어져야 하며, 보충적 서비스 중심의 교육과정 지원 전략이 이루어져야 한다.

(3) 대안형: 기능적 생활 중심 교육과정

대안형(alternative type: A-type)의 가장 기본적인 특징은 일반학교 교육과정을 적용하기 어려운 특수아동을 위하여 그들이 가진 교육적 요구와 필요에 맞추어

별도의 교육과정을 구안·적용하는 유형이라는 점이다. 이 교육과정 유형은 앞서 제시된 교육 상황 중에서 확장, 조정 및 개별화된 교육 프로그램의 적용을 받으면서 동시에 확장, 조정 및 개별화된 특별한 지원을 필요로 하는 아동에게 적용된다(선택 D 형태).

대안형 교육과정은 '일반학교 교육과정을 대신한 별도의 대체된 교육과정' (Schultz & Carpenter, 1995), '기초기술 교정 교육과정, 공부전략-공부기술 교육과정, 사회적 기술 교육과정, 진로-직업 교육과정, 독립생활 기술 교육과정' (McLaughlin, 1993), '기능적 교과기술, 일상 및 지역사회 생활기술, 전환기술 등의 생활기술 교육과정' (Bigge & Stump, 1999), '일반학교 교육과정의 구성요소 자체를 대치하거나 생활기능 중심 혹은 직업 중심 교육과정으로 완전히 대체된 교육과정' (Wehmeyer, 2002) 등으로 정의된다.

이 교육과정 유형은 통상적으로 종전의 '발달론적' 접근에서 '생태학적' 접근을 강조하고, '기초학업 기술' 교육에서 '실생활 기술' 교육을 강조하는 방향으로 전환되어 있다. 즉, 대안형 교육과정은 학교 이후 지역사회 삶의 다양한 영역을 분석하여 교수 프로그램으로 전환한 교육과정이다. 이 교육과정 유형은 학교 교육을 수행하는 과정에서 보충적 서비스와 관련 서비스를 요구하는 교육과정 지원전략이 강도 높게 이루어져야 하는 중도장애 아동을 위한 교육과정 유형이다.

4) 특수아동 교육과정의 유형별 특성

특수아동을 위한 교육과정은 일반형, 수정형, 대안형으로 구분할 수 있고, 각각의 유형은 그 자체의 특성에 따라 차별화된 교육과정으로 형성되어 있다. 즉, 교육과정의 각 유형은 '교육적 요구의 보편성과 특수성' '통합의 수준과 지원의 유형' '표면적 혹은 잠재적 교육의 효과' 측면에서 강조점이 다른 독특한 특성을 가지고 있다.

(1) 교육적 요구의 보편성과 특수성

교육적 요구의 '보편성'은 특수아동과 일반아동을 포함하는 모든 아동의 교육적 요구를 의미하는 것으로, 특정 지역이나 생활환경, 아동들의 요구나 경험의 배경과 관계없이 모든 아동이 다 같이 가지고 있는 공통된 교육 관련 요구를 의미한다. 반면, 교육적 요구의 '특수성'은 장애를 가진 특수아동만의 독특한 교육적 요구를 의미하는 것으로, 장애의 조건과 상태, 학습 수행의 요구와 필요에 의한 일반아동과는 차별화된 독특하고 고유한 조건에 따른 교육 관련 요구를 의미한다(권요한 외, 2011: 최병옥, 1996).

그러나 이들 교육적 요구의 보편성과 특수성의 문제는 반드시 이분법적으로 구분되는 것은 아니다. 보편성과 특수성은 양극단을 형성하면서 그 반영의 비율을 달리하는 다수의 관점이 일직선상으로 나열되어 있다. 마찬가지로 일반형과 수정형, 대안형의 교육과정도 동일한 논리 속에서 일직선상의 어떠한 지점에 위치한다. 그러므로 일반형에서 수정형, 대안형으로 갈수록 교육적 요구의 특수성을 강조하게 되고, 반대로 대안형에서 수정형, 일반형으로 갈수록 교육적 요구의 보편성을 강조하게 된다. 그러므로 교육과정 보편성은 '사상'과 '지력'을 강조하는 반면, 교육과정의 특수성은 '생활'과 '기능'을 보다 강조하는 방식으로 교육과정의 구성요소인 목표, 내용, 방법, 평가 등이 고려되는 차별성을 가지고 있다.

(2) 통합 수준과 지원 유형

통합교육이 이루어지는 상황에서 교육과정의 유형은 통합 수준과 지원 유형에서 차별화되는 특성을 가진다. 물론 교육과정의 유형은 특수아동을 위한 통합교육의 수준과 교육과정 지원 형태에 있어서 일대일의 대응적인 관련성을 확정할 수는 없지만, 전반적으로 뚜렷한 차별성을 가진 특성을 함의하고 있다.

통합 수준은 물리적 통합, 사회적 통합, 교육과정적 통합의 각 수준을 의미하는 것이며, 특수아동이 통합된 일반학급에서 '부분적인 통합'에서 '전반적인 통합'으로 차이를 나타낸다. 한편, 지원 유형은 교수-학습에 직접적으로 관련된 대안적·보충적 교재와 학습자료 활용, 학습과정 안내와 구조화된 전략의 사용 등의 지원으로서 '보충적 서비스'와 교수-학습에 간접적으로 관련된 사회복지 서비스, 물리 및 작업 치료서비스, 여가 선용, 의료 및 상담 서비스 등의 지원으로서 '관련 서비스'로 구분할 수 있다(Kochhar, West, & Taymans, 2000).

따라서 이를 전제할 경우, 교육과정의 일반형에서 수정형, 대안형으로 갈수록 전반적인 통합보다는 부분적인 통합의 수준에 가까워지고, 반대의 경우는 부분적인 통합보다는 전반적인 통합에 더 가까워지는 특성을 가지고 있다. 한편, 교육과정의 일반형에서 수정형, 대안형으로 갈수록 관련 서비스의 중요성보다는 보충적 서비스의 중요성이 보다 강조되고, 그 반대의 경우는 보충적 서비스보다 관련 서비스의 비중이 더욱 높아지는 특성을 가지고 있다.

(3) 교육과정의 표면적 혹은 잠재적 효과

교육과정 유형은 특수아동에게 교육과정을 적용하면서 의도하는 교육적 효과 측면에서 각기 다른 특성을 가지고 있다. 물론 특수아동을 위한 교육과정 유형은 표면적 교육과정 효과와 잠재적 교육과정 효과 모두를 의도한 것이다. 그러나 주된 강조점을 두고 추구하는 교수 목표에서의 비중의 차이가 있다.

교육과정의 표면적 효과와 잠재적 효과는 교육과정의 의도성을 기준으로 판단된다. 학교가 의도와 계획을 가지고 있고 아동도 그 의도와 계획대로 성취했다면, 그것은 표면적 교육과정 효과를 획득한 것이 된다. 그러나 학교의 의도나 계획과는 다른 결과로 실현되었다거나, 아니면 전혀 의도되거나 계획된 일이 없는데 아동이 성취했다면 그것은 잠재적 교육과정 효과가 되는 것이다.

그러므로 일반형, 수정형, 대안형으로 갈수록 표면적 교육과정의 효과는 점차로 줄어들고, 잠재적 교육과정의 효과가 점차로 늘어나게 된다. 이는 분리교육 환경과 통합교육 환경 모두에서 고려될 수 있다. 특히 교육과정의 표면적 혹은 잠재적 효과는 통합교육 환경에서 장애 유형과 정도를 불문하고 통합해야 하는 정당성의 논리도 매우 중요한 의미를 가진다.

최근 교육과정 논의에서는 표면적 교육과정 효과에 부수되는 것으로 잠재적 교육과정 효과를 고려해 오다가 점차로 잠재적 교육과정 효과에 대한 교육 수단화 논의가 활발하게 전개되고 있다(김재춘 외, 2002; 김종서, 1994). 그러므로 교육과정의 각 유형이 가지는 표면적 효과와 잠재적 효과에 대한 배려가 적용 상황에서 고려되어야 한다.

3. 특수아동 교육과정의 전개

특수아동 교육과정의 전개과정이란, 대상 아동의 교육 요구와 교육 배치에 적절한 교육과정 유형을 선택한 다음, 그 유형의 특성에 맞게 교육과정의 구성요소인 목표, 내용, 방법, 평가 및 운영 등에 관한 사항을 변경(창안 혹은 수정)하는 것이며, 분리교육 환경이나 통합교육 환경에서 교육과정을 수업으로 전환해 가는 과정을 의미한다. 이 경우, 변경(창안 혹은 수정)의 대상, 교육과정에서 수업으로의 전환 대상이 되는 것은 일반아동을 위해 개발된 학교 수준의 교육과정이고, 이는 곧 국가 수준의 특수교육 교육과정의 적용을 의미하는 것이기도 하다.

1) 교육과정의 유형별 전개과정

(1) 전개 원칙

교육과정은 학교교육을 위한 교육의 종합 계획으로, 학년별·교과별로 목표, 내용, 방법, 평가 및 운영에 관련된 사항이 포함된다. 그러므로 특수아동 교육과정은 그 자체 유형의 특성을 고려하여 분리교육 환경과 통합교육 환경 내에서 구안되고 실행되어야 한다. 이와 같이 특수아동을 위한 교육과정 유형별로 단위 학교(급)에서 전개될 때 고려되어야 하는 원칙이 있다.

첫째, 교육과정의 유형은 일반학교 교육과정을 기준으로 개별 아동의 학업 수행능력에 대한 교육과정 사정(assessment)을 통해서 적용 유형이 결정되어야 한다는 점이다. 즉, 개별 아동이 일반학교 교육과정을 어느 정도로 수행할 수 있는지와 일반학교 교육과정에의 의미 있는 참여와 진보를 위하여 어느 정도의 지원이 요구되는지에 대한 진단·평가가 이루어져야 한다.

둘째, 교육과정의 유형은 개별 아동의 교과별로 동질 유형일 수도 있고, 이질 유형일 수도 있다는 점이다. 즉, 국어와 사회 교과는 수정형, 수학과 과학 교과는 대안형, 음악과 미술, 체육 교과는 일반형 등으로 이질 유형일 수 있으며, 모든 교과형이 일반형, 수정형, 대안형의 동질 유형일 수도 있다. 이와 같은 교과별 교육과정 적용 유형은 개별화교육계획에서 적시되어 활용되어야 한다.

셋째, 교육과정의 유형은 그 실행을 위해서 지원 방안과 적용 조치가 수반될 것을 전제해야 한다. 즉, 교육과정의 적용 유형은 보충적 서비스와 관련 서비스 등의 지원 방안과 교육과정 조정(curriculum adaptation) 전략과 생태학적 접근(ecological approach) 전략 등의 적용 조치를 감안하여 결정되고 적용되어야 한다는 것이다.

이와 같은 원칙하에, 특수학교와 특수학급(일반학급 포함)의 특수아동 교육과정 적용 유형을 중심으로 하는 전개과정을 제시하면 [그림 5-2]와 같다.

[그림 5-2]에 따르면, 특수아동의 교육과정 유형과 관련하여 장애 영역을 구분하면, 시각·청각·지체 장애를 가진 감각 및 신체 장애아동과 지적장애·정서 장애를 가진 발달장애 아동으로 구분할 수 있고, 학업 수행능력 수준을 중심으로는 인지적 장애 수준과 비인지적 장애 수준으로 구분할 수 있다. 이 경우, 비인지적 장애를 가진 특수아동은 일반형과 수정형의 교육과정 유형이 선택될 가능성이 높고, 보충적 서비스보다는 관련 서비스 지원 중심으로 운영될 가능성이 높으며, 교육과정을 조정하는 교수 적합화 '조절' 혹은 '수정' 전략 중심으로 실행될 가능성이 높다. 반면, 인지적 장애를 가진 특수아동은 수정형과 대안형의 교육과정 적용 유형이 선택될 가능성이 높고, 관련 서비스보다는 보충적 서비스 지원이 보다 강도 높게 이루어져야 할 것이며, 생태학적 접근 전략의 비중이 높게 나타날 것이다.

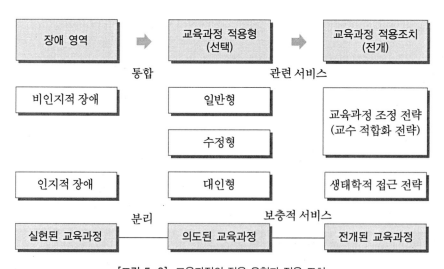

[그림 5-2] 교육과정의 적용 유형과 적용 조치

결국, 일반아동을 위하여 고안된 일반학교 교육과정을 기준으로 일반형, 수정형, 대안형의 교육과정 유형은 장애 영역, 유형별 지원 방안, 적용 조치가 상호 유기적인 관련성을 가지면서 단위 학교에서 전개되는 특성을 가진다.

(2) 전개과정

일반적으로 단위 학교의 특수아동을 위한 교육과정 유형별 전개과정은 국가 수준에서 지역 수준을 거쳐 만들어진 학교 수준 교육과정을 중심으로 '교과별 단원 계획'과 '개별화교육계획(IEP)'의 연계를 통해서 이루어진다.

통상적으로 교과(혹은 교과서)는 교육과정에서 제시되는 교과별로 구분된 교수 내용을 정선하여 수업 상황에 적용하기 용이하도록 구성·제작된 것이다. 이 교과들은 몇몇 단원(unit)으로 조직되어 있으며, 하나의 단원 내에서도 수 개의 학습과제가 위계화되어 있다. 그러므로 교과별 단원 계획은 각 교과의 특정 단원에 대해서 단원 목표, 과제분석(학습제제 운영), 전개 계획(교사 및 아동 활동, 집단 조직, 학습매체의 활용, 시간 계획, 잠재적 교육과정의 고려), 평가 계획 등을 마련하는 과정이며, 이를 통해서 한정된 기간 내에서 특정 학년의 특정 교과에 대한 교수-학습의 효율성을 도모한다.

한편, 개별화교육계획은 특수아동을 위한 개별 교육과정의 성격을 가지며 특정 기간 동안의 교육 운영 전반의 내용이 제시된다. 즉, 개별화교육계획은 장·단기 목표를 진술하고, 교과별로 가르쳐야 할 내용, 공통 혹은 개별 지도를 근간으로 하는 지도방법과 지도 시기, 요구되는 활동자료, 평가 계획들이 포함된다.

그러므로 교육과정의 유형별 전개과정은 일반교사 혹은 특수교사가 구안한 교과별 단원 계획과 개별화교육지원팀이 작성한 개별화교육계획을 참조하거나 연계하는 과정을 통해서 이루어진다. 이러한 연계과정에서 개별 장애아동에게 설정된 교육과정 유형에 근거한 적용 조치로서 교수 적합화 전략, 생태학적 접근 전략, 교육과정 지원 전략의 구체적인 방안들이 검토되어 실천되어야 한다.

교육과정의 유형별 전개과정은 특수아동의 교육 형태(분리 혹은 통합)와 교육 환경(일반학교, 특수학급, 특수학교)에 근거해서 일반교사와 특수교사 간 혹은 특수교사 집단 내에서 개별 아동의 교육적 요구와 필요를 고려하여 교육과정을 재구성하고 실행하는 과정으로 집약된다. 다시 말해서, 학교 수준 교육과정을 근간

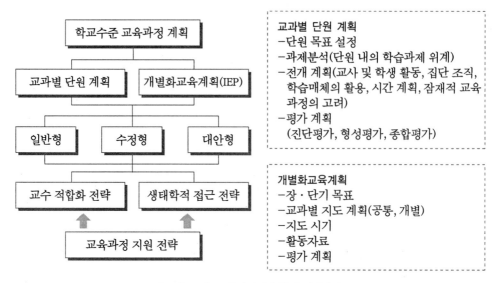

[그림 5-3] 교육과정의 유형별 전개과정

으로 특수아동을 위해 마련된 개별화교육계획서를 참조하여 교과별 단원 계획을 검토하는 과정이며, 이 경우에 교육과정 유형인 일반형과 수정형에 따른 교수 적합화 전략과 수정형 혹은 대안형에 따른 생태학적 접근 전략을 동원하고, 보다 구체적인 교육과정 지원 방안을 토대로 학년별·교과별로 특정 단원에 대한 목표 설정, 교사 및 아동 활동 계획, 집단 조직 계획, 학습매체의 활용, 시간 계획, 잠재적 교육과정 고려, 평가 계획에 대한 특수아동의 접근과 실천 방안을 구체적으로 작성하여 실행하는 과정으로 이루어진다.

2) 특수아동 교육과정과 특수교육 교육과정의 관계

우리나라의 정부 수립 이후, 국가수준 특수교육 교육과정의 변천과정을 간략히 살펴보면, 1967년 맹·농학교 교육과정 제정 시기를 제1기, 1974년 정신박약학교, 1977년 맹학교, 1979년 맹·농·정신박약학교 교육과정의 제·개정 시기를 제2기, 1983년 맹·농·정신박약·지체부자유학교 교육과정 제·개정 시기를 제3기, 1989년 시각·청각·정신지체·지체부자유학교 교육과정 개정 시기를 제4기, 1998년 기본 교육과정, 국민공통 기본 교육과정, 고등부 선택중심 교육과정으로의 개정 시기를 5기로 구분할 수 있다(교육과학기술부, 2008).

〈표 5-1〉 국가수준 특수교육 교육과정의 역사적 변천

고시(공포)	내 용	
문교부령 제181호 (1967. 4. 15.)	• 맹학교 교육과정 • 농학교 교육과정	
문교부령 제334호 (1974. 1. 31.)	• 정신박약학교 • 초등부 교육과정	
문교부령 제404호 (1977. 2. 28.)	• 맹학교 교육과정	
문교부 고시 제424호 (1979. 3. 1.)	• 농학교 교육과정	
교육부 고시 제83-13호 (1983. 12. 31.)	• 맹학교 교육과정 • 정신박약학교 교육과정	• 농학교 교육과정 • 지체부자유학교 교육과정
교육부 고시 제89-10호 (1989. 12. 29.)	• 시각장애학교 교육과정 기준 • 정신지체학교 교육과정 기준	• 청각장애학교 교육과정 기준 • 지체부자유학교 교육과정 기준
교육부 고시 제1998-11호 (1998. 6. 30.)	• 특수학교 교육과정 –정신지체 · 정서장애 학교(유치부 및 기본 교육과정) –시각장애 · 청각장애 · 지체장애 학교 (유치부 및 국민공통 기본 교육과정, 고등부 선택중심 교육과정)	
교육인적자원부 고시 제2008-3호(2008. 2. 26.)	• 특수교육 교육과정 –유치원 교육과정 –국민공통 기본 교육과정	–기본 교육과정 –고등학교 선택중심 교육과정
교육인적자원부 고시 제2010-44호(2010. 12. 20.)	• 특수교육 교육과정 –유치원 교육과정 –공통 교육과정	–기본 교육과정 –선택 교육과정
교육부 고시 제2011-501호(2011. 11. 16.) 제2012-32호(2012. 12. 14.)	• 특수교육 교육과정 –유치원 교육과정 –공통 교육과정	–기본 교육과정 –선택 교육과정

　이러한 시기별 구분을 전제할 때, 국가수준 특수교육 교육과정은 교육과정 '정초' 시기를 거쳐 '보완 · 체계화' 시기와 '통합화' 시기로 진전되어 왔음을 알 수 있다(정희섭, 2008). 그러므로 통합화 시기의 교육과정은 종전 제7차 특수학교 교육과정에서부터 2008년 특수학교 교육과정, 2010년 특수교육 교육과정을 거쳐 현행 2011년 특수교육 교육과정이 해당된다.

　특수교육 교육과정의 변천과정에서 가장 뚜렷한 특징은 국가 수준의 교육과

정 개정 방식이 주기·전면적 개정 방식에서 수시·부분적 개정 방식으로 전환되었으며, 장애 유형을 중심으로 하는 범주별 교육과정에서 비범주별 교육과정으로, 일반학교 교육과정과의 연계성이 보다 강조되는 방향으로 진전되어 왔다는 것이다.

현행 특수교육 교육과정은 통합화 시기의 교육과정으로서 일반학교 교육과정을 근간으로 특수아동의 교육적 요구를 반영하여 수정·보완·대체한 형태를 취하고 있으며, 그 하위 교육과정은 기본 교육과정, 공통 교육과정, 선택 교육과정으로 구성되어 있다.

(1) 기본 교육과정

기본 교육과정은 특수아동의 특수성을 반영한 교육과정으로서 초등학교 1학년부터 고등학교 3학년까지 12년간 적용되는 교육과정이다. 기본 교육과정은 공통 교육과정 및 선택 교육과정의 적용이 어렵거나 곤란한 특수아동을 위해서 '대체 적용'하는 대안 교육과정의 성격을 가지고 있다. 그러므로 기본 교육과정은 학교과정의 5개 학년군별로 생활 경험이 반영된 교과를 포함하고 있으며, 지적 능력이 낮고 학습 수행이 저조한 발달장애 아동에게 적용하는 것을 원칙으로 하되, 필요시에 신체장애, 감각장애 등의 모든 아동에게 적용할 수 있는 교육과정이다. 따라서 현행 특수교육 교육과정의 기본 교육과정은 말 그대로 인지적 장애를 가진 특수아동을 위한 교육과정으로 고안된 교육과정이 된다.

(2) 공통 교육과정

공통 교육과정은 초등학교 1학년부터 중학교 3학년까지 9년간 '국민공통 교육기간'에 적용 가능한 특수아동을 위한 일반교육의 보편성을 근간으로 편성·운영되는 교육과정이다. 이 교육과정은 특수아동의 일반학교 교육과정에의 접근, 참여, 진보를 위하여 일반교육의 보편성과 특수교육의 특수성을 연관·조정한 것으로, 통합교육을 받게 되는 특수학급에서 편성·운영해야 할 기준 교육과정으로서의 성격을 가진다. 또한 공통 교육과정은 단위 학교의 교과교육을 보다 효율적으로 하기 위하여 장애 영역별로 특정 교과(국어, 영어, 체육 등)에 대해서 보완 조치를 강구한 교육과정(점자 익히기, 언어, 특수 체육 등)이다.

(3) 선택 교육과정

선택 교육과정은 고등학교 1~3학년의 3년간 적용 가능한 특수아동을 위한 일반교육의 보편성을 근간으로 편성·운영되는 교육과정이다. 이 교육과정은 대학 진학을 주된 목적으로 편성·운영되는 '보통 교과를 중심으로 하는 과정'과 취업을 주된 목적으로 편성·운영되는 '전문 교과를 중심으로 하는 과정'으로 이원화된 구조를 가진다. 그리고 선택 교육과정은 지역·학교의 특성에 따라 장애 영역에 관계없이 선택적 교과 이수가 가능하고, 아동의 교과목 선택 이수 자율권을 보장한다.

이와 같이 우리나라의 현행 특수교육 교육과정은 유치원 교육과정, 기본 교육과정, 공통 및 선택 교육과정으로 구성된 국가 수준의 교육과정이다. 여기서 기본 교육과정은 인지적 장애를 가진 특수아동을 위한 일반학교 교육과정을 대체한 교육과정(대체형)으로 볼 수 있고, 공통 및 선택 교육과정은 비인지적 장애를 가진 특수아동을 위한 일반형과 수정형의 근거 교육과정이라고 할 수 있다. 그러므로 특수교육 교육과정은 국가 수준에서 지역 수준으로, 다시 학교 수준으로 전달되는 체제를 갖추고 있고, 그 과정에서 국가, 교육청, 학교의 계획 차원에서 '의도된 교육과정'이 교실 수업 속에서 교사를 통한 수업 차원의 '전개된 교육과정'으로, 학습자의 교육적 성취 차원의 '실현된 교육과정'으로 전환되도록 하는 전개과정을 함의하고 있다. 결국, 특수아동은 학교에서 편성·운영하는 교육과정을 통해 교육을 받지만, 학년별·교과별로 제시되는 학습내용이 학습 수행능력에 따라 일반형, 수정형, 대체형의 교육과정 유형으로 구분되어 적용되고, 이 일련의 과정이 교육과정 전개과정을 형성한다.

4. 특수아동 교육과정의 지원 형태 및 적용 조치

특수아동 교육과정은 일반형, 수정형, 대안형의 적용 유형으로 구분할 수 있다. 즉, 현행 국가수준 특수교육 교육과정의 경우, 특수아동에게 적용되는 일반형과 수정형의 교육과정이 일반학교 교육과정(공통 교육과정과 선택 교육과정)이

되는 것이고, 대체형의 교육과정이 특수교육 교육과정(기본 교육과정)이 되는 것을 의미한다. 특수아동을 위한 교육과정 적용 유형은 교수 적합화 전략, 생태학적 접근 전략, 교육과정 지원 전략 등 교육과정의 지원 형태와 적용 조치를 전제로 한다. 이는 단위 학교에서 적용·실행되는 교육과정의 효율성과 적합성을 높이기 위해서 반드시 요구되는 사항이다.

1) 교수 적합화 전략

교수 적합화 전략은 분리교육 환경 혹은 통합교육 환경에서 이루어질 수 있지만, 특히 통합교육 환경에서 빈번히 이루어지는 교육과정 적용 조치다. 이 전략은 특수아동의 일반학교 교육과정 접근을 위하여 교사 수준에서 교육과정을 재구성하는 것을 의미한다. 즉, 교수 적합화는 다양한 교육적 요구를 지닌 아동들의 수행을 향상시키고, 수업 참여의 범위와 양을 확장시키기 위해 교수환경, 집단 조직, 수업의 내용과 방법, 평가 방안을 포함하는 전반적인 교육환경과 활동을 '조절(accommodation)'하거나 '수정(modification)'하는 과정으로 나타난다. 이와 같은 교수 적합화 전략은 아동의 요구에 민감하게 반응하여 그들에게 적합한 방식으로 제공되는 유관적 특징을 지닌다(정주영, 2003).

교수 적합화 '조절'은 교사가 수업내용을 전달하거나 아동이 반응하는 양식을 변화시키는 것으로 수업 상황에서 일반아동이 학습하는 내용 자체의 손상이 일어나지 않도록 하는 것을 전제로 한다. 즉, 특수아동이 수업 상황에서 제공되는 정보에 접근하고 자신이 획득한 지식과 기술을 드러낼 수 있도록 다른 아동들과 동등한 기회를 제공하기 위해 교수 및 평가 절차를 변화시키는 데 있으므로(Castagnera, Fisher, Rodifer, & Sax, 1998), 교수 적합화를 위한 영역 중에서 환경 수정, 집단화 형태 수정, 교수방법의 수정, 평가방법의 수정이 이루어지지만 수업 내용의 수정이 이루어지지 않도록 하는 교육과정 적용 조치를 의미한다. 따라서 학습내용의 타당도나 아동이 도달하는 평가 준거의 수준이 바뀌지 않도록 유의하고, 아동의 강점에 기반을 둔 대안적 상징체계를 이용하여 아동이 수업에서 요구하는 목표에 도달하거나 교사의 요구에 반응할 수 있도록 수업과 수업매체, 교수-학습 자료 등을 구조화해야 한다(정주영, 2003).

〈표 5-2〉 **교수 적합화를 위한 조절 및 수정 영역**

영 역	방 법
환경	• 물리적 환경 수정: 조명, 소음, 시청각 정보 입력, 교실 물리적 환경 등 • 사회적 환경 수정: 소속감, 평등감, 존중감, 협동심 참여의 보상 등
집단화 형태	• 대집단, 소집단, 협동학습, 또래교사, 일대일 교수, 자습 등
교수방법	• 교수 활동 수정: 수행할 과제를 작은 단계로 나누기, 과제의 양 줄이기, 과제의 난이도 수정 • 교수전략 수정: 수업 형태, 행동강화 전략, 보조공학, 정보 제시방법, 반응양식 등 지원 및 수정 • 교수자료 수정: 개별 학생의 학습 수준에 맞게 교수-학습 자료 수정
교수내용	• 같은 활동과 같은 교수자료: 수업 장면에서 사용되는 동일한 활동과 자료 활용(수정이 요구되지 않음) • 같은 활동의 좀 쉬운 단계, 같은 교수자료: 수업 장면에서 동일한 활동과 자료이나, 조금 쉬운 단계로 제공 • 같은 활동, 다른 교수 목적 및 교수자료: 수업 장면에서 동일한 활동이나, 학생의 개별 목표에 따라 다른 자료 제공 • 같은 주제, 다른 과제와 다른 교수 목적: 수업의 전체적인 주제는 같으나, 학생의 개별 목표에 따라 다른 과제와 자료 제공 • 다른 주제, 다른 활동: 개별 학생의 목표와 수준에 따라 필요한 활동과 과제, 자료 제공
평가방법	• 전통적 점수, %, 합/불, IEP 점수, 준거점수, 다면점수, 계약점수, 포트폴리오

* 출처: 박승희(1999).

한편, 교수 적합화 '수정'은 모든 아동이 표준적인 수업 목표에 도달하지 못한다는 현실적인 상황에 기반을 두고, 학습내용 자체를 수정하는 것에 기본 전제를 두고 있다. 즉, 교수 적합화를 위한 영역 중에서 환경 수정, 집단화 형태 수정, 교수방법의 수정, 평가방법의 수정과 더불어 아동이 학습하는 내용 자체를 수정하는 것으로, 수업의 목표, 활동, 교수자료를 수정하는 것을 의미한다. 물론 이 과정은 특수아동의 장애 정도, 교육적 요구, 장애 특성, 교육적 여건 등을 종합적으로 고려하여 수업의 목표, 활동, 교수자료를 개별화하는 적합화를 통해서 최적의 수준에서 교육과정 적용의 효용성이 담보되도록 해야 한다.

결국, 교수 적합화 전략은 특수아동이 일반형과 수정형의 교육과정의 적용을 받는 경우, 수업 참여의 양과 질을 보다 최적의 수준에서 지원하고 적용하는 조치다. 그러므로 '일반형'과 '수정형'의 교육과정이 가지는 기본 성격이 훼손되지 않도록 '조절' 혹은 '수정' 방안을 마련하고, 개별 아동에게 적합하도록 영역을 설정하여 수정 혹은 조정이 되도록 유의해야 한다.

2) 생태학적 접근 전략

생태학적 접근 전략은 아동들이 미래 환경을 준비하고 현재 환경에의 참여를 촉진하는 데 유용한 기술과 더불어 미래의 기능성이 보장되는 기술들로 구성되는 교육과정을 구안하고 적용하는 것을 의미한다. 일반적으로 생태학적 접근은 교수내용 차원으로 '기능적 생활'을 강조하고, 교수방법 차원으로 '지역사회 중심 교수'를 강조한다.

첫째, 기능적 생활기술의 내용은 특수아동들의 고등학교 졸업 이후 지역사회 삶의 영역(예: 가정생활, 학교생활, 지역사회 생활, 직업생활, 여가생활)을 교육과정 내용 범위로 확정하고, 각 영역별로 구성되는 환경과 하위 환경으로 구분하여, 그 하위 환경에서 요구되는 주요 기술들을 교수 프로그램으로 구안하는 것이다. 이와 같은 기능적 생활기술은 스스로 성취하지 않으면 다른 누군가의 도움으로 성취되어야 하는 기술로서, 아동의 현재 환경뿐만 아니라 미래 환경에서도 유용한 여러 가지 기술을 포함하므로, 아동에게 필요한 기능적 생활기술은 무제한적일 수 있다. 따라서 다양한 기능적 생활기술 중에서 어떤 생활기술에 우선권을 두어 교육과정을 구안하고 아동을 가르쳐야 하는가가 문제의 핵심이 된다.

둘째, 지역사회 중심 교수는 앞서 선정된 생활기술의 내용을 가르치는 방법으로서 지역사회의 자연적 환경 내에서 장애아동으로 하여금, 생활기술을 습득하게 하기 위한 교수방법 중 하나로서 기능적 기술 교육과정을 구현하는 수단이 된다. 지역사회 중심 교수는 일반적으로 '교실 중심 교수'와 '지역사회 중심 교수'로 구분되며, 교실 중심 교수는 '지역사회 가상' 활동과 '지역사회 참조' 활동으로 교실이라는 제한된 환경에서 이루어지며, 지역사회 중심 교수는 '지역사회 내의 현장 실습'을 통해서 이루어진다.

생태학적 접근 전략은 그 전략 실행의 핵심이 교수 목표로 선정된 특정한 기능

적 생활기술의 과제분석에 있다. 〈표 5-3〉은 여가생활 영역의 '게임하기 기술'
을 과제 분석한 예를 제시하고 있다.

〈표 5-3〉에서 제시하고 있는 것과 같이, 과제분석은 반드시 특정 기능적 생활
기술의 운동적 측면에서 성공적으로 수행해 내기 위해 관련된 복잡한 행동을 작
은 행동으로 나누어 추출한 '핵심기술(core skill)'을 중심으로 한다. 또한 핵심기
술의 분석과 더불어 핵심기술을 더 증가시키고 더 포괄적인 일과 활동을 만들어
내는 데 필요로 하는 '확장기술(extension skill)'과 일상의 독립적 수행에 없어서
는 안 되는, 비록 긴급한 기술은 아니지만 기술을 더욱 질적으로 심화시켜 주는
'심화기술(enrichment skill)'도 과제 분석을 통해 이루어져야 한다. 이와 같은 특
정한 교수 목표로 선정된 기능적 생활기술을 핵심기술, 확장기술, 심화기술로 과
제 분석하였다면, 특정한 개별 아동이 과제 분석된 기능적 생활기술의 수행 정도

〈표 5-3〉 **기능적 기술의 과제분석 및 평가분석표**

어른과 게임하기	수행 정도	학생 오류	차이 분석	수정 대안
1. 당신이나 또래에게 무엇인가 방법을 써서 게임을 할 시간이라는 것을 알게 하는가?(시작하기)				
2. 게임을 선택하는가?				
3. 놀이 상대를 선택하는가?(선택하기)				
4. 놀 장소, 놀 재료 등을 준비하는가?(준비하기)				
5. 게임의 기본 단계를 수행하는가?(핵심기술)				
6. 기술을 개선시키고 자기와 타인을 위한 즐거움을 증가시키려고 노력하는가?(질에 대한 감독하기)				
7. 게임에 적절한 시간을 사용하는가?(속도 감독)				
8. 만약 문제가 생기면(게임재료의 일부가 없어진다는가 하는 문제) 해결하려고 시도하는가?(문제해결)				
9. 재료를 정리하고 다른 것을 위해 정돈하거나 다른 사람에게 자신이 놀이를 다했다는 것을 알리는가?(종결하기)				
10. 활동의 어떤 것에 대해서라도 의견을 말하거나 의사소통을 하는가?(의사소통)				
11. 게임하는 동안 순서를 지키고 또래와 놀이를 공유하는 등의 적절한 반응을 하는가?(사회성)				

출처: Snell & Brown (2009), p. 117에서 인용.

를 평가하여 아동의 오류에 근거한 차이 분석을 하고, 수정 및 대안 방안을 검토하고 지도하는 방식으로 이루어진다(Snell & Brown, 2006).

생태학적 접근 전략은 주로 인지적 장애아동(중도 장애아동)을 위한 대안형 교육과정을 보다 효율적으로 수행하기 위한 교육과정 적용 조치로서 반드시 고려되어야 한다. 생태학적 접근 전략을 위해서는 학교 단위에서 교육과정을 구안하는 과정에서 기능적이고 의미 있는 내용을 선정하고, 연령에 적절해야 하며, 관련 기술에 대한 지도도 동시에 이루어지도록 해야 한다. 또한 방법적 적용에서는 지역사회 내에서의 집중적이고 의미 있는 수행 기회(연습 기회)를 제공해야 하고, 일반화가 더욱 촉진될 수 있도록 하는 방법적 고안이 이루어져야 하며, 훈련의 효율성을 높일 수 있도록 고려되어야 한다.

3) 교육과정 지원 전략

일반적으로 통용되는 지원의 의미는 '다양한 형태의 도움'으로 정의되지만, 이를 보다 구체적으로 제시하면 교육과정에의 최대한의 참여와 적절한 수행, 의미 있는 진보를 위해 제공되는 보충적 서비스와 관련 서비스를 의미한다(Kochhar et al., 2000).

보충적 서비스는 수업 전개과정에서 특수아동을 위해 교수−학습에 직접적으로 관련된 지원을 의미하는 것으로, 여기에는 선수학습 지도, 대안적·보충적 교재와 학습자료 활용, 학습과정 안내와 구조화된 전략의 사용, 자습 및 숙제의 조정, 대안적 반복학습 전략의 제공 등이 포함된다. 반면, 관련 서비스는 특수아동에게 제공되는 교수−학습에 간접적으로 관련된 서비스를 의미하는 것으로, 여기에는 장애 조건 확인 및 평가, 이동 및 수송, 언어병리 및 청능 등의 발달적·교정적 서비스, 사회복지서비스, 물리 및 작업 치료서비스, 여가 선용, 의료 및 상담 서비스 등의 지원이 포함된다. 이와 같이 특수아동의 수업 전개과정에서 이루어지는 교육과정에의 참여와 진보를 위한 지원은 대상 아동의 교육적 요구와 필요에 근거하여 보충적 서비스와 관련 서비스가 적절한 수준에서 이루어질 때 그 효과성이 발휘된다. 그리고 교육과정 지원 전략은 교수 적합화 전략과 생태학적 접근 전략이 필요한 모든 특수아동에게 공통적으로 적용되는 교육과정 유형별 전개과정의 기반을 형성하고 있다.

그러므로 교육과정 지원 전략은 기본적으로 특수아동의 교육과정에의 참여와 진보를 보다 효율화하는 데 목적을 두고 있기 때문에, 교육과정 적용 유형의 구분 없이 보충적 서비스와 관련 서비스 모두가 적절한 수준에서 이루어지도록 해야 한다. 다만, 교육과정 유형으로서 수정형과 대안형에 가까울수록 교수-학습에 직접적인 지원이 이루어지는 보충적 서비스의 비중이 높아질 것이고, 수정형과 일반형에 가까울수록 교수-학습에 간접적인 지원이 이루어지는 관련 서비스의 비중이 높아질 것이다. 이와 같은 교육과정 지원 전략은 개별 아동의 교육적 요구와 필요를 기반으로 최대한의 지원을 통해서 교육과정 적용 유형의 단위 학교에서의 실행을 위한 효율성과 적합성을 높이는 데 기여하는 중요한 요인이 된다.

〈한국: 특수교육 대상 학생을 위한 관련 서비스의 종류〉
- 가족 지원: 가족상담, 양육상담, 보호자교육, 가족지원 프로그램 운영 등
- 치료 지원: 물리치료, 작업치료 등
- 보조인력 지원: 교수-학습 지도, 신변처리 지도, 급식 지도, 교내외 활동 지도, 등하교 지도 등의 역할 보조 인력 등
- 각종 기구 및 학습보조기 등 지원: 장애인용 각종 교구, 각종 학습보조기, 보조공학기기 등
- 통학 지원: 취학 편의를 위한 통학차량, 통학비, 통학 보조인력 등
- 기숙사의 설치 지원: 생활 지도원

〈미국: 장애학생을 위한 관련 서비스의 종류〉
- 예술/문화 프로그램
- 보조공학: 자세 보조 및 장비, 컴퓨터 접근, 컴퓨터 중심 교수를 위한 전문화된 소프트웨어, 체육교육과 여가 활동의 참여를 위한 장비, 환경 통제, 보완 의사소통, 보조적인 청취, 시각적 보조물
- 청능서비스
- 상담
- 수화통역
- 의료와 보건 관련 서비스

- 작업치료서비스: 자립기술 또는 적응생활(예: 먹기, 입기), 기능적 이동성(예: 학교를 통해 안전하게 움직임), 자세(예: 교실에 적절히 앉기), 감각–운동 처리(예: 감각과 근육의 이용), 작은 운동(예: 쓰기, 자르기)과 큰 운동(예: 걷기, 운동기술)
- 부모 상담과 훈련
- 물리치료서비스: 근육 강화, 이동 및 지구력을 증대하기 위한 처치
- 심리서비스: 심리검사, 면담 및 행동평가에서 드러난 아동의 특별한 욕구에 부합하는 학교 프로그램 계획 시 다른 스태프 구성원들에게 자문 구하기
- 레크리에이션
- 재활상담: 직업상담과 안내, 직업훈련
- 언어병리서비스: 말과 언어에 대한 학생의 문제에 대한 확인, 진단, 의뢰 및 처치
- 수송
- 여행훈련

참·고·문·헌

곽병선(1992). 교과의 논리와 가치에 대한 성찰. 교과교육연구, 1, 1-21.

교육과학기술부(2008). 특수학교 교육과정 해설: 총론.

권요한 외(2011). 특수교육 교육과정론. 서울: 학지사.

김경배, 김재건, 이홍숙(2006). 교과교육론. 서울: 학지사.

김재춘, 부재율, 소경희, 채선희(2002). 교육과정과 교육평가. 서울: 교육과학사.

김종서(1994). 잠재적 교육과정의 이론과 실제. 서울: 교육과학사.

박승희(1999). 일반학급에 통합된 장애아동의 수업의 질 향상을 위한 교수적 수정의 개념과 실행 방안. 특수교육학 연구, 34(2), 35-66.

이돈희 외(1998). 교과교육학 탐구. 서울: 교육과학사.

이성호(2004). 교육과정 개발의 원리. 서울: 학지사.

이은정(2006). 일반 교육과정 접근을 위한 교수적 루브릭의 적용이 초등학교 장애아동의 수업참여 행동과 통합학급 아동들의 국어과 학습목표 수행 수준에 미치는 영향. 이화여자대학교 대학원 박사학위논문.

이홍우(2004). 교육과정 이론. 서울: 교육과학사.

정동영(2007). 특수교육에서 교과교육의 정체성 정립 방향과 과제. 한국특수교육교과교육학회 창립학회 및 학술대회 자료집, 9-33.

정주영(2003). 초등학교 통합학급의 교수 적합화 과정 연구. 단국대학교 대학원 박사학
위논문.

정희섭(2004). 통합교육 장면에서의 교육과정 실행 방안. 특수교육저널: 이론과 실제, 5(2).
291-318.

정희섭(2008). 2008년 개정 특수학교 교육과정 개정 과정의 주요 쟁점과 향후 과제. 특수
교육학연구, 43(2), 71-93.

정희섭, 한현민(2005). 한국 특수교육행정의 '위원회제' 활성화 방안 연구. 한국교육,
32(2), 107-135.

진영은, 조인진(2001). 교과교육의 이해. 서울: 학지사.

최병옥(1996). 교육과정 의사결정 구조에 따른 개발 방식 및 주도 집단. 교육이론과 실천,
6(1), 313-330.

Bigge, J. L. (1991). *Teaching individuals with physical and multiple disabilities* (3rd ed.).
New York: Merrill.

Bigge, J. L., & Stump, C. S. (1999). *Curriculum, assessment, and instruction for student
with disabilities.* Boston: Wadsworth Publishing Co.

Brady, L. (1985). The supportiveness of the principal in school-based curriculum
development. *Journal of Curriculum Studies, 17*(1), 95-97.

Castagnera, E., Fisher, D., Rodifer, K., & Sax, C. (1998). *Deciding what to teach and
how to teach it: Connecting students through curriculum and instruction.* CO:
PEAK Parent Center.

Doll, R. C. (1996). *Curriculum improvement: Decision making and process* (9th ed.).
Needham Heights, MA: Allyn & Bacon.

Hoover, J. J., & Patton, J. R. (1997). *Curriculum adaptations for students with learnung
and behavior problems: Principles and practices* (2nd ed.). Austin: PRO-ED.

Johnson, M. (1967). Definitions and models in curriculum theory. In H. A. Giroux et al.
(Eds.), *Curriculum and instruction.* Berkeley, CA: McCutchan.

Kochhar, C. A., West, L. L., & Taymans, J. M. (2000). *Successful inclusion: Practical
strategies for a shared responsibility.* NJ: Prentice-Hall, Inc.

Macdonald, J. B. (1965). *Theories of instruction. ASCD*, Washington, DC.

McLaughlin, V. L. (1993). Curriculum adaptation and development. In B. S. Billingsley
(Ed.), *Program leadership for serving students with disabilities.* Richmond, VA:

Virginia Department of Education.

Pugach, M. C., & Warger, C. L. (1996). *Curriculum trends, special education, and reform: Refusing the conversation.* New York: Teachers College Press.

Sands, D. J., Kozleski, E., & French, N. (2000). *Inclusive education for the twenty-first century.* Belmont, CA: Wadsworth/West.

Schultz, J. M., & Carpenter, C. D. (1995). *Mainstreaming exceptional students: A guide for classroom teachers* (4th ed.). Boston: Allyn & Bacon.

Snell, M. E., & Brown, F. (2006). *Inclusion of students with severe disabilities* (6th ed.). Upper Saddle River, NJ: Merrill/Prentice-Hall.

Snell, M. E., & Brown, F. (2009). 중도장애학생의 교육(박은혜, 한경근 역). 서울: 시그마프레스.

Tanner, D., & Tanner, L. N. (1980). *Curriculum development: Theory into practice* (2nd ed). New York: Macmillan.

Tyler, R. W. (1949). *Basic principles of curriculum and instruction.* Chicago: University of Chicago Press.

Wehmeyer, M. L. (2002). *Teaching students with mental retardation: Providing assess to the general curriculum.* Baltimore: Paul H. Brookes Publishing Co.

Wehmeyer, M. L., Lattin, D., & Agran, M. (2001). Achieving access to the general curriculum for students with mental retardation: A curriculum design-making model. *Education and Training in Mental Retardation and Developmental Disabilities, 36*(4), 327-342.

Zais, R. (1976). *Curriculum: Principles and foundations.* New York: Harper & Row.

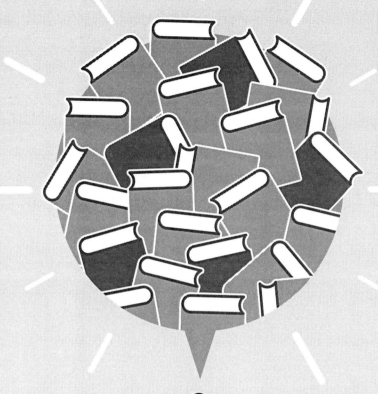

제 **6** 장

개별화교육과 교수방법

1. 개별화교육계획

2. 교수방법

1. 개별화교육계획

1) 개별화교육의 법적 근거 및 기능

특수교육의 과제는 학생 개개인의 소질을 최대로 개발하고 사회 구성원으로서 자신의 역할을 수행할 수 있도록 하는 것이다. 이와 같은 교육 목표를 잘 구현하고 있는 것이 미국의 「장애인교육법(IDEA)」이다. 1975년 미국 「장애인교육법」(PL 94-142)의 제정은 장애아동의 무상 공교육을 법적으로 실현하는 계기가 되었다. 이 법은 장애아동 교육에 대한 다음의 여섯 가지 원리를 포함하고 있다. 즉, ① 배제 금지, ② 비차별적 평가, ③ 개별화교육 프로그램, ④ 최소제한환경, ⑤ 적법절차, ⑥ 부모와 학생의 참여가 그것이다. 이 원리에서는 장애 유형이나 정도에 상관없이 3~21세의 장애학생은 무상 공교육을 받을 수 있으며, 특수교육을 받는 모든 장애아동에 대해서 개별화교육 프로그램의 작성을 의무로 규정하고 있다. 또한 평가에 따라 받게 되는 불이익을 없애도록 하였고, 장애학생에게 적절한 교육을 실시하도록 하고 있다. 개별화교육 프로그램(Individualized Education Program: IEP)은 6대 원리 중 하나에 불과하지만, 6대 원리는 상호 의존적이며 개별화교육 프로그램의 구성과 실행과정에서 고려되어야 한다(김정권, 1993).

장애아동은 개인 간 차이뿐만 아니라 개인 내 차가 크기 때문에 각 개인의 특성과 교육적 요구에 맞는 교육이 필요하다. 개별화교육 프로그램은 이와 같은 개인의 특별한 교육적 요구에 맞는 교육을 제공하기 위해 특수교육에서 가장 중요한 부분이기도 하다(Heward, 2009). 우리나라에서도 이러한 개별화교육의 중요성을 인식하여 장애학생의 교육권을 확립하고 개개 장애아동의 독특한 교육적 요구에 적합한 개별화교육을 실시하기 위해 노력해 왔다.

장애아동의 교육권에 대한 법적 근거로는 우리나라 「헌법」 제31조에 "모든 국민은 능력에 따라 균등하게 교육받을 권리가 있다."고 명시하고 있다. 또한 「교육기본법」 제3조에서는 학습권에 대해 언급하고 있는데 "모든 국민은 평생에 걸쳐 학습하고 능력과 적성에 따라 교육받을 권리를 가진다."고 규정하고 있다. 제

12조 제2항에서는 "학습자의 권리를 보장하고 교육내용·교육방법·교재 및 교육시설은 학습자의 인격을 존중하고 개성을 중시하여 학습자의 능력이 최대한으로 발휘될 수 있도록 마련되어야 한다."고 규정하고 있다. 한편, 특수교육 대상자에 대한 개별화교육의 법적 근거는「장애인 등에 대한 특수교육법」제2조에서 다음과 같이 명시하고 있다. "개별화교육은 각급 학교의 장이 특수교육 대상자 개인의 능력을 계발하기 위하여 장애 유형 및 장애 특성에 적합한 교육 목표·교육방법·교육내용·특수교육 관련 서비스 등이 포함된 계획을 수립하여 실시하는 교육이다." 또한 제22조에서는 각급 학교의 장은 '개별화교육지원팀'을 구성하도록 하고 있으며, 매 학기에 작성하도록 하고 있다.

이상과 같은 법적 근거 등을 포함하여 개별화교육의 정의를 요약하면 다음과 같다. 첫째, 개별화교육은 특수교육 대상자 개개인의 능력을 계발하기 위하여 실시하는 교육을 의미한다. 둘째, 개별화교육은 장애의 유형과 특성에 적합한 교육 목표·교육방법·교육내용·특수교육 관련 서비스 등이 포함된 계획을 수립하고 실시하는 교육을 의미한다. 셋째, 개별화교육은 특수교육 대상자의 교육적 요구에 적합한 교육과정 및 특수교육 관련 서비스가 포함된 개별화교육계획을 통하여 이루어지는 교육을 의미한다.

이와 같은 정의에 근거한 개별화교육계획은 다음과 같은 기능을 갖는다. 첫째, 개별화교육계획은 특수교육 대상자를 위하여 특별히 고안된 교육(교육과정 및 특수교육 관련 서비스)을 보장하기 위한 계획서이며, 둘째 학생의 교육성취를 점검하고 평가하는 평가 계획서이고, 셋째 학생과 보호자의 권리를 옹호하는 문서이며, 넷째 개별화교육지원팀의 개별화교육계획의 실행에 대한 책무성을 강화하는 문서이고, 다섯째 개별화교육지원팀(교사와 학부모 등)의 협력적 체계를 구축하고 의사소통을 돕는 문서로서의 기능을 가지고 있다.

2) 개별화교육계획의 수립 및 운영 절차

학생이 선별 단계를 거쳐 전문적인 평가 단계에 의뢰되면 특수교육 대상자로서 적격한지의 여부를 판정하게 되고 배치가 결정된다. 학생이 장애가 있는 것으로 판별되면 평가의 초점은 교수적 중재와 진전을 측정하는 것이 된다(Venn, 2000).

특수교육 교사는 개별화교육계획을 개발하는 팀의 일원으로 부모와 다른 전문 가들과 함께하도록 법으로 규정되어 있다. 여기서는 개별화교육계획을 수립하 는 절차에 대해 언급하고자 한다. 특수교육서비스가 필요한 진단 · 평가를 의뢰 하는 단계에서부터 진단 · 평가 실시, 선정 · 배치, 개별화교육계획 작성, 개별화 교육계획 실행, 개별화교육계획 평가까지 일련의 과정을 요약하여 [그림 6-1]에 제시하였다. 여기서는 그 내용을 구체적으로 살펴보도록 한다.

의뢰
특수교육서비스 필요 여부 확인을 위한 진단 · 평가 의뢰

진단 및 평가
특수교육 대상자로서의 적격성 판단과 현재 수행능력과 요구에 대한 정보 수집

선정
특수교육 대상자 선정

배치
일반학급, 특수학급, 특수학교에 배치

개별화교육계획 작성
구성 요소: 인적 사항, 현재 학습 수준, 교육 목표, 교육방법, 평가 계획, 특수교육 관련 서비스

개별화교육계획 실행
개별화교육계획을 실제 수업에 적용

개별화교육계획 평가
장 · 단기 목표에 따른 학생의 진보평가와 이후 목표의 수정

[그림 6-1] 개별화교육계획 수립 및 운영 절차

(1) 의 뢰

학생에게 평가가 요구되는 잠재적인 문제가 있는 것으로 판단되면 보호자 또는 각급 학교의 장은 학생이 가지고 있는 장애의 특성과 특수교육서비스를 받아야 하는지를 알아보기 위해 교육장 또는 교육감에게 진단·평가 의뢰서를 작성하여 진단·평가를 의뢰한다. 이 과정에서 각급 학교의 장이 진단·평가를 의뢰한 경우 보호자의 사전 동의가 필수적이다.

(2) 진단·평가

해당 학생이 특수교육 대상자인지 적격성 여부를 판단하는 단계에서는 포괄적인 진단검사를 사용하고 심리학자, 교육 진단가 등이 진단·평가를 한다. 이 단계에서는 비공식적인 검사들과 함께 반드시 표준화된 진단검사를 실시한다. 일반적으로 지능과 학업성취도, 행동이나 지각기술을 평가하는 검사도구가 포함된다. 비공식적인 자료로는 장애학생의 작업 샘플이나 사진, 비디오테이프, 학습지, 일기장, 수업시간의 공책 등을 통한 수행평가 자료와 면담자료 및 직접 관찰자료 등을 활용할 수 있다(장혜성, 김수진, 김지영, 2006).

이와 같이 특수교육 대상자로 선정하고 배치하기 위해 평가를 하는 이유는 법적인 요구를 따르는 것이고, 학생이 장애가 있는지를 결정하고 특수교육의 형태를 비롯해 적절한 교육을 제공하기 위해 필요한 서비스를 결정하기 위해서다(Venn, 2000). 또한 대상 학생의 강점과 약점, 학습 요구를 파악하기 위해서다. 진단·평가와 관련된 법적인 절차를 보면, 학생의 보호자나 각급 학교의 장이 진단·평가를 교육청에 의뢰하면 교육감 또는 교육장은 진단·평가 의뢰서를 즉시 특수교육지원센터에 회부하고, 특수교육지원센터에서는 30일 이내에 진단·평가를 실시하며, 특수교육 대상자로의 선정 여부와 필요한 교육 지원에 대한 최종 의견을 작성하여 교육장 또는 교육감에게 보고하도록 되어 있다. 특수교육 대상자로 판별이 되면 평가 결과의 강점과 약점에 대한 정보는 개별화교육계획 수립을 위한 기초자료가 된다.

(3) 선 정

진단·평가를 실시한 후 교육장 또는 교육감은 특수교육지원센터로부터 최종 의견을 통지받은 때부터 2주 이내에 특수교육 대상자로의 선정 여부 및 교육 지원내용을 결정하여 부모 또는 보호자에게 서면으로 통지한다.

(4) 배 치

진단·평가를 실시한 후 특수교육 대상자로서 적격한 것으로 판정되면 교육감 또는 교육장은 특수교육운영위원회의 심사를 거쳐 특수교육 대상자를 배치한다. 특수교육 대상자의 장애 정도, 능력, 보호자의 의견을 종합적으로 판단하여 거주지에서 가장 가까운 곳에 배치하도록 한다. 해당 특수교육운영위원회는 배치 결정을 30일 이내에 교육감 또는 교육장이나 학교장에게 통보하고, 배치 결정에 이의가 있는 보호자는 90일 이내에 행정심판을 제기할 수 있다.

(5) 개별화교육계획의 작성

학생이 장애가 있는 것으로 판별되어 적절한 환경으로 배치되면 개별화교육계획을 수립하여 교수적 중재를 한다(Venn, 2000).

각급 학교의 장은 매 학년의 시작일로부터 2주 이내에 각각의 특수교육 대상자에 대한 개별화교육지원팀을 구성해야 한다. 개별화교육지원팀은 매 학기에 학기 시작일로부터 30일 이내에 특수교육 대상자에 대한 개별화교육계획을 작성하여야 한다.

개별화교육지원팀은 보호자, 특수교육 교원, 일반교육 교원, 진로 및 직업 교육 담당 교원, 특수교육 관련 서비스 담당 인력 등으로 구성한다. 개별화교육계획에는 특수교육 대상자의 인적 사항과 특별한 교육 지원이 필요한 영역의 현재 학습 수행 수준, 교육 목표, 교육내용, 교육방법, 평가 계획 및 제공할 특수교육 관련 서비스의 내용과 방법을 포함시켜야 한다.

(6) 개별화교육계획의 실행

교사는 개별화교육계획에 설정된 교육 목표와 연계하여 교과를 지도하고, 실행과정에서 계획했던 교수전략과 교수자료 등에 대한 교수적 수정을 할 수 있다. 또한 학업 외에도 계획에 포함된 특수교육 관련 서비스(가족 지원, 치료 지원, 보조인력 제공, 각종 교구 및 학습보조기 등의 지원, 통학 지원, 장애 유형에 적합한 정보 제공, 그 외 보행훈련, 심리 · 행동 적응훈련 등 특정한 장애 유형의 특수교육 대상자에게 필요한 관련 서비스)에 대한 지원이 함께 이루어져야 한다.

(7) 개별화교육계획의 평가 및 검토

각급 학교의 장은 매 학기 개별화교육계획에 따른 각각의 특수교육 대상자의 학업성취도 평가를 실시하고, 그 결과를 특수교육 대상자 또는 그 보호자에게 통보한다.

3) 개별화교육계획의 작성 절차

(1) 개별화교육지원팀의 구성

「장애인 등에 대한 특수교육법」 제22조 제1항에서는 개별화교육지원팀에 대해 다음과 같이 명시하고 있다. "각급 학교의 장은 특수교육 대상자의 교육적 요구에 적합한 교육을 제공하기 위해 보호자, 특수교육 교원, 일반교육 교원, 진로 및 직업 교육 담당 교원, 특수교육 관련 서비스 담당 인력 등으로 개별화교육지원팀을 구성한다."

개별화교육지원팀은 동법 22조에 근거하여 시행규칙 제4조에서 각급 학교의 장은 매 학년의 시작일로부터 2주 이내에 구성하도록 하고 있다. 개별화교육지원팀의 구성원은 특수교육 대상자의 교육적 요구와 배치에 따라 달라질 수 있다. 개별화교육지원팀 구성원의 일반적인 역할은 개별화교육계획 수립을 위한 회의 참석, 협의 및 의사결정, 개별화교육계획의 작성, 실행 및 평가, 개별화교육계획의 검토 및 수정 등이다.

(2) 특수교육 대상자에 대한 정보 수집

개별화교육지원팀에서는 특수교육 대상자의 진단 · 평가 검사 결과, 특별한 지원 요구 사항 등 구체적이고 다양한 정보를 수집하여 개별화교육계획에 반영하도록 한다. 특수교육 대상자의 진단 · 평가 검사 결과 이외에 필요한 정보는 면담과 관찰을 실시하며, 필요시 형식적 · 비형식적 평가 등을 추가로 실시할 수 있다. 개별화교육계획을 수립하기 위해 수집해야 할 정보는 학습 영역, 사회성 기술, 인지능력, 이동능력, 대·소근육 운동 기술, 의사소통 능력, 동기, 주의집중, 교육과정에의 접근 정도, 행동 문제, 진료 기록, 의료적 요구 사항, 교육력, 강점과 재능, 사회적·정서적 요구, 필요한 특수교육 관련 서비스 등이 있다(국립특수교육원, 2008).

(3) 개별화교육계획의 작성

개별화교육계획은 매 학기의 시작일로부터 30일 이내에 작성하여야 한다. 특수교육 대상자가 다른 학교로 전학할 경우 또는 상급학교로 진학할 경우, 전출학교는 전입학교에 개별화교육계획을 14일 이내에 송부해야 한다.

「장애인 등에 대한 특수교육법」 제22조에는 매 학기 작성하도록 되어 있다. 법적으로 개별화교육계획은 특수교육서비스를 받는 학생에게 적절한 교육이 이루어지기 위한 구성요소를 포함하도록 되어 있다.

(4) 개별화교육계획의 구성 요소

「장애인 등에 대한 특수교육법 시행규칙」 제4조 제3항에서 제시하는 개별화교육계획의 구성요소는 특수교육 대상자의 인적 사항과 특별한 교육 지원이 필요한 영역의 현재 학습 수행 수준, 교육 목표, 교육내용, 교육방법, 평가 계획 및 제공할 특수교육 관련 서비스의 내용과 방법 등이다. 참고로 미국 「장애인교육법(IDEA)」에서는 일반교육과정에의 참여를 중요시하며, 참여하지 못하는 정도와 그 이유를 진술하도록 되어 있고, 14세가 되면 전환서비스 요구에 대해 진술하도록 되어 있는데, 바로 이것이 「장애인 등에 대한 특수교육법」과의 차이점이다. 여기서는 두 가지 법에서 언급하는 내용을 모두 포함하여 소개하고자 한다.

① 인적 사항

인적 사항은 특수교육 대상자의 개인 정보, 개별화교육계획의 시작일과 종료일, 진단·평가 관련 정보(진단 영역과 도구명, 검사일자, 검사 결과, 진단·평가의 요약), 장애 유형 및 장애 정도, 특수교육 대상자의 특성(흥미, 강·약점), 학부모의 요구 등을 진술한다.

② 현재 학습 수행 수준

현재 학습 수행 수준은 교육 목표 설정을 위해 필수적이며 교육 목표의 출발점으로 학생의 장애가 일반교육 과정의 참여와 성취에 미치는 영향과 이에 따른 학생의 독특한 요구에 대해 객관적으로 서술하도록 한다. 또한 사회성, 부적절한 행동, 신체 활동과 같은 적응행동의 특성을 교과 내에 포함하여 진술한다(교육과학기술부, 2009). 개별화된 특수교육이 필요한 교과 영역과 학업기술을 파악하여 현행 수준을 기록한다.

③ 교육 목표

교육 목표는 일반적으로 장기 목표인 연간 혹은 학기별 목표와 단기 목표인 월간 혹은 주간 목표를 제시한다. 수행과제에 따라 단기 목표는 더 짧을 수도 있다. 연간 목표는 각 교과 영역마다 포괄적인 문장으로 서술한다. 단기 목표는 장기 목표를 측정 가능한 세부 목표로 나누어 행동주의적 서술문으로 작성한다. 단기 목표는 학생의 발전 정도를 체계적으로 파악하고, 교육 프로그램의 효과를 평가할 수 있도록 명료하고 객관적인 용어(행동 발생 조건, 기대행동, 성취 결정 기준)를 사용하여 학생 중심으로 기술한다(전병운, 유재연, 2009). 목표를 개발하는 방법으로는 공통 교육과정과 기본 교육과정을 학교교육과정과 연계시키는 방법이 있다. 학습내용의 특성에 따라서 계열적, 비계열적 혹은 두 가지 방법을 혼합하여 목표를 설정한다. 또한 요구분석을 통해서 혹은 교육과정과 교과서를 분석하여 목표를 설정한다(교육과학기술부, 2009).

④ 교육내용

교육내용은 공통 교육과정과 기본 교육과정을 중심으로 구성하며 과목 간의 연계성과 생활연령 및 교수방법 등을 고려하여 내용을 구성한다. 교육과정 혹은 교육내용은 공통 교육과정을 그대로 적용하거나 적용이 어려운 경우 교육과정 조정(교수요목이나 숙달 수준의 조정, 기본원리 교수, 사고와 문제해결 기술 교수, 학습전략과 탐구기술 지도 등)을 거쳐 교육내용의 적합화를 기하도록 한다. 그리고 공통 교육과정의 적용이 근본적으로 불가능한 학생에게는 대체교육 과정인 기본 교육과정을 적용하도록 하고, 부가적 교육과정으로서 생활기술 교육과정이나 의사소통 기술 교육과정을 추가할 수도 있다(권요한, 이만영, 2003). 최근 특수교육 대상자의 장애가 중도 · 중복화 경향이 심화되고 있는 점과 통합교육이 확대되어 가는 특수교육 현장의 변화에 비추어 볼 때 학생의 특별한 요구에 부합하기 위한 교수내용의 보완 혹은 대체가 필요하다.

⑤ 교육방법

교육방법은 특수교육 대상자의 교육적 요구에 맞추어 교수—학습 방법, 교수 자료, 교수 집단 등에 대해 기술한다. 다양한 학습자로 구성된 교실의 경우 어느 한 가지 교수방법으로는 적절한 교육서비스를 제공하지 못할 수 있다. 따라서 교수방법을 보완하거나 수정하기도 한다. 보완방법으로는 부가적인 기술을 교수하는 것이다. 예를 들면, 독립적인 학습능력을 키우기 위한 전략, 새로운 상황에 일반화할 수 있는 전략, 시각장애 학생을 위한 이동성 훈련 등이 그것이다. 교수방법을 수정하는 보편적 설계로는 내용 제시방법의 변화(읽기 책을 녹음으로 제시), 환경 수정(조용한 작업 공간 제공), 학생 반응방법의 변화(쓰기 대신 컴퓨터 사용) 등이 있다.

일반적인 교수—학습 방법으로는 직접교수, 토론, 또래교수, 협력교수, 모델링 등이 있고 전략으로는 촉진, 자기점검, 기억전략 등이 있다. 교수자료로는 시청각자료, 구체물, 촉각자료, 학습지, 그림책, 교과서, 상업용 교재 등이 있다. 교육 내용을 전달하고 학습하는 교수 집단으로는 전체 학급교수, 소집단, 또래교수, 일대일 수업 등이 있다.

⑥ 평가 계획

평가 계획에는 평가 담당자, 평가 시기, 평가방법, 평가 준거, 평가 결과를 진술한다. 평가방법은 특정 목표의 성취를 측정하기 위해 어떤 측정도구와 방법을 사용할 것인지를 명시한다. 규준참조검사와 준거참조검사, 교사가 제작한 검사, 관찰, 과제물 등의 방법이 있다. 평가 기준은 수행 수준을 단기 목표에서 제시하는 것이 바람직하다. IDEA(2004)에서는 공식적인 성취도 평가를 위해 수정할 필요가 있는지, 필요하다면 어떻게 수정해야 할지를 서술하도록 하고 있다.

⑦ 특수교육 관련 서비스

현행 수준과 장·단기 교육 목표를 기초로 적절한 특수교육 환경에 배치하고 제공할 서비스를 결정한다. 서비스의 내용(가족·치료·보조인력·통학·학습자료·정보 접근 지원 등)과 방법(시간, 담당자, 목표 및 평가 계획)을 진술한다.

⑧ 일반교육에 참여하지 않는 정도와 근거

일반학급과 다른 활동에서는 일반아동들과 함께할 수 없는 정도와 이유에 대해 설명하는데, 이는 개별 학생의 교육적 필요에 따라 결정한다.

⑨ 전환교육

학교교육을 마치고 성인으로서 지역사회에 잘 적응하며 살 수 있도록 학업적인 목표 외에도 개별화교육계획에는 일상생활, 지역사회 참여, 자기결정, 여가, 고용기술 등에 대한 목표가 포함되어야 한다. 이를 개별화전환교육계획(Individualized Transition Plan: ITP)이라고 한다. 미국 「장애인교육법」에서는 14세가 되면 전환서비스에 대한 진술을 포함해야 하며, 늦어도 16세 이전에는 반드시 개별화교육계획에 포함하도록 하고 있다.

4) 개별화교육계획의 실제

(1) 장애유아 개별화교육계획

장애유아를 위한 교육과정의 내용은 일반적으로 운동기능, 의사소통, 인지, 사회성, 자조기술/적응행동의 다섯 가지 주요 발달 영역을 중심으로 구성된다(이소현, 2003). 장애유아의 개별화교육계획은 가족 중심 접근의 중요성을 반영하여 개별화가족지원서비스계획(Individualized Family Service Plan: IFSP)을 적용한다. IFSP는 장애를 가지고 있거나 장애 위험 아동들에게 서비스를 지원하는 것이다. 우리나라는 IFSP에 대한 법적 규정은 없으나 미국의 「장애인교육법(IDEA)」에는 〈표 6-1〉과 같은 구성내용이 명시되어 있다.

〈표 6-1〉 개별화가족지원서비스계획의 구성내용

- 영아의 신체발달, 인지발달, 의사소통 발달, 사회성 및 정서 발달, 적응행동 발달의 현행 수준에 대한 서술
- 가족의 지원, 우선순위, 관심에 대한 서술
- 영아 및 그 가족들이 성취하도록 기대되는 주요 성과에 대한 서술로 성취의 진도를 진단하는 데 사용될 기준, 절차, 시간
- 영아 및 그 가족들의 독특한 필요를 충족하기 위해서 필요한 조기 개입, 서비스에 대한 서술
- 서비스의 시작일과 예상기간
- 서비스 책임자의 이름
- 조기 개입, 서비스가 제공될 자연적인 환경에 대한 서술이나 서비스가 자연적인 환경에서 제공되지 않는 경우 그 당위성에 대한 설명
- 장애를 지닌 영아의 유아 프로그램으로의 전이 계획

(2) 초등학교 개별화교육계획

초등학교 개별화교육계획의 사례로 특수학급 3학년 학생의 국어와 수학 과목 개별화교육계획을 〈표 6-2〉에 제시하였다.

〈표 6-2〉 초등학교 개별화교육계획 사례

인적 사항		개별화교육 운영위원회		
		성 명	직 위	승 인
이름	이○○	임○○	교장	
생일	1998년 5월 8일	주○○	교감	
연령	만 9세	신○○	부장교사	
성별	남	장○○	담임교사	
장애 유형	지적장애	서○○	특수교사	
학교	서울 ○○초등학교	송○○	보건교사	
학년, 반	3학년 1반	이○○	보호자	
주소	○○구 ○○동 123번지	이○○	학생 본인	
전화	323-○○○○	작성일	2007. 2. 22.	
보호자 성명	이○○	시작일	2007. 3. 2.	
보호자 직업	회사원	종결일	2008. 2. 28.	

진단 및 평가		
검사도구	검사일	검사 결과
사회성숙도	2006. 03. 14.	SA: 5.00, SQ: 63.83
K-WISC-Ⅲ	2006. 03. 17.	지능지수: 62, 언어성: 75, 동작성: 51
기초학습 기능검사	2006. 03. 24	학년 규준 1.3학년 - 정보처리: 학년 수준 이하 - 읽기Ⅰ, 읽기Ⅱ, 쓰기: 1학년 - 셈하기: 학년 수준 이하

교육 배치 계획						
유형	교과	기간	주당 시간		장소	책임자
특수교육	국어	2007. 3. 2.~ 2008. 2. 28.	12	6	특수학급	특수교사 서○○
	수학			6		
일반교육	전 교과	2007. 3. 2.~ 2008. 2. 28.	17		3~1	담임교사 장○○

국 어		
현행 수준	그림자료를 보면서 명사 위주의 한 단어로 상황을 설명할 수 있고, 교사의 설명을 듣고 적절한 그림자료를 찾을 수 있다.	
장기 목표	2~3장의 그림자료를 보고 두세 문장을 이어서 말할 수 있다.	

단기 목표	교수 계획	평가 계획
1. 1장의 그림자료를 보면서 교사가 '주어'를 말하면 다음에 이어지는 '서술어'를 말할 수 있다. 2. 1장의 그림자료를 보면서 '주어 + 서술어' 형태의 문장을 완성하여 말할 수 있다. 3. 2장의 그림자료를 보면서 인과관계가 드러나도록 만들어 말할 수 있다. 4. 2~3장의 그림자료를 보고 두세 문장을 이어서 말할 수 있다.	• 시간: 말하기 수업 • 방법: 교사의 언어적 촉진자료 • 자료: 그림자료 동화책 문장카드	• 방법: 교사와 일대일로 수행평가 • 기준: 주어진 문제80% 수행

수 학	
현행 수준	1~100의 수를 읽고 쓸 수 있다.
장기 목표	시계를 보고 5분 단위로 몇 시, 몇 분을 말할 수 있다.

단기 목표	교수 계획	평가 계획
1. 시계를 보고 시간 단위(예: 1시, 2시)로 시간을 말할 수 있다. 2. 시계를 보고 30분 단위(예: 1시 30분)로 시간을 말할 수 있다. 3. 시계를 보고 10분 단위(예: 2시 50분)로 시간을 말할 수 있다. 4. 시계를 보고 5분 단위(예: 3시 25분)로 시간을 말할 수 있다.	• 시간: 수학시간 및 하루 일과 중 수시 • 방법: 직접교수 시각적 단서 제공 • 자료: 교실 벽시계, 모형시계, 학습지	• 방법: 교수 후 필기시험 • 기준: 주어진 문제 100% 완성

* 출처: 박승희, 장혜성, 나수현, 신소니아(2007), pp. 165-167.

2. 교수방법

교수방법은 어떤 목적으로 왜, 누가 누구에게, 무엇을 어떤 조건이나 환경에서 가르치고 배우는가의 전체과정에서 '어떻게'에 관한 물음의 대답이다. 교수방법은 크게 교수자 주도형과 학습자 주도형으로 유형을 분류할 수 있다(이성호, 1999). 교수자 주도형 수업은 교수자의 사고가 교수-학습의 중요한 결정체를 이루는 것을 의미하며, 학습자 주도형은 학습자의 지적 과정이 교수-학습 과정의 근간을 이루게 됨을 의미한다.

특수교육에서는 학생들의 개인차를 인정하고 다양성을 수용하려면 개별 학생의 교육적 요구에 부응하는 교수방법에 대한 이해가 필요하다. 또한 통합교육 환경에서는 장애학생과 일반학생을 포함한 다양한 요구를 가진 학생들을 위한 교수방법에 대한 이해도 필요하다.

1) 장애학생을 위한 교수방법

장애학생을 위한 교수방법으로 교사 주도 전략인 직접교수에 대해 살펴보고, 학습자 주도 전략으로 인지적 전략 교수를 알아본 뒤, 마지막으로 동료 주도 전략에 대하여 설명하고자 한다.

(1) 교사 주도 전략

교사 주도 전략으로 가장 대표적인 직접교수(direct instruction)는 학습과제나 기술을 구조적으로 위계화하여 교사가 주도적으로 실시하는 교수적 전략을 말한다. 이러한 직접교수의 효과에 대해서 Gagnon과 Maccini(2005)는 학문적 기술 교과에서 가장 성공적인 교사는 과제를 작은 단계로 나누어 가르치고, 각 단계에 대한 교수가 끝난 후 학생에게 연습 기회를 제공하며, 처음의 연습 단계에서 학생을 안내하고, 학생에게 성공적인 연습 기회를 충분히 제공하는 교수 절차를 적용하는 교사라고 하였다. 한편, Rosenshine과 Stevens(1986)는 직접교수의 효과적인 교수기능으로 복습, 설명, 연습, 교정과 피드백, 독립된 연습, 주간·월간의 복습으로 분류하였다. 각 기능별 내용은 다음과 같다.

첫째, 복습기능이다. 교사가 수업의 도입부에서 학생들에게 선행기술을 복습할 수 있는 기회를 제공함으로써 습득의 여부와 재교육의 필요를 평가할 수 있다.

둘째, 설명기능이다. 교사는 행동적 목표로서 정의된 수업 목표를 설명해 주고 교수를 시작하는데, 이때 작은 단계로 나누어 새로운 기술을 가르친다. 요점을 강조하며, 풍부한 설명과 단계를 말로 하면서 하는 시범, 모델, 구체적인 예시를 제시해 준다.

셋째, 연습기능이다. 교사의 직접적인 지도하에 학생에게 수업 목표가 되는 기술이나 내용을 연습할 기회를 제공하는 단계다. 이 단계에서 교사는 학생의 반응을 평가하고 이해 정도를 점검할 수 있도록 질문과 답하기를 실시하고, 구어 또는 문어 단서로서 촉진(prompt)을 제공한다. 학생의 반응이 80% 이상 성공할 때까지 연습 기회를 충분히 제공한다.

넷째, 피드백 및 교정기능이다. 교사는 안내된 연습을 하는 동안 학생에게 피드백과 교정을 자주 제공한다. 예를 들면, 학생의 반응이 신속하고 정확할 경우 교사는 진도를 나가기 위해 새로운 질문을 계속해 나간다. 만일 학생의 반응이 정확하나 주저하는 경우 '그래, 맞아!'와 같이 간단한 피드백과 그것이 왜 올바른 대답인지 설명해 준다. 한편, 학생의 부주의로 실수한 경우는 학생의 오류를 교정하고 진도를 나가기 위해 수업을 계속 진행한다. 또한 학생의 대답이 부정확한 경우 좀 더 간단한 형태로 질문을 다시 하고 촉진을 제공하며, 필요한 경우 다시 가르친다.

다섯째, 독립적 연습기능이다. 학생이 안내된 연습 단계에서 적절한 성공률(80%)을 보일 경우 과잉 학습되도록 독립된 연습 기회를 제공하여 학생의 반응이 확고하고 오류가 없으며(약 95%의 성공률), 신속하고 자동적으로 될 때까지 충분한 연습 기회를 제공한다.

여섯째, 주간·월간 복습기능이다. 교사는 학생에게 가르친 기술이나 내용을 주기적이고 체계적인 복습과 검사, 다시 가르치기 등을 통해 추수지도를 한다. 주간·월간 복습은 기술의 유지와 다시 가르칠 필요를 판단하는 데 중요하다.

교사 주도의 직접교수에서 많이 사용하는 방법으로 과제분석과 촉진이 있다. 과제분석(task analysis)은 복잡하거나 여러 단계로 이루어진 목표행동을 쉽게 가르칠 수 있도록 학습과제를 작은 단위로 나누어서 가르치는 방법이다. 과제분석은 주로 관찰 가능한 작은 단계로 나누어질 수 있는 기능적인 기술과 셈하기 및 읽기 등의 학업기술 교수에 효과적이다. 촉진은 학생이 과제를 수행하는 것을 도와주는 교사의 행동을 말하며, 주로 신체적 촉진, 구어적 촉진, 모델링 등이 있다. 촉진은 아동의 능력 수준에 맞게 일관성 있게 사용함으로써 궁극적으로는 아동 스스로 할 수 있도록 도와주어야 한다. 주로 중도 장애학생을 위한 기능적 기술을 교수할 때 많이 사용된다.

이상과 같은 직접교수의 장점은 교사를 통해 학습방법에 대한 구체적인 안내가 이루어지고 과제해결 방법에 대해 명시적 제시가 가능한 점을 들 수 있다. 그러나 학생들의 수동적인 학습 태도와 동기 유발에의 어려움이 있을 수 있다.

(2) 학습자 주도 전략

학습과정에서 학습자 스스로 문제해결 전략이 필요하다. 그러나 장애학생들은 자신만의 전략을 만들기가 어렵다. 따라서 전략을 가르치는 전략교수가 필요하다. 특히 점차 복잡해지고 심화되어 가는 교과 영역의 학습에서 학습자 중심의 효과적인 전략교수가 필요하다. 학습자 주도 전략으로서 인지적 전략 교수는 학습자의 적극적인 참여와 주도로 이루어지며, 인지적 행동수정과 상호적 교수전략 등이 있다. 인지적 행동수정은 행동수정 기법과 초인지의 역할을 강조하며 학생들에게 자기 조정과 문제해결 방법을 가르치고, 상호적 교수는 학생과 교사 간의 대화를 통해 교재내용을 이해하도록 한다.

① 인지적 행동수정

인지적 행동수정(cognitive modification)은 '초인지 전략' 혹은 '메타인지 전략'이라고도 불리며, 아동 스스로 사고하고 독립적인 학습행동을 하도록 돕는 데 사용될 수 있는 자기주도적 교수방법이다. 인지적 행동수정의 기본적 구성요소는 학생들이 정보를 조직하고 결정하는 데 관해 묻는 자기교수적 · 내적 대화다. 구체적인 방법으로는 자기평가, 자기언어화, 자기교수, 자기점검, 자기강화, 선행조직자 등이 있는데, 이 중 가장 자주 사용되는 인지적 행동수정 방법으로 자기교수법과 자기점검법에 대해 살펴보고자 한다.

- 자기교수법: 자기교수법은 어떤 과제의 수행 순서를 스스로 말해 가면서 실행
하도록 하는 것으로 내적 대화에 강조를 둔 Michenbaum과 Goodman(1969)
의 자기교수 모델에 기초하고 있다(Bender, 1996에서 재인용). 구체적인 실행
단계는 다음과 같다. 첫째, 교사는 학생이 관찰하는 동안 과제의 각 단계를
말로 하면서 수행하는 시범을 보인다. 둘째, 학생은 교사의 지도하에 과제를
수행하는데, 교사를 모방하여 큰 소리로 말하면서 자기에게 지시한다. 이때
교사는 필요한 경우 학생을 돕는다. 셋째, 학생은 교사의 지도 없이, 크게 소
리 내어 자신에게 지시하며 과제를 수행한다. 넷째, 학생은 작은 소리로 자
기에게 지시하거나 혼잣말을 하면서 과제를 수행한다.
- 자기점검법: 자기점검법은 스스로의 과제 지향적인 행동을 계속적으로 점검
함으로써 그 행동의 발생을 증진시키고자 하는 방법으로, 주로 주의집중력
이 떨어지고 산만한 아동들에게 효과적이며, 처음 배우는 학습과제보다는
어느 정도 익숙한 과제를 반복 연습시킬 때 사용해야 효과적이다(이소현, 박
은혜, 2006). 문제행동의 측정방법으로는 행동발생빈도기록법과 학습과정에
서 오류점검표를 작성하는 방법 등이 있다.

② 상호적 교수

상호적 교수(reciprocal teaching)는 교실 수업에서 대화를 사용하는 교수방법이
다. 이 교수법은 주로 읽기 이해교수에 적용된다. Palincsar와 Brown(1989)은 읽
기 수업에서 교사와 학생 간의 대화를 통한 수업방법을 개발하였는데, 이는 네
가지 단계로 구성된다. 첫째, 예측 단계로 교사와 학생은 책이나 글의 제목을 가
지고 내용을 예측하는 대화를 한다. 둘째, 질문 단계로 교사와 학생은 선정된 책
을 읽는다. 다음에 교사는 학생들로 하여금 토론을 시작하도록 유도하는데, 글의
내용에 대한 질문을 서로에게 함으로써 대화를 활성화한다. 셋째, 요약 단계로
학생 중 어느 한 사람이 글의 내용을 요약하고, 그 요약에 대해 교수자가 코멘트
하거나 재조직한다. 넷째, 명료화 단계로 아직도 책의 내용에 대해 이해되지 않
은 부분, 불분명한 부분에 대해 서로 질의 응답하면서 대화한다.

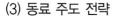

(3) 동료 주도 전략

또래교수(peer teaching)는 학문적 과제를 학습하거나 연습하기 위해 동일한 능력, 동일한 연령이나 학년 혹은 다른 능력, 다른 연령이나 학년의 학생들끼리 짝을 이루도록 하여 한쪽 학생이 교사 역할을 맡아 다른 한쪽의 학생을 지도하는 체계적인 동료 주도 전략이다. 또래교수는 일반교육과 특수교육 분야에서 모두 인정받아 온 전략으로 장애학생의 일반학교 교육과정 접근을 촉진하는 교수방법이라고 할 수 있다.

즉, 또래교수는 한 학생이 또래교사가 되어 다른 학생에게 특정한 기술을 가르치거나 돕는 것을 의미한다. 또래교수는 도움을 받는 학생뿐 아니라 도움을 주는 학생도 책임감과 자존감 또는 학업능력에 긍정적 영향을 미칠 수 있으며(Fisher, Schumaker, & Deshler, 1995), 사회성 기술과 학교생활 태도 등에서도 긍정적인 성과가 보고되고 있다(Fuchs, Fuchs, Mathes, & Martinez, 2002; Raymond, 2004).

학급 전체 또래교수 체계는 학급 내 모든 학생이 2인 1조가 되어 또래교수를 실시하는 방법이다. 이 또래교수법은 단순반복 연습과제, 서로 간에 시범을 보이고 따라 하는 활동이 포함된 과제 등이 적합하며, 특히 수학, 받아쓰기, 낱말공부 등의 국어, 과학, 사회 교과에 적합하다(이대식, 김수연, 이은주, 허승준, 2006).

또한 또래교수는 수학과 읽기 분야에 특정한 프로그램을 제시하고 있다. 이 중 읽기 또래교수를 보면, 읽기능력에 따라 학급 학생들의 순위를 매긴 다음 2인 1조로 짝을 지운다. 읽기 수준이 높은 학생과 낮은 학생으로 구성되어 성취도가 높은 학생이 다른 학생의 모델이 되어 항상 먼저 크게 읽으며, 학생들이 수업에 참여함에 따라 교사는 이들을 점검한다(The Access Center, 2008). 이후 읽기 수준이 낮은 학생이 글을 읽으면 읽기 수준이 높은 학생이 듣고 발음이나 어휘, 내용에 대해 질문한다.

2) 통합교육 환경에서의 교수방법

공동체인 학급에서는 모든 학생이 가치 있는 구성원으로서 소속감을 느끼며 서로 배려하고 지원적이며, 갈등을 민주적으로 해결할 수 있다. 학급에 공동체 문화가 형성되었을 때에만 구성원들의 다양성이 배타적인 요소가 아니게 된다.

그리고 무엇보다도 교수방법에서 모든 아동에게 효과적인 교수방법을 적용할 수 있어야 한다. 그래야만 학생들은 개인차에 따른 실패를 경험하지 않게 된다. 개인의 차이를 옹호하는 학급환경은 다양한 학습, 신체적·정서적·사회적 욕구를 가진 학생들을 환영하는 환경을 제공한다. 학생들의 다양성을 수용하기 위해서는 우선 교사부터 학생들의 다양성을 인정해야 한다. 다양성의 수용을 넘어서 개인차와 다양성을 적극적으로 환영할 수 있어야 한다.

여기서는 장애학생의 통합교육이 점차 확대되고 있는 교육환경의 변화에 부응하는 효과적인 교수방법으로서 교수적 수정과 보편적 설계에 대해 설명하고자 한다.

(1) 교수적 수정

장애학생을 통합학급의 유의미한 구성원으로 포함하기 위해서는 교사가 한 교실에서 단위 수업시간 내에 다양한 형태의 수업을 진행해야 한다. 즉, 대다수의 일반학생을 대상으로 수업을 진행하면서도 한편으로는 장애학생을 위한 수업을 동시에 진행해야 한다. 이를 위해서는 수업내용 제시, 개별연습 방식, 평가방식 등 여러 가지 측면에서 조정이 이루어져야 한다(노선옥, 정은희, 2008). 교육과정이나 교수 활동에서의 이러한 노력을 교수적 수정(instructional adaptation)이라고 한다. 장애학생들의 학습을 촉진하는 교수적 수정의 사용은 통합교육 환경에서 장애학생이 성공적으로 참여하는 것을 돕는다는 입장이다(Friend & Bursuck, 1996).

교수적 수정에 대하여 박승희(2003)는 "일반학급의 일상적인 수업을 특수교육적 요구가 있는 학생의 수업 참여의 양과 질을 최적합한 수준으로 성취시키기 위하여 교수환경, 교수 집단화, 교수방법(교수 활동, 교수전략 및 교수자료), 교수내용 혹은 평가방법에서 수정·보완하는 것"이라고 하였다. 한편, 신현기(2004)는 'instructional adaptation'을 교수 적합화로 지칭하면서 "다양한 교육적 요구를 지닌 학생들의 수행 향상과 수업 참여의 범위와 양을 확장하기 위하여 교수환경, 교수 집단, 교수내용, 교수방법, 평가방법을 포함하는 전반적인 환경을 조정하고 수정하는 과정"으로 정의하며, 다양한 학생의 요구에 유연하면서도 탄력적으로 대응하는 역동적 의미를 강조하였다. 교수적 수정은 교사 쪽에서는 교수가 배열되거나 전달하는 방식과 학생 쪽에서는 활동에 참여하는 방식의 두 가지 상호 관련된 요소를 변화시킴으로써 수업내용을 개별화하고 학생의 학습양식과 교사의 교수양식 사이에 적합한 조화를 이루어 가는 것을 도울 수 있어야 한다(박승희, 2003).

장애학생의 통합교육뿐만 아니라 다문화 학생이 증가하고 있는 교육환경의 변화 속에서 점차 학급의 학생들이 보이는 개별적인 요구에 부합하기 위한 효과적인 교수방법이 필수적으로 요구된다. 여기서는 통합교육 환경에 교수적 수정이 적용되는 실제를 고려하여 노선옥과 정은희(2008)가 제시한 교수환경, 교수적 집단화, 교육 목표, 수업내용 제시, 학생반응 양식, 평가방법 등의 수정으로 구분하여 설명하고자 한다.

① 교수환경의 수정

교수환경의 수정에는 사회적 환경을 수정하는 방법과 물리적 환경을 수정하는 것을 들 수 있다.

첫째, 사회적 환경의 수정방법으로 학급의 규칙 등에서 융통성을 갖도록 하는 것이다. 다른 사람에게 도움을 주거나 요청하는 융통성은 교실 구성원들의 참여를 격려하고 지원하는 교실환경을 만드는 데 영향을 미친다. 학급 구성원 개개인이 소속감, 평등감, 존중감, 협동심, 참여의 보상을 느낄 수 있도록 조성한다. 둘째, 물리적 환경을 수정하는 방법으로는 자리 배치를 조정하는 것과 교실 정돈 및 가구 배치 등을 들 수 있다. 특별한 요구를 가진 학생들을 앞이나 중앙에 자리 배치하고 특별한 장비에의 접근성이 용이하도록 한다. 또한 교실의 물리적인 정돈과 가구 배치를 조정한다. 학습자료의 위치를 쉽게 알 수 있도록 가구에 표찰을 붙이고, 지체장애 학생을 위해 교실의 물리적인 환경을 조정한다. 즉, 휠체어 이용 학생의 이동이 용이하도록 자리를 배치하고, 책상 자리에 경계면을 세워 학용품이 떨어지지 않도록 한다.

② 교수적 집단화 형태의 수정

첫째, 장애학생에게 전체 학급 교수는 필요에 따라 적당히 사용할 수 있지만, 참여 기회와 장시간의 주의집중이 어렵기 때문에 많이 사용하는 것은 부적합하다. 둘째, 협동학습 집단을 구성한다. 이는 학급 구성원 공통의 목표를 성취하기 위해 서로 다른 능력을 가진 학생 2~6명이 소집단을 구성하여 활동하는 교수 집단 형태다. 협력학습을 위해서는 생각과 자료를 공유하고, 적극적인 상호 의존성을 가지고 학습을 격려하며, 도움을 주는 촉진적 상호작용이 필요하다. 협동학습의 예로서 암기 숙달이 필요한 구구단 외우기는 또래와 함께 질의 응답할 수 있다. 셋째, 또래교수 집단을 구성한다. 특정 과제에 대하여 같은 반 급우 혹은 상급 학년 선배로부터 지도받는다. 학급 전체 또래교수는 단순반복 연습과제 등에 적합하며, 교과로는 수학, 받아쓰기와 낱말공부 등의 국어, 과학, 사회, 예능 교과에 적합하다. 넷째, 컴퓨터 보조수업(CAI) 집단을 구성한다. 컴퓨터 보조수업은 학생의 기술, 지식, 학업상의 수행을 향상시키기 위한 목적에서 컴퓨터를 사용하는 교수방법이다.

③ 교육 목표의 수정

일반교육 과정의 수업 목표를 그대로 성취할 수 없는 학생의 경우 목표의 수정을 포함한 내용의 수정이 요구된다. 이때는 같은 활동과 자료를 가지고 수업을 하지만 목표를 단순하게 낮추거나, 같은 활동에 참여하지만 다른 교수 목표와 자료를 가지고 수업에 참여하게 할 수 있다. 한편, 중학교 이상의 장애학생들은 학급 내의 수업에 참여하지 못하는 경우가 많고, 다른 학생들과의 격차가 클 수 있기 때문에 동일한 주제나 활동에 참여하면서 기능적인 교육과정으로 편성하여 제공할 수도 있다.

④ 학생반응 양식과 평가방법의 수정

학습 결과물을 산출할 때 장애 때문에 읽기와 쓰기가 어려울 때 확대키보드, 철자점검기, 화면스캔키보드, 워드프로세서, 보조컴퓨터공학 등이 쓰기과제에 도움이 될 수 있다. 또한 쓰기 이외의 그림, 몸짓, 만화 등을 이용해 결과물을 산출할 수도 있고, 구어로 또는 녹음하여 과제를 제출할 수 있다.

⑤ 평가방법의 수정

통합교육 환경에서 장애학생의 수행에 대한 평가는 〈표 6-3〉과 같이 열 가지

〈표 6-3〉 평가방법(예)

접 근	예
전통적인 점수화: 수, 우, 미 혹은 퍼센트	학생의 전체 점수가 94% 이상이면 A를 받을 수 있다.
합격/불합격 체계: 합격 혹은 불합격을 정하는 광범위한 범주 기준	모든 과제를 완수하고 모든 시험에 통과한 학생은 한 과목의 합격점수를 받을 것이다.
개별화교육계획 점수화: 학생의 개별화교육계획에 근거한 수행 수준이 학교 계획의 수행 기준으로 변환된다.	한 학생의 개별화교육계획이 90%의 정확도를 요구하고, 학교 기준에 따라 89~93점은 B와 같다. 만약 그 학생이 개별화교육계획 목표의 정확도를 취득한다면 B를 받게 될 것이다.
습득 또는 준거 수준 점수화: 내용이 하위 구성요소로 나누어지며, 학생들은 기술의 특정 수준에 도달하면 학점을 얻는다.	20개 나라의 수도 18개의 이름을 명명하는 학생은 사회 교과의 그 단원에서 통과점수를 받을 것이다.
다면적 점수화: 학생은 능력, 노력, 성취와 같은 몇몇 영역에서 평가되고 점수를 받는다.	학생이 시간 안에 프로젝트를 완성하였다면 30점을 받고, 모든 요구된 부분을 포함하였다면 35점을, 적어도 4개의 다른 자료를 사용하였다면 35점을 받을 것이다.
공동 점수화: 두 명 혹은 그 이상의 교사가 한 학생의 점수를 결정한다.	일반교사가 학생 점수의 60%를 결정하고, 특수교사가 40%를 결정할 것이다.
항목점수 체계: 활동 혹은 과제에 점수가 할당되고 그것들은 학기 말 점수로 더해진다.	학생의 과학 점수는 전체 300점이다. 100점은 주마다 보는 퀴즈에서, 100점은 학급의 실험에서, 50점은 숙제에서, 50점은 학급 참여에서 점수를 준다.
학생 자기평가: 학생들은 각각 자신들을 스스로 평가한다.	학생이 과제를 시간 안에 하고, 필요한 영역들이 포함되어 있고, 독립적으로 과제를 했다면, 학생은 그 과제에 대해 스스로 합격점수를 준다.
계약 점수화: 학생과 교사는 어떤 한 점수를 얻기 위해 요구되는 특정 활동에 동의한다.	학생이 정기적으로 수업에 참여한다면, 각 수업에서 적어도 한 번은 정보를 자발적으로 말하고, 모든 요구되는 과제를 제출하면, C를 받을 것이다.
포트폴리오 평가: 각 학생의 작업이 누가적 포트폴리오로 보존되는데, 유치원에서 고등학교까지 주요기술 영역에서의 성취를 나타낸다.	손으로 쓴 것의 누가적 샘플들은 1~4학년의 초보 수준에서부터 읽기에 분명한 필기체 양식까지의 진보를 보여 준다.

〈표 6-4〉 평가의 수정(예: 중학교 음악 교과 개인별 수행평가 기준안 및 평가내용)

영 역	평가 영역	평가 기준				
		일반학생			특수교육 대상 학생	
		수행 목표	성취점	일반학생	성취점
기악 (리코더, 단소)	주법, 음정, 박자, 리듬, 음악적 표현	평가 관점의 모든 요소가 맞고 정한 리듬과 가락을 정확히 표현한다.	A	30	리듬 치기를 연주할 수 있다.	기술식 평가
		평가 관점의 모든 요소가 바르며 리듬과 가락을 표현한다.	B	28		
		기본 능력은 있으나 리듬과 가락의 표현이 부자연스럽다.	C	26		
		기본 능력이 부족하며 리듬과 가락의 표현이 미흡하다.	D	24		
		평가 관점의 모든 요소가 모두 부족하며 태도도 바르지 못하다.	E	22		

평가방법이 사용될 수 있다(박승희, 2003, p. 355). 〈표 6-4〉는 일반학생 대상의 수행평가를 장애학생에게 적합하게 수정한 예다.

(2) 보편적 설계

보편적 설계(universal design)란 1970년대 건축학에서 유래된 용어로, 건축가이며 제품디자이너인 Ronald Mace는 모든 사람에게 접근 가능한 것을 바탕으로 건물 설계 시의 아이디어로 발전시키고, 보편적 설계로 명명하였다. 장애의 유무와 상관없이 모든 사람이 무리 없이 이용할 수 있도록 도구, 시설, 설비를 설계하는 것을 보편적 설계(공용화 설계)라고 한다. 이와 같은 보편적 설계의 원리는 교육 분야에서도 응용될 수 있으며, 교육에서는 모든 학습자의 학습을 촉구하기 위해 쉽게 사용할 수 있도록 융통성 있는 교육과정과 수업, 평가 교재와 전략을 설계하는 것을 말한다(Council for Exceptional Children, 2005; McGuire, Scott, & Shaw, 2006).

교수–학습 운영 측면에서 보편적 설계의 적용 방향에 대해 김용욱(2008)은 다음과 같은 내용을 제시하였다. 첫째, 학습내용의 제시에서 다양한 설명 수단이 제공되어야 한다. 학습자에게 정보를 설명하기 위해서는 다양한 능력의 학습자들에게 접근적이고 유용하도록 설계되어야 한다. 학습내용의 제시는 시각 및 청각장애 학생들도 접근 가능하도록 디지털 텍스트, 설명이 있는 오디오 자료, 시각적 그래픽 등으로 제공되어야 한다. 둘째, 학습자의 의사 표현에서 복합적인 표현 수단이 제공되어야 한다. 다양한 특성을 가진 학습자들의 의사소통 표현은 단일 방식이 아닌 말하기, 쓰기, 그리기, 보완대체 의사소통, 컴퓨터를 이용한 방법 등 다양한 방식의 표현 수단이 주어져야 한다(Orkwis, 1999). 셋째, 학습자의 참여를 위하여 탄력적인 참여 수단이 제공되어야 한다. 학습자의 지적 발달과 경험의 정도, 교육 및 사회·문화적 배경 등에서의 다양한 특성을 고려하여 교육과정의 신기성과 친숙성, 지원과 도전의 균형, 융통성 있는 교수-학습 자료 등이 제공되고 탄력적인 참여 수단이 제공되어야 한다. 예를 들어, 학습자들이 선호하는 주인공을 교수-학습 내용에 포함시키거나 학습 주제가 바뀌거나 내용이 많을 경우 애니메이션이나 동영상을 활용하여 학습자들의 참여를 독려한다. 넷째, 학습자의 교육진보 평가방법에서도 보편적인 설계가 이루어져야 한다. 학업성취 평가도구와 방법에서 모든 학생이 접근할 수 있도록 하기 위해서는 평가양식, 평가도구나 자료, 시간, 환경이 다양화되어야 한다. 시각장애 학생을 위한 대필과 워드 작성, 청각장애인의 증폭장치와 구술시험의 수화 통역, 지체장애인의 컴퓨터공학 지원, 쓰기 학습장애 학생을 위한 워드 작성, 시간 연장 등 융통성 있는 평가방법을 도입해야 한다.

참 · 고 · 문 · 헌

교육과학기술부(2009). 2008년 개정 특수학교 교육과정에 따른 개별화교육계획 수립 운영 자료. 교육과정 자료, 444.

권요한, 이만영(2003). 특수아동을 위한 교육과정과 수업. 서울: 도서출판 특수교육.

김용욱(2008). 통합교육을 위한 방법론적 접근: 보편적 설계(Universal Design). 한국특수교육학회 2008년 추계학술대회. 한국 특수교육학회, 11-30.

김정권(1993). 개별화교육계획 구안 실제. 서울: 특수교육.

노선옥, 정은희(2008). 중학교 통합교육을 위한 교수-학습자료. 경기: 국립특수교육원.

박승희(2003). 한국 장애학생 통합교육: 특수교육과 일반교육의 관계 재정립. 서울: 교육과학사.

박승희, 장혜성, 나수현, 신소니아(2007). 장애관련종사자의 특수교육 입문. 서울: 학지사.

송영준(2009). 개별화교육계획 수립·운영 자료의 활용. 특수학교 교육과정 개정 운영에 따른 특수교육 관련학과 교수 세미나 자료집. 경기: 국립특수교육원.

신현기(2004). 교육과정의 수정과 조절을 통한 통합교육 교수적합화. 서울: 학지사.

이대식, 김수연, 이은주, 허승준(2006). 통합교육의 이해와 실제: 통합학급에서의 효과적인 교육방법. 서울: 학지사.

이미선(2009). 특수교육 교과 교재연구 및 지도법. 파주: 교육과학사.

이성호(1999). 교수방법론. 서울: 학지사.

이소현(2003). 유아특수교육. 서울: 학지사.

이소현, 박은혜(2006). 특수아동교육(2판). 서울: 학지사.

장혜성, 김수진, 김지영(2006). 기능적 기술 습득을 위한 개별화교육 프로그램의 실제. 서울: 교육과학사.

전병운, 유재연(2009). 특수교육과 교과교육(개정판). 파주: 교육과학사.

Bender, W. N. (1996). *Teaching students with mild disabilities*. Boston: Allyn and Bacon.

Council for Exceptional Children. (2005). *Universal design for learning: A guide for teachers and education professionals*. Arlington, VA: Council for Exceptional Children and Merrill/Prentice Hall.

Fisher, J. B., Schumaker, J. B., & Deshler, D. D. (1995). Searching for validated inclusive practices: A review of the literature. *Focus on Exceptional Children, 28*(4), 1-20.

Friend, M., & Bursuck, W. (1996). *Including students with special needs: A practical guide for classroom teachers*. Boston: Allyn & Bacon.

Fuchs, D., Fuchs, L. Mathes, P. G., & Martinez, E. A. (2002). Preliminary evidence on the social standing of learners with learning disabilities in PALS and No-PALS classrooms. *Learning Disabilities Research and Practice, 17*(4), 205-215.

Gagnon, J., & Maccini, P. (2005). Direct instruction in middle school mathematics for students with learning disabilities.

Heward, W. L. (2009). *Exceptional children: An introduction to special education* (9th ed.). Upper Saddle River, NJ: Pearson Education, Inc.

McGuire, J. M., Scott, S. S., & Shaw, S. F. (2006). Universal design its application in educational environments. *Remedial and Special Education, 27*, 166-175.

Orkwis, R. (1999). Curriculum access and universal design for learning. ERIC clearinghouse on disabilities and gifted education. ERIC/OSEP #E586.

Palincsar, A. S., & Brown, A. L (1989). Classroom dialogues to promote self-regulated comprehension. In J. Brophy (Ed.), *Advances in research on teaching*, Vol. 1, Greenwich, Conn.: JAL Press, 35-71.

Raymond, E. B. (2004). *Learners with mild disabilities: A characteristics approach* (2nd ed.). Boston: Allyn and Bacon.

Rosenshine, B., & Stevens, R. (1986). *Teaching function*. In M. C. Wittrock (Ed.), *Handbook of research on teaching* (3rd ed., pp. 376-391). NY: Macmillan.

The Access Center. (2008). *Using peer tutoring to facilitate access.* http://k8access-center.org/training_resources/documents/PeerTutoringFinal.doc.

Venn, J. J. (2000). *Assessing students with special needs* (2nd ed.). Upper Saddle River, NJ: Prentice-Hall.

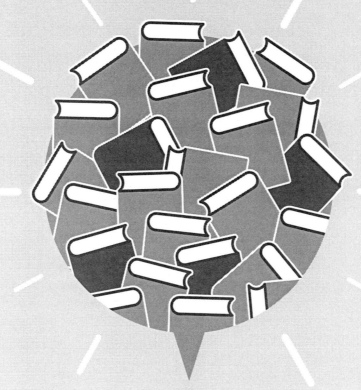

제 **7** 장

시각장애아 교육

일반적으로 인간의 지각기능, 즉 사고에 따른 행동에 시각이 차지하는 비중은 다른 모든 감각을 합한 것보다 큰 것으로 알려져 있으며, 미국 안과학회에서는 인간이 외부 세계를 관찰·경험하는 데 있어 시각을 매체로 하는 경우가 75%에 달한다고 추산하였다(American Optical Corporation, 1976).

삶에 있어서 시각이 차지하는 비중이 이렇게 큼에도 불구하고 다른 장애 영역에 비해 교육 활동에서 시각장애 학생들이 좋은 성과를 나타내고 있는 것은 장애를 극복하기 위한 많은 노력이 뒷받침되고 있음을 뜻한다.

최근 3년간 특수학교와 특수학급, 일반학급에 재학하고 있는 시각장애 학생 수를 보면 해마다 특수학교에 다니는 시각장애 학생들은 줄어들고 있는 반면, 특수학급과 일반학급에 다니는 시각장애 학생 수는 늘어나고 있는 것을 볼 때 통합교육에 대한 요구가 점점 많아지고 있음을 알 수 있다.

시각장애 학생의 경우 통합교육 환경에 쉽게 적응할 수 있지만 점자나 확대문자 등과 같은 문자매체의 원활한 공급체계가 이루어져 있지 않으며, 점자지도와 보행훈련 등과 같은 시각장애 학생의 독특한 욕구를 충족해 줄 수 있는 특수교사의 부족 등으로 통합교육이 제대로 이루어지지 못하고 있는 실정이다.

이 장에서는 시각장애 학생에 대한 기본적인 이해와 효율적인 학습지도 방법을 알아보고자 한다.

1. 정 의

시각장애의 정의는 사용 목적에 따라 크게 의학적, 법적, 교육적 측면에서 각각 다르게 다루어지고 있다. 사전적 의미에서 시각장애란 '생리학 또는 신경학적인 원인으로 시각에 이상이 있는 상태'를 말한다. 시각장애는 대체로 한 개인의 시력, 시야, 색각 등의 준거에 따라 결정되나 주로 시력과 시야가 기준이 되고 있다. 교육적 입장에서는 시력이나 시야를 중심으로 한 정의보다는 시기능, 학습매체 등을 준거로 한 정의와 분류를 더 중시하는 경향이 고조되고 있다. 여기서는 법적 정의와 교육적 정의에 관하여 살펴보기로 한다.

1) 법적 정의

법적 정의는 시각장애 정도가 공적 서비스의 대상이 될 수 있는지를 결정하기 위해 사용되고 있으며, 주로 시력과 시야에 대한 기준이 적용된다.

미국의 경우 법적 맹의 정의는 두 눈 중 좋은 눈을 교정한 시력이 20/200(0.1) 이하이거나, 20/200 이상일 경우에 시야가 20도 이하인 경우를 말한다. 또한 법적 저시력의 정의는 교정시력이 20/200(0.1) 이상 20/70(0.3) 이하를 말한다(Koestler, 1976).

우리나라에서 법으로 규정하고 있는 시각장애의 정의는 장애인복지를 목적으로 하는 규정과 특수교육을 목적으로 하는 규정이 있다. 「장애인복지법」 장애등급 판정 지침에서 시각장애란 "시기능의 현저한 저하 또는 소실에 의해 일상생활 또는 사회생활에 제약이 있는 사람"을 말하는 것으로 시력 감퇴에 따른 시력장애와 시야결손에 따른 시야결손장애로 구분하고 있다.

장애인복지를 목적으로 한 규정을 보면, 「장애인복지법 시행령」 별표 1에서 다음과 같이 시각장애인의 기준을 명시하고 있다.

- 나쁜 눈의 시력(만국식시력표에 따라 측정된 교정시력을 말한다. 이하 같다)이 0.02 이하인 사람
- 좋은 눈의 시력이 0.2 이하인 사람
- 두 눈의 시야가 각각 주시점에서 10도 이하로 남은 사람
- 두 눈의 시야 2분의 1 이상을 잃은 사람

그리고 「장애인복지법 시행규칙」 별표 1에서는 시각장애인의 장애등급을 다음과 같이 정하고 있다.

- 제1급: 좋은 눈의 시력(만국식시력표에 의하여 측정한 것을 말하며, 굴절이상이 있는 사람에 대하여는 교정시력을 기준으로 한다. 이하 같다)이 0.02 이하인 사람
- 제2급: 좋은 눈의 시력이 0.04 이하인 사람
- 제3급: 1. 좋은 눈의 시력이 0.08 이하인 사람

2. 두 눈의 시야가 각각 주시점에서 5도 이하로 남은 사람
- 제4급: 1. 좋은 눈의 시력이 0.1 이하인 사람
2. 두 눈의 시야가 각각 주시점에서 10도 이하로 남은 사람
- 제5급: 1. 좋은 눈의 시력이 0.2 이하인 사람
2. 두 눈의 시야의 2분의 1 이상을 잃은 사람
- 제6급: 나쁜 눈의 시력이 0.02 이하인 사람

특수교육을 목적으로 한 규정을 살펴보면, 「장애인 등에 대한 특수교육법」 제 15조에 시각장애를 특수교육 대상자로 규정하고 있으며, 동법 시행령의 별표에서 는 다음과 같이 시각장애를 지닌 특수교육 대상자의 선정 기준을 제시하고 있다.

> 시각계의 손상이 심하여 시각기능을 전혀 이용하지 못하거나 보조공학기
> 기의 지원을 받아야 시각적 과제를 수행할 수 있는 사람으로서 시각에 의한
> 학습이 곤란하여 특정의 광학기구 · 학습매체 등을 통하여 학습하거나 촉각
> 또는 청각을 학습의 주요 수단으로 사용하는 사람

2) 교육적 정의

교육적 정의는 학생이 시력을 학습의 주된 수단으로 사용하는 능력에 초점을 두고 교육적 맹과 교육적 저시력으로 구분하고 있다. 교육적 맹은 시력을 사용하 지 않고 청각과 촉각 등 다른 감각으로 학습하는 경우이며, 교육적 저시력은 시 력을 학습의 주된 수단으로 사용하는 경우를 말한다(임안수, 2008).

교육적 측면에서 시각장애를 정의할 때는 시각장애 학생의 보유 시력과 연령, 시력 손상 시기, 성취 수준, 지적 능력, 현재의 다른 장애 상태, 시력 손상의 원 인, 정서 및 심리 상태 등의 요인에 따라 결정하여야 한다. 시각장애의 시기에 따 른 분류는 시각적 이미지(visual image)의 유무에 따라 선천맹과 후천맹으로 나뉘 며, 교육적 · 심리적 입장에서는 3세에서 5세를 기준으로 하여 선천맹과 후천맹 으로 구분한다(Lowenfeld, 1975).

Barraga(1983)는 시각장애 학생의 정의를 학습자료, 학습환경 등을 변형하지

않으면 시력을 통한 학습에 어려움을 받는 학생으로 정의하였다.

국립특수교육원(2001)에서는 교육적 입장에서 시각장애를 "좋은 쪽 눈의 교정 시력이 0.3 이하이거나 교정한 상태에서 학습 활동이나 일상생활을 위해 특별한 지원을 요구하는 자"라고 정의하고, 그 하위 범주를 '맹'과 '저시력'으로 다음과 같이 분류하였다.

맹은 좋은 쪽 눈의 교정시력이 0.05 미만이거나 시야가 20도 이하인 자, 또는 학습에 시각을 주된 수단으로 사용하지 못하고 촉각이나 청각을 주된 수단으로 사용하여 학습 활동이나 일상생활에서 특별한 지원을 지속적으로 요구하는 자를 말한다.

저시력은 좋은 쪽 눈의 교정시력이 0.05 이상 0.3 이하인 자, 또는 저시력 기구(광학기구와 비광학기구), 시각적 환경이나 방법의 수정 및 개선을 통해 시각적 과제를 학습할 수 있는 자를 말한다.

2. 진단 및 평가

시각장애는 갑작스러운 안질환이나 사고로 발생하는 경우도 있고 시간이 지나면서 점차적으로 진행되는 경우도 있다. 또한 시각장애의 증상을 지각하는 경우도 있고 지각하지 못하는 경우도 있다. 교육 현장에서 관찰이나 대화를 통하여 시각에 어려움을 보이는 아동들을 발견하게 되면 안과 관련 전문가들의 도움을 받도록 하고 결과에 따라 의료적 처치와 함께 효율적인 학습을 위한 방법을 모색해야 한다.

시각장애아의 진단은 시력검사, 시야검사, 색각검사, 대비감도검사 등의 방법을 통하여 이루어진다. 이러한 의학적 진단의 결과를 통하여 시각장애아의 교육을 위한 평가를 할 수 있다.

1) 시력검사

시력검사에는 객관적 시력검사(임상적 저시력 평가라고도 함), 주관적 시력검사
그리고 기능시력검사의 세 가지가 있다(임안수, 2008).

(1) 객관적 시력검사

영유아 또는 어린 아동은 자신의 생각을 잘 표현하지 못하므로 신체적 반응이
나 뇌파검사와 같은 객관적 검사를 받아야 한다. 객관적 검사는 고도의 전문성이
필요하며, 시력에 대한 기본적이고 중요한 정보를 제공하기 때문에 반드시 안과
의사가 실시한다. 객관적 검사는 다음과 같은 검사를 통하여 아동의 시력 상태를
알 수 있다.

- 눈의 외모와 안저 반응
- 양안의 위치 및 안구운동
- 광선을 눈에 비출 때 동공의 모양 및 크기의 변화
- 안진검사에 대한 반응
- 전기 · 생리학적 검사에 대한 반응

(2) 주관적 시력검사

주관적 시력검사는 아동이 검사자의 지시에 따라 반응하기 위하여 청각, 운동
근육, 언어 등을 사용하는 것을 말하며, 일반적으로 의료 전문가가 수행하지만,
시각장애아 교사가 수행할 수도 있다.

주관적 시력검사는 두 명의 검사자가 실시하는 것이 좋다. 한 사람은 아동을
검사하고, 다른 한 사람은 아동의 반응을 기록한다. 그리고 비디오로 아동의 반
응을 찍어 두면 아동의 시력 상태를 과거와 비교할 수 있기 때문에 귀중한 자료로
사용할 수 있다. 검사자는 검사 절차 중에 일어날 수 있는 모든 상황에 적절히 대
처할 수 있어야 하고, 정확한 검사를 수행하기 위한 검사방법을 잘 알아야 한다.

주관적 시력검사 방법에는 원거리 시력검사와 근거리 시력검사가 있다. 원거
리 시력검사로는 안질환의 종류, 시기능, 굴절이상, 조명과 눈부심의 효과, 지각

이나 지적 상태 등에 관한 정보를 얻기 어렵다. 그러나 법적 맹의 여부, 처방할 저시력 기구의 배율 등은 알 수 있다. 원거리 시력검사로는 스넬렌 시표, 한천석 시시력표, 진용한 시시력표, 저시력자용 원거리 시력표, 유아용 원거리 시력표 등이 사용되고 있다.

근거리 시력은 35cm 거리에서 시력을 측정한다. 근거리 시력검사로는 란돌트 고리, 스넬렌 문자, 숫자 등이 사용되고 있으며, 우리나라에서 개발된 근거리 검사로는 진용환의 근거리 시시력표가 있다. 근거리 시력검사는 학령기 아동에게 적합한 글자 크기(큰문자)와 저시력기구를 처방할 때 매우 중요한 검사다.

(3) 기능시력검사

기능시력이란 원하는 과제를 수행하기 위하여 시력을 사용하는 능력을 말한다. 기능시력 평가는 일상생활 활동이나 특수한 조건에서 각 개인이 기능시력을 활용하는 방법을 알기 위하여 실시한다.

기능시력을 검사하기 위하여 준거지향 검목표(Criterion Referenced Checklist), 관찰 보고서, 형식적 검사도구 등이 개발되어 있으나 형식적 검사로 평가할 수 없는 아동은 비형식적 검사로 평가한다. 비형식적 검사도구들은 첫째, 아동이 전맹으로 판정이 났을 경우에도 교사나 부모는 아동의 시력이 있다고 느낄 때, 둘째, 교사가 학습 과제와 관계되는 특수한 시각적 행동을 문서화할 필요가 있을 때, 셋째, 교사가 가장 적합한 시환경을 결정함으로써 학생을 도와야 할 때, 넷째, 아동이 시기능의 변화를 경험할 때 사용한다.

2) 시야검사

시야란 눈을 움직이지 않고 한 점을 주시하고 있을 때 볼 수 있는 외계의 범위를 말하며, 정상적인 시야의 범위는 코 쪽에서 귀 쪽으로 약 150도, 위쪽에서 아래쪽으로 약 120도다. 시야검사에는 대면법, 탄젠트스크린법, 주변시야계법, 평면시야계법 등 다양한 방법이 있다. 시야검사의 목적은 저시력 아동에게 어떤 부위의 시야에 중요한 손상이 있는가를 파악하기 위함이다.

안질환에 따라 암점이 있을 수 있는데, 이 암점은 기능시력을 저하시킨다. 이

암점은 완전한 퍼즐에서 한 조각의 퍼즐이 없는 것에 비유할 수 있다. 시야에서 암점을 찾기 위하여 앰슬러 격자검사(Amsler Grid Test)를 사용한다.

3) 색각검사

색각이란 가시광선 중 파장의 차이에 따르는 물체의 색채를 구별하여 인식하는 능력을 말한다. 이는 망막의 추체의 기능에 속하는 것으로, 명순응 상태에서만 볼 수 있다.

색각이상(color defect)의 정도에 따라 색맹과 색약으로 나눌 수 있다. 색맹이 색약을 포함하기도 하고, 때로는 색약과 구별하여 색약보다 더 정도가 심하다는 의미로 사용되기도 한다. 색각이상에는 선천성 색각이상과 후천성 색각이상이 있다. 선천성 색각이상은 태어날 때부터 색채를 구별하지 못하고 혼동하는 것으로, 선천적으로 망막 추체 내 감광물질의 이상으로 발생하는 것이며, 삼색형 색각자, 이색형 색각자, 단색형 색각자로 분류할 수 있다. 후천성 색각이상은 망막의 염증이나 이탈의 원인으로 색을 혼동하는 것을 말한다.

교사는 아동에게 필요한 교육과정의 수정과 개작을 위하여 아동이 어떤 색각이상이 있는지 알아야 하고, 아동의 잔존시력을 훈련시키기 위하여 색각이상의 종류에 대한 지식이 요구된다. 색각검사의 종류는 물체의 색을 이용하는 법과 색광을 사용하는 법이 있다. 물체의 색을 이용하는 법에는 가성동색표와 색상분별법이 사용되고, 색광을 이용하는 법에는 색각경과 색각등이 사용된다(임안수, 2008).

4) 대비감도검사

대비감도(contrast sensitivity)란 서로 다른 대비를 갖는 대상을 얼마나 잘 구별하는가를 말하는 것으로, 밝음과 어둠의 비율을 말하며 완전 흰색과 완전 검은색 사이의 대비감도는 1(100%)이 된다.

어린 유아의 대비감도는 줄무늬를 이용하여 주시선호검사법으로 잰다. 6개월 된 유아는 성인에 비하여 약간 떨어지는 대비감도를 갖지만 5~8세가 되면 성인과 같아진다. 유아는 크고 대비가 잘되는 물체만을 인식할 수 있고, 얼굴과 머리를 구별할 수 있으나 얼굴의 표정은 잘 구별하지 못한다(진용한, 1997). 일반적으로 대비감도검사에서 중·하위에 해당하는 저시력 아동은 최적의 조명 조건에서 흰색 종이에 검은색 글씨로 쓰여 있지 않으면 읽기 어렵고, 어두운 곳에서 보행할 때에도 어려움을 느낄 수 있다.

5) 시각적 행동관찰

교사나 부모는 눈의 외모 관찰, 행동관찰, 학업성취에 관한 관찰을 통하여 아동의 눈의 외모, 행동, 학업성취도를 관찰하고 시각장애 아동을 조기에 발견할 수 있다.

일반적으로 정상적인 눈은 깨끗하고, 앞을 똑바로 보며, 양안이 안정적으로 함께 움직이고 물체를 바로 바라볼 수 있으므로 눈의 외모를 관찰하고 시력에 장애가 있는가를 발견할 수 있다.

책을 읽거나 원거리 물체를 볼 때 자세가 굳어지거나, 책을 읽을 때 눈을 움직이는 대신 머리를 앞뒤로 움직이거나 기울이는 등 아동의 행동관찰을 통하여 시력의 장애가 있는가를 발견할 수 있다. 또한 학업 성적과 학습량이 일정하지 않다거나 오랜 시간 독서할 때 읽는 속도가 떨어지는 등 학업성취에 대한 관찰을 통해서도 시력의 장애가 있는 것을 발견할 수 있다.

6) 교육적 평가

교육적 평가는 시각장애 학생에 대하여 어떻게 효과적으로 교육을 할 것인가에 초점을 두고 이루어진다. 의학적 평가에서 나온 시각장애의 원인이나 시각장애의 정도, 시각장애의 시기 등은 교수-학습 활동에 중요하게 고려해야 할 요소다.

시각장애의 원인을 파악하여 학생들의 안질환에 따라 교사가 알고 조치해야 할 내용을 익히도록 한다. 시각장애 학생의 안질환의 진행 정도나 상태를 파악하는 것은 교육매체 등을 선정하고 일상생활에 대비해야 하는 측면에서 중요하다. 시각장애의 정도는 시각장애 학생이 학습하고 생활하는 데 실제 사용하는 시기능의 평가가 반드시 이루어져야 한다. 시각장애의 시기는 시각적 이미지를 갖고 있는지를 기준으로 하여 고려되어야 한다(이경림, 2008).

시각장애 학생의 종합평가에는 기능시력, 학습매체, 지능 및 인지능력, 학업 성취도, 보조공학, 보행 및 운동 기술, 사회적 기술과 일상생활 기술 그리고 진로 교육 평가 등이 있다(임안수, 2008). 기능시력 평가는 조명, 눈부심의 조절, 글자 크기, 도형−배경의 차이와 체계성 찾기, 추시, 중심외 보기, 저시력 기구의 사용 등 학생의 시각적 요구를 알아보는 것으로 지정된 장소에서 구조화된 관찰과 비형식적 및 형식적 평가도구를 사용한다.

학습매체 평가는 학생이 선호하는 학습 스타일, 방법, 자료 및 문자매체를 결정하며, 적절한 문자매체와 검사의 수정을 결정하는 데 도움을 준다. 지능 및 인지능력 평가는 일반적으로 검사도구의 타당도에 문제가 있을 수 있으므로 검사 결과에 대한 해석에 주의해야 한다. 지능검사의 실시는 유자격 심리학자, 특히 시각장애 학생을 대상으로 검사 경험이 있는 사람이 실시하는 것이 좋다. 지능검사의 결과는 일부 특수교육서비스의 대상을 결정하는 데 사용되고 있다.

학업성취도 평가는 교과 영역과 관련 서비스 영역이 포함된다. 준거지향검사, 교육과정중심 평가 그리고 포트폴리오 평가는 수업 계획 세우기와 계속적 평가에 적절하다.

보조공학 평가는 화면 확대, 화면 읽기, 점자 출력, 점자정보단말기, 기타 다른 기구 등에 대한 컴퓨터 하드웨어와 소프트웨어의 사용 등이 포함된다. 이 평가를 통하여 시각장애 학생이 일반교육 과정에 접근하고 효율적이고 독립적으로 학습하도록 지원하기 위해 어떤 전략과 보조공학기기가 필요한지를 결정한다.

보행기술과 운동근육 기술 평가는 학생의 자아개념, 경험과 사회적 접촉의 기회, 자신의 환경에 대한 통제 및 독립성의 측면에서 중요하다. 교사는 신체상, 위치 개념, 환경적 개념, 체육과 관계되는 학습, 학교와 가정환경에 대한 익숙성 개념들을 평가하고, 보행 전문가는 자기보호법, 안내법, 지팡이 기술, 보행기구 사용법 등 전체적인 독립보행에 필요한 내용을 평가한다.

사회적 기술은 학생의 학교 경험과 전반적인 삶의 질에 매우 큰 영향을 미칠 수 있다. 사회적 기술에는 차례 기다리기, 다른 사람에게 주목하기, 대화하기, 일반적으로 사용되는 표현이나 행동 이해하기 등이 포함된다. 일상생활 기술에는 식사하기, 옷 입기, 씻기, 음식 만들기, 청소하기, 돈 관리하기 등이 포함된다. 사회적 기술과 일상생활 기술 평가는 일반적으로 비형식적이고 체계적인 관찰과 학생의 지인들과의 면담을 통해서 이루어진다.

진로발달 평가는 흥미와 적성, 의사소통, 사회적 상호작용, 보행 및 일상생활 기술 등 시각장애 학생이 직업에서 성공하는 데 중요한 요인들을 알아볼 수 있으며, 형식적 검사와 비형식적 검사가 있다.

3. 원인과 출현율

1) 원 인

시각장애의 원인에 따라 실제 시각기능에 미치는 영향은 많이 다르다. 시각장애의 원인은 시대나 환경이나 인종에 따라 그 비율이 다르게 나타나지만 Thylefors, Negrel, Pararajasgaram과 Dadzie(1995)는 전 세계적으로 백내장이 42%, 퇴행성 및 대사이상 질병이 23%, 과립성 결막염 16%, 녹내장 14%, 회선사상충증(onchocerciasis, river blindness)과 건성안(비타민 A 결핍)이 5%라고 하였다.

단순 시각장애 아동들의 경우는 시신경 발육부전과 백색증이 가장 빈번한 시각장애의 원인이었다. 경증 중복장애 아동의 경우 미숙아망막병증과 시신경 발육부전이 가장 빈도수가 높았고, 중증 중복장애아의 경우는 피질 시각장애와 미숙아망막병증이 가장 빈도수가 높았다(Ferrell, 1998).

우리나라의 경우 1960년대에는 비타민 부족으로 인한 영양 결핍과 불결한 위생 때문에 생기는 세균성 안질환이 많았으며, 1970년대에는 산업사회에서 일어나는 외상 등의 재해가, 1980년대에는 고령화 사회로 접어들면서 백내장이, 1990년대 이후 현재까지는 성인병으로 인한 당뇨병성 망막증과 황반변성증이 주요 실명 원인이 되고 있다(중앙일보, 2003. 4. 8.).

또한 보건복지부와 한국보건사회연구원(2011)의 조사에 의하면, 2011년도를 기준으로 시각장애의 발병 원인은 후천적 원인이 90.1%로 가장 많았는데, 후천적 원인을 세분화하면 질환이 53.3%, 사고가 36.8%로 나타났다. 그리고 원인 불

〈표 7-1〉 시각장애의 발생 원인			(단위: %, 명)
구 분	남 자	여 자	전 체
선천적 원인	4.1	5.0	4.5
출생 시 원인	0.7	0.3	0.5
후천적 원인 질환	44.5	65.9	53.3
후천적 원인 사고	47.4	21.7	36.8
원인불명	3.3	7.1	4.9
계	100.0	100.0	100.0
전국 추정 수	168,570	117,182	285,752

* 출처: 보건복지부, 한국보건사회연구원(2011), p. 147.

명이 4.9%, 선천적 원인이 4.5%, 출생 시 원인이 0.5%의 순이었다.

시각장애학교 재학생의 시각장애 원인에 대하여 살펴보면, 임균성결막염, 트라코마 등의 전염성 질환, 영양장애 등에 따른 원인은 격감하고 있는 반면, 선천성 원인이나 미숙아망막증, 중독, 종양에 따른 비율이 점차 증가하고 있다.

2) 출현율

일반적으로 학교에 입학하는 학생 중 10% 정도는 시각에 문제가 있다고 한다. 최근 들어 의학과 광학 분야의 혁신적인 발달로 대부분의 시각 손상을 교정할 수 있어서 학습과 직업생활에 불편을 덜고 있다. 그러나 1,000명 중 1명은 교정이 불가능할 정도로 시각장애가 심하여 관련 서비스와 별도의 학습자료를 필요로 하고 있다(Kirk & Gallagher, 1983). 전 세계적으로는 약 1억 8,000만 명의 시각장애인이 있고, 앞으로 25년 동안 시각장애인이 2배로 증가할 것으로 예상되며, 2/3 이상은 적절한 치료를 받으면 시각장애를 예방할 수 있다(WHO, 1997).

국립특수교육원(2001)의 조사에 의하면, 우리나라의 경우 6세에서 11세까지의 초등학교 학령기 아동 가운데서 시각장애 아동의 출현율은 0.03%로 나타났다. 또한 이 연구에서는 초등학교 학령기 아동 4,089,429명 중에서 시각장애 특수교육 요구 아동의 수는 1,364명으로 예상하였다. 이러한 수치는 다른 장애 영역에 비해 낮은 편이다.

교육부(2013)의 통계자료에 의하면, 2013년도 현재 특수학교 및 특수교육지원센터에 재학 중인 장애학생 수 2만 5,522명 중 시각장애 학생 수는 1,473명이며, 특수학급에 재학 중인 장애학생 수 4만 5,181명 중 시각장애 학생 수는 311명이었다. 그리고 일반학급에 재학 중인 장애학생 수 1만 5,930명 중 시각장애 학생 수는 436명으로 전체 특수교육 대상 학생 수 8만 6,633명 중 시각장애 학생 수는 2,220명으로 전체의 2.56% 정도인 것으로 나타났다.

보건복지부 홈페이지의 장애인 등록 현황(2013년 12월 말)에 의하면, 우리나라 시각장애인 수는 25만 3,095명이며 그중 남자는 15만 1,009명, 여자는 10만 2,086명이다. 이 가운데 1급 3만 2,656명, 2급 7,518명, 3급 1만 2,406명, 4급 1만 3,675명, 5급 2만 1,202명, 6급 16만 5,638명으로 6급 시각장애인 수가 전체 시각장애인의 65.5%를 차지하고 있다.

4. 특 성

시각장애 학생의 발달이 정안 학생과 크게 다르지 않지만 시각장애로 인하여 인지 및 사회, 언어 일상생활 등의 발달 영역에 영향을 미칠 수 있다. 개인마다 고유의 특성을 가지고 있지만 일반적으로 시각장애 학생은 시각의 장애로 인하여 세 가지 기본적인 제한성을 가지게 된다. 첫째는 경험의 범위와 다양성의 제한성이고, 둘째는 보행능력의 제한성이며, 셋째는 환경과 상호작용의 제한성이다(Lowenfeld, 1950).

이러한 이유 때문에 시각장애 학생의 경우 올바른 개념 형성을 위하여 다양한 경험의 기회를 마련해 주는 것이 필요하며, 잔존시력은 물론 촉각, 청각, 후각, 미각 등의 다감각 기능을 길러 주어야 한다. 문자지도에 있어서도 촉각을 이용한 점자와 청각을 이용한 녹음자료 및 음성파일 자료 등을 활용하여야 한다. 보행능력의 제한성을 보상하기 위하여 보행훈련이 필요하며, 환경과의 상호작용의 제한성을 줄이기 위하여 일상생활 훈련과 사회성을 강화하기 위한 교육이 보다 필요하다. 시각장애가 곧 무능력을 의미하는 것은 아니지만 이러한 제한성을 극복하기 위하여 정안인보다 더 많은 노력이 필요한 것은 분명하다. 시각장애 학생의 특성을 신체-운동적 특성, 인지적 특성, 언어적 특성, 사회적 특성을 중심으로 살펴보면 다음과 같다.

1) 신체-운동적 특성

시각장애 자체가 기초적인 체력이나 기본적인 운동발달에 영향을 주지는 않
지만, 시각장애 학생 중에는 체력적으로 약하거나 운동능력이 뒤떨어지는 학생
이 많다. 이러한 원인은 운동량의 부족과 운동 경험의 제한, 욕구의 감소 등을 들
수 있다. 주변 환경에 대한 불확실성은 움직일 때 자신감을 잃게 하며, 눈을 통한
신체적 움직임의 모방이 어렵기 때문에 다양한 신체기능을 습득하고 강화시킬
수 있는 기회를 놓치게 된다. 그리고 반복되는 실패의 경험은 활동능력에 대한
욕구를 감소시킨다.

시각장애 학생의 체력과 운동능력에 관한 연구에서 시각장애 학생은 여러 가
지 측면에서 발달이 지체된다는 것이 지적되었다. 시각장애 학생에게 정안 학생
과 같은 형태의 발달을 기대하기 위해서는 주위 운동환경의 조성과 적절한 운동
의 기회를 많이 제공해야 한다(국립특수교육원, 1998).

신체적 특징은 체형이나 몸매, 몸과 입 냄새, 신장, 체중, 머리, 피부색 등이 포
함된다. 우리 사회는 외모, 건강, 위생 등에 큰 관심을 갖고 있고, 정안 학생은 다
른 사람을 외모로 평가하는 경향이 있다. 시각장애 학생은 시력의 결여로 그와
같은 평가를 할 수 없으나, 시각장애 학생도 사람들이 외모로 자신을 평가한다는
것을 알고 가능한 한 다른 사람에게 혐오감을 주지 않도록 외모에 관심을 가져야
한다.

시각장애 학생은 뛰기, 던지기, 달리기 등의 기본 운동능력에 전력할 기회를
갖기 어렵기 때문에 같은 연령의 학생과 비교하면 체력이 상당히 지체되어 있는
경우가 많다. 그리고 환경의 상황이나 목적에 따라 자유롭게 자세를 변화시키거
나 유지하는 것을 자세조정 능력이라고 하는데, 시각장애 학생은 이러한 능력이
잘 발달되지 않아 동작이 유연하지 못하다. 자세조정 능력은 타인의 동작 모방을
통해 습득되는 것이 많아서 시각장애 학생은 여러 면에서 곤란하기 때문에 바른
자세와 민첩한 동작을 갖는 것이 곤란해 더욱 세심한 지도가 요구된다.

시각장애 학생에게서 가장 쉽게 발견되는 자세 이상은 머리를 기울이는 머리

경사와 배면의 척추후만증이다. 이러한 자세의 원인은 문이나 벽과 같은 물체로 부터 자신의 얼굴 충돌을 방지하려는 것일 수도 있고, 보행 시에 몸통이 뒤쪽으로 기울어지는 반작용 때문에 보상적 위치로서 머리경사가 발생할 수 있다.

시각장애학교에서 학생들의 운동기능과 자세훈련에 필요한 몇 가지 방법을 제시하면 다음과 같다(김동연, 1991). 첫째, 기초적인 운동을 계속해야 한다. 둘째, 머리에 물건 이기(책이나 콩주머니를 이고 걷기), 윗몸일으키기, 리듬 맞추어 걷기, 평균대 운동, 머리와 어깨 들어 올리기, 막대기 잡기 등이 중요한 지도내용이다. 셋째, 훈련자료는 책이나 지팡이, 막대기, 매트 등 간편한 것을 이용할 수 있다. 넷째, 자세지도는 팀 접근법(물리치료사 등)을 통해 교정하되 훈련 프로그램을 통해 습관화하는 것이 중요하다. 다섯째, 간단한 맨손체조, 수직으로 서기 연습(벽, 문 이용) 등을 활용한다.

2) 인지적 특성

시각장애 학생은 시각의 손상으로 인하여 정보 획득이 어렵고 경험의 기회가 부족하여 지각이나 개념 형성에 많은 어려움을 보인다. 또한 시각장애 학생은 동기의 부족과 공간관계의 지각에 대한 경험의 부족 등으로 인해 2세 정도까지 습득해야 하는 사물 항상성 개념이나 인과 개념을 습득하는 데 지연을 보인다(이경림, 2008).

지능은 지능검사로 측정되기 때문에 시각장애 학생 중에는 지능검사의 실시가 불가능한 학생이 정안 학생보다 몇 배 더 존재한다는 사실을 인식해야 한다. 현재 우리나라에서 시각장애 학생에게 적용할 수 있도록 개발된 지능검사 도구는 거의 없으며, 적용 가능한 표준화 검사도구는 아동용 개인지능검사(KEDI-WISC)와 한국판 웩슬러 성인용 지능검사(K-WAIS)의 언어성 하위검사 등이 있으며, 동작성 지능은 측정이 어렵다. 시각장애 학생과 정안 학생의 지능 비교에서는 사용된 지능검사, 샘플링의 방법 등에서 다소 차이가 있지만 시각장애 학생의 평균 지능은 정안 학생과 크게 차이가 없는 것으로 결론 내릴 수 있다.

시각장애가 능력과 의지 부족으로 연결된다고 느끼게 되어 무의식적으로 위험한 상황을 피하게 되고 학생들에게 기회를 주지 않는 경향이 있다(Best, 1992).

이런 경우가 거듭될 수록 시각장애 학생의 능력은 저하 또는 상실되기 때문에 가능하면 시각장애 학생으로 하여금 스스로 경험해 볼 수 있는 기회를 제공해 주어야 하며, 의도적으로 반복 학습할 수 있도록 환경을 마련해 주는 것이 필요하다.

학습과 기억은 시각장애 학생의 대뇌에 지적 기능을 담당하는 부위에 장애 영향을 미치는 병인이 없는 한 정안 학생과 질적인 차이는 없다. 또한 촉각이나 청각 자극을 이용한 학습이나 기억의 연구에 관해서도 시각장애 학생과 정안 학생 사이에 뚜렷한 차이가 나타나지 않았다. 시각장애학교에서 동작 모방이나 촉각 지도 등을 중시하는 것은 시각 경험 부족을 보상하기 위해 행위적 표상을 통한 학습을 경험적으로 적용하기 위한 것이다(국립특수교육원, 1998).

3) 언어적 특성

선천적인 시각장애 학생은 시각적 모방이 제한되어 있어 언어발달이 지연되며, 의미를 모르고 사용하는 낱말이 많다. 또한 언어 사용에 있어서 빈도는 다양하지만 추상적인 표현이 많아 언어주의(verbalism)에 빠지기 쉽다. 대화의 특징은 음성의 다양성이 부족하고 말을 크게 하는 경향이 있으며, 말의 속도가 느리고 몸짓이나 입술의 움직임이 적은 편이다. 따라서 언어발달에 있어서 시각적 모방이 불가능하므로 언어발달에 지체를 가져올 경우 시각적 경험과 관련된 언어지도에 대해 특별히 유의하여 지도해야 한다.

시각장애 학생의 경우 많은 낱말을 적절히 사용해도 촉각 및 청각 경험에 의존하기 때문에 약간 다른 의미로 고착될 수 있다(Perez & Conti, 1999). 경험하지 않은 낱말을 가상으로 경험한 것처럼 말할 수도 있고 경험을 해 본 낱말이라 하더라도 정안 학생보다 제한된 범위만 이해하고 말할 수 있다.

Hallahan과 Kauffman(2000)은 시각장애 학생은 말을 늦게 시작할 수 있는데, 그 이유는 말이 상징적인 기능을 한다는 것을 늦게 깨닫기 때문이며, 그렇지만 말이 가지고 있는 상징성을 알면 어휘가 급속도로 늘어나며 언어를 통한 사고와 개념 형성이 이루어진다고 하였다.

4) 사회적 특성

인간은 태어나면서 가지고 있던 자기중심적인 인식이 성장하면서 점차 환경과 다른 사람들에 대한 인식으로 변화되어 간다. 태어나면서 가지는 신뢰감은 사회성 발달에 필수적인 요소다. 이 신뢰감은 부모나 다른 사람들과의 관계 속에서 발달하고 학습과 성장과정에서 겪게 되는 좌절을 함께 극복해 나갈 수 있게 한다.

시각장애는 가족 간의 상호작용이나 사회적 상황의 인식을 어렵게 하고 우연적인 관찰을 통한 사회적 기술의 습득 기회를 많이 놓치게 한다. 또한 사회적으로 상호작용하고 행동을 모방할 기회를 자주 갖지 못하여 사회적 상황을 파악하는 데 어려움을 겪기도 하며, 시각장애 학생을 이해하는 타인의 태도 등도 시각장애 학생의 사회적 발달에 영향을 미칠 수 있다(이경림, 2008).

시각장애 유아의 행동발달은 청각적인 자극에 따라 능동적인 성향을 유발하거나 유지시키는 데 효과가 크지 않기 때문에 시각장애 유아의 성격은 조용한 상태의 수동적인 성향을 가지게 된다. 연속선상에서 시각장애 학생의 대인관계는 소극적일 뿐만 아니라 사회나 환경에 대해서도 능동적으로 대처하는 경향이 적다. 따라서 유아기의 모자관계나 그 후의 대인관계의 원만한 성립을 위해서라도 단순히 장애에 따른 어려움에만 주목하기보다는 시각장애 학생과 주위 사람의 관계에 대해서도 배려하는 것이 중요하다.

시각장애학교에 재학하고 있는 시각장애 학생은 작업능력 등의 신체적 능력이 정안 학생에 비해 뚜렷이 떨어지나, 사회화, 커뮤니케이션, 책임 수행능력, 신변 자립 등은 차이가 크지 않다고 할 수 있다(佐藤泰正, 1974). 사회와의 관계에서 시각적인 모델링이 어려운 문제는 부모나 교사의 직접적인 지시에 따른 것이 아니라 다른 사람의 관찰을 통한 것이어서 그 영향력이 약할 뿐만 아니라, 행동 형성을 위한 자율성을 획득해 가는 과정에서 이루어지는 것이다. 따라서 시각장애 학생은 부모나 교사, 타인에 의한 통제를 통하여 자신을 관리하는 능력을 습득해 간다는 점에서 사회화의 의미는 대단히 크다.

사회화 기술은 때때로 시각장애 학생의 교육에서 지나쳐 버리는 경향이 있다. 그러나 이 기술은 학생의 학교 경험과 전반적인 삶의 질에 매우 중요하다. 더욱이 많은 사회화 기술은 관찰과 우발 학습을 통하여 습득되기 때문에 시각장애 학생은 이러한 기술을 발달시키는 데 큰 어려움을 겪게 된다. 이러한 기술에는 차례를 기다리기, 다른 사람에게 주목하기, 대화를 시작하고 계속하기, 같은 연령의 정안 학생이 흔히 사용하는 표현이나 행동을 이해하고 사용하기 등이 포함된다.

5. 교육적 접근

일반적으로 교육 활동은 대부분 시각에 의존하기 때문에 시각장애 학생의 경우 부분적인 경험밖에 할 수 없을 것으로 생각하기 쉬우나 잔존시각이나 시각 이외의 청각, 촉각, 후각, 미각 등의 감각을 활용하여 필요한 교육 활동을 할 수 있다. 시각장애 학생은 장애 때문에 학업을 성취하기 위하여 특수한 교육과정과 교육방법, 교수자료 및 교육 기자재, 물리적 환경 등을 갖추어야 한다.

시각장애 학생들의 교실에는 불필요한 장애물이 없도록 해야 하며, 교실 내의 물건을 이동하거나 다른 물건을 놓았을 때에는 시각장애 학생이 부딪히지 않도록 알려 주어야 한다. 출입문의 경우 완전히 닫거나 활짝 열어 놓는 것이 좋으며, 반쯤 열어 놓아서 부딪히지 않도록 하는 것이 필요하다.

정안 학생과의 통합교육에 있어서는 근본적으로 교육 목표와 교육내용은 정안 학생과 동일하게 적용하면 되고, 필요할 경우 시각적 자료를 확대해서 주거나 촉각 또는 청각 자료로 대체해서 제공해 주면 된다.

시각장애 학생의 특수교육적 중재에는 점자교육과 묵자교육 그리고 보행훈련 및 일상생활 훈련 등이 있다. 또한 시각장애 학생들의 교육과정은 공통 교육과정으로 일반학생들의 교육과정과 그 내용을 같이하고 있다. 그러나 시각장애 학생이 이 교육과정을 학습하는 데는 교육자료와 교육방법이 문제가 된다.

따라서 여기서는 시각장애 학생들에게 필요한 점자교육, 묵자교육, 보행훈련 등의 관련 서비스 영역을 먼저 살펴보고 시각장애 학생이 잔존시각이나 시각 이외의 감각을 활용하여 필요한 교육 경험을 하는 데 필요한 교수방법, 교수자료 및 기자재, 물리적 환경 등에 대하여 교과별로 살펴보기로 한다.

1) 점자교육

시각장애 학생이 주로 사용하는 문자는 점자다. 시각장애 학생이 문자를 통한 의사소통을 원활하게 할 수 있도록 하기 위해서는 묵자도 가르쳐야 하겠지만 점자를 우선적으로 가르쳐야 한다. 점자는 단순히 문자이기보다 그 이상의 큰 의미를 가지고 있다. 즉, 점자는 시각장애 학생에게 자신감과 독립성 그리고 동등권을 가져다주며, 점자를 능숙하게 읽고 쓸 수 있는 시각장애 학생은 점자를 모르는 시각장애 학생보다 취업률이 높고, 더 높은 자아존중감을 갖는다(Ryles, 1996). 따라서 조기에 시각장애 학생에게 점자를 가르치는 것은 무엇보다 중요한 일이다.

지금 전 세계적으로 동일하게 사용하고 있는 6점 점자는 1829년에 프랑스의 Louis Braille(1809~1852)가 만들었으며, 우리나라 한글 점자는 1926년 박두성(1888~1963)이 만들었다.

우리나라의 경우 일반적으로 점자 쓰기 지도는 점자판을 많이 사용하고 있으며, 점자타자기나 점자정보단말기를 사용하는 경우도 증가하고 있다.

점자판과 점필을 사용하여 점자를 쓸 때는 오른쪽에서 왼쪽으로 써 나가고(종이 윗면은 들어가고, 뒷면은 볼록하게 나옴), 읽을 때는 종이를 뒤집어서 왼쪽에서 오른쪽으로 읽는다.

점자는 6점(종으로 3점, 횡으로 2점)으로 구성되어 있으며, 읽을 때는 점의 왼쪽 위에서 아래로 1, 2, 3점, 오른쪽 위에서 아래로 4, 5, 6점의 번호를 붙여 사용하고, 쓸 때는 오른쪽 위에서 아래로 1, 2, 3점, 왼쪽 위에서 아래로 4, 5, 6점을 붙여 사용한다([그림 7-1] 참조). 이 6개의 점을 조합하여 64(26)개의 점형을 만든다.

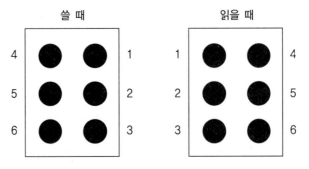

[그림 7-1] 점자의 점의 번호

따라서 점자는 많은 점형으로 이루어지고, 그 점형에 의미가 부여된 문자다.

64개의 점형 중 점을 하나도 찍지 않은 빈칸은 묵자에서 단어 사이를 띄우는 것과 같이 점자 단어 사이를 띄우는 데 사용된다. 그 외의 63개 점형을 초성 자음 13자, 종성 자음 14자, 모음 21자, 약자 27자, 약어 7개, 숫자, 문장 부호 등에 배정하여 사용하고 있다. 이와 같이 점자의 기본 구조는 묵자와 다르다.

2) 묵자교육(저시력기구)

정안인들이 사용하는 일반 문자를 묵자라고 하는데, 전맹 학생에게도 문자의 형태를 익히도록 하는 것이 바람직하다. 저시력 학생의 경우는 학습매체를 묵자로 사용하기 때문에 확대독서기 등과 같은 다양한 저시력기구를 사용하여 편리하게 학습할 수 있도록 한다. 최근에는 컴퓨터를 사용하여 저시력 학생은 물론 전맹 학생들도 묵자 사용에 익숙해져 있다.

시각장애 학생 중 저시력 기구를 활용해서 학습을 수행해 가는 저시력 학생이 점점 증가하고 있다. 과거에는 잔존시력이 있어도 남아 있는 시력이 나빠질 것을 우려해서 학습 활동에 시력을 사용하지 못하도록 하였으나, 1964년 Barrage의 「저시력 아동의 시각적 행동 증가(Increased Visual Behavior in Low Vision Children)」에 대한 논문 발표 이후부터 학습 활동에서 잔존시력의 활용이 강조되기 시작하였고, 오늘날에는 여러 종류의 광학기구를 사용하여 일반 묵자를 학습하고 있다.

저시력기구는 광학기구와 비광학기구의 두 종류로 나눌 수 있다. 광학기구는 눈과 물체 사이에 놓이는 렌즈로 망막에 나타난 '상'의 폭을 변경시킨다. 광학기구의 종류에는 볼록렌즈와 오목렌즈, 확대경, 망원경, CCTV 등이 있다. 색안경도 기능시력을 향상시키기 위하여 사용되기 때문에 광학기구로 간주되며, 전자공학기기(예: CCTV)도 광학기기에 포함된다.

비광학기구에는 렌즈를 포함시키지 않으며, 독서대, 조명, 대비, 타이포스코프, 바이서 등이 포함된다. 이러한 비광학기구들은 상의 크기를 변경시키지는 않으나 시기능을 크게 개선시키는 역할을 한다.

저시력 학생을 위한 확대법에는 상대적 거리확대법, 상대적 크기확대법, 각도확대법, 투사확대법이 있다. 상대적 거리확대법은 사물과 눈의 거리를 가깝게 하

는 것으로 보려는 물건을 눈에 가까이 가져가면 되기 때문에 가장 간단한 확대법
이다. 상대적 크기확대법은 사물의 크기를 확대하는 방법으로 교과서의 활자를
크게 인쇄하거나 확대 복사하는 방법을 말한다. 상대적 크기확대법은 독서매체가
무거워지고 부피가 커지는 단점이 있으며, 모든 독서매체를 저시력 학생의 요구
에 맞도록 확대하거나 인쇄하는 것은 어렵다. 각도확대법은 렌즈를 사용하여 사
물의 크기를 확대하는 것으로 여러 종류의 광학기구는 각도확대법을 이용한 것이
다. 투사확대법은 필름, 슬라이드 등을 스크린에 투영하여 크기를 확대하는 방법
으로 텔레비전, 컴퓨터, CCTV 등이 투사확대법의 원리를 사용한 것이다.

2002년도부터는 저시력 학생을 위하여 일반 교과서를 150% 확대한 확대 교과
서를 초등학교 전 과목과 중ㆍ고등학교 일부 과목을 제작하여 제공하고 있다. 그
러므로 저시력 학생이 아니더라도 시력이 나쁜 학생의 경우 확대 교과서를 구입
하여 사용하면 학습에 도움이 될 것이다.

3) 보행훈련

보행훈련은 시각장애 학생의 재활훈련의 한 분야로 교육적 가치를 인정받으
면서 1960년대에 시각장애학교 교육과정으로 편성되었다. 처음에는 고등학생에
게만 가르쳤으나 보행학의 이론과 기술이 발전하면서 초등학교에서는 물론 취
학 전 아동에게까지 확대하여 가르치게 되었다. 여기서는 보행의 개념, 보행의
가치, 보행의 종류에 대하여 살펴보고자 한다.

(1) 보행의 정의

보행에는 두 가지 요인이 있는데, 하나는 정신적 방향정위(mental orientation)
이고, 다른 하나는 신체적 이동(physical mobility)이다. 정신적 방향정위는 개인이
자신에 대한 순간적 공간 관계를 인식하는 능력이고, 신체적 이동은 개체가 한
장소에서 다른 장소로 옮겨 가는 것이다. 정신적 방향정위와 이동은 보행에 있어
서 중요한 요인일 뿐만 아니라 서로 분리될 수 없는 기능이다(임안수 외, 1999). 방
향정위와 이동은 상호 보완적인 관계이지 결코 배타적인 관계가 아니다. 예컨대,
맹아동이 이동할 수 있으나 방향정위를 하지 못하면 이동할 목적이나 수단이 없

기 때문에 보행하지 못하고 방황하게 된다. 반대로 맹아동이 방향정위는 할 수 있으나 이동할 수 없을 때에는 원하는 목적지에 보행하여 갈 수 없다.

Kappan(1974)은 방향정위와 이동의 정의를 확대시켰고 오늘날 그의 정의가 받아들여지고 있다. Kappan은 방향정위는 환경 속에서 자신의 위치를 알고 그 관계를 유지하기 위하여 감각적 정보를 활용하는 과정이라 했다. 맹아동이 보행할 때 방향정위를 하려면 계속적으로 들어오는 감각적 자료를 보행 목적에 맞게 활용하지 않으면 안 된다. 이동은 환경 속에서 안전하고 효율적이며 우아하고 독립적으로 한 장소에서 다음 장소로 옮겨 가는 것을 말한다. 그러므로 방향정위와 이동은 시각장애인이 환경 속에서 자신의 위치와 의미 있는 다른 물체와의 관계를 형성하기 위하여 계속적으로 감각적 정보를 사용하면서 안전하고 효율적이며 우아하고 독립적으로 원하는 장소로 옮겨 가는 것을 말한다.

보행이란 단어에는 방향정위와 이동의 의미가 포함되어 있기 때문에 우리나라에서는 방향정위와 이동을 보행이란 용어로 사용하기도 한다.

(2) 보행교육의 가치

보행교육의 중요성이 강조되고 있는 것은 보행이 생활의 여러 측면에서 큰 가치가 있기 때문이다. 보행은 개인의 자아개념에 긍정적인 영향을 주며, 환경 속에서 독립적이고 효율적으로 보행할 수 있다는 생각은 자아존중감을 높여 준다. 보행은 공간 속에서 이동하는 기능이기 때문에 그 과정에서 신체적인 운동을 할 수 있다. 걷기와 같은 큰 근육운동과 지팡이 사용과 같은 작은 근육운동이 계속 교육되고, 방향정위와 이동의 과정을 통하여 강화된다. 훌륭한 보행기술을 습득한 시각장애 학생은 보다 많은 사회적 기회가 부여되고 고용 기회가 증대되지만, 그렇지 못한 시각장애 학생은 사회적 접촉의 양이나 정도 그리고 우발적인 측면에서 제약을 받는다.

많은 일상생활 활동은 보행교육을 통하여 향상되고 촉진된다. 예를 들면, 장보기는 가게를 찾아가는 것과 같은 보행기술을 필요로 하고, 잃어버린 물건을 찾기 위하여 마루를 손으로 더듬는 것은 보행교육의 일부분인 동시에 일상생활 활동의 일부이기도 하다. 보행능력을 습득하지 못한 시각장애 학생은 수동적인 생활을 하게 되고, 보행능력을 습득한 시각장애 학생은 자신의 계획을 직접 수행하는 능동적인 생활을 하게 된다.

(3) 보행의 종류

보행의 종류에는 일반적으로 안내법, 자기보호법, 지팡이 보행, 안내견 보행, 전자보행기구에 의한 보행 등이 있다.

안내법은 보행에 있어서 가장 안전한 방법이며, 시각장애 학생이 안내자의 반보 뒤에 서서 자신의 팔의 상박부와 전박부가 90도가 되게 하여 안내자의 팔꿈치위를 잡고, 안내자와 함께 보행하는 것을 말한다.

지팡이 보행은 독립보행을 위해 필요한 방법이며, 1943년 벨리 포지 군병원(Valley Forge General Hospital)에서 Richard Hoover가 처음으로 흰지팡이 사용법을 고안하여 가르쳤다. 지팡이 보행의 장점은, 첫째, 지팡이는 물체와 보행 표면에 대한 정보를 주고, 둘째, 기동성이 있으며, 셋째, 지팡이는 가격이 싸고 관리하기 편리하다는 점이다. 반면, 지팡이 보행의 단점은, 첫째, 지팡이는 상체를 보호하지 못하고, 둘째, 세찬 바람이 불 때 사용하기 어렵다는 점이다.

안내견 보행은 안내견 학교에서 훈련을 받은 개를 분양받아 안전한 보행을 위해 사용하는 보행방법 중의 한 가지다. 안내견이 중요한 보행 수단이지만 약 2%의 시각장애인만이 안내견을 사용하고 있다. 그 이유는, 첫째, 많은 시각장애인이 보행시력을 갖고 있고, 둘째, 안내견은 시속 5~7km의 빠른 속도로 걷기 때문에 신체적으로 허약하거나 연로한 시각장애인은 안내견을 사용하기 어려우며, 셋째, 대부분의 안내견 학교는 개를 보호할 책임감 때문에 적어도 16세 이상의 시각장애인에게만 훈련을 실시하고, 넷째, 일부 시각장애인은 개를 좋아하지 않거나 다른 보행 수단을 선호하기 때문이다.

전자보행기구는 일정한 범위 또는 거리 내에서 환경을 지각하기 위하여 전파를 발사하고 그로부터 받은 정보를 처리하여 환경과 관계되는 정보를 사용자에게 알려 주는 기구다(Farmer & Smith, 1980). 1970년대에 전자보행기구는 시각장애인들에게 보충적인 보행 수단으로 큰 관심의 대상이 되었으며, 지금까지 개발된 전자보행기구는 약 30개 정도로, 진로음향기, 모와트감각기, 소닉가이드, 레이저지팡이 등이 널리 사용되고 있다.

4) 일반교과 지도방법

시각장애 학생들은 일반학교에서 사용하는 공통 교육과정을 주로 사용하며, 중복 시각장애 학생의 경우는 기본 교육과정을 사용하기도 한다. 정안 학생들이 사용하는 교육과정을 그대로 사용하기 때문에 시각장애 학생들이 적절하게 사용할 수 있도록 교육내용을 점자나 확대문자 등으로 바꾸어서 제공해 주고 있으며, 컴퓨터 등을 활용해서 학습할 수 있도록 음성파일 자료를 제공하고 있다. 주요 교과목을 중심으로 학습지도 방법과 유의점을 살펴보면 다음과 같다.

(1) 국어과 학습지도 방법

국어 교과의 경우는 언어성 교과이기 때문에 시각장애 학생에게 있어서는 교육방법을 크게 달리할 경우는 많지 않다. 그러나 제일 어려운 문제는 점자를 익히는 문제다. 그리고 교과서 내용이 점점 시각화되고 있기 때문에 그림을 보고 생각해 보게 하는 과제의 경우는 시각장애 학생에게 적절하지 못한 내용이다. 시각장애 학생에게 '점자 익히기' 교과서가 개발되어 있어서 체계적으로 점자를 익힐 수 있도록 해 놓았지만 빠른 시간 내에 익힐 수 있도록 하기 위한 많은 노력이 뒷받침되어야 한다. 또한 점자를 알고 있는 고학년은 점자판을 사용할 경우 점자의 특성상 수정과 추가가 어렵기 때문에 작문 학습에 많은 어려움을 느끼게 된다. 이러한 문제점을 보완하기 위하여 점자정보단말기를 활용한 작문학습 프로그램을 활용하면 많은 도움이 될 것이다.

시각장애 학생의 국어과 학습지도 방법은 일반 교육과정 국어과의 원칙을 준용하되, 다음 사항을 고려하도록 한다(이경림, 2008).

- 저시력 학생의 요구를 반영하여 한 가지 문자매체만을 강조하기보다 필요에 따라 점자와 묵자를 병행하여 사용하도록 한다.
- 묵자 사용 학생을 위한 경필 쓰기 지도 시에 확대된 글자본을 제시하여 주되, 학습자의 시력과 시기능 등에 알맞게 글자 크기와 모양을 조절하도록 한다.
- 점자 사용 학생은 시각자료를 촉각 또는 청각 자료로 수정·보완하여 활용하도록 한다.

- 그림을 통하여 과제가 제시된 경우에 그림에 대한 상황이나 장면을 설명하여 주되, 문제의 요지나 맥락에서 벗어나지 않도록 한다.
- 시각장애로 인하여 습득하기 어려운 색채나 공간 등의 어휘는 구체적으로 설명하여 주되, 실물이나 모형 등의 대체적인 경험을 제공하거나 학생의 경험들을 통합하여 형성하도록 한다.
- 컴퓨터를 비롯한 다양한 교육공학적 매체를 읽기, 쓰기, 정보 수집 등의 학습 활동에 적합하게 활용한다.

(2) 사회과 학습지도 방법

시각장애 학생이 사회생활의 언어적 내용을 학습하는 데는 큰 어려움이 없다. 하지만 비언어적 자료, 즉 그림, 지도, 지구본, 그래프, 다이어그램 등을 사용하는 데는 어려움이 따른다. 이러한 비언어적 자료가 일반학생에게는 유익한 정보를 주지만 시각장애 학생들에게는 어려움을 줄 뿐이다. 시각장애 학생이 사용하는 촉각지도는 가독성이 떨어진다. 이러한 이유로 시각장애 학생들은 지도나 그래프를 사용하지 않고 지도를 읽는 방법을 학습하지 않았기 때문에 지리 학습에 어려움이 많았다. 그러나 최근에는 노매드를 활용하여 지도나 그래프의 학습에 많은 도움을 받고 있다.

구입하기 어려운 촉각지도의 경우 교사가 직접 디자인하고 제작하는 방법을 알아 두는 것이 필요하다. Frank(1983)는 촉각지도를 디자인하고 제작할 때 디자인의 복잡성, 기호의 사용, 기호와 배경과의 간격, 지도의 재질, 촉감, 견고함, 안전성 등을 고려하여야 한다고 하였다.

사회과 학습지도 시 유의해야 할 점을 살펴보면 다음과 같다(한성희, 1993).

- 가능한 한 야외 및 현지 조사, 견학 등을 실시하여 지리 학습의 경험을 다양화하도록 한다.
- 양각지도가 복잡할 경우 이를 분해하여 지도한 후 다시 종합하여 지도하도록 한다.
- 촉각자료만으로는 충분한 정보를 제공할 수 없는 경우에는 말로 잘 설명해 주어야 한다.

- 저시력 학생들에게는 시력 정도에 따라 지도나 그래프 등을 확대하거나 축소하여 제공해 준다. 학습에서 중요하지 않은 것은 제거하고 배경과 좋은 대비를 이루도록 색깔을 사용하거나 굵은 선으로 나타낸다.

(3) 수학과 학습지도 방법

수학과는 수와 연산, 도형, 측정, 확률과 통계, 규칙성과 문제해결 등의 내용체계로 이루어져 있다. 시각장애 학생의 경우 연산 영역에서 암산에 의존해서 문제를 해결하는 것 때문에 필산을 통해 문제를 해결하는 정안 학생에 비해 많은 어려움을 가지고 있다. 입체도형과 같은 경우 평면에 나타낸 그림을 촉각으로는 인지하기가 어렵기 때문에 수학에 흥미를 잃게 되는 경우가 많다. 입체도형의 경우 가능하면 실제 입체도형을 개작하여 활용하는 것이 바람직하며, 충분한 시간을 가지고 개념을 정립시키는 것이 필요하다.

시각장애 학생은 수학 학습에 있어서 관련 서적의 점역 부족, 읽기 곤란, 개작된 교재·교구의 부족, 크기, 거리, 측정 등과 같은 기본 개념을 가르치는 교수기법의 부족 등으로 어려움을 겪는다. 개작한 자, 온도계, 저울 등은 교육의 효과를 높이는 데 큰 역할을 하고 있다. 수판과 퍼킨스 타자기와 같은 도구도 사용되고 있으나 최근에는 점자정보단말기와 같은 컴퓨터가 가장 중요시되고 있다. 컴퓨터의 주변기기와 프로그램의 개발로 컴퓨터 보조수업이 가능하게 되었다.

(4) 과학과 학습지도 방법

과학과의 교육 활동은 많은 부분 시각에 의존하기 때문에 시각장애 학생의 경우 흥미를 가지기 어렵고 학습에 효과가 떨어질 수 있다. 시각장애 학생이 과학 교육에도 흥미를 가지고 접근할 수 있도록 교사들은 여러 가지 노력을 기울여야 한다. 오늘날의 과학은 이전의 공식 암기나 사물을 분류하는 교육에서 벗어나 대부분이 실험 실습을 통해서 원리를 이해하도록 구성되어 있다. 그러므로 시각장애 학생이 과학 교육과정을 효율적으로 학습하기 위해서는 잔존시력이 있는 학생의 경우는 잔존시력을 최대한 활용할 수 있도록 노력하고, 아울러 청각, 촉각, 후각, 미각 등의 다감각적 방법에 기초해서 접근하는 것이 바람직하다.

교사는 학생들의 과학 활동에 대한 자료 제공과 관찰, 실험, 의문 등에 대한 기본적 기능을 갖고 지도해야 한다. 실험 활동을 할 때 실물모형이나 실습기구를 활용하는 방법에 대한 사전교육과 안전교육을 실시하도록 하며, 실습기구는 시각장애 학생이 사용하기 쉬운 것으로 바꾸어 주거나 깨지지 않는 단단한 기구들을 사용하고 점자 라벨 등을 사용하여 이름표를 붙여 주는 것이 좋다.

학회 또는 연수회 참여, 과학 전문서적 읽기 등은 매우 중요하며, 초등학교 교사의 경우 다른 교과와 과학적 내용을 관련시켜 지도하는 것이 바람직하다(김동연, 1991).

(5) 외국어(영어) 학습지도 방법

시각장애 학생이 외국어를 학습하는 데는 크게 어려움이 없다. 그러나 교육용 참고서, 사전, 점자부호 규칙 등 참고자료를 구하기가 어렵다. 최근에는 시각장애 학습전문 전자게시판(Bulletin Board System: BBS)에서 제공하는 E-YAB(http://blind.kise.go.kr/)의 관련 자료를 참고로 하면 학습에 많은 도움을 받을 수 있다. 영어를 익히기 위해서는 영어점자를 익히는 것이 필요한데, 기본 알파벳 기호 외에 약자, 약어, 문장부호 등을 익혀야 영어 교과서를 활용할 수 있다.

초등학교 시각장애 학생들을 위해 고려해야 할 학습지도 방법은 다음과 같다(이경림, 2008).

첫째, 묵자나 확대문자를 사용하는 저시력 학생에게 시력 및 시기능 등에 알맞은 교육 환경을 조성하고 글자 크기, 대비, 조도, 거리, 시간 등을 고려한 수업을 전개하며, 확대글자본을 제공하여 글자 크기와 모양에 알맞게 글자를 쓰도록 한다.

둘째, 점자를 주된 학습매체로 사용하는 학생들을 위해 그림이나 사진으로 제시된 과제는 구체적 상황이나 장면을 설명해 주고, 이를 보충 설명해 주는 점역 및 음성 자료, 실물, 모형, 입체복사 등의 재구성 자료를 제공한다.

셋째, 시각장애 학생을 위한 수업은 청각이나 촉각을 통해서 지도하며, 교육공학 및 광학 기기를 활용하여 학습에 대한 흥미와 자신감을 가질 수 있도록 한다.

넷째, 문장 읽기나 쓰기를 지도할 때 대소문자, 구두점, 문장부호 등을 정확하게 사용하도록 지도하며, 6학년 2학기 과정에서 기초적인 약자, 약어, 특수기호가 포함된 텍스트를 구성하여 지도한다.

다섯째, 학습자료는 시각장애 학생의 특성을 고려하여 각 학생의 수준에 맞게 자료의 질과 양을 선정·조정하되, 일반학교 교육과정상의 목표 및 내용 적용이 가능한 학생에게는 심화학습의 기회를 충분히 제공하도록 한다.

(6) 체육과 학습지도 방법

체육은 오래전부터 시각장애 학생의 교육과정에서 매우 중요시되고 있다. 시각장애 학생의 부자연스러운 자세와 근육발달의 지체를 방지하기 위한 노력과 더불어 일상생활 훈련과 보행훈련에 필요한 운동기능을 발달시키고, 긍정적인 자아개념의 형성과 건전한 스포츠 활동을 통한 여가 문화를 누릴 수 있도록 하기 위해서다. 시각장애 학생이 주로 하는 체육 활동에는 육상, 수영, 야구, 배구, 축구, 탁구, 골볼 등이 있다.

시각장애 학생들이 원활한 체육 활동을 할 수 있도록 하기 위해서는 체육 활동이 이루어지는 공간, 시설과 장비를 바꾸어 주는 수정 활동이 필요하다. 예를 들어, 매트, 구획선, 골대 등을 밝은 색상으로 해서 배경과 대비를 이루도록 하여 구분이 잘되도록 한다.

시각장애 학생들의 원활한 체육 활동을 위해 고려해야 할 사항을 살펴보면 다음과 같다(한성희, 1993).

- 체육 활동의 종목은 학생의 잔존시력의 정도를 고려하여 선택한다.
- 익숙하지 않은 경기 장소에 대해서 크기, 형태, 경계선 등을 사전에 설명해 준다.
- 시각적인 자극을 볼 수 없을 때에는 청각적인 자극을 함께 짝을 지어 단서로 활용하게 한다.
- 여기 또는 저기 등과 같은 용어보다는 왼쪽, 오른쪽, 앞, 뒤, 시계 방향 등과 같은 구체적인 용어를 사용한다.
- 경기의 진행에 대해 이루어지는 상황을 설명해 준다.
- 경기장의 선들을 선명한 색으로 그린다.
- 청각적으로 감지할 수 있는 표시기를 설치하거나 달리기를 위한 안내줄을 이용한다.

(7) 음악과 학습지도 방법

음악교육은 다른 교과목에 비해 시각적 요소를 덜 필요로 하기 때문에 많은 시각장애 학생이 흥미를 가지고 접근하는 과목 중의 하나다. 다양한 예능 활동은 창의력의 계발과 장래의 진로 개발에 많은 영향을 미치고 있다. 전문적인 음악교육을 하기 위한 시각장애 학생의 경우는 음악점자 악보를 구하는 것이 매우 어렵다는 점과 음악점자가 음정식으로 된 서구와는 달리 우리나라의 경우 음표식으로 되어 있어 전문적인 교육을 하는 데 문제가 되고 있다. 음악 학습에서 맹학생의 경우는 악보를 점자로 익혀야 하는 어려움이 있고, 저시력 학생의 경우는 큰 문자로 악보를 보아야 하기 때문에 시간이 많이 걸리고 기억하는 데도 어려움이 많다는 것을 유의해야 한다.

(8) 미술과 학습지도 방법

미술 교과는 표현과 감상 영역으로 내용이 구성되어 있다. 시각장애 학생에게는 두 영역 모두 시지각에 기반을 두고 있기 때문에 다른 장애에 비해 독특한 형태의 학습방법이 요구되고 있다. 특히 전맹 학생의 경우 자신의 작품 진행과정과 결과를 감상할 수 없는 활동일 때에는 의미가 적기 때문에 회화, 서예, 감상 등의 영역에는 유의할 점이 많다.

미술 교과에서 회화(그림) 영역의 경우, 그림을 시각적 예술로 범위를 한정하여 전맹 학생의 경우에는 시각적 표현이 무의미하거나 불필요하다고 보는 견해, 그림이 시각적 표현이지만 독특한 방법이나 자료를 활용하여 자기가 표현하고자 하는 것을 나름대로 표현하는 데 의미를 두어 긍정적으로 보는 견해가 있다 (김동연, 1991). 실질적으로 시각장애 학생이 음악이나 촉각적 표현에서 일반학생보다 우수하다는 결정적인 증거는 없다. 이는 훈련과 학습을 통해 이루어지는 것이며, 시각 이외의 다른 감각에 더 의존한다는 것으로 해석될 수 있다. 따라서 시각장애 학생에게는 여러 가지 형태의 상상력을 발휘할 수 있는 능력을 길러 주는 노력이 필요하다.

또한 시각장애 학생의 경우 점자로 된 미술 교과서가 없기 때문에 미술교육을 하는 데 어려움이 있다.

참 · 고 · 문 · 헌

교육부(2013). 2013 특수교육통계.

국립특수교육원(1998). 시각장애 학생 체육과 지도자료.

국립특수교육원(2001). 특수교육 요구아동 출현율 조사연구.

김동연(1991). 시각손상아의 지도. 대구: 도서출판 동아출판사.

보건복지부, 한국보건사회연구원(2011). 2011년 장애인 실태조사.

이경림(2008). 시각장애 학생 교육의 이해와 실제. 경기: 서현사.

임안수(2008). 시각장애아 교육. 서울: 학지사.

임안수, 강보순, 서인환, 이동훈, 이태훈, 임덕성(1999). 신보행학 개론. 서울: 한국맹인복
    지연합회.

중앙일보(2003. 4. 8.). 실명 주범 '세대교체' 되나. 40판 E21.

진용한(1997). 사시학. 울산: 울산대학교 출판부.

한성희(1993). 교수방법과 교수자료. 맹인의 교육과 복지. 서울: 도서출판 특수교육.

佐藤泰正(1974). 視覺障碍者の 心理學. 東京: 學藝圖書株式會社.

American Optical Corporation. (1976). *The human eye: A programmed instruction*.
    Boston, MA.

Barraga, N. C. (1983). *Visual handicaps and learning*. Austin, TX: Exceptional Resources.

Best, A. B. (1992). *Teaching children with visual impairment*. MK: Open University.

Ferrell, K. A. (1998). Project PRISM: A longitudinal study of developmental patterns of
    children who are visually impaired. *Executive Summary*. Greeley: University of
    Northern Colorado.

Franks, F. L. (1983). Applying educational research to maps and graphics for the
    visually handicapped. In J. W. Wiedel (Ed.), *Proceedings of the first international
    symposium on maps and graphics for the visually handicapped*. Washington, DC:
    Association of American Geographers.

Hallahan, D. P., & Kauffman, J. M. (2000). *Exceptional learners: Introduction to special
    education* (8th ed.). Boston, MA: Allyn and Bacon.

Kappan, D. (1974). Orientation and mobility program. Unpublished manuscript, South
    Dakoda Rehabilitation Center for the Blind.

Kirk, S. A., & Gallagher, J. J. (1983). *Educating exceptional children*. Boston, MA:

Houghton-Mifflin.

Koestler, F. (1976). The unseen minority: *A social history of blindness in the United States*. New York: Davis McKay Co.

Lowenfeld, B. (1950). Psychological foundation of special method in teaching blind children. In P. A. Zahl (Ed.), *Blindness*. Princeton: University Press.

Lowenfeld, B. (1975). *The changing status of the blind from separation to integration*. Springfield, IL: Charles C Thomas Publisher.

Perez, P. M., & Conti, R. G. (1999). *Language development and social interaction in blind children*. UK: Psychology Press.

Ryles, R.(1996). The impact of braille reading skills on employment, income, education, and reading habits. *Journal of Visual Impairment & Blindness, 90*(3), 211-215.

Thylefors, B., Negrel, A., Pararajasgaram, R., & Dadzie K. Y. (1995). Global data on blindness. *Bulletin of the World Health Organization, 73*, 115-121.

World Health Organization(WHO). (1997). Blindness and visual disability: Part V of VII: Seeing ahead-Projections into the next century. Fact Sheet N 146 [On-line].

국가법령정보센터   http://www.law.go.kr/

보건복지부   http://www.mw.go.kr/

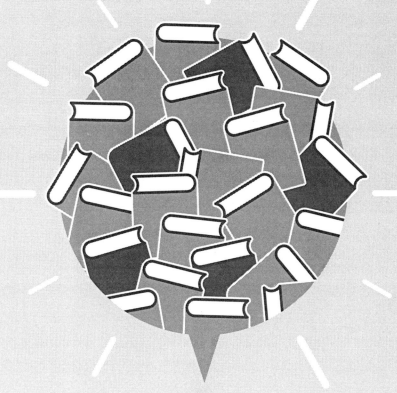

제**8**장

청각장애아 교육

청각로는 말초 청각로와 중추 청각로로 나누어지며 이 모두가 기능적으로 완전해야 정상 청력을 가질 수 있다. 청각로의 비기능의 위치와 특성은 청력손실의 정도와 유형에 따라 결정된다. 아동의 말소리 이해력은 청력을 통해 발달되기 때문에 청력손실은 주로 수용언어와 표현언어의 발달 모두에 영향을 미친다. 특히 언어의 습득이 가장 신속하게 이루어지는 2세 이전에 청력손실이 발생한다면 이러한 영향은 더욱 분명해진다. 청력이 손실되면 아동은 시각을 이용하여 보상하는 것이 일반적이다. 따라서 아동은 시각적으로 환경을 면밀히 관찰하거나 독화(말 읽기)와 수화를 주로 사용하게 된다.

1. 정 의

1) 농과 난청

청각장애에 대한 정의는 학자마다 조금씩 다르지만 모든 청력손실의 유형, 원인, 정도를 언급할 때 '청각장애'란 용어를 사용한다. 청각장애를 분류하고 정의할 때 가장 보편적으로 사용되는 용어는 농과 난청이다. 농은 어떤 소리도 들을 수 없음을, 난청은 약간 들을 수 있음을 의미한다고 생각하는 사람들이 있지만 사실은 농일지라도 대부분 잔청을 가지고 있다. 양쪽 귀 모두 손실이 있는 경우의 손실 정도를 표현할 때 '농' 혹은 '난청'이라는 용어를 사용한다.

생리학적 관점에서는 일정 크기 이상의 소리를 들을 수 없는 경우를 '농'이라고 하며 청각장애를 가진 경우를 '난청'이라고 생각한다. 청감각의 민감도는 데시벨(decibels: dB)이라는 소리 크기의 단위를 사용하여 측정된다. 정상 청력을 가진 사람은 희미하게 들리는 소리도 감지할 수 있는데, 이는 0dB을 의미한다. 어떤 소리의 일정 크기 이상을 감지하지 못하는 데시벨 수준을 청각장애의 정도로 나타낸다. 약 90dB 이상의 청력손실을 가진 경우를 '농'이라고 하며, 그보다 낮은 데시벨 수준의 청력손실을 가진 경우를 '난청'이라고 한다.

교육적 관점에서는 청각장애가 아동의 말하기 능력과 언어발달에 얼마나 영향을 미치는가에 초점을 둔다. 교육학자들은 청각장애와 언어발달 지체 간의 밀접한 인과적 관계로 인하여 구어능력에 기초를 두고 분류한다. 청각장애는 경도에서 최고도의 청각장애를 아우르는 광의의 용어로서 농과 난청이 포함된다. 농은 보조기기를 사용하든 하지 않든 간에 듣기로는 언어적 정보를 성공적으로 처리하지 못하는 경우를 말한다. 그리고 난청은 듣기로 언어적 정보를 성공적으로 처리할 수 있을 만큼 충분히 잔청을 사용할 수 있는 경우를 말한다. 농은 70dB 이상의 고도 청력손실에 주로 사용되며 구어와 언어의 심한 지체를 초래하고 청력을 통해 구어를 이해하는 것을 방해한다. 심한 청력손실을 가진 아동이 보청기를 사용하면 말소리의 리듬, 자신의 목소리, 환경음 정도만 들을 수 있다 (Northern & Downs, 2002). 농이나 심한 난청을 가진 경우는 의사소통 수단으로 주로 수화를 사용한다. 난청은 26~70dB 정도의 청력손실을 가진 사람을 주로 일컫는 용어다. 난청자는 보청기의 도움을 많이 받을 수 있으므로 주로 구어로 의사소통할 수 있다. 또한 청각장애는 손실 정도와 상관없이 '청력손실'이란 용어로도 언급된다.

교육학자들은 청각장애를 갖게 된 시기도 중요하게 생각한다. 청각장애가 조기에 발생될수록 아동은 언어를 발달시키는 데 어려움을 갖게 된다. 이러한 이유로 인해서 '선천성' 혹은 '후천성'이라는 용어를 사용하기도 한다. 이 용어들과 관련하여 언어 습득의 결정적 시기의 중요성을 반영하는 용어들이 사용되기도 한다. 말과 언어가 발달하기 전에 청력손실을 갖게 된 경우를 '언어 습득 전 청각장애'라고 하며 말과 언어 발달이 이루어진 후에 청력손실을 갖게 된 경우를 '언어 습득 후 청각장애'라고 한다. 언어 습득 전과 후를 나누는 경계 시기에 대해서는 4세, 3세 혹은 2세 등으로 전문가들마다 의견을 달리하고 있다.

2) 분 류

생리학적 관점에서는 청력손실의 정도에 따라 분류되며 이 분류는 진단적으로 매우 유용하게 사용된다. Northern과 Downs(2002), 그리고 Turnbull, Turnbull, Shank와 Smith(2004)의 자료를 토대로 청력손실 정도와 말소리와의 관계를 간단히 요약하면 〈표 8-1〉과 같다. 〈표 8-1〉은 청력 수준보다는 청력손실

정도별([그림 8-3] 참조)로 언어와 말에 미치는 영향에 초점을 두고 있다.

〈표 8-1〉 청력손실이 언어와 말에 미치는 영향

친숙한 소리	청력 수준 (dB)	청력손실 정도(dB)	분류	언어와 말에 미치는 영향
바람에 나뭇잎이 살랑이는 소리	0	0~25	정상	• 15~25dB 정도 손실이 있을 경우 소음이 있는 환경에서 희미한 말소리를 이해하기 어려움
수도꼭지에서 작은 물방울이 떨어지는 소리	10			
속삭이는 말소리	20	26~40	경도	• 조용한 환경에서조차 희미하거나 원거리에서 들려오는 말소리는 듣기 어려움 • 교실에서 진행되는 토론을 따라가기 위해서는 노력이 요구됨
손목시계의 재깍거리는 소리	30			
일상 대화 말소리	40	41~55	중도	• 일상 대화 말소리는 듣기 어려우나 아주 가까운 거리에서는 들을 수 있음 • 교실에서 집단 활동은 상당한 노력이 요구됨
약간 큰 말소리	50	56~70	중고도	• 크고 명백한 말소리도 가끔 듣기 어려우며 집단 상황에서는 상당한 어려움이 있음 • 말소리 명료도는 알아들을 수 있는 정도이지만 두드러지게 손상됨
아주 큰 말소리	60			
개 짓는 소리	70	71~90	고도	• 많은 단어가 인지되지 않음 • 큰 말소리도 들리지 않음 • 환경음을 감지할 수 있으나 무슨 소리인지 정확하게 알 수 없음 • 말소리 명료도는 알아들을 수 없을 정도임
피아노 소리	80			
오토바이 소리	90	91 이상	최고도/ 농	• 대화 말소리를 들을 수 없음 • 일부 큰 환경음을 들을 수도 있음 • 말소리 명료도는 이해하기 어려울 정도거나 전혀 발달되지 않음
대형트럭이 지나가는 소리	100			
록 콘서트장의 소음	110			
이륙하는 비행기 소리 (통증 유발)	120			

* 출처: Northern & Downs (2002), p. 18; Turnbull, Turnbull, Shank, & Smith (2004)에서 발췌 · 수정함.

2. 진단 및 평가

1) 진 단

청각기관의 해부와 생리에 관한 지식은 음원에서 발생된 소리를 듣고 의미 있는 소리로 해석되는 소리 전달 경로를 이해할 수 있도록 도와준다. 또한 소리 전달 경로를 이해함으로써 청각장애의 유형과 청력손실을 의심하고 청각장애를 발견하는 과정을 더욱 쉽게 파악할 수 있다.

(1) 청각기관의 해부와 생리

청각기관의 구조와 생리에 대한 내용 및 그림은 Herer, Knightly와 Steinberg (2002)와 Bear 등(2001)에서 발췌·수정하였다. 청각기관은 해부학적으로 크게 외이에서 시작하여 청각신경에서 끝나는 말초 청각기관과 청각신경에서 뇌로 뻗어 있는 중추 청각기관으로 나누어진다. 말초 청각기관의 장애는 청력손실을 일으키는 반면 중추 청각기관의 문제는 들은 것을 해석하지 못한다. 말초 청각기관은 외이, 중이, 내이로 나누어져 있다([그림 8-1] 참조). 각각의 구조가 소리를 전달하는 과정은 다음과 같다.

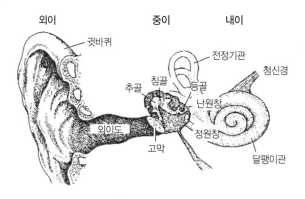

[그림 8-1] 귀의 구조

* 출처: Herer et al. (2002)에서 발췌·수정함.

① 외 이

외이는 귓바퀴와 외이도가 포함되며 귓바퀴는 소리를 외이도에 전달한다. 귓바퀴는 깔때기 모양을 하고 있으며 사방으로부터 소리를 모으는 것을 돕는다. 귓바퀴의 주름은 소리에 대한 방향정위의 역할을 담당한다. 체내의 귀 입구인 외이도는 두개골 안에 있는 약 2.5cm 길이의 S자 터널과 같은 모양으로 그 끝 지점에는 고막이 있다. 외이도의 외측 면을 따라 있는 피부는 털과 귀지를 만드는 선(腺)이 있으며 외이도로 들어오는 이물질을 차단하는 기능을 한다.

② 중 이

외이는 소리를 모아 중이 쪽으로 통과시키고, 중이는 소리에 반응하여 운동하는 첫 번째 부분이다. 중이의 구조는 고막, 이소골, 이소골에 연결된 2개의 작은 근육 그리고 이관으로 구성되어 있다. 이소골은 '중이강'이라고 하는 공기로 차 있는 작은 방에 놓여 있다. 외이도 끝에 있는 고막은 중이로 나뉘는 기점으로 '이소골'이라고 하는 체내의 가장 작은 뼈들인 추골, 침골, 등골 중 첫 번째 뼈인 추골에 연결되어 있다. 추골은 침골과 연결되어 있고, 침골은 등골과 연결되어 있다. 등골의 평평한 바닥 부분인 족판은 내이인 달팽이관의 난원창의 간(間)막 가까이에 붙어서 피스톤처럼 소리의 진동인 고막의 운동을 난원창에 전달한다. 중이의 통기로 역할을 하는 이관도 중이의 일부다.

③ 내 이

내이는 청각부와 전정부로 나누어진다. 청각부는 달팽이관에서 청력을 담당하고, 전정부는 전정기관에서 평형감각을 담당한다. 여기서는 청각부인 달팽이관에 대하여 살펴보기로 한다. 달팽이관은 달팽이집과 같은 나선 모양으로 2.5바퀴 회전되어 있다. 달팽이관은 빨대처럼 속이 비어 있는 뼈로 되어 있고 그 속은 액체로 차 있다. 달팽이관의 길이는 약 3.5cm이며 지름은 2mm로 완두콩만하다. 달팽이관의 기저부에는 막으로 덮인 2개의 창이 있는데, 하나는 등골족판 뒤에 있는 난원창이며, 다른 하나는 정원창이다. 펼쳐진 달팽이관([그림 8-2] 참조)의 구조를 보면 달팽이관 내에 막의 체계로 이루어진 막미로가 있고, 막미로에 의해 유동액이 찬 3개의 방(전정계, 중간계, 고실계)으로 나누어져 있다.

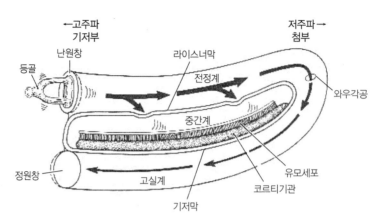

[그림 8-2] 펼쳐진 달팽이관

* 출처: Herer et al. (2002)에서 발췌 · 수정함.

이 3개의 방 중 전정계와 중간계는 라이스너막(Reissner's membrane)으로 나누어지고 중간계와 고실계는 기저막으로 나누어진다. 그리고 전정계와 고실계는 외림프액으로, 중간계는 내림프액으로 차 있다. 중간계는 달팽이관의 첨부에서 닫혀 있고, 고실계는 '와우각공'이라 불리는 구멍으로 전정계와 연결되어 있다. 달팽이관이 기저부에서 첨부로 갈수록 좁아지지만 기저막은 첨부로 갈수록 넓어진다. 달팽이관의 기저부에서 전정계는 난원창과 만나고 고실계는 정원창과 만난다. 실제 청력기관의 끝인 코르티기관은 달팽이관의 전 길이에 걸쳐 중간계의 기저막의 바닥에 놓여 있다. 코르티기관은 청각신경의 감각수용기인 유모세포(약 18,500~23,500개)가 여러 줄을 형성하고 있다. 각각의 유모세포는 그 꼭대기에 약 100개 정도의 섬모를 가지고 있다. 소리가 신경신호로 변환되는 것은 이 섬모가 휘어질 때 일어난다. 유모세포는 달팽이축 내의 나선신경절에 연접을 형성한다. 나선신경절에서 뻗어 나온 축삭은 청각전정신경(8번 뇌신경)으로 들어간다.

④ 소리 전달 경로

귓바퀴는 공기로 운반되는 음파 형태의 음향에너지를 모아 외이도로 전달한다. 외이를 거쳐 전달된 음향신호는 고막에 부딪히고 고막은 그 반응으로 진동한다. 고막의 진동은 고막과 연결된 이소골의 진동으로 이어지고 이에 따라 음향에너지는 물체에너지로 변형된다. 이소골은 소리를 약 30dB 정도 증폭하여 에너지를 내이로 전달하는 기능을 한다. 이 증폭은 등골의 진동으로 부딪히게 되는 난원창보다 고막(고막→추골→침골→등골)의 면적이 더 크기 때문에 발생한다. 소리 전달 시 서로 다른 매체(공기↔액체↔고체)에서는 소리가 그대로 전도되지 못하고 약 30dB의 손실이 발생하는 '음향저항'이 생긴다. 따라서 중이에서의 소리 증폭은 공기로 차 있는 중이와는 다르게 내이는 유동액으로 차 있기 때문에 음향저항을 보충하기 위한 필수적인 과정이라 할 수 있다.

등골의 기계적인 진동은 난원창으로 진동을 전달하게 되며 이는 중이에서 내이로 소리가 전달된 것을 의미한다. 이 과정에서 에너지는 유체에너지로 전환된다. 난원창의 진동은 달팽이관에 차 있는 림프액의 유체파를 형성한다. 이 유체파는 달팽이관의 감각수용기인 코르티기관의 유모세포를 자극하여 신경 충동을 일으킨다. 달팽이관의 감각수용기의 자극은 유체에너지가 전기에너지로 변화되었음을 의미한다. 이러한 신경 충동은 내이에서 뇌간까지 8번 뇌신경을 거쳐 발생되며 청각피질로 전달된다. 청각피질은 충동을 조직화하여 의미 있는 소리로 해석한다.

(2) 청각장애의 유형

외이 혹은 중이의 기능장애는 전음성 청력손실을 유발한다. 만약 달팽이관이나 청신경에 기능부전이 있다면 감각신경성 청력손실을 초래한다. '감각신경성 청력손실'이라는 용어는 달팽이관과 관련이 있는 '감각적 청력손실'이라는 용어와 청신경과 관련된 '신경적 청력손실'이라는 용어가 합쳐진 것이다. 혼합성 청력손실은 전음성과 감각신경성이 함께 나타남을 말한다.

청력손실은 한쪽 귀 또는 양쪽 귀에서 발생할 수 있다. 청력손실이 경미할지라도 양측 청력손실은 아동의 의사소통, 사람들과의 상호작용, 학업성취에 상당한 영향을 미칠 수 있다. 진행성 청력손실은 조기에 인지하기 어렵고 잠행성일 수 있다(Levi, Tell, & Feinwesser, 1993).

앞서 언급한 청각장애 유형과는 다른 유형인 청각처리장애(auditory processing disorder)는 달팽이관 이후의 청각 문제로서 청각신호의 처리과정에 결함을 보인다. 특히 청각장애나 지적장애가 없음에도 불구하고 말소리에 비정상적인 반응을 보이는 것이 특징이다. 이러한 듣기 문제로 유발되는 행동은 청각처리장애의

존재 가능성에 대한 단서를 제공해 준다. 다음에 제시된 내용은 청각처리장애를
가진 아동에게서 주로 관찰되는 행동 특성이다(English, 2002).

- 청각 자극에 대하여 비일관적으로 반응한다. 예를 들면, 아동은 때때로 몇 가
  지 지시를 성공적으로 따르나 또 다른 때는 똑같은 과제를 혼란스러워한다.
- 비교적 짧은 주의집중 주기를 보이거나 길고 복잡한 듣기 활동을 할 때면 쉽
  게 피곤해한다.
- 청각과 시각 자극 모두로부터 과도하게 방해를 받는 것으로 보인다. 청각처
  리장애를 가진 일부 아동은 자신이 듣고 보고 만지는 모든 것에 대하여 즉각
  적으로 그리고 완전하게 반응하는 것에 무리가 있음을 느끼며, 관련이 있는
  자극에서 관련이 없는 자극을 무시하지 못한다. 교실의 컴퓨터 소음과 어항
  의 보글거리는 소음은 교사의 음성만큼이나 주의를 빼앗고 아동은 관련이
  없는 배경소음을 무시하지 못한다. 이러한 행동들은 주의력결핍 과잉행동
  장애와도 일치하기 때문에 진단을 내리는 데 어려움을 초래할 수 있다.
- 다른 아동들보다 더 자주 "뭐라고?"라고 말하면서 정보를 자주 반복하도록
  요구한다.
- 계산하기, 알파벳, 날짜, 주, 달 암기하기, 집주소나 전화번호 기억하기와 같
  은 장·단기 기억 기술의 문제를 가진다.

(3) 청력손실의 발견

많은 부모가 생후 1년 안에 아동의 청력손실을 의심하지만 청각장애의 진단은
상당히 늦은 나이에 이루어진다(van Naarden, Decoufle, & Caldwell, 1999). 현재는
출생 후 청각기관의 기능을 비교적 정확하게 검사할 수 있음에도 청력손실을 진
단하는 시기는 평균 2세 6개월인 반면, 적절한 중재를 제공하는 시기는 평균 3세
6개월이다(Goldberg, 1996). 진단에서 이러한 지연을 가져오는 것은 여러 가지 이
유가 있다. 이러한 지연을 보이는 이유는 청력손실이 침묵장애의 결과이기도 하
고 통증, 열, 신체적인 기형을 동반하지 않기 때문이다. 일반적으로 청력손실이
심하면 심할수록 다른 장애와도 관련이 많고 청력손실에 대한 진단도 빠르다. 생
후 6개월 동안은 비구어와 언어 습득 이전의 의사소통 체계에 기초를 두고 발달

하며 그 후에는 시각적 몸짓체계에 근거를 두고 발달한다. 구어로 의사소통하기를 기대하고 요구할 때 아동의 감각장애는 더욱 명백하게 드러난다. 게다가 뇌막염에 이은 2차적 문제로 인하여 급성 청력손실을 가진 아동의 경우 당황해하고 화가 난 것 같은 모습을 보이는 반면, 완전 농아동이나 어린 아동은 화내는 모습을 보이지 않을 수도 있다.

2세 이전까지 청력손실의 조기 발견에 대한 중요성은 시력손실의 조기 발견에 대한 요구와 유사하다. 시각과 청각의 뇌경로는 출생 시에도 꾸준히 성장하며 조기에 자극될 때만 정상적으로 발달한다. Yoshinaga-Itano, Sedey, Coutler와 Mehl(1998)은 청력손실 정도에 상관없이 생후 6개월 이전에 진단과 중재가 이루어진다면 3세경에는 전형적인 의사소통 발달을 유도할 수 있다고 말한다. 이러한 보고들은 아동이 보청기나 인공와우를 가능한 한 조기에 사용해야 한다고 말하고 있다. 또한 부모들의 지속적인 지도와 지지가 동반된 적극적인 중재가 제공되어야 할 뿐만 아니라, 언어발달을 위한 초기 결정적 시기 동안 아동이 말과 언어를 습득할 때 잔청을 활용할 수 있는 최대한의 기회를 제공해야 함을 시사한다. 더욱이 일부 전문가는 이른 나이에 수화와 같은 의사소통의 시각적 양식을 통해 청각적 언어 입력을 증가시킬 것을 추천한다.

① 듣기발달

태아의 청각기관은 임신 20주 동안 특히 낮은 주파수에 대하여 기능적으로 반응하며, 태아는 소리를 인식하고 친숙하지 않은 소리와 친숙한 소리를 구분하는 능력이 있다. 신생아는 녹음된 엄마의 목소리에 반응하여 빨기를 하고 아동은 부모의 큰 목소리에 잠을 깬다는 보고가 있다(Northern & Downs, 2002).

아동이 사물보다 사람의 얼굴을 보는 것을 더 선호하는 것처럼 신생아는 환경음보다 말소리를 더 선호한다. 생후 2개월쯤 된 유아는 모음과 자음을 변별할 수 있고, 4개월쯤에는 다양한 리듬과 강세를 가진 말소리 형태를 선호한다(Northern & Downs, 2002). 또 반복되는 아기 말소리보다 긴 이야기를 듣는 것을 선호한다. 이 기간 동안 정상 청력을 가진 유아는 친숙한 음원의 방향에 따라 몸을 좌우로 돌려 찾을 수 있다. 생후 5개월쯤에 유아가 내는 말소리 같은 소리(쿠잉)는 자신이 듣는 소리로부터 영향을 받지 않는다. 이는 유아의 초기 옹알이가 전 세계적으로 유사한 이유다. 생후 5개월 이후에 유아는 자신의 부모의 말소리 형태를 모방하는 옹알이를 시작한다(Northern & Downs, 2002). 모든 유아가 구어를 발달시키기 위한 필수 조건은 조기에 구어를 듣는 것이다. 이는 언어 습득 후에 후천성 청력손실을 가진 아동들이 선천성 청력손실을 가진 아동들보다 더 나은 말과 언어 구사능력을 가지는 이유를 잘 설명해 준다. Helen Keller는 생후 18개월에 뇌막염을 앓아 청력과 시력을 잃은 대표적 인물로 구어에 지속적으로 노출되었던 덕분에 언어를 습득할 수 있었다.

② 청각장애의 징후

농유아들의 발달 양상은 다양하다. 심한 청력손실을 가진 유아의 초기 징후는 큰 소음에도 잘 깨지 않고 잠을 잔다는 것이다. 농유아일지라도 진동에는 반응할 수 있어 가족들은 유아가 소리를 듣는다고 추측하게 된다. 생후 3~4개월 된 농유아는 정상적인 쿠잉(cooing)을 보이거나 소리 내어 웃지만 옹알이는 늦어진다(Oller & Eilers, 1988). 정상 청력을 가진 유아에게서 옹알이 소리는 매우 다양해지고 의미가 부여된다. 예를 들어, '맘마마마'와 같은 반복 옹알이는 '엄마'와 같은 단어가 되기도 한다. 반면, 농유아의 음성은 조음에서 다양성이 부족하고 의미 있는 단어로 인식되기 쉽지 않다. 생후 5~17개월의 가청 유아는 자음의 발성 목록을 증가시키지만 농유아의 발성에서는 자음의 다양성이 줄어드는 것을 볼 수 있다(Stoel-Gammon & Otomo, 1986). 이러한 결과는 유아가 이해 가능한 말소리를 발달시키는 데 실패하였음을 의미하고, 이것으로 부모들은 유아의 청력손실을 의심하게 된다.

청력손실을 가진 아동들은 수용언어도 지체된다. 일반적으로 생후 4개월 된 가청 유아는 부모의 음성이 들리는 방향을 향하여 머리나 몸을 돌리지만, 청력손실을 가진 유아는 청력손실의 정도와 형태에 따라 이런 행동을 할 수도 있고 하지 않을 수도 있다. 생후 8~9개월 된 가청 유아의 경우 부모의 음성이나 친숙한 소리의 위치를 향해 머리를 곧바로 돌리는 행동을 관찰할 수 있지만, 최고도에서 고도 청력손실을 가진 유아의 경우 이런 행동을 관찰할 수 없다. 생후 12개월쯤에 가청 유아는 '바이-바이'와 같이 손을 흔드는 몸짓이 동반되는 구어 지시를 따른다. 이 시기의 농유아는 입 모양을 보고 이어지는 몸짓과 맥락을 이해함으로써 지시를 알아챌 수 있기 때문에 메시지를 이해할 수도 있다. 예를 들면, "가방 가져와."라는 말을 알아들었든지 못 알아들었든지 간에 다른 유아들이 가방을 가져올 때 자신도 가방을 가져오기도 한다. 생후 16개월쯤 된 가청 유아는 단어만으로 구성된 매우 복잡한 지시에도 반응한다. 그러나 청력손실이라는 진단이 확정되지 않은 유아는 이러한 지시에 대한 반응에 어려움을 보일 수 있으며, 맥락을 통해 추론하지 못하거나 몸짓이 동반되지 않을 경우 복잡한 지시를 따르지 못하고 멈추게 된다. 구어 지시에 대하여 반응하지 못하는 경우, 부모는 아동의 청력손실을 의심할 수도 있지만 행동장애로 잘못 인식할 수도 있다. 지적장애를 가진 가청 아동들도 언어 습득에 지체를 보인다. 이 아동들의 경우 말소리, 운동, 인지기술들이 서로 유사한 수준에서 지체되어 있는 반면, 청각장애 아동의 경우 말과 언어 기술의 발달은 느려도 다른 능력은 전형적인 발달을 보인다.

2) 평 가

청력손실에 대한 선별검사는 조기 발견을 가능하게 해 준다(McCormick, 1995). 선별검사는 청력손실에 대한 고위험군 아동을 전체 인구에서 분리해 낼 수 있는 선별 절차로 고안되어 있다(Johnson, Benson, & Seaton, 1997). 이 절차는 아동이 선별검사를 통과하지 못하면 그다음 단계로 진단ㆍ평가에 의뢰된다. 선별검사는 청력손실의 가능성에 대하여 전문가들의 주의를 집중시키는 한편, 진단ㆍ평가는 청력손실의 존재 여부, 청력손실의 유형, 정도, 형태에 따라 부가적 정보를 제공할 것인지를 확정할 수 있도록 해 준다. 미숙아, 복잡한 태아기, 주산기, 출산기를 겪은 아동, 출생 시 신생아 응급실에 입원해야 했던 아동, 농에 대한 가족력을 가진 아동과 같은 집단은 청력손실의 징후에 대하여 정기적으로 선별검사를 받아야만 한다.

1982년에 미국의 유아청각합동위원회(Joint Committee on Infant Hearing)는 청력손실에 대한 위험 요인으로 ① 청력손실에 대한 명백한 가족력, ② 풍진 혹은 매독과 같은 선천성 주산기 감염, ③ 세균성 뇌막염, ④ 머리와 목의 선천적 기형, ⑤ 출생 시 1,500g 미만의 몸무게를 가진 미숙아, ⑥ 산소 결핍, ⑦ 교환 수혈이 요구되는 고빌리루빈혈증을 보고하였다. 유아청각합동위원회가 1982년 이후 추가한 위험 요인으로는 ① 48시간 이상 신생아 응급실에 입원한 경우, ② CMV 같은 태내 감염, ③ 청력손실을 포함하는 것으로 알려진 신드롬과 관련하여 명백한 신체적 특징을 보이는 징후, 그리고 신경섬유종증 같은 진행성 청력손실과 관련 있는 신드롬과의 관련 징후, ④ 신경퇴행성장애 혹은 감각운동신경장애, ⑤ 두부외상, ⑥ 최소 3개월 동안 지속적인 삼출성중이염이다. 이런 위험 요인에 해당하는 아동의 청력을 평가하여도 청각장애를 가진 아동들 중 약 절반 정도만 발견된다고 한다. 따라서 의사를 포함한 언어치료사와 같은 임상가들은 언어발달과 언어를 토대로 한 성취 정도를 체크하여야 하고, 말과 언어발달의 지체를 보이는 아동에게 청력검사를 실시해야 한다. 아동의 청력은 연령에 구애받지 않고, 심지어 출생 첫날에도 검사받을 수 있으므로 검사가 즉시 의뢰될 수 있도록 부모들의 관심도 필요하다. 청각장애를 진단하기 위하여 주로 사용하는 검사들에 대한 내용은 Doyle(1998)에서 발췌·수정하였다.

(1) 순음청력검사

순음청력검사(Pure Tone Audiometry)는 말 인지와 관련된 여러 가지 주파수의 순음을 감지하는 피검자의 청감도를 평가하는 주관적 검사다. 순음청력검사의 결과로 피검자의 청감도가 감소된 이유에 대한 추론은 가능하지만, 직접적으로 개인이 소리를 처리하는 것을 측정할 수는 없다. 순음청력검사는 대부분의 성인과 2세 이상의 아동에게 사용된다. 성인이나 나이 든 아동의 경우 소리를 들음과 동시에 자발적으로 반응 버튼을 누르거나 손을 들게 한다. 나이 어린 아동을 검사할 경우 주로 놀이청력검사를 사용한다. 일부 피검자의 경우 순음청력검사를 강화물을 이용한 조작적 조건화 방법으로 실시하기도 하며 이러한 기술은 음장청력검사(Sound Field Audiometry)에 적용되기도 한다. 음장청력검사는 방음실에서 스피커로 자극음을 제시하기 때문에 헤드폰 착용을 꺼리거나 보청기를 사용하는 피검자의 청력을 평가하기 위하여 기본적으로 사용된다.

순음청력검사의 진단 원리는 피검자에게 주파수별로 순음을 점점 크게 제시하고 피검자에게 그 순음이 들리기 시작할 때를 알려 주도록 요구하는 것이다. 제시된 음을 피검자가 확실히 들을 수 있는 최소 수준을 '주파수별 역치' 혹은 '청력 수준'이라 한다. 각각의 귀에 대하여 250~8,000Hz의 주파수에 대한 역치를 구한다. 역치는 정상 청력을 가진 청자가 음을 감지하는 데 필요한 수준 이상 의 데시벨의 수치를 dB HL(hearing level)로 기록한다. 어떤 주파수의 0dB HL에서 피검자가 확실히 반응을 하였다면 평균 정상 감각 수준에서 검사음을 감지하는 능력이 있음을 의미한다.

◆ 기도 및 골도 전도

소리가 달팽이관에 도달하기 위하여 외이도를 거쳐 중이와 내이를 통과하는 경우를 '기도 전도'라 하고 외이와 중이를 거치지 않고 두개골의 진동으로 달팽 이관의 감각수용기가 자극되는 경우를 '골도 전도'라 한다. 골도 전도에 의한 청 력은 실제 생활에서는 유용하지 않고 효과적으로 작용하지도 않는다. 그러나 임 상적으로 골도 전도는 매우 유용한 과정이다.

순음청력검사에서는 기도검사와 골도검사를 실시하여 결과를 비교함으로써 전음성 청력손실인지, 감각신경성 청력손실인지를 구별한다. 기도청력검사는 스 피커나 이어폰을 통해 자극음을 전달하며, 골도청력검사는 귀 뒤편의 유양돌기 에 골도 진동기를 놓고 자극음을 전달한다. 기도의 반응이 정상 수준보다 더 나 쁘고 골도의 반응이 정상일 때는 전음성 청각장애([그림 8-3] 참조)이며, 기도와

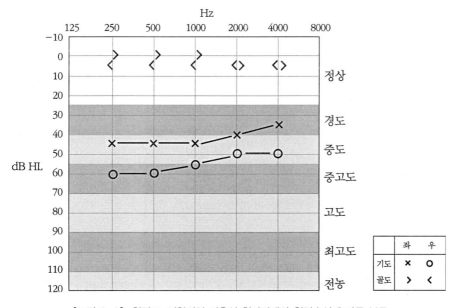

[그림 8-3] 청력도: 전형적인 전음성 청각장애와 청력손실에 따른 분류

골도 반응 모두 정상 수준보다 더 나쁘고 동일한 수준이면 감음신경성 청각장애
다. 기도 반응과 골도 반응 모두 정상보다 더 나쁘지만 골도 반응이 기도 반응보
다 어느 정도 더 좋다면 부분적으로 전음성 청력손실과 감음신경성 청력손실을
보이는 혼합성 청각장애다. 골도검사는 기도검사 시에 검사되는 청각기관의 일
부인 내이만을 검사하기 때문에 골도 반응은 기도 반응보다 더 나쁠 수 없다.

(2) 어음청력검사

어음청력검사(Speech Audiometry)는 말소리를 자극으로 사용하는 청력검사에
대한 일반적 용어다. 자극자료로 음소, 단어, 문장, 연결된 말들을 사용한다. 피
검자가 해야 할 과제는 말소리를 감지, 인지 혹은 이해하는 것이다. 말소리 자료
는 헤드폰 혹은 스피커를 통해 제시되며 검사의 목적에 따라 자극과 반응의 결합
은 달라질 수 있다. 청력검사기의 마이크로폰을 통하여 실제 목소리를 제시하는
방법이 가끔 사용되기도 하지만 녹음된 자료는 소리의 크기를 더 잘 통제할 수
있어 보편적으로 사용된다.

어음청력검사 중 가장 보편적으로 사용되는 두 가지 검사방법은 말소리에 대
한 청력 수준을 확립하는 어음청취역치와 역치상 수준에서 말소리를 이해 혹은
변별하는 능력을 여러 가지 dB 제시 수준별 정반응률로 평가하는 어음변별점수
다. 이 두 번째 적용은 청력손실이 말소리 인지에 미치는 영향을 평가하는 데 유
용하고, 보청기 증폭 정도를 결정하는 데 도움을 주며, 청력손실의 변별적 진단
에 도움을 주고, 인공와우 이식술의 대상자를 결정하는 데 유용하다. 추가적으로
어음청력검사는 비기질적 청력손실의 발견과 청각처리장애의 평가에 적용할 수
있다.

(3) 중이기능검사

중이기능검사에는 고실계측법(Tympanometry)과 청각반사검사(Acoustic Reflex
Threshold)가 있으며, 이 검사들은 주로 순음청력검사를 실시하기 전에 실시한
다. 고실계측법은 소리를 받아들이는 고막의 능력을 평가하므로 귀의 전도기관
에 대한 검사다. 고실계측법은 중이압력, 고막 컴플라이언스(compliance), 이소골
의 운동성, 이관의 기능을 평가한다. 결과로 나타나는 고실계측도의 진단적 해석

은 정상과 비정상 중이를 구별할 뿐만 아니라 이관의 비기능, 중이염, 이소골의 불연속, 이경화증과 같은 여러 가지 전도장애의 변별을 돕는다. 청각반사는 아주 큰 소리가 달팽이관에 들어갈 때 등골에 붙어 있는 긴장근의 수축을 평가한다. 정상 청각반사는 중이의 등골근을 수축하게 해서 일시적으로 고막을 중앙으로 당겨 중이기관이 소리를 받아들이는 정도(admittance)를 감소시킨다. 중이근의 정상적인 반사 수축은 어느 귀가 자극되든지 상관없이 양 귀에서 일어나는데 자극음이 70~100dB HL 범위일 때 주로 나타난다. 비정상 청각반사의 결과는 반사의 부재, 높은 수준의 자극에서 나타나는 반사, 정상 수준 자극보다 낮게 나타나는 반사, 지체를 보이는 반사, 어드미턴스에 대한 초기 감쇠, 비정상적 변화로 구성될 수 있다. 반대편 귀의 자극에 대한 반사의 부재는 자극이 제시된 귀의 청력손실, 자극이 제시된 귀의 7번과 8번 뇌신경의 문제, 청각반사궁의 중추 부분에서의 8번 뇌신경의 문제, 중이강의 문제 등의 상황을 말해 준다.

(4) 전기생리반응검사

전기생리반응검사는 여러 가지 소리 자극으로 유발되는 활동전위를 측정하는 객관적 검사다. 현재 가장 널리 사용되는 검사로는 청성뇌간반응검사(Auditory Brainstem Response: ABR)와 이음향방사(Otoacoustic Emissions: OAE)가 있다.

① 청성뇌간반응검사

청성뇌간반응검사는 뇌간유발반응청력검사(Brainstem Evoked Response Audiometry: BERA)로도 알려져 있다(Jewett & Williston, 1971). ABR에서는 달팽이관에서 중뇌까지의 구심성 청각기관의 반응을 검사한다. 일련의 클릭(clicks)음으로 이루어진 청각 자극음은 헤드폰을 통해 검사 귀에 전달되는 한편, 반대 귀는 차폐시킨다. 만약 자극음이 인지되면 뇌에서 전기적 활동이 계속되는 아주 작은 변화가 유발된다. 뇌 활동에서 자극과 관련된 변화는 주로 앞이마와 유양돌기에 붙이는 전극을 통해 전달되어 그래프로 기록된다. ABR은 아주 어린 아동이나 중복장애아동의 청력손실을 측정하는 가장 좋은 방법이다. 그러나 이 검사의 결과는 1,000~4,000Hz 주파수대의 청력손실 정도를 알려 주나 그 반응이 구체적인 주파수대에 대한 것은 아니다.

② 이음향방사

이음향방사는 자극음이 입력되면 달팽이관의 외유모세포에서 발생한다. 자극음에 대한 반응은 자극 후 몇 마이크로세컨드(msc: 100만 분의 1초)에 발생하는 '반향(echo)'으로 설명된다(Kemp, Ryan, & Bray, 1990). 이 반향은 '이음향방사'라고 하며 외이도에서 감지되는데, 이와 같은 방사가 감지된다면 자극 주파수에 대한 달팽이관의 기능이 정상인 것으로 추정된다. 이음향방사는 역치를 평가하기 위해 사용되지는 않으나 정상 달팽이관의 반응 유무를 결정할 수 있다.

3. 원인과 출현율

청력손실을 일으키는 요인들이 구체적으로 밝혀지지 않을 때가 종종 있기 때문에 청력손실의 원인을 결정하는 일은 매우 복잡하다. 청력손실의 원인 및 출현율과 관련된 내용은 Herer 등(2002)에서 발췌·수정하였다.

1) 원 인

청력손실의 원인은 구체적인 기여 요인들이 잘 알려지지 않았기 때문에 단정하기가 어렵다. 출생 시에 드러난 청력손실은 원인과 상관없이 '선천성'이라 하며, 출생 후 진전된 청력손실은 '후천성'이라고 한다. 선천성이라도 유전의 원인은 이후에도 밝혀지지 않을 수도 있다. 아동의 청력손실은 태내 상해, 주산기 환경, 출생 후 발병 같은 유전 요인의 결과로 발생할 수 있다(Parving & Hauch, 1994). Peckham(1986)에 따르면, 청력손실의 원인은 대략 1/3은 유전, 1/3은 후천성, 1/3은 알려지지 않은 것으로 보고하고 있다. 또한 아동의 청력손실 중 최소한 절반은 신드롬이 없는 경우와 상염색체 열성유전에 기인하는 경우가 약 80%로 유전적 요인으로 초래된다(Cohn et al., 1999). 유전적 원인을 가진 몇몇 아동은 신체적이고 발달적인 장애 범주의 일부로 청력손실을 가진다. 비유전적 기원의 청력손실을 가진 아동의 경우 약 1/3이 중복장애를 가진 것으로 추정된다. 선천성 혹은 후천성의 비유전적 청력손실은 출산 전후의 감염, 산소 결핍, 조산, 출산 전후 특정 항생제와 같은 내이신경독성에의 노출, 신체적 외상 등이 원인이 될 수 있다. 중이의 감염으로 후천성 전음성 청력손실이 많이 발생한다(Bluestone & Klein, 1995).

(1) 유전적 원인

유전적 청력손실은 약 2,000명당 1명 정도로 발생한다. 유전적 청력손실을 가진 아동의 80%가 상염색체 열성유전에 따른 청력손실을 보이나 신드롬과 관련이 없다. 나머지 유전적 장애로 농과 관련된 신드롬은 70가지가 넘지만 가장 흔한 유전적 장애를 요약하여 〈표 8-2〉에 제시하였다(Herer et al., 2002).

〈표 8-2〉 **청력손실과 관련된 유전적 증후군**

증후군	청력손실 유형	특 징
Alport syndrome	감각신경성, 진행성	신우신장염, 사구체신염, 안장애, 양측성 청각장애
Pendred syndrome	전음성, 감각신경성, 혼합성	갑상선 비대증, 갑상선 대사장애
Treacher Collins syndrome	전음성 혹은 혼합성	안면기형, 귓바퀴기형, 외이도와 중이 감염
van der Hoeve syndrome	전음성, 감각신경성, 진행성	청색공막, 골형성 부전증, 이경화증
Waardenburg syndrome	감각신경성, 지속성	홍채 색 다름, 안면이상, 흰색 앞머리, 코르티기관의 부재
Bardet-Biedl syndrome	감각신경성, 진행성	색소성 망막염, 지적장애, 비만, 가외의 손가락 혹은 발가락
Usher syndrome	감각신경성, 진행성	현기증, 후각손실, 지적장애, 간질을 포함함 중추신경계 영향, 색소성 망막염, 50%의 경우 정신이상 보임
CHARGE* 관련	혼합성, 진행성	눈, 위장, 다른 기형
Down syndrome	전음성, 때때로 감각신경성	소이, 좁은 외이도, 중이염의 높은 발생률

Trisomy 13, Trisomy 18	감각신경성	중추신경계 변형
구개열	전음성	구순열

* CHARGE: 결손증(coloboma), 만성심장질환(cogenital heart defect), 후비공 폐쇄증(choanal atresia), 성장과 발달지체(retarded growth and development), 생식기 이상(genital abnormalities), 귀기형(ear malformations)

* 출처: Herer et al. (2002)에서 발췌 · 수정함.

(2) 태아기, 주산기, 출산 후 요인 및 조산

출산 전이나 출산에 이어 바이러스, 박테리아, 약물과 같은 독소에 노출될 경우 청력손실을 초래할 수 있다. 분만 동안이나 신생아기에 산소 결핍과 같은 많은 병발증은 청각기관, 특히 달팽이관에 손상을 줄 수도 있다(Razi & Das, 1994). 신생아 빌리루빈과잉혈증과 두개출혈은 감각신경성 청력손실과 관련이 있다. 특히 1,500g보다 작은 몸무게로 태어난 미숙아는 모든 유형의 청력손실에 걸릴 확률이 높다. 미숙아들 중 2~5%는 심한 청력손실을 보일 수 있다(Herregard, Karjalainen, Martikainen, & Heihonen, 1995).

(3) 감 염

태아기와 출생 후 이어지는 감염은 청력손실의 흔한 원인이 된다. 임신 3개월 동안 풍진에 접촉된 산모의 경우는 고도에서 최고도 감각신경성 청력손실, 소두증, 심장기형, 망막이상, 그 밖에 다른 장애를 가진 아기를 낳을 확률이 약 30%다(Bale, 1992). 임신기 동안 톡소플라즈마증, 헤르페스 바이러스, 매독, 사이토메갈로 바이러스(CMV) 등의 감염은 청력손실의 원인이 될 수 있다(Henderson & Weiner, 1995). 가장 감염이 높은 CMV는 신생아 1,000명당 5~25명의 발병률을 보이고(Hanshaw, 1994), 출생 시 임상적으로 CMV가 검출된 아동들 중 80%는 청력손실을 포함한 신경계 후유증을 보인다. CMV에 감염된 90%가 잠복성인 것으로 생각되며(Schildroth, 1994), 잠복성 CMV를 가진 아동들 중 5~15%가 중추신경계 징후로 진전되고 이 아동들은 주로 양측 모두에 나타나며, 지속적으로 악화되는 후발성 청력손실의 위험에 처한다(Fowler et al., 1997). 아동기의 감염은 감각신경성 청력손실로 진전될 수 있다. 박테리아 뇌막염으로 단순한 손상에서 달팽이관에 이르는 청각장애를 갖게 될 확률은 약 10%다(Fortnum & Davis, 1993). 약해진 달팽이관이 변질된다면 청력손실은 계속 진행될 수 있다. 아동기의 바이러스성 질병 중 풍진과 수두는 양측 청력손실을 일으키는 반면, 유행성 이하선염은 편측 청력손실을 발병시킨다고 보고되었다(Nussinovitch, Volovitz, & Varsano, 1995).

(4) 중이 질병

청각장애의 가장 흔한 유형은 만성 중이 질병 혹은 유출로 발생되는 경도 전음성 청력손실이다(Kessner, Snow, & Singer, 1974). 이러한 청력손실은 종종 진단이 확정되지 않고 중이 조건에 따라 변동될 수 있으며, 영구적인 청력손실을 초래하지는 않는다. 중이 감염 중 급성 중이염은 생후 2년 동안 최소한 한 번은 경험할 정도로 어린 아동들에게서 가장 흔하게 발생한다(Shapiro & Bluestone, 1995). 일부 아동의 경우 중이염은 자각 증상이 없으나 대부분의 경우에서 열이나 과민성이 감염의 첫 신호로 나타난다. 나이 든 아동의 경우 외이를 잡아당기거나 액체가 귀에서 유출될 수 있다. 아동은 청력이 명백하게 떨어지고 불안정한 걸음걸이를 보일 수 있다. 고막의 상태를 알아보는 이경검사에서 고막은 희고 투명하기보다는 붉고 불투명하게 보인다. 액체 혹은 유출은 주로 고막 뒤편 중이강 안에 존재한다.

(5) 외 상

두개골에 강타를 가하는 것과 같은 충격은 달팽이관에 외상을 초래하고 감각신경성 청력손실을 발병시킨다(Zimmerman, Ganzel, Windmill, Nazar, & Phillips, 1993). 또한 이러한 강타는 이소골을 손상시키거나 중이에 피가 흐르는 원인이 될 수도 있으며, 이 경우 전음성 청력손실을 초래한다. 외상을 입힐 수 있는 소음 수준의 예로서 아동기와 청소년기에 흔히 하는 폭죽놀이, 불꽃놀이, 공기총 사용과 같은 과도한 충격 소음은 경도에서 중도 감각신경성 청력손실을 초래한다. 지속적으로 매우 큰 소리에 노출될 경우 일시적 혹은 영구적 감각신경성 청력손실이 발병될 수 있다. 100~110dB을 초과하는 높은 강도 수준에서 헤드폰 혹은 이어폰을 사용하거나 록 콘서트에 참석하는 것 또한 영구적 혹은 일시적 청력손실의 원인이 될 수 있다(Montgmery & Fujikawa, 1992). 90dB 이상의 소음 수준이 지속되는 경우 달팽이관을 손상시킬 수 있으므로 피해야 한다. 화자와 청자의 거리가

1m 이내에서 상대에게 소리치거나, 소음 지역을 벗어난 이후에도 귀에서 벨이 울리는 것과 같은 이명이 들리거나, 소음에 노출되고 나서 약 1~2시간 동안 소음 혹은 아주 작은 소리만 들리는 것 등은 소음에 대한 위험신호다.

(6) 내이신경독성

심한 박테리아 감염을 치료하는 데 사용되는 일부 항생제(aminoglycosides 계통의 neomycin, kanamycin, vancomycin, tobramycin)는 달팽이관에 치명적이다(Aran, 1995). 이 항생제들은 달팽이관의 외유모세포를 파괴시킨다. 내이를 손상시킬 수 있는 다른 약물로는 이뇨제, 비스테로이드성의 항염증약, 화학요법약물 등이 있다.

2) 출현율

유아 1,000명당 약 1명이 고도에서 최고도 청력손실을 갖고 태어나며 유아기와 아동기 동안의 발병률은 2배로 추정된다는 보고가 있다(Kvaerner & Arnesen, 1994). 자료마다 아동기 청각장애의 발병률에서 불일치가 나타나자 청각장애에 대한 명백한 요인과 정의가 부족하다는 결론에 도달하였다. 청력손실의 조기 판별을 위한 신생아 청력선별 프로그램의 결과에 대한 보고(Kanne, Schaefer, & Perkins, 1999)에 따르면, 감각신경성 청력손실과 전음성 청력손실을 모두 가진 신생아를 포함하여 1,000명당 약 1.4~3.1명의 출현율을 보인다.

4. 특 성

1) 인지적 특성

청각장애 아동들 대부분이 정상적인 지능을 갖고 있다는 것이다(Schlesinger, 1983). 이들은 인지력에 결함이 있는 것이 아니며 단순히 잘 듣지 못하는 것이다. 이들은 가청 아동과 똑같은 인지발달 단계를 따르나 약간 느릴 뿐이다. 많은 연구에서 청각장애 아동들은 인지적으로 정상이나 학업적인 어려움을 보이는 것은 언어의 문제라고 지적하고 있다(Kirk, Gallagher, & Anastasiow, 1993). 청각장애 아동들이 보이는 낮은 읽기와 쓰기 수행력은 일상생활 속에서 주위 사람들과 의사소통을 함에 있어 제한된 언어 사용에서부터 시작된다.

과거에 청각장애 아동의 지적 수준을 결정할 때 주요 문제 중 하나가 이들 아동에게 사용되었던 지능검사가 청각장애 아동에게 적절하지 못하였다는 것이다. 구어로 수행되는 지능검사는 일차 언어가 몸짓인 아동의 능력을 엄청나게 과소평가하였다(Paul & Quigley, 1990). 비구어검사가 아동에게 익숙한 수화와 함께 사용될 때 이 아동들은 정상 범위 내에서 잘 수행하였다(Bellugi & Studdert-Kennedy, 1984). 잔청의 정도에 따라 아동은 수화체계와 구화체계 모두 사용하는 방법을 배울 수 있다. 이처럼 청각장애인들에게도 인지력은 있으나 사회에서 사용되는 언어를 들을 수 없기 때문에 읽기 · 쓰기 · 문해 기술의 습득에서 기대했던 것만큼은 잘하지 못한다. 대부분의 청각장애 아동이 자신의 지능에 맞는 문해기술을 발달시키지 못하는 이유가 여전히 축소되고 있을 뿐이다. 학업적으로나 직업적으로 청각장애 아동들이 성공할 수 있도록 이 아동들을 어떻게 가르쳐야 하는가에 대하여 여러 가지 견해가 있다. 여러 가지 이론적 입장이 밀접하게 열거되어 있지만 주요 차이점들도 여전히 존재한다. 언어발달의 유전적 역할도 부인할 수 없다. 앞으로는 청각장애 아동들을 위한 교수전략과 중재 시기 및 방법에 영향을 미칠 수 있을 만한 연구가 기대된다.

2) 말과 언어적 특성

청각장애 아동의 말과 언어는 발달적 측면에서 부정적인 영향을 가장 심각하게 받는 영역이다. 청각장애 아동의 말은 가청 아동에 비해 느리게 발달하며, 그 결과 또래 아동과 가족으로부터 고립과 정서적 어려움을 겪게 된다(Kaland & Salvatore, 2003). 청력손실이 말과 언어에 미치는 영향은 청력손실의 정도, 청력손실을 입은 시기, 청력손실을 발견한 시기, 중재를 시작한 시기 등 여러 변인에 따라 달라질 수 있다. 경도 및 중도 청력손실의 경우 언어발달에 미치는 영향은 경미하다. 이 정도의 청력손실을 가진 아동은 대화 말소리는 들을 수 있기 때문에 언어를 습득하고 말을 사용할 수 있다.

언어를 습득한 후 청력손실을 갖게 된 경우는 언어를 습득하기 전에 청력손실이 발병한 경우보다 언어와 말의 기술 그리고 추후 학업성취에 미치는 영향이 적다. 반면에 언어 습득 전 농아동의 경우 최고 수준의 보청기를 착용할지라도 가장 큰 말소리조차 듣지 못할 수 있다. 이들은 독화를 배우지 않는 한 말소리만으로는 충분한 정보를 얻기 힘들다. 게다가 이들이 말하는 소리는 거의 이해하기 어려울 정도로 명료도가 떨어진다. 말소리 명료도는 청력손실 정도 및 시기와 밀접한 연관이 있다. 집중적인 언어치료를 받더라도 언어 습득 전 고도 청각장애 아동이 명료한 말소리를 습득하는 것은 드문 일이라고 한다(Marschark, 2002). 그러나 Yoshinaga-Itano 등(1998)에 따르면, 생후 6개월 이전에 청력손실을 발견하고 보청기와 중재를 즉시에 제공받은 유아들의 언어는 3세쯤에는 정상 범위까지 발달될 수 있다.

3) 학업 수행

아동의 언어발달 지체로 나타나는 명백한 결과는 학업성취도의 저하다(Schirmer, 2000). 청력손실, 언어발달, 학업성취 간의 관계를 잘 이해하지 못한다 할지라도 일단 아동이 학교에 들어가고 나면 이를 무시하기 어렵다. 교실에서 고도 청각장애 아동의 수행력의 결함은 심각하다. 경도에서 중도 청각장애 아동의 교육적 지체는 천천히 악화되며, 부적절한 태도, 낮은 지능, 뇌손상 혹은 정서 부적응과 같은 원인들에 기인된다. 낮은 학업성취도가 성취, 태도, 자신감 등과 관계가 있을 수도 있으나, 그 근본적인 원인은 청력손실의 결과로 나타나는 언어 결함이다. 사실 농아동들의 읽기기술에 대한 문헌을 요약해 보면 실망하게 된다. 상당수의 연구 결과는 매우 유사한 두 가지 주요 사실을 밝혀 준다. 첫째, 읽기 수준은 연구에 포함된 대상자의 연령과 상관없이 가청 아동의 평균 수준 아래에 있었다. 둘째, 읽기기술이 8~14세에 걸쳐 천천히 증가하더라도 10대 초반의 성취 수준에 이를 뿐이다(Gallaudet Research Institute, 2000). 약 13세 이후에는 읽기 성취에서 최소한의 성장만 발생한다. 읽기 성취의 궁극적인 수준은 초기 아동기에 성취한 언어발달 수준에 따라 결정된다.

사회 연구, 과학, 수학과 같은 영역의 성취에 대한 조사는 비교적 드물다. 이런 유형의 정보 중 가장 좋은 출처인 미국 인구통계청은 1960년 이래로 수천 명의 청각장애 학생의 성취자료를 수집해 왔다. 미국 인구통계청은 1972년에 1만 6,908명의 학생에게 스탠퍼드(Standford) 성취검사를 사용하여 실시한 결과를 보고하였다(Gentile, 1972). 대상 아동 중 1만 4,000명이 10세 이상이었지만, 그중 1만 2,000명이 9세 이하 아동을 대상으로 고안된 검사도구를 사용하였다. 이는 청각장애 아동들에게 흔히 나이 어린 아동을 대상으로 고안한 검사도구를 사용하였음을 지적해 준다. 검사 점수는 철자 쓰기와 산수 계산이 최고로 높았고, 다음으로 단어 연구기술, 과학과 사회 연구 순이었으며, 단어 의미 점수가 가장 낮았다. 산술 개념과 적용 점수는 계산 점수보다 낮았다. 이러한 자료는 교육적 성취에 대한 언어의 영향이 읽기에 국한되지 않음을 제시한다. 이 자료는 읽기에 대한 연구 보고와 같은 성취 경향을 보여 준다.

청각장애 아동의 학업 수행력을 논의할 때 이들 대부분이 정상 지능을 소유하고 있음을 기억하는 것이 중요하다. 그러나 실제로 청각장애 아동들은 전형적으로 수학과 읽기에서 또래보다 뒤처져 있다(Bess, 1988). 수행검사의 명백한 문제는 학업성취와 함께 언어능력을 측정하려는 것이다. 비구어 지능검사에서 농아동이 가청 또래의 지능과 유사한 지능점수를 가지고 있음을 보여 준 이래로(Heward, 1996), 언어기술과 더불어 이미 언급한 어려움은 학업 수행 점수가 절망적인 것에 대한 책임이 적어도 부분적으로는 있음이 명백해진다.

5. 교육적 접근

1) 청능학습

청능학습의 목적은 청각장애인들이 일상생활에서 보청기나 인공와우를 잘 적용할 수 있도록 도와주는 것이다. 청능학습은 청력검사와 말인지 평가의 결과를 기초로 하여 청능학습 프로그램의 구성으로부터 시작된다. 최소 3~6개월간의 청능학습으로 아동이 보청기로 어느 정도의 말소리를 감지하고 인지하는가에 따라 보청기를 계속 사용할 것인지 아니면 인공와우 이식술을 통하여 청각을 활용할 수 있도록 인공와우 이식 대상의 적합 여부에 대한 평가에 들어갈 것인지를 결정한다.

청각장애 아동의 청능학습 목표와 과제는 가청 아동과 마찬가지로 듣기 기능의 발달과정에 따라 진행될 수 있도록 한다(김수진, 2012). 학습과제는 듣기를 중심으로 진행하며 우선 듣기만으로 소리의 유무를 인지하도록 아동의 주의를 집중시키는 연습을 한다. 일단 아동이 소리의 유무를 감지하면 음원으로부터 거리를 점점 벌려 음원의 위치를 파악하도록 한다. 그다음 소리의 차이를 변별하도록 하는데 이 단계에서 아동이 소리에 항상 어떠한 의미가 있음을 깨닫도록 소리와 의미를 연관시켜 주는 것이 중요하다. 아동이 소리는 항상 어떠한 의미가 동반될 뿐만 아니라 새로운 의미가 만들어질 수도 있음을 깨닫게 될 때 자기청취와 피드백이 가능해진다. 이러한 피드백을 통하여 아동은 엄마의 목소리나 엄마라는 단어를 듣고, 동시에 엄마의 모습을 연상하면서 엄마라는 발화를 시도한다. 그다음 단계에서 아동은 소리를 복사해서 머릿속에 저장하여 과거에 들었던 소리를 재생해 내는 청각적 기억을 습득한다. 청각적 기억을 습득한 후 아동은 모국어의 규칙에 따라 소리를 연속적으로 배열하는 방법을 터득한다. 마지막으로, 아동은 청각 정보를 결합시키는 사고과정을 통해 언어를 이해하고 생각을 말로 구사할 수 있게 된다.

청능학습 프로그램은 자연적인 듣기기능의 발달과정을 축약한 Erber(1982)의 듣기 기술의 발달 단계인 감지, 변별, 확인(인지), 이해의 순서로 구성한다. 아동이 말인지검사를 통해 획득한 수행 수준에 따라 학습 목표와 과제를 설정하고, 듣기 기술의 4단계를 반복하여 듣기에 중점을 두고 진행한다. 이러한 말소리의 변별학습은 아동의 이해력과 발화를 증진시키는 데 중요한 역할을 한다.

2) 의사소통 방법

교육과 청각장애의 관계를 생각해 볼 때 가장 큰 문제는 무엇보다도 의사소통이다. 현재 대부분의 교육 프로그램은 구화법이나 수화법 혹은 두 가지 방법 모두를 사용한다. 이 방법들 중 청각장애 아동에게 가장 적합한 방법이 무엇인가에 대한 논쟁은 오랫동안 지속되어 왔으나 그 어느 방법도 청각장애 아동의 요구를 완전히 충족하지는 못하고 있다. 의사소통 기술을 가르치기 위해 가장 보편적으로 사용되는 방법으로는 청각구어법, 구화법, 수화법, 종합의사소통법(total communication: TC) 등이 있다.

(1) 청각구어법

청각구어법은 말과 언어를 습득하는 주된 수단으로 듣기를 사용한다. 대부분의 청각장애 아동은 약간의 잔청을 가지고 있기 때문에 이 방법이 가능하다고 주장한다. 그래서 이 방법은 보청기나 인공와우와 같은 보조기기에 큰 비중을 둔다. 청각은 언어발달의 일차 통로라고 생각하고 가능한 한 조기에 아동들에게 보조기기를 제공하는 것을 원칙으로 한다. 이에 더하여 집중적인 청능학습을 제공할 것을 강조한다. 보조기기와 청능학습을 통하여 아동들은 명료하게 말하는 방법을 배울 수 있다고 주장한다.

(2) 구화법

구화법도 구어 습득을 위해 보조기기와 잔청을 우선으로 활용한다. 이러한 점에서 구화법은 청각구어법과 유사하지만 독화와 같은 시각적 단서를 사용한다는 점이 다르다. 독화는 다른 사람이 자신에게 말하는 것을 이해하기 위하여 청각장애 아동들이 시각적 정보를 사용할 수 있도록 가르치는 것도 포함한다. 독화는 입술의 움직임, 얼굴 표정과 제스처를 주시하여 다른 사람의 말을 이해하도록 하는 것이다. 예를 들면, 어떤 메시지를 예측할 수 있기 위하여 맥락적 자극을 읽도록 한다. 말을 이해하기 위해 얼굴 표정을 읽고, 말하는 사람의 입에서 흘러나오는 다양한 말소리를 변별하는 능력은 입술뿐만 아니라 혀와 턱 그리고 주변의 시각적 단서들을 활용한다. 자음과 모음을 변별하는 것을 배우기 위해서는 입술의 모양과 턱의 벌어짐의 정도와 관련되는 단서들에 집중해야 한다. 이것은 결코 쉽지 않은데, 우리 말소리의 일부는 입 모양이 너무도 유사해서 서로 변별하기 어렵기 때문이다. 그렇다 할지라도 조기에 보조기기를 사용하여 잔청을 활용한 청각장애 아동들은 가청 사회에서 독립적으로 말하는 헌신적인 구성원이 될 수 있다고 주장한다.

(3) 수화법

수화법은 농아동이 의사소통할 수 있도록 가르치기 위해 사인(sign)을 사용하는 데 중점을 둔다. 사인은 구어를 발달시키지 못하는 아동이 결과적으로 의사소통할 수 있는 다른 수단을 가질 수밖에 없음을 전제로 한다. 수화 의사소통 체계는 크게 수화와 지문자로 나눌 수 있다.

수화는 모든 단어를 전달하고 개별 철자보다는 생각을 완전하게 나타내는 손 움직임의 체계적이고 복잡한 결합체를 말한다. 우리나라 수화는 자연수화와 문법수화의 두 가지가 있다. 자연수화는 농사회의 역사를 따라 자연스럽게 발생되어 전통적으로 전해져 온 것으로 국어체계와는 다른 독자적인 문법을 갖고 있다. 반면, 문법수화는 가청인과의 원활한 의사소통을 위해 국어의 의미와 문법체계에 맞추어 만들어진 수화다.

지문자는 손 모양을 사용하여 시각적으로 구어의 철자와 동일한 형태로 만든 것이다. 지문자는 수화를 보충하는 것으로 많이 사용되고 있다. 즉, 수화에 없는 단어는 지문자를 사용한다. 지문자는 수화 시에 음성언어와 함께 사용되기도 한다.

◈ 이중문화-이중언어 접근법

이 접근법은 수화를 일차 언어로, 국어(음성언어와 문자언어)를 이차 언어로 가르치는 방법이다. 일차 언어로서 수화는 음성언어를 배우기 위한 기초로 습득하는 것이다. 이것은 농아동들이 자신들의 문화인 자연언어로 학업내용을 배워야 한다는 생각에서 비롯되었다. 농아동에게 일차 언어는 시각적인 것이지, 구어적인 것은 아니다. 따라서 농아동들은 이중언어자로 보아야 한다고 주장하나 수화 다음에 구화를 가르쳐야 하는지, 둘을 동시에 가르쳐야 하는지에 대한 논쟁에 이르게 되었다. 한쪽은 아동이 자연수화를 먼저 습득해야 한다고 주장하는 반면, 다른 쪽은 가능한 한 조기에 수화와 구화 둘 다 동시에 습득해야 한다고 주장한다.

(4) 종합의사소통법

종합의사소통법은 의사소통 기술을 가르치기 위해 가능한 모든 방법, 즉 구화, 청각, 수화, 문자언어 등을 다루는 교수체계다. 이 방법은 결합법 혹은 동시법으로 알려져 있으나, 초기 결합법과는 다른 개념을 가지고 있다. 사실 종합의사소통법은 체계가 아닌 교육 철학이라고 할 수 있다. 이 철학은 수화와 말을 동시에 제공함으로써 한 개인이 수화와 말을 더 잘 이해하고 좀 더 효과적으로 사용할 기회를 증가시킨다는 생각을 고수한다. 따라서 종합의사소통법은 수화체계와 결합하여 잔청, 보조기기, 독화, 청능학습, 읽기와 쓰기 등을 사용한다.

3) 기술적 진보

과학기술의 발달은 청각장애 아동을 위한 교육의 범위를 확대시켜 왔다. 구어교육을 위한 대표적 보조기기인 보청기와 인공와우 그리고 이를 보완해 주는 FM 시스템이 계속해서 발전하고 있을 뿐만 아니라 여가생활을 즐길 수 있는 다양한 공학기기도 소개되고 있다.

(1) 보청기

보청기는 주변 소리를 더 크게 만들어 주는 기능을 갖고 있지만, 청력손실을 안경이나 콘택트렌즈처럼 교정해 주지는 못한다. 보청기는 건전지로 소리를 증폭시켜 귀로 전달한다. 보청기 유형으로는 상자형, 귀걸이형, 귓속형, 고막형 등이 있다. 귀걸이형은 증폭력이 강하고 이후에 언급되는 FM 시스템과 함께 사용할 수 있기 때문에 고도 이상의 청각장애 아동들이 많이 사용하는 유형이기도 하다.

(2) 인공와우

인공와우는 고도 및 최고도 청각장애인에게 환경음과 말소리 정보를 제공하기 위하여 청신경을 전기적으로 자극하는 기구다. 인공와우는 보청기처럼 음향신호의 크기를 증가시키는 증폭기가 아니라 청신경을 직접 자극하기 위하여 말초 청각기관에 이식하는 기구다. 인공와우는 정상 청력을 회복시키는 것이 아니기 때문에 그 효과는 이식자마다 다르다. 인공와우는 크게 내부 장치와 외부 장치로 나뉜다. 내부 장치는 직접 인체 내에 이식되는 부분으로 수신 안테나를 가진 수신-자극기와 외부로부터 받아들인 전기 에너지를 이용하여 청신경을 직접 자극하는 전극선으로 구성된다. 외부 장치는 소리를 전기 자극의 신호로 처리해 주는 말소리합성기, 외부의 음을 감지하여 내부 장치로 전기 에너지를 전달하는 역할을 하는 마이크로폰과 안테나로 이루어진 송신 코일로 구성되어 있다.

(3) FM 시스템

비교적 조용한 환경에서 화자가 가까이 있을 경우 보청기는 최고의 이득을 제공하지만 교실과 같이 소음이 많은 환경에서 보청기는 역할을 제대로 하지 못한다. 이런 경우에 보청기와 함께 FM 시스템을 사용하면 화자가 바로 옆에서 말하는 것처럼 들을 수 있다. FM 시스템은 FM 라디오 주파수를 이용하여 교사가 착용한 무선 마이크로폰을 통해 소음이 많은 교실에서 멀리 떨어진 아동에게 교사의 말소리를 바로 옆에서 말하는 것처럼 전달할 수 있다. 따라서 아동과 교사는 자유롭게 옮겨 다닐 수 있으며, 수업시간에 교사의 말뿐만 아니라 여러 사람이 말하는 토론 시에 마이크로폰을 화자에게 넘기는 방법을 사용하여 화자의 말을 효과적으로 전달할 수 있는 장점이 있다.

(4) 기타 보조공학기기

컴퓨터나 전화기 등의 기술적 진보로 청각장애인에게 교육의 기회를 제공할 뿐만 아니라 여가시간도 확장할 수 있게 되었다. 컴퓨터가 인터넷과 연결되면서 이메일, 문자메시지, 채팅, 웹 등을 통해 다양한 시각적인 정보를 빠르고 편리하게 접할 수 있게 되었다. 영상전화기는 인터넷을 이용해 영상을 전송하여 수화로 의사를 전달할 수 있는 화상통화 기능뿐만 아니라 문자메시지를 전송할 수 있다. 전화기의 영상이 너무 작아 수화로 의사소통하는 데 제한을 받을 경우 텔레비전의 큰 화면으로 상대방을 보면서 수화로 의사소통할 수 있도록 하는 인터넷 영상 단말기도 있다. 또한 이동 통신기의 발달은 컴퓨터와 전화기의 장점을 모두 모아 일상생활에서 편리하게 사용되고 있다. 캡션기는 텔레비전 프로그램의 대화를 자막으로 처리해 준다. 이 캡션은 해독기기로 개조되는 연결 부위를 통해 텔레비전 화면으로 삽입될 수 있는 전기적 부호로 전환시킨다. 다행히도 요즘은 대부분의 DVD가 자막 처리되어 판매되고 있다.

참 · 고 · 문 · 헌

김수진(2012). 교사와 부모를 위한 청각장애아동 교육. 서울: 학지사.

Aran, J. M. (1995). Current perspectives on inner ear toxicity. *Otolaryngology-Head and Neck Surgery, 112,* 133-144.

Bale, J. F., Jr. (1992). Congenital infections and the nervous system. *Pediatric Clinics of North America, 39,* 669-690.

Bellugi, U., & Studdert-Kennedy, A. (1984). *Signed and spoken language.* Deerfield Beach, Fla.: Verlag Chemie.

Bess, F. H. (1988). *Hearing impairment in children.* Parkton, MD: York.

Bluestone, C. D., & Klein, J. O. (1995). *Otitis media in infants and children* (2nd ed.). Philadelphia: W. B. Saunders.

Cohn, E. S., Kelley, P. M., Fowler, T. W., Gorga, M. P., Lefkowitz, D. M., Kuehn, H. J., Schaefer, G. B., Gobar, L. S., Hahn, F. J., Harris, D. J., & Kimberling, W. J. (1999). Clinical studies of families with hearing loss attributable to mutations in the connexin 26 gene(GJB2/DFNB1). *Pediatrics, 103,* 546-550.

English, K. (2002). Audiologic rehabilitation services in the school setting. In R. L. Schow & M. A. Nerbonne (Eds.), *Introduction to audiologic rehabilitation.* Allyn and Bacon.

Erber, N. P. (1982). *Auditory training.* Washington, DC: Alexander Graham Bell Assoc for the Deaf.

Fortnum, H., & Davis, A. (1993). Hearing impairment in children after bacterial meningitis: Incidence and resource implications. *British Journal of Audiology, 27,* 43-52.

Fowler, K. B., McCollister, F. P., Dahle, A. J., Boppana, S., Britt, W. J., & Pass, R. F. (1997). Progressive and fluctuating sensorineural hearing loss in children with asymptomatic congenital cytomegalovirus infection. *The Journal of Pediatrics, 130,* 624-630.

Gallaudet Research Institute. (2000). *Regional and national summary report of data from the 2000-2001 annual survey of deaf and hard of hearing children and youth.* Washington, DC: Gallaudet University.

Gentile, A. (1972). *Academic achievement test results of a national testing program for hearing impaired student: 1971. Annual survey of hearing impaired children and youth*. (Gallaudet College Office of Demographic studies, Ser. D., No. 9.)

Goldberg, D. (1996). Early intervention. In F. Martin & J. G. Clark (Eds.), *Hearing care for children*. Needham Heights, MA: Aylln & Bacon.

Hanshaw, J. B. (1994). Congenital cytomegalovirus infection. *Pediatric Annals, 23,* 124-128.

Henderson, J. L., & Weiner, C. P. (1995). Congenital infection. *Current Opinion in Obstetrics and Gynecology, 7,* 130-134.

Herer, G. R., Knightly, C. A., & Steinberg, A. G. (2002). Hearing: Sounds and silences. In M. L. Batshaw (Ed.), *Children with disabilities*. Paul H. Brookes Publishing Co.

Herregard, E., Karjalainen, S., Martikainen, A., & Heihonen, K. (1995). Hearing loss at the age of 5 years of children born preterm: A matter of definition. *Acta Paediatrica, 84,* 1160-1164.

Heward, W. L. (1996). *Exceptional children* (5th ed.). Upper Saddle River, NJ: Prentice Hall/Merrill.

Jewett, D. L., & Williston, J. S. (1971). Auditory-evoked far fields averaged form the scalp of humans. *Brain, 94,* 681-696.

Johnson, C. D., Benson, P. V., & Seaton, J. B. (1997). *Educational audiology handbook*. San Diego: Singular Publishing Group.

Joint Committee on Infant Hearing. (1982). Position statement. *Asha, 24,* 1017-1018.

Kaland, M., & Salvatore, K. (2003). Psychology of hearing loss. [Online]. Retrieved. July 1, 2003.

Kanne, T. J., Schaefer, L., & Perkins, J. A. (1999). Potential pitfalls of initiating a newborn hearing screening program. *Archives of Otolaryngology-Head and Neck Surgery, 125,* 28-32.

Kemp, D. T., Ryan, S., & Bray, P. (1990). A guide to the effective use of otoacoustic emissions. *Ear & Hearing, 11,* 93-105.

Kessner, D. M., Snow, C. K., & Singer, J. (1974). Assessment of medical care for children: Vol. 3. *Contrasts in health status: An analysis of contrasting forms of delivery*. Washington, DC: National Academy Press.

Kirk, S. A., Gallagher, J. J., & Anastasiow, N. J. (1993). *Educating exceptional children*. Boston: Houghton Mifflin.

Kvaerner, K. J., & Arnesen, A. R. (1994). Hearing impairment in Oslo born children

1989-1991: Incidence, etiology, and diagnostic delay. *Scandinavian Audiology, 23,* 233-239.

Levi, H., Tell, L., & Feinwesser, M. (1993). Progressive hearing loss in hard-of-hearing children. *Audiology, 32,* 132-136.

Marschark, M. (2002). *Language development in children who are deaf: A research synthesis.* Alexandria, VA: National Association of State Directors of Special Education (NASDE).

McCormick, B. (1995). *The medical practitioner's guide to paediatric audiology.* New York: Cambridge University Press.

Montgmery, J. K., & Fujikawa, S. (1992). Hearing thresholds of students in the second, eighth and twelfth grades. *Language, Speech, and Hearing Services in Schools, 23,* 61-63.

Northern, J. L., & Downs, M. P. (2002). *Hearing in children* (5th ed., p. 18). Philadelphia: Lippincott Williams.

Nussinovitch, M., Volovitz, B., & Varsano, I. (1995). Complications of mumps requiring hospitalization in children. *European Journal of Pediatrics, 154,* 732-734.

Oller, D. K., & Eilers, R. E. (1988). The role of audition in infant babbling. *Child Development, 59,* 441-466.

Parving, A., & Hauch, A. M. (1994). The causes of profound hearing impairment in a school for the deaf: A longitudinal study. *British Journal of Audiology, 28,* 63-69.

Paul, P., & Quigley, S. (1990). *Education and deafness.* White Plains, NY: Longman.

Peckham, C. S. (1986). Hearing impairment in childhood. *British Medical Bulletin, 42,* 145-149.

Razi, M. S., & Das, V. K. (1994). Effects of adverse perinatal events on hearing. *International Journal of Pediatric Otorhinolaryngology, 30,* 29-40.

Schildroth, A. (1994). Congenital cytomegalovirus and deafness. *American Journal of Audiology, 3,* 27-38.

Schirmer, B. R. (2000). *Language and literacy development in children who are deaf.* Boston: Allyn & Bacon.

Schlesinger, H. (1983). Early intervention: The prevention of multiple handicaps. In G. Mencher & S. Gerber (Eds.), *The multiply handicapped hearing-impaired child* (pp. 83-116). New York: Grune & Stratton.

Shapiro, A. M., & Bluestone, C. D. (1995). Otitis media reassessed: Up-to-date answers to some basic questions. *Postgraduate Medicine, 97*, 73-76, 79-82.

Stoel-Gammon, C., & Otomo, K. (1986). Babbling development of hearing-impairment and normally hearing subjects. *Journal of Speech and Hearing Disorders, 51*, 33-41.

Turnbull, R., Turnbull, A., Shank, M., & Smith, S. (2004). *Exceptional lives: Special education in today's schools.* Upper Saddle River, NJ: Pearson Education, Inc.

van Naarden, K., Decoufle, P., & Caldwell, K. (1999). Prevalence and characteristics of children with serious hearing impairment in metropolitan Atlanta, 1991-1993. *Pediatrics, 103*, 570-575.

Yoshinaga-Itano, C., Sedey, A. L., Coulter, D. K., & Mehl, A. L. (1998). The language of early-and later-identified children with hearing loss. *Pediatrics, 102,* 1161-1171.

Zimmerman, W. D., Ganzel, T. M., Windmill, I. M. Nazar, G. B., & Phillips, M. (1993). Peripheral hearing loss following head trauma in children. *Laryngoscope, 103*, 87-91.

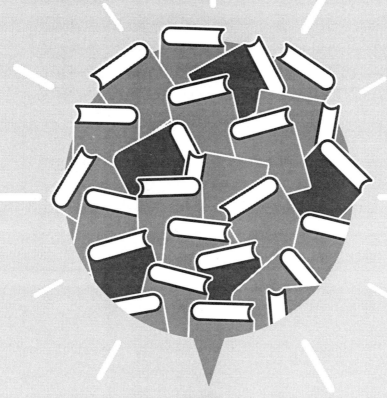

제 **9** 장

지적장애아 교육

지적장애에 대한 인식은 수세기 동안 있어 왔으며, 이에 대한 본질, 정체성 그리고 사회적 태도는 끊임없이 변화해 왔다. 무엇보다도 우리는 지적장애를 가진 아동과 청소년들을 위해 교육적으로 무엇을 할 수 있는지를 발견하려고 노력하고 있다.

학습이 지체된 아동들을 도우려는 조직화된 시도들이 지금으로부터 200년이 안 되는 시기부터 시작되었는데, 당시 프랑스인 의사 Itard는 아베롱 숲에서 혼자 살았던 야생 소년을 교육하려고 노력하였다. 비록 Itard가 자신의 목적을 모두 성취하지는 못했으나 그의 제자들 중 한 명인 Seguin이 그 후에 Itard의 접근법을 발전시켰고, 지적장애 아동과 성인들을 돕기 위한 운동의 리더로 인정받았다. 이 분야에서 언급될 만한 또 다른 한 사람은 Montessori인데, 그녀는 감각훈련을 이용해서 생리학적 관점에서 지적장애 아동을 지도하였다. 그녀의 교육방법은 매우 성공적이었기 때문에 일반유아들에게도 적용되었다. 원래 감각훈련은 지적장애를 가진 아동들을 위한 교육방법이었지만 현재 일반유아의 교육 놀이자료와 지도방법으로 널리 알려져 있다.

수년에 걸쳐서 지적장애 아동의 교육은 시설로부터 공립학교로, 그리고 학교 내에서 완전통합으로 점진적 이동을 해 오고 있다.

1. 정의 및 분류

지적장애에 대한 정의는 고정되어 있지 않고 계속해서 변화되어 왔다. 지적장애의 특징과 중재에 대해서 더 많은 사실이 알려지면서, 그 특징을 지칭하는 방법과 그들에 대한 정의를 수정해 왔다고 할 수 있다(Kirk, Gallagher, & Anastasiow, 2003). 그동안 여러 가지 정의들이 내려졌고, 이러한 정의는 지적장애 아동과 성인에 대한 다양한 의사결정에 사용되어 왔다.

1) 정 의

지적장애에 대한 연구와 교육, 예방 등에서 선구적 역할을 하는 미국 지적장애 및 발달장애협회(American Association on Intellectual and developmental disabilities: AAIDD)의 정의를 살펴보면, 수년에 걸쳐 작용한 사회정치적 이슈, 현장의 발전, 지적장애인에 대한 사고의 변화를 보여 준다. AAIDD는 과거의 미국 정신지체협회(American Association on Mental Retardation: AAMR)가 그 명칭을 변경한 것으로 2010년 11번째 매뉴얼인 『지적장애: 정의, 분류 및 지원체계』를 발표하면서 장애 명칭도 과거의 '정신지체(mental retardation)'에서 '지적장애(intellectual disability)'로 변경하였다. AAIDD의 정의가 내포하는 문제점에도 불구하고, 대부분의 교육자와 심리학자는 지적 기능의 한계와 적응행동의 결함을 지적장애를 정의하는 중요한 기준으로 보고 있다.

(1) 미국정신지체협회(AAMR)의 정의
AAMR은 1921~2002년에 걸쳐 모두 열 번의 '정신지체'라는 명칭으로 정의를 발표하였으며, 이 협회의 정의가 전 세계적으로 정신지체 아동을 사정·중재하는 기준으로 채택되어 사용되고 있다. 여기서는 2002년까지의 '정신지체'라는 명칭으로 내려졌던 정의를 간략히 살펴보고자 한다.

① 1959년, 1961년 AAMR 정의
정신지체란 발달기에 나타나고 전반적인 지적 기능이 정상 이하이며, 적응행동의 결함을 수반한다(Heber, 1961).

② 1973년 AAMR 정의
정신지체란 적응행동의 결함과 함께 나타나는 유의한 평균 이하의 지적 기능을 말하며, 이는 발달기에 나타난다(Grossman, 1973).

③ 1983년 AAMR 정의
정신지체는 발달기에 나타나는 유의한 평균 이하의 일반적인 지적 기능과 이에 따른 또는 이와 동시에 나타나는 적응행동의 결함을 의미한다(Grossman, 1983).

④ 1992년 AAMR 정의

정신지체는 현재 기능상에서의 실질적인 제한성이 있는 것을 지칭한다. 정신지체란 유의하게 평균 이하의 지적 기능을 나타냄과 동시에 그와 연관된 열 가지 적응기술 영역, 즉 의사소통, 자기관리, 가정생활, 사회적 기술, 지역사회 활용, 자조기술, 건강과 안전, 기능적 학업, 여가, 직업생활 중 두 가지 또는 그 이상의 영역에서 적응적 제한성이 존재하는 것으로 특징지어진다. 그리고 정신지체는 18세 이전에 나타난다(Luckasson, 1992).

⑤ 2002년 AAMR 정의

정신지체는 지적 기능과 개념적·사회적·실제적 적응기술로 표현되는 적응행동 모두에서 유의미한 제한을 가진 자들로 특징지어진다. 이 장애는 18세 이전에 나타난 경우로 한정한다.

AAMR의 2002년 정의는 정신지체의 정의에 다음과 같은 다섯 가지 필수적인 가정을 제시하고 있다.

- 현재 기능의 제한은 반드시 개인의 또래 집단과 개인이 속한 문화적 배경을 포함한 지역사회의 맥락 안에서 고려되어야 한다.
- 타당한 평가는 문화적·언어적 다양성과 함께 의사소통·감각·운동 기능, 행동상의 차이점도 고려하여야 한다.
- 개인 내적으로 제한점과 함께 강점도 공존할 수 있다.
- 제한점을 설명하는 중요한 목적은 필요한 지원 프로파일을 개발하기 위한 것이다.
- 적절한 개인적 지원이 지속적으로 주어짐으로써 정신지체인 삶의 기능은 전반적으로 향상될 수 있다.

AAMR 정의의 변화 특성을 보면, 1차에서 4차까지의 정의는 정신지체 자체가 치유 불가능한 상태로 계속 유지된다는 주장을 하고 있으며, 이러한 입장에서는 지능검사의 명료성에 대한 신뢰와 우생학이 광범위하게 전개되던 당시의 시대적 맥락과 일치된 정의를 하고 있다(신진숙, 2010). 1959년 5차에서 1992년 8차까지의 정의는 평균 이하의 지적 기능, 적응행동의 결함, 발달기 출현의 세 가지 주요 요소를 중심으로 정의하고 있다. 반면, 1992년 9차와 2002년 10차 정의는 이전의 지능지수에 초점을 두는 것에서 벗어나 기능성 수준에 초점을 두고 있다. 즉, 개인과 환경 간의 상호작용에 관련된 기능 제한성에 초점을 두고 정의하는 특징이 있다.

(2) 미국 지적장애 및 발달장애협회(AAIDD)의 최근 정의

AAIDD의 지적장애 정의는 장애를 개인 안에 내재하는 결함으로 보는 개인병리의 관점이 아닌 개인이 생활하고 기능해야 하는 환경에 따라 형성되는 사회병리의 관점을 강조하고 있으며, 구체적으로는 지적 기능의 한계와 적응행동의 결함을 기준으로 하고 있고 그 지원을 강조하고 있다.

2010년 미국 지적장애 및 발달장애협회의 가장 최근의 정의와 분류는 다음과 같다.

> 지적장애는 지적 기능과 개념적·사회적·실제적 적응기술로 표현되는 적응행동 양 영역에서 유의하게 제한성을 보이는 것이다. 이 장애는 18세 이전에 시작된다.

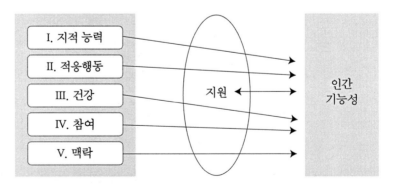

[그림 9-1] 인간 기능성의 다차원적 모형

* 출처: American Association on Intellectual & Developmental Disabilities (2010).

이러한 정의를 적용하기 위해서는 다음과 같은 가정들이 반드시 전제되어야만 한다.

- 현재 기능성에서의 제한성은 그 개인의 또래 집단과 개인이 속한 문화적 배경을 포함한 전형적인 지역사회 환경의 맥락 안에서 고려되어야 한다.
- 타당한 평가는 의사소통, 감각, 운동 및 행동 요인에서의 차이뿐만 아니라 문화와 언어에서의 다양성도 함께 고려하여 실시되어야 한다.
- 한 개인은 제한성만 갖고 있는 것이 아니라 동시에 강점도 갖고 있다.
- 제한성을 기술하는 중요한 목적은 그 개인에게 필요한 지원이 무엇인지 파악하기 위한 것이다.
- 개별화된 적절한 지원이 장기간 제공된다면 지적장애인의 생활기능은 일반적으로 향상될 것이다.

(3) 우리나라의 법적 정의

우리나라의 경우, 지적장애를 규정하는 법률은 「장애인복지법」(2010)과 「장애인 등에 대한 특수교육법」(2007)이다.

「장애인복지법」은 장애인의 복지와 사회활동 참여 증진을 통한 사회 통합을 목적으로 제정된 것으로, 그 시행령에 지적장애인을 "정신 발육이 항구적으로 지체되어 지적 능력의 발달이 불충분하거나 불완전하고 자신의 일을 처리하는 것과 사회생활에 적응하는 것이 상당히 곤란한 사람"으로 규정하고 있다. 반면, 「장애인 등에 대한 특수교육법」은 학령기 장애인의 교육의 양과 질 보장을 목적으로 제정된 것으로, 정신지체를 "지적 기능과 적응행동상의 어려움이 함께 존재하여 교육적 성취에 어려움이 있는 사람"으로 규정하고 있다.

이들 법률은 용어에 있어서 「장애인복지법」에서는 '지적장애', 「장애인 등에 대한 특수교육법」에서는 '정신지체'를 사용한 점에서 차이를 가지고 있으나, 지능검사 결과로 산출된 지능지수(IQ)와 일상생활, 사회생활, 적응능력에 나타내는 적응행동을 기준으로 정의하는 공통점을 가지고 있다.

특히 「장애인 등에 대한 특수교육법」에서는 정신지체를 현저하게 낮은 평균 이하의 지적 능력이 증명되고 일상생활·사회생활에서의 현저한 어려움이 있는 조건이 충족되어야 함을 반영하고 있으며, 이러한 두 조건이 아동의 교육기능에 부정적인 영향을 미치는 것으로 규정하고 있다.

(4) 지적장애와 발달장애 정의의 차이점

최근 지적장애를 발달장애(developmental disability)라는 개념으로도 자주 사용한다. '발달장애'라는 용어가 지적장애와는 다르기는 하나 발달장애라는 의미에서 지적장애를 포함하는 것은 분명하다. 발달장애는 다양한 보건·사회·교육기관으로부터 평생 도움을 필요로 할 가능성이 있는 정신적·육체적 손상이라는 여타 조건을 포함한다. 미국 「발달장애 조력 및 권리보호법」에서는 발달장애를 다음과 같이 정의하고 있다.

> 발달장애는 다음과 같이 5세 이상인 사람의 심각한 만성장애를 의미한다.
> - 정신적 손상이나 육체적 손상 혹은 정신적·육체적 손상의 결합에 따른 장애
> - 22세 이전에 나타나는 장애
> - 영구히 계속될 것 같은 장애
> - 다음과 같은 주요 생활 활동 영역 중 3개 이상에서 실질적인 기능에 한계를 가져온다(자기관리, 수용·표현 언어, 학습, 이동, 자기지시, 독립적인 생활능력, 경제적 자족).
> - 평생 혹은 상당한 기간 동안 계획되거나 조정되는 특수교육, 다학문적인 협력, 전반적인 관리와 치료 혹은 관련 서비스들과의 연계를 필요로 하는 개인에게 특수한 요구가 있음을 의미한다.

2) 분 류

지적장애는 지적 기능 수준, 요구되는 지원 강도, 법률적인 의사소통 등을 기준으로 다양하게 분류되고 있다. 이 중 가장 널리 사용되는 분류방법은 지적 기능 수준에 따른 분류이지만, 요구되는 지원 강도에 따른 분류방법도 활용되고 있다.

(1) 지적 기능에 따른 분류

지적장애는 지능지수(IQ) 검사 결과에 기초하여 경도(mild), 중등도(moderate), 중도(severe), 최중도(profound)로 분류되어 왔다. 반면, 그 이전에는 교육가능급(educable mental retardation: EMR), 훈련가능급(trainable mental retardation: TMR), 보호수용급(custodial mental retardation: CMR)으로 분류하기도 하였지만, 이 분류 방법은 더 이상 사용되지 않고 있다. 이와 같은 지적 기능 수준에 따른 지적장애 분류는 아동의 측정 가능한 지능 수준뿐만 아니라, 자신들의 환경에 얼마나 잘 적응하는지를 통해서 사정하게 된다.

〈표 9-1〉 **지적 기능의 정도에 따른 지적장애 분류**

분 류	IQ 점수	표준편차
경도	50~55에서 70	−2 표준편차
중등도	35~40에서 50~55	−3 표준편차
중도	20~25에서 35~40	−4 표준편차
최중도	20~25 이하	−5 표준편차

(2) 지원 정도에 따른 분류

형식적 정의는 지적장애라는 개념으로 개인을 배치하지만, 개인을 보는 또 다른 방식은 해당 아동이나 개인에게 필요한 지원의 수준이나 강도로 정의하는 것이다. 지원의 강도는 간헐적(intermittent), 제한적(limited), 확장적(extensive), 전반적(pervasive)으로 측정된다.

- 간헐적 지원: 필요한 경우에 기초하는 지원으로 항상 지원이 필요한 것이 아닌 단기간의 지원
- 제한적 지원: 일정한 시간 동안 일관성 있게 지원이 필요하고 시간 제한적인 성격을 띠며 집중적인 지원보다는 지원 인력이 덜 필요하고 비용도 적게 드는 지원
- 확장적 지원: 적어도 일부 환경(일터나 가정)에서 정규적으로 지원을 제공하는 것으로 시간 제한적이지 않은 지원
- 전반적 지원: 전반적인 모든 환경에서 제공되며 삶을 유지시키는 데 필요한

지원으로, 일반적으로 전반적 지원은 확장적 혹은 시간 제한적 지원보다 더 많은 인력과 개입이 요구되는 항구적이고 고강도의 지원

이러한 용어의 사용은 개인의 결함에 따라 분류하는 것에서 벗어나 개인이 실제로 생활하는 환경에서 기능을 향상시키는 데 필요한 지원의 강도에 따라서 분류하려는 것이다.

(3) 법적 분류

「장애인복지법 시행규칙」에서는 장애인의 장애등급을 6등급으로 나누는데, 이 중에서 지적장애인은 3등급으로 제시하였다. 주로 지능검사와 사회성숙검사를 통하여 판정한다.

이와 같이 「장애인복지법 시행규칙」에서는 지능지수의 상한선을 70에 두고 지능, 일상생활, 사회생활, 직업을 동시에 고려하여 지적장애를 분류하고 있다.

〈표 9-2〉	「장애인복지법」에 따른 지적장애 분류
제1급	지능지수 34 이하인 사람으로 일상생활과 사회생활의 적응이 현저하게 곤란하여 일생 동안 타인의 보호가 필요한 사람
제2급	지능지수가 35 이상 49 이하인 사람으로 일상생활의 단순한 행동을 훈련시킬 수 있고, 어느 정도의 감독과 도움을 받으면 복잡하지 아니하고 특수기술을 요하지 아니하는 직업을 가질 수 있는 사람
제3급	지능지수 50 이상 70 이하인 사람으로 교육을 통한 사회적 · 직업적 재활이 가능한 사람

2. 진단 및 평가

지적장애 아동에 대한 진단 · 평가는 학습에 심각한 어려움을 가지는 아동을 집단에서 선별해 내는 '사전조회', 적격 조건에 근거하여 아동이 특수교육서비스를 받을 자격이 있는지의 여부를 진단 · 결정하고 장애가 아동에게 문제를 가지는지의 여부를 결정하는 '적격성 결정', 적절한 사정을 통해 종합 · 분석 · 해

석된 정보를 바탕으로 개별화교육계획을 구안하는 '교육 프로그램 계획', 특정 기간 동안 학생의 성취 면의 향상 여부를 확인하기 위한 '학생의 진보 확인', 학생에게 적용된 프로그램의 유용성 혹은 효과에 대한 판단을 위한 '프로그램 평가'를 위한 목적으로 수행된다. 이와 같은 지적장애 아동의 전반적인 진단·평가 과정은 '지능지수'와 '적응기술'에 의해 주도된다.

1) 진단·평가의 요소

(1) 지능지수

개인의 지적 기능이 유의하게 평균 이하라고 결정하는 것은 지적장애로 진단되는 첫 번째 요건을 충족한다. 어떤 정의도 우리가 그 추상성을 구체적인 행위로 적용하지 않으면 큰 가치가 없다. 지적 기능은 전통적으로 지능(IQ)검사에 대한 수행력에 따라 결정되었다. 지능검사는 어느 정도 지적인 능력이 있어야 바르게 풀 수 있는 일련의 문제해결 과제로 구성되어 있다. 비록 지능검사가 개인의 기능이나 능력의 일부분만을 측정하지만, 검사 항목을 푸는 수행능력은 그 개인의 전체적인 지적 능력을 대변하는 점수로 사용된다.

어떤 한 지능검사 점수가 모든 점수의 평균으로부터 얼마나 차이가 있는가를 기술하기 위해서는 수학적인 개념인 '표준편차'라는 용어가 사용된다. 일반인을 대상으로 지능검사를 실시하여 나온 지능검사 점수에 수학 공식을 적용함으로써 그 지능검사의 한 표준편차 안에 어떤 점수들이 포함되는지를 결정할 수 있다. 한 개인의 지능검사 점수는 전체 평균으로부터 그 이상 혹은 이하로 몇 편차에 속해 있는가 하는 용어로 기술될 수 있다. 그러므로 전체 대상 인구의 약 2.3%가 평균 점수로부터 −2 편차 이하에 속해 있는데, 이것을 미국 지적장애 및 발달장애협회에서는 평균 이하의 '현저하게 낮은'이라고 지칭하고 있다.

주로 사용되는 지능검사인 스탠퍼드−비네 지능검사(Stanford-Binet Intelligence Scales)와 웩슬러 아동용 지능검사−개정판(Wechsler Intelligence Scale for Children: WISC-IV)의 평균점수는 100점이다. 스탠퍼드−비네 지능검사의 한 편차는 16점이고 웩슬러 아동용 지능검사−개정판의 한 편차는 15점으로 되어 있다. 그러므로 미국 지적장애 및 발달장애협회(AAIDD)의 정의에 근거해서 보면, 지적장애로

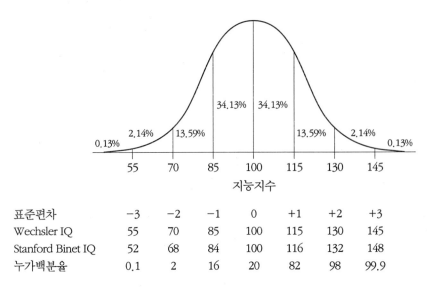

[그림 9-2] 지능의 정상분포곡선

진단하기 위해서는 지능지수가 평균으로부터 적어도 −2 표준편차 이하가 되어야 하는데, 이것을 점수로 말하면 두 지능검사에서 대체로 70 이하인 점수를 말한다.

(2) 적응기술

지적장애의 진단에서 적응기술은 필수적인 사회적 능력을 의미하여 '적응행동'이란 용어로도 발전된 개념이다. 최근 아동의 환경과 맥락에 대한 강조는 다양한 적응행동 범주들을 구별하려는 더 많은 시도를 만들어 내고 있다. 적응행동의 결함은 성숙, 학습 또는 사회적 적응에 영향을 미칠 수 있다. 적응행동의 결함은 개인의 동일 연령 집단이 나타내는 적절한 행동 기준 및 규준에 따라 판단된다. 한 아동이 지적장애로 정의되기 위한 판단 기준은 적응기술의 유의미한 제한성이 개념적·사회적·실제적 적응기술의 세 가지 유형 중 한 가지, 혹은 개념적·사회적·실제적 적응기술들의 표준화된 측정도구에서 전반적 점수의 평균보다 적어도 −2 표준편차의 수행으로 규정되어 있다. 적응기술 영역에 대한 이러한 묘사는 이를 정의하려 했던 과거의 노력보다 훨씬 더 포괄적이며, 특수교육 프로그램의 핵심 요소로서의 적응기술에 대한 커져 가는 관심을 반영한다. 따라서 지능지수 점수가 낮지만 여전히 사용 가능한 적응기술을 소유하고, 지역사회

〈표 9-3〉 **적응기술 영역 비교**

AAMR(1992)	AAMR(2002)/AAIDD(2010)
• 의사소통: 수용언어, 표현언어 등 • 기능적 학업: 읽기, 쓰기, 수 계산, 시간, 돈, 부피, 양 개념 등 • 자기지시: 화장실, 옷 입기, 식사하기, 몸단장 등	개념적 • 언어(수용 및 표현) • 읽기/쓰기 • 돈의 개념 • 자기지시
• 사회적 기술: 상호작용 기술, 감정 표현과 감정 읽기, 성적 행동, 집단 참여 등 • 여가: 관심사 발달, 놀이기술, 편의시설 이용, 취미 활동 등	사회적 • 대인관계 • 책임감 • 자아존중감 • 타인에게 잘 속는 정도 • 순진한 정도 • 법 준수하기 • 손해 보지 않기
• 자조기술: 선택하기, 스케줄, 환경에 적절히 활동하기, 과제 완료에 대한 기술 등 • 가정생활: 집 청소, 집 관리, 의복 관리, 음식 준비, 가정 안정 등 • 건강 및 안전: 먹기, 질병, 치료, 예방, 응급조치, 기초적인 안전 등 • 지역사회 활용: 지역사회 이동, 장보기, 물건 구매하기, 대중 및 공공 시설 이용 등 • 직업생활: 특정 작업기술, 작업 습관 및 태도, 작업 수행, 직업을 구하는 기술 등	실제적 • 일상생활 활동: 식생활, 이동, 용변, 옷 입기 • 일상에서 도구 활용하기: 식사 준비, 가사 활동, 교통수단 이용, 약물 복용, 돈 관리, 전화기 사용 • 직업기술: 환경 속에서 안전 유지하기

에서 자립적으로 생활하고 사람들과 합리적으로 상호작용하고, 시간제 직업이나 전일제 직업을 유지하는 것이 가능하다. 이러한 상황에서 한 개인은 여전히 지적으로 제한성을 가진다고 하지만 '지적장애'로 불릴 필요는 없다.

적응기술을 측정하는 도구로는 바인랜드 적응행동검사(Vineland Adaptive Behavior Scales), AAMR 학교용 적응행동검사-2판(Adaptive Behavior Scale-School: ABS-S-II), AAIDD 적응행동검사(The Diagnostic Adaptive Behavior Scale: DABS), 적응행동 사정체계-2판(Adaptive Behavior Scalea Assessment System-II: ABAS-II) 등이 있다.

2) 진단 · 평가의 절차

지적장애 아동의 진단 · 평가는 지능지수와 적응기술의 두 가지 요소를 기준으로 선정 · 배치 · 교육 실천을 목적으로 한다. 우리나라의 「장애인 등에 대한 특수교육법」에 따르면, 정신지체를 가진 특수교육 대상자는 "지적 기능과 적응행동상의 어려움이 함께 존재하여 교육적 성취에 어려움이 있는 사람"을 선정 기준으로 제시하고 있다.

지적장애 아동(법률상 '정신지체')에 대한 진단 · 평가의 절차는 다음과 같다.

> 보호자 또는 각급 학교장(보호자의 사전 동의)의 진단 · 평가 의뢰 ⇒ 교육감 또는 교육장 접수 ⇒ 내부 절차에 따라 특수교육지원센터로 회부(즉시) ⇒ 특수교육지원센터에서 진단 · 평가 실시(30일 이내) ⇒ 진단 · 평가 결과를 교육감 또는 교육장에게 보고 ⇒ 해당 특수교육운영위원회의 심사(특수교육 대상자의 선정 여부 및 교육 지원내용 결정 등) ⇒ 교육감 또는 교육장이 선정 결과를 보호자에게 서면통지(특수교육지원센터로부터 최종 의견을 통지받은 지 2주일 이내)

이와 같은 일련의 과정을 통해서 지적장애 아동(정신지체를 가진 특수교육 대상자)을 위한 교육 지원내용에는 배치되어야 할 학교, 특수교육, 진로 및 직업 교육, 특수교육 관련 서비스 내용이 포함되도록 하고 있다.

결국, 지적장애 아동에 대한 진단 · 평가는 지능지수와 적응기술이 설정된 기준에 해당되는지를 판단하는 적격성 판정을 중심으로 그 이전의 조기 발견 및 조기 교육을 위한 사전 조회 그 이후의 교육 배치와 교육 실시를 위한 과정으로 진전되어 간다.

3. 원인과 예방

지적장애의 원인은 다양하다. 그러나 지적장애 아동 중에서 정확한 원인을 알 수 없는 경우가 많으며, 밝혀진 원인들도 상당수가 직접적인 원인이라기보다 상관관계가 높은 것으로 추정되는 경우가 많다. 일반적으로 중도 지적장애는 염색체 이상, 유전자 이상, 기타 감염 등의 생의학학적 요인에 따른 경우가 많고, 경도 지적장애는 아동발달의 부정적 여건, 부모의 부적합한 행동, 교육적 지원 부재 문제 등의 환경적인 요인에 따른 경우가 많다. 여기서는 지적장애의 원인과 그 사전 예방에 관해 간략히 살펴보기로 한다.

1) 원 인

(1) 다운증후군

다운증후군(Down's syndrome)은 가장 흔하고 쉽게 인식되는 염색체 질환으로 유전적 장애 중 하나다. 이 증후군은 처음 발견한 Down의 이름을 따서 지어진 명칭이며, 과거 이들이 가진 신체적 독특성이 몽고인과 비슷하다고 해서 몽고리즘으로 불리기도 하였다. 다운증후군은 600~900건의 출산에서 1건 꼴로 발생한다(Kirk et al., 2003). 또한 분명히 유전적이기는 하지만 이 증상은 유전되지 않으며 염색체 분할에 문제가 있는 것이다.

다운증후군 아동들의 대부분은 비분리(nondisjunction)를 통해 발생되는데, 이는 일부 염색체(특히 21번째 염색체)가 적정하게 분할되지 못하여 정상적인 46개 염색체 대신 47개 염색체를 생성하게 된다(Lejeune, Cautier, & Turpin, 1959). 대부분의 경우, 이 증상은 경도나 중도 지적장애와 다양한 청각·골격·심장 문제를 초래한다. 다운증후군의 발생은 임산부의 연령과 관련되어 있어서 35세 이상의 임산부에게서 태어나는 아동들에게 다운증후군의 발생이 유의미하게 증가한다. 통계에 따르면, 다운증후군에 걸린 아동 중 50%가 35세 이상의 임산부에게서 태어난 것으로 알려지고 있다. 그러나 임산부의 연령이 다운증후군의 출산과 관련이 있는지에 대해서는 정확히 밝혀지고 있지 않다. 아버지의 연령은 어머니의 연령만큼 중요하지는 않은 것으로 알려지고 있다.

다운증후군 아동들은 독특한 신체적 특징을 보이기 때문에 서로 유사해 보이기도 한다. 즉, 그 특징으로 작은 키, 평평하고 넓은 얼굴, 작은 귀와 코, 짧고 넓은 손, 안으로 굽은 손가락, 약간 올라간 눈꼬리, 작은 입과 낮은 천장(혀가 밖으로 나오게 되고, 발음상의 문제를 일으킴), 탄력성 없이 처진 근육, 심장질환(약 33~50%), 잦은 호흡기 관련 감염, 지체되거나 불완전한 성 등이 나타난다(최종옥, 박희찬, 김진희, 2002).

다운증후군은 증상이 아동의 초기발달을 넘어서까지 확장된다. 학령기의 다운증후군 아동들은 지체된 지적 발달과 의사소통 기술에서의 어려움과 비교할 때, 상대적으로 사회성과 대인관계에서 높은 기술을 가지고 있는 것으로 보인다. 다운증후군이 있는 성인은 나이가 많아질수록 우울증, 치매, 알츠하이머병에 걸릴 확률이 높다(Loveland & Tunali-Kotoski, 1998). 이후의 이러한 위험을 예방하거나 통제하려는 체계적인 노력이 지속적으로 이루어져야 한다.

(2) 터너증후군

터너증후군(Turner's syndrome)은 여성이 X 염색체를 하나만 가진 것으로 성염색체 이상으로 발생한다. 본래 남성에게서는 XY, 여성에게서는 XX이어야 할 성염색체가 X 염색체 한 개만으로 이루어지는 성염색체 결손에 따른 질병으로, 여아 2,500명당 1명의 비율로 나타난다. 이 증후군은 XO의 염색체 형태를 가지며, 착상된 태아의 95%가 자연 유산되는 것으로 알려져 있다. 터너증후군 여성은 학습에 많은 어려움을 겪게 되는데, 특히 공간 관계, 수학능력, 기억, 주의집중력, 사회적 능력 등에서 문제를 나타낸다. 그리고 이 증후군은 이차 성징이 결여되는 등 생식선 기능저하증의 증상을 보이기도 한다.

(3) 취약성 X 증후군

취약성 X 증후군(fragile X syndrome, X 염색체의 끝 부분의 수축 때문에 이런 이름이 붙음)은 지적장애와 발달장애의 선두 요인들 중 하나로 인식되고 있다(Simonoff, Bolton, & Rutter, 1998). 남성의 발생률은 1,500명당 1명이고 여성의 경우 1,000명당 1명이다. 여성에게도 유전이 되지만, 이 증후군의 가장 심각한 영향은 남성에게 있는 것으로 알려져 있다.

취약성 X 증후군의 주된 증상은 지적 수행의 손상이다. 이 증후군을 가진 250명의 남성에 대한 한 연구는 13%만이 지능지수가 70을 넘는다는 것을 발견했으며, 이 장애를 가진 남성의 지능지수가 시간이 지나면서 저하되는 경향이 있었다(Hagerman et al., 1989). 이 증후군과 함께 나타나는 육체적 특징은 큰 귀에 정상보다 약간 더 큰 머리, 길고 좁은 얼굴 그리고 높은 아치 모양의 연구개 등이다. 이러한 육체적 특징은 출생 후 2년 이상이 지날 때까지도 나타나지 않는다.

취약성 X 증후군을 가진 아동들의 행동 패턴은 상당한 다양성을 보이지만, 사회적 관계의 문제, 의사소통 기술의 지연, 단어나 구의 반복 표현 등이 주로 나타난다. 취약성 X 증후군은 자폐성장애와 연계되어 왔지만, 이 증상을 가진 아동들 중 고작 5%만이 자폐성장애를 가진 것으로 확인되고 있다(Dykens, 1999).

(4) 프레더-윌리 증후군

프레더-윌리 증후군(Prader-Willi syndrome)은 염색체 구조의 이상으로 발병하며, 15번째 염색체의 일부가 소실됨으로써 운동발달과 지적 발달이 지연된다. 그 밖의 특성은 생식기 발육부전, 지나친 식욕, 작은 체구, 작은 손과 발 등이 나타나며, 발생빈도는 1만 2,000~1만 5,000명당 1명인 것으로 알려져 있다. 특히 이 증후군은 신생아기 및 영아기에 근무력증(낮은 근육 긴장도)에 따른 수유 곤란 증세를 보이지만, 그 이후 식욕 억제가 곤란하여 먹는 것에 지나치게 집착하고, 나중에는 생명을 위협할 정도의 비만이 발생할 수 있다. 그리고 일반적으로 이 아동들은 다양한 문제행동으로 충동성, 공격행동, 울화, 강박적인 행동을 보이기도 한다.

(5) 페닐케톤뇨증

배아와 태아의 정상적인 성장과 발달은 적절한 시간과 장소에서 효소가 생산되는 것에 달려 있다. 효소가 생산되지 않거나 그 정상 기능을 수행하지 못하면 좋지 않은 발달 증상이 발생한다. 이 증상들은 '선천성 대사이상(inborn errors of metabolism)'이라고 불린다. 이런 이상 중 하나가 페닐케톤뇨증(phenylketonuria: PKU)인데, 이는 심각한 지체를 유발할 수 있는 단일 유전자 결함이다. PKU는 많은 음식물에 들어 있는 아미노산 중의 하나인 페닐알라닌을 분해하는 효소가 없이 태어남으로써 발생하고, 이 아미노산을 분해하지 못함으로써 뇌의 손상을 입게 되고 결과적으로 공격행동, 과잉행동, 심한 지적장애가 발생하게 된다. PKU는 환경적 치료, 즉 특수한 식이요법으로 교정될 수 있다는 점에서 특이한 유전장애다. 그러나 이 식이요법은 엄격하며, 많은 가족이 그것을 지키는 데 어려움을 겪는다. PKU는 출생 시에 발견될 수 있으며, 미국에서는 40개가 넘는 주에서 이러한 아동들을 확인하여 이들이 식이요법을 조기에 시작할 수 있도록 스크리닝 프로그램을 확립하고 있다(Simonoff et al., 1998).

엄격한 식이요법이 빠른 시기에 시작될수록 지능의 손실이 더욱더 줄어든다. 학령기에 식이요법을 포기하는 PKU 아동들은 사회적·지적 퇴행을 겪게 된다. PKU가 있는 임산부가 이 식이요법을 유지하지 않으면 선천적 결함을 가진 아이를 낳을 확률이 높아진다.

(6) 태아알코올증후군

임산부가 임신 중 음주를 함으로써 태아에게 신체적 기형과 정신적 장애가 나타나는 선천성 증후군을 말한다. 임신 중 만성적으로 알코올을 섭취하는 경우 신생아의 출생 전후 성장지체, 지적장애, 안면기형, 신경계 이상 등이 유발된다(국립특수교육원, 2009). 현재 태아알코올증후군(fetal alcohol syndrome: FAS)이라 지칭되는 대부분의 결과는 훨씬 많은 경고와 관심을 불러일으켰다. 아직까지도 FAS가 발생하는 알코올 양의 역치를 잘 알지 못하는 상황이다. 만성적 다량의 알코올 섭취뿐만 아니라, 횟수는 적어도 폭음을 한다든지, 적은 양이라도 지속적으로 섭취하는 경우에도 신생아에서 FAS가 발생하거나 이와 유사한 양상을 보이는 비정상적 소견이 나타날 수 있다.

특히 FAS의 고통스러운 양상 중 한 가지는 뇌의 발달에 직접 영향을 미치고, 그 결과가 성인기까지 오랫동안 지속된다는 것이다. FAS는 현재 중도 혹은 중등도의 기질성 지적장애의 중요한 요인 중 하나로 간주되고 있다(Warren & Bast, 1988). FAS는 일상적으로 인식하고 있는 것과 같이 예방 가능한 증상이기도 하다.

(7) 유해 물질

임산부는 태아에게 탯줄을 통해 영양을 공급하는데, 그것 자체가 위험한 물질이 태아에게 전달될 수 있는 통로가 되기도 한다. 태아발달을 모니터하는 능력의 발달과 동물 실험연구를 통하여 아직 태어나지 않은 아이와 임산부가 섭취하는 물질이 태아에게 미치는 영향에 대한 관심이 증가해 왔다. 약물과 흡연은 좋지 않은 영향을 미치는 가장 좋은 예로서 여타 약물의 다량 복용, 지나친 흡연은 태아와 아동의 조기발달에 비우호적인 출생 전후 환경을 조성한다.

(8) 기타 요인

그 밖의 지적장애의 원인이 되는 생의학기타 요인과 환경적인 요인을 간략히 살펴보면 다음과 같다.

뇌는 수정 약 3주 후에 발달하기 시작하고 그 후 몇 주 동안 중추신경계는 질병에 매우 취약해진다. 어머니가 이 시기 동안 풍진에 걸리면 그 아이가 지적장애 또는 심각한 선천적 결함들을 갖고 태어날 가능성이 있을 것이다. 현재 사용하는 풍진 백신은 풍진 아동들의 수를 감소시켰다. 아동들과 성인들은 또한 고열을 초래하는 바이러스들에 뇌를 손상당할 위험이 있으며, 고열은 다시 뇌세포를 파괴한다. 뇌염(encephalitis)은 이런 유형의 바이러스 중 한 가지다.

그리고 지적장애를 발생시키는 환경적인 요인은 초기 자극 결핍, 산모의 영양 결손, 가정 빈곤, 아동 학대 방치, 잘못된 부모의 양육, 부모의 인지적 장애 등의 사회적·행동적·교육적 위험 요인 등이다. 이들 사회적·행동적·교육적 위험 요인이 지적장애의 원인이 된다는 직접적 증거는 없지만, 많은 경우에 경도 지적장애를 발생시키는 데 상당한 영향을 미치는 것으로 알려지고 있다(Heward, 2013).

2) 예방

지적장애의 원인에 대해 더 많은 것을 알아 간다는 것은 지적장애를 예방하기 위한 더 좋은 조건을 갖추어 간다는 의미다. Scott과 Carran(1987)은 지적장애의 예방을 일차적 예방, 이차적 예방, 삼차적 예방의 세 단계로 나누어 각각 설명하였는데, 각 단계의 목적과 이 목적을 성취하기 위한 전략들을 제시하고 있다.

일차적 예방은 태아발달에 초점을 맞춘다. 예방 목적은 지적장애를 초래할 수 있는 증상을 가진 아동의 수를 줄이는 것이다. 이는 바람직한 출산 전 관리로서 임산부에게 약물, 알코올, 흡연의 위험에 대해 가르치는 것 등이 한 가지 중요한 전략이 된다. 위험에 처한 자녀를 가진 부부들을 위한 유전적 상담이나 지적장애를 초래하는 원인과 치료법에 관한 연구·조사가 필수적이다. 예를 들어, 풍진은 항체 발견과 면역 프로그램을 통해서 대개 제거되었다(Crocker & Nelson, 1983).

이차적 예방은 지체를 초래할 수 있는 환경 조건을 확인하고 변화시키는 데 목적을 둔다. PKU에 걸린 신생아를 발견함으로써 치료를 시작하고 지체를 예방할 수 있다. 또한 환경 실조 가정의 아동들에게 강력한 취학 전 프로그램을 제공함으로써 환경적 요인으로 발생하는 지체를 방지 혹은 감소시킬 수 있다.

삼차적 예방은 교육적·사회적 중재환경을 마련하여 지적장애인들이 최대한의 잠재력으로 최상의 삶의 질을 성취할 수 있게 하는 데 초점을 맞춘다. 조기예방 프로그램은 아동의 지각능력을 키우고, 표현언어 사용을 독려하고, 지연된 사고과정을 강화하며, 분류와 추론의 연습 기회를 주기 위해 노력한다. 어떤 프로그램은 부모들에게 이 활동들을 가정에서 계속하고 확장할 것을 권장하고 있다.

아동의 사회적 발달과 인지적 발달의 어떤 부분이 생물학에 달려 있으며, 또 어떤 부분이 사회환경에 달려 있는가 하는 것은 여전히 중요한 이슈다. Horowitz와 Haritos(1998)는 점점 더 많은 증거가 생물학적 요인에 따른 지적장애라는 결과를 지지하지만, 환경적 중재가 지체라는 상황을 개선할 수 있다고 결론지었다.

〈표 9-4〉 **지적장애 예방 단계 및 전략**

예방 단계	목 적	전 략
일차적 예방	지적장애를 갖고 태어나는 아동의 수를 줄임	• 출산 전 관리 • 유전적 상담 • 과학적 연구·조사 • 가족 계획 개선
이차적 예방	조기 확인과 효과적 치료	• 집중적 신생아 관리 • 부모교육 • 장기 사회서비스 • 선별
삼차적 예방	최대한의 잠재력으로 최상의 삶의 질을 성취하기 위한 적응	• 식사 관리 • 평생에 걸친 교육·사회 서비스의 증가

4. 특 성

지적장애 아동의 특성은 그것이 어떠한 영역이라고 하더라도 다양성을 가지고 있다. 이와 같은 다양성은 지적장애를 가진 모든 아동이 개인 간 차이와 개인 내 차이가 존재한다는 것을 의미한다. 그러므로 지적장애 아동의 특성은 다양한 범주 내에서 일반적 경향을 이해할 수 있도록 설명하는 것이다. 여기서는 지적장애의 특성으로 정보처리, 인지적 특성, 언어적 특성, 사회·정서적 특성에 대해서 살펴보고자 한다.

1) 정보처리

지적장애 아동들의 가장 명확한 특성은 외부에서 투입되는 자극에 대해서 바람직한 것으로 여겨지는 반응을 산출하는 데 어려움을 가지는 것이다. 즉, 정보를 수용하고 처리하는 일련의 과정을 효과적으로 학습하지 못하는 아동을 돕기 위해서는 무엇이 이들을 학습하지 못하게 하는지와 어떻게 정보를 처리하는지를 이해해야 한다.

지적장애 아동의 정보처리 문제는 그들이 분류·기억·실행 기능에서 다소의 문제를 가지고 있음을 의미한다. 분류는 지적장애 아동에게 특수한 문제로 빈번히 나타난다. 학령기 일반아동은 사건이나 사물들을 유용하게 군집화(혹은 집단화)하는 법을 신속하게 배운다(예: 의자, 탁자, 소파는 '가구', 사과, 배, 복숭아는 '과일'). 그러나 지적장애 아동은 사물을 분류해서 군집화하는 능력이 다소 떨어진다. 또한 지적장애 아동은 정보를 기억하는 데 어려움이 있다. 기억 문제는 저장된 정보를 주어진 상황에 적용하기에는 빈곤한 초기 지각으로, 기억해야 할 정보를 단기기억에서 장기기억으로 저장하고, 장기기억에서 단기기억으로 인출하는 과정에서 단기기억력이 떨어지는 것으로 알려져 있다. 그리고 실행기능(executive functions)은 정보를 처리하기 위해 어떤 전략을 언제, 어디서, 어떻게 적용할 것인지를 알고 적용하는 기능을 의미한다. 하지만 지적장애 아동은 기본적으로 관심 대상이 협소하고 집중력의 약화에 따른 수용 정보의 질 저하, 정보를 조직화하는 메타 사고(meta-thinking) 책략의 부족, 반응 레퍼토리의 빈곤에 따른 빈번한 부적절한 반응 산출 등의 문제를 가지고 있다(Bos & Vaughn, 1998).

이와 같이 지적장애 아동의 학습 문제는 특정 인지기능에 국한되는 것이라기 보다는 전반적인 정보처리의 실질적인 어려움에서 찾을 수 있다. 따라서 지적장애 아동에게는 정보처리 체계의 비효율성을 고려한 학습과제 제시, 학습전략 교수 등이 이루어져야 한다.

2) 인지적 특성

지적장애 아동은 주의집중력(지속시간, 초점 및 범위, 선택적 주의집중)에 어려움을 지니고, 관찰이나 모방을 통하여 배우는 모방학습이나 우연학습 능력이 부족하며, 동일한 내용을 다양한 상황에 적용하는 일반화 능력이 떨어지기 때문에 전반적인 학업성취도가 낮은 특성을 보인다.

한편, 지적장애 아동은 비록 속도가 늦고, 궁극적인 기능 수준이 보다 낮을지라도 일반아동과 동일한 순서와 단계를 통해 발달한다고 보고되고 있다(Weisz, 1999). 이것은 학습된 무기력감(learned helplessness)이라는 또 다른 이슈를 제기한다. 지적장애 아동이 일관되게 과제에 실패하면 그 아동은 학업 과제 및 상황에서의 일관된 실패로 구축된 학습된 무기력감 때문에 동기유발이 잘되지 않는 경향을 보이기도 한다. 실패의 경험뿐만 아니라 스스로 학습할 수 있는 기회가 주어지지 않고 주위에서 모든 것을 대신해 주기 때문에 학습된 무기력감이 생기는 것이다(이소현, 박은혜, 2007).

그리고 지적장애 아동은 초인지 전략에서도 일반아동에 비해 낮은 능력을 보인다. 초인지란 주어진 특정 과제를 수행하기 위하여 필요한 방법을 인지할 수 있는 능력을 말하는 것으로, 과제에 적절한 전략을 선택 · 수정 · 고안할 때 반성적 접근을 하는 것과 관련된다. 이러한 초인지는 학습자로서 자기 자신의 인지과정에 대해 인식하는 '초인지 지식'과 학습 활동을 스스로 조정하고 통제하면서 학습을 수행하는 '초인지 자기조절'로 구분된다. 지적장애 아동은 초인지 전략의 부족으로 학습에 어려움을 겪기 때문에 초인지적 기술을 학습하도록 하는 데 도움을 주어야 한다.

3) 언어적 특성

대부분의 지적장애 아동은 언어발달에서 지체되거나 비정상적인 패턴을 나타내는 특성이 있다. 즉, 지적장애 아동은 음의 대치, 생략, 첨가, 왜곡 등으로 말을 정확하게 발음하지 못하는 조음 문제, 정상 언어발달 단계에 따르되 발달 속도가 느린 구어발달 지연, 제한된 어휘와 부정확한 문법 사용에 따른 자기표현 능력 저하 등으로 인해 어려움을 겪는다. 또한 지적장애 아동은 대화 시에 어떤 단어나 대화내용에 대해서 상대방도 이미 그것을 알고 있을 것이라는 '전제능력'과 상대방이 보이는 언어적 또는 비언어적 단서를 참고해서 대화의 내용이나 방향을 조정할 수 있는 '참조능력'의 부족을 보이기도 한다.

언어와 인지 간의 상호적 교류와 밀접한 연결 고리는 오랫동안 지적되고 주목되어 왔다(Cromer, 1991). 언어가 인지에 의해 제한되기도 하고, 인지(특히 사고, 계획, 추론)가 언어에 의해 제한되기도 한다(Fowler, 1998). 더욱이 빈곤한 언어체계를 확대시키는 것으로 언어 학습기 동안의 제한된 입력과 빈곤한 데이터베이스라는 문제가 있다(Locke, 1994).

열약한 언어발달과 자기조절 문제는 연관성이 있으며 많은 자기조절 방법이 언어에 근거하고 있으므로, 언어를 통해 자기 자신을 표현하고, 자기조절의 실패로 문제행동이 표출되지 않도록 적절한 지원이 제공되어야 한다.

4) 사회 · 정서적 특성

지적장애 아동에게 있어서 학업적인 면보다 더 관심을 가지는 부분은 사회 · 정서적 기술의 발달이다. 지적장애 아동은 적응행동의 결함으로 인해 대인관계가 원만하지 못하고 다양한 상황에서 적절하게 대처하지 못한다. 특히 자기지향성, 책임감, 사회적 기술 등의 부족으로 인해 부적절한 행동을 함으로써 주위 사람들로부터 거부당하는 것을 볼 수 있다. 또한 주의가 산만하고 집중력이 결여되어 있으며, 대인관계 기술이 부족하여 인해 친구들과 원만한 관계를 유지하는 데 어려움을 보인다.

Korinek과 Polloway(1993)는 지적장애 아동을 위해서 학교 교실에서의 학습과

정이 사회적 기술과 사회적 능력의 발달에 초점을 두어야 함을 강조하였다. 이것
은 당장의 학업 효율성 증대에 영향을 미치는 것은 물론이고, 성인기 적응에서
사회적 기술의 중요성 때문에 그 필요성이 더욱 강조되고 있다. 실제로 사회적
기술이 없는 아동들은 학급이나 학교에 적응할 준비가 잘되어 있지 못하고, 또래
나 이웃과의 관계에서 문제를 겪게 될 가능성이 매우 높다. 일반아동은 대부분
특정한 교육 없이도 이러한 기술을 습득할 수 있지만, 지적장애 아동은 특별한
관심을 가지고 집중적인 교육이 이루어져야 한다.

이러한 결과는 지적장애 아동이 또래 집단에 잘 수용되지 못하는 이유를 시사
하며, 또한 그들에게 필요한 추가적인 교과과정이 무엇인지를 설명해 준다. 그들
에게는 명백히 사회적 상황을 더 잘 해석할 수 있는 사회적 단서를 확인하는 연
습이 필요하며, 또한 역할놀이와 친사회적 상호작용에 유용한 전략에 대한 연습
이 요구된다.

5. 교육적 접근

지적장애 아동은 분리교육 환경과 통합교육 환경 모두에서 교육받고 있고, 개
별적으로 다양한 교육적 요구를 가지고 있다. 따라서 지적장애 아동을 위한 교
육적 접근은 기본적으로 개별학생 중심의 접근이 필요하다. 이러한 원칙을 기반
으로, 학교 현장의 수업 상황에서 적용할 수 있는 교육적 접근방법으로서 '학습
내용 중심 전략'과 '학습특성 중심 전략'으로 구분하여 살펴보고자 한다.

1) 학습내용 중심의 교수-학습 전략

(1) 일반 교육과정 접근 전략

중다수준 교수(multilevel instruction)와 교육과정 중복 교수(curriculum over-
lapping instruction)는 통합교육 환경 내에서 교육과정 조정 혹은 교수 적합화의
맥락에서 이루어지는 교수전략으로 알려져 있다. 일반적으로 수업은 특정 '환
경' 안에서 가르치는 '교사'와 배우는 '학생'이 교과로 구분된 '내용'을 통하여

상호작용하는 과정이다. 그러나 실제 수업 상황은 정형화하기 곤란한 다양하고 복잡한 요인이 관여되어 있는데, 그 요인들 중에서 가장 많이 수업에 영향력을 미치는 것은 아동들이 제각기 가지고 있는 학습 스타일, 선호하는 자극, 반응양식 등을 포함하는 학습방식과 수행능력의 다양성이다.

한 학급 내 다양한 구성원의 개인 간 차와 개인 내 차에 적절하게 대처하는 수업방법에 대한 관심은 일반교육과 특수교육 모두에서 활발히 논의되고 있는 상황이지만, 특히 지적장애 아동이 포함된 통합교육 환경 내에서는 학습방식과 수행능력의 확장된 이질성을 최소화하는 교수-학습 전략으로 중다 수준 교수와 교육과정 중복 교수를 제시하고 있다.

① 중다 수준 교수

일반적으로 중다 수준 교수는 지적장애 아동이 일반아동과 동일한 교실 수업 상황을 전제하고, 특정 수업의 동일 교과, 동일 내용을 아동의 능력별로 몇 가지 수준으로 구분하여 기대하는 수업 목표를 달성하도록 지도하는 방법이다. 즉, 중다 수준 교수는 장애아동이 일반아동과 동일한 교과의 동일한 영역을 학습하지만, 성취 목표를 달리하는 교수기법이다. 가령 일반아동이 금전관리 기술을 학습하는 경우, 즉 일반아동은 '할인'에 관하여 학습하는 동안 IEP에 따라 학습하는 지적장애 아동은 '동전'과 '화폐'의 명칭을 학습하는 경우다(Snell & Brown, 2006).

② 교육과정 중복 교수

교육과정 중복 교수는 일반아동과 지적장애 아동이 동일 교과의 다른 영역을 학습하며, 성취 목표도 달리하게 된다. 이럴 경우, IEP에 따라 학습하는 아동의 교육과정은 일반아동과는 다른 지식과 기술에 중점을 두고 수정되어 실시된다. 또한 성취 목표도 달라진다. 여기서 '수정'은 아동이 학습해야 할 그 무엇을 변경하고, IEP의 목표에 도달하기 위해 특별히 고안되는 것을 말한다. 예를 들면, 일반아동이 '광합성'을 학습하는 동안 IEP에 따라 학습하는 지적장애 아동은 '눈 맞춤과 소근육 운동'에 관한 학습을 한다. 또는 과학시간에 일반아동은 실험 활동을 하는 것이 목표이지만, 지적장애 아동은 실험 활동에는 참여하지만 목표는 의사소통 기술을 학습하는 경우 등이다(Snell & Brown, 2006).

중다 수준 교수와 교육과정 중복 교수가 이루어지기 위해서는 통합교육 수업 상황에서 해당 단원(unit)에 대한 분석으로서 교육과정을 분석하고, 해당 단원을 구성하고 있는 학습과제의 교수 활동을 분석하며, 이에 근거해서 참여의 정도와 수준을 알기 위해 개별 아동에 대한 교육과정 사정(assessment)이 이루어져야 한다. 그다음 중다 수준 교수를 사용할 것인지, 아니면 교육과정 중복 교수를 사용할 것인지를 결정하고, 이를 기반으로 각각의 지적장애 아동에게 적합한 교수 목표(학년 수준 이하, 학년 수준, 학년 수준 이상) 중 각자에게 맞는 교수 목표를 선정하게 된다. 다만, 중다 수준 교수는 개별화된 교수 목표가 일반아동의 학습과제와 학습 활동에 연관된 것인 반면, 교육과정 중복 교수는 개별화된 교수 목표가 일반아동의 학습과제와 학습 활동과는 다르다는 점에서 차이를 가지는 교수전략이다.

(2) 생태학적 접근 전략

지적장애 아동의 교수-학습 전략으로서 생태학적 접근(ecological approach)은 '기능적 기술'을 교육내용으로 하고, 가능하면 '지역사회 중심 교수'를 교육방법으로 하는 접근전략이다. 기능적 기술은 일반아동에게는 일상적인 활동에 참여하고 관찰하는 가운데 발달할 수 있는 지식 및 기술이지만 지적장애 아동에게는 특별한 교수-학습을 통해서 지도되어야 한다. 생태학적 접근은 환경 내의 구조와 자극이 무엇을 교수할 것인가와 그것을 어떻게 교수할 것인가에 대한 지원의 기초를 제공한다는 것이다. 다양한 환경 자체가 교수할 내용의 자원이며, 동시에 적합한 교수 장소를 제공하는 것으로 인식된다(박승희, 1997).

생태학적 접근은 현재와 미래의 실제 생활에 유용성을 가지는 기능적 생활기술을 교육내용으로 선정하고, 이 교육내용을 가능하면 지역사회 맥락 안에서 적용하는 데 초점을 둔다.

- 교육과정 영역 정하기(가정, 여가, 학교, 지역사회, 직업)
- 현재와 미래의 자연스러운 환경을 조사하고 선별하기
- 하위 환경으로 나누기
- 하위 환경에서 행해지는 활동 목록 만들기(핵심적인 활동 중심으로)
  - 현재와 미래에 해당 기술이 얼마나 자주 사용될 것인가?
  - 자주 사용되지는 않지만 안전을 위한 중요한 목표인가?
  - 학습된 기술로 주변 사항을 통제할 수 있을 것인가?
- 그 활동에 필요한 기술 정하기

① 기능적 학업기술 교수

기능적 학업기술은 일상생활 기술과 직접적으로 관련된 필수 지식과 기술을 의미한다. 기능적 학업기술의 예로서, 물건 구입하기, 요리 안내문 읽기, 약품 안내문 읽기, 쇼핑물품 목록 쓰기, 사인하기, 컴퓨터 사용하기, 전화번호부 이용하기, 지원서 작성하기 등이 포함된다. 지적장애 아동에게 기능적 학업기술을 가르치는 이유는 학령기의 제한된 시간을 절약하여 생활하는 데 가장 필요하고, 학습이 가능한 수준의 내용을 가르치고자 하는 것이다. 이들은 일반화 능력에 제한이 있는 경우가 많으므로 교과서만으로 학습하기보다는 실생활에 적용하는 교수방법을 통하여 일반화를 촉진하고자 하는 것이다(이소현, 박은혜, 2007, pp. 100-101). 그러므로 지적장애 아동이 다양한 교육환경에서 일상생활에 필요한 모든 교과별 기능적 학업기술(생활 관련 읽기, 쓰기, 기능 어휘, 수학, 과학, 영어 등)을 학습할 기회에서 제외되지 않도록 해야 한다.

② 기능적 생활기술 교수

지적장애 아동은 일상생활과 지역사회 생활에 대한 기능적 생활기술을 학습해야 한다. 이와 같은 기능적 생활기술은 일반아동들에게는 특별한 수업이나 노력이 필요 없이 자연적으로 익힐 수 있는 과제다. 일반아동에게는 단순하기 이를 데 없는 과제일지라도 아동의 가족과 협력하는 가운데 특별한 교육과정 계획을 수립하지 않고서는 학습이 어려운 아동들도 있다. 지적장애 아동을 위한 일상생활 및 지역사회 내에서의 기능적 생활기술은 신변처리 기술, 공공시설 이용기술,

여가생활 기술, 경제생활 기술, 가사생활 기술, 식사생활 기술, 이동기술, 여행기술 등 다양하다. 이와 같은 다양한 일상생활 및 지역사회 생활기술은 그 영역도 다양하고 한 영역 안에 다양한 하위 기술이 존재하기 때문에, 생태학적 목록 평가를 통해 우선순위를 정하여 최적의 수준에서 지도가 이루어져야 한다.

생태학적 접근은 기능적 학업기술과 기능적 생활기술을 생태학적 분석을 통해서 추출해 낸 것을 교육내용으로 하고, 지역사회를 중심으로 가상, 참조, 실습해 가는 과정을 통해서 교수-학습이 이루어진다.

우선, 생태학적 접근에서 기능적 학업기술과 기능적 생활기술은 다양한 영역과 그 영역 안에 하위 영역이 존재하고, 그 영역에서 필요한 활동과 기술들이 있다. 그러므로 교육내용 선정에서 우선순위를 정할 필요가 있으며, 그 선정 원칙으로 '현재와 미래에 해당 기술이 얼마나 자주 사용될 것인지', '자주 사용하지는 않지만 안전을 위해서 매우 중요한 것인지', '학습된 기술로 주변 사항을 통제할 수 있는지' 등을 고려하여 범위(scope)와 우선순위(sequence)를 정해야 한다. 그 이후, 추출된 기술들은 성공적인 교수-학습으로 수행되기 위해서 복잡한 기술을 보다 단순한 기술로 단계화하는 과제분석을 해야 한다. 이때 과제분석은 추출해 낸 복잡한 행동을 작은 행동으로 나눈 핵심기술(core skill)과 그 기술에 의미를 부여하고 보다 가치를 높여 주는 연관기술(relation skill)을 동시에 고려해야 한다(Snell & Brown, 2006).

과제분석을 통해서 나누어진 단계별 기능적 기술은 습득, 숙달, 유지, 일반화의 학습 단계를 거치면서 수업 상황에서 교수-학습이 전개된다.

습득 단계는 학습의 첫 단계로 학습하고자 하는 기술을 정확하게 수행하는 것을 배우는 단계로서, 촉진(시간지연법, 최소-최대 촉진, 최대-최소 촉진)과 자연적 단서 사용, 강화 등이 주요 전략으로 활용된다. 숙달 단계는 정확하게 수행할 뿐 아니라 효율성을 높여서 빠르게 수행할 수 있도록 하는 단계로서 누가적이고 지속적으로 반복 연습 등이 전략으로 활용된다. 유지 단계는 새로 습득된 기술이나 행동을 시간이 지난 후에도 수행할 수 있도록 하는 단계로서, 계속적인 점검과 반복 학습이 필요하다. 마지막 일반화 단계는 학습된 반응이 학습되지 않은 자극(또 다른 유사한 상황)에서도 일어나게 하는 단계로서 자극일반화, 반응일반화, 과제일반화 등의 전략이 활용된다. 이와 같이 학습 단계의 진행에 따라서 기술 그 자체의 핵심기술에서 연관기술로 진전되어야 하고, 인위적 강화를 제공하던 것에서 자연적 강화를 제공하도록 하며, 개입이 강한 촉진에서 덜 개입적인 촉진으로 나아가고, 많은 단서를 제공하던 것에서 자연적 단서를 제공하는 등의 변화를 주면서 이루어져야 한다.

　그리고 기능적 기술은 지적장애 아동이 늦게 배우고, 배운 것을 잘 잊어버리며, 전이가 잘 이루어지지 않는 점을 감안하여 지역사회 내에서 교수가 이루어지도록 해야 할 필요가 있다. 지역사회 중심 교수는 모의수업, 비디오 모델링 학습 등을 이용한 지역사회 '가상' 수업, 학교 내 특정 기술에 직접적으로 관련된 환경을 통한 지역사회 '모의' 수업, 그리고 지역사회에 현장에서 기능적 기술을 지원하는 지역사회 '현장실습' 수업이 보다 적극적으로 이루어질 수 있도록 '교실 중심 수업'과 '지역사회 중심 수업'이 적절한 균형을 이루어야 한다.

2) 학습특성 중심의 교수-학습 전략

(1) 인지 · 학습 특성에 따른 교수 전략

　지적장애 아동은 학습을 수행하는 데 기본적으로 요구되는 다양한 학습기능에서 어려움을 가지고 있다. 즉, 지적장애 아동은 주의집중, 관찰학습, 기억, 초인지, 일반화와 유지 등의 부족 혹은 미비로 학습 수행에 문제를 가지고 있기 때문에 이들 특성을 고려한 교수-학습 전략이 활용되어야 한다.

① 주의집중

　지적장애 아동은 주의집중의 지속시간이 작고, 집중 범위가 협소하며, 선택적 주의집중이 잘 이루어지지 못하는 특성을 가지고 있다. 따라서 주의집중 지속시간을 늘리기 위해서는 아동이 성취해야 할 목표를 설명해 주고, 과제를 짧게 나누어 제시하거나 번갈아 제시하는 것이 바람직하다. 그리고 주의집중은 한 번에 한 가지 채널만 요구하는 것이 효과적이며, 지나치게 과제에 대한 자극 단서의 수를 많게 하거나 복잡하게 하지 않도록 해야 한다. 또한 선택적 주의집중을 위해서는 주위의 산만한 자극을 제거한 상태에서 특정 자극을 제시하여 주의를 기울일 수 있도록 해야 한다. 주의집중은 어떤 것을 선택하여 집중하고 다른 것은 무시하는 인지과정이기 때문에 학습을 수행하는 과정에서 적절한 보상체계로서 자연적 강화와 인위적 강화를 활용하는 것도 필요하다.

② 관찰학습

관찰학습이란 다른 사람이나 사물을 자극으로 삼아 학습하는 것을 의미한다. 그러나 지적장애 아동은 관찰이나 모방을 통해서 배우는 모방학습이나 우발학습의 능력이 부족하므로 일반아동들이 교사가 가르치지 않아도 스스로 학습하는 내용에 대해서도 직접적이고 세부적인 교수를 필요로 한다. 관찰학습을 위한 교수전략으로는 학습자가 모델에게 주의를 기울이도록 하고, 모델의 행동을 상징적인 형태로 기억하게 하며, 모델의 행동을 따라 해 보는 재생과정을 거쳐서 강화를 받게 하는 일련의 과정으로 교수하는 것이 좋다. 그러므로 관찰과 모방을 통한 우연학습의 기능이 부족한 지적장애 아동에게는 자연적 혹은 인위적으로 조성된 자극이나 동기를 제공하고, 우발적 반응과 의도적 정반응을 계속적이고 일관성 있게 나타내도록 프로그램을 구성해야 한다.

③ 기 억

기억은 경험내용을 저장하고 보존하여 필요한 상황에서 이를 재생·활용하는 과정이다. 지적장애 아동이 기억력이 약한 것은 양적 혹은 질적 측면에서 학습과정에 어려움을 주고, 학습 결과를 부실하게 하는 결과를 산출한다. 따라서 지적장애 아동의 교수는 정보량을 줄이고 덩어리로 기억할 수 있게 학습자료를 구성하며, 시연, 조직화, 약호화, 정교화 등의 전략을 사용하고, 반복연습, 시각 지원 자료 등을 활용하여 기억능력을 향상시키도록 지도해야 한다. 즉, 기억능력과 관련된 교수전략은 기억해야 할 대상이나 정보를 눈으로 여러 번 보아 두거나 말로 되풀이해 보는 '시연', 제시된 기억자료를 그것이 가지고 있는 속성에 따라 의미 있는 단위로 묶어서 기억하는 '군집화', 제시된 정보를 소리 패턴, 특정한 순서로 나열된 글자, 의미 등으로 정보처리 체제 내에서 표상하는 '약호화', 기억해야 할 정보에 무엇인가를 덧붙이거나 다른 정보와 서로 관련시킴으로써 기억하는 '정교화' 등이 적절하게 활용되는 것이 바람직하다.

④ 초인지

　지적장애 아동은 '인지 위의 인지'라고 하는 초인지 전략을 거의 사용하지 못하는 경향이 있다. 초인지는 특정 과제를 학습하기 위해 어떤 전략이 필요한지를 알고 자신이 하는 과제에 대해 지속적으로 검토하며 결과와 효과에 대해 점검할 수 있는 능력을 의미한다(Hallahan, Kauffman, & Pullen, 2009). 따라서 초인지 전략으로는 스스로의 과제 지향적인 행동을 계속적으로 하거나 자기 스스로 감독하는 '자기점검', 어떤 과제의 수행 순서를 스스로 말해 가면서 실행하도록 하는 '자기교수', 자신이 특정한 과제를 달성하였을 경우에 스스로 정해진 강화를 부여하는 '자기강화' 등을 활용할 수 있다. 이와 같은 초인지 전략의 향상은 학습자가 자신의 과제 수행과정을 점검하고, 통제 및 조절하며, 문제를 능동적으로 해결하는 지속적인 연습과 훈련 과정이 필요하다.

⑤ 일반화와 유지

　일반화는 특정한 조건과 상황에서 학습된 내용과 기술을 다른 조건, 다른 장소, 다른 사람에게 적용하는 것을 의미한다. 지적장애 아동은 특정한 조건과 상황이 아닌 유사한 조건과 상황에 적용하는 일반화 자체의 어려움, 학습한 내용과 기술을 너무 넓은 범위에서 적용하는 과잉일반화, 너무 좁은 범위에서 적용하는 과소일반화 등의 문제를 가지고 있다. 일반화 촉진 전략은 지적장애 아동의 학습 특성을 고려하여 학습할 내용과 기술의 맥락이 반영되어 있는 현장 혹은 환경 중심으로 교수하는 것이 효과적이다. 그러므로 일반화 촉진 전략은 교실 내·외의 다양한 현장 혹은 환경을 이용하여 반복적으로 연습할 수 있는 기회를 제공하고, 여건에 따라 필요시에 상황과 맥락을 반영한 역할학습, 놀이학습 등을 통한 교수도 바람직하다. 그리고 더 나아가 일반화가 어느 정도 이루어지고 난 이후에는 기존의 학습된 내용과 기술을 결합하는 세련된 일반화로 확장하는 것도 필요하다.

(2) 심리적 특성에 따른 교수전략

　일반적으로 지적장애 아동은 심리적 특성에서 다양한 문제를 가지고 있는 것으로 알려져 있다. 이와 같은 심리적 문제들은 자신의 학습 수행과 관계 형성에 부정적 영향을 미치는 중요한 요인으로 작용하고 있다. 따라서 심리적 특성에 따른 교수전략은 지적장애 아동이 가진 다양한 부정적 심리 특성을 개선함으로써 학습 수행의 효율성을 높이고 원만한 관계형성 능력을 함양하는 데 초점을 두고 있다. 여기서는 지적장애 아동이 가진 심리적 특성 중 외적 통제 소재, 실패에 대한 예상, 외부 지향성에 대한 교수전략을 살펴보고자 한다.

첫째, 지적장애 아동은 개인이 결과를 통제하는 정도에 대한 일반화된 기대에 대해서 외적 통제 소재의 특성을 가지고 있다. Weiner는 사람들이 성공이나 실패의 원인을 귀인(attribution)할 때 늘 비슷한 방식으로 반응하려는 경향을 가지며, 성공이나 실패의 원인을 무엇으로 인지하느냐에 따라 개인의 행동양식이 결정된다고 가정한다. 즉, 성공이나 실패의 원인을 내면적 태도 및 동기로 설명하는가, 아니면 상황이나 환경적 요인에 귀속시키는가에 따라 내적 통제 소재(internal locus of control)와 외적 통제 소재(external locus of control)로 구분된다. 일반적으로 지적장애 아동은 성공과 실패를 자신의 능력이나 노력과는 관계없이 운이나 외적인 요인으로 해석하는 경향이 높은 것으로 알려져 있다. 그러므로 외적 통제 소재를 가진 지적장애 아동들은 상대적으로 자신감이 부족하고 노력을 덜 기울이는 성향을 가지고 있다. 따라서 그 교수전략은 현실적 목표 설정과 보상을 통하여 지속적으로 성공감을 제공하고, 자신이 해야 할 일을 명확하게 제시하여 책임감을 길러 주는 것이 필요하다. 이와 같은 교수전략은 자신의 노력이 성공을 가지고 올 수 있다는 확신을 갖도록 하는 데 초점이 있으므로 학교의 과제 혹은 일과에서 실패가 누적되지 않고 성공을 누적하는 교육이 이루어지도록 해야 한다.

둘째, 지적장애 아동의 거듭된 경험들이 반영된 것으로 자신의 실패에 대한 예상을 일반아동에 비해 더 많이 가지는 소극적 심리 특성이 있다. 학습된 무기력(learned helplessness)이란 피할 수 없거나 극복할 수 없는 환경에 반복적으로 노출된 경험으로 인하여 실제로 자신의 능력으로 피할 수 있거나 극복할 수 있음에도 불구하고 스스로 그러한 상황에서 자포자기하는 것이다(국립특수교육원, 2009). 이와 같은 학습된 무기력은 지적장애 아동이 학교나 가정에서 학습이나 적응행동에서 실패의 경험이 지나치게 누적됨에 따라 발생하는 것으로, 실패에 대한 예상이 자신 스스로를 제한하는 소극적 심리 성향을 형성하게 된다. 그 결과로 학습된 무기력은 목표를 낮게 설정하고 동기 수준이 낮으며 노력의 양이 적고, 낮은 수행을 하게 되어 실패가 거듭되는 악순환을 지속시킨다. 따라서 지적장애 아동에게는 실패에 대한 예상을 방지하게 하는 차원에서 성공을 경험할 기회를 증가시켜야 한다. 이를 위해서는 기능 수준에 적합한 교육 목표를 설정하고 목표를 세분화하며, 성공 가능한 프로그램을 설정하고, 과정 가운데 보여 준 노력에 보상을 해 주는 교수전략의 적용이 필요하다.

셋째, 지적장애 아동은 자신의 내부 인지적 능력을 사용하기 이전에 외부에서 단서를 찾으려는 외부 지향적 특성을 가지고 있다. 즉, 지적장애 아동의 외부 지향성은 문제를 해결하는 상황에서 자신을 믿지 못하고 문제를 스스로 해결하려고 하기보다는 타인의 지도를 바라며 외적인 단서에 의존하려는 경향을 보이게 된다. 이와 같은 외부 지향성은 누적된 실패 경험으로 인하여 발생한 부정적인 영향의 또 다른 측면이 되며, 그 결과로 자신의 환경에 어떻게 반응할 것인가를 결정하는 과정으로서 스스로 행동하는 능력과 밀접한 관계성을 가지고 있는 자기결정(self-determination)의 부족으로 나타난다. 따라서 외부 지향적 성향을 가진 지적장애 아동을 위한 교수는 자기주도하에 자신감을 가지고 적극적으로 문제를 해결하려는 능력의 배양이 필요하고, 이를 위해서 성공과제의 지속적인 제공, 부정적 외부 의존성에 대한 강화 배제 등의 전략이 적용되어야 한다. 그리고 외부 지향성을 역으로 활용하여 적절한 행동 모델을 제공하고 학생이 이를 모방하도록 하며, 학생의 적극성, 능동성에 대해서는 보상해 주는 방안의 활용이 필요하다.

이와 같은 심리적 특성은 전반적으로 지적장애 아동의 학업성취와 생활적응을 방해하고, 더 나아가 다양한 문제행동을 하게 되는 원인으로도 작용한다. 따라서 지적장애 아동의 교육적 접근은 심리적 특성을 최적 수준에서 고려한 방안들을 통해서 이루어질 필요가 있다.

3) 언어적 특성에 따른 의사소통 교수전략

언어 문제는 인지능력과 밀접하게 관련되어 있기 때문에 지적장애 아동에게는 일반아동에 비하여 더욱 빈번하게 나타난다. 지적장애 아동은 소리의 대체, 생략, 첨가, 왜곡 등의 조음 오류를 가지고 있고, 실제 상황이나 맥락에 맞게 말을 하지 못하는 부적절한 활용 등의 문제를 가지고 있다. 그리고 이에 더하여 사용하는 어휘의 제한, 어색한 문장 구조 등으로 전반적 언어발달 지체를 보인다. 그러므로 지적장애 아동의 언어 교수는 의사소통 능력 향상을 중심으로 일상생활 속에서 실제적으로 기능하는 데 어려움이 없도록 하는 것에 초점을 두고 이루어져야 한다.

지적장애 아동의 의사소통 지도와 관련하여, 종전에는 분리된 환경의 인위적인 상황에서 개별지도를 중심으로 언어 결함 부분을 집중적으로 지도하는 전략이 시도되어 왔다. 그러나 최근에는 통합된 환경의 자연스러운 상황에서 자신이 생활하는 데 필요한 기능적 언어를 집중적으로 지도하는 전략이 강조되고 있다. 즉, 기능적 의사소통 지도(functional communication teaching)는 계속적인 상호작용과 매일의 활동 속에 교수를 삽입함으로써 정보, 느낌, 필요 등을 전달하기 위해 즉시 배운 것을 사용할 수 있고 의사소통에 따른 기능적 결과를 체험하게 하는 것이다(Snell & Brown, 2006).

그러므로 기능적 의사소통 지도는 교사가 미리 정해 놓은 특정한 언어 형태를 집중적으로 훈련하는 개별의 교수 기회를 제공하고, 반응을 강화 혹은 교정하기 위해 정해진 결과를 제공하는 종전 방식과는 달리, 학생이 활동하는 자연스러운 환경에서 삶에서 중요한 사람(학생의 보호자, 교사 등)들이 중재자가 되어 관심 있어 하는 상황, 내용을 중심으로 기능적 언어를 습득하는 데 초점을 두어야 한다. 이와 같은 지적장애 아동의 의사소통 지도에서는 모델링, 요구-모델링, 시간지연법, 우발교수 등의 절차와 방법을 통한 교수전략들이 많이 활용되고 있다.

첫째, 모델링은 아동이 독립적으로 사용하지 못하는 새로운 형태의 언어를 가르치는 초기 단계의 교수전략이 된다. 모델링은 어떤 사물이나 활동에 관심을 보이고 있는 것에 주의를 집중함으로써 공통 관심을 형성하고, 아동이 따라 할 수 있는 단어나 문장을 제시한다. 그 이후에는 아동이 정확하게 따라 하면 긍정적인 피드백을 제공하고 보다 복잡한 의사소통 형태를 제시하는 확장이 이루어진다. 반면, 학생이 무반응 혹은 오류를 보이게 될 경우에는 교정적 모델을 제시하고 다시 시도하는 절차로 진행된다.

둘째, 요구-모델링은 자연스러운 환경에서 특정한 상황을 포착하여 학생에게 단어나 문장으로 표현하도록 요구한 후에 다시 모델링을 하는 교수전략이다. 이

전략은 모델링에 요구라는 한 가지 절차가 더 첨가된 형태로 이루어진다. 즉, 요구-모델링은 특정한 상황에서 공동 관심을 형성하고 언어적 반응을 요구한 후 정반응에 대해서 칭찬, 더 복잡한 의사소통 형태로의 확장 등이 이루어지고, 오반응에 대해서는 교정적 모델링을 다시 제공하는 방법이 이루어진다.

셋째, 시간지연법은 모델이나 요구만이 아니라 환경적 자극에 반응하도록 하고자 고안된 것으로 초기 의사소통 형태의 보다 자발적인 언어 사용을 교수하기 위한 교수전략이다. 시간지연법은 아동의 의사소통 시도 상황을 파악하고 자발적 언어 반응을 기다리는 것이다. 이 경우 시간 지연은 3~5초 정도인데, 필요에 따라 10초 이상 기다리기도 한다. 만약 아동이 의사소통에서 정반응을 보이면 즉각적인 칭찬, 언어적 확장, 자료나 도움 제공 등이 이루어지고, 반대로 오반응 혹은 무반응을 보이면 모델링 혹은 요구-모델링 전략을 적용하는 방식으로 진행된다.

넷째, 우발교수는 교사가 목표하는 의사소통 기능을 가진 언어적 표현을 자연스럽게 유도하는 환경과 상황을 만들어 그 환경과 상황에서 바람직한 언어 또는 의사소통 행동을 교수하는 전략이다. 이 전략은 의사소통이 시도될 자연적 환경과 상황을 포착하는 것도 중요하지만, 인위적 환경과 상황을 조성하는 것도 필요하다. 아동에게 정교화된 언어 학습을 시키고 특정 주제에 대한 대화기술을 향상시키기 위해 개발된 우발교수는 의사소통 시도가 이루어질 환경이나 상황을 파악해서 공동 관심을 형성하고, 그 이후에 모델링, 요구-모델링, 시간지연법 등을 적용해서 의사소통을 위한 언어적 반응을 유도하는 전략이다.

기타 지적장애 아동이 가진 언어적 특성에 따른 교수전략으로는 행동주의적 관점에 기초한 전통적인 언어 교수방법으로 조직적이고 명확하게 글자와 소리의 관계를 지도하는 발음 중심 교수(phonics instruction) 전략, 말하고, 듣고, 쓰고, 읽는 행위는 의미구성 과정이므로 언어의 말하기, 듣기, 읽기, 쓰기를 총체적이고 통합적으로 지도하는 의미 중심 교수(meaning approach) 전략 등이 균형 있게 적용되고 지도되어야 한다.

참·고·문·헌

국립특수교육원(2009). 특수교육학 용어사전. 안산: 국립특수교육원.

박승희(1997). 중도장애학생을 위한 교육과정의 최선의 실제. 특수교육논업, 14(2), 1-28.

신진숙(2010). 지적장애아 교육. 서울: 양서원.

이소현, 박은혜(2007). 특수아동교육. 서울: 학지사.

최종옥, 박희찬, 김진희(2002). 정신지체아 교육. 서울: 양서원.

홍준표(2009). 응용행동분석. 서울: 학지사.

American Association on Intellectual & Developmental Disabilities. (2010). *Intellectual disability: Definition, classification, and system of support* (11th ed.). Washington, DC: American Association on Intellectual & Developmental Disabilities.

American Association on Mental Retardation (1992). *Mental retardation: Definition, classification, and systems of supports* (9th ed.). Washington, DC: Author.

Crocker, A., & Nelson, R. (1983). Mental retardation. In M. Levine, W. Carey, A. Crocker & R. Gross (Eds.), *Developmental-behavioral pediatrics* (pp. 756-769). Philadelphia: Saunders.

Cromer, R. (1991). *Language and thought in normal and handicapped children.* Oxford: Basil Blackwook.

Davis, D. (1988). Nutrition in the prevention and reversal of mental retardation. In F. Menolascino & J. Stark (Eds.), *Preventive and curative intervention in mental retardation* (pp.177-222). Baltimore: Paul H. Brookes.

Dykens, E. (1999). Personality-motivation: New ties to psychopathology, etiology, and intervention. In E. Zigler & D. Bennett-Gates (Eds.), *Personality development in individuals with mental retardation* (pp. 249-270). NY: Cambridge University Press.

Fowler, A. (1998). Language in mental retardation: Association with and dissociation from general cognition. In J. Burack, R. Hodapp, & E. Zigler (Eds.), *Handbook of mental retardation and development* (pp. 290-333). NY: Cambridge University Press.

Grossman, H. J. (1973). *Manual on terminology and classification in mental retardation.* Washington, DC: American Association on Mental Retardation.

Hallahan, D. P., Kauffman, J. M., & Pullen, P. (2009) *Exceptional learners: Introduction to special education* (11th ed.). Boston: Allyn and Bacon.

Heber, R. F. (1961). A Mental on terminology and classification in mental retardation (rev. ed.). *Monographs Supplement to the American Journal of Mental Deficiency, 64.*

Horowitz, F., & Haritos, C. (1998). The organism and the environment: Implications for understanding mental retardation. In J. Burack, R. Hodapp, & E. Zigler (Eds.), *Handbook of mental retardation and development* (pp. 20-40). NY: Cambridge University Press.

Huttenlocher, P. (1988). Developmental neurobiology: Current and future challenges. In F. Menolascino & J. Stark (Eds.), *Preventative and curative intervention in mental retardation* (pp. 101-111). Baltimore: Paul H. Brookes.

Kirk, S. A., Gallagher, J., & Anastasiow, N. J. (2003). *Educating exceptional children* (10th ed.). Boston: Houghton Mifflin.

Korinek, L., & Polloway, E. (1993). Social skills: Review and implications for instruction for students with mild mental retardation. *Advances in Mental Retardation and Developmental Disabilities, 5,* 71-92.

Lejeune, J., Gautier, M., & Turpin, R. (1959). Etudes des chromosomes somatiques de neuf enfants. *C. R. Academie Sic, 248,* 1721-1722.

Locke, J. (1994). Gradual emergence of developmental language disorder. *Journal of Speech and Hearing Research, 37,* 608-616.

Loveland, K., & Tunali-Kotoski, B. (1998). Development of adaptive behavior in persons with mental retardation. In J. Burack, R. Hodapp, & E. Zigler (Eds.), *Handbook of mental retardation and development* (pp. 521-541). NY: Cambridge University Press.

Mahaffey, K., Annest, J., Roberts, J., & Murphy, R. (1982). National estimate of blood lead levels: United States, 1976-1980. *New England Journal of Medicine, 307,* 573-579.

Pueschel, S., Scala, P., Weidenman, L., & Bernier, J. (Eds.). (1995). *The special child* (2nd ed.). Baltimore: Paul H. Brookes.

Sameroff, A. (1990). Neo-environmental perspectives on developmental theory. In R. Hodapp, J. Burack, & Zigler (Eds.), *Issues in the developmental approach to mental retardation.* NY: Cambridge University Press.

Scott, K., & Carran, D. (1987). The epidemiology and prevention of mental retardation. *American Psychologist, 42*(8), 801-804.

Simonoff, E., Bolton, P., & Rutter, M. (1998). Genetic perspectives on mental retardation.

In J. Burack, R. Hodapp, & E. Zigler (Eds.), *Handbook of mental retardation and development* (pp. 41-79). NY: Cambridge University Press.

Snell, M. E., & Brown, F. (2006). *Inclusion of students with severe disabilities* (6th ed.). Upper Saddle River, NJ: Merrill/Prentice-Hall.

Warren, K. R., & Bast, R. J. (1988). Alcohol-related birth defects: Un update. *Public Health Report, 103*, 638-642.

Weisz, J. (1999). Cognitive performance and learned helplessness in mentally retarded persons. In E. Zigler & D. Bennett-Gates (Eds.), *Personality development in individuals with mental retardation* (pp. 17-46). NY: Cambridge University Press.

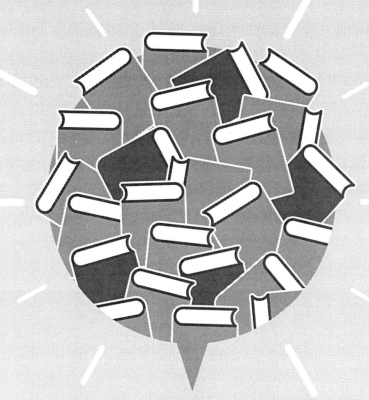

제 **10** 장

지체장애아 교육

1. 정 의

지체장애(physical disabilities)는 우리나라 장애인 중 가장 많은 비중을 차지하고 있으며, 발생 시기, 원인, 부위에 따라 광범위하고 다양하다. 우리나라의 「장애인 등에 대한 특수교육법」에서는 교육적 요구에 중점을 두고 있으며, 「장애인 복지법」에서는 장애의 손상 정도와 부위를 기준으로 정의하고 있다. 즉, 「장애인 등에 대한 특수교육법 시행령」 제10조 특수교육 대상자 선정 기준에 따르면, 지체장애를 지닌 특수교육 대상자는 "기능·형태상 장애를 가지고 있거나 몸통을 지탱하거나 팔다리의 움직임 등에 어려움을 겪는 신체적 조건이나 상태로 인해 교육적 성취에 어려움이 있는 사람"이라고 정의되어 있다. 그리고 「장애인복지법」에서는 지체장애를 주요 외부 신체기능의 장애, 내부기관의 장애를 가진 신체적 장애라고 칭하며, 「장애인복지법 시행령」의 장애인의 종류 및 기준(제2조)에서는 신체적 장애를 지체장애와 뇌병변장애로 나누어 다음과 같이 정의하고 있다.

1. 지체장애인(肢體部障碍人)
   가. 한 팔, 한 다리 또는 몸통의 기능에 영속적인 장애가 있는 사람
   나. 한 손의 엄지손가락을 지골(指骨, 손가락 뼈) 관절 이상의 부위에서 잃은 사람 또는 한 손의 둘째손가락을 포함한 두 개 이상의 손가락을 모두 제1지골 관절 이상의 부위에서 잃은 사람
   다. 한 다리를 리스프랑(Lisfranc, 발등뼈와 발목을 이어 주는) 관절 이상의 부위에서 잃은 사람
   라. 두 발의 발가락을 모두 잃은 사람
   마. 한 손의 엄지손가락 기능을 잃은 사람 또는 한 손의 둘째손가락을 포함한 손가락 두 개 이상의 기능을 잃은 사람
   바. 왜소증으로 키가 심하게 작거나 척추에 현저한 변형 또는 기형이 있는 사람
   사. 지체(肢體)에 위 각 목의 어느 하나에 해당하는 장애 정도 이상의 장애가 있다고 인정되는 사람

2. 뇌병변장애인(腦病變部障碍人)
   뇌성마비, 외상성 뇌손상, 뇌졸중(腦卒中) 등 뇌의 기질적 병변으로 인하여 발생한 신체적 장애로 보행이나 일상생활의 동작 등에 상당한 제약을 받는 사람

또한 안병즙(1999)은 지체의 기능과 형태상의 장애를 지니고 있고 체간의 지지 또는 손발의 운동, 동작이 불가능하거나 곤란하여 일반적인 교육시설을 이용한 학습이 곤란한 자라고 하였으며, 한국특수교육학회(2008)에서는 원인에 관계없이 지체(체간 및 사지)기능에 대한 부자유가 있어 그대로 두면 장차 자활이 곤란한 사람으로 정의하였다.

『특수교육학용어사전』(국립특수교육원, 2009)에서는 "골격·근육·신경계통의 질환, 손상, 기능 및 발달이상으로 신체의 이동과 움직임 등에 상당한 제한이 있는 장애다. 지체장애는 일련의 운동 손상에 기인하는데 지체장애인 중에는 가벼운 보행 곤란만을 가질 수도 있고, 말하기·먹기·걷기와 같은 운동기능과 관련된 모든 영역에서 곤란을 갖는 중증장애일 수도 있다."고 설명하고 있다. 또한 『특수교육용어사전』(대한특수교육학회, 2000)에서는 지체장애(cripple)란 "지체기능에 부자유가 있고 그대로는 활동이 곤란한 상태"라고 정의하였다. 여기서 지체란 사지 및 체간으로, 이 경우 흉부나 복부에 내재하는 여러 가지 장기는 포함되지 않는다. 기능의 부자유란 사지 및 체간의 운동기능의 장애를 말하고 그 외견상 형태의 이상이나 그 원인은 문제되지 않는다. 여기서 운동기능장애란 운동에 관계하는 기관인 골, 관절, 근육 및 신경 등의 외상 혹은 질병, 기능부전, 결손, 변형 등의 결과로 영구적으로 남는 운동기능의 부전을 말한다. 따라서 이 기능의 장애는 적절한 치료나 기타 방법에 의하여 개선시킬 수는 있으나 형태상에서나 기능상에서 정상은 될 수 없다. 그리고 지체장애란 말에는 매우 주관적이고 심리적인 문제를 포함하고 있다. 예를 들면, 상당한 고도 변형이나 기능장애가 있어도 본인이 부자유성을 갖지 않을 경우는 지체장애라고 부를 필요가 없을 것이다. 그러나 상당한 기능장애가 없어도 본인이 부자유를 느끼거나 마음속으로 부자유로 생각한다든지 열등감을 갖고 있을 경우는 지체장애인으로 취급될 수 있다. 또 부자유란 것은 생활양식이나 직업 종류 등의 조건에 따라서도 그 의의는 변화하며, '활동이 곤란한 상태'란 일상생활 동작 및 사회 전반적인 활동에 불편을 겪는 경우를 말한다.

1920년 제정된 독일의 프로이센 「크뤼퍼보호법」에서 규정한 정의에서는 "선천성 혹은 후천성 골관절, 근 또는 신경의 질환을 일컫는다. 사지 또는 그 일부의 결손 때문에 체간이나 사지의 사용이 불수의적으로 되어 일반 노동의 장에서 생업능력이 뚜렷이 침해되리라고 인정되는 자"를 지체장애(physical handicap)라고 하였다(김현문, 2005에서 재인용). 미국의 IDEA(1990)의 정의에 따르면, 아동의 교육 수행에 악영향을 주는 심각한 정형외과적 장애로서 유전적 비정상에 따른 손상(내반족, 어떤 구성 부분의 결여, 기형 등), 질병에 따른 장애(소아마비, 골 결핵 등), 기타 다른 원인에 의한 장애(뇌성마비, 절단, 골절, 화상에 의한 수축 등)를 포함한다(Heward, 2006). 그리고 세 범주(건강장애, 외상성 뇌손상, 중복장애)도 지체장애를 포함하는 집단으로 보는 경향이 있다(이소현, 박은혜, 2003). 그러나 현재 우리나라 「장애인 등에 대한 특수교육법」에서 건강장애는 별도의 특수교육 대상자로 분류하여 지원하고 있다.

일본의 문부과학성(http://www.mext.go.jp)에서는 신체의 움직임에 관한 기관이 질병이나 부상으로 손상되어 보행이나 필기 등의 일상생활 동작이 곤란한 상태를 지체장애로 정의하고 있으며, 장애의 부위에 따라 다음과 같이 분류하고 있다.

- 손이나 발, 발이나 다리가 짧거나 없는 경우
- 근육에 힘이 들어가지 않거나 힘 조절을 할 수 없는 경우
- 자신의 의사와는 관계없이 근육에 힘이 들어가거나 빠지는 경우
- 움직임의 속도 등의 조절을 할 수 없기 때문에 자세나 움직임의 밸런스를 취할 수 없는 경우

OECD 연구보고서인 『OECD 특수교육 통계 및 지표』(이미선, 김용욱, 이석진, 김현진 역, 2005)에서 지체장애는 "명백한 기질적 병리 상태(감각, 운동 혹은 신경학적 결함과 관련이 있는)에서 기인된 기질적 장애가 있는 경우로 자세 유지, 쓰기, 걷기가 불가능하거나 어려운 자 그리고 유사한 장애를 가진 자로 6개월 이상 안내가 필요한 자"라고 정의하고 있다.

이상의 정의들을 살펴볼 때 지체장애란 골격, 근육, 신경계 중 어느 부분에 질병이나 외상에 따른 신체기능장애가 영구적으로 남아 있는 상태를 말하며, 주로 운동기능장애, 감각장애 증세가 나타나며, 일정한 기간 동안만 자유롭게 활동하지 못하는 상태에 놓인 경우에는 지체장애라고 하지 않는다.

2. 진단 및 평가

지체의 기능 및 형태상 결함을 지니고 있고, 체간의 지지 또는 손발의 운동 및 동작이 불가능하거나 곤란하여 학습 활동이나 일상생활에서 특별한 지원이 필요한 아동은 다음과 같은 행동을 나타낼 수 있다(정동영, 김형일, 정동일, 2001).

- 항상 휠체어를 사용하여 생활한다.
- 이동을 할 때 휠체어나 다른 보조도구를 이용한다.
- 보조기를 상지 또는 하지에 착용하고 생활한다.
- 사지 또는 몸통의 전부 혹은 어느 한 부분에 외형적인 장애를 지니고 있다.
- 정형외과적 장애는 보이지 않으나 이동이 부자연스럽고 이동 중에 잘 넘어 진다.
- 신체의 외부 기형으로 인해 동작이 부자연스럽다.

이와 같은 행동을 나타내는 아동은 일단 신체에 문제를 지닌 것으로 의심하여 정확한 진단을 받도록 할 필요가 있다.

따라서 지체장애아 진단 및 평가는 개개인 사례에 따라 의학적, 사회적, 심리적, 직업적인 측면에서의 고찰을 통하여 이루어져야 하며, 각 분야의 전문가와 치료사, 의사, 교사, 부모 등 각 전문 분야에서 주의 깊은 진단을 하고 각각의 진단 결과를 통해 진단·평가해야 한다(곽승철 외, 2003; 안병즙, 1999).

한국특수교육학회(2008)에서 권고하는 지체장애 선별 기준은 「장애인 등에 대한 특수교육 시행령」(2008)에서 정의하고 있는 기준에 따라 다음과 같이 제시하고 있다.

[손 상]
- 사지와 몸통에 외형적인 장애를 가지고 있으며 이로 인하여 동작이 불편하다.
- 사지 또는 체간에 장기적으로 보조기를 착용한다.
- 척추가 심하게 전후, 좌우로 기울어져 있다.

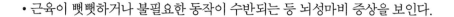

• 근육이 뻣뻣하거나 불필요한 동작이 수반되는 등 뇌성마비 증상을 보인다.

[학습상의 문제]

• 골 형성이 불완전하거나 너무 약하여 부러지기 쉽다.

• 필기가 아주 늦거나 곤란할 정도로 손기능이 떨어진다.

• 골, 관절, 근육 등의 문제로 수업시간 동안 의자에 앉은 자세를 유지할 수 없 거나 곤란하다.

• 침을 많이 흘려 옷이나 노트가 젖어 있는 경우가 많다.

• 활동량이 많은 체육 활동 등에 참가하는 것을 힘들어한다.

[일상생활상의 문제]

• 주로 휠체어를 사용하여 생활한다.

• 장거리 이동이 힘들어 보조기기 또는 사람의 도움을 받아 이동한다.

• 근육의 마비 등으로 숟가락이나 젓가락 사용이 곤란하다.

• 정형외과적 장애는 보이지 않으나 쉽게 넘어지는 등 몸의 밸런스 감각이 심 하게 떨어진다.

• 혼자서 계단을 오르내리기가 곤란하다.

또한 국립특수교육원(노선옥 외, 2009)에서는 지체장애를 지닌 특수대상자 선별 기준으로 일상생활이나 학습 장면에 필요한 운동기능에 제한이 있는 경우와 사지, 머리, 몸통 등의 분명한 형태이상 및 운동기능 이상 등으로 구분하였다. 그 구체적인 내용은 다음과 같다.

Ⅰ. 일상생활이나 학습 장면에 필요한 운동기능에 제한이 있는 경우

① 이동 수단으로 주로 휠체어, 목발, 워커 등 보행 보조기구를 사용한다.

② 팔, 다리, 몸통, 머리 부위에 보조기를 장기간 착용한다.

③ 필기가 아주 늦거나 곤란할 정도이고 식사도구를 이용하기 어려울 정도로 상지기능이 저하되어 있다.

④ 뼈, 관절, 근육 등의 문제로 인하여 수업시간에 의자에 앉은 자세를 유지하기 어렵다.

⑤ 분명한 외형상의 장애가 없지만 잘 넘어지거나 뼈가 쉽게 부러진다.

⑥ 척추나 몸통이 전후 또는 좌우로 심하게 기울어져 자세 조절이 어렵다.

⑦ 입을 잘 다물지 못하거나 침을 많이 흘려 옷이나 책등이 젖어 있는 경우가 많다.

⑧ 혼자서 계단을 오르내리기가 곤란하다.

⑨ 발바닥의 안쪽이나 바깥쪽 끝, 또는 발끝으로 걷는다.

⑩ 구강 구조나 기능의 문제로 인해 음식물을 씹고 삼키는 데 어려움이 있다.

Ⅱ. 사지, 머리, 몸통 등의 분명한 형태이상 및 운동기능 이상

① 선천적 또는 후천적으로(예: 사고나 질병으로 인한 절단) 팔, 다리, 머리 부위가 전체 혹은 부분적으로 없거나 심한 변형이 있다.

② 뇌성마비, 외상성 뇌손상, 척수장애, 이분척추(신경관 결손)와 같은 신경과 근육에 영향을 주는 중추신경계이상이 있다.

③ 진행성 근이영양증, 근위축증, 중증근무력증 등과 같은 근육질환이 있다.

④ 왜소증으로 키가 심하게 작거나 하지의 길이가 다르고 또는 척수에 변형이나 기형이 있다(예: 척추측만증 등).

⑤ 팔과 다리, 머리 부위에 골절이나 심한 화상으로 인한 기형적 변형이나 운동기능에 장애가 있다.

⑥ 뼈나 관절에 만성적인 염증으로 인하여 평소 심한 통증과 함께 운동기능에 장애가 있다(예: 골단염, 골수염, 관절염 등).

* Ⅰ 항목에서 2문항 이상 해당 또는 Ⅱ 항목에서 1문항 이상 해당되는 아동은 진단검사가 필요한 아동임.

또한 한국특수교육학회(2008)에서 제시하는 선별도구는 〈표 10-1〉과 같이 체크리스트, 뇌성마비 반사검사, 대근육운동 기능평가, 정상관절 운동범위검사, 기타 측정도구로 구분된다.

또한 지체장애 학생 평가도구는 다음과 같다.

- 시지각 발달검사-제2판(Developmental Test of Visual Perception: DTVP-Ⅱ)

- 시각-운동 통합발달검사(Developmental Test of Visual-Motor Integration: VMI)

- 지각-운동 발달진단검사(Perceptual-Motor Diagnostic Test)

- 비운동성 시지각검사-개정판(Motor-Free Visual Perception Teat-Revised: MVPT-R)

- 퍼듀 지각-운동검사(Purdue Perceptual-Motor Survey: PPMS)

〈표 10-1〉 지체장애 선별도구

영 역	도 구
체크리스트	• ADL평가도구 • MBI(Modified Barthel Index) • PULSES profile • S-G 검사(Standing Gait)
뇌성마비 반사검사	• 설근반사(rooting reflex), 흡철반사(sucking reflex), 구토반사(gag reflex), 굴곡회피반사, 신전밀기반사, 대칭성 긴장성 경반사, 비대칭성 긴장성 경반사, 목정위반사, 양서류 반응, 모로반사, 보호신전(펴짐)반사 등
대근육운동 기능평가	• 대근육 운동기능 평가(Gross Motor Functional Measure: GMFM) • 대근육 운동발달검사(Test of Gross Motor Development: TGMD) • 오세레츠키(Oseretsky) 운동능력검사
정상관절 운동범위검사	• 견갑골, 주관절, 목관절, 수근관절, 고관절, 슬관절, 족관절의 능동 및 수동 관절 가동 범위를 관절운동측정기(Goniometer) 또는 경사측정기(Inclinometer)로 측정함
기타 측정도구	• 도수근력검사(Manual Muscle Testing: MMT) • 애쉬워드 경직척도(Modified Ashworth Scale: MAS)

• BGT 검사(The Bender Visual Motor Gestalt Test)

3. 원인과 출현율

1) 원인과 분류

(1) 원 인

지체장애의 원인은 매우 다양하며 발생론적 입장에서 출생 전, 출생 시, 출생 후로 구분한다(곽승철 외, 1995).

① 출생 전

출생 전은 임신에서 출산까지를 말하며, 이 시기는 유전적 요인과 임신 중 요인(모체 내 감염)까지를 포함한다. 유전적 요인은 유전적으로 나쁜 결함 유전인자가 자녀에게 전달되거나 부모에게서는 나타나지 않았으나 자녀에게 나타나는 경우이며, 임신 중 요인은 임신 중 태아감염(톡소플라즈마증, 풍진, 기타 모체 감염 등), 태아의 무산소증(모체의 빈혈증, 저혈압), 고혈압, 심폐기능장애, 독성 물질과 엑스선(X-rays)에의 노출, 약물 복용, 대사성 질환, 모체의 영양 실조 등이다.

② 출생 시

출생 시 요인은 진통의 시작에서 첫 호흡까지로, 이 시기에는 외상이나 산소 결핍의 위험이 크다. 부적당한 겸자(鉗子) 사용, 분만 사고에 따른 뇌출혈과 뇌외상, 모체의 산소 결핍, 전치태반박리, 허혈성 뇌증, 뇌염, 뇌막염, 핵황달 등이 포함된다.

③ 출생 후

출생 후에는 신생아기(1~28일), 유아기(28일~1세), 아동기(2세 이후), 청소년기, 성인기까지 문제를 포함하고, 보통 출생에서 2년까지의 기간을 말하며, 조산, 뇌손상, 뇌혈관 질환, 뇌막염, 뇌염, 중독증, 뇌의 무산소증, 허혈, 출혈 등이 원인이 될 수 있다.

국립특수교육원(2008)의 특수교육 실태조사에서 특수교육 대상자 선정 기준별 지체장애 원인은 원인불명 24.6%, 모름 10.8%을 제외하고 난산 · 조산 · 미숙 · 저체중 · 발육 불량 33.3%, 사고 8.6%, 질병 · 감염 7.5%, 염색체 이상 7.3%, 고열 4.1% 순으로 나타났다.

(2) 분 류

한국특수교육학회(2008)는 장애 유형이 가지는 다양성과 의료와 교육적 측면이 가지는 상이성을 고려하여 지체장애를 신경성 증후군과 운동기 증후군으로 분류하였다. 신경성 증후군은 '뇌성마비, 진행성 근이영양증, 근위축증, 척수성 마비, 소아마비 등으로 인해 학습 활동 등과 일상생활에 있어 특별한 지원을 요구하는 자'이며 운동기 증후군은 '골질환, 관절 질환, 결핵성 질환, 외상성 관절, 형태이상 등으로 인해 학습 활동과 일상생활에 있어 특별한 지원을 요구하는 자'를 말한다.

Smith와 Luckasson(1995)은 지체장애를 신경학적 손상(경련성장애, 뇌성마비, 척수이형성, 이분척추, 척추감염, 외상성 뇌손상)과 신경근육 손상(소아마비, 근이영양증, 복합 경화증) 그리고 건강장애로 분류하고 있으며, 미국의 IDEA(1990)는 정형외과적 장애, 기타 건강장애, 외상성 뇌손상, 중복장애로 분류하고 있다. Kirk, Gallagher와 Anastasiow(2006)는 신경계(뇌, 척수, 신경)와 근골격계(근육, 뼈, 관절)로 분류하였으며, 신경계 장애는 뇌성마비, 뇌전증, 뚜렛증후군, 이분척추와 뇌염, 무뇌증과 같은 신경관장애 등이 있으며 근골격계 장애는 근이영양증, 관절염, 소아마비, 결핵, 구개파열 등이 있다.

일반적으로 정형외과적 장애는 ① 골절, 탈구 등의 외상, ② 선천성 기형, ③ 골관절의 염증 또는 종창, ④ 골관절의 대사장애와 변형 질환, ⑤ 신경계의 마비와 근질환 등과 같이 뼈, 관절, 팔, 다리, 관련 근육 등의 문제를 갖고 있으며, 신경학적 손상은 신경계통, 동작, 운동 또는 신체의 활동 제한 등을 나타낸다.

정형외과적 장애와 신경학적 장애는 장애 부위에 따라 다음과 같이 구분한다(곽승철 외, 1995).

- 단마비(monoplegia): 사지 중 어느 한쪽의 마비를 말한다. 순수한 단마비는 적고 대부분 대마비 또는 편마비의 불완전형이다.
- 대마비(paraplegia): 양쪽 하지마비로서 경직형이나 강직형에 많이 있다.
- 편마비(hemiplegia): 신체 반신마비를 말하며 대개 경직형(spasticity)이며 간혹 무정위운동형(athetosis)에도 있다.
- 삼지마비(triplegia): 보통 한쪽 상지와 양쪽 하지의 마비를 말한다. 경직형에 많다.
- 사지마비(quadriplegia): 사지 전체의 운동마비를 말하며 하지마비가 심한 경우에는 대개 경직형이고 상지인 경우에는 무정위운동형이다.
- 양마비(diplegia): 상지에 경도장애를 가진 하지마비를 말한다. 최근에는 거의 사용하지 않는다.
- 중복마비(double hemiplegia): 사지마비와 부위는 같으나 상지가 심하게 마비되어 있는 경직형이다.

정동영 등(2001)은 신경성증후군(뇌성마비, 진행성이영양증, 척수성마비, 소아마비 등)과 운동기증후군(골질환, 관절 질환, 결핵성 질환, 외상성 관절, 형태이상 등)으로 인해 학습 활동과 일상생활에 있어 특별한 지원을 요구하는 자라고 분류하고 있다.

2) 출현율

지체장애 학생의 비율은 OECD 국가 간에 차이가 있는데, 핀란드(0.32%)가 가장 높은 반면, 가장 낮은 국가는 그리스(0.04%)로 나타났다(이미선 외 역, 2005). 우리나라는 국립특수교육원(2008)에서 실시한 특수교육 실태조사에서 2008년 4월 현재 학령기 인구 중 전체 특수교육 요구 학생은 학령 인구의 0.95%인 8만 9,051명으로 나타났으며, 유치원, 초등학교, 중학교, 고등학교에서 교육받고 있는 특수교육 대상자 중 지체장애는 16.2%를 차지하고 있었다. 그리고 지체장애 학생의 장애 발생이 가장 많은 시기는 출생~만 1개월 미만(30.9%)이었으며, 그다음이 만 1개월~1세 미만(23.5%), 만 1~3세 미만(14.9%), 출생 이전(10.9%), 만 3~6세 미만(8.2%) 순으로 나타나 지체장애 학생의 경우 만 6세 미만에서 장애가 발생한 학생이 88.4%로 나타났다.

최근 교육부(2013)의 보고에 따르면, 특수교육 대상 학생 8만 6,633명 중 지체장애 학생은 1만 1,233명으로 13.0%를 나타내고 있으며, 지체장애 학생의 3,584명은 특수학교, 4,214명은 일반학교 특수학급, 3,325명은 일반학교 일반학급, 110명은 특수교육지원센터에 배치되어 있는 것으로 나타났다. 또한 전체 특수교육 대상 학생 중 장애 등록 학생은 전체 6만 4,015명으로 74%가 장애 등록을 하였고, 지체장애로 등록한 학생은 4,214명, 뇌병변장애로 등록한 학생은 7,574명으로 나타났다.

특히 2001년도 국립특수교육원에서 실시한 특수교육 요구 아동 출현율 조사(정동영 외, 2001)에 따르면, 장애 유형별 출현율에서 지체장애 아동의 대다수를 차지하고 있는 뇌성마비가 0.1%로 가장 높았고, 형태이상이 0.03%, 진행성 근위축증은 0.02%를 나타냈다.

지체장애 아동의 대다수를 차지하고 있는 뇌성마비는 1,000명당 2명 정도로 약

0.2%이고, 관절복합 선천성 기형은 신생아의 약 0.03%, 혈우병 아동은 중등도 1~5%, 경도 6~25%가 발생한다. 그리고 연소성 류머티스 관절염은 인구 10만 명당 3명, 선천성 사지결함은 신생아 2만 명당 1명, 근이영양증은 3,500명당 1명, 불완전골생성증은 2만 명당 1명, 이분척추는 2,000명당 1명, 외상성 뇌손상은 소아 1만 명당 23명 정도 나타난다(신현기 외, 2005).

4. 원인 질환

1) 뇌성마비

뇌성마비(cerebral palsy)는 운동, 자세 및 균형에 영향을 미치는 다양한 장애를 포괄적으로 설명하는 용어다. 수태에서 신생아기(생후 1개월 이내) 사이에 생기는 대뇌의 비진행성 병변으로 그 증상은 만 2세까지 발견되며, 비유전성, 비감염성, 비진행성 질환이다. 뇌성마비는 마비가 발생하는 부위에 따라 편마비, 양측마비, 사지마비, 하반신마비, 삼지마비, 단마비 등으로 분류하며, 생리학적 유형에 따라 경직형(50~75%), 이상운동형(25%), 운동실조형 및 혼합형으로 분류할 수 있다. 이상운동형은 과긴장형, 무정위운동형, 강직형, 진전형 등으로 분류한다. 또한 신경해부학적인 분류로 추체계(대뇌피질)와 추계외계로(대뇌 기저핵), 소뇌계로 구분하며, 추체계 손상에는 경직형, 추체외계로 손상에는 무정위 운동형(운동장애형), 소뇌계 손상에는 운동실조형이 해당된다. 뇌성마비는 운동이나 자세 이상뿐만 아니라 감각, 인지, 의사소통, 지각, 행동 등에서 결함을 나타내기도 하며, 식사 문제, 학습장애, 발작장애를 갖고 있는 경우도 있다. 또한 척추 만곡과 구축과 같은 관절 및 뼈의 기형이 영구적으로 고정되고, 경직된 근육과 관절 등의 기형을 포함한다(김영민 외, 1998; Kirk et al., 2006).

- 경직형(spasticity): 추체계 손상으로 대뇌운동 피질 손상 시 나타나며 근긴장이 높고 과잉강직이나 과잉동작이 나타나는 과긴장형이다. 경직형에서 나타나는 관절 변형으로는 하지에서는 고관절의 내전, 내회전, 굴곡 변형과 슬

관절의 굴곡 변형, 족관절의 첨족 변형 등이 있으며 상지에서 가장 많이 보는 변형은 부지의 내전굴곡 변형 및 지관절의 굴곡, 수관절의 굴곡, 전완의 회내전, 주관절의 굴곡 변형 등이 있다.

- 무정위운동형(운동장애형, athetosis): 대뇌 기저핵(뇌의 중앙부), 피질추체외회로(대뇌의 표층) 등의 억제회로장애로 일어나며 사지, 목, 안면 등을 지속적이며 불규칙하게 뒤틀거나 꿈틀거리는 운동을 억제할 수 없이 나타내는 것이 특징이다. 특히 긴장하거나 움직이려 하면 증세가 더욱 심해지며, 수면 시에는 소실되고 근육의 구축이나 관절 변형은 드문 편이다. 또한 얼굴을 찡그리거나 침을 흘리거나 혀를 내밀 수 있으며, 언어 표현, 동작 및 일상생활에서 곤란을 겪기도 한다. 핵황달(核黃疸)이 그 원인이 될 경우 청각장애도 함께 나타날 수도 있다.
- 운동실조형(ataxia): 소뇌의 기능장애가 원인이며, 평형감각의 장애와 협응운동의 장애 등으로 인해 증상이 나타난다.
- 강직형(rigidity): 뇌성마비아 중에서 관절의 굴곡이나 신전 시에 묘한 저항감이 있고 그 저항감은 아연강을 굽히는 것과 같으며 경직형과 비슷하나 과잉동작이나 불수의적인 동작은 없다. 또한 언어나 동작이 둔하고 성장도 좋지 않으며, 지능이 낮아 적응이 곤란한 경우가 많다 .
- 진전형(tremor): 수의운동 시 주로 진전이 나타나며 보행 실조가 나타난다.
- 혼합형: 보행에 영향을 미치는 균형과 조정에 심각한 문제를 가지고 있다.

2) 이분척추

이분척추는 신경관장애(척주와 척추의 결함)의 가장 공통된 형태로서 잠재이분척추(spina bifida occulta)와 수막류(meningocele), 척수수막류(myelomeningocele) 등 여러 유형이 있으며 척수수막류가 이분척추의 가장 흔한 유형이다.

잠재이분척추는 척추상에 작은 결함이나 간격이 있는 것이며 척추와 신경은 보통이다. 척수 수막류는 출생 1,000명당 1명 정도의 빈도로 발생한다. 신경관의 발생학적 결손으로 척추궁은 융합되지 않고 수막의 낭포성 확장이 있으며, 척수신경이나 신경근이 낭 내부에 존재하게 되어 비정상적인 신경 증상을 보인다. 척수 수막류의 발생 기전은 발생학적으로 외배엽에서 형성된 신경구의 융합에 따른 신경관의 형성이 안 되거나 이미 형성된 신경관의 파열로 발생한다. 발병 원인으로는 유전적 소인(환자의 약 6~8%에서 가족력이 있음), 환경적 소인, 산모의 엽산(folic acid) 결핍과 같은 영양적 요인, 경련 조절제인 발프로익산(valproic acid)과 같은 기형 발생적 요소 등이 있다(Kirk et al., 2006).

3) 외상성 뇌손상

외상성 뇌손상(traumatic brain injury: TBI)은 두개(頭蓋)나 그에 가까운 부위에 외부의 물리적 힘(퇴행성 또는 신체적인 상태와는 다름)이 주어져 뇌(대뇌, 소뇌 및 뇌간 등)에 손상이 일어나는 경우로서 교통사고, 산업재해에 따른 추락사고, 환경 공해에 따른 저산소증, 중독 등이 정신 혹은 뇌에 충격을 주는 모든 경우를 의미한다. 손상의 부위나 정도에 따라 차이가 있으나 정보처리 속도 저하, 주의력 결핍, 운동 수행능력 및 효용성 저하, 일상생활에서의 사건에 대한 부적절한 정향(orientation), 혼란, 건망증, 충동성, 판단 미숙, 공격성과 같은 증상이나 지능 또는 기억력 저하, 지각-운동 능력의 저하, 실행기능 저하 등 다양한 증상이 나타난다. 즉, 신체적 기능(몸의 균형 및 조화, 운동기능, 힘과 지구력)과 인지기능(언어, 의사소통, 정보처리, 기억 등 인지기능) 전반에 악영향을 미치며, 정신적 기능에 이상(성격 변화 및 심리적 부조화)을 가져온다(국립특수교육연구원, 2009).

4) 근이영양증

근이영양증(muscular dystrophy)은 골격근의 진행적인 퇴행성 변화와 약화를 특징으로 하는 유전성 질환으로 말초신경계나 중추신경계의 이상은 없다. 근이영양증은 성염색체성 근이영양증과 상염색체 열성 근이영양증, 상염색체 우성 근이영양증 등이 있다(김영민, 정문상, 성상철, 1998; 전헌선 외, 2006).

(1) 성염색체성 근이영양증
• 뒤시엔느형(Duchenne type) 근이영양증: 가장 흔한 유형으로 생존 출생(live

birth) 남아 3,000명당 1명의 비율로 발생한다. 대부분 성염색체 열성(XR)으로 유전되며, 드물게 상염색체 열성(AR)으로 유전되기도 한다. 약 60%에서 가족력이 있다. 대부분 생후 18~36개월 사이에 발병하며, 나머지는 3~6세에, 극히 드물게는 그 이후에 발병한다. 초기 증세로는 운동발달 과정이 지연되며, 첨족 보행, 오리걸음을 하고 자주 넘어지며, 계단 오르기의 어려움 등을 보인다. 근력 약화는 양쪽에 대칭적으로 온다.

- 베커형(Becker type) 근이영양증: 임상 증상은 뒤시엔느형과 유사하나 증상이 덜 심하다. 증상의 시작은 7세 이후에 시작되고, 진행도 뒤시엔느형보다 늦다. 하퇴부의 가성 근비대는 흔하며 심장 침범은 드물다. 성인이 되어서도 보행은 가능하다.

- 에메리 드레이푸스형(Emery-Dreifuss type) 근이영양증: 조기 관절 구축과 심근병증이 특징적이며, 병의 초기에 상완, 비골부에 분포하는 근육의 약화가 나타난다. 관절의 변형으로는 주관절 굴곡 구축, 족근관절 첨족 구축, 항인대(lligamentum nuchae) 구축에 의한 경추부 신전 구축이 발생하고 심근병증으로 치명적인 서맥이 발생할 수 있으며, 인공심박조율기의 삽입이 필요하다.

(2) 상염색체 열성 근이영양증

- 지대형(limb-girdle type) 근이영양증: 다른 유형의 근이영양증보다 증세가 덜 심하며, 빈도도 낮다. 발병 시기는 매우 다양하고, 10대 혹은 20대에 흔히 발생하며, 중년에 발생하기도 한다. 골반 또는 견관절 근력 약화로 시작되며, 병의 진행은 늦다. 나중에는 손목 및 손가락 근육까지 침범되며, 대개는 하퇴부의 가성 근비대가 없다. 심근 침범은 드물다.

(3) 상염색체 우성 근이영양증

- 안면 견갑 상완형 근이영양증(facioscapulohumeral dystrophy): 발병 시기는 영아기에서 성인까지 다양하게 발병한다. 안면근육과 견관절 근력 약화로 시작되며, 근육의 침범 정도가 다양하게 나타난다. 안면근육 침범 징후로는 눈을 꼭 감을 수 없거나, 입을 오므려 휘파람을 불 수 없거나, 눈가와 이마의 주름을 만들 수 없다. 견관절 근육의 침범으로 견관절의 전방 경사와 외전 시의

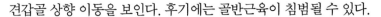

견갑골 상향 이동을 보인다. 후기에는 골반근육이 침범될 수 있다.

- 원위 근이영양증(distal muscular dystrophy): 발병 시기는 주로 45세 이후다. 초기에는 수부의 작은 근육을 침범하며, 점차 근위부가 침범된다. 하퇴부에서는 하퇴근과 후방 경골근을 침범한다. 비골근위축증(Charcot-Marie-Tooth disease)과의 감별점은 감각이 정상이라는 점이다.

- 안근이영양증(ocular muscular dystrophy): 10대에 발생하며 매우 드물다. 외안근 침범으로 복시, 안검하수, 안구 운동장애 등을 초래한다. 상부의 안면근도 종종 침범하며, 서서히 진행하여 상지의 근위부 및 골반근육도 침범할 수 있다.

이 외의 근육성 질환으로는 선천성 근긴장증(myotonia congenita-Thomsen disease), 선천성 이상 근긴장증(paramyotonia congenita-Eulenburg disease), 이영양성 근긴장증(myotonia dystrophica-Steinert disease)과 같은 근경직성 질환들이 있으며, 이들은 자발적 운동 혹은 기계적 자극에 따른 강한 근수축 후 이완이 되지 않는 것이 특징적이며, 상염색체 우성으로 유전된다.

진행성 근위축증 아동의 선별

원인이 명확하게 밝혀지지 않았으나, 유아기나 아동기에 다음과 같은 단계적 근위축증 현상이 나타난다면 전문가를 찾아야 한다.

- 보행기능에서 도움 없이 계단 오르내림(손잡이 사용하지 않음)
- 계단 오르내림에 도움이 필요함(손잡이 이용, 손으로 무릎을 받침)
- 계단 오르내림이 불능, 평지 보행과 의자에서 일어나는 것은 가능
- 평지 보행은 가능, 의자에서 일어나는 것은 불능
- 보행 불능, 손발로 기는 것은 가능
- 손발로 기는 것은 불가능하나 그 이외의 방법으로 기는 것은 가능(좌우 이동)
- 기는 것은 불가능하나 스스로 앉기는 가능
- 침대에 누워 있는 상태에서 몸체 이동이 불가능하여 모든 것에 도움이 필요함

5) 소아마비

소아마비(polio)는 백신이 개발되기 이전에는 바이러스에 의해 나타나는 공공적인 질병이었다. 폴리오바이러스가 뇌를 침범하고 신체에 심각한 마비를 일으키며 또한 부분별 마비를 일으키기도 한다. 우리나라는 1950~1960년대에 많이 발생하였으며 지체장애학교 교육 대상의 주를 이루었으나, 최근에는 소아마비 예방접종에 의해 발생률이 급격히 감소되었다. 다음의 증세가 시작되면 즉시 전문 의사에게 의뢰한다(서화자, 박순길, 박현옥, 조정연, 2008).

척수성 소아마비아동의 증세

- 바이러스가 체내에 들어간 후 약 7일 후에 갑자기 39도 정도의 열이 난다.
- 구토와 두통, 인후통, 사지통 등이 2~3일 계속된다.
- 열이나 구토 등의 증상이 2~3일 지속된 후 사라진다.
- 처음 증상은 감기 혹은 소화기 문제와 비슷하다.
- 상 · 하지 통증이 있거나, 땀이 유독 많이 나거나 한다.
- 증세의 시작이 있은 후 약 100일경이 지나면 열이 완전히 내리며 상 · 하지가 잘 움직여지지 않는다. 이쯤 되었을 때는 진단이 쉽게 내려지는 시기다.

---

6) 레트증후군(서울대학교병원 의학정보; http://www.rettsyndrome.org, http://www.rett.or.kr)

레트증후군(Rett's syndrome)은 X 염색체 연관성 우성 질환으로 여아 출생 1만~1만 5,000명당 한 명 정도의 발생률을 보인다. 대부분 여자아이에게서 만 1~2세경에 발달 정지 및 지연이 발생하여 병원을 찾게 된다. 1세 이전에는 비교적 다른 여자아이와 같은 정상 발달을 보이다가 이후 점진적으로 언어와 운동 발달이 멈추거나 퇴행을 보이는 것이 특징이다. 즉, 레트증후군 아이는 보통 건강하게 태어나서 6~18개월까지는 표면적으로는 정상적이거나 거의 정상적인 발육의 시기를 보이다가 기능이 감소하거나 정체되는 시기에 다다른다. 서서히 머리 크기가 작아져서 2~5세 사이에는 머리둘레가 정상에 비해 작아지는 소뇌증을 보인다. 과거에 습득한 손의 기능을 잃어버리고 손을 입에 넣거나 박수를 치거나 손을 쥐어짜는 모양, 손을 씻는 행동 등을 반복적으로 보이는 손의 상동증이 특징적으로 나타난다. 또한 보행장애가 있어 뒤뚱거리며 걷고 이를 갈거나 숨쉬는 모양이 변하는 등의 증상이 동반되며 뚜렷한 언어발달의 장애 및 퇴행을 보인다.

곧 정형화된 손놀림, 보행장애 그리고 정상적인 머리 성장률의 감소가 뚜렷해진다. 다른 문제로는 아이가 잠에서 깨어 있을 때 일어나는 발작과 질서가 잡히지 않은 호흡 패턴이 있다. 또한 아이가 흥분하거나 달랠 수 없을 정도로 울 때 고립과 움츠림의 시기가 있을 수 있다. 시간이 지나면 운동장애는 증가해도 다른 증상들은 줄거나 호전될 수도 있다. 레트증후군은 종종 자폐성장애나 뇌성마비, 비구체적 발달지체로 오진되기도 한다.

다른 장애일 가능성이 제외되면 레트증후군이 의심되는데, 다음과 같은 임상적인 기준으로 진단이 이루어진다.

[필수적 기준]
- 6개월에서 18개월 사이까지 표면상 정상적인 발육 기간
- 출생 시 정상적인 머리둘레와 그 이후 나이가 들어 감에(3개월부터 4세까지) 따라 느려지는 머리 성장률
- 심각하게 손상되는 언어 표현과 고의적인 손기능의 상실(이 두 가지는 언어 이해와 지능의 평가를 어렵게 한다.)
- 다음의 손동작(씻는 동작, 비틀기, 손 마주침, 두드림, 입에 손 넣기와 손가락 조작) 중 한 가지 혹은 그 이상을 포함하는 반복적인 손놀림(이것들은 깨어 있는 동안 거의 계속될 수 있다.)
- 아이가 동요됐을 때, 특히 팔다리까지 동반될 수 있는 상체 흔들기
- 걸을 수 있다면 불안정하고 폭이 넓은 걸음걸이를 하고, 다리가 뻣뻣한 걸음걸이와 까치발 걷기

[부차적 기준]
- 일시 호흡정지를 포함한 호흡장애, 호흡 항진과 복부 팽창을 가져오는 공기 삼키기
- 뇌파도의 비정상, 정상적인 전기적 형태의 감속, 뇌전증 형태 활동의 출현과 정상적인 수면 특성의 상실

- 발작
- 근육 경직, 경련, 나이가 들어 감에 따라 증가하는 관절의 구축
- 척추 만곡
- 이 갈기
- 작은 발(키와 관련된)
- 성장지체
- 체지방과 근육질의 감소(어떤 성인의 경우는 비만의 경향을 보이기도 함)
- 비정상적 수면 형태와 흥분 또는 불안
- 씹기와 삼키기의 어려움
- 하지(다리, 발) 부위에의 부진한 혈액 순환, 차갑고 푸르죽죽한 발과 다리
- 나이가 들어 감에 따른 운동성 감소
- 변비

부차적 기준만으로는 레트증후군 진단을 내리지 않는다. 다시 말해, 모든 부차적 기준에 맞아도 앞서 말한 진단 기준에 하나도 맞지 않는 아이는 레트증후군이 아니다. 레트증후군을 가진 모든 여자아이가 이 증상 모두를 보이는 것은 아니며, 개개의 증상은 그 심각성에서 다를 수 있다. 반드시 신경학 전문의나 소아발달 전문의와의 상담을 통해 임상적 진단을 확인받아야 한다.

5. 특 성

1) 인지적 특성

지체장애의 경우 장애 정도가 가볍거나 일시적일 경우 학업성취상의 문제는 거의 없지만 장애가 심하거나 수반장애를 갖고 있을 때에는 교수방식에도 변화가 필요하고 학업성취도 낮아진다.

뇌성마비의 경우 75%는 지능이 70 이하이고 나머지 25%는 경계선 수준이라는 전문가도 있다. 뇌성마비의 경우 의사소통과 신체적 능력의 제한 때문에 표준화된 지능검사를 수행하는 데 제한이 있으며(곽승철 외, 1995), 경험의 폭이 제한되

어 있기 때문에 지능지수가 낮게 나온 것으로 추측할 수 있다. Batshaw와 Perret (1986)은 뇌성마비 아동의 60%가 지적장애 범주에 속한다고 하였다. 그러나 심한 뇌성마비라 해도 정상 또는 그 이상의 지적 능력을 갖고 있는 경우도 있을 수 있다.

특히 운동 및 언어 장애가 있는 뇌성마비의 경우 표준화된 지능검사를 통해 얻어 낸 결과인 지능지수를 아동의 실제 지능지수나 학업능력으로 해석하는 데 신중을 기해야 한다.

2) 신체-운동적 특성

지체장애는 사지 또는 체간의 장애 때문에 운동기능장애가 있다. 운동기능장애는 원인 질환, 장애 정도, 장애 부위에 따라 다르며 개인차가 현저하다. 운동기능장애는 신체, 운동의 발달뿐만 아니라 심리발달에도 큰 영향을 미친다. 운동기능장애는 이동 곤란, 손과 팔의 동작 부자유로 탐색 활동이나 놀이 활동을 제한하여 경험의 부족을 야기하고, 언어 표현이나 쓰기기능 등에 영향을 미치며, 학습 기회를 제한하는 결과를 초래한다. 뿐만 아니라 지체장애에 따른 기관 열등감에 빠지게 되어 정서적 부적응을 야기할 수 있다. 뇌성마비의 경우에는 운동기능장애와 더불어 시·청각장애, 언어, 지능 등의 장애를 중복 수반하고 있어 특이한 심리 특성을 나타내는 경향이 있다(곽승철 외, 1995).

또한 뇌성마비 아동을 포함한 지체장애 아동들은 일반아동에 비해 비일반적인 자세 긴장과 근위부 안정성의 결여, 일반적인 운동 경험의 부족 그리고 불충분한 체성 감각과 시지각 등으로 상지기능에 많은 어려움을 지닌다(정재권, 오명화, 1999). 또한 근긴장도가 높거나 낮은 경우 중력과 상반되는 신체 자세를 유지하거나 관절을 조절하는 데 어려움이 있어 학급에서의 학습 활동 참여에 제한이 있기 때문에 학생의 운동능력 특성을 고려한 적절한 신체 조절하기와 자세 취하기를 지원해야 한다(곽승철 외, 2011).

특히 지체장애 아동 중 대표적인 유형으로 가장 많은 수를 차지하고 있는 뇌성마비는 일반적으로 자세, 평형 유지, 이동능력, 근육 협응 등의 형성이 부족하거나 손상을 가진 운동장애를 포함한다(Bobath & Bobath, 1975).

이들은 소근육운동 협응에 문제가 있으며 걷는 데 많은 어려움이 있어 휠체어를 타는 경우가 많다(구본권 외, 1998). 중추신경계의 기능장애를 가진 뇌성마비 아동은 운동 조절을 할 수 있는 근긴장력의 불균형으로 체간기능과 상지 동작이 열악하다(신계자, 1998).

즉, 뇌성마비 아동은 운동장애를 일차적으로 갖고 있어 정상 아동이 행하는 여러 가지의 경험이나 탐색 활동이 결핍 또는 왜곡될 수 있다. 뇌성마비 아동들은 그들이 갖고 있는 일차적 장애인 운동장애로 인하여 잘 넘어지고, 손에 쥔 물체를 잘 떨어뜨리고, 자주 물체에 부딪혀 상처를 입고, 또래 아동과 놀이를 즐길 수 없어 적극적이지 못하며, 일상생활 동작이 서투르다. 특히 소근육운동의 협응력이 열악하며, 글씨 쓰기, 옷의 단추 끼우기, 운동화 끈 매기 등에 어려움을 보인다(조현식, 2002).

또한 일반아동의 신체발달은 대근육운동에서 소근육운동력으로 발달하는데, 뇌성마비 아동은 뇌에 손상이 있기 때문에 근육이 비정상적으로 작용하며, 근육 상호 간에는 협조가 이루어지지 않는다. 이로 인해 대근육과 소근육 운동기능이 제대로 발달하지 못하며, 그들의 불수의적인 움직임으로 인해 눈과 손의 협응이 잘 이루어지지 않는다(남정현, 1997).

뇌성마비 아동의 운동발달은 실제 나이에 비해 운동연령이 뒤떨어져 일반아동보다 50% 이상 지연되거나 일반아동에게서는 볼 수 없는 비정상적인 운동 형태와 자세 이상을 나타내며, 근긴장도 또한 아주 떨어지거나 너무 항진되는 등 없어져야 할 원시반사가 지속되거나 비정상적 자세반사들이 나타나 정상운동 발달에 꼭 필요한 여러 가지 자세반사가 나타나지 않거나 불충분하게 발달한다(정재권, 오명화, 1999).

3) 언어적 특성

지체장애학교 학생의 80% 이상을 차지하는 뇌성마비 아동 중 70~80%가 언어장애를 갖고 있고(김효선, 1983; 윤병완, 1992), 64.9%가 사지마비로서 언어장애를 갖고 있으며, 13%는 청각장애를, 27.7%는 시각장애를 갖고 있는 것으로 밝혀졌다(Hopkins & Smith, 1983; Crickmay, 1992에서 재인용).

　뇌성마비 아동의 언어장애는 단순마비성 조음장애는 없고, 언어의 발달 편차가 크며 뇌성마비의 구두언어의 특징은 일반적으로 느리고 폭발적인 음으로, 발어 시 힘이 들며 왜곡된 조음이다. 또한 말의 속도, 리듬, 명료도에서 다양하게 장애가 나타난다(田口恒夫, 1987; 川上親仁 外, 1979).

　뇌성마비 아동의 언어장애 유형은 주로 뇌성마비의 유형에 따라 결정되는데, 과도의 근긴장과 돌발적인 근경축을 동반하는 경직형 아동은 폭발적이며 말하는 도중에 오랫동안 말이 끊어질 것 같은 경향이 있다. 즉, 경직형의 경우에는 완전히 막힌 상태가 되어 발어기관을 움직일 수 없는 경우가 많다. 무정위 운동형의 경우에는 말의 변화가 다양하다. 또한 경직성과 무정위 운동의 증세를 모두 나타내는 아동의 경우에는 경직성만의 경우보다 발음에 왜곡이 나타나기 쉽다. 특히 목을 조절할 수도, 침을 삼킬 수도 없어서 침이 흐르는 등의 무정위 운동형의 언어장애를 한층 더 심하게 나타낸다(Crickmay, 1992).

　또한 뇌성마비 아동은 운동장애와 관계가 있기 때문에 호흡 및 조음 기관 등 얼굴 표정이나 몸 자세에도 많은 영향을 끼치고, 호흡 조정의 미약은 발성·발어장애를 가져오며, 조음기관에까지 마비를 가져오는 경우가 많다. 이 경우는 혀, 입술, 턱, 구개와 같은 조음에 필요한 기관의 마비로 인하여 언어발달에 많은 지장을 가져온다(정진자, 1992; 황의경, 1987; Muller, 1975).

　뇌성마비 아동에게서는 입술, 혀, 턱 등의 조음기관의 운동기능장애를 수반하고 미묘한 혀운동이 요구되는 /사/, /자/, /라/ 등에서 오류를 나타낼 수 있다. 또한 정상 아동의 조음 학습에서 가장 빨리 습득되는 /파/, /바/, /마/, /빠/ 등 양순음의 오류가 많이 나타나는 것이 특징적이다(윤병완, 1992).

　뇌성마비 아동의 언어장애의 대다수는 운동장애 때문에 일어난 것으로 그 손상 부위나 넓이에 따라서 언어장애 유형이 여러 가지로 변한다. 언어발달 지체, 소리이상, 구음이상, 리듬장애, 말하는 태도의 이상, 듣기능력과 명료도, 내언어장애 등이 뇌성마비 아동에게 나타나는 언어이상이며, 이것들이 결합되어 나타나는 경우가 많다. 신체 각 부위에 나타난 언어장애를 일으키는 뇌성마비에 따른 운동장애는 흉부, 복부의 근육과 횡격막의 운동의 협응 부족, 호흡운동 주기의 불규칙성, 호흡 부족, 호흡 패턴 장애 등의 호흡기관에 나타나는 장애와 안면근의 불수의 운동, 입술운동, 혀운동, 턱운동, 구개기능, 호흡, 빨기, 삼키기 기능의 장애 등의 구음기관에 나타나는 장애가 있다(곽승철 외, 1995).

4) 사회 · 정서적 특성

지체장애 아동은 신체적 장애로 인한 활동의 제약 때문에 생활에 많은 곤란과 어려움을 갖게 되는데, 이들의 여러 가지 사회적 · 정서적 부적응은 신체적 장애 그 자체보다는 자신의 이러한 장애를 그대로 받아들이려 하지 않기 때문에 파생되는 것이 많다(정해동, 1987).

그리고 지체장애 아동은 언어능력 발달 제한, 이동능력 제한, 자기 지향적 심리 특성, 자신의 일을 처리하는 능력의 제한으로 인하여 낮은 적응행동을 보이며 (김하경, 2002), 학교 및 사회 생활을 하기 위한 필요한 자극을 주의해서 듣기, 지시 따르기, 도움 청하기, 자기소개하기, 사과하기 등의 능력이 떨어진다(박화문, 2001). 이와 같은 행동 특성은 교실 내에서 교사나 친구들과의 관계에 부정적 영향을 미치고 나아가 자아개념의 손상이나 주변인들로부터 고립 현상을 가져와 적응행동의 문제가 발생한다(김순덕, 2004).

또한 수술, 입원 등으로 인한 심한 고통, 병원치료 등은 아동의 성격이나 학교 생활에 영향을 미치며 신체적으로 남에게 많이 의존하게 됨으로써 학습된 무기력(learned helplessness)이라 불리는 수동적인 태도를 갖게 된다. 진행성 근위축증과 같은 질환을 갖고 있는 학생에게는 더욱 특별한 배려가 필요하다. 이들은 우울증, 공격성, 위축 등과 같은 특성을 보이기 쉬우며, 이들의 감정과 행동을 이해해 주는 교사와 가족, 친구들의 도움이 필요하다. 특히 사고 후유증을 갖고 있는 아동들의 경우 과거의 신체능력과 생활 습관에 대한 상실감과 외상후 스트레스 증후군과 같은 증상으로 고통을 겪기도 한다(이소현, 박은혜, 2003).

6. 교육적 접근

1) 교육과정

　우리나라 2011 특수교육 교육과정(교육과학기술부 고시 제2011-501호, 제2012-32호)은 유치원 교육과정, 기본 교육과정, 공통 교육과정, 선택 교육과정으로 편성되어 있다. 기본 교육과정은 공통 교육과정 및 선택 교육과정에 참여하기 어려운 특수교육 대상자를 지원하기 위하여 그 내용을 대체한 대안 교육과정으로 초등학교 1학년부터 고등학교 3학년까지의 교과(군)와 창의적 체험활동으로 편성되었다. 또한 공통 교육과정은 초등학교 1학년부터 중학교 3학년까지의 교과(군)와 창의적 체험활동으로 편성되었으며, 선택 교육과정은 고등학교 1학년부터 3학년까지의 교과(군)와 창의적 체험활동으로 편성되었다. 특히 기본 교육과정 및 공통 교육과정의 교과는 교육 목적상의 근접성, 학문 탐구 대상 또는 방법상의 인접성, 생활양식에서의 연관성 등을 고려하여 교과군으로 재분류하여 적용하고 있으며, 선택 교육과정에서는 학생들의 기초영역 학습 강화와 진로 및 적성 등을 감안한 적정 학습이 가능하도록 4개의 교과 영역으로 구분하고, 필수이수 단위를 제시하도록 하고 있다(교육과학기술부, 2012).

　지체장애 학생을 위한 교육과정은 일반교육과정을 그대로 적용하는 경우도 있다. 인지능력의 장애가 없이 신체적 장애만 있는 경우에는 교육과정의 내용을 수정하지 않고 접근성에 대한 수정만 해 주면 된다. 그러나 인지적 장애를 수반하고 있는 경우에는 교육내용을 수정해 주어야 하는 경우도 있다.

　특수교육 교육과정을 원칙적으로 하여 지체장애 학생에게는 다음과 같은 교육과정이 제공된다(한국통합교육학회, 2005).

[동일 수준 교육과정]
- 대상: 지적장애를 수반하지 않는 단순 지체장애 아동
- 개념: 일반교육과정과 동일한 교육 목표와 내용을 적용하나, 신체적 장애를 고려하여 교과자료나 학습방법의 일부 변형이 필요한 교육과정

[평행적 교육과정]
- 대상: 수업 결손이 잦고 학습이 부진한 지체장애 아동
- 개념: 일반교육과정의 목표를 다소 수정하거나 기초적이고 기본적인 내용을 발췌하여 단순화한 교육과정

[학년 수준 교육과정]
- 대상: 수업 결손이 잦고 학습이 부진한 지체장애 아동
- 개념: 해당 학년 교육과정보다 낮은 학년의 교육과정

[기본 교육과정]
- 대상: 지적장애를 수반한 지체장애 아동
- 개념: 정서장애 및 지적장애 학교용 교육과정

[치료 지원 활동 중심 교육과정]
- 대상: 중도 지적장애를 수반하는 중증 지체장애 아동
- 개념: 물리치료, 작업치료, 언어치료 등 치료 지원 활동 중심의 교육과정

[기타 교육과정]
- 대상: 중증장애로 특히 교육보다 생명유지 및 건강관리가 요구되거나 직업교육 또는 전환교육이 특히 요구되는 시기에 있는 지체장애 아동
- 개념: 아동의 요구나 교육 목적에 따라 융통성 있게 적용 가능한 교육과정

2) 교육방법

한국특수교육학회(2008)에서는 지체장애 학생을 위한 교수–학습 전략을 치료교육, 보조공학, 교과 학습의 영역으로 나누어 다음과 같이 제시하였다.

- 치료 지원 활동 교수전략: 물리치료, 작업치료, 언어치료, 감각통합 훈련 등
- 특수교육 공학적 접근을 통한 교수전략: 일상생활을 위한 보조공학(손 사용

및 착탈의를 돕는 기기, 종합 리모컨 등), 신체 지지 및 이동을 위한 보조공학(의수족, 보조기기, 자세 안정용 의자, 기립형 휠체어 등), 교수-학습을 위한 보조공학(쓰기 보조기기, 경사진 독서대 등), 의사소통을 위한 보조공학(보완대체 의사소통체계), 동물을 이용한 공학적 지원

- 교과 학습 교수전략: 환경 접근방법, 결과 접근방법, 반응 접근방법(곽승철 외, 1995), 자기결정력 증진 프로그램(이소현, 박은혜, 2003)

3) 의사소통 지도

뇌성마비 아동의 언어장애는 대체로 언어발달 지체, 소리이상, 조음이상, 리듬이상, 말하는 태도의 이상, 명료도 등이 떨어지는 언어이상이 있으며, 이것들이 결합되어 나타나는 경우가 많다. 중추신경계의 기질적 손상, 즉 뇌성마비로 인한 정신발달 지체, 감각발달 지체, 감각장애, 지각장애 등의 수반장애는 언어장애를 일으키는 직접적인 원인 혹은 간접적인 원인이 된다. 정신발달 지체가 모든 학습의 기초가 되는 정신기능 지체라고 간주된다면 역시 언어 학습에 관해서도 곤란을 가져오고 언어발달에 지체를 가져올 것이다. 지적장애가 직접 원인이 되는 언어발달 지체도 뇌성마비 가운데는 상당수가 존재할 것으로 예상된다. 이 외에도 뇌성마비 아동의 언어장애 요인으로서 시각장애, 지각장애 등을 들 수 있다. 이것들은 청각장애도 포함하고, 자극 수용에 관한 장애이기도 하며, 자극 양의 제한이나 자극의 왜곡 때문에 학습성취를 곤란하게 하기도 하고 지체시키기도 한다. 시각장애, 시지각장애는 이 의미로서 문어 학습에 미치는 영향이 크다(곽승철 외, 1995).

특히 말을 통해 의사소통을 하지 못하는 지체장애 학생의 경우 말을 보완하여 다른 사람과의 의사소통을 촉진시키거나 말 대신 다른 대체적인 방법을 통합적으로 사용하는 보완대체 의사소통(augmentative and alternative communication: AAC) 방법을 적용할 수 있다. 보완대체 의사소통이 말 습득을 방해하지 않는다는 것을 이해하는 것이 중요하며, 보완대체 의사소통을 통해 말 산출과 이해, 주의집중 시간, 과제 지향성, 사회적 기술에서 긍정적인 발전을 보인다. 또한 최근 국내에서도 의사소통에 어려움이 있는 장애학생의 의사소통 능력과 문해력에

대한 관심이 고조되면서 보완대체 의사소통을 통한 교육 가능성에 대한 관심이 높아지고 있다. 보완대체 의사소통은 말과 언어 발달 및 또래와의 언어적 · 비언어적 상호작용을 촉진시키고, 의사소통 보조기기의 활용을 통해 교육 활동에 능동적으로 참여하게 하여 학업성취를 높인다. 또한 의사소통 기회를 확대시켜 줌으로써 의사소통 실패에서 오는 좌절, 분노, 감정 폭발, 자기학대 등의 문제행동을 줄여 줄 수 있으며, 장애학생의 자기결정 능력 증진 및 지역사회에서의 독립적인 구성원으로서의 생활의 기초를 제공한다(박은혜, 김영태, 김정연, 2008; 박은혜, 김정연, 2010; 유경, 정은희, 허명진, 2010).

보완대체 의사소통이란 의사소통, 즉 말하기와 쓰기에 심한 장애를 보이는 사람들의 장애를 일시적 혹은 영구적으로 보완해 주는 임상치료 행위의 한 영역이다. 또한 보완대체 의사소통 체계란 개인의 의사소통에 사용되는 상징(symbol), 보조도구(aids), 전략(strategies), 기법(techniques) 등을 총체적으로 통합하는 것을 말한다.

- 보완 의사소통(augmentative communication): 보완이란 어떤 것을 증가시키거나 첨가하는 것이다. 그러므로 말하는 것을 보완한다는 것은 말에 어떤 것을 덧붙인다는 뜻이다. 따라서 보완 의사소통이란 소리를 낼 수 있거나 발음이 정확하지는 않지만 말을 할 수 있기 때문에 그 말에 익숙한 가족이나 친구들이 알아들을 때도 있고, 그렇지 못할 때는 몸짓, 얼굴 표정, 컴퓨터와 같은 보조도구를 사용하여 의사소통하는 것을 말한다.
- 대체 의사소통(alternative communication): 대체 의사소통이란 전혀 소리를 낼 수 없고 말도 할 수 없어서 말 대신에 그림이나 글자를 가리키거나 컴퓨터를 이용하는 등의 의사소통 보조도구를 사용해서 의사소통하는 것을 말한다.

한편 보완대체 의사소통 체계에서 상징이란 몸짓, 사진, 손짓기호(manual signs), 얼굴 표정, 그림, 낱말, 실물, 선화(line drawings), 블리스 상징(Blissymbols) 등을 말한다. 보조도구란 의사소통 판, 의사소통 책, 컴퓨터 장착기계 등 메시지를 주고받는 데 사용되는 물리적 도구이며, 전략이란 의사소통 기술을 향상시키기 위해 상징, 보조도구, 기법을 보다 효과적으로 사용하는 특정한 계획을 말한다. 기법이란 직접 선택하기(direct selection), 훑기(scanning), 약호화(encoding) 등 메시지를 전하는 방법을 말한다. 이러한 상징, 보조도구, 전략, 기법은 보완대체 의사소통의 중요한 구성요소다.

그런데 보완대체 의사소통 도구를 적용하기 전에 보완대체 의사소통 사용 대상의 신체적·인지적인 기능평가가 필요하다(김남진, 김용욱, 2010; 박은혜 외, 2008).

4) 일상생활 기본동작

일상생활 기본동작은 자기관리(식사하기, 옷 입기, 몸단장하기, 화장실 가기, 목욕하기, 위생 처리하기 등)와 침대에서 움직이고 앉은 자세를 유지하고 한 장소에서 다른 장소로 이동하기, 애정 표현하기와 같은 모든 일을 독립적으로 하는 활동이다. 즉, 일상생활 기본동작(activities of daily living: ACL)은 일상생활을 하는 데 가장 기본적인 동작으로, 침상동작, 이동동작, 용변동작, 착탈의 동작, 식사동작, 계단을 오르내리는 보행동작 등이 포함된다(최혜숙, 2008).

ADL은 신경, 근육 골격계의 기능검사로서 아동이 어떻게 생활동작을 하고 있는가에 대한 객관적 검사다. 질병의 성격으로 보아 신경학적 또는 근육과 골격이 객관적으로 변화하는 정도를 쉽게 판단하기 어려우나, 치료 효과가 일상생활 동작에서 가장 먼저 나타난다. ADL은 이러한 동작을 스스로 할 수 있는가, 도움은 필요하지 않으나 안전을 위해 옆에 보호자가 있어야 하는가, 목발이나 브레이스 또는 다른 보조기기를 사용하지 않아도 되는가, 도움이 필요하다면 어느 정도의 도움이 필요한가, 모든 동작이 불가능하여 전적으로 남의 도움이 필요한가 등을 검사한다(구본권, 2005, 2007).

일상생활 기본동작이 주로 가정에서 이루어지기 때문에 학교에서 실시하고 있는 작업훈련 활동과 가정과의 충분한 연락과 협력지도가 이루어져야 한다. 실제적인 지도는 식사, 대소변 처리, 옷 입고 벗기 등과 같은 신변 자립이 과제의 중심이 된다.

식사동작은 주로 과민한 신체 부위의 조절, 빨기, 마시기, 씹기, 삼키기가 있고, 대소변의 처리는 소변 보기, 대변 보기, 화장실 사용법 알기 등이다. 의류 활동은 옷 입고 벗기, 옷의 부착물 사용하기, 기타 장비 사용하기 등이 있으며 위생

활동으로는 세수하기, 이 닦기, 머리 손질하기, 목욕하기, 코와 입 청결히 하기 등이 있다(신현기 외, 2005).

(1) 식사하기

뇌성마비 아동은 구어 표현 및 식사행동에 필요한 구강 부위 운동, 신체운동의 불협응, 비정상적인 자세 유지, 구강기능에 대한 과민성, 호흡의 불협응과 같은 결함을 전체적으로 또는 부분적으로 가지고 있다(Alexander & Bigge, 1982). 특히 구강운동 기능에 문제가 있는 아동은 입안에 음식을 넣는 일이 매우 어렵고, 침 흘리기, 기침하기, 과잉 재채기, 운동 조절 부족으로 음식을 섭취하는 데 문제가 있다. 또한 구강운동 기능은 말하기에서도 중요한 기능을 한다(Crickmay, 1992; Krick et al., 1984). 즉, 음식을 먹을 때 구강운동은 턱, 입술, 볼, 구개, 혀의 운동으로 구성되는데(Gisel, Lange, & Niman, 1984), 구강운동 영역에는 빨기, 삼키기, 씹기, 깨물기 행동과 음식 질감 알기, 자립 식사행동 등 여러 가지가 서로 밀접한 관계를 가지고 상호 보완적인 작용을 하며(Hopkins & Smith, 1983), 구강반사 발달이 정상적인 식사 패턴을 형성시키는 데 중요한 역할을 한다(Bosma, 1963a, 1963b; Ingram, 1972; Mysak, 1963: 정진자, 1992에서 재인용).

특히 식사행동은 구어 표현, 영양 섭취, 치아 보호, 의사소통, 지각발달, 감각발달 및 인지발달에 영향을 준다(Alexander & Bigge, 1982). 그런데 뇌성마비 아동은 특히 식사행동에 문제를 가지고 있고, 이들 대부분이 입과 머리 그리고 몸통을 잘 조절하지 못하며, 앉는 자세가 좋지 못하고, 눈과 손의 협응이 잘 되지 않으며, 삼키는 행동에 문제가 있고, 음식물 섭취가 곤란하다(오정희, 강세윤 역, 1979). 또한 식사행동이 능숙하지 못하면 구강 내에서 마시는 문제뿐만 아니라 전신의 이상 긴장 및 머리 안정, 호흡 등과 관련되어 입술, 혀, 아래턱의 기능발달이 지체되고 자유스러운 동작이 저해되기도 한다. 따라서 먹기, 마시기, 깨물기 등의 개선을 위해서는 신체 전반에 대한 접근을 시도하는 것이 중요하다.

(2) 옷 입기 지도(백은희, 김상섭, 구본권, 1994)

아동에게 옷 입고 벗는 동작을 가르치는 것은 독립적으로 생활하는 데 중요하다. 아동이 욕구와 이해는 있지만 운동기술에 문제가 있다면 목표를 달성할 수 있도록 도와주고 아동이 옷 입는 과정에 최대한 참여할 수 있게 한다. 뇌성마비 아동의 경우 낮은 의자에 앉아서 수행하는 것이 좋지만, 경직성이나 무정위성으로 혼자 입기가 어려운 아동은 머리나 몸통 자세를 바로 잡기가 어려우므로 부모의 무릎에 앉혀서 입히거나 안정되게 바닥에 눕혀서 입히는 방법도 좋다.

일반적으로 옷 벗는 것을 먼저 시작하는데, 옷 입는 것보다 벗는 것이 쉽기 때문이다. 많은 아동이 양말 벗는 것이 가장 쉬운 것임을 알게 된다. 양말부터 시작한다면 양말을 거의 벗긴 상태에서 아동으로 하여금 마지막 단계에서 힘 있게 당겨 벗게 한다(후진형 행동연쇄법 활용).

① 옷 입고 벗기의 선행 조건
- 쉽게 입고 벗을 수 있는 간단한 옷으로 디자인된 것을 선택한다.
- 옷은 조금 크고 유연성 있는 니트와 안감이 미끄러지는 옷이 좋다.
- 앞 트인 옷이 편리하고, 신발 끈보다는 벨크로로 된 신발이 편리하다.
- 아동이 스스로 옷 입기에 참여하지 못한다 할지라도 무엇을 입을 것인지 스스로 선택하게 하는 것이 좋으며 스타일이나 색을 선택하도록 해야 한다.
- 옷 입는 것을 가르치기 위해서 우선 앉은 자세의 균형을 유지할 수 있어야 한다.
- 팔을 움직일 수 있고, 필요한 옷들을 잡을 수 있어야 한다(이것이 아동에게는 가장 복잡한 동작이다).
- 복잡한 동작들이 가능하기 위해서는 신경근 발달과 지각 수준이 필요하다.
- 몸의 각 부분을 알고 좌우를 판단할 수 있어야 하며, 옷의 각 부분을 알아야 한다.

② 옷 입고 벗기 지도
- 옷 입을 때 협조하는 방법: 소매를 끼울 때 팔에 힘을 주지 않고 팔을 끼운다든지, 양말이나 신발을 신을 때 다리를 고정시킨다.
- 옷을 입을 때 보조하는 방법: 양말을 신을 때 양말을 끌어 올리거나, 앞이 막힌 상의를 머리 위에서 끌어내리고 벗을 때 소매를 끌어당기는 것 등을 보조해 준다.

- 아동의 능력에 따라 단계적으로 지도하며, 옷 입고 벗기에서 아동에게 너무 많은 것을 한꺼번에 할 수 있을 것이라고 기대하지 말고 독립적으로 할 수 있는 능력을 배우게 한다.

(3) 여성 위생

여아뿐만 아니라 남아도 개인위생 기술의 교육이 필요하다. 특히 여학생의 개인위생의 중요한 부분은 월경을 처리하는 것이다. 이것은 개인적인 문제이기 때문에 가족의 참여가 중요하다. 월경 처리를 가르치는 가장 효과적인 방법은 자기학습을 통한 것이다. 특히 생리대의 교환훈련은 화장실 훈련에 필요한 대근육운동과 소근육운동 기술이 포함되어 있어서 중증장애 여학생에게는 매우 어렵다 (Orelove, Sobsey, & Silverman, 2004).

참 · 고 · 문 · 헌

곽승철, 박재국, 오세철, 정진자, 정해동, 조홍중, 한경임, 홍재영(2011). 중도 · 중복장애 학생교육. 서울: 교육과학사.

곽승철, 김삼섭, 박화문, 안병즙, 전헌선, 정재권, 정진자(1995). 지체부자유아교육. 대구: 대구대학교 출판부.

곽승철, 김하경, 노선옥, 박석돈, 박재국, 박화문, 안병즙, 오세철, 정헌선, 정재권, 정진자, 조홍준, 한경임(2003). 중복 · 지체부자유아 교육. 대구: 대구대학교 출판부.

교육부(2013). 특수교육연차보고서. 서울: 교육부.

교육부(2014). 2014 특수교육통계. 세종: 교육부.

교육과학기술부(2012). 특수교육 교육과정 총론. 서울: 교육과학기술부.

구본권(2005). 지체장애 아동교육. 서울: 시그마프레스.

구본권(2007). 지체장애 아동교육: 치료교육적 접근. 서울: 시그마프레스.

국립특수교육원(2009). 특수교육학 용어사전. 서울: 하우.

국립특수교육원(2008). 특수교육 실태조사. 경기: 국립특수교육원.

김남진, 김용욱(2010). 특수교육공학. 서울: 학지사.

김순덕(2004). 원예활동이 지체부자유아동의 자아개념, 대인관계, 언어능력에 미치는 영향. 조선대학교 교육대학원 석사학위논문.

김영민, 정문상, 성상철(1998). 학생을 위한 정형외과학. 서울: 군자출판사.

김하경(2002). 지체부자유학생의 장애수용도와 자아존중감에 관한 연구. 중복지체부자유
     아교육, 40, 23-38.

김현문(2005). 지체장애인의 장애수용과 사회관계망에 관한 연구. 공주대학교 대학원 석
     사학위논문.

김효선(1984). 뇌성마비아의 언어지도. 재활연구, 10.

남정현(1997). 소조활동 프로그램이 뇌성마비 아동의 시각-운동 기능 향상에 미치는 효
     과. 대구대학교 교육대학원 석사학위논문.

노선옥, 김수연, 김애화, 김형일, 남상석, 박순희, 유장순, 이성봉, 이효자, 정영옥, 정은
     희, 최성규, 한경근(2009). 특수교육대상아동선별검사. 경기: 국립특수교육원.

대한특수교육학회(2000). 특수교육용어사전. 대구: 대구대학교 출판부.

박은혜, 김영태, 김정연(2008). 보완대체의사소통 기초능력평가. 서울: 파라다이스복지재단.

박은혜, 김정연(2010). 지체장애 학생교육. 서울: 학지사.

박화문(2001). 지체부자유아동 심리. 대구: 대구대학교 출판부.

백은희, 김삼섭, 구본권(1994). 중복장애 아동교육. 서울: 양서원.

서화자, 박순길, 박현옥, 조정연(2008). 특수아동의 이해 . 서울: 학지사.

신계자(1998). 상지동작훈련이 뇌성마비 아동의 시각-운동 기능 향상에 미치는 효과. 대
     구대학교 교육대학원 석사학위논문.

신현기, 변호걸, 김호연, 정인호, 전병운, 정해동, 강영택, 성수국, 마주리, 유재연(2005).
     특수교육의 이해. 서울: 교육과학사.

안병즙(1999). 장애인의 이해. 서울: 형설출판사.

오정희, 강세윤 역(1979). 뇌성마비아 가정치료. 서울: 한국뇌성마비아복지회.

유경, 정은희, 허명진(2010). 의사소통장애의 이해: 학교 현장의 전문가들을 위한 지침. 서울:
     박학사.

윤병완(1992). 뇌성마비 언어장애와 치료. 대구: 요한바오로 2세 어린이집.

이미선, 김용욱, 이석진, 김현진 역(2005). OECD 특수교육 통계 및 지표. 경기: 국립특수교
     육원.

이소현, 박은혜(2003). 특수아동교육. 서울: 학지사.

장애인 등에 대한 특수교육법(일부개정 2013. 12. 30. 법률 제12127호)

장애인복지법(일부개정 2013. 07. 30. 법률. 제11977호)

장애인복지법 시행령(일부 개정 2014. 11. 19. 대통령령 제25751호[행정자치부와 그 소속

기관 직제])

전헌선, 오세철, 박재국, 한경임, 노선옥, 박순길(2006). 중복 지체부자유아 치료 교육. 대구: 대구대학교 출판부.

정동영, 김형일, 정동일(2001). 특수교육 요구아동 출현율 조사 연구. 경기: 국립 특수교육원.

정재권, 오명화(1999). 손기능 훈련 프로그램이 뇌성마비아의 상지기능에 미치는 효과. 중복지체부자유아교육, 34(1), 85-99.

정진자(1992). 구강운동훈련이 뇌성마비 아동의 식사행동에 미치는 영향. 대구대학교 대학원 박사학위논문.

정해동(1987). 교육적 게임이 뇌성마비학생의 신체기능과 사회·심리적 특성에 미치는 영향. 단국대학교 대학원 석사학위논문.

조현식(2002). 운동교육 프로그램이 뇌성마비 아동의 대·소근육 및 감각·운동 기능에 미치는 효과. 대구대학교 특수교육대학원 석사학위논문.

최혜숙(2008). 일상생활동작학. 서울: 계축문화사.

한국통합교육학회(2005). 통합교육. 서울: 학지사.

한국특수교육학회(2008). 특수교육 대상자개념 및 선별기준. 한국특수교육학회.

황의경(1987). 언어장애와 일상지도. 서울: 홍익제.

田口恒夫(1987). 言語障害治療學. 醫學書院.

平井久, 長谷川茂 編(1987). 言語習得(p. 176). 東京: 岩崎學術出版社.

川上親仁 外(1979). 腦性マヒ兒の 發聲發語器官の 早期 評價法. 北九州市立 總合療育 センター-足立學園.

Alexander, R., & Bigge J. (1982). Facilitation of language and speech. In J. L. Bigge (Ed.), *Teaching individuals with physical and multiple disabilities.* Columbus, OH: A Bell & Howell Co.

Batshaw, M., & Perret, Y. (1986). *Children with handicap: A medical primer.* Baltimore: Paul H. Brookes.

Bobath, K., & Bobath, B. (1975). Cerebral palsy. In P. Pearson & C. E. Williams (Eds.), *Physical therapy services in the developmental disabilities* (pp. 31-113). Springfield, IL: Charles C.Thomas.

Bosma, J. F. (1963a). Maturation of functions of the oral and pharyngeal region. *American Journal of Orthod, 49,* 94-104.

Bosma, J. F. (1963b). Oral and pharyngeal development and function. *J. Dent. Res. 42 ,* 375-380.

Crickmay, M. C. (1992). 뇌성마비의 언어치료(박혜숙, 나은우 역), 서울: 연세대학교 출판부.

Gisel, E. G., Lange L. J., & Niman C. W. (1984). Chewing cycles in 4-5-year-old Down's syndrome children: A comparison of eating efficacy with normals. *Ame. J. of Occu. The. 38*(10), 660-670.

Hopkins, H. L., & Smith H. D. (1983). *Occupational therapy* (pp. 662-663). Philadelphia: J. B. Lippincott Co.

Heward, W. L. (2006). *Exceptional children: An introduction to special education.* Upper Saddle River, NJ: Pearson Education.

Ingram, T. S. (1972). Coinical significance of infantile feeding reflexes. *Dev. Med. & Child Neu., 4,* 159-169.

Kirk, S. A., Gallagher, J. J., & Ansastasiow, N. J. (2006). *Educating exceptional children.* Boston, MA: Houghton Mifflin.

Krick, J. et al. (1984). The relationship between oral-motor involvement and growth: Apilot Study in a pediatric population with cerebral palsy. *J. the American Dietric Association, 84*(5), 555-559.

Muller, H. (1975). "Feeding". In W. R. Finnie (Ed.), *Handling the young cerebral palsied child at home.* NY: E.P. Dutton & Co.

Mysak, E. D.(1963). Dysarthria and oropharyngeal reflexoloy: A review. *J. Speech Hearing Dis., 28,* 252-260.

Orelove, F. P., Sobsey, D., & Silverman, R. K. (2004). *Educating children with multiple disabilties.* Baltimore: Paul H. Brookes Publishing Co.

Smith, D. D., & Luckasson, R. (1995). *Introduction to special education, teaching in an age of challenge* (2nd ed.). Boston: Allyn & Bacon.

서울대학교병원 의학정보   http://terms. naver.com/ list.nhn? cid= 51007& categoryId= 51007&mobile

http://www.rettsyndrome.org

http://www.rett.or.kr

http://mext.go.jp

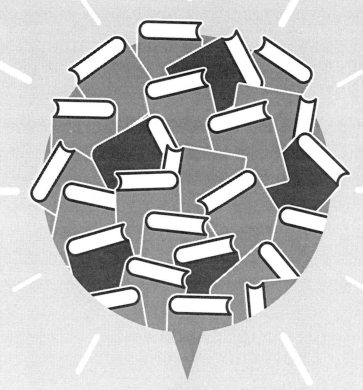

제 **11** 장

정서 · 행동장애아 교육

1. 정 의

정서·행동장애는 개인의 발달이나 타인의 생활 혹은 그 둘 다를 방해하는 행동으로, 일반적으로 기대되는 것보다 정도나 강도가 심하고, 오랫동안 지속되는 특성을 나타내는 경우를 지칭한다.

이러한 특성을 나타내는 아동들은 문제아, 부적응아, 비행아, 정신장애아, 정서장애아, 행동장애아 등 보는 관점에 따라 다양하게 불리어 왔다. 그러나 교육 전문가들이나 부모들은 '정서장애'보다는 '행동장애'라는 용어가 장애 영역을 표현하기에 더 적절하며 장애 낙인이 덜하다는 등의 이유에 근거하여 '행동장애'라는 용어를 더 선호하고 있다.

우리나라의 특수교육 분야에서는 1977년「특수교육진흥법」이 시행된 이후, 이 법이「장애인 등에 대한 특수교육법」으로 대치된 2008년까지 '정서장애'라는 명칭으로 불렸지만,「장애인 등에 대한 특수교육법」에서는 최근의 동향과 사회적 여론을 반영하여 정서·행동장애라고 명명하고 있다(교육과학기술부, 2008). 정서·행동장애의 정의와 관련해서 관련법에서 별도로 정의한 것이 없으므로「장애인 등에 대한 특수교육법 시행령」제10조 관련 별표에 명시되어 있는 '정서·행동장애를 지닌 특수교육 대상자 선정 기준'을 정의로 준용할 수 있을 것이다.

* 장기간에 걸쳐 다음 각 목의 어느 하나에 해당하여, 특별한 교육적 조치가 필요한 사람
  가. 지적·감각적·건강상의 이유로 설명할 수 없는 학습상의 어려움을 지닌 사람
  나. 또래나 교사와의 대인관계에 어려움이 있어 학습에 어려움을 겪는 사람
  다. 일반적인 상황에서 부적절한 행동이나 감정을 나타내어 학습에 어려움이 있는 사람
  라. 전반적인 불행감이나 우울증을 나타내어 학습에 어려움이 있는 사람
  마. 학교나 개인 문제에 관련된 신체적인 통증이나 공포를 나타내어 학습에 어려움이 있는 사람

이러한 「장애인 등에 대한 특수교육법」의 선정 기준에 대해서 이상복(2008)은 다음과 같은 점을 들어 이 법이 실제 서비스 실행에 있어서 제한적 양상을 보인다고 주장하였다. 첫째, 특수교육 대상이 모든 국민으로 확대되었음에도 '학습'이라는 점을 강조함으로써 정서·행동장애를 가진 특수교육 대상자를 학령기 아동으로 제한하고 있다. 둘째, 표현상에 있어서 논리성이 결여된 측면, 예를 들어 '라' 목의 '전반적 불행감'과 같은 표현은 결과적으로 '정서·행동장애란 모호한 것'이라는 편견을 유도할 수 있다. 셋째, '우울증'이라는 용어를 사용함으로써 행동장애 관련 범주가 의료적 처치에 의존해야 한다는 오해를 불러일으킬 수 있으므로 이는 '내면화된 정서적 갈등'과 같은 보다 교육 중재적 내용과 표현으로 전환되어야 할 것이다.

이와 유사하게, 이승희(2008, 2012)는 「장애인 등에 대한 특수교육법」의 정의에서는 '학습에 어려움이 있는'이라는 문구가 추가됨에 따라 아무리 심한 정서·행동 문제를 가졌다 하더라도 학습에 문제가 없으면 특수교육 대상자로 선정될 수 없고 나아가 요구되는 관련 서비스에서 배제되는 결과가 나타날 수 있음을 지적하였다. 즉, 학업은 교육적 수행의 일부분이며 따라서 학업에는 부정적인 영향을 미치지 않더라도 사회적 기술, 직업기술 또는 개인기술에 부정적인 영향을 미치는 경우 정서·행동장애에 해당하기 때문에 '학습'이라는 제한적 용어가 아니라 미국의 「장애인 특수교육법」(IDEA, 2004)에서처럼 교육적 수행(educational

〈표 11-1〉 미국 정신건강 및 특수교육협회의 정의

i. 정서·행동장애란 학교에서 정서 및 행동 반응이 적절한 연령, 문화, 인종적 규준과 너무 달라서 학업적, 사회적, 직업적, 개인적 기술을 포함하는 교육적 수행에 부정적 영향을 미치는 경우를 의미한다. 이 장애는 다음과 같은 특징을 보인다.
(a) 환경 내의 스트레스 사건에 대해 오랫동안 지나치게 반응한다.
(b) 두 가지 다른 환경에서 지속적으로 나타난다. 적어도 하나의 환경은 학교와 관련된 환경이다.
(c) 일반적인 교육에서 적용되는 직접적 중재에 반응하지 않거나 아동의 상태가 일반적인 교육적 중재로 충분하지 않다. 정서·행동장애는 다른 장애와 함께 나타날 수 있다.
ii. 조현병, 정동장애, 불안장애, 품행 또는 적응 장애가 교육적인 수행능력에 영향을 미치면 정서·행동장애 범주에 포함된다.

* 출처: 윤점룡 외(2013), p. 20.

performance)이라는 포괄적인 용어가 적용되어야 한다고 주장하였다.

정서 · 행동장애는 장애 특성상 객관적으로 정의하기 어려운 주관적인 측면을 어느 정도 가지고 있지만 그럼에도 불구하고 개인의 특정 행동들을 객관적이고 정확하게 측정하고 이를 사회적 규준과 기대에 근거하여 평가할 필요가 있다. 따라서 현재 적용되고 있는 「장애인 등에 대한 특수교육법」의 정의를 우리의 교육 여건과 현실에 맞게 보다 구체적이거나 조작적으로 수정하기 위해서는 미국 정신건강 및 특수교육협회(National Mental Health and Special Education Coalition: NMHSEC)에서 제시한 것과 같은 공식화된 정의들의 내용을 엄밀히 분석하여 핵심 요인을 도출해야 할 것이다(이상훈, 2011, 2013b; 이승희, 2012; 한홍석, 2004).

현재까지 정서 · 행동장애에 대한 여러 정의에서 공통적으로 나타나는 주요 특성은 다음과 같다(Kauffman & Landrum, 2013).

- 학교 내에서의 정서 혹은 행동적 반응에 초점을 둔다.
- 연령, 문화, 지역적 차이 등을 고려해야 한다.
- 학업 성적 및 사회적 · 직업적 · 개인적 측면을 포괄하는 교육적 수행에 부정적 영향을 미친다.
- 스트레스에 대한 반응이 일시적이거나 예상되는 정도를 넘어선다.
- 학교를 포함해서 적어도 다른 두 가지 환경에서 일관성 있게 표출된다.
- 개별화된 중재에도 불구하고 장애가 지속된다.
- 다른 장애와 공존할 가능성이 있다.
- 정서 또는 행동 장애의 모든 영역을 포괄해야 한다.

2. 선별 및 진단 · 평가

1) 선 별

조기 선별을 통한 중재는 문제행동이 악화되어 장애에 이르지 않도록 예방할 수 있기에 효과적이면서도 효율적이다. 그러나 이러한 장점에도 불구하고 대부분의 학교에서 체계적인 선별 절차를 사용하지 않고 문제가 악화될 때까지 방치하고 있다. 그 이유에 대해서 Walker(2005)는 다음과 같이 설명하고 있다. 첫째, 문제들을 선별하거나 판별하지 않음으로써 이에 대한 이유를 설명해야 하는 번거로움을 피할 수 있다. 둘째, 학생의 사회적 · 정서적 문제는 그 개인이나 보호자의 문제라고 보고 있다. 셋째, 학교는 기술이나 능력, 자원의 측면에서 이미 감당할 수 없는 많은 요구에 직면하고 있기 때문에 학생의 행동 문제를 정기적이고 체계적으로 선별하는 것은 별도의 과중한 업무라고 생각한다.

최근에는 의뢰 전 중재가 선별이나 진단에 앞서 수행되어야 하는 사항으로 인식되고 있다(김동일, 2009; 이상훈, 2011). 즉, 부모나 교사가 장애가 의심되는 학생을 발견한 경우 바로 진단을 의뢰하는 것이 아니라, 학교 차원에서 다양한 대안적 접근과 필요한 자원을 제공하며, 이러한 의뢰 전 중재의 노력에도 불구하고 개선되지 않을 경우에만 진단에 의뢰하는 연계적 모형을 적용해야 한다(국립특수교육원, 2004).

따라서 교사들은 의뢰에 앞서 다음과 같은 점을 명확히 할 필요가 있다(Kauffman & Landrum, 2013). 첫째, 내가 걱정하는 것은 정확히 무엇인가? 둘째, 왜 그것에 대해 걱정하는가? 셋째, 그러한 문제가 얼마 동안, 어디서, 어느 정도 빈번히 일어났는가? 넷째, 그 문제를 해결하기 위해 내가 시도한 것은 무엇인가? 다섯째, 적용할 수 있는 전략이나 교육 계획을 수립하기 위해 자문을 요청했는가? 여섯째, 적용해 온 방법들이 문제 해결에 적합하지 않다고 확신할 수 있는가? 이러한 질문에 하나씩 답해 나가는 과정을 통해 체계적인 선별이 가능할 것이다.

이상훈(2011)은 일반학교 학급 상황에서 담임교사를 통한 3단계 선별 · 진단 절차를 제안하였다. 먼저 학급 내에 정서 · 행동장애가 있거나 장애가 의심되는 학생을 발견하면, 1단계에서 담임교사는 해당 학생에 대해 특별한 관심을 가지고 경험 있는 동료교사나 보다 전문성을 갖춘 상담교사 또는 특수학급 교사로부터 자문을 구하고, 학생을 포함하여 부모, 이전 담임 등 주변 인물과의 상담을 시작하며, 학생에 대한 학교의 기록을 검토하고, 수업시간뿐만 아니라 휴식시간, 운동장에서의 활동 등 다양한 환경에서 체계적인 관찰을 실시하여 학생의 문제행동을 확인하고 행동 특성에 대한 이해와 수용의 범위를 넓히면서 관련 자료를 구축한다. 이러한 특별한 관심 속에서 일정 기간이 지났음에도 불구하고 학생의 행동에 변화가 없거나 행동 문제의 양상이 심각해지거나 심각해질 가능성을 인식하게 되면, 2단계인 선별 및 진단·평가 단계 혹은 3단계인 일반적 교육중재 단계로 바로 진행하거나 특수교육지원센터 혹은 외부 전문기관에 직접 의뢰할 수도 있을 것이다.

2단계에서는 표준화되거나 형식화된 선별검사를 실시하고 보다 체계적인 진단을 위한 정보를 수집한다. 이 단계는 특수학급 교사나 특수교육지원센터 등으로부터의 직접적이고 전문적인 자문을 통해 진행될 수 있다. 먼저 대상 학생의 연령 및 행동 특성에 적합하고 일반학급 교사가 수행하기에 용이한 선별도구를 추천받고 해당 검사를 실시함으로써 기대되는 규준과 준거에 비추어 학생의 행동을 평가한다. 또한 물리적·심리적 지원을 위한 환경적 평가나 생태학적 평가, 행동의 기능과 원인을 규명하기 위한 기능적 행동평가 등을 실시하며, 수행한 검사 및 평가의 결과를 특수학급 교사나 특수교육지원센터의 전문가와 함께 해석하고 이에 따른 후속 조치를 논의한다. 이 과정에서 3단계인 일반적 교육중재 단계의 진행 여부를 결정한다.

3단계에서는 특수학급 교사나 특수교육지원센터와의 더욱더 긴밀한 협조가 요구되며, 지역적 여건이나 해당 학교 또는 특수교육지원센터의 상황에 따라서 외부 전문가 및 기관으로부터 전문적 자문이나 협조를 구할 수도 있다. 일반교사는 수집된 진단 정보를 토대로 교수적 수정과 또래 중심 중재, 행동상담, 자연적 지원, 사회성 기술훈련, 개별교육 등 학생의 특성과 현실적 여건을 고려하여 가장 적절한 중재방법을 선택하고 중재과정과 절차에 대한 계획을 수립·실시하며, 중재 과정과 결과에 대한 평가 등 일련의 과정에 대해서 전문적인 지원을 받게 된다.

그러나 이와 같은 의뢰 전 단계에서의 노력에도 불구하고 행동의 변화가 없을 경우, 평가 결과에 근거해서 다시 한 번 중재를 시도하거나 보호자의 동의하에 특수교육지원센터나 외부 전문 기관에 진단·평가를 의뢰하게 된다.

이상에서 제시한 것과 같이 공식적인 의뢰에 앞서 일반교사에 의한 선별과 의뢰 전 중재가 강조되는 선별 절차를 적용함으로써 얻을 수 있는 장점(국립특수교육원, 2004)으로는, 첫째, 단계적으로 문제가 있는 아동들을 발견하여 문제가 더 심각해지기 전에 예방할 수 있고, 둘째, 아동이 최소제한환경인 일반학급에서 대안적 중재를 받을 수 있으며, 셋째, 부적절한 교수환경으로 인한 잘못된 진단 의뢰나 과잉 판별을 감소시켜 진단에 소요되는 시간과 비용을 절감할 수 있게 하고, 넷째, 공식적인 진단을 받기 이전이나 진단과정 중에도 필요한 중재를 제공할 수 있다는 점을 들 수 있다.

2) 진단 · 평가

일반적으로 선별, 진단 검사에서 활용될 수 있는 측정도구는 표준화된 것이어야 하고, 쉽고 빠르고 경제적으로 관리될 수 있어야 하며, 최소의 실수로 정확히 분류할 수 있어야 하며, 부모와 일반인뿐만 아니라 전문가에게 수용될 수 있는 것이어야 한다(국립특수교육원, 2008).

따라서 정서 · 행동장애를 효과적이고 체계적으로 선별, 진단하는 도구 및 절차는 특정 장애 여부를 정확하게 파악할 수 있도록 신뢰성 있고 타당한 절선점을 가지고 있어야 하며, 검사 실시나 채점, 해석에 소요되는 시간, 인력, 비용 등의 요인이 사회적으로 수용될 수 있는 사회적 타당도를 가져야 한다. 나아가 심리측정의 측면에서 적합한 도구로 인정받기 위해서는 검사도구의 내적 일치성, 검사-재검사 안정성, 수렴타당도, 예언력, 명료도와 민감도 등을 확인할 필요가 있다(Lane et al., 2009).

윤점룡 등(2013)은 정서 · 행동장애 학생의 진단 · 평가에서 학생의 정서적 혹은 행동적 특성 자체가 타인의 정서나 행동을 인식하여 수용하거나 타인에게 자신을 표현하는 방식에 영향을 미치므로 행동문제의 특성을 파악하기 위해 개인의 내적 · 외적 요인을 측정하는 것이 중요하다고 강조하였으며, 진단 · 평가 영역과 방법을 〈표 11-2〉와 같이 제시하고 있다.

〈표 11-2〉 **정서 · 행동장애의 진단 · 평가 영역 및 방법**

평가 영역	평가방법
사전평가	면담 및 보고서(교사, 부모, 아동), 관련 전문가로부터의 자료수집
심리정서평가	조현병, 우울증, 불안 및 기타 장애, 투사법을 통한 인성검사
문제행동평가	파괴적 행동장애, 공격성, 아동 행동화 경향, 충동성, 자기통제력, 비행행동, K-CBCL, 유아행동검목표, 자폐, 주의력결핍 과잉행동장애(ADHD)
사회성평가	교우관계 사정, 사회적 행동평정척도, 사회적응행동검사

〈표 11-3〉 '정서 · 행동장애' 선별검사 및 진단 · 평가 영역과 해당 영역의 검사(예)

영 역	활용 가능한 검사
적응행동검사	사회성숙도 검사, 한국판-적응행동검사-개정판(K-SIB-R), 국립특수교육원 적응행동검사(KISE-SAB)
성격진단검사	표준화 성격진단검사(중학생-성인용)
행동발달평가	한국판-아동 · 청소년 행동평가척도(K-CBCL), 한국 우울증 검사(KDS), 반항성장애 평정척도(ODDC), 불안장애 평정척도(ANCL), 우울장애 평정척도(CADC), 품행장애 평정척도(CDCL), 발달장애 평정척도(DDCL), 함묵장애 평정척도(SMCL), FAIR 주의집중력검사, 한국 ADHD 진단검사, 한국자폐증진단검사, 주의력결핍 과잉행동장애 진단검사
학습준비도검사	학습준비도검사, 기초학습기능검사

「장애인 등에 대한 특수교육법」에서는 정서 · 행동장애를 가진 학생의 선별과 진단 · 평가 영역을 명시하고 있지만 구체적으로 적용할 수 있는 검사는 제시하지 않고 있으며, 현장에서 선별과 진단 · 평가를 위해 활용 가능한 표준화되고 신뢰도가 있는 검사의 수는 매우 제한적이다. 검사 영역과 현재 특수교육지원센터에서 사용되고 있는 검사도구를 제시하면 〈표 11-3〉과 같다(이상훈, 2013a).

3) 선별 및 진단 · 평가 도구

(1) 국립특수교육원 정서 · 행동장애 학생 선별척도

국립특수교육원(2009)에서는 정서 · 행동장애를 지닌 특수교육 대상자를 다음과 같이 정의하고, 이에 근거하여 [그림 11-1]과 같이 초 · 중 · 고등학생용 정서 · 행동장애 학생 선별검사를 제시한 바 있다.

정서 · 행동장애를 지닌 특수교육 대상자는 지적 · 감각적 · 건강상의 이유로 설명할 수 없는 학습의 어려움, 또래나 교사와의 대인관계의 어려움, 일반적인 상황에서 나타나는 부적절한 행동이나 감정, 전반적인 불행감이나 우울, 또는 학교나 개인 문제에 관련하여 신체적인 통증이나 공포를 나타내는 경향이 장기간에 걸쳐 발생하고, 그로 인해 학습에 불리한 영향을 받는 아동을 말한다.

정서 · 행동장애를 지닌 특수교육 대상자는 다음과 같은 행동을 나타낼 수 있습니다. 문항별로 아동이 해당되는 모든 항목에 ∨표를 해 주시기 바랍니다.

Ⅰ. 대인관계 형성

검사 문항	자주 나타남	가끔 나타남	나타나지 않음
① 혼자 있거나 혼자서 논다.	2	1	0
② 또래와 상호작용을 적절하게 유지하지 못한다.	2	1	0
③ 또래 또는 교사와 이야기하는 것을 회피한다.	2	1	0
④ 단체 활동에 참가하는 것을 회피한다.	2	1	0
합 계			
		총점	

Ⅱ. 부적절한 행동이나 감정

검사 문항	자주 나타남	가끔 나타남	나타나지 않음
① 부주의로 인해 학업 및 놀이 활동에 실수를 저지른다.	2	1	0
② 수업시간에 손발을 가만히 두지 못하거나 의자에 앉아서도 몸을 움직거린다.	2	1	0
③ 유치원 규칙을 위반하는 행동을 한다.	2	1	0
④ 사람 및 동물에게 공격행동을 한다.	2	1	0
합 계			
		총점	

Ⅲ. 불행감이나 우울감

검사 문항	자주 나타남	가끔 나타남	나타나지 않음
① 슬프거나 공허한 표정 등의 우울한 기분을 보인다.	2	1	0
② 일상 활동에 대한 흥미나 즐거움을 느끼지 못한다.	2	1	0
③ 집중력이 떨어지거나 결정 내리기를 어려워한다.	2	1	0
④ 자존감이 낮거나 지나친 죄책감을 보인다.	2	1	0
합 계			
		총점	

Ⅳ. 신체적인 통증이나 공포

검사 문항	자주 나타남	가끔 나타남	나타나지 않음
① 새로운 환경이나 낯선 사람과 있을 때 무서워한다.	2	1	0
② 특정 동물, 사물, 장소 등을 지나치게 무서워한다.	2	1	0
③ 친구들 앞에서 발표하는 것을 불안해하거나 고통스러워 한다.	2	1	0
④ 특별한 질병이 없는데도 신체적 고통을 호소한다.	2	1	0
합 계			
		총점	

V. 학업성취 수준

*학생의 학급에서의 학업성취 수준	상	중	하

진단검사 필요 아동: 다음 ①, ②의 두 조건을 모두 만족하는 경우
① I, II, III, IV의 각 영역 중 하나에서 4점 이상
② V의 학업성취 수준이 하인 아동
* 반드시 각 영역별로 4점 이상을 받고, 학업성취 수준이 하로 나타난 아동이라야 진단검사 필요 아동이며, I-IV 영역의 합이 4점이더라도 학생의 학업성취 수준이 상 또는 중인 아동은 제외함
* 예 1: I 영역이 2점, II영역이 1점, III영역이 0점, IV영역이 1점으로서 총점이 4점인 경우는 진단검사 필요 아동이 아님
* 예 2: I 영역의 총점이 4점이고, 학업성취 수준이 상으로 나타난 아동

[그림 11-1]　정서 · 행동장애 학생 선별검사

* 출처: 국립특수교육원(2009), pp. 33-36.

(2) ASEBA 아동 · 청소년 행동평가척도

① 검사의 개요

Achenbach와 Edelbrock은 1983년 아동 · 청소년의 문제행동을 부모나 주변 성인들의 보고를 통해 평가하는 CBCL(Child Behavior Checklist)과 함께 청소년이 자신의 행동에 대해 스스로 평가할 수 있는 YSR(Youth Self-Report)을 개발하였다. 1991년에는 학생을 잘 알고 있는 교사나 학교 상담원 등이 학생의 적응 및 행동을 평가하는 TRF(Teacher's Report Form)를 개발하였다. 이후 Achenbach 등은 전 연령대에 걸쳐 행동 문제를 평가하는 ASEBA(Achenbach System of Empirically Based Assessment) 시스템을 구축하고, 아동 · 청소년 행동평가척도들은 ASEBA 학령기용(School-Age Forms) 검사로 명명하였다.

그동안 국내에서는 1991년 미국판 CBCL 4-18과 YSR을 오경자 등이 표준화한 K-CBCL과 K-YSR을 사용해 왔다. 최근에는 2001년 개편된 미국의 CBCL 6-18 (아동 · 청소년 행동평가척도 부모용), YSR(청소년 행동평가척도 자기보고용), TRF(아동 · 청소년 행동평가척도 교사용)를 각각 전국 규모의 표준화 작업을 통해 한국판으로 개발하여 사용하고 있다. 이 척도들은 각기 독립적으로 사용될 수도 있으나, 기본적으로 서로 유사한 문항 및 요인 구조를 가지고 있어서 평가자에 의한

자료의 횡적인 비교가 가능하다. 따라서 다양한 환경에서 아동 · 청소년이 보이는 행동양식을 이해하는데 세 개의 척도를 적절히 활용할 수 있을 것이다(오경자, 김영아, 2010).

② 검사의 특성 및 종류

ASEBA 학령기용인 아동 · 청소년 행동평가척도는 한 명 이상의 보고자에 의한 다각적 평가를 통합하여 학생에 대한 전반적 이해를 돕고자 개발된 검사다. 다각적 평가를 강조하는 이유는 보고자 개개인이 가지고 있는 문제행동 수준에 대한 내적 기준이 모두 다르며, 주로 어떤 상황에서 아동과 함께 있는가에 따라 보고자마다 상황 특이적인(situation specific) 행동에 보다 민감한 분분이 다를 수 있기 때문이다. ASEBA 학령기용은 CBCL 6-18, YSR, TRF의 세 가지 척도로 구성되어 있으며 각각의 특성은 다음과 같다(오경자, 김영아, 2010).

CBCL 6-18은 만 6세에서 18세까지의 초등학교 1학년부터 고등학교 3학년 학생을 대상으로, 부모 또는 양육자의 보고를 통해 행동 문제를 평가하여 조기에 감별하고, 진단에 활용하고 적응의 경과를 비교 판단하기 위해 활용된다. 아동 · 청소년들에게도 부모와의 상호작용은 중요한 문제이며 아동 · 청소년 본인이나 교사들이 잘 알지 못하는 부분을 부모가 파악하고 있을 수 있기 때문에 부모의 보고는 중요한 자료가 된다.

YSR은 스스로 문항을 읽고 문제를 보고할 수 있어야 하므로 만 11세에서 18세까지, 중학교 1학년부터 고등학교 3학년까지 청소년 본인이 자신의 정서 및 행동 문제를 평가하도록 개발되었다. 청소년기에는 자아성찰 능력의 성장으로 본인의 문제를 스스로 평가하는 것이 가능하며 가정 외에서 활동하는 시간이 증가하기 때문에 자기보고식 평가가 유용한 정보를 제공할 수 있다.

TRF는 만 6세에서 18세까지의 초등학교 1학년부터 고등학교 3학년 학생을 대상으로, 학생을 잘 알고 있는 교사, 보조교사 또는 학교 상담원들이 해당 학생의 적응 상태 및 문제행동을 평가하도록 표준화된 도구다. 여러 또래 학생을 함께 관찰하는 교사의 평가는 보다 객관적일 수 있으며, 가정 이외의 교육기관에서 학생의 행동은 해당 상황에서 이들을 직접 지도하는 교사의 관찰이 좀 더 신뢰로울 수 있다.

③ 검사의 척도 구성과 내용

한국판 아동·청소년 행동평가척도는 기본적으로 학생이 지난 6개월 내(TRF는 2개월 내)에 각 문항에 서술된 행동을 보였는지를 판단하여 0-1-2(전혀 해당하지 않는다-가끔 그렇거나 그런 편이다-자주 그런 일이 있거나 많이 그렇다)의 3점 척도로 평가한다. 크게는 문제행동을 평가하는 문제행동 척도와 적응행동 수준을 파악하는 적응 척도로 대별된다(오경자, 김영아, 2010).

구체적으로 척도의 요인 구조를 살펴보면 문제행동 척도에는 문제행동증후군 척도와 DSM 진단 척도, 특수 척도가 포함된다. 문제행동증후군은 8개의 증후군 척도(불안/우울, 위축/우울, 신체증상, 사회적 미성숙, 사고 문제, 주의집중 문제, 규칙위반, 공격행동)와 기타 문제 척도로 구성되며, 증후군 척도 중에서 불안/우울, 위축/우울, 신체증상 척도는 내재화 문제로, 규칙위반과 공격행동은 외현화 문제로 분류되어 상위척도인 내재화 및 외현화 척도를 구성한다. 또한 DSM 진단 기준에 맞추어 문제행동 문항을 분류한 DSM 진단 방식의 6개 척도(DSM 정서 문제, DSM 불안 문제, DSM 신체화 문제, DSM ADHD, DSM 반항행동 문제, DSM 품행 문제)와 3개의 특수 척도(강박증상, 외상후 스트레스 문제, 인지속도 부진)가 포함되어 있다.

적응 척도는 학생이 집, 학교 등에서 가족 및 친구와 관계를 유지하고 학업을 수행하는 면에서 어느 정도 적응 수준을 보이고 있는지를 평가한다. 한국판 CBCL 6-18의 적응 척도 총점은 사회성과 학업수행 척도 점수의 합으로, 한국판 YSR의 적응 척도 총점은 사회성과 성적 척도 점수의 합으로 계산된다. 한국판 TRF는 성적 척도와 성실, 행동 적절성, 학습, 밝은 정서 평가 문항의 합으로 구성된 학교 적응 척도로 구성되어 있고 적응 척도 총점은 산출하지 않는다.

3. 원인과 출현율

1) 원 인

정서·행동장애는 특정 단일 요인 때문에 발생하는 것이 아니라 다양한 요인이 복합적으로 상호 관련되기 때문에 장애를 바라보는 관점에 따라 원인이 상이하게 제시되고 있다. 그러나 일반적으로는 생물학적 요인과 가정 및 학교, 문화를 포함한 환경적 요인으로 대별된다(Hallahan & Kauffman, 2006; Kauffman & Landrum, 2013).

(1) 생물학적 요인

정서와 행동은 유전적·신경학적·생화학적 요인 또는 이 요인들이 복합적으로 작용한 것으로부터 영향을 받을 수 있다. 신체와 행동 간에 관련성이 있는 것은 사실이지만 특정 생물학적 요인과 정서·행동장애 간의 관련성을 입증하는 것은 매우 어려운 일이다. 따라서 정서·행동장애 아동 대부분은 문제의 근본 원인을 생물학적 요인 하나만으로 설명할 수는 없다. 그러나 심한 중증장애의 경우 이러한 상태를 유발하는 생물학적 요인이 제시될 수도 있으며 나아가 정신약리학적 처방을 통해 아동의 문제들이 개선될 수 있다는 연구 결과가 나타나기도 한다.

모든 아동은 어느 정도 생물학적으로 결정된 행동양식이나 기질을 타고난다. 생득적인 기질은 양육되는 방식에 따라 변화될 수 있지만 소위 말하는 까다로운 기질을 가진 아동들은 정서·행동장애로 발현될 수 있는 유전적 소인을 가지고 있다고 주장하는 사람들도 있다. 그러나 기질과 장애의 관계를 일대일로 설명할 수는 없다. 까다로운 아동이 잘 양육되거나 쉬운 기질의 아동이 열악한 환경에서 양육된다면 초기의 행동양식에 근거한 예상과는 매우 다른 결과가 나타날 수도 있기 때문이다. 기질 외에 정서·행동적 문제의 소인이 될 수 있는 요인으로는 질병이나 영양 부족, 뇌손상, 약물 남용 등을 들 수 있다. 조현병이나 뚜렛장애, 주의력결핍 과잉행동장애, 일부 우울증 양상 등은 뇌 혹은 생화학적 기능장애에 부분적으로 영향을 받는 것이 사실이지만, 이러한 생물학적 인과관계에 대해 알려진 것은 그리 많지 않다. 그러므로 유전적·신경학적·생화학적 요인들이 이들 장애에 어떤 영향을 어떻게 주는지에 대해서 정확하게 알지도 못할 뿐만 아니라 이들 장애에 관여하는 생물학적 문제를 해결할 방법 또한 알지 못하는 것이 현재 실정이다.

(2) 가정 요인

아동의 행동 문제가 아무리 심한 경우라도 이것이 전적으로 잘못된 양육 때문이라고 주장하는 연구 결과는 찾아볼 수 없다. 매우 훌륭한 부모 밑에서 심한 정서·행동장애 아동이 나타날 수 있고, 부적절하거나 학대하는 부모 밑에서도 정서나 행동상의 문제를 가지지 않는 아동이 있을 수 있다.

양육과 정서·행동장애의 관계는 단순하지 않지만 어느 정도 관련이 있으며, 일반적으로 적절하다고 말할 수 있는 양육 방식을 제시할 수는 있다. 아동의 요구에 민감하게 반응하고, 부적절한 행동에 대해 애정 어린 방식으로 대처하고, 바람직한 행동을 증진시키기 위해 행동 발생 후 관심이나 칭찬 등으로 분명하게 강화하는 등의 방법을 사용하는 것이다. 아동의 부적절한 행동에 대해 일관성 없이 반응하거나 엄정하게 대처하지 못하면 아동이 공격적이 되거나 비행을 나타낼 가능성이 높다. 또한 이혼가정이나 붕괴된 가정 또는 부모들이 전과가 있거나 폭력적일 경우에도 아동이 비행으로 발전하거나 사회적 수행능력이 결여되는 양상을 보일 수 있다(Coleman & Webber, 2004).

교사들은 정서·행동장애 아동을 가진 모든 부모가 자녀가 보다 바람직하게 행동하기를 원하고 자녀를 돕기 위해 무엇인가 하고자 한다는 점을 인식해야 한다. 따라서 부모들에게 필요한 것은 비난이나 질책이 아니라 어려운 가정 상황에 대처하도록 도움을 제공하는 지지 자원이다.

(3) 학교 요인

일부 정서·행동장애 아동은 유치원이나 초등학교 입학 이전에 이미 문제를 나타내기도 하지만, 또 일부 아동은 학교를 다니는 동안 그러한 문제를 발전시키기도 하는데, 이는 부분적으로 학교에서의 경험에 기인된 것이라고 말할 수 있다. 장애를 가진 아동이 학교에 입학하면 학급의 관리방법에 따라 나아질 수도 있는 반면에 더 악화될 수도 있다. 학교에서의 경험이 아동의 행동 문제에 어떻게 영향을 미치는지 확실하게 설명할 수는 없지만, 생물학적 요인이나 가정 요인만큼 중요하다는 것은 분명한 사실이다. 학교에서의 교육적 수행 결과뿐 아니라, 아동의 기질과 사회적 수행능력이 또래나 교사와 상호작용하는 과정을 통해 정서적·행동적 문제에 영향을 미친다.

　문제행동을 가진 아동이 부정적 상호작용, 즉 또래나 교사로부터 자극을 받고 다시 아동이 그들을 자극하는 이러한 과정이 반복되는 악순환을 경험하면 문제가 심각해진다. 학교는 특정한 방식이 아니라 다양한 방식으로 정서적 문제를 야기한다. 예를 들면, 교사는 아동의 개별성을 고려하지 않고 별 뜻 없이 규칙과 일상에 순응하라고 요구한다. 또한 교사나 부모가 아동의 성취나 행동에 대해 너무 높거나 낮은 기대를 가질 경우, 자신들을 실망시키는 아동에 대해 부적절하거나 바람직하지 못한 방식으로 대하게 된다.

　학교에서의 훈육이 너무 느슨하거나 너무 경직되거나 일관성이 없을 수도 있다. 또한 학습내용 중에는 아동이 실제 사용하지 않거나 향후에도 사용할 가능성이 낮은 기술들이 있을 수도 있다. 때로 학교환경은 부적절한 행동을 하는 아동을 인정하거나 특별한 관심(비난이나 처벌도 관심이 될 수 있다)을 제공함으로써 강화하기도 하며, 반면 적절하게 행동했을 경우에 이를 무시하기도 한다. 또한 교사나 또래가 부적절한 행동 모델을 제공하기도 한다. 따라서 우리는 우리 자신이 아동의 부적절한 행동에 어떻게 기여하고 있는지를 인식하기 위해 학업지도, 기대, 행동관리 방법 등에 대해 스스로 끊임없이 질문할 필요가 있으며, 아동의 행동에 대한 책무성을 가지는 것이 중요하다.

2) 출현율

　2008년부터 시행되고 있는 「장애인 등에 대한 특수교육법」에서는 정서·행동장애와 자폐성장애를 분리하여 제시하고 있지만, 그 기준이 명확하지 않아 정서·행동상의 문제를 가지고 있어도 특성에 따른 교육적 이해나 중재를 받지 못하고 있는 학생의 수가 상당할 것으로 추정된다. 2014년 현재 우리나라에서 정서 및 행동상의 문제로 인하여 특수교육 서비스를 받고 있는 학생의 수는 〈표 11-4〉에 제시된 바와 같이 특수교육 대상 학생 8만 7,278명 중 2,605명(3.0%)에 불과한 실정이다.

　정서·행동장애 학생의 출현율과 관련하여 우리와 유사한 정의를 채택하고 있는 미국의 경우, 가장 낮게 추정하는 연방정부의 통계치가 학령기의 2%이며, 연구자에 따라 6~10%까지 보고하고 있지만, 실제로는 1% 정도의 정서·행동장

<표 11-4> 정서 · 행동장애 학생의 연도별 배치 현황

배 치	2012년			2013년			2014년		
	남	여	계	남	여	계	남	여	계
특수학교	260	80	340	217	62	279	176	41	217
특수학급	1,348	322	1,670	1,411	349	1,760	1,370	315	1,685
일반학급	554	148	702	569	146	715	552	151	703
특수교육지원센터	1	–	1	–	–	–	–	–	–
계	2,163	550	2,713	2,197	557	2,754	2,098	507	2,605
특수교육 대상 학생 총 인원	85,012			86,633			87,278		
총인원 대비 %	3.2%			3.2%			3.0%		

* 출처: 교육과학기술부(2012); 교육부(2013, 2014).

애 학생이 특수교육서비스를 받고 있는 것으로 알려져 있다(Hallahan & Kauffman, 2006; Lane et al., 2009).

　그러나 국립특수교육원(2001)에 의하면, 우리나라 학령기 아동 중 장애아동은 2.71%이며 이들 중 정서 · 행동장애 아동은 0.15%로 추정되고 있다. 반면, 보건 복지부(2006)가 전국 94개 초등학교 7,700명의 학생을 대상으로 '2006학년도 상반기 아동 정신건강 선별검사'를 실시한 결과 25.8%가 정서 · 행동 문제가 있는 것으로 나타났다고 한다(이승희, 2008, p. 31에서 재인용). 이러한 출현율의 차이는 조사 집단이나 장애 진단 절차에 따른 차이일 수도 있지만, 일차적으로는 장애에 대한 정의의 차이에 기인한 결과로 보인다.

　정서 · 행동장애로 인해 특수교육서비스를 받고 있는 남녀 학생은 <표 11-4>에 제시된 바와 같이 2014년 현재 전체 2,605명 중 남학생이 2,098명(80.5%), 여학생이 507명(19.5%)로, 남녀 비율이 대략 4.1:1 정도인 것을 알 수 있다. 이는 남녀 성비를 4:1 정도로 보고하고 있는 다른 나라의 연구 결과들과 유사하다. 또한 성별에 따라 행동의 양상에 차이가 나타나는데, 남학생들은 외현화 장애와 반사회적 공격성을 많이 보이는 반면, 여학생은 불안, 사회적 위축 등과 같은 내면화 장애를 더 많이 보이는 경향이 있다.

4. 특 성

정서·행동장애를 가진 모든 학생이 특수교육을 받는 것은 아니다. 그들이 가진 정서적, 행동적 문제가 교육적 수행을 저해하는 경우에만 특수교육 대상자로 선정되고 특수교육이라는 특별한 서비스를 제공받게 된다. 예를 들어, 곤충이나 특정 물건에 대한 공포증을 나타내는 경우에는 특수교육이 필요하지 않을 수 있다. 반면, 학교에 대한 공포증을 가지고 있다면 특별한 교육적 조치가 필요할 것이다.

모든 정서·행동장애 학생이 공통된 특성을 나타내지 않으며, 성별이나 연령, 기질, 이전 경험 등 많은 관련 변인에 따라 각기 다른 양상을 보이게 된다. 따라서 정서·행동장애라고 불리지만 이들은 매우 이질적인 집단일 수밖에 없다. 여기서는 정서적, 행동적, 인지·학업적 요인을 중심으로 그 특성을 고찰하고자 한다 (윤점룡 외, 2013; Coleman & Webber, 2004; Jensen, 2005; Kauffman & Landrum, 2013).

1) 정서적 특성

정신장애나 정서·행동장애를 위한 표준적인 분류체계로는 크게 질적 분류와 양적 분류 또는 정신의학적 분류와 행동적 분류로 대별할 수 있다. 정신의학적 분류와 질적 분류의 대표적인 예로는 세계보건기구(WHO)의 『국제질병분류 (International Classification of Disease: ICD)』와 미국정신의학회(APA)의 『정신장애의 진단 및 통계 편람(Diagnostic and Statistical Manual of Disorder: DSM)』을 들 수 있다. 2015년 개정을 앞두고 있는 ICD-10에서는 아동, 청소년기 발병 '정서 및 행동장애'를 별도로 구분하고 있으며, 하위 장애로 과잉운동장애, 품행장애, 혼합형 품행/정서장애, 아동기 발병형 정서장애, 아동기/청소년기 발병형 사회성 기능장애, 틱장애를 제시하고 있다. 반면, DSM-5(APA, 2013)에서는 정서·행동장애 영역을 분리해서 명시하지 않고 있으나 관련 주요 장애를 살펴보면 〈표 11-5〉에 제시된 바와 같다.

이러한 정신의학적 진단체계 중 아동기 및 청소년기에 정서·행동장애로 진

〈표 11-5〉 DSM-5의 정서·행동 관련 장애

범 주	하위 장애
신경발달장애	지적장애, 의사소통장애, 자폐스펙트럼장애, 주의력결핍 과잉행동장애, 특정학습장애, 운동장애, 기타 신경발달장애
조현병스펙트럼 및 기타 정신병적 장애	정신분열형 성격장애, 망상장애, 단기정신증장애, 정신분열형장애, 조현병, 분열정동장애, 물질/약물유발 정신증적 장애, 긴장형장애 등
우울장애	파괴적 기분조절장애, 주요우울장애, 지속적 우울장애, 월경전 불쾌장애 등
불안장애	분리불안장애, 선택적 함구증, 특정공포증, 사회불안장애(사회공포증), 공황장애, 광장공포증, 범불안장애 등
강박 및 관련 장애	강박장애, 신체변형장애, 저장강박장애, 발모광(머리카락뽑기장애), 찰과증(피부뜯기장애) 등
외상 및 스트레스요인 관련 장애	반응성애착장애, 탈억제적 사회관여장애, 외상후 스트레스장애, 급성 스트레스장애, 적응장애 등
급식 및 섭식장애	이식증, 반추장애, 회피적/제한적 음식섭취장애, 신경성 거식증, 신경성 폭식증, 폭식장애 등
배설장애	유뇨증, 유분증, 달리 세분되는 배설장애, 달리 세분되지 않는 배설장애
파괴적, 충동-조절 및 품행장애	반항성장애, 간헐적 폭발성장애, 품행장애, 반사회적 성격장애, 병적방화, 병적 도벽 등

단될 수 있는 주요 장애로는 주의력결핍 과잉행동장애, 조현병, 우울장애, 불안장애, 외상 및 스트레스 요인 관련 장애, 파괴적, 충동-조절 및 품행장애 등이 있다. 주요 장애들의 특성을 살펴보면 다음과 같다.

(1) 주의력결핍 과잉행동장애

주의력결핍 과잉행동장애(attention-deficit/hyperactivity disorder: ADHD)는 12세 이전, 주의력 결핍 또는 부주의, 과잉행동, 충동성으로 인해 정상적인 학교 및 가정생활에 많은 어려움을 초래하는 장애다. 하위 유형은 혼재형, 부주의 우세형, 과잉행동/충동성 우세형으로 구분된다.

① 주의집중

선택적 주의집중과 주의집중 유지 등 주의력에 문제를 보인다. 선택적 주의집중이 되지 않는 아동은 부적절한 자극에 초점을 맞추거나 적절한 자극에 집중해야 할 때 쉽게 주의가 산만해지기 때문에 교실에서의 학업 수행이 어렵다.

② 과잉행동

교사의 허락 없이 자리에서 이탈하거나 뛰어다니며 팔과 다리를 끊임없이 움직이는 등 활동 수준이 매우 높게 나타난다. 과잉행동을 보이는 아동들은 자주 학급 규칙을 어기고 다른 사람을 혼란스럽게 하며 학업에서 뒤처짐으로써 학급 관리를 어렵게 한다.

③ 충동성

여러 가지 행동 가운데 어떤 행동이 적절한 것인지를 판단하지 못하는 경우가 많으며, 문제를 풀 때 지시문을 끝까지 읽지 않는다든가, 선택 답안을 모두 읽지 않고 답을 선택하거나, 장애물을 보지 못하고 뛰어가다가 넘어지는 등의 행동이 빈번하게 나타난다. 충동성은 교실과 가정에서의 과제 완수뿐만 아니라 대인관계에서도 심각한 영향을 미칠 수 있다.

(2) 조현병

정신분열증이라고 불렸던 조현병(schizophrenia)은 전형적으로 환각, 망상, 현실감 상실, 와해된 언어, 긴장행동, 위축 등의 증상을 나타내는 장애로 정서 · 행동장애의 여러 유형 중에서 가장 드물게 나타난다. 일반적으로는 청소년기 후기나 성인기 초기에 주로 발병하며 약물치료와 행동치료, 사회성 기술을 중심으로 하는 중재를 병행한다.

(3) 우울장애

우울장애(depressive disorders)는 모든 일상을 우울한 기분으로 생활하며 정신운동의 저하, 자살 의욕, 염세감, 자책감 그리고 절망에 사로잡혀 있는 병리적 상태를 말하며 신체적, 인지적 변화를 수반한다. 하위 유형을 살펴보면 다음과 같다.

① 파괴적 기분조절장애

빈번하게 심한 울화발작을 언어적(예: 언어적 분노) 또는 행동적(예: 사람이나 재산에 대한 물리적 공격성)으로 표출한다. 이러한 울화발작은 일주일에 평균 세 번 이상 나타나며 상황이나 도발 자극에 비해 강도나 지속기간이 지나치고 또한 발달 단계와도 맞지 않는다. 울화발작을 나타내지 않는 기간에도 대부분 짜증을 내거나 화가 나 있다. 이러한 증상이 만 10세 이전, 12개월 이상, 2개 이상의 장소에서 나타난다.

② 주요우울장애

우울장애의 기본 범주로 슬픔이나 거의 모든 활동에서 흥미나 즐거움의 상실, 체중이나 식욕의 변화, 수면장애, 죽음에 대한 생각 또는 자살 생각 등 하나 이상의 주요 우울증 에피소드가 나타나는 것을 말한다. 아동, 청소년의 경우에는 성인과 달리 과민성, 까다로움, 성마름 등이 우울한 기분을 대체해서 나타나기도 한다. 청소년과 성인의 경우 남자보다 여자에게서 2배 정도 많이 발생하며 물질관련장애, 공황장애, 강박장애, 거식증, 폭식증 등과 함께 나타나는 경우가 많다.

③ 지속적 우울장애(기분부전장애)

주요우울장애의 여러 증상이 덜 심각한 형태로 나타나지만 2년 이상(아동 · 청소년은 1년) 만성적으로 나타난다. 우울기 동안에 식욕 부진이나 과식, 불면이나 수면 과다, 기력의 저하나 피로감, 자존감 저하, 집중력 감소나 의사결정 곤란, 절망감 등의 증상 중에서 두 가지 이상을 보인다.

(4) 불안장애

불안장애(anxiety disorders)는 과다한 공포나 두려움, 근심 등을 나타내는 것이 주요 특징이며, 아동기 장애 중 빈도가 높게 나타난다. 불안장애는 학생의 학업과 사회적 수행을 저해할 수 있으며 주로 약물치료와 행동치료를 병행하게 된다. 주요 하위 유형을 살펴보면 다음과 같다.

① 분리불안장애

집이나 가정, 아동과 긴밀한 애착관계를 가지고 있는 사람과 분리되는 것과 관련하여 지나치거나 과도한 두려움을 나타낸다.

② 선택적 함구증

다른 상황에서는 말을 할 수 있음에도 불구하고 특정 사회적 상황(예: 학교)에서 일관성 있게 말하지 않음으로써 교육적, 직업적 성취나 사회적 의사소통을 저해하는 장애다.

③ 특정공포증

특정 대상이나 상황에 대한 비현실적이고 과도한 두려움을 나타낸다

④ 공황장애

명백한 이유 없이 극단적인 불안이 매우 빨리 그리고 자주, 격렬하게 나타나며 심박 수의 증가, 떨림, 질식감, 미칠 것 같은 두려움 등 신체적 또는 인지적 증상이 동반된다.

⑤ 범불안장애

특정 대상이나 상황이 아니라 여러 상황에 걸쳐서 일어나며 최근의 어떤 특정 스트레스에 기인하지 않고도 지나치게 걱정하고 극심한 불안을 나타낸다.

(5) 외상 및 스트레스 요인 관련 장애

외상 및 스트레스 요인 관련 장애(trauma and stressor-related disorders)는 외상, 즉 일반적으로 거의 모든 사람에게 심리적 고통을 줄 수 있는 뜻밖의 사건이나 스트레스가 강한 사건에 노출되거나 경험한 이후 야기된 장애들을 말한다.

① 반응성 애착장애

안락감, 자극, 애정 등 기본적인 정서적 욕구의 지속적 결여, 안정된 애착 형성 기회를 제한하는 주 양육자의 빈번한 교체, 선택적 애착 형성 기회를 극히 제한

하는 비정상적 환경에서의 양육 등으로 인해 사회적 장애와 정서적 장애를 표출한다.

② 외상후 스트레스장애

극도의 스트레스 상황이나 충격적인 사건(성폭행, 자연재해, 전쟁 등)을 경험한 후 장기간 그러한 증상이 재발된다.

(6) 파괴적, 충동-조절 및 품행장애

파괴적(disruptive), 충동-조절(impulse-control) 및 품행장애(conduct disorders)는 정서와 행동의 자기통제와 관련되며 다른 사람들의 권리를 침해하는 행동, 권위 있는 사람이나 사회적 규준과의 심각한 갈등을 야기하는 행동을 나타낸다.

① 반항성장애

권위적인 인물에 대해 반항적이고 불복종적이며 도발적인 행동이 뚜렷하게 나타나며, 끊임없이 계속되는 비협조적이고 적대적인 태도로 인하여 다른 사람에게 고통을 주거나 자신의 사회적, 교육적, 직업적 또는 다른 주요한 기능적 영역에 부정적 영향을 미친다. 타인의 권리에 대한 중대한 침해가 없으며 반사회적 행동이나 공격적 행동이 두드러지지 않는 특징을 갖는다. 이러한 행동 양상이 1개 상황(예: 학교, 집)에 국한되는지 혹은 2개, 3개 상황에서 나타나는지에 따라 심각도를 세분화한다.

② 품행장애

사회적 규범이나 연령 규준에 위배되는 활동 또는 타인의 권리를 침해하는 행동 양상이 반복되고 지속됨으로써 사회적, 학업적, 직업적 기능에 심각한 손상이 나타난다. 4개 범주(사람과 사물에 대한 공격성, 재산의 파괴, 사기 또는 도둑질, 심각한 규칙 위반)의 15개 항목 중 3개 이상이 12개월간 지속되고 이 중에서 한 항목 이상이 6개월 이상 반복적으로 나타날 때 품행장애로 진단한다. 발병 시기를 기준으로 10세 이전의 아동기 발병형과 청소년 발병형, 그리고 발병 시기가 세분화되지 않는 경우로 구분한다.

2) 행동적 특성

정서 · 행동장애 학생들의 행동적 특성은 보는 관점과 연구 목적에 따라 여러 가지 형태로 구분될 수 있다. 예를 들면, 국립특수교육원(2001)의 연구에서는 정서 · 행동장애를 "① 일반적인 환경하에서 사회적 관계(대인관계 포함), 행동 관련 감정 표현이 평균적으로 지나치게 일탈되어 있는 경우, ② 지속적으로 지나치게 우울해하거나 슬픔 등의 감정 표현을 6개월~1년 이상 나타내는 경우, ③ 이러한 현상들이 일상생활이나 학습 활동, 각종 기능을 발휘하는 데 심각한 영향을 미치는 경우로 학습 활동이나 일상생활에서 특별한 지원을 요구하는 자"로 정의하고, 하위 범주를 〈표 11-6〉과 같이 분류하였다.

그러나 일반적으로 관련 학계와 교육 현장에서는 두 가지 유형으로 대별하고 있다. 그중 하나는 공격성, 타인을 때리거나 싸우는 행동, 충동적이고 불순한 행동, 비행 등으로 특징지어지는 외현적 행동이며, 다른 하나는 불안, 사회적 위축, 우울 등으로 특징지어지는 내면화 행동이다. 그러나 외현적 또는 내면화 행동 분류는 상호 배타적인 것만은 아니다. 품행장애와 우울증을 동시에 나타내는 경우처럼 개인에 따라 두 가지 행동 차원이 동시에 나타나거나 또는 한 가지 행동 차원 내에서 세분화될 수 있는 행동 양상을 동시에 보이기도 한다.

(1) 외현화 행동

외현화 행동(externalizing behavior)의 일반적인 양상은 자리 이탈, 큰 소리 치기, 또래 방해하기, 때리기 혹은 싸우기, 교사 무시하기, 불평하기, 지나친 논쟁

〈표 11-6〉 정서 · 행동장애 하위 범주 분류 기준

하위 범주	분류 기준
위축 · 불안행동 장애	늘 불안해하고 우울한 기분으로 생활하여 학습 활동이나 일상생활에서 특별한 지원을 지속적으로 요구하는 자
주의력결핍 과잉행동장애	부주의, 과잉행동–충동행동, 충동성이 6개월 이상 지속되어 학습 활동이나 일상생활에서 특별한 지원을 지속적으로 요구하는 자
품행장애	대인관계에 문제가 있거나 과격한 행동적 표현으로 사회적인 문제를 유발하여 특별한 지원을 지속적으로 요구하는 자

* 출처: 국립특수교육원(2001), p. 53.

하기, 훔치기, 거짓말하기, 물건 파괴, 지시 불이행, 울화, 또래 활동에의 참여 곤란, 과제 불이행 등으로 주로 품행장애와 반항성장애의 특성에 해당하는 것들이다. 아동들은 성인과 달리 우울한 경우에도 위축되거나 내면적 행동을 나타내지 않고 오히려 외현화 행동으로 표출할 수 있기 때문에 교사들이 잘못 판단하기도 한다. 외현화 행동을 보이는 학생들은 흔히 수업을 방해하고 공격적 행동을 하기 때문에 내면적 행동을 하는 학생에 비해 자주 처벌되거나 쉽게 특수교육서비스에 의뢰된다.

취학 전 또는 학령전기에 외현화된 행동 문제를 보이는 학생들은 성장하면서 문제행동이 감소되거나 증가될 수 있다. 그러나 의사소통 능력 부족이나 충동적 행동, 부모들의 강압적 훈육 등은 외현화 행동을 더욱더 증강시킬 수 있는 위험요인들이다. 또한 아동기 초기에 나타나는 반사회적 행동은 쉽게 개선되지 않으며, 오히려 학교에 진학하면서 악화될 가능성이 높기 때문에 청소년기의 비행을 예언하는 지표가 될 수 있다.

(2) 내면화 행동

정서 · 행동장애 아동 중 일부는 외현화 행동과 상반된 위축, 불안, 공포 등 내면화 행동(internalizing behavior)을 보이기도 한다. 내면화된 행동 문제를 가진 아동들은 낮은 사회적 기술을 가지며, 또래 집단에서 잘 받아들여지지 않는다. 이 아동들은 반사회적 아동들과는 달리 다른 사람들을 위협하지는 않지만 자신의 발달에 심각한 장애를 초래한다. 또한 이유 없이 사물을 무서워하고 자주 아프다고 호소하며 우울해한다. 이들의 행동은 수업을 방해하지도 않고 눈에 띄지 않기 때문에 교사들은 학급에서 이 학생들의 존재를 제대로 인식하지 못하고, 이 때문에 특수교육서비스에 의뢰하는 경우도 드문 편이다. 흔히 교사들은 내면화된 행동 문제의 심각성이나 위험성을 제대로 인식하지 못하는 경우가 많다.

3) 인지적 · 학업적 특성

정서 · 행동장애 학생들은 영재이거나 또는 지적장애를 보일 수 있다. 그러나 대다수의 정서 · 행동장애 학생들은 평균 이하의 지능지수를 나타내고 또 절반

이상이 학습장애를 가지기도 한다. 학업과 사회적 행동 간의 관계는 매우 밀접한 상관이 있다. 한 영역에서 실패를 경험한 학생은 다른 영역에서도 실패를 경험하는 경향이 높다.

정서 · 행동장애 학생들 중 많은 수가 표현언어나 수용언어 장애를 가지기 때문에 언어장애로 잘못 진단되기도 하며, 언어장애로 진단된 학생 중 절반 정도가 정서 · 행동장애를 가지고 있는 것으로 밝혀졌다(Turnbull, Turnbull, & Wehmeyer, 2007). 정서 · 행동장애 학생들은 대인관계의 문제를 언어적 의사소통을 통해 해결하려고 시도하지 않으며, 공격적 행동을 통해서 해결하려는 경향이 높게 나타난다. 또한 교사나 다른 사람들의 지시가 반복되어도 이를 따르지 않는 학생들은 수용언어에 결함을 가지고 있을 수도 있고 이 때문에 학급에서의 행동적 기대에 부응하지 못할 수도 있다.

정서 · 행동장애 학생의 학업적 특성을 살펴보면 읽기와 수학, 쓰기에서 학년 수준 이하의 성취를 보이며, 다른 장애학생보다 학교에서 중도 탈락하는 비율이 높고 상급학교 진학률이 낮다. 또한 학업성취는 하위 25% 이하 수준이며 내면화보다 외현화된 행동 문제를 가진 학생들이 학업상에서 더 많은 어려움을 나타낸다.

5. 교육적 접근

정서 · 행동장애 학생에 대한 교육적 접근은 다양한 이론적 모델 또는 접근법에 근거한다. 각각의 접근법은 인간발달과 학습 특성에 대해 서로 다른 가설과 이론적 배경에 근거하고 있기 때문에 문제행동에 대한 정의나 중재전략과 기술, 방법, 절차 등을 각기 다르게 제안하고 있다(윤점룡 외, 2013; Coleman & Webber, 2004; Jensen, 2005; Kauffman & Landrum, 2013).

1) 신체생리적 모델

(1) 관 점

기본적으로 문제(problem) 혹은 병리(pathology)라는 것은 개인의 내적인 측면에 존재한다고 가정하는 의료적 모델의 일종이다. 이 모델을 지지하는 사람들은 장애란 생물학적 소인이 환경적 요인에 의해 발현된 결과이거나 또는 몇 가지 생물학적 결함이 복합적으로 나타난 것이라고 보고 있다. 따라서 생리적 · 생물학적 비정상성으로 초래된 장애는 의료적 조치를 통해 그 상태가 완화되거나 또는 치료될 수 있다고 가정한다.

(2) 원인과 발달

정서 · 행동장애의 원인을 주로 생물학적 요인과 신체적 요인에 의한 것으로 보며, 신체질환과 같은 특성을 지니고 있다고 본다. 이 모델에서 주장하는 다양한 생물학적 원인은 유전적 요인, 생화학적/신경학적 요인, 기질적 요인으로 분류될 수 있다.

(3) 접근법

정서 · 행동장애에 대한 생리학적 원인이 가정되거나 확인될 때 의료적 중재를 모색하게 된다. 의료나 건강 관련 전문가들이 치료에 대한 일차적인 책임을 지며, 교사는 주로 학교 상황에서 학생의 행동을 관찰하고 점검하는 역할을 맡게 된다. 이 모델에서는 약물치료와 영양치료의 두 가지 중재방법을 주로 적용해 왔다.

① 정신약물학 또는 약물치료

가장 널리 사용되어 온 신체생리학적 중재방법으로 오늘날에는 특정 신경학적 기능을 통제할 수 있을 정도로 구체적인 처방이 가능해졌다. 실제로 상당수의 정서 · 행동장애 아동이 문제행동이나 증상을 치료하고자 약물치료를 받고 있다.

② 영양치료

비타민 요법이나 식이요법 등의 영양치료는 정서 · 행동장애 아동들의 증상이나 문제행동이 원활하지 않은 신진대사나 신경정신과적 장애를 일으킬 수 있는 음식이나 음료에 대한 알레르기 반응에 기인될 수 있다고 가정한다.

비타민 요법의 지지자들은 비타민이 자연식품이고 건강식품이며 섭취했을 때 신체에 필요한 용량 이외의 용량은 소변으로 배출되기 때문에 해롭지 않다고 한다. 그러나 문제행동 개선을 위해 처방되는 특정 영양소의 용량은 음식 섭취를 통해 정상적으로 얻을 수 있는 양보다 훨씬 더 많은 양이기 때문에 부작용의 가능성을 내재하고 있다. 식이요법의 경우도 아동들 대부분이 이 방법을 이해하거나 받아들이지 못하므로 자신이 좋아하는 음식을 제한당했을 때 오히려 더 많은 행동 문제나 정서 문제를 야기할 수 있다.

2) 정신역동적 모델

(1) 관 점

정서·행동 문제는 정신 내적 과정상의 기능 부전에 기인한다는 기본 가정하에 정신분석학, 자아심리학, 현상학, 게슈탈트 심리학, 인간중심 심리학 등 다양한 이론이 관련된다. 정신역동적 이론가들은 공통적으로 개인의 욕구와 자기성장의 역동성에 관심을 두며 건강하고 정상적인 성격발달을 지향한다. 정신분석학자들은 무의식적 충동과 불안, 죄의식, 갈등 등이 성격 형성에 결정적인 역할을 한다고 본다. 반면, 인간중심 이론가들은 정상발달의 선행 조건으로 정확한 자기인식과 자기이해를 추구하려는 개인의 욕구를 강조한다.

(2) 원인과 발달

인간의 행동은 비합리적인 힘, 무의식적 동기, 생물학적·본능적 충동, 생의 초기 6년 동안의 심리성적(psychosexual) 사상의 발달에 따라 결정된다고 보고 있다. 아동은 유아에서 청소년으로 성장하면서 5단계, 즉 구순기, 항문기, 남근기, 잠재기, 성기기의 심리성적 발달과정을 거치게 된다고 가정한다. 생애 초기의 이러한 심리성적 발달과정은 성격 형성을 결정하며, 각 단계의 주요 발달과제를 잘 이행하지 못하고 특정 단계에 고착될 경우 적응상의 문제와 비정상적 성격발달이 나타난다고 주장한다. 나아가 불안하고 불안정한 아동들은 고독감과 무력감에 대항하기 위해 다양한 전략을 발전시키게 된다. 예를 들면, 열등감을 보상하기 위해 비현실적이고 이상적인 자아상을 확립하는 등의 행동전략을 사용하게 되고, 그중 어떤 것은 성격의 일부로 고정된다.

(3) 접근법

이 모델은 부모와 교사들에게 아동의 감정이나 욕구 그리고 성격발달에서 유·아동기의 중요성을 이해할 수 있도록 하고 있고, 아동과의 관계에서 많은 정서적 문제를 완화시킬 수 있으며, 안정감과 신뢰감을 형성할 수 있음을 인식시키는 데 기여하였다. 또한 교육이 억압적이지 않아야 하고, 감정 표현을 촉진시키며, 아동이 경험하는 위기에 대해 보다 민감하게 반응해야 한다고 주장함으로써 교사나 부모들로 하여금 교육적 환경 내에서 표현의 기회 제공이나 갈등 수용뿐만 아니라 갈등 해결을 적극적으로 지지할 수 있도록 유도한다.

① 인간중심 교육

학교란 학업기술 습득에 앞서 행복하고 잘 적응된 개인으로 발전할 수 있도록 도와주는 장소가 되어야 하지만, 학교에서 적용하는 성적체계, 객관식 시험, 부적절한 숙제 등은 오히려 실패를 유발하는 요인으로 작용하고 있다. 따라서 학생들이 스스로 자신의 학습 내용과 속도를 결정할 수 있도록 하고, 교사는 다만 학습 촉진자로서 역할을 하는 방식으로 교육체제가 변화되어야 한다. 긍정적 관계 개발을 위한 직접적이고 특별한 활동으로는 적극적인 경청, 현실적 기대, 비난이나 판단을 줄이고 긍정적으로 말하기, 학생 주도의 대화, 적절한 행동의 모범 보이기, 제안함 활용, 학생에게 쪽지나 카드, 편지 보내기, 학교 행사 참여, 학생들과 게임하기 등이 있다.

② 정서교육

인지발달보다 아동의 참여를 우선적으로 가르쳐야 한다는 정신역동적 모델과 인간중심적 모델의 기본 전제에 근거하고 있다. 교육에 있어서 사회적·정서적 수행능력 개발, 즉 감정, 태도, 가치, 대인관계에 대한 다음과 같은 내용들이 포함되어야 한다. 승자와 패자의 특성 알기, 타인에게 수용되기 위해서 필요한 성격적 특성 알기, 타인을 기분 좋게 만드는 긍정적 특성 말하기, 기본적인 신체적·정서적 욕구 열거하기, 자신과 타인의 차이 알기, 자신의 흥미와 능력 알기,

자신에 대한 타인의 기대 알기, 특정 상황과 연관된 감정 알기 등이다.

③ 미술치료

미술은 언어적 방법보다 방어가 적으며, 자신의 꿈, 상상, 환상이나 내적인 경험을 직접적으로 표현할 수 있게 한다. 또한 미술 활동을 통해 평소 인식하지 못했던 자신의 힘, 강점, 활발함 등을 발견하며, 이를 통해 자신의 문제를 직접 해결할 수 있다는 믿음을 갖게 된다. 진단을 위한 기법으로 자유화, 과제화법, 집·나무·사람 검사, 나무그림검사, 인물화검사, 동적 가족화검사, 풍경구성법, 난화게임법 등이 활용되며, 치료를 위한 기법으로 콜라주 기법, 테두리법, 만다라 그리기, 핑거페인팅, 점토 빚기, 과거·현재·미래 그리기 등의 활동이 주로 사용된다.

④ 놀이치료

훈련된 치료자가 아동의 정서적 성장을 돕기 위하여 놀이가 지닌 치료적 힘을 체계적으로 적용하는 과정이다. 놀이 활동은 자기표현의 자연스러운 매개물이 되기 때문에 놀이를 통해 상상력을 발휘하게 되고, 감정과 행동을 표현하여 불안을 감소시키며, 마침내 자신의 문제를 스스로 해결하게 된다. 놀이는 치료적 관계를 형성하는 데 유용한 도구이며, 아동을 이해하기 위한 진단적인 도구다. 놀이는 아동을 이완시키도록 도와주고 불안과 방어 자세를 감소시켜 주며, 충격적인 경험이나 일상의 갈등, 억압된 감정을 표출하도록 도울 수 있다.

⑤ 음악치료

개인의 정신적·신체적 건강을 회복·유지·향상시키기 위해 음악을 사용하는 것으로, 궁극적으로 개인의 삶의 질 향상을 추구하고, 보다 나은 행동의 변화를 가져오게 하는 음악의 전문 분야라고 정의할 수 있다. 이 치료법은 음악이 가지는 치료적 특성, 즉 비언어적 의사소통 도구로서 문화권을 넘어서서 감정을 표현할 수 있으며, 대상의 장애와 관계없이 어떤 환경에서도 신체적인 반응을 유도할 수 있으며, 자기성찰을 돕고 개인과 집단을 조화롭게 만드는 기능을 체계적으로 적용한 것으로 볼 수 있다.

3) 행동주의적 모델

(1) 관 점

행동주의자들은 인간의 모든 행동은 학습된 것이며, 장애행동과 정상행동의 차이는 행동의 빈도, 강도, 사회적 적응성으로 설명될 수 있다고 본다. 이 접근법의 주요 특징은 다음과 같다. 첫째, 부적응행동을 포함한 모든 행동은 학습된 것이므로 잘못 학습된 행동을 제거하거나 새로운 행동의 학습을 통해 바람직한 행동으로 대체할 수 있다고 본다. 둘째, 행동의 발생과 유지는 주로 환경에 따라 결정된다고 보며, 따라서 모든 자연현상처럼 행동도 예측과 통제가 가능하다고 본다. 셋째, 개인의 정신 내적인 힘이나 내적인 요인에 관심을 두지 않고 관찰 가능한 행동만을 강조한다.

(2) 원인과 발달

문제행동을 학습된 부적응 반응으로 보고 있으며, 인간의 모든 행동을 수동적(고전적) 조건화 이론, 조작적 조건화 이론, 사회학습 이론 또는 모델링이라 불리는 학습이론을 통해 설명한다. 수동적 조건화는 행동에 앞서 제시된 선행사건에 따라, 조작적 조건화는 행동 발생 후 제시된 후속사건에 따라 일어난다. 따라서 이들 환경적 사건을 조작함으로써 행동 변화를 도울 수 있다. 또한 사회학습이론은 다른 사람의 행동을 관찰하거나 모방하는 학습과정을 강조한다. 이러한 학습원리와 기능적 행동평가에 근거한 응용행동분석이나 긍정적 행동지원 등의 중재방법들이 학교 현장에서 적용되고 있다.

(3) 접근법

교실 내에서 교수적 목적뿐만 아니라 행동관리의 목적으로도 사용되고 있으며, 다른 이론적 모델에 근거한 중재법에서 함께 사용하기도 한다. 예를 들면, 정신역동적 중재에서도 행동계약이나 토큰체제 등을 병행하고 있다.

① 사회성 기술훈련

학생들이 미흡한 사회성 기술을 나타내는 것은 적절하게 행동하는 방법을 알지 못하기 때문이라는 전제하에 사회적 능력을 향상시키기 위한 직접적이고 계획적인 교수를 강조한다. 사회성 기술훈련은 주로 설명, 모델링, 역할놀이 혹은 시연, 정적 강화 등의 기법이 종합적으로 적용된다. 훈련의 일반적인 구성요소는 사회기술의 정의(기본 원리), 사회기술의 구체적인 실행(설명), 행동 모델링(시범), 역할놀이(시연), 복습(연습), 확인, 과제 등이다.

② 행동 증가 기법

- **강화자극**(reinforcer): 표적행동 발생 시 행동을 유지하거나 증가시킬 목적으로 제공되는 후속 결과를 말한다. 강화자극은 무조건적/조건적, 일차적/이차적, 자연적/인위적 강화자극 등 여러 가지 차원에 따라 분류될 수 있다.

- **유관 계약**(contingency contract): '만약 ……하면 ……하겠다.'는 식의 교수 혹은 행동관리의 한 형태라고 말할 수 있다. 즉, 학생이 특정 행동을 수행하면 특정 강화물을 제공하는 것이다. 유관강화는 '프리맥의 원리' 또는 '할머니의 법칙'이라 불리는 원리에 근거한다.

- **토큰체제**(token economy): 토큰은 내재적인 가치를 가지지는 않지만 사회에서 사용되는 화폐와 같은 기능을 한다. 즉, 화폐 대신에 토큰을 사용하여 약속된 물건을 살 수 있도록 만든 제도로서 보상으로 토큰을 사용하는 방법이다.

③ 행동감소 기법

- **차별강화**(differential reinforcement): 적절한 표적행동을 강화하면서 다른 행동들에 대해서는 소거 프로그램을 적용하는 것으로, 문제행동은 강화하지 않고 대안적 행동만 강화함으로써 문제행동을 줄여 가는 기법이다. 하위 유형으로는 발생률이 높은 행동에 대한 차별강화(differential reforcement of high rates of behavior: DRH), 발생률이 낮은 행동에 대한 차별강화(differential reinforcement of low rates of behavior: DRL), 표적행동이 아닌 다른 모든(other) 행동에 대한 차별강화(DRO), 대안적(appropriate) 행동에 대한 차별강화(DRA), 상반(incompatible)행동에 대한 차별강화(DRI) 등이 있다.

- **벌**(punishment): 발생 가능성이 있는 행동을 감소시키기 위해 표적행동에 뒤

따르는 행위를 말한다. 즉, 표적행동 발생 후 육체적 혹은 심리적 고통을 주
거나 긍정적인 강화인자를 차단 또는 제거함으로써 특정 행동의 감소를 유
도하는 방법이다. 적절하게 사용될 경우 바람직하지 못한 행동을 제거하거
나 통제하는 데 또는 부적응 반응을 약화시키는 데 다른 어떤 방법보다 효과
적일 수 있다.

• 타임아웃(time-out): 표적행동 발생에 따라 정적 강화를 제거하는 방법으로 정
의될 수 있다. 물리적 환경이나 활동에서 제외하는 것만을 의미하는 것이 아
니며, 표적행동을 감소시키기 위해 행동의 발생을 유지시키는 활동이나 사
건, 관심 등의 강화자극을 차단하는 것이다.

4) 인지주의적 모델

(1) 관 점

정서 · 행동장애는 인지의 문제로 야기된다고 보고, 지각이나 신념의 변화를
통해 정서 · 행동 반응을 변화시킬 수 있다고 믿는다. 따라서 자신의 목표, 행동,
사고에 대해 정확하게 생각하는 방법, 또는 자신의 인지와 세계관을 재구조화하
거나 새로운 인지기술과 전략을 사용하여 지금과는 다르게 생각하는 방법을 가
르친다.

(2) 원인과 발달

가장 주된 관심은 개인의 지각과 사고다. 외적 사상이 단일 요인으로 정서 · 행
동장애를 유발하는 것이 아니라 외적 사상에 대한 개인의 신념과 왜곡된 사고가
스스로 불행과 두려움을 만들어 낸다고 본다. 즉, 자신에 대한 부정적 시각과 삶
에서 이겨 낼 수 없는 장애물, 미래에 대한 절망감 등을 떨쳐 내지 못하는 부적절
한 인지나 사고가 부적절한 감정과 행동을 유발한다는 것이다. 인지과정에 대한
중재에 앞서 개인의 기대와 평가, 귀인 등의 단기 의식적 인지과정과 신념체제와
같은 장기 무의식적 인지과정에 대한 분석을 수행해야 한다.

(3) 접근법

각 치료법은 공통적으로 부적절한 사고방식이 감정을 유발하고 나아가 행동에 영향을 준다는 사실을 가정하고 있으며, 부적절한 사고방식을 표출시켜 분석하고 변화시키기 위해 노력한다.

① 인지 재구조화

자동적 · 비합리적 · 역기능적 사고에 직면한 아동과 부모를 돕기 위한 기법이다. 기법의 기초적인 개념을 이해한 후, 자신의 역기능적인 사고와 신념 그리고 왜곡된 신념을 인식할 수 있게끔 안내하고, 왜 이것이 왜곡되었는지를 탐색하게 하며, 합리적 반응이 무엇인가를 알게 한다. 인지 재구조화 기법은 자동적 사고에 초점을 두고 있으며, 귀인 재훈련, 이완훈련, 주장훈련, 사고평가, 자기효율성 훈련, 문제해결치료 등에도 널리 적용되고 있다.

② 합리적 정서행동치료

합리적 정서행동치료(rational emotive behavior therapy: REBT)는 자신들이 변화시킬 수 없는 문제나 상황에 봉착한 학생들에게 사용될 수 있다. 학생들은 문제해결 접근을 통해서 문제 상황을 변화시키거나 그 상황에 대한 자신들의 사고를 변화시키는 방법을 배울 수 있다. 합리적 정서행동치료에 기반을 둔 학교교육 과정, 즉 합리적 정서교육 과정은 연습장 풀이, 집단과 개별 활동, 자기점검, 심상화, 행동 시연 등의 활동을 통해 이루어진다.

③ 자기관리

자기관리 기법은 스스로 자신의 행동을 관리하는 것이므로 변화된 행동의 일반화에 효과적이다. 자기교수(self-instruction), 자기점검(self-monitoring), 자기평가(self-evaluation), 자기강화(self-reinforcement) 등을 통해 스스로 행동을 관찰하여 행동 발생 유무를 기록하며, 그 결과를 스스로 평가하고 강화 여부를 결정하도록 함으로써 동기 유발의 효과를 가지며, 그 자체로 목표행동에 변화를 가져오게 한다는 점에서 매우 바람직한 방법이다.

④ 인지전략 교수

이 기법은 주로 자기교수, 자기점검, 자기평가 등과 병행하여 사용된다. 기본적으로 인지전략 교수(cognitive strategy instruction: CSI)는 성취를 촉진시키는 목표 지향적이고 의식적인 통제가 가능한 과정으로 정의될 수 있다. 인지전략은 학업기술을 증진시키기 위한 방법으로 널리 사용되어 왔고, 또한 장애학생들의 읽기 이해, 시험전략, 정보의 기억과 파지 기술을 증진시켜 왔다. 인지전략 교수는 학생들로 하여금 자신들의 사고방식에 대해 생각하도록 가르쳐 주고, 융통성 있는 자동적 사고를 개발할 수 있도록 해 줌으로써 학생들의 학습을 지원한다.

5) 생태학적 모델

(1) 관 점

생태심리학과 지역사회 심리학에 기초하고 있으며, 문제행동의 원인이 개인과 환경 간의 상호작용에 있다고 가정하고 있다. 이 모델에 따르면 아동들은 여러 상황과 역할을 통해 또래 및 성인들과 사회적 상호작용을 주고받는 복잡한 사회적 체계 내에서 곤란을 겪고 있는 개인으로 간주된다. 따라서 아동을 둘러싸고 있는 전체 사회체계를 연구하며, 중재 또한 아동 환경 내 모든 측면에 초점을 두고 사회체계 변화에 적용할 수 있는 방법들과 행동주의적 및 사회학습 이론을 강조하고 있다.

(2) 원인과 발달

이 모델에서는 '장애(disturbance)'가 아동이 상호작용해야 하는 다른 사람의 행동적 기대에 달려 있다고 한다. 어떤 사람으로부터 장애라고 판정되는 아동이 다른 사람으로부터는 정상이라고 판정될 수도 있고, 혹은 어떤 장면에서는 비정상이라고 평가되는 아동의 행동이 다른 장면에서는 정상으로 평가될 수도 있다. 그러므로 이 모델에서는 아동뿐만 아니라 아동의 생태계 내 다른 개인들과 요인들도 강조하기 때문에 생태학적 중재는 처치를 위한 체계적 접근이라고도 불린다. 생태학적 체계는 미시체계(microsystem), 중간체계(mesosystem), 외체계(exosystem), 거시체계(macrosystem), 시간체계(chronosystem)를 포함한다.

(3) 접근법

중재의 초점은 아동의 능력과 환경의 기대와 요구 간의 차이를 줄이는 것으로 아동의 변화뿐 아니라 가정, 교육, 지역사회 체계의 변화를 강조한다.

① 가족체계

정서·행동장애 아동의 성공적인 중재는 부모 참여에 크게 의존한다. 따라서 교사는 부모와 신뢰를 형성하기 위해서 부모를 동질적인 집단이 아닌 개인으로 바라보고, 부모를 자녀에 관한 전문가로 인정하며, 가족의 문제를 자문하는 역할을 수행해야 한다. 이를 위해 교사는 부모들과 지속적으로 연락을 유지하고, 부모 집단을 조직화하며, 부모를 대상으로 개인상담이나 가족상담을 실시한다. 이러한 과정을 통해 가정과 학교에서 부적절한 행동에 대해 일관성 있게 중재한다면 아동은 적절하게 행동하는 방법을 보다 쉽게 학습하고 유지할 수 있다.

② 교육체계

정서·행동장애 아동에게 제공되는 프로그램은 최소제한적 환경에서 제공되어야 하며, 교사는 정서·행동장애 아동들이 흔히 가지는 실패에 대한 기대보다는 수용과 성공의 환경을 창조하는 데 목적을 둔다. Re-ED와 같은 생태학적 학교 프로그램은 아동들이 보다 적응적인 방법으로 자신의 행동을 조절하고 변화시킬 수 있는 능력을 가지고 있다고 보기 때문에 개별 아동의 정서를 인정하고, 이를 사회적으로 수용할 수 있는 방식으로 표현하도록 가르친다. 또한 중재 대상은 아동뿐만 아니라 아동의 가정, 이웃, 학교, 사회적 기관과 지역사회도 포함된다.

③ 사회체계

정서·행동장애 아동에게 영향을 미치는 사회적 체계에는 사회복지 체계, 소년원이나 교정기관, 정신건강 체계 등이 있다. 사회복지 체계에서는 건강서비스, 가족계획, 거주서비스, 응급처치 등과 같은 다양한 사회적 서비스를 가족들에게 제공하는 것이다. 그러므로 교사는 아동을 일상적으로 관찰할 수 있으므로 학대나 방임이 의심되는 아동이 있으면 관련 기관과의 연계를 통하여 이들에게 적절한 지원이 이루어질 수 있도록 노력하여야 한다. 체계 변화의 예로는 미국의 CASSP(Child and Adolescent Service System Program)를 들 수 있다. 이 프로그램에서는 조기 판별과 예방 서비스를 증진하고 성인서비스 체계로의 전환을 위해 아동의 사례관리서비스를 중심으로 직업, 정신건강, 교육, 사회, 여가, 건강 등의 서비스 연계와 협력, 조정을 강조한다. 또한 지역사회 전문가, 가족, 학교가 공동 협력하여 심각한 정서·행동장애를 가진 아동의 문제를 해결해 나가는 랩어라운드(wraparound) 모델도 미국 내 많은 지역사회에서 적용되고 있다.

참·고·문·헌

교육과학기술부(2008). 「장애인 등에 대한 특수교육법령」 해설자료.
교육과학기술부(2012). 2012 특수교육통계.
교육부(2013). 2013 특수교육통계.
교육부(2014). 2014 특수교육통계.
국립특수교육원(2001). 특수교육 요구아동 출현율 조사연구.
국립특수교육원(2004). 장애아동 발견, 진단 및 배치체계 개선방안 연구.
국립특수교육원(2008). 장애영유아 선별 및 진단·평가지침 개발 I.
국립특수교육원(2009). 특수교육대상아동 선별검사.
김동일(2009). 특수교육 현장, 진단·평가-중재 서비스 전달체제의 미래 방향. 한국특수교육학회 2009년 추계학술대회 자료집, 1-19.
오경자, 김영아(2010). ASEBA 아동·청소년 행동평가척도 매뉴얼. 서울: (주)휴노.
윤점룡, 이상훈, 문현미, 서은정, 김민동, 문장원, 이효신, 윤치연, 김미경, 정대영, 조재규, 박계신(2013). 정서 및 행동장애아 교육. 서울: 학지사.
서경희, 이상복, 이상훈, 이효신(2009). 발달장애아동 평가. 경북: 대구대학교 출판부.
이상복(2008). 개정된 장애인 등에 대한 특수교육법과 정서·행동장애 관련 교육 과제. 정서·행동장애연구, 24(4), 1-18.
이상훈(2011). 정서·행동장애의 정의와 선별, 진단에 관한 고찰. 정서·행동장애연구,

27(2), 291-317.

이상훈(2013a). 정서 · 행동장애의 교육지원과 특수교육지원센터의 역할. 정서 · 행동장애 연구, 29(1), 1-21.

이상훈(2013b). '정서 · 행동장애'의 명칭과 정의에 대한 특수교육학적 고찰. 정서 · 행동 장애 연구, 29(3), 1-21.

이승희(2008). 정서 · 행동장애를 지닌 아동의 평가를 위한 과제와 대안 모색. 한국정서 · 행동장애아교육학회 제16회 연차학술대회 자료집. 전남 광주.

이승희(2012). 정서행동장애 정의와 출현율의 개념 및 관계에 대한 체계적 고찰. 정서 · 행동장애연구, 28(3), 37-58.

한홍석(2004). 특수교육진흥법상의 정서장애교육대상자에 대한 명칭과 정의의 대안적 고찰. 특수교육연구, 11(2), 179-203.

American Psychiatric Association. (2004). *Diagnostic and statistical manual of mental disorders* (4th ed., Text Revision). Washington, DC: Author.

American Psychiatric Association. (2013). *Diagnostic and statistical manual of mental disorders* (5th ed.). Washington, DC: Author.

Coleman, M. C., & Webber, J. (2004). 정서 및 행동장애: 이론과 실제(방명애, 이효신 역). 서울: 시그마프레스. (원저는 2002년에 출판).

Hallahan, D. P., & Kauffman, J. M. (2006). *Exceptional learner* (10th ed.). Boston, MA: Pearson Education, Inc.

Jensen, M. M. (2005). *Introduction to emotional and behavioral disorders.* Upper Saddle River, NJ: Pearson Education, Inc.

Kauffman, J. M., & Landrum, T. J. (2013). *Characteristics of emotional and behavioral disorders of children and youth* (10th ed.). Upper Saddle River, NJ: Pearson Education, Inc.

Lane, K. L., Little, A., Casey, A. M., Lambert, W., Wehby, J., Weisenbach, J. L., & Phillips, A. (2009). A comparison of systematic screening tools for emotional and behavioral disorders. *Journal of Emotional and Behavioral Disorders, 17*(2), 93-105.

Turnbull, A., Turnbull, R., & Wehmeyer, M. L. (2007). *Exceptional lives.* Upper Saddle River, NJ: Pearson Education, Inc.

U.S. Department of Education. (2005). *25th annual report to congress on the implemen-tation of the Individuals with Disabilities Education Act.* Washington, DC: Author.

Available from http://www.ed.gov.

Walker, H. M. (2005). Screening and detection of behavior disorders. In J. M. Kauffman (Ed.), *Characteristics of emotional and behavioral disorders of children and youth* (pp. 123-124). Upper Saddle River, NJ: Pearson Education, Inc.

World Health Organization. (1992). *The ICD-10 classification of mental and behavioral disorders-clinical descriptions and diagnostic guidelines.* Geneva: Author.

제 **12** 장

자폐성장애아 교육

1. 정 의

자폐성장애는 아동의 구어 및 비구어적 의사소통, 사회적 상호작용과 교육적 수행을 심각하게 저해하는 발달장애를 지칭한다. 이 장애는 1943년 Kanner가 유아 자폐증(infantile autism)이라고 처음 소개한 이후, 자폐증, 자폐성장애, 아동기 자폐증, 자폐스펙트럼장애, 자폐범주성장애, 전반적(성) 발달장애 등 다양한 용어로 불리고 있다.

이러한 자폐성장애는 우리나라의 관련 법규 내에서도 용어와 개념상의 차이가 나타나고 있다. 종래의 「특수교육진흥법」에서는 '정서장애(자폐 포함)'에 자폐장애를 포함하여 분류하였으나, 2008년부터 시행되고 있는 「장애인 등에 대한 특수교육법」에서는 '자폐성장애'를 '정서·행동장애'와 분리하여 독립적인 장애로 표기하고 있다. 「장애인 등에 대한 특수교육법 시행령」 제10조 관련 별표에서는 '자폐성장애를 지닌 특수교육 대상자'를 다음과 같이 정의하고 있다(교육과학기술부, 2008).

> 사회적 상호작용과 의사소통에 결함이 있고, 제한적이고 반복적인 관심과 활동을 보임으로써 교육적 성취 및 일상생활 적응에 도움이 필요한 사람

한편, 「장애인복지법 시행령」과 「장애인복지법 시행규칙」 별표 1에서는 자폐성장애인을 다음과 같이 정의하고, 〈표 12-1〉에 제시된 기준에 근거하여 장애등급을 부여하고 있다(보건복지부, 2008).

> 소아기 자폐증, 비전형적 자폐증에 따른 언어·신체 표현·자기조절·사회적응 기능 및 능력의 장애로 인하여 일상생활이나 사회생활에 상당한 제약을 받아 다른 사람의 도움이 필요한 사람

〈표 12–1〉 **자폐성장애인 장애등급표**

• 제1급

ICD-10(International Classification of Diseases, 10th Version)의 진단 기준에 의한 전반적 발달장애(자폐증)로 정상발달의 단계가 나타나지 아니하고, 지능지수가 70 이하이며, 기능 및 능력 장애로 인하여 주위의 전적인 도움이 없이는 일상생활을 해 나가는 것이 거의 불가능한 사람

• 제2급

ICD-10의 진단 기준에 의한 전반적 발달장애(자폐증)로 정상발달의 단계가 나타나지 아니하고, 지능지수가 70 이하이며, 기능 및 능력 장애로 인하여 주위의 많은 도움이 없으면 일상생활을 영위하기 어려운 사람

• 제3급

제2급과 동일한 특징을 가지고 있으나 지능지수가 71 이상이며, 기능 및 능력 장애로 인하여 일상생활 혹은 사회생활을 영위하기 위하여 간헐적으로 도움이 필요한 사람

또한 미국 「장애인교육법(IDEA)」(2004)에서 제시하고 있는 자폐성장애(autism)의 정의는 다음과 같다.

자폐증은 구어 및 비구어 의사소통과 사회적 상호작용에 심각한 영향을 미치는 발달장애로, 일반적으로 3세 이전에 나타나며, 아동의 교육적 성취에 부정적인 영향을 미친다. 자폐증과 자주 관련되는 다른 특성들은 반복적인 활동 및 상동적인 움직임, 환경적인 변화나 일과의 변화에 대한 저항, 감각적 경험에 대한 비전형적인 반응 등이 있다. 이 용어는 아동이 정서장애로 인하여 교육적 성취에 주요한 부정적인 영향을 받게 되는 경우에는 적용되지 않는다.

3세 이후에 자폐의 특성을 보이는 아동들도 앞에서 서술한 진단 기준에 해당된다면 자폐증으로 진단할 수 있다.

최근에는 자폐장애(autistic disorder)와 비전형적 자폐장애(atypical autistic disorder)를 포함하는 자폐스펙트럼장애(autism spectrum disorder: ASD)라는 용어가 더 선호되고 있다. 스펙트럼이란 개념은 햇빛이 프리즘을 통과할 때 변화과정이 미묘한 여러 가지 색의 빛으로 나누어지면서 나타나는 스펙트럼을 연상하면 좀 더 쉽

게 이해할 수 있다. 즉, 근본적으로 자폐스펙트럼이라는 단일체로 묶인 아동들이 평가라는 프리즘을 거치면서 세 가지 핵심 증상, 즉 의사소통, 사회적 상호작용, 관심과 활동 영역에서의 결함과 관련하여 다양한 증상과 수준을 보인다는 것이다. 따라서 자폐스펙트럼장애는 세 가지 영역에서 항상 손상을 보이면서 문제가 나타나지만 이러한 문제의 정도는 개인 간에 현저한 차이가 있으며 또한 각 영역에서 나타나는 손상의 정도는 한 개인 내에서도 차이가 있다.

　자폐스펙트럼장애와 함께 널리 사용되었던 용어로는 전반적 발달장애(pervasive developmental disorder: PDD)를 들 수 있다. PDD는 ASD에 비해 세계보건기구(World Health Organization)의 ICD(1992)나 미국정신의학회(American Psychiatric Association: APA)의 DSM 등 공식적 진단체계에서 많이 사용되어 왔다. 일반적으로 PDD에는 자폐장애(autistic disorder), 아스퍼거장애(Asperger's disorder), 레트장애(Rett's disorder), 아동기붕괴성장애(childhood disintegrative disorder) 그리고 달리 분류되지 않는 전반적 발달장애(pervasive developmental disorder-not otherwise specified: PDD-NOS) 등이 포함된다(APA, 2004). 또한 「장애인 등에 대한 특수교육법」 제15조(특수교육 대상자의 선정)에서도 '자폐성장애(이와 관련된 장애를 포함한다)'라고 명시되어 있는데 이는 '자폐성장애'의 범위에 PDD를 포함하고 있음을 의미한다. ASD와 PDD는 보는 관점에 따라 PDD가 ASD를 포함한다는 의견과 이 둘의 범위가 동일하다고 보는 등 의견이 상이하다. 그러나 이 장에서는 자폐스펙트럼장애(ASD)와 전반적 발달장애(PDD)의 범위를 동일하게 보며, 이 두 가지 용어의 의미를 포괄하는 일반적 용어로 '자폐성장애'라는 용어를 사용한다.

2. 진단 및 평가

1) 진단 기준

　최근 미국정신의학회(APA)에서는 자폐성장애와 관련하여 DSM-IV-TR과는 다른 진단체계를 제시하고 있다. 기존의 DSM-IV-TR에서는 전반적 발달장애(PDD) 범주에 자폐장애, 아스퍼거장애, 레트장애, 아동기붕괴성장애, PDD-NOS 등을 포함시켰다. 그 이유는 이들 장애 모두가 사회적 상호작용과 의사소통에서의 장애, 제한된 관심이나 상동적인 행동들을 특징으로 하며, 전반적으로 발달의 다양한 영역에서 비정상적인 발달을 보이기 때문이었다. 그러나 DSM-5(APA, 2013)에서는 PDD라는 진단 범주와 그 하위 유형들을 없애고, 대신 자폐장애를 자폐스펙트럼장애(ASD)로 명명하고 신경발달장애(neurodevelopmental disorders) 범주에 포함시키고 있다. 이 범주에는 발달기에 발생하며, 개인적·사회적·학업적·직업적 기능에 손상을 야기하는 발달적 결함을 가지는 장애들이 포함된다. 이 범주의 하위 장애로는 자폐스펙트럼장애 이외에 지적장애, 의사소통장애, 주의력결핍 과잉행동장애, 학습장애, 운동장애, 기타 신경발달장애 등이 있다. DSM-5에서 제시하는 자폐스펙트럼장애의 진단 기준은 다음과 같다(APA, 2013, pp. 50-51).

A. 다양한 맥락에서 사회적 의사소통과 사회적 상호작용의 지속적인 결함을 보이며, 다음과 같은 결함이 현재 나타나고 있거나 나타난 내력이 있다(예는 설명을 위한 것이지 절대적인 것이 아니다).
  1. 사회·정서적 상호성에서의 결함: 예는 비정상적인 사회적 접근과 정상적으로 주고받는 대화 실패에서부터 흥미, 감정, 정서 공유의 감소, 사회적 상호작용 시작이나 반응의 실패까지 다양하다.
  2. 사회적 상호작용을 위해 사용되는 비구어적 의사소통 행동에서의 결함: 예는 구어와 비구어의 통합적인 사용의 어려움에서부터 눈 맞춤과 보디랭귀지에서의 비정상성이나 몸짓의 사용이나 이해의 어려움, 얼굴 표정과 비구어적 의사소통에서의 전반적인 결함까지 다양하다.
  3. 관계의 발달, 유지, 이해에서의 결함: 예는 다양한 사회적 맥락에 맞게 행동 조절하는 것의 어려움에서부터 상상놀이의 공유나 친구 만들기에서의 어려움, 또래에 대한 흥미 부재까지 다양하다.

현재 심각도의 세분화:
  심각도는 사회적 의사소통 손상과 제한적이고 반복적인 행동 패턴에 기초한다(〈표 12-2〉 참조).

B. 행동, 흥미, 활동에 있어서 제한적이고 반복적인 패턴을 보이며, 적어도 다음 중 두 가지 이상이 현재 나타나고 있거나 나타난 내력이 있다(예는 설명을 위한 것이지 절대적인 것이 아니다).

1. 상동적이거나 반복적인 동작, 사물이나 말 사용(예: 단순 상동증적 동작, 장난감 줄 세우기, 물건 흔들기, 반향어, 특이 어구 사용 등)
2. 동일성에 대한 고집, 일과에 대한 융통성 없는 집착, 구어 또는 비구어의 의례적 패턴(예: 작은 변화에도 극도로 불안해함, 전환의 어려움, 경직된 사고 패턴이나 인사 방식, 매일 동일한 일과나 동일한 음식 요구)
3. 강도나 초점에 있어서 비정상적인 매우 제한적이고 한정된 흥미(예: 특이한 사물에 대한 강한 애착이나 몰두, 과도하게 한정되어 있고 집요한 흥미)
4. 감각자극에 대한 민감성 또는 둔감성, 환경의 감각적 측면에 대한 특이한 관심(예: 고통/온도에 대한 분명한 무관심, 특정 소리나 감촉에 대한 부정적 반응, 사물을 과도하게 냄새 맡거나 만짐, 빛이나 움직임에 대한 시각적 매료)

현재 심각도의 세분화:
  심각도는 사회적 의사소통 손상과 제한적이고 반복적인 행동 패턴에 기초한다(〈표 12-2〉참조).

C. 증상들은 초기 발달 시기에 나타나야만 한다(사회적 요구가 제한된 능력 범위를 초과할 때까지 증상들이 완전하게 나타나지 않거나 혹은 이후 살아가면서 학습된 전략에 의해 드러나지 않을 수도 있다)
D. 증상들은 사회적, 직업적 또는 다른 주요 영역의 현재 기능에 임상적으로 심각한 손상을 야기한다.
E. 이러한 장해는 지적장애(지적발달장애)나 전반적 발달지체로 더 잘 설명되지 않는다. 지적장애와 자폐스펙트럼장애는 흔히 같이 발생하며, 자폐스펙트럼장애와 지적장애 둘 다로 중복 진단하기 위해서는 사회적 의사소통이 일반적 발달 수준에서 기대되는 것보다 낮아야 한다.

주의: DSM-IV의 자폐장애, 아스퍼거장애와 달리 분류되지 않는 전반적 발달장애 진단 기준에 잘 부합하는 개인들은 자폐스펙트럼장애로 진단한다. 사회적 의사소통에 현저한 결함이 있지만 그 증상들이 자폐스펙트럼장애의 진단 기준에 맞지 않는 경우, 사회적(화용론적) 의사소통장애로 평가해야 한다.

    또한 DSM-5(APA, 2013)에서는 〈표 12-2〉에 제시된 바와 같이, 자폐스펙트럼장애를 사회적 의사소통과 제한적이고 반복적인 행동의 수행 결함에 따라 장애의 심각도를 세 가지 수준으로 구분하고 있다.

<표 12-2> 자폐스펙트럼장애의 심각도 수준

심각도 수준	사회적 의사소통	제한적, 반복적 행동
수준 3 매우 상당한 지원이 필요함	구어적, 비구어적인 사회적 의사소통 기술들의 심각한 결함으로 기능상에 심각한 손상이 야기되고, 사회적 상호작용 시도가 매우 제한되고, 타인의 사회적 접근에 대해 최소한의 반응만이 나타난다. 예를 들어, 말을 할 때 이해할 수 있는 단어가 거의 없고 상호작용을 거의 시도하지 않거나, 자신의 욕구 충족을 위해 필요한 때만 이상한 방식으로 접근하거나, 매우 직접적인 사회적 접근에만 반응하는 사람	융통성 없는 행동, 변화 대체에 대한 극도의 어려움 또는 다른 제한적/반복적인 행동이 모든 영역에서의 기능을 현저하게 저해한다. 초점이나 활동을 변화에 큰 고통/어려움이 나타난다.
수준 2 상당한 지원이 필요함	구어적, 비구어적인 사회적 의사소통 기술에 있어서 현저한 결함. 적절한 지원이 주어짐에도 사회적 손상이 분명하게 나타난다. 사회적 상호작용에 있어서 제한된 시도. 타인의 사회적 접근에 대해 반응이 감소하거나 비정상적으로 반응함. 예를 들어, 간단한 문장을 말할 수 있으나 상호작용이 특정 흥미에 제한되어 있거나, 현저하게 특이한 비구어적 의사소통을 나타내는 사람	융통성 없는 행동, 변화 대체에 대한 극도의 어려움 또는 다른 제한적/반복적인 행동이 우연히 관찰한 사람도 분명히 알 수 있을 만큼 자주 나타나고, 다양한 상황에서의 기능을 저해한다. 초점이나 활동 변화에 고통/어려움이 나타난다.
수준 1 지원이 필요함	적절한 지원이 없다면 사회적 의사소통의 결함은 명백한 손상을 초래한다. 사회적 상호작용 시도의 어려움과 타인의 사회적 접근에 대해 비전형적이고 성공하지 못하는 반응이 분명하게 나타난다. 사회적 상호작용에 대한 감소된 흥미가 나타날 수 있다. 예를 들어, 완전한 문장으로 말할 수 있고 의사소통에 참여하려고 하지만 타인과의 주고받는 대화에 실패하거나, 친구를 만들기 위해 이상하거나 성공하지 못하는 방식으로 시도하는 사람	융통성 없는 행동이 하나 또는 그 이상의 상황에서 심각한 기능 저해를 초래한다. 활동 간의 변환이 어렵다. 조직화와 계획의 문제가 독립성을 방해한다.

* 출처: American Psychiatric Association (2013), p. 52.

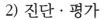

2) 진단 · 평가

　자폐아동의 교육 목표와 내용을 결정하기 위해서는 아동의 행동 특성과 구체적인 현재 수준을 파악하고, 행동에 영향을 미치는 요인들을 판별하는 진단 · 평가가 필요하다. 「장애인 등에 대한 특수교육법 시행규칙」 별표에는 '자폐성장애'의 진단 · 평가 영역으로 적응행동검사, 성격진단검사, 행동발달평가, 학습준비도검사를 명시하고 있다(교육과학기술부, 2008). 그러나 구체적인 진단 절차와 도구, 지침 등이 제시되지 않아서 통상 일반적인 장애 진단 · 평가 절차에 따라 수행하고 있다.

　아동의 장애나 특별한 요구를 파악하기 위해 일차적으로 사용하는 방법은 교사나 부모, 또래, 혹은 아동 자신에게 질문지나 평가척도를 작성하게 하는 것이다. 그리고 자연적인 상황이나 구조화된 상황에서 아동의 행동을 직접 관찰할 수 있다. 또한 특정 상황에서 요구되는 사회적 기술을 아동이 알고 있는지 검사할 수도 있다. 평가방법은 문제행동과 상황, 여건에 따라 달라지지만 최소한 두 사람 이상, 두 가지 상황 이상에서 복수의 방법으로 자료를 수집해야 한다. 정확한 진단을 위해서는 특수교사, 일반교사, 의사, 심리학자, 심리 · 행동적응지도사, 물리치료사, 작업치료사 등의 평가팀이 다양한 진단 · 평가 방법을 사용하여 아동의 강점과 약점, 언어능력, 인지능력, 행동 특성, 운동 특성 등의 정보를 수집해야 한다.

　자폐아동 평가방법에는 평정척도, 관찰검목표, 진단 면접 등이 있으며 현재 많이 사용되고 있는 도구들을 예시하면 다음과 같다(서경희, 이상복, 이상훈, 이효신, 2009; 이승희, 2006).

(1) 심리교육 프로파일

　심리교육 프로파일(Psychoeducational Profile-Revised: PEP-R)은 김태련과 박랑규(2005)가 미국 PEP-R을 우리나라에서 표준화한 것이다. PEP-R은 자폐아동과 유사발달장애 아동의 발달 수준과 특이한 학습 및 행동 패턴을 평가하여 개별화교육계획에 활용하기 위해 제작된 검사다. 이 검사는 7개 영역(131개 문항)으로 구성된 발달척도와 4개 영역(43개 문항)으로 구성된 행동척도로 나누어져 있다.

(2) 아동기 자폐증 평정척도

김태련과 박랑규(1996)가 미국 아동기 자폐증 평정척도(Childhood Autism Rating Scale: CARS, 1988)를 번역한 것으로 만 2세 이상의 아동을 대상으로 자폐성장애와 기타 발달장애를 구별하고, 자폐성장애의 정도를 판별하기 위한 검사다. 15개 문항(사람과의 관계, 모방, 정서반응, 신체사용, 물체사용, 변화에 대한 적응, 시각반응, 청각반응, 미각·후각·촉각반응 및 사용, 두려움 또는 신경과민, 언어적 의사소통, 비언어적 의사소통, 활동수준, 지적 반응의 수준과 항상성, 일반적 인상)으로 구성되어 있으며, 각 문항을 1~4점으로 평정한다.

(3) 이화-자폐아동 행동발달 평가도구

이화-자폐아동 행동발달 평가도구(Ewha-Check List for Autistic Children: E-CLAC)는 김태련과 박랑규(1992)가 일본의 CLAC(1982)를 우리나라 만 1~6세의 아동을 대상으로 표준화한 것으로 행동발달 및 병리성 수준을 평가하기 위한 검사다. 주 검사 대상은 자폐아동이지만 자폐성장애로 의심되는 아동도 대상이 될 수 있으며, 지적장애나 기타 장애를 가진 아동의 발달과정을 파악하는 데 활용할 수 있다. 척도문항(43개 문항)과 비척도문항(13개 문항)으로 나누어져 있으며, 척도문항은 다시 발달문항(18개 문항)과 병리문항(25개 문항)으로 구성되어 있다.

(4) 한국자폐증진단검사

한국자폐증진단검사(Korean-Autism Diagnostic Scale: K-ADS)는 DSM-IV-TR의 자폐성장애 진단 기준과 GARS(Gilliam, 1995)를 기초로 하여 강위영과 윤치연(2004)이 우리나라 실정에 맞도록 제작한 진단도구로, 자폐증이 의심되는 만 3~21세까지의 아동 및 청소년을 대상으로 한다. K-ADS는 세 개의 하위검사(상동행동, 의사소통, 사회적 상호작용)로 구성되어 있는데, 각 하위검사마다 14개 문항으로 구성되어 있다.

(5) 자폐증 진단 면담지

자폐증 진단 면담지(Autism Diagnostic Interview-Revised: ADI-R)는 자폐증과 전반적 발달장애를 판별하기 위해 2003년 Rutter 등이 개발한 반구조화된 부모면담 도구이며 우리나라에서는 2007년 유희정이 번역한 것이 사용되고 있다. 이 도구는 DSM-IV와 ICD-10과 관련된 93개 항목으로 구성되어 있으며, 현재 행동에 초점을 두고 문항에서 기술된 항목이 관찰된 적이 있는지를 질문한다. 평가자는 반드시 면담 시행과 관련하여 훈련을 받아야 하며, 검사 소요시간은 평균 2시간 정도다.

(6) 자폐증 진단 관찰 스케줄

자폐증 진단 관찰 스케줄(Autism Diagnostic Observation Schedule: ADOS)은 1999년 Lord 등이 개발하였으며, 사회적 행동과 의사소통에 대한 반구조화된 표준화 관찰도구다. 우리나라에서는 유희정과 곽영숙(2009)이 번역한 것을 사용하고 있다. 이 도구는 정상적인 상호작용을 유도할 수 있는 다양한 놀이 활동으로 구성되어 있으며, DSM-IV 및 ICD-10의 진단 기준에 근거하여 자폐스펙트럼장애를 정확히 진단하고 감별하는 것을 목적으로 한다. 대상자에게 자연스러운 사회적 상황을 제시함으로써 의사소통과 상호작용의 양상을 직접 관찰할 수 있고, 표준화된 기준에 따라 채점하고 진단할 수 있으며, 언어와 의사소통, 주고받는 사회적 상호작용, 놀이와 상상력, 상동적 행동과 제한된 관심, 기타 이상행동의 5개 하위 영역에서 대상자를 포괄적으로 관찰하고 평가하는 구체적 지침을 제시한다. 발화능력이 없는 대상(모듈 1)부터 유창한 언어능력을 가진 성인(모듈 4)까지 대상에 적합한 모듈을 선택해 사용할 수 있다.

3. 원인 및 출현율

1) 원 인

1943년 자폐성장애가 처음 보고된 이후부터 1960년대 후반까지는 자폐증의 원인과 관련하여 심리학적 요인이 지배적 이론이었다. 당시에는 아동이 태어난 후 사랑받고 수용되지 못하는 환경에서 양육됨에 따라 심한 심리적 스트레스를 받고 주의를 자신의 내부로 돌림으로써 외부세계로부터 고립되고 반응을 보이지 않게 된 것이라고 가정하였다. 그러나 이후 경험적 연구들을 통해 심리사회적 원인에 근거한 설명은 타당하지 않은 것으로 입증되었다. 최근에는 자폐성장애가 뇌기능의 생물학적 이상과 신경학적 장애로 인해 발생한다는 주장이 일반화되고 있다(Turnbull, Turnbull, & Wehmeyer, 2007). 그러나 지금까지 많은 임상적 연구에도 불구하고 자폐성장애의 원인은 명확하게 밝혀지지 않고 있다. 따라서 여기에서는 생물학적 측면과 인지적 측면을 중심으로 자폐성장애의 원인을 살펴보고자 한다(서경희, 2006; 조수철 외, 2011; Bowler, 2007; Heflin & Alaimo, 2007).

(1) 생물학적 원인론

자폐성장애의 원인을 유전, 임신과 출산, 대뇌의 구조적, 생화학적, 기능적 이상 등으로 구분하여 살펴보면 다음과 같다.

① 유 전

자폐성장애가 유전적 근거를 가진다는 것은 이들 뇌의 구조적·화학적 차이나 행동 및 학습상의 특징뿐만 아니라, 여러 연구의 경험적 결과를 통해서도 입증되고 있다. 따라서 자폐성장애를 유전적으로 이질적이고 복합 유전적인 '신경발달장애'라고 표현하기도 한다. 즉, 자폐성장애는 단순한 우성/열성, 성유전 양식이 없으므로 이질적이며, 열 가지 이상 유전자의 상호작용에 기인한다고 볼 수 있기 때문에 복합 유전적이다.

② 임신과 출산

임신과 출산 시의 환경적 영향으로 인하여 자폐성장애가 발생한다는 것이다. 자폐아동에게서 임산부의 고령 출산, 태아의 미성숙, 임신 중 출혈, 임산부의 불안, 스트레스, 약물 복용, 임신중독증, 바이러스 감염 혹은 바이러스 노출, 산전·산후 합병증, 분만 촉진제에 의한 출산 등의 위험 요인이 많이 확인되고 있다. 또한 일부에서는 홍역이나 유행성 이하선염, 풍진 백신 접종이 자폐성장애의 위험을 증가시킬 수 있다고 주장하기도 한다.

③ 뇌의 구조적 차이

뇌 크기의 차이나 전두엽, 측두엽, 소뇌, 변연계 편도핵, 대뇌의 손상 등과 같은 뇌의 구조적 차이로 인하여 자폐성장애가 발생한다는 것이다. 자폐증 관련 연구에서는 자폐아동들이 생후 6~14개월 사이에 급속한 머리 성장을 보인다고 한다. 이러한 갑작스러운 성장은 대뇌 반구 간의 연계성을 방해할 수 있고, 이로 인해 환경과 상호작용하는 데 어려움이 초래된다. 또한 뇌간, 변연계, 대뇌 피질, 소뇌 등에서의 구조적 차이를 지적하는 연구들도 있다. 전두엽의 손상은 자폐아동들의 언어적 문제나 언어를 전혀 사용하지 못하는 이유를 설명해 준다. 또한 저기능 자폐아동은 해마와 편도핵이 있는 중앙 측두엽에 문제가 있어 시각재인 기억과 같은 기본적 기억기능에서 결함을 보인다고 한다.

④ 뇌의 화학적 차이

신경전달물질의 이상과 같은 생화학적 원인으로 인하여 자폐성장애가 발생한다는 것이다. 신경전달물질은 뇌에서 신호와 메시지를 전달하는 화학 매개체이며 기분, 정서, 사고과정에 영향을 미친다. 자폐아동의 약 1/3이 전체 혈류 세로토닌(serotonin)의 수준이 높게 보고되고 있는데, 세로토닌의 불균형은 주의력 산만, 부주의, 과격한 행동, 공포심, 우울증, 만성적 고통 등을 일으킨다. 또한 도파민(dopamine) 수준이 높으면 과잉행동을 유발하기도 하는데, 전반적으로 자폐아동의 도파민 수준은 높게 나타난다. 일부 자폐인의 경우 고통을 잊게 해 주는 내생물질의 수준이 높게 나타나고 있으며, 이로 인해 사회적 자극에 대한 반응이 감소하고 사회적 위축이 나타날 수 있다.

⑤ 뇌의 기능적 차이

자기공명영상(MRI)나 기능적 자기공명영상(fMRI) 등 신경학적 기능분석 기술의 발달에 힘입어 관련 연구들이 활발하게 이루어지고 있다. 그 결과 자폐인의 50%가 비정상적인 뇌기능을 보인다는 사실이 밝혀졌다. 예를 들면, 안면 표정을 인식하고 처리하며 정서를 판별하는 과정에서 자폐인들은 비장애인들과 다른 뇌의 영역을 사용하며, 과제 수행 시 뇌기능의 통합된 양식이 적게 나타나는 등 기능 수행에서 차이를 보이고 있다. 따라서 일반인들을 신경학적 전형인(neurotypical, 정상적으로 기능을 수행하는 뇌를 가진 사람)이라고 한다면 자폐성장애인들은 신경학적 비전형인(neuroatypical)이라고 부를 수 있을 것이다.

(2) 인지적 원인론

자폐성장애의 원인을 이들이 나타내는 행동적 특징이나 유전 요인을 비롯한 생물학적 특징을 중심으로 규명하려고 노력해 오고 있다. 그러나 이러한 행동 특징에 근거한 원인 설명과 생물학적 방식의 원인 설명 간에는 많은 괴리가 있다. 이 둘 사이의 가교 역할을 할 수 있는 것이 인지적 접근이다. 인지적 원인론에는 마음이론, 실행기능 결함이론, 중앙응집이론 등이 있다.

① 마음이론

다른 사람의 심리 상태를 이해한다는 것은 매우 어려운 일이다. 그러나 마음이론(theory of mind)에 의하면 그 사람이 보이는 행동을 관찰할 경우 심리 상태를 유추할 수 있고, 이를 통해 그 사람의 행동을 예측하거나 설명할 수 있다. 이러한 관점에서 볼 때 자폐성장애의 사회성 결함은 타인의 생각을 지각하고 이해하지 못하는 인지적 결함에서 비롯된다.

이와 관련하여 가장 잘 알려진 '샐리-앤(Sally-Ann)' 거짓신념 과제를 살펴보면 다음과 같다. 먼저 샐리는 바구니를, 앤은 상자를 가지고 있는 만화로 된 그림을 보여 주고, 이어서 샐리가 공을 자신의 바구니에 넣고 방을 나오는 그림을 보여 준다. 이제 샐리는 없고 앤이 나타나 샐리의 공을 자기 상자에 숨기는 그림을 보여 준다. 그리고 샐리가 다시 방으로 돌아오는 그림을 보여 주면서 "샐리는 공을 어디에서 찾을 것 같니?"라고 질문한다. 이 질문에 대해 자폐아동의 80%는 "상자를 열어 봐요."라고 대답하지만, 4세 일반아동과 다운증후군 아동 중 80%는 "바구니를 열어 봐요."라고 답한다. 즉, 자폐아동들은 공이 다른 곳에 숨겨진 사실을 샐리가 알지 못하기 때문에 바구니를 열어 볼 것이라는 사실, 즉 타인의 거짓신념을 이해하지 못한다.

② 실행기능 결함이론

실행기능(executive function)은 계획 수립, 충동 조절, 융통성 있는 행동, 체계적인 환경 탐색 등을 가능하게 하는, 뇌 전두엽 기능 중의 하나다. 자폐인들이 융통성 없고, 사소한 변화에도 민감하게 반응하며, 실수나 경험을 통한 학습에 어려움을 가지고, 부분보다 전체를 생각하고 행동하는 데 어려움을 보이는 것은 실행기능의 결함과 관련된다. 따라서 자폐인들은 전두엽의 손상으로 인해 실행기능을 포함한 행동과 인지에서 비정상적 양상을 보이게 된다.

③ 중앙응집이론

중앙응집이론(central coherence theory)에서는 자폐성장애를 직접적인 손상에 따른 것이라고 보기보다는 인지양식에 따른 것이라고 본다. 환경에 의미를 부여하고, 환경을 의미 있게 받아들이기 위해서는 방대하고 복잡한 정보를 처리해야 하지만 자폐인들은 이에 어려움을 가지기 때문에 세상을 현실적으로 지각하지 못한다는 것이다. 자폐인들은 전체를 보기보다는 부분에 집착한다. 즉, 나무는 보지만 숲을 보지 못하는 것과 같이 정보투입 처리 방식이 상향식(bottom-up) 접근 방식을 취한다. 이 이론에서는 자폐의 근본 원인이 인지적 정보처리 과정에서 부분과 전체의 관계를 연계하지 못하는 것이라고 주장한다.

2) 출현율

자폐성장애는 미국에서 가장 빠르게 증가하고 있는 발달장애다. 현재 많은 전문가와 부모는 자폐성장애의 발생률이 과거에 비하여 상당히 높은 비율로 증가하고 있다는 사실에 동의하고 있지만, 실제로 정확하게 조사된 바가 없기 때문에 그 출현율이 어느 정도인지를 말하기는 매우 어려운 실정이다(조수철 외, 2011; Hallahan & Kauffman, 2006; Turnbull et al., 2007).

자폐성장애의 출현율은 미국의 경우, 1966년부터 1991년 사이에 발표된 출현율 연구에서는 1만 명당 4.4명인 데 비해 1992년부터 2001년 사이에 발표된 연구에서는 1만 명당 12.7명으로 보고되었다. 이와 같이 자폐아동이 증가하는 이유는 이전에 발표된 출현율이 상대적으로 낮았을 수도 있지만, 장애에 대한 인식 확대, 더 폭넓은 선별 및 평가 절차, 서비스 확대, 자폐스펙트럼장애 아동의 실제 증가 때문인 것으로 여겨진다. Fombonne(2003)은 인구 1만 명당 1명 정도가 타당한 출현율이며, 자폐스펙트럼장애의 모든 범주를 포함할 경우 출현율은 인구 1만 명당 27.5명 또는 364명당 1명으로 높아진다고 주장하였다.

우리나라의 경우, 2012년 12월 말 현재 등록 자폐성장애인은 총 1만 6,906명 이며, 성별로 구분해 보면 남성 1만 4,370명(85%), 여성 2,536명(15%)으로, 남녀 성비는 5.7 : 1 정도다. 연령별로는 9세 미만 3,011명(17.8%), 10~19세 9,383명 (55.5%), 20세 이상 4,512명(26.7%)로, 20세 미만의 아동과 청소년이 대부분을 차 지하고 있다(한국장애인고용공단 고용개발원, 2013).

한편, 특수교육 대상 학생의 경우, 2008년 이전까지는 '정서장애'의 영역에 자 폐장애 학생이 포함되었기 때문에 명확하게 자폐성장애 학생 수를 구분하기 어 려웠다. 최근 자폐성장애 학생의 교육 배치를 살펴보면 〈표 12-3〉에 제시된 바 와 같다.

2014년 현재 자폐성장애로 인해 특수교육서비스를 받고 있는 학생은 총 9,334명 이다. 자폐성장애 학생 수는 매년 크게 증가하고 있으며, 특수교육 대상 총인원 대비에서도 증가하고 있는 추세. 이들은 특수학교에 3,531명(37.3%), 특수학급 에 5,113명(54.8%), 일반학급에 678명(7.3%), 특수교육지원센터에 12명(0.13%)이 배치되어 있으며, 장애 특성으로 인해 통합교육이 어려운 아동들이 많아서 특수 학교 배치 비율이 시각장애 학생(64.8%) 다음으로 높게 나타나고 있다.

성비를 살펴보면 남학생 7,883명(84.5%), 여학생 1,451명(15.5%)으로, 남녀 비

〈표 12-3〉 **자폐성장애 학생의 연도별 배치 현황**

배 치	2012년			2013년			2014년		
	남	여	계	남	여	계	남	여	계
특수학교	2,006	453	2,459	2,623	568	3,191	2,950	581	3,531
특수학급	4,099	691	4,790	4,145	695	4,840	4,344	769	5,113
일반학급	581	91	672	588	100	688	579	99	678
특수교육지원센터	–	1	1	3	–	3	10	2	12
계	6,686	1,236	7,922	7,359	1,363	8,722	7,883	1,451	9,334
특수교육 대상 학생 총인원	85,012			86,633			87,278		
총인원 대비 %	9.3%			10.1%			10.7%		

* 출처: 교육과학기술부(2012, 2013); 교육부(2014).

율이 대략 5.4 : 1 정도인 것을 알 수 있다. 이는 남녀 성비를 4 : 1 정도로 보고하고 있는 다른 나라의 여러 연구 결과(Bowler, 2007; Heflin & Alaimo, 2007; Turnbull et al., 2007)에 비해 남학생의 비율이 다소 높다고 말할 수 있다. 출현율 성비와 관련하여 지능이 정상 범위일 때 여아에 대한 남아의 비율이 가장 높고, 지능이 최중도 지적장애의 범위일 경우 여아에 대한 남아의 비율이 가장 낮다고 한다(이승희, 2009).

4. 특 성

자폐아동들은 성장에 따라 사회적으로 요구되거나 기대되는 행동, 기술, 기능 수행, 학습, 언어 등에 있어서 매우 이질적인 특성을 나타낸다. 따라서 자폐성장애를 가진 집단의 특징을 밝히고자 하는 노력은 주로 공통적인 특징인 의사소통과 사회적 상호작용, 관심과 활동 영역을 중심으로 설명되고 있다. 여기에서는 이러한 세 가지 핵심 결함 영역과 더불어 감각과 운동, 인지적 특성을 선행 연구들(이승희, 2009; Bowler, 2007; Hall, 2009; Hanbury, 2008; Heflin & Alaimo, 2007; Simpson & Myles, 2010; Turnbull et al., 2007)에 근거하여 살펴볼 것이다.

1) 의사소통 특성

의사소통 능력은 구어적 · 비구어적 능력 및 상징체계의 개념을 주고받고 처리하고 이해하는 능력으로 정의되며, 이는 가정과 학교, 지역사회에 참여하기 위해 가장 핵심적인 것으로 간주된다. 의사소통 능력으로는 영아기의 시선 응시에서부터 나아가 사람, 행동, 사물, 사건들 사이의 관련성을 이해하는 능력이 요구되지만, 자폐아동들은 세상에 대하여 제한된 이해만을 가지고 있기 때문에 주위 사람들과 의사소통을 하는 데 어려움이 많다. 자폐아동의 의사소통 능력은 구어 발달이 전무할 수도 있고, 매우 높은 수준의 현학적 언어를 구사하는 경우에 이르기까지 개인마다 매우 다양하게 나타난다.

자폐아동 중 1/3 이상이 구어발달에 결함을 보이며, 약 50%는 기능적인 말을 발달시키지 못한다. 자폐아동은 기능적으로 의사소통하는 데 어려움을 보이며, 즉각 반향어와 지연 반향어 같은 제한된 언어적 체계를 사용하여 사회적 관계를 유지하기도 한다. 대다수의 자폐아동은 언어의 내용과 형식에 있어서도 또래들보다 지체되어 있으며, 특히 대화에 대한 자발적인 시도가 거의 없다. 이들은 영아기에 옹알이를 하지 않거나 엄마의 말을 모방하지 않으며, '나'와 '너'를 구별하지 못하는 대명사 반전 현상을 보인다. 언어 구조와 언어 사용 사이의 불균형 현상은 비교적 풍부한 어휘와 구문을 구사하는 고기능 자폐아동에게서도 나타난다.

자폐아동들은 강세, 높낮이, 억양, 리듬 등과 같은 운율적인 측면에서도 일반 아동들과는 많은 차이를 나타낸다. 상대방이 사용하는 몸동작, 억양, 얼굴 표정과 같은 비언어적 의사소통을 이해하는 데 어려움을 나타내며 대화과정에서 사용되는 농담이나 비유를 이해하지 못한다. 또한 대화할 때 상대방의 관점이나 생각을 이해하지 못하고 자신만의 관점에서 대화하기 때문에 일방적인 대화가 이루어진다. 그들은 엉뚱한 것을 자세하게 말하거나 특정 주제를 반복하거나 부적절하게 새로운 주제로 옮겨 가기도 한다. 나아가 의사소통이 단절되면 사회적 관습이나 문제 발생에 대한 인식 부족, 부적절한 교정전략 적용, 언어 정보 추가의 어려움 등을 겪으며, 이를 교정하기가 매우 어렵다.

자폐아동의 의사소통 특성을 요약하면 구어발달의 지체, 몸짓과 같은 의사소통 대체양식 사용의 결함, 사람을 도구로 사용함, 반향어 사용, 대명사 반전, 비문자적 언어 이해의 어려움, 비구어적 의사소통의 결함, 교정전략의 부재 등이다.

2) 사회적 특성

의사소통장애와 더불어 자폐성장애 판별의 핵심적인 영역은 사회적 상호작용의 결함이다. 사회성은 의사소통 기술의 습득과 인지 능력 수준과 밀접한 관련이 있기 때문에 이 세 가지 영역은 서로 영향을 미친다. 자폐아동은 정서적인 상호반응 또는 정신적인 유대감 형성이 어렵고, 다른 사람의 감정을 거의 이해하지 못한다. 그래서 사회적 유대관계 형성뿐만 아니라 양육자와의 애착 형성에도 어려움을 보인다. 자폐영아는 일반영아에 비해 응시, 호명에 반응하기, 사회성 발달 및 놀이 반응, 사회적 응시행동(social gaze behavior)과 지적하기(pointing) 등에서 상이한 양상을 보인다. 또한 자폐아동은 일반아동에 비해 표정이 적거나 없어서 표정 단서를 인식하는 것이 어려우며, 공동 주의(joint attention)를 기울이거나 사회적 상호작용을 시작하는 것이 어렵다.

자폐아동의 주요 사회적 특성은 다음과 같이 요약될 수 있다. 첫째, 사회적 방향정위(social orientation)의 결핍이다. 자폐아동은 태어나면서부터 사람의 얼굴이나 사회적 자극에 대해 관심이 없고, 관심을 공유하지 못하고 시선을 맞추지 못하는 등 사회적 상호작용에 성공적으로 참여하지 못한다. 즉, 공동 주의, 관심 공유는 사회적 상호작용의 한 형태로서 상호작용 그 자체에 초점이 맞추어지기보다는 아동이 상호작용의 대상과 제3의 물건, 사람 또는 사건에 대해 경험을 나누는 것을 의미한다. 자폐아동은 원하는 물건을 얻기 위해 다른 사람의 도움을 구하는 명령적 기능을 지닌 얼굴 표정, 비언어적 발성, 자세, 동작 및 몸짓은 사용할 수 있지만, 단순히 특정 사물이나 경험에 대해 다른 사람들의 관심을 끌고자 하는 서술적 기능을 지닌 의사소통적 표현은 거의 보이지 않는다.

둘째, 자폐아동은 모방과 놀이기술에 결핍을 나타낸다. 모방능력은 상징놀이(예: 소꿉놀이, 병원놀이)의 선수 조건이며, 상징놀이는 상징적 사고 및 언어 발달과 밀접한 관련이 있다. 자폐아동은 단순한 몸동작을 모방하거나, 모방능력을 이용한 사회적 놀이(예: 까꿍놀이)를 하는 데도 어려움을 나타낸다. 또한 장난감을 가지고 놀 때도 기능보다는 냄새, 맛, 촉감 및 시각적 자극 등에 더욱 관심을 갖는다.

셋째, 자폐아동은 부모나 친구 등과 같이 자신의 삶에서 중요한 사람들과의 사회적 또는 정서적 관계를 형성하는 데 실패하기 때문에 애착행동이 발달되지 않거나 발달하더라도 비정상적으로 발달한다. 또한 신체적 접촉을 원하지 않아서 안아 주기도 어렵고, 다른 사람의 감정을 인식하지 못하고 다른 사람의 얼굴 표정에서 읽어야 하는 시각적 정보를 처리하는 데 어려움을 느낄 뿐만 아니라, 또래들과 협동놀이나 상호작용을 하지 않는 등 사회적인 관계를 형성하지 못한다.

자폐아동의 사회적 특성을 요약하면, 다른 사람들의 존재를 의식하지 않거나 사회적 관습을 무시하는 것처럼 보이며, 다른 사람들의 음성이나 지시에 반응을 보이지 않고, 주의 공유와 사회적 참조능력이 결여되었으며, 자신의 정보를 다른 사람과 공유하지 않고, 상호 호혜적인 관계를 맺지 못한다.

3) 행동적 특성

자폐아동들은 매우 제한된 범위의 특정 영역에만 지나치게 높은 관심을 보이고, 일과에서 동일성에 대한 집착을 보이며, 상동적이고 반복적인 운동기능상의 습관을 보이고, 사물의 전체보다는 특정 부분에 대한 집착을 보이는 등의 행동 특성을 보인다. 이러한 특성 때문에 일상생활에서 변화나 전환이 매우 어려우며, 공격행동, 자해행동, 성질부리기, 기물 파손 등의 문제행동을 보이기도 한다.

자폐아동의 행동적 특성을 상동행동과 의식적 행동, 자해행동과 공격행동 중심으로 살펴보면 다음과 같다. 첫째, 상동(stereotypies)행동은 반복적이고 부적절한 행동을 말하는데, 몸을 앞뒤로 흔들기, 눈앞에서 손가락이나 막대 흔들기, 물건 빙빙 돌리기, 같은 소리 반복하기와 같이 분명한 기능을 가지고 있지 않은 반복적인 운동 또는 몸동작으로 정의된다. 그러나 이러한 상동행동은 아동에게 개인적 즐거움과 감각적 피드백을 제공하는 자기자극(self-stimulatory) 행동이라고 할 수 있다. 의식적(ritualistic) 행동은 상동행동이나 자기자극 행동뿐 아니라 같은 음식만을 먹거나 사물을 일렬로 늘어놓거나 손에 물건을 쥐고 놓지 않으려고 하는 등 고정된 일에 집착하는 행동들도 포함한다.

둘째, 자해행동은 자신의 신체에 해를 가하는 것을 말하는데, 머리를 박거나 깨물고 할퀴는 등의 행동을 보인다. 자해행동이 심하면 영구적인 신체 손상을 입게 되거나 목숨을 잃는 경우가 생기기도 한다. 공격행동은 주변 사람들에게 신체적인 해를 가하거나 덤벼들거나 위협하는 등의 행동을 하는 것을 말한다.

이러한 문제행동은 주어진 과제나 상황에 대한 불만, 원하는 욕구를 실현하기 위한 수단, 사회적 관심 끌기, 의사소통적 기능, 감각적 자극 줄이거나 늘리기 등 다양한 기능을 가질 수 있다. 즉, 이러한 행동들은 자극에 대한 생물학적 요구나 내적 각성 상태의 증가, 스트레스 감소, 자신의 환경을 조절하기 위한 기능을 가진다.

자폐아동의 흥미와 활동, 행동상의 특징을 요약하면, 제한된 영역에 대해서만 유별난 흥미를 보이고, 사람보다는 사물에 그리고 사물의 전체보다는 특정 부분에 대해 흥미를 보이며, 선호하는 활동에 몰두하고, 동일성에 대한 고집이 나타나며, 자기자극이나 상동행동과 같은 반복적인 신체적 움직임, 자해나 공격적인 행동을 표출하는 것 등이다.

4) 인지적 특성

자폐아동의 지능은 매우 심한 지적장애에서 우수한 능력까지 매우 다양하다. 자폐아동의 약 70~80%가 지적장애 수준의 지능을 가지고 있으며, 약 20%는 평균 또는 그 이상의 지적 기능을 가진 고기능 자폐(high functioning autism: HFA)아동이다. 고기능 자폐 그리고 아스퍼거장애 아동들은 평균이나 평균 이상의 지적 능력을 가지고 있지만 자폐적 특성은 그대로 가지고 있기 때문에 교육 현장에서 다양한 어려움에 직면한다. 특히 자폐아동들 중 약 10% 정도가 특정 영역에서 뛰어난 능력이나 기술을 보이기도 하는데, 이것을 '자폐적 우수성(autistic savant)' 또는 '우수성 증후군(savant syndrome)'이라고 한다.

자폐아동은 일반아동에 비해 학습자극에 대한 선택적 주의집중이 어렵고, 주의집중 시간이 짧으며, 주의집중 이동이 어렵기 때문에 한 번에 여러 자극을 자발적으로 전환하는 데 어려움이 있다. 또한 원하는 자극 이외의 자극이 과잉 투입됨에 따라 필요한 자극을 선택적으로 사용할 수 없는 특성을 보이며, 청각적 정보보다는 시각적 정보를 더 선호하는 경향이 있다.

자폐아동은 기억과정의 결함으로 인하여 투입 정보의 기억이나 식별에 어려움을 보인다. 개념 형성 학습이 어려워 여러 개념을 복합적으로 이용해야 하는 학습에 장애를 초래한다. 자폐아동은 한번 학습한 대로 또는 기억한 대로 행동하거나, 융통성 없는 행동, 일반적이지 않은 행동 등으로 인해 어려움을 보인다. 서술기억에서는 손상이 많으나 절차기억은 비교적 손상이 적으며, 뛰어난 기계적 기억력을 보이기도 한다. 또한 인지적 기능을 필요로 하는 문제해결 능력이나 문제를 해결하기 위해 전략적인 지식을 적용하는 상위인지에 어려움을 보인다.

5) 감각 · 운동적 특성

자폐아동은 감각 정보의 등록이나 조절기능의 장애 때문에 사람이나 사물을 포함한 주위 환경과의 상호작용에 문제를 보인다. 약 50% 이상의 자폐아동이 청각, 시각, 촉각, 미각 등의 감각에 있어서 비정상적인 감각 반응과 감각 추구 그리고 운동상의 문제를 표출한다. 감각자극에 대해 과잉반응하는 경우가 많지만 과소반응을 보이는 경우도 있다. 즉, 음악이 들리면 귀를 막거나 가벼운 접촉이나 약한 냄새에도 마치 고통을 받는 듯이 반응하는 과잉감수성을 보이기도 하지만 때로는 화재경보기 소리처럼 큰 소음에도 반응하지 않는 과소감수성을 보인다. 이로 인하여 주변 환경에 쉽게 적응하지 못하고 불안이나 거부 등의 부적절한 행동을 나타낼 수 있다.

자폐아동들이 대근육 · 소근육 운동발달 미숙이나 충동성, 과잉행동 등을 보이는 것 역시 감각기능 체계의 이상과 관련된다. 예를 들면, 이상한 자세를 취하거나 얼굴, 머리, 관절 등에서의 비정상적 움직임, 비정상적 안구운동, 반복되는 몸짓이나 매너리즘, 이상한 걸음걸이 등을 보인다. 이러한 운동발달상의 지체로 인해 새로운 상황이나 환경에 대한 적응이 늦고 언어발달 지연이나 학업성취의 어려움 등을 경험할 수 있다.

5. 교육적 접근

자폐아동에게 무엇을 어떻게 가르칠 것인가를 결정하는 것은 쉽지 않다. 그러나 자폐아동이 적절한 교육을 받지 못하면 의사소통 능력, 인지기능 및 사회성이 퇴보하거나, 공격행동이나 반항행동 등의 문제행동이 나타날 수도 있다. 따라서 자폐아동을 위한 교육의 내용과 방법은 아동의 개별적인 특징과 가족의 요구에 근거하여 그들이 생활하고 있는 현재와 앞으로 살아가야 할 상황에서 필수적인 기능적 기술과 사회적 · 문화적 가치에 부합하는 것이어야 한다. 여기서는 먼저 교육 및 중재법을 개관하고, 주요 특성에 따른 중재법들을 간략히 살펴본다.

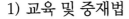

1) 교육 및 중재법

자폐아동과 관련된 전문가나 교사, 부모들은 이들의 주요 결함과 중재 및 교육의 바람직한 목표에 대해 각기 다른 관점을 가지고 있다. 지금까지 자폐아동에게 적용된 다양한 중재방법은 관계중심, 기술중심 및 생리학중심 접근으로 대별될 수 있다(Hall, 2009; Heflin & Alaimo, 2007; Simpson, 2005).

(1) 관계중심 접근

자폐아동은 다른 사람들에 대한 애착과 관계 형성이 어려워서 사회적 의사소통과 흥미의 범위가 제한된다고 본다. 그래서 이 접근법에서는 안정적 애착과 관계 형성 증진에 일차적인 중재 목표를 두고, 일단 관계가 형성되면 기술이 발달하고 자폐성장애의 주요 증상들이 사라진다고 제안한다. 따라서 아동 행동에 대한 무조건적 수용과 지속적인 접촉, 아동의 주도에 따를 것을 강조한다. 관련 중재방법에는 포옹치료(holding therapy), 온화한 교수(gentle teaching), 자유선택(options), 발달/개인차/관계중심 모델(마루놀이, floor time) 등이 있다.

(2) 기술중심 접근

자폐아동은 관계를 형성하기 이전에 명시적인 수업을 통해 상호작용, 의사소통 그리고 참여에 필요한 기술들을 획득해야 하며, 이를 통해 장애가 최소화될 수 있다고 주장한다. 이 접근법에서는 응용행동분석의 원리에 근거하여 기술 결함을 사정하고, 체계적으로 기술을 가르치고, 자료를 수집하는 것을 강조한다. 관련 중재방법에는 기능적 의사소통 훈련(FCT), 비연속 시행훈련(DTT), 자연언어 패러다임(NLP), 우발교수(incidental teaching), 그림교환 의사소통 체계(PECS), 중심축 반응훈련(PRT) 등이 있다.

(3) 생리학중심 접근

자폐아동의 행동과 사회적 관계 증진을 위해서 감각과 신경학적 기능 교정에 초점을 둔다. 개인의 생물학적 특성이나 정보를 수용하고 처리하는 신경학적 체제를 교정함으로써 증상이 완화되고, 사회적 관계 형성 기술을 습득할 수 있다고 주장한다. 이 접근법의 특징은 전문가가 사정하고, 치료 계획을 개발한다는 점이다. 관련 중재방법에는 약물치료, 식이요법, 감각통합(SI), 청각통합 훈련(AIT), 시각치료(irlen lenses), 승마치료(hippotherapy), 두개골－천골요법(cranial-sacral therapy) 등이 있다.

2) 행동 변화 지원

　모든 교사가 직면하는 어려움 중의 하나는 교육을 하기 위해 학생들의 행동을 통제하는 일이다. 따라서 학생들의 행동 변화를 지원하기 위해서는 응용행동분석과 기능평가 그리고 긍정적 행동지원에 대한 고찰이 우선되어야 한다(Boutot & Myles, 2012; Fouse & Wheeler, 2006; Hall, 2009; Simpson & Myles, 2010).

(1) 응용행동분석

　응용행동분석(applied behavior analysis: ABA)은 단일 중재기법이 아니라 행동의 변화를 위한 이론적 체계다. 자폐아동에 대한 응용행동분석의 적용은 바람직한 행동을 증가시키기 위한 의미 있는 교육과정, 적절한 교수 활동, 적절한 자극 조절, 긍정적인 학급 구조 등 환경에 대한 지속적이며 종합적인 분석을 포함한다. 응용행동분석에 기초한 체계적 방법으로는 인위적 자극에서 자연 발생 자극이나 사건으로 전환시키는 전략, 그림교환 의사소통 체계와 같은 대안적 의사소통 수단, 사회적 관계 증진을 위한 또래중재, 무오류 변별학습, 문제행동에 대한 기능평가, 중심축 반응중재, 자연적 언어전략 등이 있다.

(2) 기능적 행동평가

　문제행동은 그 개인에 있어서 '기능적인' 행동이라는 전제에 근거한다. 특히 대부분의 행동은 잘못된 유관강화의 결과, 즉 정적 또는 부적으로 강화된 행동, 감각적 자극을 통해 정적으로 강화된 행동이거나 의사소통의 기능을 가지는 행동으로 분석된다. 기능적 행동평가(functional behavioral assessment: FBA)는 문제행동을 예언하고, 그 행동을 지속시키는 요인을 찾기 위해 정보를 수집하는 일련의 과정으로 정의할 수 있다.

기능적 행동평가의 일반적 목적은 다음과 같다. 첫째, 문제행동을 명확히 기술하여 함께 일어나는 행동들과 계열성을 확인한다. 둘째, 문제행동이 일어날 때와 일어나지 않을 때를 예언할 수 있는 사상, 시간 및 상황을 확인한다. 셋째, 문제행동을 지속시키는 결과를 밝힌다. 넷째, 특정 행동(B), 그 행동이 일어나는 특정 상황(A), 특정 행동을 지속시키는 결과(C)에 대해 수집한 정보들을 요약하거나 가설을 설정한다. 다섯째, 정리된 가설의 내용을 뒷받침하기 위해 직접 관찰하고 자료를 수집한다.

기능적 행동평가 방법으로는 정보에 근거한 방법으로 면담, 평정척도, 질문지, 기록 검토 등이 있고, 기술적 분석방법으로 ABC 평가, 산포도 분석, 직접 관찰 등이 있으며, 실험적 분석방법으로 환경조작과 실험설계 등이 있다.

(3) 긍정적 행동지원

긍정적 행동지원(positive behavior support: PBS)은 장애아동이 보이는 문제행동을 예방하고 감소시킬 뿐 아니라 필요한 사회적 · 학습적 성과를 달성할 수 있도록 지원하는 체계적이고 종합적인 개별화 전략이다. 긍정적 행동지원은 새로운 행동의 지도를 통해 장애아동의 기능의 범위를 확장하는 교육적 측면과 장애아동이 속한 다양한 환경의 재구성을 도모하는 체제 개선의 측면을 포함한다. 긍정적 행동지원의 궁극적 목표는 새로운 의사소통 기술, 사회적 기술, 자기관리 기술들을 개발하고, 또래와 긍정적인 관계를 형성하며, 학급, 학교, 지역사회에서 더 적극적인 역할을 할 수 있도록 돕는 데 있다.

긍정적 행동지원은 일반적으로 선행 사건 수정, 대안적 기술 교수, 후속 결과 중재, 생활방식 중재 등의 전략을 동시에 사용하는 복합중재로 계획을 수립한다. 단일 중재로는 복잡한 요구를 가진 아동의 포괄적이고 장기적인 행동지원 목표를 다루기 어렵고, 복합중재가 단일중재보다 일반화와 유지에 더 효과적이기 때문이다. 이와 같이 긍정적 행동지원은 문제행동의 원인이 되는 요소를 제거하고 바람직한 대안적 행동을 지도하고 강화하며, 궁극적으로 생활방식의 긍정적인 변화를 유도함으로써 삶의 질을 높이는 기능을 한다.

3) 의사소통 지도

자폐아동의 의사소통 지도 시 일반화를 보다 용이하게 하기 위해서는 교육받는 모든 환경과 시간 안에서 자연적으로 연계하여 진행하는 것이 필요하다. 의사소통 지도 시에는 아동이 구어로 의사소통이 가능한 경우와 그렇지 않은 경우를 명확히 평가하고, 부모, 교사, 전문가들이 협력적인 팀을 구성하여 의사소통 지도에 필요한 지원체제를 구축해야 한다(이승희, 2009; Boutot & Myles, 2012; Heflin & Alaimo, 2007).

(1) 보완대체 의사소통

많은 자폐아동이 구어발달에 어려움을 가지기 때문에 특별한 기법이나 도구를 이용하는 보완대체 의사소통(augmentative and alternative communication: AAC)의 사용에 대한 논의가 늘고 있다. 보완대체 의사소통은 의사소통을 증진시키기 위해 사용되는 상징, 보조도구, 전략 및 기술을 포함한다. 자폐아동을 대상으로 보완대체 의사소통을 적용한 연구들은 상징체계 면에서 주로 수화와 그림상징을 많이 이용해 왔고, 보조도구 면에서는 휴대하기 편한 의사소통 책 형태가 많이 사용되었으며, 최근에는 각종 하이테크 의사소통 기자재와 컴퓨터 소프트웨어들이 활용되고 있다.

보완적인 체계는 음성적 의사소통을 위해 보조적인 지원을 제공하는 것으로 약간의 음성적 의사소통이 가능한 자폐아동에게 사용되고 있으며, 자연적인 말이나 발성 외에 의사소통을 위해 보조적으로 사용되는 모든 방법을 말한다. 여기에는 의사소통용 책이나 컴퓨터 등을 이용한 도구 사용체계와 얼굴 표정이나 수화 등을 이용하는 비도구 사용체계가 있다. 대체적인 체계는 언어적 의사소통이 전혀 없는 자폐아동을 위해 사용된다. 많은 자폐아동이 언어발달 시기가 지난 후에도 자발적인 말이나 손짓 등을 사용하지 않기 때문에 일반적인 구어를 대신하는 대체적인 의사소통 방법을 사용한다.

(2) 그림교환 의사소통 체계

그림교환 의사소통 체계(picture exchange communication system: PECS)는 자발

적이고 실제적인 의사소통을 쉽게 습득할 수 있도록 구어를 사용하지 않고 그림과 같은 보조도구를 이용해서 의사소통 기술을 교수하는 방법이다. 그림교환 의사소통 체계는 다음과 같은 장점을 가지고 있다. 첫째, 교환의 개념을 쉽게 이해하게 하고 의도적으로 행동을 유도할 수 있다. 둘째, 자연적인 상황에서 자신이 선호하는 사물을 보았을 때 아동이 먼저 상호작용을 시도하게 한다. 셋째, 아동은 원하는 것을 얻기 위해 해당 그림 언어를 주는 교환 방식을 취하기 때문에 상호 간에 기능적인 의사소통이 이루어지며, 자발적으로 의사소통할 수 있도록 동기를 부여해 준다. 이와 같이 그림교환 의사소통 체계는 상호작용 기능이 지체되어 있는 자폐아동에게 교환 개념 습득을 통하여 자발적 상호작용과 의사소통을 가능하게 해 준다.

(3) 자연언어 패러다임

자연언어 패러다임(natural language paradigm: NLP)은 아동이 먼저 시작하는 전략으로, 교사나 부모는 아동이 어떤 물건이나 활동에 주의를 기울이고 흥미를 보일 때까지 기다린다. 교사나 부모가 말하기를 촉진하고, 기대되는 반응을 시범 보이며, 활동에 근접한 모든 반응을 강화해 주는 역할을 하지만, 이에 앞서 아동의 요구나 반응이 선행되어야 한다. 교사는 아동이 의사소통하고 싶어 하도록 환경을 마련함으로써 상호작용을 지속하려는 동기를 제공한다.

자연언어 패러다임의 효과는 언어적 시도를 직접 강화하는 것에 달려 있으므로, 교사는 다양한 과제를 준비하고 어휘발달을 촉진하기 위한 많은 예를 제공해야 한다. 아동의 주도에 따르고 반응하는 것이 쉽지 않지만, 자연스럽게 발생하는 상황 속에서 응용행동분석 기법을 사용하는 것은 사회적 능력 및 의사소통 능력을 향상시키는 데 효과적이다.

4) 사회적 기술 지도

대부분의 자폐아동에게서는 사회적 관계 속에서 역할을 주고받는 사회적 상호작용을 찾아보기 힘들다. 이들은 사회적 단서에 대한 인식 부족과 해석능력의 결함, 제한된 의사소통 능력과 감정조절 능력으로 인해 또래 관계를 맺고 유지해 나갈 수 있는 상호작용의 기회를 갖지 못하고 나아가 사회적으로 고립되는 경향이 있다(Bowler, 2007; Heflin & Alaimo, 2007).

(1) 또래매개 교수법과 중재

이 접근법은 응용행동분석과 숙달학습, 사회학습이론에 근거하며 선발, 훈련된 능력 있는 또래가 자연스러운 학급환경 내에서 자폐아동과 함께 생활하면서 교사가 지시하는 목표를 자폐아동들이 습득하고 수행하도록 격려한다. 이를 위해서는 또래들이 모델링, 촉구, 강화를 활용하여 주도적이고 지속적으로 자폐아동들의 학습과 사회적 반응을 도울 수 있도록 교사가 세심하게 계획하고 가르쳐야 한다.

또래매개 교수법과 중재(peer mediated instruction and interventions: PMII)에는 또래교수, 또래 모델링, 교실 내 또래교수(CWPT), 협력집단, 또래지원 학습전략(PALS), 또래 주도적 훈련 등이 있으며, 이 방법들은 가르칠 내용이나 기술, 연령에 관계없이 긍정적인 결과를 도출하는 것으로 알려져 있다. 그러나 어떤 또래매개 교수법을 적용하더라도 교사는 교수를 제공하고, 학생의 짝꿍을 점검하고, 또래교수 활동을 책임지고 지원하는 역할을 수행해야 한다. 따라서 이 중재 프로그램이 성공하기 위해서는 상당한 양의 교사훈련이 필요하다.

(2) 사회적 기술의 직접교수

자폐아동의 사회적 상호작용의 양과 질, 나아가 새로운 기술을 가르치기 위해서는 직접교수가 수행될 필요가 있다. 일반적으로 사회적 기술의 직접교수(direct teaching of social skills)는 구조화된 환경에서 사회적 기술에 대한 설명, 사회적 기술의 모델링, 사회적 기술의 연습으로 구성되며, 점차 다른 환경으로 일반화되고 전이될 수 있도록 촉구하고 강화해 나간다.

자폐아동들에게 효과적으로 지도하기 위해서는 강화와 교정적 피드백에 이은 모델링과 연습을 실시하며, 정보 미리 주기와 같은 기법도 병행하는 것이 적절하다. 또한 문자나 상징, 비디오, 컴퓨터 등 시각적 매체를 활용하고 아동들에게 자기점검과 자기기록법을 가르침으로써 유지와 일반화를 증진시킬 수 있다.

(3) 사회 상황 이야기

부모나 교사가 작성하는 개별화된 짧은 이야기를 활용하여 자폐아동이 사회적 상황을 이해하거나 필요한 사회적 기술을 확인할 수 있도록 고안된다. 사회 상황 이야기(social stories)는 아동의 행동을 변화시킬 목적으로 쓰인 것이 아니라, 아동이 사회적 상황과 상대방의 입장을 좀 더 쉽게 이해할 수 있도록 하기 위한 것이다. 사회 상황 이야기는 사건과 기대를 설명하기 위한 정보 교류를 위해 실제적인 예도 포함할 수 있다.

일반적으로 사회 상황 이야기를 개발하기 위해 ① 상황, 사건, 또는 기대(누가, 언제, 어디서, 무엇을, 왜)를 기술하기 위한 진술문, ② 아동의 기대행동을 기술하기 위한 지시문, ③ 사람들의 느낌, 믿음 또는 알고 있는 것을 기술하기 위한 관점문, ④ 주요 개념에 대한 구분을 돕기 위한 확정문, ⑤ 아동으로 하여금 특정 상황에서 타인의 역할을 기술하도록 하기 위한 협조문, ⑥ 아동들의 회상을 돕기 위한 통제문의 여섯 가지 문장 형태를 활용한다.

참 · 고 · 문 · 헌

교육과학기술부(2008). 「장애인 등에 대한 특수교육법령」 해설자료.

교육과학기술부(2012). 2012 특수교육통계.

교육부(2013). 2013 특수교육통계.

교육부(2014). 2014 특수교육통계.

보건복지부(2008). 장애인복지법.

서경희(2006). 고기능 자폐 및 아스퍼거 장애의 이해 및 중재. 제31회 행동치료사 자격연수 자료집. 한국정서 · 행동장애아교육학회.

서경희, 이상복, 이상훈, 이효신(2009). 발달장애아동 평가. 경북: 대구대학교 출판부.

이승희(2006). 특수교육평가. 서울: 학지사.

이승희(2009). 자폐스펙트럼장애의 이해. 서울: 학지사.

조수철 외(2011). 자폐장애. 서울: 학지사.

한국장애인고용공단 고용개발원(2013). 2013 장애인통계.

American Psychiatric Association. (2004). *Diagnostic and statistical manual of mental disorders* (4th ed., Text Revision). Washington, DC: Author.

American Psychiatric Association. (2013). *Diagnostic and statistical manual of mental disorders* (5th ed.). Washington, DC: Author.

Boutot, E. A., & Myles, B. S. (2012). 자폐스펙트럼장애(서경희, 이효신, 김건희 역). 서울: 시그마프레스. (원저는 2011년에 출판).

Bowler, D. (2007). *Autism spectrum disorders*. West Sussex: John Wiley & Sons Ltd.

Fombonne, E. (2003). Epidemiology of pervasive developmental disorders. *Trends in Evidence-Based Neuropsychiatry, 5,* 29-36.

Fouse, B., & Wheeler, M. (2006). 자폐아동을 위한 행동중재전략(곽승철, 임경원 역). 서울: 학지사. (원저는 1997년에 출판).

Hall, L. D. (2009). 자폐 스펙트럼 장애아동 교육(곽승철, 김은화, 박계신, 변찬석, 임경원, 편도원 역). 서울: 학지사. (원저는 2009년에 출판).

Hallahan, D. P., & Kauffman, J. M. (2006). *Exceptional learner* (10th ed.). Boston, M. A.: Pearson Education, Inc.

Hanbury, M. (2008). 자폐 스펙트럼 장애교육(곽승철, 전선옥, 강민채, 박명숙, 이옥인, 임인진, 정은영, 홍재영 역). 서울: 학지사. (원저는 2005년에 출판).

Heflin, L. J., & Alaimo, D. F. (2007). *Student with autism spectrum disorders: effective instructional practices.* Upper Saddle River, NJ: Pearson Education.

Kanner, L. (1943). Autistic disturbances of affective contact. *Nervous Child, 2,* 217-250.

Simpson, R. L. (2005). 자폐 범주성 장애: 중재와 치료(이소현 역). 서울: 시그마프레스. (원저는 2005년에 출판).

Simpson, R. L., & Myles, B. S. (2010). 자폐아동 및 청소년 교육(이소현 역). 서울: 시그마프레스. (원저는 2008년에 출판).

Turnbull, A., Turnbull, R., & Wehmeyer, M. L. (2007). *Exceptional lives.* Upper Saddle River, NJ: Pearson Education, Inc.

U.S. Department of Education. (2005). *25th annual report to congress on the implementation of the Individuals with Disabilities Education Act.* Washington, DC: Author. Available from http://www.ed.gov.

World Health Organization. (1992). *The ICD-10 classification of mental and behavioral disorders-clinical descriptions and diagnostic guidelines.* Geneva: Author.

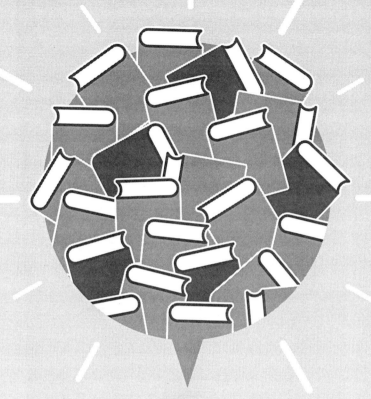

제 **13** 장

의사소통장애아 교육

의사소통의 발달과정에서 나타나는 어려움에 대한 신호와 증상은 서로 밀접하게 연관된 언어와 말의 사용으로 나누어 볼 수 있다. 의사소통장애는 다양한 선천성 장애나 질병 혹은 사고에 따른 후천성 장애를 동반하기도 한다. 의사소통장애는 아동기의 언어발달과 밀접한 관련이 있으며, 아동과 가족의 상호작용, 학업 수행능력, 인지 및 사회 발달에 매우 불리한 영향을 줄 수 있다.

1. 정 의

1) 의사소통 시 언어와 말의 관계

우리 인간은 아침에 눈을 뜨면서 제일 먼저 만나는 사람에서부터 잠들기 직전에 만나는 마지막 사람에 이르기까지 다양한 사람과 매일 의사소통 과정을 수행한다. 의사소통이란 화자와 청자 간에 생각이나 의견, 사실 등을 교환하는 과정이다. 화자는 메시지를 구성하여 청자에게 전달하고, 청자는 전달받은 메시지의 암호를 풀고 이해한다. 의사소통 과정에서는 언어와 말 외에도 몸짓이나 얼굴 표정과 같은 비구어의 사용도 포함된다. 이러한 의사소통 과정을 잘 수행하기 위해서는 '언어 습득'이란 과업을 완수해야 한다. 언어는 인지적, 생리적, 심리적, 사회적 요소들의 복잡한 상호작용으로 산출된다(Reed & Baker, 2005).

언어는 말로 표현되는 메시지를 의미하고, 말은 언어의 들을 수 있는 표현이다. 의사소통은 말과 언어를 포함하는 넓은 개념이며, 말은 언어의 외현적 표현 현상으로 언어의 일부로서 생각되기도 한다([그림 13-1] 참조). 구어는 인간 고유의 발달 결과이면서 특성이기도 하다. 그러나 의사소통 내에서는 수화처럼 말이 없는 언어와 훈련받은 새의 말소리처럼 언어 없는 말도 있을 수 있다(Hardman, Drew, & Egan, 2006).

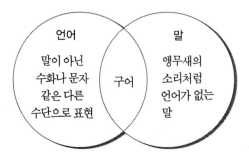

[그림 13-1] 의사소통, 언어, 말의 관계도

* 출처: Hardman, Drew, & Egan (2006)에서 발췌 · 수정함.

2) 언어의 특성과 구성요소

　모든 언어는 그 문화권의 사람들이 의사소통할 수 있도록 해 주는 공통적 요소를 가지고 있다. 언어는 다른 사람과 의사소통하기 위하여 사용되는 상징체계로서 무제한적 생성성과 규칙체계라는 특성을 가지고 있다. 무제한적 생성성은 제한된 단어와 규칙을 사용하여 무한한 수의 문장을 생성해 내는 개인의 언어능력을 의미한다. 언어의 구성요소인 다섯 가지 규칙체계는 음운론, 형태론, 구문론, 의미론, 화용론으로 구성된다. 언어는 단어의 의미를 변별하는 최소 단위인 음소로 구성된다. 예를 들면, 단어는 그 문화권의 사람들이 이해할 수 있는 범위에서 발음(음운론)되고 의미(의미론)를 전달한다. 단어는 음소의 결합으로 의미를 가지는 가장 작은 단위인 형태소로 구성된다. 언어는 단어의 구조에 관한 규칙(형태론)과 단어의 순서에 관한 규칙(구문론)을 사용한다. 그리고 언어는 의사소통의 목적에 따라 친구와 인사할 때 혹은 이방인과 인사할 때처럼 그 사회적 관계에서만 사용되는 규칙(화용론)을 가지고 있다. 아동은 자신이 속해 있는 문화권에서 사용하는 구어 중심의 의사소통에 참여하기 위해서 이러한 규칙체계를 모두 습득해야 한다.

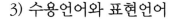

3) 수용언어와 표현언어

언어는 수용적 측면과 표현적 측면으로 나누어지는데, 아동은 수용언어(듣기, 읽기)를 먼저 습득한다. 즉, 아동은 의사소통 상황에서 상대방의 말을 듣고 되받아 말할 정도로 많이 능숙해지기 전에 다른 사람들이 자신에게 말하는 것이 무슨 의미인지를 먼저 배운다. 표현언어는 상대가 이해할 수 있도록 의미를 전달하는 능력이다. 표현언어(말하기, 쓰기)를 습득하기 위해서 아동은 단어, 사물의 명칭, 사건, 환경 등에 대한 일정 수준의 수용언어를 습득해야 한다. 그리고 점차적으로 개념과 감정을 구어로 표현하면서 상징이나 단어의 순서와 결합을 습득해 간다. 구어는 단어, 구, 문장을 발화하기 위하여 차례대로 자음과 모음을 실제로 조음하고 발화하는 것을 포함한다. 구어가 표현언어를 사용하는 주요 수단이기는 하지만 유일한 수단은 아니다. 아동은 성장해 감에 따라 표현언어의 다른 방법들, 즉 몸짓, 그림, 문자, 제2의 언어, 시각적·청각적 암호 등을 능숙하게 채택하기도 한다.

수용언어와 표현언어의 기능적 사용은 사용자의 의도, 의사소통, 내용의 관계를 말한다. 이것은 곧 개인의 대화기술을 포함하지만, 개인이 언어기술을 가지고 말할 수 있더라도 기능적으로 언어를 사용하는 데는 실패할 수도 있다. 예를 들어, 자폐 성향이 있는 아동은 말을 이해할 수 있고 이해 가능한 문장을 또렷하게 말할 수도 있지만, 사회적인 의사소통을 위하여 언어를 기능적 도구로 사용하지는 못한다.

4) 말-언어발달

언어발달이란 아동이 의미를 표현하기 위하여 단어의 의미를 이해하고 그 의미를 연결하기 위하여 문법적 구조를 적용하는 능력을 의미한다. 아동의 구어 및 언어 발달은 보통의 경우 예상했던 순서대로 습득해 나가지만 그 습득률과 의사소통의 기술 및 사용은 아동에 따라 매우 다양하다. 의사소통 발달의 양과 질은 문화, 경험, 주변 환경, 양육자의 구어와 언어 형태 등의 여러 변인으로부터 많은 영향을 받는다. 비교적 정확한 진단이 가능한 시각장애나 청각장애 그리고 명백한 증거를 제시하는 신체적·기질적 장애와 비교할 때 아동의 구어 및 언어 기술이 얼마나 정상인가에 대한 평가는 별로 실재적이지 못하다. 왜냐하면 아동에게서 나타나는 의사소통장애는 주로 발달적 문제이기 때문이다.

(1) 말발달

말은 소리의 신체적 발화, 소리의 형성, 구강 구조의 사용을 포함한다. 구강 구조는 혀, 치아, 구강, 성로(vocal tract), 후두 등으로 구성되어 있다. 구어는 단어, 구, 문장을 형성하는 소리의 순서를 습득하는 것을 포함한다. 기본적으로 발화([그림 13-2] 참조)는 호흡기관, 발성기관, 조음기관의 협응으로 이루어지며, 이 중 하나라도 기능을 하지 못할 때 말장애를 갖게 된다. 아동의 말을 평가하기 위해서는 구어를 구성하는 요소들에 대하여 알아 두어야 한다(〈표 13-1〉 참조).

호흡기관은 통제된 기류로 발화에 필요한 에너지원을 제공한다. 명료하고 연속적이며 운율이 있는 말소리를 발화하기 위해서는 호흡 형태를 통제해야 한다. 이러한 호흡 형태는 일상적인 숨쉬기에 필요한 것보다 더 고도의 신경근육 조직의 통합과 협응이 유지되어야 한다. 뇌성마비와 같은 신경근육 조직의 장애를 가진 아동은 호흡을 완전히 통제하지 못하기 때문에 명료한 구어를 구사하기 어렵다(Darley, Aronson, & Brown, 1975).

발성기관인 성대의 진동으로부터 시작해서 목, 코, 구강으로 구성된 성로가 구

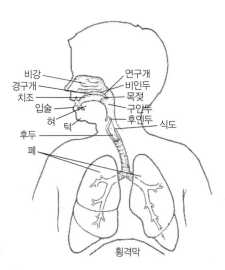

[그림 13-2] 발화와 관련된 신체구조

〈표 13-1〉 일반적 말·언어 평가

구 분	내 용
구어 메커니즘 평가	• 구강-안면 검사: 휴식 시, 기능적 검사
말소리 산출과 명료도	• 구어명료도 • 조음음운 평가 　-자음 및 모음 정확도 　-오류 형태: 생략, 대치, 왜곡, 첨가 　-음운변동 분석 　-초분절: 속도, 운율, 억양 등
음성	• 음질: 기식 음성, 거친 음성, 목쉰 음성, 부적절한 음성 • 음도: 너무 높은 음도, 너무 낮은 음도, 부적절한 음도 • 강도: 너무 큰 강도, 너무 작은 강도, 부적절한 강도 • 공명: 과대비성, 과소비성, 부적절한 공명
언어	• 수용 및 표현 언어 능력: 주로 공식적 검사 이용 • 언어요소 능력(언어 샘플 수집): 화용론적, 의미론적, 구문-형태론 　적 평가
유창성	• 말더듬 및 속화 평가

* 출처: 한국청각언어장애교육학회(2012).

조적이고 기능적으로 정상 작동될 때 말소리가 정확하게 발화될 수 있다. 구개열과 같은 구조적 기형이나 뇌성마비와 같은 신경근육 조직의 장애를 가진 아동은 명료한 말소리를 발화하는 데 어려움을 겪는다. 예를 들면, 구개열을 갖고 있는 아동은 과대비성과 조음장애를 보인다. 뇌성마비 아동의 절반 이상이 발화에 필요한 신경근육 조직의 통제가 빈약하여 음성장애와 조음장애를 포함하는 말장애를 나타낸다(Morley, 1967).

　여러 가지 소리를 발화하기 위해서는 조음기관 내 소근육의 협응이 이루어져야 한다. 또한 명료한 말소리를 조음하기 위하여 모델링과 모방, 연습과 피드백을 통해 구강 구조의 여러 부분을 사용하는 방법을 터득해야만 한다. 이러한 과정을 거쳐 점차적으로 아동은 발화에 필요한 공기의 양과 음성의 차이에 따라 소리가 달라짐을 깨닫게 된다.

　일부 아동은 성인으로부터 더 능숙하고 정확한 발성을 발달시키기 위한 충분한 구어 자극과 피드백을 받지 못하기도 한다. 청각기관의 문제로 소리를 듣지 못하거나 소리의 차이를 구별하지 못하는 아동은 발화하기도 어렵다. 이런 잘못된 발화에 대하여 정확한 피드백을 통해서 정조음되지 못한다면 결국 나쁜 습관으로 굳어지고, 일단 습관으로 굳으면 구어 형태의 변화를 기대하기는 어려워진다.

(2) 언어발달

Peterson(1987)은 초기 언어 습득을 설명하기 위해서 아동 내 요인과 환경적 요인을 조사해 볼 것을 권한다. 첫째, 아동이 언어를 습득하기 위해서는 환경에서 발생하는 자극을 감지할 수 있는 정상적인 감각체계와 정보를 수용하고, 해석하고, 저장하고, 다시 기억해 내기 위하여 입력된 자극을 처리하는 능력이 요구된다. 둘째, 환경은 아동의 감각체계가 감지할 수 있는 자극과 자극에 대한 아동의 적절한 반응에 따라 선택적 강화를 제공할 수 있어야 한다. 아동은 환경과의 상호작용을 통해 언어적 경험을 고양시키기 때문이다.

아동 내 혹은 환경 내 문제나 장애는 언어 습득을 방해할 수 있다. 더욱이 환경 자극이 주어지는 시기와 아동의 성장적인 준비 단계가 조화를 이루지 못하면 언어발달이 순조롭지 못할 수도 있다. McDonald(1980)는 감각장애가 있어 환경에서 발생하는 자극을 아동이 감지하지 못할 때 언어 습득은 더욱 어려워진다고 보았다. 또한 아동의 인지체계가 효율적이지 못할 경우는 언어 습득에 결함이 생기게 된다. 예를 들면, 지적장애 아동이나 뇌손상 아동은 감각적 입력을 해독할 수 없으며, 저장할 수 없고, 상징을 연결시킬 수도 없다. 한편, 환경의 제한은 아동의 경험과 학습을 제한시킨다. 환경을 탐색하지 못하고 반응이 극도로 제한된 뇌성마비 아동의 경우 부적절한 자극을 제공하는 환경에 따라 장애가 더욱 악화될 수도 있다.

① 말-언어 습득 순서

아동이 언어를 습득하는 순서는 전 세계적으로 비슷하다. 상호작용주의자인 Vygotsky(1962)는 "언어는 양육자와의 밀접한 상호작용에 따라 발생하는 사회적 기능"이라고 주장한다. 상호작용주의 이론은 아동의 언어발달에 기여하는 환경의 역할과 아동 자신의 역할에 초점을 둔다. 상호작용주의 학자들뿐만 아니라 언어학자들도 아동이 양육자와 상호작용하는 동안 언어를 학습한다는 것에 동의해 왔다.

　양육자가 아동에게 언어를 제시하는 동안 아동이 그 언어를 습득하기 위해서는 아동과 양육자의 공동 주의(joint attention)가 이루어져야 한다. 아동의 요구에 대한 양육자의 민감한 반응은 아동의 언어 습득을 촉진한다. 까꿍놀이와 같은 공동 행동(joint action)은 아동이 즐겁게 언어를 학습할 수 있을 뿐만 아니라, 아동의 언어 습득에 대한 생득적 호기심을 충분히 충족할 수 있다. 생후 초기에 아기는 미소, 몸짓, 옹알이 등을 사용하여 양육자와 차례 지키기(turn taking)를 하면서 의사소통하는 규칙을 습득한다. 초기의 의사소통의 목적은 부모나 주위 사람의 주의를 집중시키기 위한 것으로, 눈 맞춤, 발성, 손가락으로 지적하기 등과 같은 공동 참조(joint reference)의 행동을 주로 사용한다. 이 모든 행동은 언어의 화용적인 기능을 의미한다. 이 시기에 대부분의 부모는 아기에게 말할 때 모성어(motherese)를 사용한다. 모성어는 성인이 높은 음도의 과장된 음성을 사용하여 단어와 간단한 문장을 반복해서 말하고, 현재 시제와 간단한 질문을 주로 사용하는 언어 형태다(Vander Zanden, 1989). 모성어는 천천히 그리고 조심스럽게 발음하는 유아 중심의 구어체로서 모성어에서 사용되는 분명한 발음은 아기가 소리를 학습할 수 있도록 도와주며, 질문은 사물의 이름을 학습할 수 있게 도와준다.

　옹알이와 후기 말의 관계를 연구한 일부 학자는 옹알이가 음운발달에 거의 영향을 미치지 않는다고 주장한다(불연속설). 한편, 다른 연구자들은 옹알이 소리가 점진적으로 언어에 가까운 형태를 갖추어 간다고 주장한다(연속설). 두 주장 모두 한계가 있지만 정상발달 유아의 구어 이전 발성 단계를 살펴보면 말과 언어의 숙련을 위한 토대는 매우 조기에 형성된다는 것을 짐작할 수 있다. 유아기에 나타나는 언어발달의 변화를 보면, 생후 1~2개월경에 날카로운 소음에 놀라는 청각적 반응을 보이며, 언어의 리듬을 감지하기 시작한다. 생후 2~3개월경에는 양육자와 눈 맞춤을 하며 의사소통적인 미소를 표출하기 시작한다. 3~6개월경에는 소리에 흥미를 보이기 시작하며 음성에 반응한다. 이 시기의 옹알이는 '구구'나 '가가'와 같은 목울림소리를 내는 것(cooing)으로 시작하나, 이러한 옹알이는 강화, 듣기, 양육자와 영아의 상호작용에 따른 것이라기보다 단순히 생리적 성숙에 따른 것이다. 이러한 옹알이는 농영아에게도 나타나는 것으로 보고되고 있다(Lenneberg, Rebelsky, & Nichols, 1965). 일반적으로 어머니는 아기에게 말을 하면서 강화를 하고, 아기도 미소, 옹알이, 몸짓 등으로 반응한다. 이렇게 아기가 계속 반응하면 어머니는 아기에게 자극행동을 지속적으로 보낸다. 그러나 청각장애 영아의 경우 청각적 자극이 수용되지 않기 때문에 음성에 대한 영아의 반응이 점점 줄어듦에 따라 어머니의 강화 또한 적어진다. 아기가 어떠한 음성 반응도 보이지 않고, 불쾌하고 의미 없는 소리와 징징거리는 반응만 보일 때 어머니는 아기의 언어발달을 촉진하는 자극 활동을 줄이는 경향이 있다. 이러한 이유 때문에 성인에게 상호적으로 반응하지 못하는 중증장애 영아들이 언어발달을 위한 가장 중요한 시기에 필요한 자극을 제대로 받지 못한다.

7개월경에는 모국어의 주요 특징(구문론)을 인지하고, 모국어에 없는 소리는 변별하지 못한다. 7~9개월경에 발성하는 가장 보편적인 옹알이는 '마마'나 '다다'와 같은 반복옹알이로 대부분의 문화권에서 부모들을 칭하는 것으로 받아들인다. 이 시점에 영아는 인지적으로 사람과 사물의 이름을 학습한다(Bower, 1989). 영아는 양육자가 단어를 말하는 동안 양육자와 같은 곳을 보면서(공동 주의) 사물과 연관된 단어를 알아낸다. 9개월경에 영아의 구어 소리는 의미를 가지며, 초어가 나타나는 12개월경에는 이러한 소리들이 언어가 된다.

초어가 나타나는 12개월경에는 단어와 무의미 음절을 연결하여 발성하기 시작한다. 유아는 한 단어로는 의미를 충분히 전달하지 못한다는 것을 이해하기는 하지만 아직 단어를 결합하는 능력은 없다. 유아의 첫 문장은 유아가 전달하려는 전체적인 의미를 내포하는 단단어 문장(holophrase)이다. 예를 들면, 유아가 '공'이라고 발성한 단어의 의미는 상황에 따라 '공을 보세요.', '공을 주세요.', '공을 던지세요.', '공이 어디 있지?' 등일 수 있다. 이것은 부모들이 유아가 전달하려는 것과 같은 문맥을 공유해야만 모든 단어가 특정한 상황에서 의미를 갖게 됨을 말해 준다. 유아는 인지적·언어적 기술의 한계 때문에 전체 문장을 대신하여 한 단어로 표현하는 것이다.

18개월경 대부분의 유아는 '엄마, 먹어.'와 같은 명사와 동사의 연결인 두 단어 문장으로 말한다. 두 단어 문장은 주축이 되는 단어를 중심으로 새로 습득한 단어를 조합시켜 문장을 표현하는 주축문법을 사용한다. 또한 이 시기의 발화의 특성이라 할 수 있는 전보식 문장은 의미상 불필요한 단어로 기능어에 해당하는 조사, 접속사, 어미 등을 생략하고, 짧고 의미가 명확한 단어로 내용어에 해당하는 명사, 동사, 일부 형용사, 부사만을 사용한다(Santrock, 1995). 이 시기부터 두 단어를 조합하여 의미관계(예: 행위자-행위)를 표현하기 위하여 어순 배열의 규칙을 습득하게 된다.

3세경에는 다단어 문장을 사용한다. 뚜렷한 의미를 가지는 내용어의 조합으로 이루어지는 문장은 문법적 형태소인 기능어가 결합되면서 복잡한 문법체계를 구성해 간다. 때때로 과잉일반화하는 보편적인 실수가 나타나지만, 일반적으로 정확한 구문을 사용한다. 예를 들면, '형이가 그랬어.'처럼 주격 조사 '~이가'의 실수는 이 시기에 흔히 나타날 수 있다.

6세경에는 수천 개의 단어 지식을 가지고 훌륭한 의사소통자로서의 역할을 수행한다. 이 시기에 아동은 논리적인 형태의 언어를 구사하며, 대부분의 음운을 습득한다.

아동은 성장해 감에 따라 점차적으로 조음기관을 통제한다. 정확한 말소리를 발성하기 위해서는 이러한 통제가 더욱더 많이 요구된다. 출생 후 일 년 동안 운동의 통제가 급속히 발달하기는 하지만 초등학교에 들어가기 전까지는 성인과 같은 안정을 취하지 못한다. 우리말의 자음 습득 시기에 대한 연구(김영태, 1996; 배소영, 1994; 한국언어병리학회 편, 1994)에 따르면, 1세경에 파열음과 비음(/ㅁ, ㄴ, ㅇ/)을 습득하는데, 파열음의 경우 연음(/ㄱ, ㄷ, ㅂ/)과 무기경음(/ㄲ, ㄸ, ㅃ/)이 먼저 사용되었으며, 2세경에는 유기파열음(/ㅋ, ㅌ, ㅍ/)과 성문음(/ㅎ/)을, 3세에는 파찰음(/ㅈ, ㅉ, ㅊ/)을, 4~5세경에는 유음(/ㄹ/)과 마찰음(/ㅅ, ㅆ/)을 습득하였다. 그리고 음운발달 과정에서 종성 생략, 후설음의 전설음화, 파찰음 및 마찰음의 정지음화, 유음의 과도음화 등 음운의 오류 형태를 보였다. 이와 같이 정상발달 아동의 음운발달과 그 과정에서 나타나는 음운의 오류 형태는 조음장애 아동의 오류 형태와 비교·평가할 수 있는 근거를 제시해 준다. 평가 시 염두에 두어야 할 것은 음운 습득과 발달과정은 다른 영역에 비해 개인차가 매우 크다는 것이다.

아베롱의 야생 소년과 어린 시절 철저히 격리되어 감금 생활을 했던 Genie를 통해서 언어 습득을 위한 결정적 시기(critical period)가 있음을 확신하게 되었다

(Santrock, 1995). 실제로 많은 연구자가 언어발달의 중요한 기간을 한정하는 것에 대하여 논의해 왔다. 일부 연구자는 그 기간의 끝점을 5세라고 주장하고, 다른 연구자들은 사춘기까지라고 주장한다. 사실 말과 언어의 정상발달을 조사해 보면 5~6세경에 이미 언어의 기능적 지식과 더불어 구어의 원리를 습득하였음을 알 수 있다. 아동의 말이 점차적으로 잘 조음되고 유창해지면서 언어의 구조와 어휘가 더욱더 정교해지고 다양해짐을 알 수 있다. 이 시기의 아동들은 성인이 사용하는 것과 유사한 문장 구조로 발화하고 문법적 원리를 적용할 수 있다.

2. 진단 및 평가

말-언어장애의 진단과 평가 절차는 기타 장애를 평가하는 방식과 유사하다. 공식적인 검사도구를 사용하여 인지능력을 평가하고 학업성취의 전반적인 수준을 고려한다. 선별검사로서 시력과 청력, 구강안면 등에 대한 검사를 실시한다. 말-언어장애의 평가(〈표 13-1〉 참조)는 공식적 평가를 통해 얻은 정보와 아동의 자발적 발화로 얻어진 데이터, 부모와 교사들로부터 획득된 정보를 모두 합치는 것이 중요하다.

언어평가의 일반적 목표는 현재 아동의 언어능력이 어떠한지 가능한 한 자세히 파악하는 것이며, 이 아동이 새로운 언어기술을 어느 정도로 습득하는지를 관찰하는 것이라 할 수 있다(Owens, 2004). 전형적인 평가전략으로는 표준화검사, 비표준화검사, 발달점검표, 행동관찰 등이 주로 사용된다. 표준화검사는 많은 문제점이 있어 중재의 계획에 항상 효과적이지는 않지만, 한 영역에서 대상 아동의 능력과 다른 아동들의 능력을 비교할 수 있는 장점이 있다. 발달점검표는 직접 관찰하거나 아동의 발달에 관한 기록이나 기억에 기초를 둔다. 비표준화검사와 행동관찰은 평균에 대한 정보를 주는 표준화검사와는 다른 중요한 평가 정보를 제공해 줄 수 있다. 다양한 주변 환경에서 아동의 언어를 관찰하는 것에 초점을 두는 경험이 있는 평가자의 주관적 판단은 아동의 중재를 위한 유용한 근거를 제공할 수 있다. 언어장애는 초기 아동기에서부터 노년기에 이르기까지 그 특성이

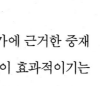

매우 다양하기 때문에 평가와 중재는 복잡하고 개별적이다. 평가에 근거한 중재 순서를 계획할 때 정상 언어발달 순서에 기초하여 지도하는 것이 효과적이기는 하나 정상발달 단계를 따르지 않는 아동에게는 다른 지도방법이 더 효과적일 수 도 있다. 몇몇 연구(Justice, 2006; Owens, 2004)에 따르면, 효과적인 언어 중재는 무엇보다도 아동이 속한 자연스러운 환경에서 유발되며 부모와 교사 등을 포함 할 때 더욱 효과적이다.

　아동의 말-언어장애의 평가는 수용 및 표현 어휘, 조음 문제, 필요한 단어를 생각해 내는 능력, 문자의 이해와 처리, 문법 규칙의 정확한 사용, 이야기의 이해 정도, 대화 참여와 같은 발화능력 등을 언어의 구성요소별로 분석한다. 조기에 장애를 발견하기 위하여 검사도구들이 계속 개발되고 있지만, 대부분의 검사는 2세 이후에 시행할 수 있도록 되어 있다(Leonard, 1992). 우리나라 아동을 대상 으로 한 표준화검사가 많지 않아 외국의 검사를 번역하여 사용하기도 한다. 번 역된 검사들은 우리나라 아동들에 대한 타당도가 검증되지 않아 사용 시 많은 주의가 요구된다. 현재 사용되고 있는 언어 영역의 국내 표준화검사는 영유아언 어발달검사(김영태, 김경희, 윤혜련, 김화수, 2003), 취학 전 아동의 수용언어 및 표 현언어 발달척도(김영태, 성태제, 이윤경, 2002), 수용표현어휘력검사(김영태, 홍경 훈, 김경희, 장혜성, 이주연, 2009), 언어이해 · 인지력검사(장혜성, 임선숙, 백현정, 1992), 구문의미이해력검사(배소영, 임선숙, 이지희, 장혜성, 2004) 등이 있다. 이 외 에 공식적 검사의 시행이 어려운 경우 비공식적 검사나 점검표 또는 관찰방법을 사용하기도 한다. 관찰방법 중 아동의 구어 및 언어 표집을 위하여 놀이 상황을 비디오로 녹화하여 분석하는 방법을 주로 사용하고 있다. 비디오 분석은 구어 에 대한 분석뿐만 아니라 공동 참조와 공동 행동 등의 관찰로 비구어행동을 분 석할 수 있어서 아동의 의사소통 능력에 대한 평가가 가능하다. 심화검사로는 그림자음검사(김영태, 1994), 우리말조음음운평가(신문자, 김영태, 2004), 아동이 사용하는 언어의 규칙체계를 종합적으로 분석할 수 있는 한국어발화분석(배소 영, 2000) 등이 있다.

3. 원인과 출현율

1) 원 인

의사소통장애는 원인에 따라 두 가지로 분류된다. 첫째는 기질적 장애로 신경근육 조직 내의 문제로 확인되는 경우이며, 둘째는 기능적 장애로 기질적 혹은 신경학적 원인이 확인되지 않는 경우다. 기질적 장애의 원인은 신경계, 근육조직, 염색체, 구어체계의 형성에서 초래된다. 이 외에도 유전적 기형, 태아기의 상해, 중독, 종양, 외상, 간질, 감염, 근육병, 혈관장애 등 무수히 많다(Wang & Baron, 1997). 신경근육장애는 정확한 말소리를 발화하는 데 어려움을 유발할 수 있다. 따라서 이처럼 말장애가 기질적 기원을 가진다면 기질적 말장애로 분류된다. 기능적 장애는 장애의 원인을 알 수 없는 경우, 즉 기질적 원인을 갖고 있지 않으나 말이나 언어를 사용하는 데 어려움을 갖는다.

의사소통장애는 문제가 언제 발생되었는가에 따라 분류되기도 한다. 아동이 출생 전이나 출생 시에 장애를 갖게 된 경우는 '선천성 장애'라고 말하고, 출생 후에 장애가 발생된 경우는 '후천성 장애'라고 말한다. 예를 들어, 심한 두부 손상 후 의사소통장애가 유발되었다면 '후천성 기질적 말-언어장애'라고 말할 수 있다. 기능적 장애는 선천성일 수도 있고 후천성일 수도 있다.

의사소통장애는 말장애와 언어장애를 모두 포함한다. 장애의 원인에 따라 다른 접근법과 중재가 요구되므로 말장애와 언어장애를 구분하는 것은 중요한 의미를 부여한다. 말장애는 조음·음성·유창성 장애를 포함하고, 언어장애는 구어, 문어 혹은 상징체계의 이해나 사용에서 나타나는 발달적 장애나 결함을 의미한다. 의사소통장애는 다섯 가지 범주, 즉 언어장애, 조음장애, 음성장애, 유창성장애, 청각장애로 분류된다. 의사소통의 분류와 관련된 내용은 Hallahan과 Kauffman(2006)에서 발췌하여 수정·보완하였다.

(1) 언어장애

언어장애는 두 가지 주요 범위인 언어학적 요소와 원인에 따라 분류된다. 미국

말언어청각협회(American Speech-Language-Hearing Association: ASHA)는 언어장애의 정의를 언어의 다섯 가지 구성요소에 따라 음운론적 · 형태론적 · 구문론적 · 의미론적 · 화용론적 유형으로 나누었다. 언어의 한 요소의 어려움은 한 가지 이상의 다른 요소들의 어려움을 동반하나 한 가지 요소에서만 어려움을 보이는 아동들도 있다. 언어장애의 다른 분류는 추정되는 원인에 따라 일차언어장애와 이차언어장애로 분류한다. 일차언어장애는 원인을 알 수 없을 때 사용되며, 이차언어장애는 지적장애, 청각장애, 자폐성장애, 뇌성마비, 뇌손상 등이 원인일 때 사용된다. 그러나 이러한 분류체계는 모호하고, 그 어떤 분류도 모든 원인을 설명하지 못한다(Hallahan & Kauffman, 2006).

① 일차언어장애

일차언어장애에는 단순언어장애, 초기표현언어장애, 언어근거읽기장애 등이 있다. 어떤 아동은 한 가지 이상의 일차언어장애에 포함되고 또 어떤 아동은 어떤 장애의 특성도 나타내지 않을 수도 있다.

단순언어장애는 원인을 알 수 없는 경우에 사용되는 용어다. 이 장애는 정신지체나 다른 감각장애, 언어학습장애의 성격을 띤 지각적 문제 등에 기인하지 않는다. 감각, 운동, 인지 혹은 다른 발달적 장애만으로는 초기 언어기술의 발달이 이루어지지 않는 이유를 쉽게 설명할 수 없는 경우다. 이 아동들은 명백한 언어손상을 입은 것으로 진단된다. 이 아동들의 부모들은 2~3세에 아동의 말이나 언어기술에 문제가 있음을 깨닫는다. 이 아동들 중 몇몇은 첫 단어의 습득이 늦어지기도 하고, 또 다른 경우의 아동들은 1세경에 초어를 말하지만, 단어에 단어를 덧붙이거나 단어를 결합하여 간단한 문장으로 만드는 것과 같은 구어의 확장이 매우 지체된다. 이 아동들이 구사하는 문장은 문법적 요소가 결여된 전보식 구어처럼 들린다. 명백한 언어손상을 가진 많은 아동이 음운장애를 가지고 있어서 아동이 하는 말을 이해하기 어렵게 만들기도 한다. 이처럼 단순언어장애 아동들은 어휘와 문법의 발달에 어려움을 갖는다(Leonard, 1992).

초기표현언어장애는 표현언어에서 상당한 지체를 보인다. 예를 들어, 6세 아동이 50개 정도의 단어도 사용하지 못하거나 2세 수준의 두 단어 발화를 사용하는 경우다. 2세에서 언어발달이 정지된 아동의 절반이 점진적으로 또래의 발달 수준을 따라잡지만, 나머지 절반은 따라잡지 못하고 학령기에 이르도록 언어 문제를 지속시킨다.

언어근거읽기장애는 언어장애에 근거한 읽기 문제를 갖고 있다. 이 장애는 아동이 읽기를 배우기 시작하여 문제를 보일 때까지 발견되지 않을 수 있다. 음운 인지, 철자 지식, 문법적 구어 발화와 같은 능력에 대한 연구들은 읽기장애를 가질 위험군 아동들을 발견하는 데 도움을 준다. Catts, Gillispie, Leonard, Kail과 Miller(2002)의 연구에 따르면, 유치과정에서 언어장애를 보이는 50% 이상의 아동이 명백한 읽기장애를 가진다고 한다.

② 이차언어장애

아동기의 언어지체의 시작은 지적장애나 자폐성장애와 같은 발달장애의 신호일 수 있다. 언어와 인지의 발달은 서로 연관되어 있기 때문에 지적장애가 있는 아동들은 흔히 언어발달의 지체를 보인다. 언어발달 지체 아동의 언어 수준은 또래의 수준에 비해 떨어지지만, 자신의 인지 수준과는 비슷하다. 언어발달 지체는 정상발달의 과정을 따르기는 하지만 그 습득이 지체된다. 언어기술이 아동의 지능에 대한 기대 수준보다 떨어질 때 언어발달장애는 지적장애를 동반할 수도 있다. 언어 습득의 형태가 정상발달의 과정으로부터 이탈될 때 언어발달장애라 한다.

정상발달 이후 언어기술을 잃어버리는 아동도 종종 있다. 사고나 질병으로 인해 뇌에 손상을 입고 '아동기 실어증'으로 불리는 후천성 언어장애를 갖기도 하고, 뇌조직에 영향을 주는 전염성 질병에 걸리는 경우 실어증으로 악화될 수도 있다.

(2) 조음장애

말소리를 습득하는 데 어려움이 있는 아동이 있다면, 문제를 유발하는 요소를 알아보는 것이 도움이 된다. 오조음의 직접적인 원인으로는 선천적 구강-안면 구조의 기형이나 근육조직의 기형이 있다. 발화를 도와주는 근육의 통제나 협응의 어려움을 가진 아동들도 있다. 그러나 대부분의 경우 오조음의 원인이 신체적으로 분명하지 않다. 아동은 잘못된 조음 형태를 배웠을 수도 있고, 많은 소리군에 영향을 주는 미성숙한 조음 형태를 계속 사용할 수도 있다. 조음장애의 원인을 신체적인 것과 발달적인 것으로 구별하는 것은 약간 인위적이지만 아동들이 가지는 조음의 어려움은 신체적인 면과 발달적인 면 모두 관련되어 있다.

① 신체적 장애와 관련된 조음장애

조음장애 아동들이 잘못된 발음을 하는 이유 가운데 신체적인 문제는 생각보다 많다. 아동이 조기에 이러한 문제를 가질수록 조음발달에 큰 영향을 준다. 아동의 조음 결함을 야기하는 신체적 문제는 청력손실, 혀 내밀기, 구강안면기형, 구순열 및 구개열, 뇌성마비 등을 들 수 있다.

청력손실을 가진 아동은 정확한 말소리를 들을 수 없으므로 조음 문제를 가질 수 있다. 청력은 정상적인 언어 습득과 언어 수행에서 일차적 역할을 담당한다. 한 사람의 언어를 통제하는 음운규칙과 발화는 언어를 들을 수 있어야 함을 전제로 할 때 가능한 일이다. 청각장애 아동은 보청기나 인공와우의 사용과 구어기술의 구체적인 지도를 통하여 조음기술을 습득할 수 있다.

혀 내밀기를 보이는 아동은 삼키기를 할 때 비정상적인 구강운동을 사용한다. 보통 삼키기와 달리 혀를 반대 방향으로 움직여 삼키기를 하기 때문에 '혀 내밀기'라 부른다. 혀 내밀기를 보이는 것으로 판별된 아동들은 구강의 앞쪽에서 발음되는 치찰음(/ㅅ/, /ㅊ/ 계통)을 잘못 발음하기 때문에 소위 말하는 혀 짧은 소리의 조음장애와 관련이 있다.

두개골의 선천성 혹은 유전적 기형을 보이는 구강안면기형은 심각한 조음 문제를 야기할 수 있다. 안면 기형의 많은 경우가 구강안면이상을 보이는 증후군(예: Berry-Treacher Collins syndrome)으로 알려져 있다. 증후군은 원래 유전적이며 가족 구성원들 중 여러 명에게서 나타나기도 한다. 구강안면기형은 여러 번에 걸친 광범위한 성형수술로 최소화할 수 있다.

구강안면기형 이외에도 의사소통 문제는 청력손실, 언어발달 지체, 지적장애, 조음 문제들과 복합적으로 나타날 수 있다. 짧은 설소대와 같은 혀의 문제는 때때로 조음을 어렵게 만든다. 설소대는 혀 아래편에 위치한 조직의 짧은 띠로, 너무 짧으면 혀끝의 전진 및 후진 운동이 제한받게 된다. 이 상황을 '혀짜래기'라고 부르기도 하는데, 혀를 내밀었을 때 혀끝이 들쭉날쭉한 모양(ᴍ)을 하고 있다. 이러한 상황이 조음을 방해할 때는 설소대를 잘라 주는 수술로 좋은 결과를 얻을 수 있다. 그러나 나이 든 아동의 경우, 수술과 더불어 혀를 입천장으로 올리는 운동과 조음치료를 병행해야만 조음기능을 향상시킬 수 있다. 혀의 또 다른 구조적 문제는 너무 크거나(설대증) 너무 작은(설소증) 경우다. 발달적 증후군으로 보이는 설대증은 부정확한 조음에 영향을 줄 수 있다. 가끔 편도의 비대와 같은 구강 뒷면에 이상이 있는 경우 가능한 한 입안 앞쪽으로 혀를 놓기 때문에 혀가 크게 보이기도 한다. 그리고 낮은 구강근육도와 혀근육 신경조직의 부적절한 통제는 혀가 입 앞쪽으로 이동하는 원인이 되는데, 이런 유형의 문제는 마비성조음장애(dysarthria)에서 흔히 관찰된다.

치열의 기형도 조음 문제의 원인이 되기도 하나 그 증상은 경미한 경우가 대부분이다. Shelton, Paesani, McClelland와 Bradfield(1975)는 조음치료의 향상에 대한 치열 기형의 영향을 조사하여 심한 부정교합이 있는 아동도 조음이 정상적으로 습득될 수 있음을 발견하였다. 상악전돌(overbite)이나 하악전돌(underbite)에서 보이는 심한 부정교합은 조음에 영향을 주기도 하고 그렇지 않기도 하다. 부정교합의 치열교정은 치열교정기의 착용으로 조음 시 혀의 위치를 정확하게 찾는 것을 방해받으므로 조음 문제를 유발할 수도 있다. 이러한 문제는 일시적인 것이기 때문에 치열교정기를 제거하면 다시 정상 발화가 가능하다.

대부분의 구순열은 성형수술로 치료될 수 있으므로 구순열이 조음에 지속적이고 영구적인 영향을 미치는 경우는 드물다. 게다가 일측 혹은 양측의 구순열 아동의 성형수술이 성공적일 경우는 정상적인 외모로 상당한 운동력과 정상 조음이 가능한 기능적인 입술로 발달될 수 있다. 그러나 처치가 잘 이루어졌다 할지라도 불완전한 연인두폐쇄로 과다한 기류와 음파가 비강으로 흘러들어 /ㅅ/과 /ㅆ/ 같은 몇몇 음소는 과대비성과 왜곡되는 영구적인 문제로 남게 된다. 아동의 치아의 수술적 교정이 늦어질수록 오조음에 대한 교정은 어려워진다. 마찬가지로 적절한 연인두폐쇄가 이루어졌다 할지라도 과대비성을 줄이는 것 또한 조기에 이루어지지 않으면 과대비성을 줄이기 어려워진다. 그러므로 이러한 문제로 받게 되는 연인두피판(pharyngeal flap) 수술 후 아동은 구강 공명을 확립하기 위한 음성치료를 받을 필요가 있다. 구개의 성공적 처치는 성형외과의, 이비인후과의, 교정치과의, 보철치과의, 청각사, 언어치료사, 특수교사, 사회복지사 등 여러 전문가의 종합적인 노력이 요구된다. 이 전문가들은 구개열 치료팀으로서 정기적으로 만나서 구순 및 구개열 아동을 위한 전반적인 관리전략을 논의하고 계획해야만 한다. 구순 및 구개열 아동이 잘 계획된 치료를 받으면 10대에는 정상적인 외모뿐 아니라 말과 음성을 가질 수 있다.

　뇌성마비 아동의 조음운동 문제는 마비성조음장애로 분류된다. 마비성조음장애는 조음, 음성, 운율의 문제를 그대로 드러낸다. 뇌성마비의 조음 문제는 전적으로 발달적 운동장애다. 뇌성마비 아동의 구어는 심각한 지체와 더불어 정상적으로 발달하지 못하는데, 말소리에 필요한 소근육운동의 통제가 시작되기 전에 약간의 자세 통제와 외부 운동의 통제를 발달시켜야 한다. 바른 자세로 앉고 입을 닫은 채로 유지하는 것은 구어를 시도하기 위한 선수행동이다. 구어 이전에 본질적으로 확립되어야 하는 선수행동의 운동기술은 식사훈련과 밀접히 관련되어 있다. 말하기, 씹기, 삼키기 능력은 아동의 미주 구강반사의 통제와 관련되어 있다(신현순, 2000). 중증 뇌성마비 아동의 경우, 구어의 조음이 현실적 목표가 아니기 때문에, 구어 발성이 어려운 아동의 경우는 비구어 의사소통 체계를 사용할 수 있다. 수화나 전자기기를 사용한 의사소통판은 효과적인 보완 · 대체 의사소통 체계다. 컴퓨터와 전자보조기구의 기능 향상으로 키보드를 대신하여 아동이 사용 가능한 손, 발에 부착된 전자스위치 혹은 헬멧에 부착된 헤드스틱(head-stick)이나 헤드라이트(headlight), 눈 응시(eye gaze) 등으로 자극을 선택할 수 있다. 공학기술의 발달 덕분에 중증 뇌성마비 아동은 의사소통 보조기기로 의사소통의 기본적 욕구를 만족시킬 수 있게 되었다.

　② 잘못된 음운과정과 관련된 조음장애

　조음장애가 구조적 기형에 따라서만 나타나는 것은 아니다. 음운장애로 언어치료에 의뢰되는 아동의 2/3가 남아이며, 이들 대부분이 청력에 어느 정도 영향을 미치는 중이염의 병력을 갖고 있다. 흔히 신경운동의 문제가 있음을 알려 주는 근육의 약함과 불협응이 나타나기도 한다. 종종 언어발달장애는 음운장애와 동반되며, 표현언어의 어려움이 수용언어의 문제보다 더 많이 나타난다. 음운 문제를 가진 아동의 절반이 읽기 학습의 어려움을 가진다. 아동의 조음이 개선된 후에도 학업의 문제는 학령기까지 오랫동안 남게 된다.

자음 오류를 보이는 아동의 경우 이 오류들이 불규칙적이라 처음에는 간과되는 경우가 많다. 어떤 단어에서는 정확하게 발화되는 자음도 다른 단어에서는 생략 혹은 왜곡되거나 다른 자음으로 대치되기도 한다. 정상발달 아동의 경우에서도 많은 음운과정들을 볼 수 있다. 조음장애 아동의 음운과정을 살펴보면 이 아동이 성인 언어의 음운을 습득하는 데 많은 어려움이 있음을 알 수 있다. 이를 극복하기 위하여 아동들은 발화 시 음운을 규칙적으로 단순화하려 한다. 문제는 정상발달 아동들의 경우 이러한 단순화 과정의 시기를 지나가지만, 조음음운장애 아동은 계속해서 단순화 과정을 사용한다는 것이다.

③ 발달마비성조음장애와 실행증

구조적 문제에 기인한 조음장애가 대부분이지만, 몇몇 아동은 성인의 뇌손상과 관계가 있는 말장애의 신호를 보인다. 발달마비성조음장애 혹은 발달구어실행증(apraxia)의 신호를 보이는 아동들의 안면근육의 근육도는 한쪽이 다른 한쪽보다 비정상적으로 심하게 낮다. 낮은 근육도는 부드럽고 약간 처지는 얼굴 표정을 만든다. 반면, 비정상적으로 높은 근육도는 긴장된 모습을 보이거나 일그러지고 찡그린 얼굴이 될 수도 있다. 어떤 아동은 침을 흘리거나 음식을 먹는 데 문제를 가질 수 있다. 마비성조음장애 아동은 비구어운동이나 말을 빨리하는 데 어려움을 가진다. 이것은 초어를 늦게 습득하게 되는 원인이 되고, 아동이 성장해 갈수록 아동의 말을 이해하기 어렵게 만든다.

발달구어실행증 아동을 판별하는 것은 매우 어려운 일이다. 왜냐하면 이 아동들은 발달마비성조음장애의 특징인 운동 문제를 보이지 않기 때문이다. 실행증은 말소리의 성분을 프로그램화하고 결합하고 연결하는 데 장애를 보이는 것을 말한다(Jaffee, 1984). 단순구어실행증 아동은 언어를 비교적 정상적으로 이해할 수 있지만 근육의 약함이나 마비가 없음에도 불구하고 간단한 말을 모방하지 못한다. 실행증을 가진 아동은 자신의 오류를 인식하고 수정하려 애쓰지만 오히려 자신이 의도하는 것을 상대방이 이해하기 어렵게 만든다. 구어실행증은 전반적인 언어 문제라기보다 음소적 문제에 더 가깝다. 그러나 실행증은 수용언어와 표현언어 능력에서 불일치를 보인다. 구어실행증 아동은 종종 단단어 수준에서 어려움을 겪으며 다단어 문장을 발화할 수 있을 무렵에도 구어의 운율은 정상적이지 않다. 학령기 이전의 실행증 아동이 다양한 의사소통 기술을 발달시킬 수 있도록 언어를 기초로 한 중재와 집중적인 개인치료가 요구된다.

(3) 음성장애

음성장애에서 사람의 음성은 음도, 강도, 음질, 공명으로 분류된다. 음도와 강도에서의 변화는 말소리의 강세 형태의 일부분이며, 음질은 말소리 발화뿐만 아니라 말의 비언어적 측면과도 관련이 있다. 아동들 중에는 부적절하게 낮은 음도의 음성으로 울거나 비성이 지나친 발성을 하는 경우가 있다. 음성에서 나타나는 음질, 음도, 공명의 결함은 후두질환의 증상일 수 있다. 학령기 이전에 아동의 목소리가 계속해서 변한다면 후두에 대한 철저한 검진이 요구된다. 아동의 음성장애는 어쩌면 생명을 위협할 수 있을 정도의 심각한 후두질환의 초기 증세일 수 있다. 어린 나이에 겪는 음성 문제는 음성치료보다는 의료적 처치가 우선되어야 한다.

발성 곤란(dysphonia, 무성증)으로 후두를 관찰한 결과 기질적 병변이 발견되지 않는다면 후두의 오용과 관련된 음성 문제인 기능적 발성 곤란으로 진단된다. 발성 곤란은 악성종양 같은 기질적 문제라기보다는 아동이 음성을 부적절하게 사용함으로써 목쉰 소리, 낮은 음도, 기식 음성과 같이 원래의 음성과는 다른 음성이 되는 경우다. 대부분의 아동은 고함치거나 소리를 지른 후에 일시적으로 목쉰 소리를 경험하기도 한다. 예를 들면, 만성적인 위액의 역류로 성대가 자극을 받은 상태에서 아동이 놀이를 하는 동안 공룡의 음성을 흉내 내거나 하여 낮고 쉰 음성을 자주 사용함으로써 후두의 상황을 악화시킨다. 아동들에게서 나타나는 음성장애의 기질적 원인으로는 유두종, 육아종, 후두횡경막, 성대비후(thickening), 성대결절, 알레르기 혹은 감염, 감염되어 비대해진 편도 등이 있다.

(4) 유창성장애

유창성장애 중 가장 흔한 유형은 말더듬이다. 유창한 화자도 때때로 비유창성을 보이기 때문에 비유창성 유형에서 말더듬은 정상적인 비유창성과 차이가 있다. 이러한 경우와 말더듬을 구별하기 위한 방법은 비유창성에 포함되는 말소리 단위의 유형을 찾아내는 것이다(Andrews et al., 1983; Yairi & Lewis, 1984). 예를 들면, 정상적 비유창성은 '가방, 가방, 가방에 있어요.'와 같이 전체 단어와 구를 반복하는 반면, 말더듬 아동들은 'ㄴ……ㅏ 는 우———유 머머머먹을 거야!'와 같이 단어의 일부를 반복, 연장 혹은 휴지한다. 비유창성의 빈도 또한 정상적 비유창성과 말더듬을 구별할 수 있는 좋은 방법이다. 정상 아동은 전체 발화의 3% 이하를 반복하지만, 말더듬 아동은 말한 단어 중 약 10%를 더듬는다고 한다(Bloodstein, 1987).

부모들이 말더듬이라고 판별한 아동들은 자음군을 반복하고 연장하는 경향이 있는데, 반복과 연장은 주로 첫 단어의 초성에서 나타난다(Hubbard & Yairi, 1988). 그리고 말더듬 아동은 눈을 깜빡거리거나 얼굴을 찡그리는 투쟁행동을 많이 보인다(Boone & Plante, 1993). 이러한 비유창성은 아동과 말하는 사람(Meyers, 1990)이나 대화의 속도(Neuman & Smit, 1989)에 영향을 받지 않고 발생하는 것 같다.

(5) 청각장애

청각장애 아동은 음성, 조음, 언어, 유창성 전반에 걸쳐 습득의 어려움을 겪는다. 청각-구어는 인간이 의사소통하는 주된 방법이므로, 청력손실은 결과적으로 그 정도가 어떻든 아동의 언어 사용능력을 위태롭게 한다. 인간이 청각을 통해 듣는 환경음과 음성은 정상적 인지 및 사회 발달과 청각-구어 발달을 위한 필수요건이라 할 수 있다. 아동의 경우 경도의 청력손실만으로도 언어발달과 학업성취에 심각한 문제를 유발할 수 있다. 특히 학령기 이전은 언어발달에서 중요한 기간이기 때문에 아동이 잘 들을 수 있도록 노력을 기울여야 할 것이다.

최고도 난청은 학령기보다 학령기 이전의 언어발달에 지대한 영향을 미친다. 학령기 이전의 최고도 난청은 전반적 발달을 방해하며, 아동이 소리를 듣고 자음과 모음을 발화하는 것을 어렵게 만든다. 먼저 자기청취(auditory self-monitoring)가 가능하도록 어린 아동일수록 보청기나 인공와우를 통한 구어의 접근이 선행되어야 한다. 이를 위하여 일차적으로 보청기 착용과 더불어 구어자극을 통한 청능학습을 제공해야 하며, 이차적으로 지속적인 구어자극에 대한 아동의 보청기 반응의 정도에 따라 인공와우 이식술을 결정할 것인지, 수화나 종합의사소통(total communication: TC)의 사용을 권장할 것인지를 결정하도록 한다.

몇몇 아동의 경우는 청력검사의 결과에서 정상 범위의 청력 수준을 갖고 있으나 다른 사람의 말을 이해하는 데 심각한 어려움을 보인다. 이러한 아동들은 구어 지시를 듣지 못하는 것처럼 행동하거나 청력을 모두 잃어버린 것처럼 행동한다(Keith, 1999). 이처럼 수용언어 기술이 먼저 손상되며, 그다음으로 표현언어 기술의 발달이 이루어지지 않아 장기간 학습의 어려움을 초래하게 된다(Penn, Fried-Lander, & Saling, 1990). 또한 이 아동들은 갑작스러운 행동 변화를 보이는 반면, 운동 및 인지 발달은 크게 영향을 받지 않는다. 이러한 장애를 청각처리장애(auditory processing disorder)라고 한다. 청각처리장애 아동이 청각 정보를 이해하지 못하는 것은 난청에 의해 야기되는 것이 아니라 뇌의 청각적 처리과정의 수용능력을 방해받기 때문인 것으로 알려져 있다.

2) 출현율

미국 교육부(U.S. Department of Education, 1996)의 통계자료에 따르면, 출생에서부터 21세까지의 특수교육 대상자 중에서 19.2%가 구어 및 언어 서비스를 받고 있으며, 대략적으로 조음음운장애 3%, 유창성장애 4%, 음성장애 6%, 말-언어장애 6.5%의 분포를 보인다고 보고하였다. 그리고 출생에서부터 21세까지의 전체 아동과 청년 중 약 5%가 심각한 말-언어장애를 갖고 있다고 보고하였다. 이들 중 49%가 일차장애로서 학습장애와 이차장애로서 의사소통장애를 가지고 있었다. 다른 연구자들에 따르면, 1학년 학생 중 5%가 말장애를 가지고 있으며, 1학년 학생 중 6%가 신체 혹은 감각 장애의 원인이 아닌 언어장애를 가지고 있다고 보고하였다(NIDOCD, 2002). 또한 남녀 간의 말-언어장애 출현율에 대한 연구에 따르면, 말장애는 약 2:1의 비율로, 언어장애는 약 1.75:1의 비율로 남아가 여아보다 장애를 가질 가능성이 높게 나타났다.

4. 특 성

의사소통장애 아동들은 매우 다양한 특성을 가지고 있어서 일반화하여 설명할 수 없다. 특히 인지적 측면은 더욱 그러하다. 반면에, 학업적 측면에서는 모든 의사소통장애 아동이 심각한 문제를 가진다. 왜냐하면 학교 수업은 주로 구어로 정보를 전달하며, 읽기와 쓰기를 위한 언어 사용은 학업의 전 과정에서 필요하기 때문이다. 연령을 막론하고 모든 아동은 의사소통을 위한 구어기술과 모든 교과 영역에서 학습을 위한 언어기술이 요구된다. 말−언어장애의 영향에 대한 대부분의 연구는 읽기에 초점을 두고 있으며(Catts, Hogan, & Fey, 2003; Webster, Plante, & Couvillion, 1997), 말−언어장애 아동들은 읽기의 어려움을 경험한다고 언급하고 있다. 그리고 학령기 이전의 이른 문식 경험은 학령기 이후의 학업성취에 불리한 조건이 된다고 설명한다. 읽기 어려움의 유형은 아동의 말 및 언어 문제와 직접적인 관련이 있다(Catts et al., 2002). 이 아동들은 유사한 소리를 변별하지 못하기 때문에 단어를 소리 내어 읽는 데 어려움을 가진다. 그리고 단어에 접두사나 접미사를 더하는 방법을 이해하지 못하며 읽기에서 합성어를 인지하지 못한다. 일부 아동은 자신이 읽을 때 언어의 리듬을 잘 듣지 못하며 이는 읽은 내용을 이해하는 데 방해 요인이 된다.

사회 · 정서적 측면에서 말−언어장애 아동들은 타인과의 상호작용을 통해 부정적인 자아상을 갖게 된다. 놀림과 같은 부정적 경험은 말−언어장애 아동들이 타인에 대하여 부정적인 관점을 갖게 하고, 사회적 상황에서 수많은 어려움을 경험하게 만든다. 예를 들면, 단어를 잘못 발음하여 다른 사람들이 이해하지 못하거나 대화하는 동안 필요한 단어와 문법을 적절히 사용하지 못한다면 대화를 통한 상호작용에 완전히 참여할 수 없게 된다. 이러한 과정을 통해 대화하는 것을 어렵게 여기게 되고, 사회적으로 고립되어 간다. 그리고 이러한 문제들은 말−언어장애 아동에 대한 부정적인 견해를 가진 성인들을 통해 복합적으로 발생될 수 있다(Friend, 2006).

말−언어장애 아동은 정서 · 행동장애 아동과 같은 행동 문제를 보일 수 있는 위험군 아동이다. 말이 지체된 아동으로 판별된 2~6세 아동들을 추적한 연구(Paul, 1993; Paul, Sprangle-Looney, & Dahm, 1991)에서 이 아동들은 4세에 언어 결함을 보였고, 5~6세에 학업 준비도에서 지체를 보였으며, 언어지체가 명백하게 해결되었을 때조차 사회적 기술의 결함이 지속되었다고 보고하였다. Hooper, Roberts, Zeisel과 Poe(2003)의 연구에 따르면, 교사들은 학령기 이전 아동의 수용언어 및 표현언어 기술을 통해 유치원부터 초등학교 3학년까지 아동의 행동 문제를 예측할 수 있다. 또 다른 연구(Nelsone, Benner, & Rogers-Adkinson, 2003)는 정서·행동장애를 보이는 아동들의 언어장애 정도는 나이가 들어 감에 따라 더욱 심각해진다는 것을 발견하였다. 또한 나이 든 비행 학생의 상당수가 언어장애를 가지고 있었다. 이러한 결과는 언어장애와 정서·행동장애를 가진 학생들이 학업성취와 관련하여 상당한 어려움을 경험함을 말해 준다. 이처럼 정서·행동장애와 말−언어장애와의 관련성을 제시하는 연구(Benner, Nelson, & Epstein, 2002)는 공립학교에서 정서·행동장애 학생 10명 중 약 9명은 언어장애도 가지고 있다는 것을 알려 준다. 따라서 정서·행동장애를 보이는 아동들의 언어평가는 반드시 이루어져야 하며, 이와 더불어 조기에 적절한 중재가 이루어질 때 치료와 예방의 효과를 높일 수 있음은 말할 필요도 없다.

5. 교육적 접근

1) 의사소통 전략

말−언어장애 아동의 심한 정도는 경도에서 심도에 이르기까지 매우 다양하다. 이 아동들과의 의사소통 과정에 도움을 주는 전략(Saunders, 2001)은 다음과 같다.

- 아동에게 메시지를 전달하기 전에 아동의 이름을 부르고 아동이 바라볼 때까지 기다려 준다.
- 천천히 그리고 명확하게 들을 수 있도록 크게 말한다. 가능하면 손짓이나 몸짓을 사용한다.
- 지시는 짧게 한다. 말할 때는 단지 목록을 열거하기보다는 짧은 지시로 여러 번 나누어 말해 준다.
- 주요 단어들을 강조한다. 아동이 의미를 모르는 형용사와 부사들은 사용하지 않는다. 상호작용이 이루어지는 과정에서는 교수하지 않도록 한다. 단어를 가르치는 것은 그다음에 하도록 한다.
- 간단한 메시지를 제시하고 아동이 생각할 여지를 남겨 둔다. 과제별로 하나

의 문장으로 말해 준다. 예를 들어, "과제를 다 한 사람은 과학 책을 가져와라."라고 말하기보다는 "과제를 다 했구나. 이제는 과학 책을 가져와라."라고 말한다. 즉, 한 문장에 두 가지 메시지를 넣는 것보다 하나의 메시지를 한 문장으로 말해 주는 것이 좋다.

- 여러 단계의 교수를 할 때 설명과 함께 회상할 수 있도록 도와주는 시각적 자료를 사용한다. 예를 들면, 설명할 때 교수의 한 부분을 묘사하는 사진, 상징, 문자 등을 다양하게 사용한다.

- '만약 ~을 한다면 ~을 할 것이다.'라는 식의 지시를 할 때는 '~을 할 것이다. 네가 ~을 다 끝낸 후에.'와 같이 아동이 해야 할 것을 강조하여 지시하도록 한다. 예를 들어, "우리는 마트에 갈 거야. 네가 숙제를 다 끝낸 후에."라고 말해 준다.

- 아동이 반응을 보이지 않을 때 최소한 10초 정도 기다린 다음 아동의 주의를 끌고, 적은 수의 단어를 사용하면서 중요한 단어를 강조하여 다시 메시지를 말해 준다.

- 아동이 오반응을 보인다면 아동의 주의를 끌어서 다른 단어를 사용하여 메시지를 반복하여 말해 준다.

- 아동이 계속해서 오반응을 보인다면 지시를 따를 수 있도록 모델링과 피드백을 사용하여 가르친다.

- 무엇보다 중요한 것은 화를 내지 않고 상냥하게 메시지를 전달하는 것이다.

2) 과학기술을 사용한 의사소통

최근 과학기술의 발달은 말-언어장애 아동들이 의사소통할 수 있도록 엄청난 도움을 제공하고 있다. 무엇보다 컴퓨터 하드웨어와 소프터웨어, PDA(personal digital assistants), 이동통신기, 인터넷 등은 효과적으로 의사소통하도록 돕고, 배운 기술들을 연습할 수 있는 기회를 제공하고 있다.

(1) 보완대체 의사소통

보완대체 의사소통(augmentative or alternative communication: AAC)은 개인의 의

사소통의 한계나 장애를 보완하기 위한 전략이라고 말할 수 있다. 이 전략은 주로 두 가지 범주, 즉 특수한 장비나 재료가 필요하지 않은 경우(비보조)와 필요한 경우(보조)로 나뉜다. 비보조 의사소통 체계는 의사소통을 하기 위해 수화, 몸짓, 음성, 얼굴 표정 등과 같이 신체만 사용하는 것이다. 보조 의사소통 체계는 음성 출력기가 내장된 컴퓨터, 의사소통판, 종이와 연필과 같이 메시지를 전달하기 위해 부가적인 도구나 장비가 요구되는 방법이다. 이 보조 의사소통 체계는 신체적으로는 성가신 부분도 있으나 상대 청자의 이해를 용이하게 돕는 장점이 있다. 비보조 의사소통 체계는 보완대체 의사소통 사용자와 친숙할 경우에 사용하는 것이 효과적이다. 만약 장애아동이 의사소통을 위해 수화를 사용한다면 메시지가 성공적으로 전달되기 위해서 상대방은 수화를 배워야 할 필요가 있다.

보완대체 의사소통의 디자인과 전략은 매우 다양해서 자폐, 뇌성마비, 발달지체, 뇌손상 등과 같은 광범위한 원인으로 의사소통장애를 가진 아동들이 성공적으로 의사소통하도록 돕는다. 보완대체 의사소통의 한 예로 의사소통판은 그림, 상징, 문자 등을 사용하여 의사소통을 용이하게 해 준다. 의사소통판은 단순히 그림을 프린트하거나 제작하여 사용하는 저수준의 형태에서부터 복잡한 상징을 사용하기도 하고, 터치스크린이나 음성합성과 같은 고수준의 형태([그림 13-3] 참조)에 이르기까지 그 종류와 기능이 매우 다양하다.

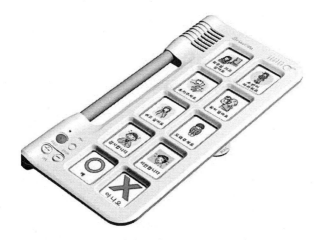

[그림 13-3] 의사소통판(오케이톡톡)

* 출처: 아리수에듀의 허락하에 실음.

(2) 구어 연습

컴퓨터 소프트웨어로 제작된 프로그램은 아동이 학습한 구어를 게임으로 연습할 수 있도록 되어 있을 뿐만 아니라, 연습 결과를 교사가 평가자료로도 활용할 수 있다. 이 프로그램들은 아동이 최적의 음도와 강도를 유지할 수 있도록 시각적 피드백을 제공해 주어 아동의 흥미를 유발시키고, 연습에 집중할 수 있도록 해 준다. 그리고 아동 자신이 말한 것을 지연시켜 청각적으로 피드백해 주는 지연청각 피드백 등의 기능들을 통하여 아동이 천천히 잘 말할 수 있도록 도와준다. 이 외에 청각장애 아동들을 위한 보조기기인 FM 시스템은 수업 시에 마이크를 착용한 교사의 말이 리시버를 착용한 아동에게 곧바로 전달되어 바로 옆에서 말하는 것처럼 명확하게 들리게 해 준다.

참 · 고 · 문 · 헌

김영태(1994). 구어-언어진단검사. 대구: 한국언어치료학회.

김영태(1996). 그림자음검사를 이용한 취학전 아동의 자음정확도 연구. 말-언어장애연구, 1, 7-33.

김영태(2004). 우리말 조음음운 평가. 서울: 학지사.

김영태, 김경희, 윤혜련, 김화수(2003). 영 · 유아언어발달검사. 서울: 도서출판 특수교육.

김영태, 성태제, 이윤경(2002). 취학전 아동의 수용언어 및 표현언어 발달척도. 서울: 서울장애인종합복지관.

김영태, 홍경훈, 김경희, 장혜성, 이주연(2009). 수용표현어휘력검사. 서울: 서울장애인종합복지관.

배소영(2000). 한국어발화분석 2.0. 서울: 파라다이스복지재단.

배소영, 임선숙, 이지희, 장혜성(2004). 구문의미이해력검사. 서울: 서울장애인종합복지관.

신현순(2000). 장애유아 교육 지침서: 신경동작 및 발달장애를 중심으로. 서울: 도서출판 특수교육.

장혜성, 임선숙, 백현정(1992). 언어이해 · 인지력검사. 서울: 서울장애인종합복지관.

한국언어병리학회 편(1994). 아동의 조음장애 치료. 서울: 군자출판사.

한국청각언어장애교육학회(2012). 청각장애아동교육. 파주: 양서원.

Andrews, G., Craig, A., Feyer, A. M., Hoddinott, S., Howie, P., & Neilson, M. (1983). Stuttering: A review of research findings and theories circa 1982. *Journal of Speech and Hearing Disorders, 48,* 226-246.

Benner, G. J., Nelson, J. R., & Epstein, M. H. (2002). Language skills of children with EBD: A literature review. *Journal of Emotional and Behavioral Disorders, 10,* 43-59.

Bloodstein, O. (1987). *A Handbook on Stuttering* (4th ed.). Chicago: National Easter Society.

Boone, D. R., & Plante, E. (1993). *Human Communication and Its Disorders.* Prentice Hall, Inc. A Simon & Schuster Company, Englewood Cliffs, New Jersey.

Bower, T. G. R. (1989). *The rational Infant.* NY: W. H. Freeman.

Catts, H. W., Fey, M. E., Tomblin, J. B., & Zhang, X. (2002). A longitudinal investigation of reading outcome in children with language impairments. *Journal of Speech, Language, and Hearing Research, 45,* 1142-1157.

Catts, H. W., Gillispie, M., Leonard, L. B., Kail, R. V., & Miller, C. A. (2002). The role of speed of processing, rapid naming, and phonological awareness in reading achievement. *Journal of Learning Disabilities, 35,* 509-524.

Catts, H. W., Hogan, T. P., & Fey, M. E. (2003). Subgrouping poor readers on the basis of individual differences in reading related abilities. *Journal of Learning Disabilities, 36*(2), 151-164.

Darley, F. L., Aronson, A. E., & Brown, J. R. (1975). *Motor disorders of speech.* Philadelphia: W. B. Saunders.

Friend, M. (2006). *Special education: Contemporary perspectives for school professionals.* Pearson Education, Inc. Allyn and Bacon.

Hallahan, D. & Kauffman, J. M. (2006). *Exceptional learners: An introduction to special education.* Boston: Allyn and Bacon.

Hardman, M. L., Drew, C. J., & Egan, M. W. (2006). *Human exceptionality: School, community, and family.* Pearson Education, Inc. Allyn and Bacon.

Hooper, S. R., Roberts, J. E., Zeisel, S. A., & Poe, M. (2003). Core language predictors of behavioral functioning in early elementary school children: Concurrent and longitudinal findings. *Behavioral Disorders, 29,* 10-24.

Hubbard, C. P., & Yairi, E. (1988). Clustering of dysfluencies in the speech of stuttering and nonstuttering preschool children. *Journal of Speech and Hearing Research, 31,*

228-233.

Jaffee, M. B. (1984). Neurological impairment of speech production: Assessment and treatment. In J. Costello (Ed.), *Speech disorders in children.* San Diego: College-Hill Press.

Justice, L. M. (2006). *Communication sciences and disorders: An introduction.* Upper Saddle River, NJ: Prentice Hall.

Keith, R. (1999). Clinical issues in central auditory processing disorders. *Language, Speech and Hearing Services in the Schools, 30*(4), 339-344.

Lenneberg, E. H., Rebelsky, F. G., & Nichols, I. A. (1965). The vocalization of infants born to deaf and hearing parents. *Human Development, 8,* 23-37.

Leonard, L. (1992). Intervention approaches for young children with communication disorders. In N. Anastasiow & S. Harel (Eds.), *The at-risk infant.* Baltimore: Paul H. Brookes.

McDonald, E. T. (1980). Early identification and treatment of children at-risk for speech development. In R. L. Schiefelbusch (Ed.), *Nonspeech language and communication: Analysis and intervention.* Baltimore: University Park Press.

Meyers, S. C. (1990). Verbal behaviors of preschool stutterers and conversational partners: Observing reciprocal relationships. *Journal of Speech and Hearing Disorders, 55,* 706-712.

Morley, M. E. (1967). *Cleft palate and speech* (6th ed.). Baltimore: Williams & Wilkins.

National Institute on Deafness, and Other Communication Disorders. (2002). Statistics on Voice, Speech, and Language. Retrieved January 4, 2004, from www.nidcd.nih.gov/health/statistics/vsl.asp

Nelson, J. R., Benner, G. J., & Rogers-Adkinson, D. L. (2003). An investigation of the characteristics of K-12 students with comorbid emotional disturbance and significant language deficits served in public school settings. *Behavioral Disorders, 29,* 25-33.

Neuman, L. L., & Smit, A. B. (1989). Some effects of variations in response time latency on speech rate, interruptions, and fluency in children's speech. *Journal of Speech and Hearing Research, 32,* 635-644.

Owens, R. E., Jr. (2004). *Language disorders: A functional approach to assessment and intervention* (4th ed.). Boston: Allyn & Bacon.

Paul, R. (1993). Patterns of development in late talkers: Preschool years. *Journal of*

Childhood Communication Disorders, 15, 7-14.

Paul, R., Sprangle-Looney, S. S., & Dahm, P. S. (1991). Communication and socialization skills at ages 2 and 3 in "late-talking" young children. *Journal of Speech and Hearing Research, 34,* 858-865.

Penn, C., Fried-Lander, R. L., & Saling, M. M. (1990). Acquired childhood aphasia with convulsive disorder(Landau-Kleffner Syndrome). *South African Medical Journal, 77,* 158-161.

Peterson, N. L. (1987). *Early intervention for handicapped and at-risk children: An introduction to early childhood special education.* Love Publishing Co.

Reed, V., & Baker, E. (2005). Language and human communication: An overview. In V. Reed (Ed.), *An introduction to children with language disorders* (3th ed.). Pearson Education, Inc.

Santrock, J. W. (1995). *Children.* Wm. C. Brown Communications, Inc.

Saunders, M. D. (2001). Who's getting the message? Helping your students understand in a verbal world. *Teaching Exceptional Children, 33*(4), 70-74.

Shelton, R. L., Paesani, A., McClelland, K. D., & Bradfield, D. D. (1975). Panendoscopic feedback in the study of voluntary velopharyngeal movements. *Journal of Speech and Hearing Disorders, 40,* 232-244.

U.S. Department of Education (1996). To assure a free appropriate public education: Eighteenth annual report to Congress on the implementation of the individuals with Disabilities Education Act. Washington, DC: Author.

Vander Zanden, J. W. (1989). *Human development* (4th ed.). McGraw-Hill, Inc.

Vygotsky, L. S. (1962). *Thought and language.* Cambridge, Mass.: MIT Press.

Wang, P. P., & Baron, M. A. (1997). Language and communication: Development and disorders. In M. L. Batshaw (Ed.), *Children with disabilities* (4th ed.). Baltimore: Brookes.

Webster, P. E., Plante, A. S., & Couvillion, L. M. (1997). Phonologic impairment and prereading: Update in a longitudinal study. *Journal of Learning Disabilities, 30,* 365-375.

Yairi, E., & Lewis, B. (1984). Dysfluencies at the onset of stuttering. *Journal of Speech and Hearing Research, 27,* 154-159.

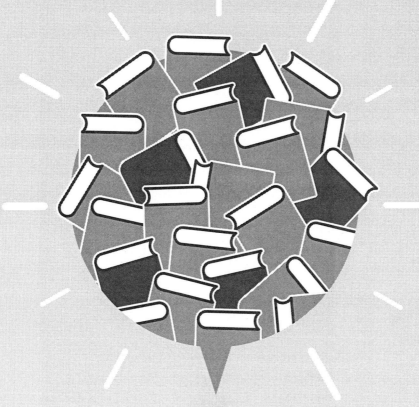

제 **14** 장

학습장애아 교육

1. 정의 및 분류

1) 정 의

학습장애(learning disabilities)는 학습에 어려움을 가지는 장애라는 점에서 학습 부진(school underachievement)이나 경도 정신지체(mild mental retardation)와 혼동하기 쉬운 장애다. 하지만 학습 부진은 정상적인 지능을 지니고 있으며 신경계에 이상은 없으나 정서적 혹은 사회·환경적 요인 등으로 인하여 학업성취도가 떨어지는 경우로, 이러한 요인들이 제거되거나 적절한 처치가 제공된다면 정상적인 학습이 가능한 집단을 가리키며, 경도 정신지체는 현저히 낮은 지적 능력으로 인해 학습에 어려움을 가지는 집단을 말한다(정동영, 김주영, 김형일, 김희규, 정동일, 2010). 학습장애는 학습 부진이나 경도 정신지체와는 차이점이 비교적 분명함에도 불구하고 원인이 명확하지 않고 특성이 이질적인 다양한 장애 집단으로 구성되어 있기 때문에 정의나 진단 및 판별 과정에 있어서 아직까지도 합의가 이루어지지 않고 있는 장애 영역이다.

학습장애의 특성을 가진 사람을 지칭하는 용어로는 1800년대에 유럽에서 의사들을 중심으로 학습장애와 관련된 연구가 시작된 이래 다양한 용어가 사용되어 왔으며, 그중 가장 많이 사용되어 온 용어는 미세뇌기능장애(minimal brain dysfunction), 난독증(dyslexia), 학습지체(slow learning), 지각장애(perceptual impairment) 등이었다. 그러나 이러한 용어들은 부정적인 의미를 함축하고 있을 뿐 아니라 교육이나 치료를 위해 별 도움이 되지 않는다는 이유 등으로 학습장애를 지닌 사람들을 지칭하는 보편적인 용어로는 사용되지 못하였다(Hallahan, Kauffman, & Pullen, 2009).

'학습장애'라는 용어는 Samuel Kirk가 1960년대 초반 시카고에서 개최된 부모 모임에서 행한 연설에서 처음으로 제안하였으며(Kirk, 1962), 이는 교육 지향적인 용어라는 점 때문에 부모들에게 받아들여진 후 지금까지 보편적으로 사용되어 오고 있다(Hallahan et al., 2009). 그러나 학습장애라는 용어가 사용되기 시작한 이래 지금까지도 정의와 관련된 논쟁이 계속되고 있는 가운데 다양한 정의가 제시되어 왔으며, 적어도 11개의 정의가 공식적으로 인정받고 있다(Hammill, 1990). 그중에서도 미국의 「장애인교육법」과 학습장애와 관련된 학회 등의 단체들이 연합한 학습장애공동협의회(National Joint Committee on Learning Disabilities: NJCLD)에서 제시하는 정의가 가장 영향력이 있는 것으로 알려지고 있다(Hallahan et al., 2009).

(1) 미국 「장애인교육법(IDEA)」의 정의

미국 「장애인교육법」에서의 정의는 1975년 「전장애아교육법」이 처음 제정될 때 제시되었다. 이후 1990년 「전장애아교육법」이 「장애인교육법」으로 명칭을 바꾸어 재위임될 때 그대로 유지되다가, 1997년에 「장애인교육법」이 개정되었을 때 몇 개의 단어만이 변경되었으며, 2004년 재위임 시에도 1997년 개정 당시의 정의가 그대로 유지되었다(Hallahan et al., 2009). 미국 「장애인교육법」에 명시된 정의는 다음과 같다.

- 일반적 규정: '특정학습장애(specific learning disabilities)'란 말이나 글로 표현된 언어를 이해하고 사용하는 것과 관련된 기본적인 심리적 과정에 있어서 하나 혹은 그 이상의 장애를 의미하는 것으로, 이는 듣기, 생각하기, 말하기, 읽기, 쓰기, 철자 혹은 수학 계산 능력의 결함으로 나타날 수 있다.
- 포함하는 장애: 이 용어는 지각장애, 뇌손상, 미세뇌기능장애, 난독증, 발달적 실어증 등과 같은 상태를 포함한다.
- 배제하는 장애: 이 용어는 시각장애, 청각장애, 운동장애, 지적장애, 정서장애 또는 환경적·문화적·경제적 불리함이 일차적으로 작용하여 초래된 학습상의 어려움은 포함하지 않는다(IDEA of 2004, PL 108-466, Sec. 602[30]).

앞의 「장애인교육법」의 정의에서 특정학습장애(specific learning disabilities: SLD)는 학습장애의 유형을 고려하여 각 유형별 학습장애를 일컫는 용어다. 이러한 특정학습장애로 분류되는 유형들은 앞에서 학습장애를 정의할 때 언급된 듣기, 생각하기, 말하기, 읽기, 철자 쓰기, 혹은 수학 계산 등에서의 결함을 포함한다(김윤옥 외, 2005).

(2) 미국 학습장애공동협의회의 정의

한편으로 「장애인교육법」에서의 정의는 지각장애, 미세뇌기능장애, 난독증 같이 분명하게 정의 내리기 어려운 개념을 포함하고 있을 뿐 아니라 학습장애를 지닌 아동을 판별하기 위한 목적으로 사용하기에는 난해하다는 문제 등이 지적되어 왔으며(Hallahan et al., 2009; Swanson, 2000), 이에 따라 학습장애공동협의회는 대안적인 정의를 제시하고 있다. 다음은 학습장애공동협의회가 제안한 정의다.

> 학습장애는 듣기, 말하기, 읽기, 쓰기, 추론하기나 수학능력의 습득과 사용에 있어 상당한 어려움을 나타내는 이질적인 장애 집단을 일컫는 일반적인 용어다. 이러한 장애들은 개인 내적으로 발생하며, 중추신경계 기능이상에 따른 것으로 추정되고 있고, 전 생애에 걸쳐 나타날 수 있다. 자기조절 행동, 사회적 지각이나 사회적 상호작용에서의 문제들이 학습장애와 함께 나타날 수 있지만, 이러한 문제만으로는 학습장애로 판별되지 않는다. 학습장애가 다른 장애(예: 감각장애, 지적장애, 심각한 정서장애)나 외부적인 영향(예: 문화적 차이, 불충분하거나 부적절한 교수)과 함께 발생할 수 있지만, 이러한 장애나 영향의 직접적인 결과로 발생하는 것은 아니다(National Joint Committee on Learning Disabilities, 1989, p. 1).

이와 같은 학습장애공동협의회의 정의를 「장애인교육법」의 정의와 비교해 볼때 차이점은, ① 해석하기에 분명하지 않아 논란이 되어 온 「장애인교육법」의 '기본적인 심리적 과정'이라는 용어를 배제하였고, ② 장애의 원인이 중추신경계의 이상과 같은 개인 내적인 부분에 있음을 고려하였으며, ③ 학습장애가 아동 시기에 국한되는 것이 아니라 전 생애에 걸쳐 나타날 수 있음을 강조하였고, ④ 학습장애를 지닌 아동이 자기조절이나 사회적 상호작용에서 어려움을 경험할 수있음을 강조하였으며, ⑤ 학습장애를 지닌 아동이 지적장애와 같은 다른 종류의 장애를 함께 가질 수 있을 가능성을 명백히 하였고, ⑥ 「장애인교육법」에 포함된 철자 쓰기(spelling writing)는 쓰기(writing)에 포함되므로 배제하였다는 점이다 (Hallahan et al., 2009; Mercer & Pullen, 2005).

(3) 「장애인 등에 대한 특수교육법」의 정의

우리나라의 경우 1977년 「특수교육진흥법」이 제정될 당시에는 학습장애가 장애 범주에 포함되어 있지 않았으나, 1994년 이 법이 개정되면서 학습장애가 특정 장애 범주의 하나로 추가되었다. 이후 「특수교육진흥법」은 2007년 5월 「장애인 등에 대한 특수교육법」으로 제명을 바꾸어 개정 · 공포되었는데, 다음은 「장애인 등에 대한 특수교육법 시행령」 제10조의 특수교육 대상자 선정 기준에서 기술하고 있는 학습장애를 지닌 특수교육 대상자에 대한 규정이다.

> 개인의 내적 요인으로 인하여 듣기, 말하기, 주의집중, 지각, 기억, 문제해결 등의 학습기능이나 읽기, 쓰기, 수학 등 학업성취 영역에서 현저하게 어려움이 있는 사람

2) 분 류

우리나라의 특수교육 관련 전문학회인 한국특수교육학회(2008)에서는 학습장애의 발현 시점에 따라 발달적 학습장애, 학업적 학습장애 그리고 비언어성 학습장애로 분류하였다. 이를 소개하면 다음과 같다.

(1) 발달적 학습장애

학령 전기 아동들 중 학습과 관련된 기본적 심리과정에 현저한 어려움을 보이는 아동으로 구어장애, 주의집중장애, 지각장애, 기억장애, 사고장애로 분류된다.

(2) 학업적 학습장애

학령기 이후 학업과 관련된 영역에서 현저한 어려움을 보이는 경우로 읽기장애, 쓰기장애, 수학장애로 분류된다.

(3) 기타: 비언어적 학습장애

언어능력에서는 강점을 보이나 공간지각 능력, 운동능력, 사회적 기술과 같은 비언어적 능력에서 결함을 보이는 경우다.

2. 진단 및 평가

1) 진단 모델

학습장애 아동의 진단이나 선별은 학습장애에 관한 일치된 정의의 부재로 구체적인 절차와 방법이 결정되지 못하고 논란이 있어 왔다. 1960년대 이후로 지금까지 여러 가지 학습장애 진단 모델이 제시되었으며, 그중 두 가지 모델이 가장 많이 이용되어 왔다. 그것은 학습 잠재력과 학업성취 수준 사이의 불일치 모델(ability-achievement discrepancy)과 중재반응모델(response to intervention)이다.

(1) 학습 잠재력과 학업성취 수준 간 불일치 모델

학습 잠재력과 학업성취 수준 간 불일치 모델은 1960년대 Samuel Kirk가 학습장애라는 개념을 소개한 이후로 최근까지 학습장애를 진단하는 데 일반적으로 적용되어 온 전통적인 모델이다. 이 모델에 따르면, 학습장애는 표준화된 지능검사에서 측정되는 잠재력과 실제로 나타나는 성취도 사이에 현저한 차이가 있는 것으로서, 곧 지능-성취도 간 차이(IQ-achievement discrepancy)라는 용어로도 표현된다(Mercer et al., 1996). 즉, 지능검사를 통해 나타난 학습 잠재력과 구어나 읽기, 추론, 수학 등의 영역에서의 성취 사이에 심각한 불일치가 존재하면 학습장애로 진단되는 것이다. 이러한 불일치를 결정하는 방법으로는 학년이나 연령 수준에 비교하여 학업성취 수준을 보는 것, 검사 간 표준점수 차를 보는 것, 회귀공식을 통한 측정 등이 있다(Lerner & Kline, 2006). 가령 지능검사와 학업성취도검사에서 2학년 이상의 차이가 있는 경우를 학습장애로 진단한다면, 지능검사 결과 5학년으로 기대되는 학생이 읽기검사 결과 3학년 수준이었다면 학습장애로 진단될 수 있을 것이다.

학습장애의 진단에서의 학습 잠재력과 학업성취 간 불일치 기준의 적용은 그 타당성에 대한 여러 가지 문제 때문에 오랫동안 비판이 있어 왔는데, 제시된 문제점들을 살펴보면 다음과 같다.

첫째, 지능의 개념에 대한 논쟁이 계속되고 있으며, 따라서 지능검사 자체가 잠재력을 측정하는 척도로서 적절한지에 대한 의문이 꾸준히 제기되고 있다는 점이다(Flecher et al., 2002: Hallahan et al., 2009에서 재인용).

둘째, 전문가들은 많은 학습장애 아동이 정의상 읽기능력에 문제가 있기 때문에, 지능검사 점수와 학업성취 수준 사이의 불일치 모델을 학습장애의 진단 기준으로 사용하는 것은 부적절하다는 점을 지적하고 있다. 즉, 지능검사의 수행이 읽기능력에 따라 좌우되므로, 학습장애 아동의 지능지수는 어느 정도 과소평가될 수 있다는 점이다. 가령, 빈약한 읽기기술을 가진 아동은 어휘능력이나 세상에 대한 지식을 확장하는 데 어려움을 가질 수 있다. 이러한 빈약한 읽기기술로 인해 지능검사의 수행에서 평균보다 낮은 점수를 얻게 되고, 낮은 지능지수는 기대되는 학업성취 수준도 낮아짐을 의미하기 때문에 지능지수와 학업성취 수준 사이의 불일치 정도가 줄어들게 되며, 결국 학습장애로 판단될 가능성이 적어지는 결과를 초래한다(Fletcher et al., 2002; Hallahan, Lloyd, Kauffman, Weiss, & Martinez, 2005: Hallahan et al., 2009에서 재인용).

셋째, 지능검사와 같은 표준화 검사도구의 심리측정적 특성상 만 9세 이전에 학습장애로 진단하기가 어려워 조기중재가 쉽지 않다는 점이다. 가령 초등학교 1, 2학년의 경우 읽기나 수학 등에서 아직 많은 내용을 성취하지 못하였기 때문에 지능과 성취 수준 사이의 차이를 발견하는 것 자체가 어렵다는 것이며, 따라서 불일치 모델은 실패할 때까지 기다리는 모형(wait to fail)으로 불려 왔다(Hallahan et al., 2009).

넷째, 학생의 학교교육 이전의 교육 경험에 대한 통제를 할 수 없으므로 내적인 원인에 따른 학습상의 어려움과 교육 경험의 부족에 따른 어려움을 구별하는 것이 어렵다는 점이다(Fletcher et al., 2002: Hallahan et al., 2009에서 재인용).

(2) 중재반응모델

여러 가지 문제점이 제기되어 온 불일치 모델이 학습장애를 진단하는 유일한 기준이 되어서는 안 된다는 주장과 함께 여러 가지 대안적인 주장이 제시되어 왔으며, 그 가운데 하나는 중재반응모델(response to intervention: RTI)이다. 특히 미국 「장애인교육법」은 2004년 개정판을 통해 불일치 모델의 적용을 지양하고 이 중재반응모델을 사용하도록 권장하고 있다.

　앞서의 불일치 모델이 표준화 검사도구(예: 지능검사, 학업성취도검사)를 활용하여 학생이 지닌 내재적 결함을 먼저 확인한 후 교육적인 측면을 고려한 모델인 반면에, 중재반응모델은 학업상 어려움을 보이는 학생(학습장애 위험 학생)을 조기에 선별하여 중재(intervention)를 제공하고, 이러한 중재에 대한 반응 정도가 낮은 학생을 나중에 학습장애로 진단하는 모델이다. 즉, 중재에 대한 반응 정도를 평가함으로써 학습장애로 진단하는데, 이는 학습장애 아동이 갖는 '이중 불일치'를 가정하는 개념으로 단순히 성취 수준(level)만이 아니라 성취 진전도(rate)에서도 낮은 수준을 보이는 경우에 학습장애로 진단하는 것이다(Fuchs, Fuchs, & Speece, 2002).

　중재반응모델로서는 다양한 다단계 중재모델이 제시되어 왔다. 여기서는 다단계 중재모델 중 하나인 Fuchs와 Fuchs의 '3단계 예방모델(three-tiered model of prevention)'을 소개한다([그림 14-1] 참조). 이 모델에서 1단계는 먼저 모든 학생을 대상으로 교육과정 기반 측정(curriculum-based measurement)을 통해 학습장애 위험 학생을 선별한다. 그러나 이 단계에서의 중재는 학습장애 위험 학생을 포함한 모든 학생을 대상으로 보편적인 핵심교수 프로그램을 제공하는 일반교육이다. 5주 정도 학습장애 위험 학생을 모니터링한 후 또래에 비해 성취도가 낮을 경우 2단계 중재로 넘어간다.

　2단계는 학습장애 위험 학생으로 선별된 학생을 대상으로 실시하는 지원교육이다. 예컨대, 읽기 및 수학에서 15~20주 동안 소집단 교수를 실시하며 교육과정 기반 측정을 통해 여러 차례 성취도를 모니터링한다. 이 과정에서 이중 불일치(성취 수준 및 성취 진전도) 평가를 통한 중재 반응 정도를 통해 학습장애를 가지고 있는지의 여부를 결정한다. 3단계에서는 앞 단계에서 특수교육이 필요하다고 추천된 학생들에게 집중적이고 개별화된 프로그램을 실시하고 성취도를 모니터링하며, 다학문적 팀평가를 통해 특수교육 배치 및 어떤 특정 학습 분야에서 장애가 있는지의 여부를 결정한다.

　불일치 모델과 비교하여 볼 때 중재반응모델은 학습장애 학생을 조기에 판별하여 중재함으로써 학생이 실패할 때까지 기다리지 않아도 되며, 학습장애로 진단하기 전에 다양한 교수방법을 시도함으로써 학습장애의 과잉진단이나 잘못된 진단을 피할 수 있는 등의 장점이 있다. 반면에, 중재반응모델은 전통적으로 학습

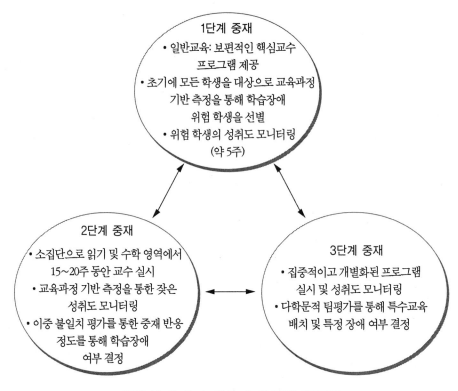

[그림 14-1] Fuchs와 Fuchs의 3단계 예방모델

*출처: Fuchs & Fuchs (2007).

장애의 일차적 원인은 중추신경계의 결함에 따른 심리과정상의 기능이상으로 지적하여 왔는데 이에 대한 어떠한 정보도 제시하지 못한다는 점, 어느 것이 효과적인 교육방법이며 그에 대한 반응 정도를 어떻게 타당하고 신뢰롭게 측정할 것인지에 대해 합의된 바가 없다는 점 등의 단점이 제기되고 있다(허승준, 2005).

2) 국내 학습장애 진단 및 선정 절차

국내의 학습장애를 포함한 특수교육 대상자의 진단 및 선정 절차는 「장애인 등에 대한 특수교육법」 제3장(특수교육 대상자의 선정 및 학교 배치 등)과 동법 시행규칙을 통해 살펴볼 수 있다. 이 법과 시행규칙에 규정된 '특수교육 대상자 진단·평가 의뢰서 제출 및 처리 절차'([그림 14-2] 참조)에 의하면, 학습장애 학생은 의뢰, 진단·평가, 선정의 절차를 거쳐 판별되고 배치되는데, 이를 단계별로 살

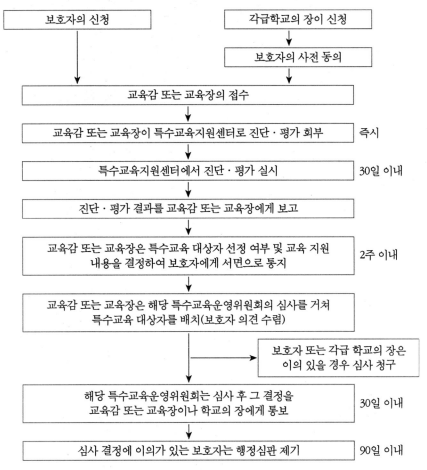

[그림 14-2] 특수교육 대상자 진단·평가 의뢰서 제출 및 처리 절차

출처: 「장애인 등에 대한 특수교육법 시행규칙」(교육부령 제8호).

펴보면 다음과 같다(김애화, 김의정, 김자경, 최승숙, 2012).

첫째, 보호자 또는 각급 학교의 장은 학습장애를 가지고 있거나 학습장애를 가지고 있다고 의심되는 자녀 혹은 학생을 발견하였을 경우 진단·평가의뢰서를 작성하여 교육장(유치원, 초·중등학생) 또는 교육감(고등학생)에게 제출한다. 각급 학교의 장이 진단·평가를 의뢰할 경우에는 의뢰 전에 보호자의 사전 동의를 받아야 한다. 각급 학교의 장이 의뢰할 경우에는 일반적으로 일반교사가 해당 학생에 대한 관찰이나 경험을 바탕으로 학업에 문제를 보이는 학생이나, 집단검사의 형식으로 치러지는 학업성취도 평가에서 일정한 기준보다 낮은 수행을 보이는 학생을 선별하여 학교장에게 보고하고, 각급 학교장이 이를 검토한 후 진단·

평가를 신청하는 형식으로 진행된다.

둘째, 교육장 또는 교육감은 진단·평가의뢰서를 접수받은 즉시 이를 해당 지역 특수교육지원센터로 회부한다. 특수교육지원센터는 30일 이내에 학습장애 진단·평가 영역(예: 지능검사, 기초학습기능검사, 지각운동발달검사 등)을 중심으로 진단·평가를 실시하고 그 결과를 교육장 또는 교육감에게 보고하여야 한다.

셋째, 교육장 또는 교육감은 특수교육지원센터로부터 보고된 진단·평가 시행 결과를 검토한 후 2주일 이내에 학습장애를 지닌 특수교육 대상자로의 선정(학습장애 적격성) 여부 및 교육 지원내용을 결정하여 보호자에게 서면으로 통지하여야 한다.

넷째, 교육장 또는 교육감은 해당 특수교육운영위원회의 심사를 거쳐 학습장애 학생을 배치하여야 하며(예: 일반학교 일반학급[통합학급], 일반학교 특수학급, 특수학교 등), 이 과정에서 보호자의 의견을 수렴한다. 만일 이와 관련하여 보호자 또는 각급 학교의 장이 이의가 있을 경우 심사청구를 할 수 있으며, 해당 특수교육운영위원회는 심사 후 그 결정을 교육장 또는 교육감이나 학교의 장에게 30일 이내에 통보하여야 한다. 또한 심사 결정에 이의가 있는 보호자는 행정심판을 제기할 수 있다.

3. 원인과 출현율

1) 원 인

학습장애의 원인이 무엇인지를 규명하려는 연구는 오랫동안 계속되어 왔지만 아직까지도 명확하고 합의된 한 가지 원인이 제시되지는 않고 있다. 그러나 많은 전문가는 학습장애 아동이 중추신경계의 기능이상을 지니고 있는 것으로 간주해 왔다(Hallahan et al., 2009). 하지만 초기에는 이러한 신경학적 기능이상을 학습장애의 원인으로 수용하는 데 소극적이었는데, 그 이유는 신경학적 측정의 정확도에 대한 의문과 행동주의와 환경주의에 대한 인기 때문이었다. 이후 신경학적 연구 분야의 발달, 즉 자기공명영상(MRI), 기능적 자기공명영상(fMRI), 양전자 방출 단층촬영(PET-scan) 등의 측정기법의 발달은 신경학적 기능이상이 학습장애의 중요한 요인임을 설득력 있게 받아들이도록 하였다. 이러한 신경학적 기능이상을 일으키는 요인이 무엇인지에 대해서는 아직도 명확하게 밝혀지지는 않았지만, 일반적으로 네 가지 요인, 즉 유전적 요인, 기형 발생학적 요인, 의학적 요인, 환경적 요인이 제시되고 있다(Hallahan et al., 2005).

(1) 유전적 요인

학습장애가 유전과 관련이 있다는 증거들은 오래전부터 보고되어 왔다. 특히 가계 연구나 쌍생아 연구를 통해 학습장애와 관련 있는 요인으로 유전이 지적되고 있다. 예컨대, 학습장애 아동의 부모나 형제 중 35~45%가 읽기장애를 가지고 있는 것으로 보고되었으며, 양쪽 부모가 모두 읽기장애를 가지고 있는 아동의 경우 읽기장애를 가질 위험이 높은 것으로 알려져 있다(Pennington, 1990; Raskind, 2001; Schulte-Korne et al., 2006). 학습장애의 유전 가능성을 검사하는 또 하나의 방법은 쌍생아 연구다. 쌍생아 연구에 따르면, 이란성 쌍생아보다 일란성 쌍생아에게서 읽기장애 및 말-언어장애의 발생률이 높은 것으로 드러났다. 다시 말해서, 쌍생아 중 한 명이 읽기장애나 말-언어장애를 지닌 경우 나머지 한 명이 같은 장애를 지닐 확률은 일란성 쌍생아가 이란성 쌍생아보다 높은 것으로 나타났다(Hallahan et al., 2005).

(2) 기형 발생학적 요인

기형 발생 물질(teratogenic)은 주로 태아기 발달에서 결함이나 기형을 일으키는 물질을 말한다(Hallahan et al., 2009). 다양한 화학물질이 기형 발생 물질에 포함되지만, 그 가운데서도 알코올, 코카인, 납이 많이 거론되고 있다. 먼저 알코올의 경우 정신적인 발달에 영향을 미치는 가장 보편적인 기형 발생 물질로 알려지고 있다. 가령, 지나치게 과음하는 임산부는 태아알코올증후군(fetal alcohol syndrome: FAS)을 지닌 아이를 가질 위험이 있다. 이는 지적장애, 뇌손상, 과잉행동, 안면이상 및 심장질환 등과 관련이 있지만, 또한 학습장애와 관련 있는 신경학적 문제를 일으키기도 한다(Hallahan et al., 2005).

임산부가 코카인을 사용하면 태아의 발달에서 신경학적인 손상을 초래할 수도 있으며, 그 결과 학습장애나 다른 문제행동을 보일 수 있다. 아울러 납중독이 뇌손상을 일으킨다는 사실은 오래전부터 알려져 왔다. 한 연구에 따르면, 납 성분이 포함된 페인트 조각을 먹은 유아나 아동들이 뇌손상이나 지적장애로 판명되었으며, 태아기나 출생 후 납에 노출된 아동들이 발달장애의 위험이 있다는 것도 보고되었다(Greer, 1990; Hallahan et al., 2005).

(3) 의학적 요인

다양한 의학적 요인이 학습장애의 원인과 관련이 있는 것으로 알려져 있다. 조산은 신경학적 손상을 가져옴으로써 학습장애나 다른 장애의 위험에 처하게 할 수 있다(Hallahan et al., 2009). 예를 들어, 저체중 조산 아동의 19%가 학습장애를 가진 것으로 나타났다. 당뇨병은 신경심리학적 문제와 학습장애를 일으킬 수 있으며, 특히 5세 이전에 발생하는 조기 당뇨병은 학습장애를 가져올 가능성이 있는 것으로 간주되고 있다. 다양한 바이러스와 박테리아균에 따른 뇌의 감염인 뇌막염은 뇌손상을 일으킬 수 있으며, 그 결과 학습장애를 초래할 수 있다는 증거도 발견되었다. 또한 소아 에이즈(AIDS)도 학습장애를 초래하는 신경학적 손상을 일으킬 수 있는 것으로 알려져 있다. 이 외에도 출생 시의 난산에 따른 산소 결핍이나 혈액 공급 부족, 유아기의 사고에 따른 뇌손상 등도 학습장애를 발생시키는 요인으로 간주되고 있다(Hallahan et al., 2005).

(4) 환경적 요인

앞서 학습한 미국 「장애인교육법」이나 학습장애공동협의회의 정의를 보면, 환경적인 요인이 학습장애를 일으키는 직접적인 원인이 될 수 없음을 규정하고 있다. 그러나 최근에는 여러 가지 환경적인 요인이 아동의 신경학적 기능에 이상을 초래하고, 이에 따라 학습장애가 나타날 수 있다는 주장이 제기되고 있다. 환경적 요인으로는 가정의 낮은 사회적·경제적 지위로 발생하는 것으로서, 경제적으로 빈곤한 환경, 영양 결핍, 열악한 교육환경, 심리적 자극의 결핍 등이 지적되고 있으며, 이 때문에 환경적 불이익을 경험한 아동들에게서 학습상의 문제가 나타날 확률이 크다는 것을 입증하는 자료들이 제시되었다(Hallahan et al., 2005).

학습장애를 일으키는 데 영향을 미치는 또 다른 잠재적인 환경적 요인으로 교수의 질적인 문제가 제기되고 있다. 즉, 아동에 따라서는 교사의 부적절한 교수의 결과로 학습장애를 일으킬 위험에 처할 수 있다는 것이다. 그러나 이러한 부적절한 교수 자체가 학습장애를 일으키는 직접적인 원인이 된다기보다는 양질의 적절한 교수가 학업상의 실패를 예방하고, 학습장애가 나타나거나 학습장애로 진단되는 것을 예방할 수 있음을 시사해 준다고 볼 수 있다(Fuchs & Fuchs, 2001; Hallahan et al., 2005).

2) 출현율

학습장애 아동의 출현율을 조사하는 일은 쉬운 일이 아니다. 그 이유는 전문가들 사이에서 서로 합의된 학습장애의 정의가 도출되기 어렵다는 점과 학습장애 판별 준거의 불명확성 및 이에 따른 판별의 어려움 때문으로 보인다. 이에 따라 그동안 발표된 학습장애 아동 출현율 수치도 다양하다. 이상훈(1999)은 국내의 학습장애 관련 연구에서 보고된 내용을 근거로 연구자들이 파악한 출현율이 초등학생의 경우, 전체 학생 중 4~8%, 중학생의 경우 4~14%를 보임으로써, 적어도 4% 이상의 출현율을 보이고 있다고 추정하고 있다. 한편, 국립특수교육원의 학습장애아 출현율 조사 결과를 보면 2001년의 경우 1.17%였으며, 이는 전체 장애아동의 약 43.2%였다.

하지만 이러한 결과는 교육부가 해마다 특수교육서비스를 받고 있는 장애학생 수를 조사하여 발표하는 특수교육 연차보고서에 나타난 수치와는 큰 차이를 보이고 있다. 가령 2014년 9월 발간된 특수교육 연차보고서에 의하면 학습장애 아동은 3,362명으로 전체 특수교육 대상 학생 8만 7,278명 중 3.9%였으며, 2011년 5,606명(6.8%), 2012년 4,724명(5.6%), 2013년 4,060명(4.7%)으로 해마다 감소되어 온 것으로 나타나고 있다. 이는 전체 특수교육 대상 학생 수가 해마다 증가되고 있는 것에 반하는 결과다. 이러한 결과를 초래한 원인으로는 그동안 교육과학기술부(2010)에서 제시한 '학습장애 선정 조건과 절차' 지침을 적용하여 학습장애 학생을 선정해 오는 가운데 나타난 문제점들을 들 수 있다. 즉, 교육현장에서 이 지침을 적용하는 교사들의 전문성 부족, 선정 절차가 까다롭거나 어려운 조건들이 포함되어 있어서 교사들이 학습장애의 진단 의뢰를 포기하는 경향 등이 지적되고 있다(김요섭, 2012; 정대영, 2013).

4. 특 성

학습장애 아동의 일반적인 특성을 이해하고자 할 때 먼저 다음의 두 가지를 고려해야 한다. 첫째, 학습장애 아동의 다양성이다. 즉, 같은 학습장애 아동이라고 해도 다양한 특성을 보일 수 있다. 가령 어떤 학생은 수학에 문제를 보이는 반면, 어떤 학생은 읽기에, 그리고 어떤 학생은 철자에 어려움을 가질 수 있다. 둘째, 학습장애 아동 개인 내 능력의 다양성이다. 가령 어떤 학습장애 아동이 읽기에서는 또래들에 비해 2~3년 앞서 가는 반면, 수학에서는 반대로 2~3년 뒤처져 있을 수 있다는 점이다(Hallahan et al., 2009). 아울러 어떤 아동은 읽기나 쓰기 등 한두 가지 영역에서 문제를 보이기도 하지만, 어떤 학생은 여러 가지 영역에서 문제를 보이기도 한다.

다음에서는 학습장애 아동이 보이는 일반적인 특성을 살펴보기로 한다.

1) 학업성취

학업성취의 문제는 학습장애의 주요 특성이다. 즉, 학습장애의 정의가 말해 주듯이, 만약 학업성취에서 문제가 없다면 학습장애는 존재하지 않는다고 할 수 있다(Hallahan et al., 2009). 학습장애 아동이 학업성취 문제와 관련하여 어려움을 보이는 분야를 읽기, 쓰기, 구어, 수학 등으로 나누어 볼 수 있다.

(1) 읽기장애

읽기 문제는 대부분의 학습장애 아동이 가지는 특성이며 가장 어려운 부분이기도 하다. 어떤 통계는 학습장애 아동의 70~80%가 읽기장애를 가진 것으로 보고하고 있다. 읽기장애를 가진 아동은 단어 해독(word decoding), 읽기 유창성(reading fluency) 그리고 읽기 이해(reading comprehension)의 세 가지 면에서 어려움을 나타낼 수 있다(Hallahan et al., 2005).

먼저, 단어 해독은 인쇄된 글자를 구어로 바꾸는 능력을 말하며, 이는 대개 음운 인식과 음소 인식에 의존한다. 음운 인식은 말이 소리의 작은 단위들, 즉 단어나 음절 그리고 음소 등으로 구성된다는 것을 이해하는 것이다. 그리고 음소 인식은 단어가 소리 혹은 음소로 구성된다는 것을 이해하는 것이다(예: '산'이라는 단어는 'ㅅ', 'ㅏ', 'ㄴ'의 세 음소로 구성된다는 것을 이해하는 것). 단어 해독에 어려움을 가지는 아동은 읽기 유창성에서도 문제를 보일 수 있다. 읽기 유창성은 읽을 때 힘들이지 않고 유창하게 읽는 능력을 의미한다. 즉, 읽기 유창성은 두 가지 요소인 알맞게 읽는 속도와 적절한 표현능력을 가지고 읽는 능력을 포함한다. 읽기 이해는 아동이 읽은 것의 의미를 파악하는 능력을 말한다. 이러한 읽기 이해에서 문제를 가지는 아동의 주된 원인은 읽기 유창성에서의 어려움 때문이다. 즉, 너무 천천히 읽거나 떠듬거리며 읽는 경우는 본문을 이해하는 것을 방해받게 된다(Hallahan et al., 2009).

읽기 문제가 심각한 경우는 난독증으로 불리기도 하는데(Lerner, 2003), 난독증은 시각자극을 인지하는 데 심각한 오류를 보이는 것으로 알려져 있다(김동일, 신종호, 이대식, 2009). 이 난독증은 교정적인 도움을 필요로 하는 읽기 문제와는 다른 심각한 읽기 문제를 지닌 경우를 지칭하는 용어로, 수용언어와 표현언어, 구어와 인쇄된 언어 모두에서 문제를 보이는 학습장애를 의미하며, 따라서 난독증을 보이는 아동은 읽기, 쓰기, 말하기, 듣기 등의 여러 분야에서 어려움을 보일 수 있다(이소현, 박은혜, 2011).

(2) 쓰기장애

학습장애를 지닌 아동은 여러 쓰기의 영역, 즉 글자 쓰기, 철자 쓰기 그리고 작문 등의 영역 중 한 가지나 그 이상의 영역에서 어려움을 지닌다. 쓰기장애를 가진 학생들은 매우 천천히 쓰며 가끔은 쓴 내용도 불명료하다. 철자장애는 소리와 글자 사이의 일치를 이해하는 데 어려움을 가지기 때문에 심각한 문제가될 수 있다. 작문은 일반학생에게도 어려운 과제이지만, 학습장애 아동에게는 더욱 어려운 과제다. 또래들에 비해 학습장애 아동의 작문은 문장 구성이 덜 복잡하며, 사용된 단어의 수가 적고, 문단이 덜 조직적이며, 문장 생산의 아이디어가 빈약하고, 이야기를 쓸 때 덜 중요한 요소들을 쓰는 것으로 나타났다(Hallahan et al., 2005).

(3) 구어장애

많은 학습장애 아동이 언어 사용에 문제를 보인다. 먼저, 그들은 문법적인 요소를 이해하는 것과 관련된 구문론, 단어의 의미를 이해하는 것과 관련된 의미론 그리고 단어를 구성하는 말소리로 분해하거나 개개의 말소리를 합하여 단어로 만드는 것과 관련된 음운론의 이해에 어려움을 가진다. 또한 학습장애 아동은 언어의 사회적 사용과 관련된 화용론에도 어려움을 가진다. 즉, 대화에서 표현하거나 상대방의 말을 수용하는 데 어려움을 보이며, 서로 말을 주고받기에도 문제를 가진다. 또한 대화를 지속시키는 적절한 방법을 찾지 못해 오랜 시간 침묵을 지키기도 하고, 상대방의 진술이나 질문에 제대로 반응하지 못하며, 상대방이 대답하기 전에 그 자신의 질문에 대답하는 경향을 보이기도 한다. 아울러 과제와 관련이 없는 내용을 거론하거나 상대방이 불편을 느끼도록 하는 경향이 있다(Hallahan et al., 2009).

(4) 수학장애

읽기장애, 쓰기장애 그리고 구어장애가 전통적으로 수학장애보다 더 강조되어 온 것에 비해 수학장애는 최근에 와서 관심의 대상이 되고 있다. 특히 수학장애는 읽기장애와 비슷하거나 읽기장애 다음으로 많은 출현율을 보이는 것으로 보고되고 있다(Kunsch, Jitendra, & Sood, 2007). 수학장애를 가진 아동이 보이는 결함은 기본적인 수학 개념, 단순 사칙연산, 0의 개념 이해, 분류, 자릿수 알기, 문장제 문제 풀기 등을 포함한다(Lerner, 2003). 그러나 수학에 문제를 보이는 학습장애 아동들이 동일한 문제를 보이는 것은 아니며 개별적으로 독특한 유형의 문제를 보이곤 한다. 예를 들어, 계산능력을 지니고 있는 아동이 수리추론에는 결함을 보이는 경우가 있으며, 문장제 문제는 잘 해결하면서 단순한 계산에서는 실수를 보이는 아동도 있다(이소현, 박은혜, 2011).

2) 지각장애

학습장애 아동들 중에는 지각장애(perceptual disorder), 즉 시지각장애(visual perceptual disorder)나 청지각장애(auditory perceptual disorder)를 보이는 아동들이 있다. 지각장애는 시각이나 청각을 통하여 수용된 자극을 인식하고 식별하여 적절하게 조직하거나 해석하는 능력에 결함을 보이는 장애를 말한다. 이러한 지각상의 장애는 시각장애나 청각장애에서와 같이 얼마나 정확하게 보거나 들을 수 있는가 하는 감각능력에서 문제를 지니는 것이 아니라, 수용된 자극으로부터 의미를 이끌어 내는 활동에 결함을 보이는 것을 말한다(Smith, Polloway, Patton, & Dowdy, 2006). 예를 들어, 시지각장애를 가지는 아동은 퍼즐 맞추기나 도형을 인지하거나 기억하는 데 문제를 가질 수 있으며, 글자를 거꾸로 지각하는 반전 현상(예: 'ㅏ'를 'ㅓ'로 읽음)을 보일 수 있다(김동일 외, 2009; Hallahan et al., 2009). 또한 청지각장애를 가진 아동은 비슷하게 소리 나는 두 단어를 식별하는 것이나 언어로 된 지시를 따르는 데 어려움을 보이기도 한다(Hallahan et al., 2009).

3) 주의집중 및 과잉행동

주의집중에 문제를 가진 아동은 산만하거나 충동적이며 과잉행동을 보인다. 이러한 아동들은 한 과제에 일정한 시간 동안 집중하지 못하거나, 다른 사람의 말을 듣는 데 실패하며, 쉬지 않고 말하고, 쉽게 방해를 받거나 산만해지며, 학교 내외의 활동을 계획하는 데 조직적이지 못하는 등의 행동 특성을 보인다. 학습장애 아동들은 때때로 이와 같은 주의집중 문제를 보이기도 하며 심한 경우는 주의력결핍 과잉행동장애(ADHD)로 진단되기도 한다. 주의력결핍 과잉행동장애는 심한 정도의 부주의나 과잉행동 그리고 충동성 등의 행동 특성을 보이는 경우로서, 미국정신의학회(APA, 2000)의 『정신장애의 진단 및 통계 편람(Diagnostic and Statistical Manual of Mental Disorders-VI-TR: DSM-VI-TR)』에서 제시하고 있는 진단 기준에 따라 진단된다. 비록 다양한 추정치가 제시되고 있기는 하지만 학습장애를 지닌 아동들의 약 10~25%는 주의력결핍 과잉행동장애를 지닌 것으로 보고되고 있다(Forness & Kavale, 2002: Hallahan et al., 2009에서 재인용).

4) 인지적 특성

(1) 기 억

학습장애에 대한 초기의 연구들은 학습장애를 가진 많은 아동들이 기억에 결함이 있다는 것을 보고해 왔다. 학습장애 아동들이 보이는 기억에서의 결함은 일반적으로 두 가지 형태로 볼 수 있는데 단기기억(short-term memory)과 작동기억(working memory)이다. 단기기억이란 시각이나 청각을 통해 제시된 정보를 보거나 들은 즉시 짧은 시간 동안 순서대로 회상하는 것을 의미하며, 작동기억은 다른 인지적인 활동을 수행하면서 동시에 특정 정보를 기억해 내는 능력을 말한다(Hallahan et al., 2005). 따라서 아동이 단기기억에 문제가 있는 경우 방금 듣거나 보았던 정보를 회상하는 데 어려움을 갖는다. 또한 작동기억에 문제가 있는 아동은 다른 인지적인 과제를 수행하면서 동시에 정보를 기억하는 능력에 어려움을 갖는다. 이러한 작동기억에 결함을 보이는 아동들이 읽기장애나 수학장애를 지닌 것으로 보고되고 있다.

학습장애 아동들이 일반아동들과 비교하여 기억능력을 요구하는 과제를 제대로 수행하지 못하는 주된 이유 중 하나는 학습전략을 사용하지 않기 때문이다. 가령, 대부분의 일반아동은 암기해야 할 단어의 목록이 제시되었을 때, 단어들을 반복하거나 종류별로 모아서 암기하는 전략을 사용하는 반면에 학습장애 아동들은 이러한 전략을 사용하지 않는다는 것이다. 그러나 연구들은 학습장애 아동들도 반복과 같은 기억전략을 학습할 수 있으며, 이를 통해 이들의 학업성취를 향상시킬 수 있다는 점을 지적하고 있다(Hallahan et al., 2009).

(2) 초인지

학습장애 아동들은 초인지(metacognition) 영역에서도 문제를 보인다. 초인지는 세 가지 요소, 즉 ① 과제가 요구하는 것을 인식하는 능력, ② 적절한 전략을 선택하고 수행하는 능력, ③ 과제 수행을 점검하거나 조정하는 능력으로 구성된다(Butler, 1998: Hallahan et al., 2009에서 재인용). 첫 번째 요소인 과제가 요구하는 것을 인식하는 능력과 관련하여 살펴보면, 학습장애 아동들은 흔히 과제의 어려움 정도를 판단하는 데 문제를 가진다. 예를 들어, 그들은 고도의 전문적인 정보를 읽을 때도 흥미를 위해 읽을 때와 동일한 수준으로 집중하여 읽기도 한다. 두 번째 요소, 즉 적절한 전략을 선택하고 수행하는 능력과 관련해서는, 학습장애 아동들에게 "어떻게 하면 아침에 숙제를 잊어버리지 않고 학교에 가져올 수 있을까?"라고 물었을 때 일반아동들이 대답하는 전략(예: "문 앞에 숙제를 놓아두었다가 가지고 와요.")과 같이 대답하지 못한다.

세 번째 요소의 보기로는 이해 점검(comprehension monitoring)을 들 수 있다. 이해 점검은 아동이 본문자료를 읽고 이해하려는 시도를 하는 동안에 적용하는 전략을 의미한다. 가령 많은 읽기장애 아동은 읽고 있는 것을 이해하지 못할 때 이를 지각하지 못하는 반면에, 훌륭한 읽기전략을 가진 아동들은 이러한 것을 지각하고 필요한 조정(예: 천천히 읽거나 어려운 부분을 반복하여 읽음)을 시도한다 (Butler, 1998: Hallahan et al., 2009에서 재인용).

5) 사회 · 정서적 특성

학습장애 아동들 중 일부는 사회 · 정서적(social-emotional) 측면에서 문제를 보이기도 하는데, 이 때문에 이들은 학습장애를 가지지 않은 채 사회 · 정서적 문제를 지닌 아동들에 비해 더 큰 위험을 지닌다. 가령 일반아동들에 비해 우울증이나 사회적인 거부, 자살 충동 혹은 고립감 등을 경험할 가능성이 더 크다. 아울러 이러한 행동상의 문제들을 경험하는 아동들에게 있어서 그 영향력은 오래가기도 하고 치명적일 수 있다(Al-Yagon, 2007; Daniel et al., 2006). 특히 오랫동안 또래들로부터 거부당한 경험으로 상처를 입은 아동은 성인이 되어서도 쉽게 고통을 받거나 치료되지 않을 수 있다(McGrady et al., 2001: Hallahan et al., 2009에서 재인용).

학습장애 아동들이 사회 · 정서적 문제를 보이는 이유 중 하나는 그들이 사회적 인지(social cognition) 능력에서 결함이 있기 때문이라고 볼 수 있다. 즉, 이 때문에 다른 사람들과의 상호작용에서 사회적 단서(social clue)를 잘못 읽거나 다른 사람의 감정이나 생각을 잘 이해하지 못하기도 한다. 또한 그들은 자신의 행동이 다른 사람에게 어떤 영향을 미치는지를 인식하는 능력이나 다른 사람의 관점에서 보거나 그들의 입장에 서서 생각해 보는 능력이 부족하다(Hallahan et al., 2009).

6) 동기적 특성

많은 학습장애 아동은 학습하고자 하는 동기에 문제를 가지며, 삶에서 경험하는 도전이나 문제를 다루는 데서 스스로의 능력에 대한 인식에도 문제를 지닌다. 동기와 관련된 용어로서 개인이 자신의 성공이나 실패의 책임 소재를 어디로 돌리는가를 일컫는 것을 '통제소(locus of control)'라고 한다. 개인이 성공이나 실패의 원인을 주로 자신의 능력이나 노력 등 내부적인 요소 때문이라고 믿는 경우를 내적 통제소(internal locus of control)를 지닌 것으로 일컬으며, 이에 반해 다른 사람들이나 행운 혹은 운명 등 외부적인 요소로 인해 통제된다고 믿는 경우를 외적 통제소(external locus of control)를 지녔다고 말한다.

그런데 학습장애 아동들은 내적 통제소보다는 외적 통제소, 즉 자신의 삶이 능력이나 노력 같은 내적인 요소가 아닌, 외부적 요소로 인해 결정된다고 믿는 경향이 강하다. 아울러 이에 따라 학습장애 아동들은 가끔 자신들이 아무리 노력해도 실패할 것이라고 생각하기 때문에 쉽게 포기하거나 최악의 경우를 기대하는 학습된 무기력감(learned helplessness)을 보이기도 한다(Hallahan et al., 2005, 2009). 학습장애 아동이 가지는 이러한 동기에서의 문제를 더욱 어렵게 하는 것은 학습과 동기의 상호 관계에서 발생하는 악순환이다(Morgan & Fuchs, 2007). 즉, 아동은 과거의 실패 경험에 근거하여 새로운 어떤 과제에서도 실패할 것이라고 예상하며, 이러한 실패에 대한 예상이나 학습된 무기력은 아동으로 하여금 어렵거나 복잡한 과제를 만났을 때 너무 쉽게 포기하도록 할 수 있다. 그 결과, 아동은 새로운 것을 학습하지 못할 뿐 아니라 또 다른 실패를 경험하게 되며, 이는 아동으로 하여금 무기력 혹은 더 나아가 무가치감을 강화시킨다(Hallahan et al., 2009).

5. 교육적 접근

학습장애 아동은 이질적인 집단으로 각기 다양한 특성을 보이는 만큼 이들을 지도하는 방법 역시 다양할 수밖에 없다. 가령, 어떤 아동은 읽기나 쓰기 혹은 수학 같은 학업적인 영역에서 어려움을 보이는 반면, 어떤 아동은 인지 및 기억의 영역이나 사회·정서적 영역에서 문제를 보인다. 학습장애 아동들의 이러한 특성이 이들을 지도하는 교사들로 하여금 교육 프로그램을 계획하거나 지도하는데 다양한 교수방법이나 전략을 사용하도록 하는 부분이기도 하다. 학습장애 아동들은 일반적으로 분리된 특수학교에서 교육받기보다는 통합 상황인 일반학교의 특수학급이나 일반학급(통합학급)에서 교육받는 경우가 많다. 따라서 이들을 위한 교육에서는 특히 일반학급 교사의 역할이 중요할 뿐 아니라 일반학급 교사와 특수교사의 협력 또한 필수적이다. 다음에서는 학습장애 아동들의 학업성취를 증진시키기 위한 다양한 교수방법을 소개하기로 한다.

1) 인지훈련

인지훈련(cognitive training)은 아동의 사고나 사고 형태에 영향을 미침으로써 수행으로 나타나는 관찰 가능한 행동에 영향을 미치고자 고안된 다양한 방법을 총칭하는 용어다(Hallahan et al., 2009). 이러한 인지훈련은 학습장애 아동들이 경험하는 여러 가지 형태의 학업성취상의 어려움을 극복하도록 도와주는 데 효과적인 것으로 나타났다(Hallahan et al., 2005). 인지훈련은 세 가지의 요소, 즉 ① 학생들의 사고과정을 바꾸는 것, ② 학생들에게 학습전략을 제공하는 것, ③ 학생들에게 자기주도성(self-initiative)을 가르치는 것을 포함한다. 행동수정이론이 관찰 가능한 행동을 교정하는 것에 초점을 맞추는 반면에, 인지훈련은 관찰이 불가능한 사고과정을 수정하거나 관찰이 가능한 행동상의 변화를 불러일으키는 것과 관계가 있다(Hallahan et al., 2009).

인지훈련이 왜 학습장애 아동들에게 특히 효과적인지에 관하여 두 가지 이유를 들 수 있다. 첫째, 학습장애 아동들에게 문제해결을 위한 특별한 전략을 제공함으로써 초인지상의 문제를 극복하도록 도와주기 때문이며, 둘째 자기주도성을 강조하거나 가능한 한 그들 자신의 힘으로 과제를 처리하도록 함으로써 동기와 관련된 문제인 수동성이나 학습된 무기력을 극복하도록 도와주기 때문이다(Hallahan et al., 2009). 인지훈련을 위해 사용될 수 있는 방법은 다양하다. 다음에서는 자기교수법(self-instruction), 자기점검법(self-monitoring) 그리고 호혜적 교수법(reciprocal teaching)을 간략히 살펴보기로 한다.

(1) 자기교수법

자기교수법은 학생들이 문제해결 과제 수행 시 다양한 단계를 통해 수행할 수 있다는 것을 가르치고, 스스로의 행동을 언어적으로 조절하면서 수행하도록 하는 기법이다. 한 연구는 초등학교 5, 6학년 학습장애 아동을 대상으로 자기교수법을 사용하여 수학 문제를 해결하는 것을 보고하였다. 이에 따르면, 먼저 학생들에게 수학 문제를 해결하는 5단계 전략, 즉 ① 문제를 큰 소리로 읽기, ② 중요한 단어를 찾아서 표시하기, ③ 어떤 일이 일어나고 있는지를 설명하는 그림 그리기, ④ 수학 식 쓰기, ⑤ 정답 쓰기를 가르친다. 그리고 난 후 학생들은 다음과 같은 자기교수 절차를 사용하여 스스로 문제를 해결하도록 하였다(Case, Harris, & Graham, 1992).

① 문제 정의하기: '무엇을 해야 할까?'
② 계획하기: '이 문제를 어떻게 하면 풀 수 있을까?'
③ 전략 사용하기: '5단계 전략을 사용하면 중요한 단어를 찾을 수 있을 거야.'
④ 자기평가하기: '잘하고 있는 걸까?'
⑤ 자기강화하기: '잘했어, 맞았어.'

(2) 자기점검법

자기점검법은 학생들로 하여금 자신의 행동을 계속적으로 점검하는 것을 강조하는 인지훈련 기법의 하나로서, 두 가지 요소인 자기평가와 자기기록으로 구성된다. 즉, 이 방법에서는 학생들이 자신의 행동을 평가하고, 특정한 행동이 일어났는지의 여부를 기록하도록 한다. 학생들은 여러 형태의 학습과제 수행에서 자기점검법을 사용할 수 있다. 예를 들어, 학생이 여러 개의 수학 문제를 풀고 난 후 응답한 것들을 체크하고, 응답한 것 중 정답이 몇 개인지를 그래프에 나타내도록 한다. 그리고 며칠이 지난 후 교사와 학생이 함께 학생의 진보 여부에 대해 관찰할 수 있다. 자기점검법은 학생들이 학습 수행에서뿐 아니라 자신의 과제 집중행동을 점검하는 경우에도 사용할 수 있다. 예를 들어, 한 연구에서 교사는 학생들로 하여금 녹음기로부터 일깨워 주는 소리가 들릴 때마다 스스로에게 '내가 지금 집중하고 있는가?'를 자문하도록 하였다. 그 결과, 학생들의 과제 집중행동

이 증가되었을 뿐 아니라 과제 수행 결과 또한 향상되었다(Hallahan et al., 2009).

(3) 호혜적 교수법

호혜적 교수법은 교사와 학생 사이에 서로 상호작용하는 대화를 통해 지도하는 방법으로서, 처음에는 교사가 주도적으로 교수하다가 점차적으로 이를 중지하고 학생이 일정 기간 동안 공동교사(co-instructor)의 역할을 맡도록 하는 인지적 기법이다. 이 교수법에서는 교사가 학생이 사용할 네 가지 학습전략인 예측 (prediction), 질문(questioning), 요약(summarizing), 명료화 활동(clarifying)을 시범 보이고 학생으로 하여금 이러한 전략들을 사용하도록 지도한다(Hallahan et al., 2009).

가령 읽기 이해에서 호혜적 교수법을 적용한 예를 보면, 먼저 교사는 학생들로 하여금 교재에 포함된 제목이나 목차 또는 문장 내의 적절한 그림 등에 근거하여 다음에 무슨 내용이 전개될지에 대한 예측을 하도록 한다. 다음으로 학생들에게 주어진 학습과제를 읽은 다음, 이와 관련한 질문을 하도록 요구함으로써 훌륭한 질문을 생성하는 연습을 하도록 한다. 이때 만약 학생이 질문할 능력이 부족하다면, 교사는 힌트로서 적절한 질문 관련 용어를 제시할 수 있다. 질문 활동이 끝난 후 학생들로 하여금 교재내용을 보지 않고 자신의 말로 주된 아이디어를 발견하거나 이를 뒷받침하는 내용들을 표현하도록 하는 요약 활동을 수행하도록 한다. 마지막으로, 학생들은 교재내용 중 새로운 단어나 친근하지 않은 표현 혹은 모호한 내용을 분명히 하도록 하기 위해 불분명하거나 잘 알지 못하는 정보를 지적하는 명료화 활동을 수행한다(Meese, 2001).

2) 직접교수

직접교수(direct instruction)는 교수과정에서의 상세한 부분들을 중요시하는 교수법이다. 즉, 학생의 특성에 대한 분석보다는 가르쳐야 할 내용의 체계적인 분석을 강조하는 교수적 접근으로 특정 학업 영역의 기술을 성취하도록 하는 경우에 주로 사용된다. 직접교수에서 중요하게 사용되는 요소는 과제분석(task analysis)이다. 과제분석은 교수내용을 작은 부분들로 나누어서 가르치는 방법으로, 이를

476 제14장 학습장애아 교육

통해 교사는 부분들을 따로 나누어 가르친 다음, 보다 큰 기술을 표현하도록 하기 위해 부분들을 하나로 종합하는 것을 가르칠 수 있다(Hallahan et al., 2009).

직접교수를 이용한 프로그램은 특히 읽기나 수학 등의 교과목을 지도하는 데 효과적인 것으로 알려져 있다. 직접교수 프로그램은 대개 4~10명의 소그룹 학생들을 대상으로, 교사가 잘 준비하고, 질서정연하고, 빠른 속도로 진행하는 수업내용으로 구성된다. 또한 연습이나 훈련 그리고 즉각적인 피드백을 중요시한다. 구체적인 사례를 보면, 먼저 교사는 미리 잘 준비한 교안을 가지고 교수할 때 학생들은 교사의 주도에 따른다. 이때 교사는 때때로 수신호 등을 통해 학생들의 수업 참여를 촉진한다. 교수 도중 학생이 실수를 할 경우 즉각적으로 정정해 주고, 반대로 정답으로 반응했을 경우 칭찬하는 등의 피드백을 제공한다. 직접교수는 학습장애 아동을 위한 가장 효과적인 교수법 가운데 하나로, 특히 즉각적인 학업성취를 목적으로 할 경우뿐 아니라, 장기적인 학업성취를 위해서도 활용될 수 있다(Ellis & Fouts, 1997; Tarver, 1999).

3) 또래교수

여러 형태의 또래교수(peer tutoring)가 학습장애 아동을 위해 효과적으로 사용되어 왔다. 그중에서도 가장 많이 사용되는 두 가지 형태로 학급 전체 또래교수(classwide peer tutoring)와 또래 지원 학습(peer-assisted learning)을 들 수 있다. 학급 전체 또래교수는 학습장애 아동이나 학습장애 위험 아동을 지원하기 위한 실제적인 방법으로서 효과적이고 타당한 교수전략으로 널리 알려져 있다. 학급 전체 또래교수는 학급의 모든 학생이 참여하여 또래로부터 배우는 학생들(또래 학습자들)과 학급 교사로부터 훈련과 지도를 받는 학생들(또래 교사들)의 두 그룹으로 구성된다. 이 교수에서 또래 교사들은 담당 교사로부터 훈련과 지도를 통해 특별한 교수기술을 습득하는 것이 강조되는데, 그 이유는 교사가 해야 할 교수를 단순히 학생 교사가 대신하는 것이 아니기 때문이다(Maheady, Harper, Mallette, 2003).

또래 지원 학습은 학업성취 수준이 높은 학생(tutor, 또래 교사)과 낮은 학생(tutee, 또래 학습자)이 팀을 이루어서 잘 구조화된 또래 학습 수업시간에 학습과제를 함께 해 나가는 교수전략이다. 또래 지원 학습은 읽기능력 중 특히 음운 인식, 해독, 이해 전략 등에 매우 효과적인 방법으로 알려져 있다(Fuchs & Fuchs, 2005).

이러한 또래교수의 장점을 보면 또래 교사나 또래 학습자 모두에게 도움이 된다는 점이다. 즉, 또래 교사는 가르치면서 자신이 그 내용을 보다 확실하게 파악하게 되고, 또래 학습자는 사고과정이 성인에 비해 더욱 비슷한 또래로부터 배우기 때문에 더욱 효과적일 수 있다. 또한 또래 교사는 또래 학습자에게 적절한 학업행동이나 비학업행동의 모델이 될 수 있으며, 또래교수는 학급 내 학생들 사이에서의 사회적 관계를 수립하는 기회를 제공하는 등의 장점도 있다(한국특수교육연구회, 2009).

4) 기초교과 영역 교수

학교교육 과정 가운데 읽기, 쓰기, 수학 등은 기초교과로 분류되는데, 이 교과들에서 학습하는 내용은 주로 이후의 학습에서 새로운 개념이나 지식을 습득하는 데 필요한 도구적인 기술로서의 역할을 한다. 대부분의 학생은 초등학교 저학년 때 이러한 기초교과 기술을 습득하지만, 그렇지 않은 학생들도 많이 있다(이소현, 박은혜, 2011). 가령 읽기능력의 결함은 다른 교과 학습에도 심각한 부정적인 영향을 미치는데, 연구에 따르면 아동이 초등학교 1학년 때 심각한 읽기 문제를 보이는 경우, 3학년이 되면 다른 교과의 학습에서도 심각한 학습 결손이 나타난다(Hallahan et al., 2005). 다음에서는 읽기, 쓰기, 수학 영역에서 학습장애 아동들이 가지고 있는 문제를 지도하는 방법을 살펴보기로 한다.

(1) 읽 기

학습장애 아동들의 읽기 문제는 단어 해독, 읽기 유창성 그리고 읽기 이해의 세 가지 측면으로 대별해 볼 수 있다(Hallahan et al., 2005). 이러한 읽기 문제를 해결하기 위해 여러 가지 방법이 소개되고 있는데, 그 가운데 해독중심(decoding-based) 프로그램과 의미중심(meaning-based) 프로그램이 많이 사용되고 있다. 먼저, 해독중심의 읽기 활동을 강조하는 프로그램은 문자를 해독하는 방법, 즉 글자를 읽는 방법을 먼저 가르치고 난 후 의미에 대한 이해력에 대해 가르친다(Mercer

& Mercer, 2005). 해독중심 읽기 프로그램은 다시 음운분석적 접근과 언어학적 접근으로 나누어서 살펴볼 수 있다.

음운분석적 접근에서는 문자해독 기술 향상을 위해 중요한 문자 및 문자와 음소의 대응 관계에 대한 지식 그리고 단어를 구성하는 음소의 분석 및 결합 기능이 중심이 되는 교수-학습 활동이 된다(Mercer, 1992). 따라서 이 접근법에서는 아동으로 하여금 각 문자에 대응하는 음소에 대한 지식을 먼저 획득하도록 하며, 이때 각 문자가 갖는 음가를 강조하여 가르친다. 그리고 나서 학습한 음가들의 결합을 통해 주어진 단어에 대한 해독 활동을 수행하도록 한다. 예를 들어, '가'는 '그-으+아-'라는 음운분석과 결합을 통해 단어로서 해독될 수 있도록 교수-학습 활동이 이루어진다(김동일 외, 2009).

해독중심 읽기 프로그램의 두 번째 방법인 언어학적 접근에서는 의사소통을 중심으로 한 문자 해독 읽기 활동을 강조하는데, 그것은 문자 해독이란 인쇄된 문자를 언어적인 의사소통 과정으로 변환시키는 활동으로 보기 때문이다(Hallahan et al., 2005; Mercer, 1992). 따라서 이 접근법에서는 학습장애 아동들의 문자 해독능력을 향상시키기 위해 음운분석적 접근과는 달리 단어 자체를 문자 해독의 단위로 설정한다. 이때 문자 해독기능을 가르치기 위해 사용되는 단어들은 철자나 발음이 비슷한 것들로 구성된다. 가령 '고기', '모기', '조기', '토기' 등과 같이 반복적으로 제시되는 동일한 음운 부분과 구별되는 음운 부분을 통해 각 음운 부분이 가지고 있는 소리를 학생들이 쉽게 파악할 수 있도록 지도하는 것이다(김동일 외, 2009).

학습장애 아동의 읽기기술을 가르치는 또 다른 방법은 의미중심 프로그램의 사용이다. 의미중심 프로그램의 특징은 앞서 해독중심 프로그램에서 강조된 문자 해독과 관련된 개별 기능을 가르치기보다 의미 형성을 위한 전체적인 학습 활동으로서 읽기 활동을 전개하는 점이다. 즉, 아동으로 하여금 먼저 이해력을 강조해서 가르치고 난 후 친숙한 단어 읽기를 통해 문자 해독을 가르치는 방법이다(이소현, 박은혜, 2011).

의미중심 프로그램의 한 유형으로서 '총체적 언어교수법(whole language teaching approach)'이 있다. 이 교수법에서는 문자 해독을 위한 구체적인 기능(예: 음운분석)을 가르치기보다는 이 기능들이 의미 획득 또는 내용 이해를 위한 읽기 활동과정에서 자연스럽게 습득된다고 가정한다(Mercer, 1992). 따라서 이 교수법에서는 읽기능력의 향상을 위해 일상적인 언어 경험이나 기능과 구별되는 인위적인 음운분석이나 결합기능에 대한 기술을 가르치는 대신 다른 언어 영역인 듣기, 말하기, 쓰기를 읽기와 함께 연계하여 통합적으로 교수한다(Lapp & Flood, 1992; Mercer, 1992).

(2) 쓰 기

쓰기기술은 말하기 및 읽기 기술과 관련이 있으며, 따라서 말하기나 읽기에 어려움을 겪는 아동은 종종 쓰기에서도 결함을 보인다(Hallahan et al., 2005). 쓰기는 가장 어려운 의사소통 도구로서 아동으로 하여금 여러 가지 기술을 종합적으로 사용할 수 있는 능력을 요구한다. 쓰기기술은 손으로 직접 글자나 단어를 쓰는 필기기술과 단어를 쓸 때 맞춤법에 맞게 쓰는 기술 그리고 글을 통하여 자신의 생각을 표현하는 작문기술 모두를 포함한다(이소현, 박은혜, 2011).

쓰기 지도는 일반적으로 창의적 글쓰기와 기능적 글쓰기의 두 가지 모두를 포함해야 한다. 창의적 글쓰기는 시, 동화, 수필과 같은 독특한 형태를 통하여 개인의 생각이나 감정을 표현하는 것이며, 기능적 글쓰기는 질문에 서술로 답하기, 편지 쓰기, 초대장·보고서·회의내용 작성 등의 구조적 유형의, 전달하는 정보를 쓰는 것에 초점을 맞춘다. 학습장애 아동의 글쓰기 지도 프로그램도 창의적·기능적 글쓰기 모두를 포함함으로써 자신의 생각을 논리적으로 조직하는 것을 학습할 뿐 아니라, 전달하고자 하는 정보를 쓰기를 통해 명확하고 정확하게 전달하도록 지도해야 한다(김동일 외, 2009).

김동일 등(2009)은 쓰기 지도 중 특히 작문 지도의 방법으로서 과정적 접근을 소개하고 있는데, 이는 쓰기의 결과물과 그 결과물이 나오기까지의 과정 모두가 강조되어야 한다는 견해다. 즉, 과정적 접근에서 아동은 다양한 쓰기의 단계를 통해 쓰기를 수행하게 되며, 교사는 각 단계에 집중하여 지도하게 된다. 〈표 14-1〉은 김동일 등(2009)이 제시한 과정적 접근에서의 쓰기 5단계를 나타낸 것이다.

아울러 김동일 등(2009)이 제시한 쓰기의 과정적 접근에서 교사가 해야 할 일을 살펴보면 다음과 같다.

〈표 14-1〉 쓰기 5단계

글쓰기 준비 단계	• 글쓰기 주제를 선택한다. • 쓰는 목적(정보 제공, 설명, 오락, 설득 등)을 명확히 한다. • 독자를 명확히 한다(또래 학생, 부모, 교사, 외부 심사자 등). • 목적과 독자에 기초하여 작문의 적절한 유형을 선택한다(이야기, 보고서, 시, 　논설, 편지 등). • 쓰기를 위한 아이디어를 생성하고 조직하기 위한 사전 활동을 한다(마인드맵 　작성, 이야기하기, 읽기, 인터뷰하기, 브레인스토밍, 주제와 세부 항목 묶기 등). • 교사는 학생과 협력하여 글쓰기 활동에 참여한다(내용을 재진술 혹은 질문하 　기, 논리적으로 맞지 않은 생각을 지적하기).
초고 작성 단계	• 일단 초고를 작성하고 글을 쓸 때 수정하기 위한 충분한 공간을 남긴다. • 문법, 철자보다 내용을 생성하고 구성하는 데 초점을 맞춘다.
수정 단계	• 초고를 다시 읽고, 보충하고, 다른 내용으로 바꾸고, 필요 없는 부분을 삭제하 　고, 옮기면서 내용을 수정한다. • 글의 내용을 향상시키고 다양한 시각을 제안할 수 있도록 또래 집단(글쓰기 　도우미 집단)을 활용하여 피드백을 제공한다.
편집 단계	• 구두점 찍기, 철자법, 문장 구조 등 어문 규정에 맞추어 글쓰기를 한다. • 글의 의미가 잘 전달될 수 있도록 문장의 형태를 바꾼다. • 필요하다면 사전을 사용하거나 교사로부터 피드백을 받는다.
쓰기 결과물 게시 단계	• 쓰기 결과물을 게시하거나 제출한다(학급신문이나 학교 문집에 제출하기). • 적절한 기회를 통하여 학급에서 자기가 쓴 글을 다른 학생들에게 읽어 주거나 　학급 게시판에 올려놓는다.

* 출처: 김동일, 신종호, 이대식(2009).

- 쓰기과정에서 교사는 모델링을 제공한다. 이는 글쓰기 단계에서 교사가 학생에게 직접 정보를 조직하고, 요점 정리하는 것을 보여 주기, 조직화된 개요를 중심으로 어떻게 초안이 작성되었는지 제시하기, 초안을 읽고 내용을 수정하고 편집한 결과를 제시하여 초안과 마지막 결과물이 어떻게 달라졌는지 보여 주기 등을 포함한다.

- 쓰기과정은 협동적인 작업을 통해 이루어지도록 한다. 쓰기과정을 협동적으로 운영하면, 아이디어 생성, 정보의 제시와 조직, 어문 규정에 맞게 편집하는 과정에서 교사와 또래 집단의 피드백을 체계적으로 반영할 수 있다.

- 교사는 지속적으로 구체적인 단서를 제공한다. 교사는 쓰기과정의 각 단계에서 적절한 단서를 제시하여 촉진할 수 있다. 예를 들면, 글쓰기 준비 단계

에서는 글의 주제가 될 수 있는 어휘 목록 제시하기, 편집 단계에서는 자주
등장하는 철자의 오류, 어문 규정의 오류 유형 제시를 통해 교정하도록 지도
하기 등이다.

- 학생이 주도적으로 점검과 수정을 할 수 있도록 훈련시킨다. 각 쓰기 단계를
  끝낼 때마다 학생으로 하여금 자신이 하고 있는 활동을 점검하고 빠트린 것
  이 없는지 점검표를 이용하여 스스로 점검하도록 한다.

(3) 수 학

학습장애 아동들이 수학에서 주로 어려움을 보이는 다섯 가지 영역을 요약해
보면 다음과 같다(Friends & Bursuck, 2006).

① 공간적 구성

학습장애 아동들은 숫자를 세로로 나열해 쓰는 데 어려움을 가지거나, 숫자를
거꾸로 쓰거나 읽기도 하며(예: 9를 6으로 씀, 52를 25로 읽음), 뺄셈 문제에서 다음
과 같이 아래 수(감수)에서 위의 수(피감수)를 빼기도 한다.

$$
\begin{array}{r}
5 \\
-\,9 \\
\hline
4
\end{array}
$$

② 계산과정

학습장애 아동들은 문제를 풀 때 어떤 단계를 잊어버리기도 한다. 예를 들어,
덧셈에서 받아올림하는 숫자를 더하는 것을 잊어버리거나 뺄셈에서 받아내림한
숫자를 빼는 것을 잊어버리기도 한다.

$$
\begin{array}{r}
29 \\
+\,53 \\
\hline
72
\end{array}
\qquad
\begin{array}{r}
41 \\
-\,28 \\
\hline
23
\end{array}
$$

③ 문제해결 방식

학습장애 아동들은 항상 같은 방식으로 문제를 풀다가 다른 방식으로 문제를
푸는 것이 요구될 때도 여전히 늘 하던 방식으로 문제를 해결하려는 경향이 있

다. 예를 들어, 덧셈을 요구하는 문제를 풀다가 뺄셈을 요구하는 문제가 제시되어도 여전히 덧셈을 이용하여 문제를 해결하려고 한다.

④ 수학적인 판단이나 추론

학습장애 아동들은 그들의 반응이 비논리적임을 알지 못한다. 예를 들어, '9-6=15'나 '4+3=43'에서 명백한 오류를 발견하지 못한다. 또한 문장제 문제를 해결하는 데 어려움을 보이기도 한다. 예를 들어, 문제에서 서술된 상황을 정확히 이해하기보다는 '보다 적은', '보다 많은', '몇 배' 등과 같은 단어에 주의를 기울이므로, 문장제 문제에서 덧셈이나 뺄셈 중 어느 것을 사용해야 할지를 결정하지 못할 수 있다. 가령 '소년이 소녀보다 3배나 많은 사과를 가지고 있다. 만일 소년이 6개의 사과를 가지고 있다면, 소녀는 몇 개의 사과를 가지고 있는가?'라는 문제가 주어졌을 때, 학습장애 아동들은 '2' 대신 '18'이라고 대답하기도 하는데, 그 이유는 '배(times)'라는 용어 때문에 곱셈을 해야 한다고 생각하기 때문이다.

⑤ 수학적 용어의 이해

학습장애 아동들은 빼기, 자리 값, 받아올림이나 받아내림 같은 수학의 핵심 용어들을 이해하는 데 어려움을 보일 수 있다. 어떤 학생들은 구어로 하는 연습이나, 문장제 문제 혹은 계산 문제에서 여러 단계를 말로 표현하는 데 어려움을 보이기도 한다.

〈표 14-2〉는 계산이나 추론에서 문제를 보이는 학습장애 아동들을 위한 교수에 적용할 수 있는 구체적인 방법들이다.

〈표 14-2〉 수학기술을 향상시키기 위한 방법

방 법	내 용
네모 칸 또는 보조선 이용	계산 문제를 풀 때 자릿수를 잘 맞추지 못하는 아동을 위하여 네모 칸이나 보조선을 이용하여 쉽게 자리를 잡을 수 있게 해 준다.
문제의 수 조절	동일한 면에 동시에 제시되는 여러 개의 문제로 인하여 혼돈스러워하는 아동을 위하여 한쪽에 2~3개의 문제만 제시한다.
자동 암산	아동은 더 이상 셈하기 전략에 의존하지 않게 될 때 자동적인 암산(예: '7+6'을 계산할 때 자동적으로 답이 '13'임을 아는 것)을 할 수 있다. 이를 위하여 한 번에 두세 개를 넘지 않는 연산을 제시하고 질문하면 즉시 말하도록 연습시킨다.
구체물 조작	아동에 따라서는 기본적인 수 개념 및 관계를 학습하기 위하여 구체적인 조작물을 사용하는 것이 도움이 된다. 예를 들어, 콩, 블록, 나무젓가락, 빨대, 바둑알, 껌, 사탕 등의 사물을 직접 조작하면서 셈하기, 구구단 등의 관계를 학습할 수 있다.
언어적 촉진	직접 말로 계산을 도와주는 방법으로, 예를 들어 두 자릿수 곱셈에서 "먼저 오른쪽 수끼리 곱해야지.", "칸을 잘 맞춰서 쓰는 것 잊어버리지 말고.", "아래 위의 숫자를 엇갈려 곱하는 것도 잊어버리지 말아야지." 등의 언어적인 촉진을 하는 것이다.
실제 상황 활용	문제해결 계산 문제에서 실제 상황을 활용하여 아동의 이해를 돕는 방법이다. 예를 들어, 아동 자신의 시험 점수나 나이 등을 연습문제에 사용할 수 있다.
단서적 단어 인식	문장제 문제에서 자주 사용되는 주요 단어를 단서로 이용하게 한다. 예를 들어, '모두 합쳐서'나 '다'는 덧셈이나 곱셈에서, '남은 수'나 '나머지'는 뺄셈에서, '각각'이나 '똑같이'는 나눗셈에서 단서적으로 사용되는 단어들이다.

* 출처: 이소현, 박은혜(2011), p. 145에서 수정 발췌.

참·고·문·헌

교육부(2014). 특수교육 연차보고서(정기국회 보고자료). 교육부.

김동일, 신종호, 이대식(2009). 학습장애아동의 이해와 교육(2판). 서울: 학지사.

김애화, 김의정, 김자경, 최승숙(2012). 학습장애: 이론과 실제. 서울: 학지사.

김요섭(2012). 학습장애 선정 절차 실태조사: 경상남도 지역을 중심으로. 학습장애연구. 9(3). 53-79.

김윤옥, 김진희, 박희찬, 정대영, 김숙경, 안성우, 오세철, 이해균, 최성규, 최중옥(2005). 특수아동교육의 실제. 서울: 교육과학사.

이상훈(1999). 학습장애아의 정의와 사정에 대한 논의. 정서·학습장애 연구, 15(2), 101-120.

이소현, 박은혜(2011). 특수아동교육(3판). 서울: 학지사.

장애인 등에 대한 특수교육법 시행규칙(일부 개정 2013. 10. 4. 교육부령 제8호).

장애인 등에 대한 특수교육법 시행령(타법 개정 2013. 3. 23. 대통령령 제24423호).

정대영(2013). 한국에서의 학습장애 진단 및 판별의 쟁점과 개선 방향. 학습장애연구. 10(3), 1-20.

정동영, 김주영, 김형일, 김희규, 정동일(2010). 특수아동의 이해. 서울: 교육과학사.

한국특수교육연구회(2009). 최신 특수아동의 이해. 경기: 양서원.

한국특수교육학회(2008). 특수교육 대상자 개념 및 선별 기준.

허승준(2005). 학습장애의 진단과 평가: 기존 모델의 문제점과 시사점. 학습장애연구, 2(2). 31-53.

Al-Yagon, M. (2007). Socioemotional and behavioral adjustment among school-age children with learning disabilities: The moderating role of maternal personal resources. *The Journal of Special Education, 40,* 205-217.

Case, L. P., Harris, K. R., & Graham, S. (1992). Improving the mathematical problem-solving skills of students with learning disabilities. *The Journal of Special Education, 26,* 1-19.

Daniel, S. S., Walsh, A. K., Goldston, D. B., Arnold, E. M., Reboussin, B. A., & Wood, F. B. (2006). Suicidality, school dropout, and reading problems among adolescents. *Journal of Learning Disabilities, 39,* 507-514.

Ellis, A. K., & Fouts, J. T. (1997). *Research on educational interventions.* Larchmont, NY: Eye on Education.

Friends, M., & Bursuck, W. D. (2006). *Including students with special needs: A practical guide for classroom teachers* (4th ed.). Boston: Allyn & Bacon.

Fuchs, D., & Fuchs, L. S. (2005). Peer-assisted learning strategies: Promoting word recognition, fluency, and reading comprehension in young children. *The Journal of Special Education, 39,* 34-44.

Fuchs, L. S., & Fuchs, D. (2001). Principles for the prevention and intervention of mathematics difficulties. *Learning Disabilities Research and Practices, 16,* 85-95.

Fuchs, L. S., & Fuchs, D. (2007). A model for implementing responsiveness to intervention. *Teaching Exceptional Children, 39*(1), 14-20.

Fuchs, L. S., Fuchs, D., & Speece, D. L. (2002). Treatment validity as a unifying construct for identifying learning disabilities. *Learning Disability Quarterly, 25,* 33-45.

Greer, J. V. (1990). The drug babies. *Exceptional Children, 56,* 382-384.

Hallahan, D. P., Kauffman, J. M., & Pullen, P. C. (2009). Exceptional learners. *An introduction to special education* (11th ed.). Boston: Allyn & Bacon.

Hallahan, D. P., Lloyd, J. W., Kauffman, J. M., Weiss, M. P., & Martinez, E. A. (2005). *Learning disabilities: Foundations, characteristics, and effective teaching.* Boston: Allyn & Bacon.

Hammill, D. D. (1990). On defining learning disabilities: An emerging consensus. *Journal of Learning Disabilities, 23*(2), 74-84.

Individuals with Disabilities Education Improvement Act (IDEA) of 2004, Public Law 108-466, Sec. 602[30].

Kirk, S. A. (1962). *Educating exceptional children.* Boston: Houghton Mifflin.

Kunsch, C. A., Jitendra, A. K., & Sood, S. (2007). The effects of peer-mediated instruction in mathematics for students with learning problems: A research synthesis. *Learning Disabilities Research and Practice, 22,* 1-12.

Lapp, D., & Flood, J. (1992). *Teaching reading to every child* (3rd ed.). NY: Macmillan.

Lerner, J. W. (2003). *Learning disabilities: Theories, diagnosis and teaching strategies* (9th ed.). Boston: Houghton Mifflin.

Lerner, J. W., & Kline, F. (2006). *Learning disabilities and related disorders.* Boston: Houghton Mifflin.

Maheady, L., Harper, G. F., & Mallette, B. (2003, Spring). Classwide peer tutoring. Current Practice Alerts. Retrieved from http://www.teachingld.org/pdf/ Peertutoring_rev1.pdf.

Meese, R. L. (2001). *Teaching learners with mild disabilities: Integrating research and practice* (2nd ed.). Stamford, CT: Wadsworth.

Mercer, C. D. (1992). *Students with learning disabilities* (4th ed.). NY: Merrill Publishing Co.

Mercer, C. D., Jordan, L., Allsopp, D. H., & Mercer, A. R. (1996). Learning disabilities definitions and criteria used by state education department. *Learning Disabilities Quarterly, 19*, 217-232.

Mercer, C. D., & Mercer, A. R. (2005). *Teaching students with learning disabilities* (7th ed.). Upper Saddle River, NJ: Merrill Prentice Hall.

Mercer, C. D., & Pullen, P. C. (2005). *Students with learning disabilities* (6th ed.). Upper Saddle River, NJ: Merrill Prentice Hall.

Morgan, P. L., & Fuchs, D. (2007). Is there a bidirectional relationship between children's reading skills and reading motivation? *Exceptional Children, 73,* 165-183.

National Joint Committee on Learning Disabilities. (1989, September 18). Modifications to the NJCLD definition of learning disabilities. Letter from NJCLD to member organizations. Washington, DC: Author.

Pennington, B. F. (1990). Annotation: The genetics of dyslexia. *Journal of Child Psychology and Child Psychiatry, 31*, 193-201.

Raskind, W. H. (2001). Current understanding of the genetic basis of reading and spelling disability. *Learning Disability Quarterly, 24,* 141-157.

Schulte-Korne, G., Ziegler, A., Deimel, W., Schumaker, J., Plume, E., & Bachmann, C. (2006). Interrelationship and familiality of dyslexia related quantitative measures. *Annals of Human Genetics, 71*, 160-175.

Smith, T. E. C., Polloway, E. A., Patton, J. R., & Dowdy, C. A. (2006). *Teaching students with special needs in inclusive settings: IDEA 2004 update edition* (4th ed.). Boston: Allyn & Bacon.

Swanson, H. L. (2000). Are working memory differences in reading with learning disabilities hard to change? *Journal of Learning Disabilities, 33*, 114-136.

Tarver, S. G. (1999, Summer). Direct instruction. *Current Practice Alerts, 2.* Retrieved from http://www.teachingld.org/pdf/Alert2.pdf.

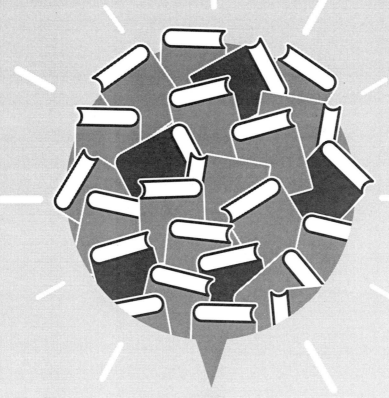

제 **15** 장

건강장애 교육

1. 정의 및 분류

1) 정 의

우리나라에서 건강장애는 병·허약 아동이라 하여 지체장애 영역에 포함되어 교육적 지원과 서비스가 이루어지다가 2005년 「특수교육진흥법」 개정안에서 새로운 특수교육 대상자로 포함됨으로써 건강장애에 대한 개념이 정립되고 교육적 요구에 맞는 지원과 서비스를 받게 되었다. 현재는 「장애인 등에 대한 특수교육법」 제15조(특수교육 대상자의 선정), 제16조(특수교육 대상자의 선정절차 및 교육지원 내용의 결정), 제17조(특수교육 대상자의 배치 및 교육)와 「장애인 등에 대한 특수교육법 시행령」 제10조(특수교육 대상자의 선정 기준), 제11조(특수교육 대상자의 학교 배치 등)를 통해 교육적 지원을 받고 있다.

안병즙(1986)은 "만성의 흉부질환, 심장질환, 신장질환 등의 상태가 6개월 이상의 의료 또는 생활규제를 필요로 하는 정도의 아동"이라고 정의하였으며, 「특수교육진흥법 시행령」 제9조에서는 "심신장애, 신장장애, 간장애 등 만성질환으로 인하여 3개월 이상의 장기입원 또는 통원치료 등 계속적인 의료적 지원이 필요하여 학교생활 및 학업 수행 등에 있어서 교육적 지원을 지속적으로 받아야 하는 자"라고 정의하고 있다.

국립특수교육원은 "심장이나 신장 등 신체의 내부 기관에 선천적 혹은 후천적으로 발생한 만성적 질환으로 인하여 3개월 이상의 장기입원 또는 통원치료 등 지속적이고 전문적인 의료적 지원이 필요하여 학교생활 및 학업 수행에 어려움이 있는 아동"이라고 정의하였다. 그리고 전문적인 의료 지원의 필요성 차원에서 주의력결핍 과잉행동장애(ADHD)는 포함할 수 있지만 지체장애와 같이 외형상으로 두드러진 장애 조건을 갖는 경우는 포함하지 않는다. 즉, 심장병, 신장병, 만성간염, 소아암, 각종 만성질환 등으로 인하여 3개월 이상 입원 또는 통원치료 등 장기적인 의료적 지원이 필요하여 학교생활 또는 학업 수행에 어려움이 있는 아동으로 정의하고 있다(노선옥 외, 2009; 정동영, 김형일, 정동일, 2001).

또한 「장애인 등에 대한 특수교육법」(2008)에서는 "만성질환으로 인하여 3개월 이상의 장기입원 또는 통원치료 등 계속적인 의료적 지원이 필요하여 학교생활 및 학업 수행에 어려움이 있는 사람"이라고 정의하고 있다.

일본의 경우 「학교교육법 시행령」 제22조(http://law.e-gov.go.jp)에서 건강장애를 병약자(病弱者)로 구분하고 "만성의 호흡기 질환, 신장질환 및 신경질환, 악성신생물, 그 외의 질환 상태가 지속되어 의료 또는 생활 규제를 필요로 하는 정도의 사람 그리고 신체 허약의 상태가 지속되어 생활 규제를 필요로 하는 정도의 사람"이라고 정의하고 있다.

또한 미국 「장애인교육법(IDEA)」에 따르면, 건강장애란 체력, 활력, 주의력 부족 및 특정 환경 요소에 대한 과도한 주의력으로 다른 교육환경에 주의할 수 없는 경우를 말한다. 만성, 급성 건강 문제로 천식, 주의력결핍 과잉행동장애, 당뇨, 간질, 심장질환, 혈우병, 납중독, 백혈병, 급성 신장염, 관절염성 발열, 겸상구적혈구성 빈혈, 뚜렛증후군 같은 질환을 가져 정상적으로 교육에 참여하거나 교육능력을 수행하는 데 장애가 있는 경우를 말한다(이미선, 김용욱, 이석진, 김현진 역, 2005; OECD, 2004).

요컨대, 건강장애는 만성적이고 때로는 생명을 위협하는 조건의 질병으로 인해 집중적인 의학적 치료나 주기적인 치료 등 계속적인 의학적 관심을 요구하는 자로 질병으로 인해 교사들의 특별한 관심과 보호를 요구한다.

2) 분 류

우리나라 「장애인 등에 대한 특수교육법」에서의 건강장애아 정의에는 건강장애의 범주가 명확하지 않으며, 국립특수교육원(노선옥 외, 2009)에서는 특수교육 실태조사를 위한 특수교육 대상 아동 선별검사에서 건강장애를 다음과 같이 분류하고 있다.

1. 전문의로부터 만성질환으로 진단을 받은 적은 없지만 일상생활이나 학습 장면에서 건강 상의 문제로 인하여 6개월 이상 동안 어려움을 겪거나 연 30일 이상의 학업 결손이 있는 경우
　　① 악성빈혈, 허약, 특이체질 등 건강상의 문제로 인하여 결석이 매우 잦아 학업 결손이 심함
　　② 건강상의 문제로 인하여 체육 활동이나 야외학습 활동 등의 참여에 어려움이 많음
　　③ 잦은 질병으로 인하여 장기간에 걸쳐 약물을 복용하고 있음
　　④ 전문의로부터 특정 운동 및 활동 등에 대한 제약 소견을 받고 있음
　　⑤ 배변이나 배뇨 기능의 문제로 장루나 요루에 시술을 받아 일상생활이나 학습 장면에 서 상당한 어려움을 겪어 학교에서 지속적인 특별 건강관리 절차나 전문적인 의료적 도움이 필요함
　　⑥ 생명력과 활동에 필요한 전문적인 의료적 처치에 지속적으로 의존함

2. 전문의로부터 만성질환으로 진단받은 경우
　　① 심장병으로 3개월 이상의 장기입원 또는 통원치료 등 지속적인 전문 의료적 지원 필요
　　② 신장병(염)으로 3개월 이상의 장기입원 또는 통원치료 등 지속적인 전문 의료적 지원 필요
　　③ 간질환으로 3개월 이상의 장기입원 또는 통원치료 등 지속적인 전문 의료적 지원 필요
　　④ 뇌전증이나 천식으로 진단받아 3개월 이상의 장기입원 또는 통원치료 등 지속적인 전 문 의료적 지원 필요
　　⑤ 소아암, AIDS, 혈우병, 백혈병, 소아당뇨 및 기타 만성질환으로 진단받아 3개월 이상 의 장기입원 또는 통원치료 등 지속적인 전문 의료적 지원 필요
　　⑥ 위에 해당하는 것 이외의 만성질환을 전문의로부터 진단받아 3개월 이상의 장기입원 또는 통원치료 등 지속적인 전문 의료적 지원 필요

　「장애인복지법」 제2조(장애인의 종류 및 기준)에 명시된 등록 장애인 가운데는 신체장애의 내부기관의 장애에 해당하는 신장장애인, 심장장애인, 호흡기장애 인, 간장애인, 장루·요루장애인, 간질장애인 등이 포함되어 있다.
　즉, 건강장애는 소아암, 심장병, 신장병, 간질환, 소아당뇨, 장루·요루장애, 호흡기 질환, 뇌전증, 기타 질환 등과 같은 만성질환 진단자와 만성질환의 진단 없이 건강 문제로 일상생활 및 학습, 야외 활동에 어려움을 겪는 자 등으로 분류 할 수 있다.

2. 출현율

2013년 장애인통계에 따르면, 전체 등록 장애인 2,51만 1,159명 중 0~19세까지의 등록 인원은 9만 2,810명이며, 그 가운데 신체 내부기관의 장애에 해당하는 신장장애 364명, 심장장애 626명, 호흡기장애 69명, 간장애 389명, 장루·요루장애 71명, 간질장애 208명이다. 즉, 0~19세 장애 등록 청소년은 심장장애, 간장애, 신장장애, 간질장애, 장루·요루장애, 호흡기장애 순으로 등록 인원이 많았다(고용노동부, 한국장애인고용공단 고용개발원, 2013).

2001년에 국립특수교육원에서 6~11세 아동을 대상으로 실시한 특수교육 요구아동의 출현율 조사에 의하면 우리나라 특수교육 요구아동의 출현율은 2.71%로 나타났으며, 그 가운데 건강장애는 0.07%로 나타났다. 이들의 교육 장면은 61.25%가 일반학급, 21.78%가 특수학급, 10.43%가 특수학교이며, 그 나머지 6.54%는 재택교육 등의 기타 지원을 받는 장면에 배치되어 있는 것으로 나타났다(정동영 외, 2001).

2014년 특수교육 통계에 의하면, 건강장애 학생은 전체 특수교육 대상 학생 8만 7,278명 중 2,029명으로 2.35%를 차지하고 있으며, 2010년 2.7%를 비롯하여 최근 5년 동안 평균 2.6%를 나타내고 있다(교육부, 2014a). 그리고 특수교육 대상자의 장애인 등록 비율을 보면 특수학교(센터 포함) 2만 5,522명 중 2만 4,798명(97.2%), 특수학급 4만 5,181명 중 3만 725명(68.0%), 일반학급에 배치된 1만 5,930명 중 8,565명(53.8%)이 장애인으로 등록한 학생이다. 그 가운데 49명이 신장장애, 107명이 심장장애, 11명이 호흡기장애, 33명이 간장애, 11명이 장루·요루장애, 73명이 간질장애로 등록하였다. 즉, 장애 등록 학생은 심장장애, 간질장애, 신장장애, 간장애, 호흡기 및 장루·요루장애 순으로 등록 인원이 많았다(교육부, 2013). 이들 중에는 소아청소년 암으로 진단받고 치료 중인 학생들도 포함되어 있다.

3. 선정 및 배치

1) 선정 기준

건강장애 학생의 선정 기준은 다음과 같다(전북교육청, 2014).

첫째, 만성질환으로 인하여 3개월 이상의 계속적인 의료적 지원이 필요한 자로서 장애인증명서·장애인수첩 혹은 진단서를 통해 만성질환을 확인한다. 또한 3개월 이상의 계속적인 의료적 지원이란 입원 혹은 통원 치료 등 장기간의 의료적 처치가 요구되는 만성질환을 의미하며 연속적인 3개월 입원 학생만을 제한적으로 선정하지 않도록 유의해야 한다.

둘째, 학교생활 및 학업 수행 등에 있어서 교육적 지원을 지속적으로 받아야 하는 자다. 즉, 장기치료로 인해 해당 학년의 진도를 따라가지 못하거나 유급 위기에 있는 등 학업 수행에 어려움이 있는 자로 특수교육운영위원회에서 결정한다([그림 15-1] 참조).

건강장애 학생 선정 시 필요한 제출 서류는 다음과 같다.

• 특수교육 대상자 진단·평가(배치) 의뢰자 명단

질병 발병·병원의 검진 및 진단

⬇

특수교육 대상자 선정 신청(건강장애) ※초·중학생은 지역교육지원청, 고등학생은 도교육청에 신청

⬇

건강장애 학생으로 특수교육 대상자 선정 통보

⬇

병원학교, 화상강의, 각종 지원비 지원

[그림 15-1] 건강장애 학생 선정 절차

- 특수교육 대상자 진단 · 평가 의뢰서(고등학교 진학 예정자 해당 없음)
- 특수교육 대상자 기초조사서
- 특수교육 대상자 선정 · 배치 신청서
- 장애인복지카드 사본 또는 장애인증명서(장애인 등록이 되어 있지 않은 경우는 학교장 의견서 제출)
- 개인정보 공개 동의서
- 최근 3개월 이내의 의사 진단서(3개월 이상의 장기입원 또는 통원치료 등 계속적인 의료적 지원이 필요하다는 소견이 포함되어야 함)
- 졸업자는 초등학교 혹은 중학교 졸업증서 또는 졸업증명서

2) 건강장애 학생의 배치

건강장애로 선정된 학생은 현재 소속된 일반학급에 그대로 배치하되, 특수학급에서의 지도가 필요한 경우 학부모나 아동의 동의하에 배치하며, 중학교 혹은 고등학교 배정 시 특수교육운영위원회에서는 학생의 건강 상태를 고려하여 가능하면 거주지와 가장 가까운 학교, 혹은 엘리베이터 등 특별한 시설이 설치된 학교에 우선 배치하도록 하고 있다.

2001년도 특수교육 통계자료에서 건강장애 아동의 경우 일반학급 71.82%, 기타 26.93%, 특수학급 1.0%, 특수학교 0.25% 순으로 나타났다(정동영 외, 2001). 2013학년도에는 건강장애 학생 2,157명 중 특수학교 33명, 일반학교 특수학급 335명, 일반학교 일반학급 1,788명, 특수교육지원센터 1명 등으로 일반학급에 배치된 학생이 가장 많았다. 2014학년도에는 특수학교 29명, 일반학교 특수학급 280명, 일반학교 일반학급 1,719명, 특수교육지원센터 1명 등으로 일반학급에 배치된 학생이 가장 많았다(교육부, 2013).

즉, 건강장애 학생은 무상교육 혜택을 제공하며 일반학급 배치를 원칙으로 하되, 가정 · 병원에서도 학습 지원을 모색하고 있다. 또한 건강장애 학생의 교육 기회 확보를 위해 병원학교를 설치하여 운영하고 있다.

4. 특 성

만성질환을 지닌 건강장애 학생은 장기입원과 장기 통원치료로 인하여 학업 수행과 일상생활을 영위하는 데 어려움이 있으며, 많은 건강장애 학생은 질병 자체가 원인이 되거나 혹은 치료과정상의 문제들로 인해 다양한 인지적, 신체적, 사회·정서적 적응상의 곤란을 가질 수 있다(강윤정, 2011). 즉, 건강장애 학생들은 대부분 질병 자체로 인해 혹은 치료과정으로 인해 장기결석, 장기입원, 가족 구성원의 기능에서의 변화 등을 겪으며, 인지적 적응 및 사회·정서적 적응에 어려움을 나타낼 수 있다(김혜영, 2009). 건강장애 학생의 58%가 일상적으로 학교를 결석하고, 약 10%는 수업의 1/4 이상을 빠진다고 보고하고 있으며(교육인적자원부, 2006; 박화문 외, 2012), 장기간의 치료나 입원이라는 특별한 경험 그리고 약물의 작용 및 부작용은 그들의 학업 수행과 관련된 인지적 요인에 충분히 영향을 줄 수 있다. 백혈병 치료를 위하여 방사선 치료와 화학요법을 받았던 학생들이 읽기와 수학에서 또래보다 낮은 성취율을 보였으며, 주의집중 능력과 순서화 능력 그리고 기억과 이해 능력을 요구하는 과제 수행에서 어려움을 보였다(김혜영, 2009).

또한 만성적인 질병을 갖고 있는 건강장애 학생들은 그 질병의 유형에 상관없이 또래보다 두려움과 우울함을 더 경험하고 있으며, 죽음에 대한 두려움, 장기간의 입원과 약물 복용으로 인한 기분 저하, 무기력한 생활로 인한 우울감을 보이는 정서적인 특징을 가지고 있다(강윤정, 2011; 김혜영, 2009).

또한 건강장애 학생들은 입원 경험을 통해 자신의 신체와 정서상의 균형을 가능하게 했던 일상으로부터 소외되고, 질병과 치료에 따른 고통과 재발에 대한 염려로 스트레스를 경험하게 된다(오진아, 2006).

그리고 건강장애 학생에게는 질병의 종류와 치료방법에 따라 다양한 신체 변화가 나타나는데, 공통적으로 나타나는 변화로는 체중 증가 혹은 감소를 들 수 있다. 항암치료의 부작용으로 심하게 붓거나 혹은 말라 피부가 창백해질 수 있고, 항암제 투여로 머리카락이 빠지는 탈모 현상이 나타나거나 새로 머리가 나더라도 대개 이전 머리카락과 색이나 굵기가 달라 학교에서나 외출 시 모자를 쓰고 있어야 한다거나 벗겨질 경우에 불안해한다. 수술로 생긴 흉터나 피부에 생긴 치료 흔적이 옷으로 가려지지 않는 부위이면 친구들로부터 놀림을 받을 수 있다고 걱정한다. 뼈나 관절 부위, 과거 수술 부위에 통증을 경험하는 경우가 많다. 그리고 질병으로 인해 팔, 다리 부위에 치료를 받은 경우 보행이 어려워 휠체어나 보조기구에 의존하여 학교생활을 해야 하는 운동기능장애가 생길 수 있다. 항암제 치료의 후유증으로 청력 감퇴가 발생할 수도 있는데, 이 청력 감퇴 때문에 수업 시간에 교사의 설명을 듣기 어렵고, 친구들과의 대화에도 어려움을 겪는다. 전반적인 기력의 감퇴로 하루 종일 이루어지는 학교생활을 하기가 어렵고, 백혈병의 경우 낮은 백혈구 수치는 감염의 위험성이 많아 마스크 착용이나 학급 친구들의 손 씻기 지도 등의 개인 위생관리와 급식에서도 아동의 식이요법에 알맞은 지원이 필요하다(김혜영, 2009).

이와 같은 건강장애 학생의 특징을 종합해 보면 치료과정에서 체중의 변화와 탈모, 수술 흉터나 운동기능장애, 청력 감퇴, 전반적 기력 감퇴, 감염의 위험성이 있고, 이러한 신체적 변화는 건강장애 학생의 정서적 측면에 영향을 주는 것으로 나타났다.

5. 교육적 접근

건강장애 학생에 대한 교육 지원은 건강장애 학생의 교육 기회 확보로 학습권을 보장하고, 개별화된 학습 지원과 심리·정서적 지원의 균형적인 제공으로 학교생활 적응을 도모하며, 다양한 서비스로 삶에 대한 희망과 용기를 심어 주고 치료 효과를 증진시키는 데 그 목적이 있다. 즉, 건강장애 학생들의 학습 단절, 또래 관계 형성의 어려움, 정서적 고통 등의 완화를 위하여 학습 지도 및 정서적 안정 프로그램을 운영해야 한다(교육부, 2014b).

1) 학습 지원

우리나라에서 건강장애 학생의 교육은 담임교사, 특수학급 교사, 병원학급 교사, 사이버학교 교사가 협력하여 개별화교육계획을 수립하고 학생의 건강 상태를 고려하여 병원 방문, 순회교육, 화상강의, 메일, 과제 제시 등 다양한 방법으로 지도가 이루어지고 있다(경상남도교육청, 2011).

첫째, 담임교사와 특수교사가 협력하여 개별화교육계획을 작성하고, 개별화건강관리계획은 물론, 통신교육 등 다양한 교육방법을 통해 연간 수업일수 확보를 위한 교육과정 운영 계획을 포함하도록 한다. 개별화건강관리계획은 ① 아동의 이름, 사진, 응급상황 시의 연락처(가족, 의사), ② 사례 조정자(case manager) 혹은 자격을 가진 치료 책임자(to include primary treatment contact with multiple backup contacts) 이름, ③ 진단/상태에 대한 기술, 건강력, 특정 증상과 통증 정도 포함, ④ 건강관리 절차와 약물관리를 포함하는 매일의 치료내용(약물 투약 장소, 복용량, 약물 전달, 약물 전달 방법, 부작용, 유효기간, 치료에 대한 학교 직원의 책임), ⑤ 책임에 대한 모니터링(학교 직원의 특정한 역할, 기록 보관에 대한 책임, 기록 형식, 증상, 특성들), ⑥ 응급상황 발생 시의 절차, ⑦ 추가적인 조정 제공 여부, ⑧ 기타(특정 질환에 적절한 조정) 등을 포함한다(박은혜, 박지연, 노충래, 2002).

둘째, 병원학교·화상강의 시스템 등을 이용한 출석일수 확보 계획을 포함하고, 학생 연령과 학업 수준에 따라 학업중심 교육과정과 심리·정서적 적응 지원의 균형을 유지한다. 즉, 병원학교는 학생이 장기 입원 혹은 장기 통원치료로 인해 학교에 갈 수 없는 경우 치료를 받으면서 또래들과 함께 공부할 수 있도록 지원하는데, 병원학교에서 발급해 주는 수업확인 증명서를 학교에 제출하면 학교 출석으로 인정된다. 그리고 화상강의 시스템은 감염이 우려되거나 요양이 필요하여 가정에 있어야 하는 건강장애 학생의 경우 인터넷을 통한 일대일 화상강의를 통해 공부를 지속적으로 할 수 있으며, 이는 학교 출석으로 인정받을 수 있다.

셋째, 사이버가정학습 서비스, 화상강의 시스템뿐만 아니라 담임교사, 특수교사, 학부모도우미, 교사자원봉사단, 예비교사 등의 일대일 상담 및 지도를 통해 학생을 지속적으로 관리하여 학년별·과목별 진도에 따라 학습할 수 있도록 한다.

넷째, 순회교육서비스를 제공한다. 즉, 특수교육운영위원회에서 종합적으로 판단하여 순회교육 여부를 결정하되, 부모의 동의를 포함하도록 한다(교육부, 2014b).

2) 심리 · 정서적 지원

우리나라의 경우 일반학생 봉사점수제 활용 등을 통하여 일반학생과의 상호작용 확대를 통한 심리 · 정서적 지원을 권장하고 있고, 건강장애에 대한 인식 개선 및 학교생활 적응 지원 자료를 개발 · 보급하며, 급우 · 부모 · 형제 · 교사 등 대상별 혹은 병명별 인식 개선 자료를 관련 단체나 협회와 협력하여 개발 · 보급 · 교육하고 있다. 또한 건강장애 학생 본인이 자신의 병에 대해 바르게 이해하고 건강과 삶에 대한 통제력을 가질 수 있도록 관련 프로그램을 개발 · 보급하고 있으며, 캠프 참여를 통해 심리 · 정서적 안정을 도모하고 기타 전화나 이메일 등 통신 이용, 가정이나 병원 방문 등을 권장하고 있다(교육부, 2014b).

3) 가족 지원

건강장애 학생 본인에 대한 지원뿐 아니라 가족이 건강장애 학생을 양육하고 교육하는 데 필요한 지원을 포함해야 한다. 그리고 입원 중인 건강장애 학생의 부모들은 자신의 자녀에게 일어날 수 있는 일과 그에 대한 대처방법 및 양육과정에서 느끼는 여러 가지 정서적 지지를 원하는데, 그 가운데 이러한 경험을 공유할 수 있는 부모 지원 그룹(parent support group)이 필요하다(김정연, 2010).

4) 학교 복귀 및 또래 관계 지원

건강장애 학생들은 질병 치료를 위한 장기입원 등으로 또래와의 접촉을 거의 하지 못한 채 장기결석을 하기 때문에 또래들과 사회적인 상호작용의 어려움을 경험하게 된다. 따라서 학교 결석이 장기간 지속될 경우 아동이 학교와 친구들로부터의 고립감을 최소한으로 느끼도록 조치해 주는 것이 중요하다. 또한 건강장애 학생의 성공적인 학교 복귀를 위해서는 학습적인 측면과 정서적인 측면에서의 성장을 함께 고려해야 한다. 즉, 건강장애 학생들의 학교생활 적응을 지원할 수 있는 자료의 개발과 보급이 필요하며, 일반학생을 대상으로 한 인식교육과 교사를 대상으로 한 연수는 건강장애 학생이 다니던 학교로 복귀하기 전부터 고려할 수 있다(교육인적자원부, 2006; 김정연, 2010).

6. 병원학교 및 화상강의 시스템

1) 병원학교

(1) 정의 및 목적

병원학교는 장기 입원이나 장기 통원치료로 인해 학교교육을 받을 수 없는 학생들을 위해 병원 내에 설치된 학교를 말한다. 현재 병원학교는 교사 1인이 운영하는 파견학급 형태인데, 여러 학교급, 학년의 학생이 함께 공부하고 있다. 그리고 병원학교는 장기치료를 받는 학생들에게 학업의 연속성 및 또래 관계를 유지시켜 주고 심리 · 정서적 안정에 따라 치료 효과를 증진시키는 데 그 운영의 목적이 있다(전북교육청, 2014).

(2) 병원학교 현황

2013년도 특수교육통계에 따르면, 전국의 병원학교는 교육청 소속 병원학교

〈표 15-1〉 병원학교 현황				(단위: 교, 명)
학교 수	월 평균 학생 수	교사 및 담당자 수	병원명	
			교육청 소속 병원학교(21개)	교육청과 병원 간 협약 및 병원 자체 운영 병원학교(10개)
31	1,293	25	부산대병원, 동아대병원, 인제대백병원, 경북대학교병원, 영남대의료원병원, 대동병원, 인하대병원, 충남대병원, 울산대병원, 국립암센터, 강원대학교병원, 강릉아산병원, 충북대병원, 국립공주병원, 단국대병원, 전북대병원, 화순전남대병원, 국립나주병원, 경상대병원, 부곡병원, 양산부산대병원	서울대병원, 세브란스병원, 한양대병원, 서울아산병원, 삼성서울병원, 국립서울병원, 한국원자력병원, 서울성모병원, 서울시립어린이병원, 서울고대구로병원

출처: 교육부(2013), p. 20.

21개교, 교육청과 병원 간 협약 및 병원 자체 운영 병원학교 10개교의 총 31개 학교에 25명의 담당교사가 배치되어 있으며, 월평균 이용 학생 수는 1,293명이고 이 중 건강장애 학생 수는 927명이다(교육부, 2013).

현재 병원학교에 배치된 학생에게 교과교육, 재량활동, 방과후활동 등을 제공하여 지속적인 학교교육을 지원하고 있다. 병원학교 현황은 〈표 15-1〉과 같다.

(3) 병원학교 입학 절차

병원학교 입학 서류에는 병원학교 입학 신청 공문, 병원학교 입학 신청서, 의사 진단서가 필요하며, 서울 지역 병원학교의 경우는 병원 자체 운영이므로 학교마다 배치 절차에 차이가 있다([그림 15-2] 참조, 전국병원학교, http://hoschool.ice.go.kr).

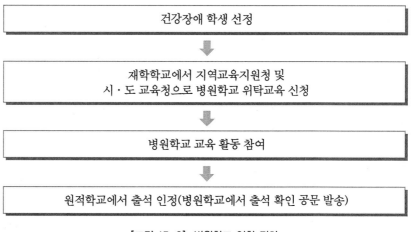

[그림 15-2] 병원학교 입학 절차

(4) 병원학교 운영 및 교육과정의 실제(전북교육청, 2014)

① 운 영

병원학교 운영은 병원학교가 속한 협력학교의 학사 일정에 준하여 이루어지며, 병원학교 특수교사가 소속학교 일반교사, 의료진, 학부모 등과 협력하여 개별화교육계획을 수립하며 개별화건강관리계획을 포함해야 한다. 즉, 학생들이 병원학교에 배치될 경우 배치일로부터 14일 이내에 개별화교육계획지원팀을 구성하여 개별화교육계획을 30일 이내 작성하여 실시한다.

② 교육과정 기본 방향
- 병원학교 교육과정은 국가수준 교육과정, 시·도 교육청 교육과정의 교육 목표와 일관성을 유지할 수 있도록 편성·운영하되 원적학교의 교육 목표를 고려하여 편성·운영한다.
- 국가수준 교육과정의 편성·운영 기준이나 방침의 타당성·적합성을 고려하고, 학교에 주어진 교육과정 편성·운영의 자율성·융통성·창의성을 최대한 발휘하여 병원학교 운영위원회 위원 및 담당 의사, 학생, 학부모의 교육적 요구를 반영하여 편성·운영한다.
- 교육과정 편성의 다양성과 운영의 융통성을 확대하여 교육과정 중심의 개성 있고 창의적인 병원학교를 운영할 수 있도록 편성·운영한다.
- 학생의 질병 특성에 따라 교과활동, 창의적 체험활동으로 편성하여 시간 배당 및 운영 계획을 수립하고, 학생의 건강 상태 및 병원학교 여건에 따라 융통성 있게 수정·보완하여 편성·운영할 수 있다.

③ 교육과정 편제와 시간 배당
- 편제
  - 병원학교 교육과정은 병원학교의 여건에 따라 교과와 창의적 체험활동으로 편성할 수 있다.
  - 교과는 학생별 교육적 요구와 건강 상태를 고려하여 해당 학년의 교과 중 선택할 수 있다.
  - 창의적 체험활동은 자율활동, 동아리활동, 봉사활동, 진로활동 중에서 선택할 수 있다.
- 시간(단위) 배당 기준
  - 병원학교의 수업 참여를 출석으로 인정하고, 출석 인정 최소 수업시수는 초등학생 1일 1시간 이상, 중학생 1일 2시간 이상을 최소 수업시간으로 정하되, 1일 적정 수업시간은 1시간을 20분 이상을 기준으로 학교 재량에 따라 융통성 있게 증감할 수 있다.

― 연간 수업일수는 병원학교 협력학교의 연간 수업일수에 준하여 운영하되,
교과와 창의적 체험활동 등의 구성은 병원학교의 여건, 담임교사의 의견,
의료진의 의견 등을 고려하여 융통성 있게 운영할 수 있다.

2) 화상강의 시스템

(1) 대 상

화상강의 시스템의 적용 대상은 건강장애 학생으로 3개월 이상 병원 입원이나
통원치료가 필요한 학생 및 건강장애 선정 대상자는 아니지만 3개월 이상의 치
료를 요하는 질병, 화상, 교통사고 등 심각한 부상으로 불가피하게 장기결석(유
급)이 예상되는 학생이다.

(2) 현 황

2014년 현재 건강장애 학생의 학습 지원을 위해 4개 교육청에서 화상강의 시스
템을 운영 중이며 건강장애 학생 1,549명이 이를 활용하고 있다(〈표 15-2〉 참조).

(3) 화상강의 입학 절차

화상강의 입학 서류는 화상강의 입학 신청 공문, 화상강의 입학 신청, 의사 진
단서, 담임교사 의견서(건강장애 미선정 학생의 경우 제출) 등이다([그림 15-3] 참조).

〈표 15-2〉 **화상강의 운영 현황**

시·도	기관명	사이버 학급 수	강사 수	전체 학생 수			월 평균 이용 학생 수	개별 학 생 평균 이용일
				건강 장애	기타	계		
서울	꿀맛무지개학교	52	35	621	120	741	653	20.0
부산	꿈사랑학교	46	24	722	246	968	838	20.4
인천	인천사이버학교	12	12	154	29	183	139	20.0
충남	충청남도 교육연구정보원	12	63	52	4	56	49	20.0
계	4개	122	134	1,549	399	1,948	1,679	20.1

출처: 교육부(2013), p. 42.

화상강의 입학 선정

(입학 선정) • 유 · 초 · 중학교 → 지역교육지원청, 시 · 도 교육청 → 화상강의   (예: 꿀맛무지개학교) • 고등학교 → 시 · 도 교육청 → 화상강의(예: 꿀맛무지개학교)

화상강의 입학 및 화상강의 수강

화상강의(예: 꿀맛무지개학교)에서 발급한 출석 확인서를 통해 원적학교에서 출석 인정

[그림 15-3] 화상강의 입학 절차

(4) 교육과정 편성 및 운영

화상강의 교육과정으로는 일반적으로 초 · 중 · 고 교육과정을 운영하고 있으며, 필수 학습 요소를 추출하여 교육과정을 압축하여 재구성하여 편성 · 운영하고 있고, 교과(국어, 수학, 사회, 과학, 영어) 및 창의적 체험활동 과정을 운영하고 있다.

7. 만성질환의 유형별 특성

1) 소아암

(1) 발생 현황

암은 우리나라 성인의 사망 원인 1위로 매년 9~10만 명 정도가 발병하는 것으로 추정된다. 국내에서 발생한 15세 미만의 암 환자 수는 전체 암의 2% 미만이며, 2002년에 새로 발생한 소아암(children tumor) 환자 수는 1,188명이었다(보건복지부, 한국중앙암등록본부, 2003). 소아암은 만 18세 미만의 소아 · 청소년기에 발견되는 암으로 성인에 비해 그 발생빈도가 비교적 낮은 편이나 신체의 전 기관을 침범하는 질환이고, 소아의 사망 원인 중 사고에 이어 두 번째로 흔한 원인이다 (김재영, 2011). 소아암은 미국에서도 18세 미만 연령의 질병으로 인한 사망의 첫 번째 원인이다(고영선, 2007).

우리나라에서 소아암은 15세 이하의 아동 10만 명당 매년 약 14명 내외의 빈 도로 발생하며 매년 1,100~1,200명의 소아·청소년이 소아암으로 진단받고 있 다(보건복지부, 한국중앙암등록본부, 2003).

2010년을 기준으로 소아암은 림프성 백혈병이 20%로 가장 많고, 뇌종양 13%, 골수성 백혈병 6% 순으로 나타났다(국민건강보험공단, 건강보험심사평가원, 2011). 국가암등록사업 연례보고서에 의하면 2011년에 15세 미만의 남녀 모두 백혈병 이 1위를 차지하였으며 뇌와 중추신경계, 비호지킨림프종, 신장, 갑상선 순으로 높게 나타났다(보건복지부, 한국중앙암등록본부, 국립암센터, 2013). 또한 건강보험심 사평가원의 조사 결과에 의하면, 소아암 진료 환자는 2006년 7,800명에서 2010년 8,900명으로 14.8% 증가했으며, 진료비는 290억 원에서 730억 원으로 152.1% 증 가하여 비교 대비 2.5배 늘어났다. 그리고 2010년을 기준으로 소아암은 림프성 백혈병이 20%로 가장 많았고, 뇌종양 13%, 골수성 백혈병 6% 순으로 나타났다 (국민건강보험공단, 건강보험심사평가원, 2011).

〈표 15-3〉 0~14세군 조발생률 순위   (단위: 명, 명/10만 명)

구 분		1위	2위	3위	4위	5위
남자	질환명	백혈병	비호지킨림프종	뇌와 중추신경계	신장	간
	발생자 수	205	82	77	20	14
	조발생 비율	5.0	2.0	1.9	0.5	0.3
여자	질환명	백혈병	뇌와 중추신경계	비호지킨림프종	난소	갑상선
	발생자 수	174	66	52	32	30
	조발생 비율	4.6	1.7	1.4	0.8	0.8
전체	질환명	백혈병	뇌와 중추신경계	비호지킨림프종	신장	갑상선
	발생자 수	379	143	134	40	34
	조발생 비율	4.8	1.8	1.7	0.5	0.4

* 출처: 보건복지부, 한국중앙암등록본부, 국립암센터(2013), p. 21.

(2) 종 류

성인의 암인 위암, 폐암, 간암, 유방암 등과 달리 아동에게서 발생하는 암은 백혈병, 뇌종양, 악성림프종, 신경모세포종, 횡문근육종, 윌름스종양, 생식세포종양, 골육종, 망막모세포종 등으로 백혈병을 제외하고 생소한 병들이 대부분이다(한국백혈병어린이재단, 2012).

또한 소아암은 성장이 빠르고 조직과 장기의 깊은 곳에서 발생하기 때문에 암이 상당히 진행될 때까지 그 증상이 잘 나타나지 않는다(국민건강보험공단, 건강보험심사평가원, 2011).

백혈병은 소아청소년 암의 약 40%를 차지하며 혈액에 생기는 암으로, 급성과 만성으로 구분하며 림프구성과 골수성으로 나눈다. 성인은 급성 골수성백혈병이 많고 소아는 항암치료만으로도 약 80% 이상의 완치를 보이는 급성 림프구성백혈병이 전체 백혈병의 약 2/3를 차지한다. 또한 악성림프종은 림프절에 생기는 암으로 치료 성공률이 약 75% 이상이다. 신경모세포종은 신경절에 생기는 암으로 복부나 흉부에 흔히 나타난다. 초기에 발견하면 90% 이상 완치되지만 4기에 발견되면 30~50% 정도로 완치율이 낮아진다. 횡문근육종은 근육에 발병하며 항암치료만으로도 약 80% 이상 완치된다. 윌름스종양은 콩팥에 생기는 암으로 조기에 발견되면 80% 이상 완치가 가능하다. 골육종은 뼈에 생기는 암으로 사춘기에 주로 발병하며 80% 이상이 완치된다(한국백혈병어린이재단, 2012).

(3) 특 성

소아암은 발병 특성상 조기 발견이 어려워 가족 중 부모는 진단 초기에 심각한 죄의식과 무력감, 부정, 회피, 불안, 우울 등의 문제에 빠지기 쉽고, 입원과 외래 치료 등의 긴 치료 기간 동안 경제적 · 정신적 · 신체적 갈등과 부담을 겪게 되며, 여러 가지 제약을 경험하게 된다(김재영, 2011). 최근 소아암의 치료방법이 발전을 거듭하여 전체 소아암 환자의 생존율은 70~80%이며, 망막모세포종, 호지킨림프종, 림프종 등은 90% 이상, 급성림프모구백혈병은 75% 이상이 생존한다. 특히 소아는 성장과 발달의 중요한 시기에 발병하여 치료를 받기 때문에 성인과는 다른 여러 가지 문제가 생길 수 있다. 따라서 계획된 치료 이후에 암 및 그 치료와 관련하여 발생할 수 있는 다양한 문제를 지속적으로 확인하고 그에 잘 대처하는 것이 중요하다(정낙균, 김지윤, 2012). 또한 소아암 아동의 생존율이 높아지면 높아질수록 치료과정 때문에 장기적으로나 단기적으로 인지와 사회 · 정서 및 행동에서의 문제가 발생하고, 이로 인해 그들의 전체적인 기능이 저하되는 현상 이 나타난다.

즉, 소아암은 발병 그 자체와 치료과정 모두 심각한 스트레스 사건으로 인식된 다(Ozno et al., 2007). 질병을 치료하기 위해 반복되는 많은 과정을 참아야 하고, 심한 육체적 통증은 물론 불안과 공포, 위축, 우울감, 분노, 소외감등으로 심리적 고통을 받기 때문에, 유아기에 경험한 암은 스트레스로부터 완충 역할을 하는 보 호 요인인 애착, 주도성, 자기통제의 발달에도 부정적인 영향을 주며 유아들의 발달과정에 있어서 위험 요인이 된다(방준희, 2012). 또한 소아암 환아들은 성장 지연, 외모 변화, 신체적 통증, 발열, 활동력 저하, 소외감, 위기감, 퇴행, 미래와 재발에 대한 걱정과 두려움, 자존감 저하의 특징을 보인다. 그리고 인지적으로 지식 부족, 학업 곤란, 사회적 부적응, 격리, 부모 관계의 스트레스, 형제와의 갈 등, 입원 시의 사적 공간 부족, 친구 관계 유지의 어려움 등을 겪는다. 특히 환아 가 어릴수록 부모는 직접 진단 통보를 대신 받아야 하고 치료 결정 및 환아의 질 병에 대한 이해와 감정 처리까지 도와야 하기 때문에 환아보다도 더 큰 심리적 고통을 겪게 된다(송주연, 2010; 홍지인, 2008).

특히 소아암의 40% 이상을 차지하는 백혈병 아동의 경우 발병 후 완치까지 3~5년 정도의 치료 기간을 거쳐야 하며, 특히 최초 발병일로부터 1~2년 정도는 항암치료 등을 받기 위해 입원하는 일수가 많아진다. 백혈병 아동은 강도 높은 치료과정에서 잦은 입원으로 학교생활 및 대인관계의 변화를 겪게 되며, 치료 종 료 후에도 신체적 허약, 재발에 대한 두려움으로 사회생활에 참여할 기회가 제한 됨으로써 우울, 불안 등의 내재화 문제행동의 정도가 다른 만성질환 아동보다 더 높은 것으로 나타났다. 학령기 아동은 장기결석으로 인해 학업성적이 뒤처지고, 특별교육이 필요하며, 상급학교로의 진학이 늦추어지거나 또래와의 단절로 소 외감을 느끼는 등 사회 · 심리적으로 부정적인 영향이 더욱 가중되며, 학교생활 을 지속하기가 어려워 스스로 학업을 포기하는 경우도 있다. 따라서 백혈병을 비 롯한 학령기의 소아암 환아의 경우 수업 결손 및 학습 부진을 해소하기 위한 중재 가 환아 자신의 치료과정을 긍정적으로 수용하고 사회적 고립으로 인한 우울, 불안, 좌절감 등의 심리적·정신적 긴장을 해소하기 위해 필요하다(오가실, 심미경, 손선영, 2003; 오진아, 2006; Kokkonen, Winqrist, & Lanning, 1997; Waber, Silverman, & Mullenix, 2000).

특히 소아암 아동의 경우 방사선 요법과 중추신경계의 침범 등으로 인해 지능 저하, 학습장애의 가능성이 높고, ADHD의 주요 증상을 보일 수 있다(한은미, 2013).

2) 신장장애

(1) 정 의

신장장애인(腎臟障碍人)이란 「장애인복지법 시행령」 제2조 제1항에서 "신장의 기능부전(機能不全)으로 인하여 혈액 투석이나 복막 투석을 지속적으로 받아야 하거나 신장기능의 영속적인 장애로 인하여 일상생활에 상당한 제약을 받는 사람(만성신부전증으로 인하여 1개월 이상 혈액 투석 또는 복막 투석을 받고 있는 사람과 신장을 이식받은 사람을 각각 장애등급 2급, 5급으로 판정)"으로 정의하고 있다.

즉, 만성신부전증은 신장의 기능이 지속적으로 감소하게 되는 질환으로 만성 신장염, 당뇨, 고혈압, 요로폐쇄, 신장결핵, 유전성 신질환 등이 대표적인 원인 질환이다. 임상적으로 3개월 이상 지속적으로 신장기능이 감소하는 경우에 만성 신부전으로 진단하게 된다(김대복, 2002). 신장이 제 기능을 유지하지 못하는 상태로, 남아 있는 신장기능은 시간이 경과함에 따라 점차 저하되어 결국은 신 대체요법(투석이나 신장 이식술)이 필요한 말기 신질환으로 진행한다.

또한 신장의 기능이 정상의 10% 이하로 현저히 저하된 중증의 신부전 상태인 말기신(end stage renal disease: FSRD)의 경우, 구토, 식욕 부진과 같은 소화기 증상, 두통, 불안, 집중력장애와 같은 정신 증상, 사지 저림, 근력 저하와 같은 말초신경장애, 면역기능 저하로 인한 감염 위험 증가, 빈혈 등을 보이게 된다(교육인적자원부, 2006).

(2) 특 성

소아에서 특징적이거나 성인에 비하여 빈번히 문제가 되는 신장장애의 임상 양상은 성장장애다. 즉, 유아의 경우 식욕부진과 식이제한 등에 따른 열량 공급

508 제15장 건강장애아 교육

부족, 만성빈혈, 각종 내분비 장애 등으로 인해 신체적 성장장애를 보이며, 어린 뇌는 요독증에 이환성이 높기 때문에 뇌증, 지능발달 지연 등 심각한 부작용이 초래되는 경우가 많다. 또한 나이가 많은 아동은 호르몬 조절에 이상이 생겨 사춘기의 지연, 성적 성숙의 지연을 가져오게 되며, 이러한 신체적 미성숙이 아동에게 커다란 정신적 부담을 주어 심각한 정신과적 문제를 야기할 수도 있다. 또한 장기간에 걸친 투석치료 과정에서 여러 가지 정서적·심리적 스트레스를 경험하고, 인공적인 방법으로 생명을 연장시키고 있다는 점 때문에 우울 및 자살 기도, 불안, 공포, 강박적 사고와 신체 개념의 왜곡 등의 정서 반응이 나타나기도 한다(교육인적자원부, 2006).

신장장애 학생은 장기간에 걸친 투석치료 과정에서 여러 가지 정서적·심리적 스트레스를 경험하게 된다. 이들의 가장 큰 스트레스 요인은 인공적인 방법에 따라 생명을 연장하고 있다는 점이다. 이에 대한 부작용으로 우울 및 자살기도, 불안, 공포, 강박적 사고와 부정적인 신체 개념 등과 같은 정서 반응이 나타나기도 한다(차하나, 2001).

(3) 치료방법

신장장애인은 신장이 심한 손상을 입고 신장의 기능이 감소하여 의료적인 처치 없이는 생명 유지가 어려운 상태에 도달하기도 하는데, 이때 혈액 투석이나 복막 투석을 지속적으로 받거나 신장 이식을 하여야 한다. 즉, 투석은 말기 신부전 환자에게 시행되는 신 대체요법의 하나로, 투석기(인공 신장기)와 투석막을 이용하여 혈액으로부터 노폐물을 제거하고 신체 내의 전해질 균형을 유지하며 과잉의 수분을 제거하는 방법을 말한다. 혈액 투석의 원리는 반투과성 막(투석막)을 경계로 그 양측에 환자의 혈액과 일정한 성분으로 조성된 투석액을 서로 반대 방향으로 통과시키면서 혈액 내의 노폐물을 농도 차이에 의해 제거하고(확산), 일정한 압력을 가하여 과다한 수분을 제거(한외여과)하는 원리를 이용하고 있다. 투석은 칼륨이 많은 과일류의 섭취를 제한하는 등의 식이제한이 요구되고, 투석 치료와 함께 빈혈 치료를 위해 조혈 호르몬제를 투여하거나, 부갑상선 기능 항진 증을 예방하기 위한 비타민 D의 주사가 필요한 경우도 많다. 또한 신장 이식은 생명을 위협할 정도로 제 기능을 하지 못하는 병든 신장을 대신하도록, 기증받은 건강한 신장을 환자의 동맥, 정맥 및 방광에 연결하여 정상적으로 기능하도록 수술하는 치료방법이다(서울대학교병원 의학정보; 교육인적자원부, 2006).

3) 소아천식

(1) 정 의

소아 연령에서 발생하는 천식인 소아천식(pediatric asthma)은 폐 속의 기관지가 아주 예민해진 상태로, 기관지가 좁아져서 환아는 쌕쌕거리며 숨을 쉬거나 기침을 오래하고, 숨참과 가슴 답답함을 호소한다. 이런 증상은 반복적·발작적으로 나타나는 것이 특징이다. 특히 기침이 주 증상으로 천식 치료에 반응이 좋은 경우에는 천식양 기관지염이라고도 한다. 기본적으로 소아천식은 발생 기전 및 유발 인자 등에서 성인의 천식과 비슷하지만 진단방법 및 예후 등에서 차이가 난다. 병인에 알레르기성 염증 반응이 관여한다고 알려져 있으며, 유전적 요인과 환경적 요인 모두의 영향을 받는다(서울대학교병원 의학정보; 송병호, 2010).

(2) 원 인

소아천식은 대표적인 알레르기 질환으로, 성인과 마찬가지로 유전적 요인과 환경적인 요인이 합쳐져서 생긴다. 알레르기 소인을 가진 사람이 원인 물질과 접촉하여 '감작(생물체 내에 항원이 들어와서 그 항원에 민감한 상태가 됨)'이 되고, 주위의 천식 유발 인자들과 상호작용을 일으키면 면역체계에 혼란이 생기면서 천식 증상이 나타나게 된다. 천식을 유발하는 인자로는 원인 물질과 악화 요인이 있다. 원인 물질은 알레르겐(allergen)으로 불리며, 집 먼지 진드기, 꽃가루, 동물털, 곰팡이, 식품 혹은 약물 등이 속한다. 감수성이 있는 사람들에게만 특이적으로 작용한다. 반면, 악화 요인은 감기, 황사, 담배 연기, 운동, 스트레스 등인데, 천식 발현 기전의 중간 단계에 작용하여 증상을 유발한다. 소아에서 마이코플라스마균(mycoplasma) 혹은 호흡기세포융합바이러스 등 특정 병원체가 감염 후 천식을 유발한다는 보고가 있으나, 그 인과관계에 대해서는 아직 논란이 많다(서울대학교병원 의학정보; 송병호, 2010).

(3) 특 성

소아천식의 경우, 질병으로 인해 학교 결석이 잦거나 최소한 학교에 갔더라도 기분이 불쾌하거나 집중할 수 없어 새로운 기술과 정보를 익히는 데 어려움을 겪을 수 있지만, 천식 자체가 학업 저하의 원인이라고 보는 것은 무리가 있다. 오히려 천식 치료를 위해 복용하는 약물이 침체한 기분, 두려운 느낌과 같은 심리적·정신적 문제를 포함하여 학업 수행에 영향을 미치는 단기기억의 장애 등 큰 부작용이 있는 것으로 알려졌다(Bender, 1999: 한은미, 2013에서 재인용).

천식 자체가 직접적으로 학습에 문제를 야기하는 것은 아니지만, 질병 때문에 학교에 자주 결석하거나, 학교에 등교해도 기분이 불쾌하거나 집중을 할 수 없어 새로운 기술과 정보 습득에 어려움이 있다. 그리고 학업성취 수준과 질병 간의 상관관계는 보이지 않으며, 주의집중장애와 천식이 관련 있다는 가설도 논쟁의 여지가 있다. 또한 무산소증에 따른 뇌상해, 학교 결석, 집중을 방해하는 병의 증세, 청각장애를 야기하는 귀의 감염, 수면 부족, 치료 약물의 사용에 따른 부작용 등으로 학교생활에서 어려움을 경험할 수 있다. 또한 지속적인 스테로이드 복용 등 약물 복용의 가장 큰 부작용으로는 침체된 기분, 두려운 느낌, 단기기억의 장애 등이 있다(교육인적자원부, 2006).

4) 소아당뇨

(1) 정의 및 분류

소아당뇨(diabetes mellitus in child and adolescent)는 소아·청소년기에 발생한 당뇨병을 말하며, 당뇨병은 인슐린 분비장애나 인슐린 작용장애에 의해 혈당이 상승하는 질환으로 발생하는 원인에 따라 1형 당뇨병, 2형 당뇨병, 임신성 당뇨병, 유전자 이상에 의한 당뇨병 등으로 구분된다.

소아기에는 성인기와 달리 1형 당뇨병이 가장 흔하나, 최근에는 비만이 증가하면서 청소년을 중심으로 2형 당뇨병의 빈도가 높아지고 있다. 1형 당뇨병은 면역 시스템이 인슐린을 분비하는 췌장의 베타세포를 공격하여 파괴한 결과 베타세포가 줄어들어서 혈당을 유지할 수 있을 만큼의 인슐린을 만들지 못하여 발생하는 질환을 의미한다. 2형 당뇨병(인슐린 비의존성 당뇨; IDDM, 2형)은 인슐린 분비가 줄어들고 인슐린에 반응하는 세포들이 인슐린에 대해 잘 반응하지 않아(인슐린 저항성) 생기는 질환이다(서울대학교병원 의학정보). 즉, 1형 당뇨병(인슐린 의존성 당뇨; IDDM, 1형)은 인슐린의 절대량이 부족하여 발생하는 것이므로 반드시 인슐린 투여로 치료해야 하며, 아직까지 확실한 완치방법이 없을 뿐 아니라 적극적으로 관리하지 않으면 망막증, 신증, 신경병변 등의 합병증을 가져올 수도 있는 만성질환이다. 인슐린 의존성 당뇨는 소아 만성질환 중 유병률이 가장 높은 질환 중의 하나이며(Silink, 2002), 전 세계적으로 유병률이 증가하고 있다(Kavonen, Viik-Kajander, Moltchanova, Libman, & Laporte, 2000). 우리나라의 경우 정확한 통계는 나와 있지 않으나, 소아당뇨는 소아 만성질환 중 유병률이 가장 높은 질환 중의 하나로, 우리나라 15세 미만의 소아 평균 발병률이 1995~2000년도에 인구 10만 명당 1.37명으로 기록되고 있다(신충호, 2006). 또한 2012년 20세 이하 소아당뇨 환자 수는 총 1만 1,581명으로 20세 이상 소아당뇨 환자와 미발견자 등을 포함하면 2만 명에 이를 전망이다(현대건강신문, 2014).

소아당뇨의 관리는 발병 이후부터 꾸준하고 지속적인 유지가 필요하며, 관리목표는 적정 수준의 혈당 조절, 정상적인 성장, 발육, 급성합병증의 사전 예방, 만성합병증의 예방과 최소화 등이다. 즉, 특이 증상 없이 동년배의 또래들과 같은 수준의 활동과 기능을 수행하고 혈당이 적정치를 유지하는 데 그 목표가 있다(정소영, 2008). 이를 위해 매일 꾸준한 4회 이상의 혈당검사와 1회 이상의 인슐린 주사, 정해진 칼로리 내에서의 식사, 운동이 요구된다. 소아당뇨의 관리는 한 가지 치료방법만으로 이루어질 수 없으며, 식사요법, 인슐린 요법, 운동요법을 중심으로 정서적·사회적으로 적응하는 생활요법의 네 가지 치료방법이 병행되어야 한다(이윤로, 2001).

(2) 특성 및 조치

학령기 및 청소년기의 소아당뇨 학생은 주로 성인기에 많이 나타나는 당뇨가 자신에게 생겼다는 것에 대한 수치심과 분노, 좌절감 등으로 인한 심리적 갈등을 겪게 된다(권태연, 2003). 즉, 이들은 만성질환에서 오는 스트레스, 특히 철저한 자기관리를 요구하는 당뇨병의 특성과 장래의 후유증에서 불안 및 좌절감을 느끼며 변화하려는 신체상에 대한 적응, 또래들과의 관계 형성 등과 같은 다양한 심리적 발달과제와 당뇨라는 만성질환을 동시에 겪고 있다(Johnson, 1980). 특히 7~15세에 발병하는 소아당뇨는 하루에 4~5차례 혈당을 측정하고 인슐린을 주사해야 하기 때문에 심리적으로 위축되고 좌절감에 빠지면서 또래로부터 멀어진다. 소아당뇨 환자들은 자신의 병을 감추기 위해 화장실에서 몰래 인슐린을 맞거나 아예 학교에서 인슐린 주사를 하지 않는 경우도 많아 건강에 위협을 받고 있는 상황이다(현대건강신문, 2014).

또한 소아당뇨 청소년은 만성질환을 가지고 사춘기를 지나면서 많은 심리사회적 갈등을 겪게 되는데, 이러한 심리사회적 갈등은 자기관리를 어렵게 만들고, 이처럼 자기관리가 잘 되지 않으면 심리사회적 갈등이 다시 심해지는 악순환을 거듭하게 된다(정소영, 2008). 그리고 학교에서 운동할 장소가 없거나 시간의 부족, 혈당검사나 주사를 할 적당한 장소의 부족으로 인해 학교에서 당뇨를 관리하는 데 어려움을 경험하며, 신체기능이 저하됨에 따라 학업 수행에 문제를 갖게 되고, 수학여행이나 극기훈련 등의 학교 행사에서 제외될 때 소외감을 느끼게 되는 등 학교생활 적응에 있어 전반적인 어려움을 경험한다(권태연, 2003; 류신희, 2008).

이와 같은 심리적 이유로 때로 교사나 또래에게 자신의 증상을 숨기려고 하기 때문에 만약 다른 사람들이 혈당 응급상황 시의 대처방법을 모를 경우 매우 위험해질 수 있으므로, 교사들은 가급적 소아당뇨 학생들이 자신의 증상을 공개할 수 있도록 하고 이를 잘 수용할 수 있는 교실 분위기를 만들어 주는 것이 필요하다(교육인적자원부, 2006).

5) 심장질환

(1) 정 의

심장장애인이란 「장애인복지법 시행령」 제2조 제1항에서 심장의 기능부전으로 인하여 일상생활 정도의 활동에도 호흡 곤란 등의 장애가 있어 일상생활 활동에 현저한 제한을 받는 사람이라고 정의하고 있다. 교육인적자원부(2006)에서는 심장장애를 관상동맥 질환인 협심증, 심근경색, 심부전, 선천성 심장기형, 심장판막증, 부정맥 등으로 심장이 더 이상 정상적인 기능을 하지 못하는 상태로 정의하고 있으며, 소아 심장장애의 원인이 되는 질환으로 선천성 심장질환, 류머티

스성 열, 심부전, 부정맥 등을 제시하고 있다.

(2) 특 성

선천성 심장병은 출생 시에 존재하는 심장의 기형 및 기능장애를 나타내는 질환을 말한다. 심장은 자궁 내 태아기 3주에서 8주 사이에 만들어지는데 선천성 심장병이란 심장 형성 및 발달과정 중에 문제가 발생하여 초래되는 질환으로, 흔히 선천성 심장기형을 말한다. 태아기에 진단되기도 하고 출생 후 수년 후에 진단되는 경우도 있다. 가장 흔한 선천성 심장질환은 심실중격결손증, 심방중격결손증이다. 심실중격결손증은 청진 시 심잡음이 강하게 들리고, 출생 후 수일 내지 수개월 내에 예방접종을 할 때 흔히 발견된다. 반면, 심방중격결손증은 심잡음이 들리지 않거나 아주 약하게 들려 10세 이후 호흡 곤란 등의 증상이 생긴 다음 뒤늦게 발견되기도 한다. 저산소증이 생기는 복잡 심장기형은 주로 신생아청색증으로 확인된다. 일부 선천성 심장병은 뚜렷한 유전자 변이 혹은 결손이 밝혀진 것도 있으나 대부분의 경우는 아직 원인이 분명하지 않다. 환경적 요인으로는 임신 초기에 투여한 약물, 혹은 임신 중에 겪은 풍진, 당뇨, 알코올 섭취가 원인이 되기도 한다. 선천성 심장병의 예방을 위해서는 모체가 임신 초기에 약물 복용을 삼가고 열성 전염병에 걸리지 않도록 주의한다. 가족 중에 심장기형을 동반한 질환이 있는 경우는 임신 계획 단계에서부터 유전상담을 하는 것이 좋다(서울대학교 병원 의학정보).

대부분 태어날 때부터 병으로 인해 정상적인 신체적 발달을 하지 못하며 잦은 호흡기 질환 등으로 취약한 건강 상태에 놓이게 되고, 이로 인해 정상적이고 활발한 학교생활을 하는 데 많은 어려움을 갖게 된다. 그리고 등·하교, 체육 수업 참여 등 학교생활을 위한 기본적 행동에 있어 어려움을 나타내고 친구관계가 수동적이고 동정적인 경향을 보이며, 학습 수행에 어려움을 갖고 있지만 학습에 대한 욕구는 강한 것으로 보고된다(교육인적자원부, 2006).

선천성 심장질환을 가진 아동은 분노, 신경증, 자존감의 저하 등이 나타난다(Hamburgen & Deptula, 1987). 이는 아동이 건강 문제나 수술 부위 흉터 등으로 인해 부정적인 신체상을 갖게 되어 질환에 대해 부정적인 태도를 형성하게 됨에 따라 자아존중감이 낮아지기 때문이다(김유정, 2004). 특히 Salzer-Muhar 등(2002)은 선천성 심장질환을 가진 학령기 남아들에게서 낮은 자존감이 두드러지게 나타난다는 결과에 대해서 신체능력의 감소를 그 원인으로 들고 있다. 그뿐 아니라 학교에 다니는 경우 수술 부위 흉터나 신체 활동의 제한으로 인해 친구들로부터 호기심과 놀림의 대상이 되어 사람들 앞에 나서기 싫어할 수 있다(宮本信也, 土橋圭子, 2005).

6) 뇌전증

(1) 정의(곽승철 외, 2011; 국립특수교육원, 2009; 김영창, 1999; 서울대학교병원 의학정보; 서울아산병원 뇌전증 클리닉, http://www.epilepsy.re.kr)

간질(epilepsy)은 최근 뇌전증(epilepsy, electro-cerebral disorders)으로 명칭을 바꾸어 부르고 있다. 뇌전증으로 명칭을 바꾼 것은 간질의 어원이 그리스어로 '악령에 의해 영혼이 사로잡힌다'는 뜻에서 비롯되었으며, 간질에 대한 사회적 편견이 심하다고 생각해서다. 「장애인복지법」(2012)에서 뇌전증장애인이란 뇌전증에 따른 뇌신경세포의 장애로 일상생활이나 사회생활에 상당한 제약을 받아 다른 사람의 도움이 필요한 사람으로 정의하고 있다. 즉, 뇌전증이란 단일한 뇌전증 발작을 유발할 수 있는 원인 인자, 즉 전해질 불균형, 산－염기 이상, 요독증, 알코올 금단 현상, 심한 수면 박탈 상태 등 발작을 초래할 수 있는 신체적 이상이 없음에도 불구하고, 뇌전증 발작이 반복적으로(24시간 이상의 간격을 두고 2회 이상) 발생하여 만성화된 질환군을 의미한다. 또는 뇌전증 발작이 1회만 발생하였다고 하더라도 뇌영상검사(뇌 MRI 등)에서 뇌전증을 일으킬 수 있는 병리적 변화가 존재하면 뇌전증으로 분류한다. 한 번의 신경세포 과흥분을 의미하는 뇌전증 발작(seizure)과 발작이 반복적으로 발생하는 뇌전증을 구분하는 것은 뇌전증의 경우 약물 혹은 수술적 치료가 필요한 질병이기 때문이다.

(2) 분류(곽승철 외, 2011; 국립특수교육원, 2009; 김영창, 1999; 서울대학교병원 의학정보; 서울아산병원 뇌전증 클리닉, http://www.epilepsy.re.kr)

뇌전증 발작은 크게 부분발작과 전신발작으로 나뉜다. 부분발작은 대뇌 피질의 일부분에서 시작되는 신경세포의 과흥분성 발작을 의미하고, 전신발작은 대뇌 양쪽 반구의 광범위한 부분에서 시작되는 발작을 의미한다.

① 부분발작

- 단순부분발작(simple partial seizure): 대뇌의 일부분에서 시작되며 대뇌 전반으로 퍼지지 않고 의식이 유지되는 것이 특징이다. 발병 부위에 따라 운동, 감각, 정신 증상 등 다양한 형태가 있다. 한쪽 손이나 팔을 까딱까딱하거나 입꼬리가 당기는 형태의 단순부분 운동발작, 한쪽의 얼굴, 팔다리 등에 이상감각이 나타나는 단순부분 감각발작, 속에서 무언가 치밀어 올라오거나 가슴이 두근거리고 모공이 곤두서고 땀이 나는 등의 증상을 보이는 자율신경계 증상, 또는 이전의 기억이 떠오르거나 낯선 물건 또는 장소가 친숙하게 느껴지는 증상(데자뷰 현상) 등의 정신 증상이 나타날 수 있다.

- 복합부분발작(complex partial seizure): 복합부분발작의 특징은 의식의 장애가 있다는 점이다. 의식장애와 더불어 의도가 확실하지 않은 반복적 행동(자동증)이 나타날 수 있다. 흔히 초점 없는 눈으로 멍하니 한 곳을 쳐다보면서, 입맛을 쩝쩝 다시거나 손을 이리저리 휘저으면서 주변에 놓인 사물을 만지작거리는 모습이 관찰될 수 있다. 환자는 자신이 이러한 행동을 했다는 사실을 기억하지 못한다. 드물게 비우성 반구(오른손잡이 한국인에서는 우측 뇌반구)에 발생하는 발작의 경우 자동증이 나타나지만 의식이 유지되고 말을 하며 환자가 기억을 하는 경우도 있다.

- 부분발작에서 기인하는 이차성 전신발작(partial seizure with secondary generalization): 발작 초기에는 단순부분발작이나 복합부분발작의 형태를 보이지만, 신경세포의 과활동성이 대뇌 전반적으로 퍼지면서 전신발작이 나타나게 된다. 환자는 쓰러지면서 전신이 강직되고 얼굴이 파랗게 되는 증상(청색증)이 초기에 나타나고, 약간의 시간이 흐른 후 팔다리를 규칙적으로 떠는 형태로 증상이 진행된다. 일반적으로 가장 흔하게 관찰되는 뇌전증 발작의 형태다.

② 전신발작

- 소발작(결신발작; absence seizure, petit mal): 소발작은 주로 소아에서 발생한

다. 정상적으로 행동하던 환아는 아무런 경고나 전조 증상 없이 갑자기 하던 행동을 멈추고 멍하게 앞이나 위를 바라보는 모습을 보이며, 간혹 고개를 푹 수그리는 모습을 보이기도 한다. 이 발작은 대개 5~10초 이내에 종료되며, 길어도 수십 초를 넘기지 않는 경우가 일반적이다. 환아는 자신이 발작을 했다는 사실을 인지하지 못한 채 발작 직전에 하던 행동이나 상황으로 복귀한다. 간혹 눈꺼풀이나 입 주위가 경미하게 떨리는 간대발작(clonic seizure)이나 입술을 핥고 옷을 만지작거리는 자동증이 동반될 수도 있다. 숨을 크게 몰아 쉴 때 나타나기 쉽다.

- 전신강직 간대발작(대발작; generalized tonic-clonic seizure, grand mal): 전신발작 도중에 가장 흔히 볼 수 있는 발작 형태다. 발작 초기부터 갑자기 정신을 잃고, 호흡 곤란, 청색증, 고함 등이 나타나면서 전신이 뻣뻣해지고 눈동자와 고개가 한쪽으로 돌아가는 강직 현상이 나타난다. 강직이 일정 시간 지속된 후 팔다리가 규칙적으로 떨리는 간대성 운동이 나타난다. 입에서 침과 거품이 나오고, 턱의 간대성 발작 때 혀를 깨물기도 한다. 발작 중에 소변이나 대변을 지리기도 한다. 발작 후에는 대개 깊은 수면이 뒤따르고, 일시적인 의식장애가 나타나기도 하며, 일정 기간 동안의 기억 소실이 동반된다. 일반인들이 가장 많이 목격하였을 뇌전증 발작의 형태다.

- 근육간대 경련발작(myoclonic seizure): 빠르고 순간적인 근육의 수축이 한쪽 또는 양쪽 팔다리와 몸통에 한 번 또는 연달아 반복되는 것이 특징이다. 깜짝 놀라는 듯한 불규칙적인 근육 수축이 나타나는데, 흔히 식사 중에 깜짝 놀라며 숟가락을 떨어뜨리는 형태로 잘 나타난다. 주로 잠에서 깬 직후에 발생하거나 수면이 부족할 때 발생하며, 피로감, 정신적인 스트레스, 광자극 등으로 심해지기도 한다. 이 발작은 청소년기에 종종 발병하는 청소년 근육간대 경련발작(juvenile myoclonic epilepsy)의 특징 중 하나이기도 하다. 또한 저산소성 뇌손상으로 인한 간질에서 주로 나타나는 간질 발작이기도 하다.

- 무긴장발작(atonic seizure): 순간적인 의식 소실과 함께 전신의 근육에서 힘이 빠지면서 넘어지는 형태다. 넘어지면서 흔히 머리를 땅이나 가구에 부딪혀서 머리, 안면, 치아 등을 다치는 경우가 많다. 소아기에 나타나는 레녹스-

가스토 증후군(Lennox-Gastaut syndrome)에서 주로 볼 수 있으며, 이 경우 치료 결과가 좋지 않은 편이다.

(3) 교육적 조치

뇌전증은 만성질환으로 최소 3년 이상의 투약치료가 필요하며 수영이나 운전 또는 과격한 운동을 삼가고 충분한 수면을 취해야 발작을 예방할 수 있다. 학령기 아동의 경우 학업과 심리발달에 영향을 미치는 요소를 최소로 감소시켜 주어야 한다(박미숙, 2010). 또한 학업적인 문제에서 뇌전증 신드롬, 항간질약의 수, 흥분된 활동 등은 주의력 결핍을 유발하며(김노은, 2008), 기분 변화, 과잉행동, 공격성, 과민성 등 행동장애 발생 위험이 높아(송현석 외, 2006) 학업성취에 문제가 발생한다. 그러므로 뇌전증 아동을 위한 전문화된 시설이 필요하며(김노은, 2008), 뇌전증 학생이 적성에 맞는 직업 선택과 원만한 사회생활을 할 수 있도록 그 가족 및 주변 사람들의 다각적인 협력이 요구된다(박미숙, 2010).

또한 뇌전증 학생들은 우울감과 의지력 및 사교성 저하, 열등감을 갖고 있으며 이것이 학업에까지 영향을 끼치게 된다(Galletti, 1994: 전정숙, 2010에서 재인용). 특히 어린 나이에 뇌전증을 시작한 아동은 사회화에 어려움이 있고 사회능력의 발달이 지연된다. 그리고 우울과 분노는 모든 연령의 뇌전증장애인의 삶에 부정적인 영향을 준다. 즉, 우울과 분노는 자살행동을 유발시키거나 삶의 질을 현저하게 저하시킨다(김노은, 2008). 따라서 교사는 뇌전증 학생의 자존감을 높여 주고 또래 관계 지원 등을 고려해야 한다.

특히 뇌전증에 대한 편견과 사회적 낙인은 사회적 부적응을 초래하며, 이는 뇌전증 환자뿐만 아니라 뇌전증 환자 가족에게도 영향을 미친다. 그러므로 사회적 낙인을 경감시킬 수 있도록 뇌전증에 대한 지식을 교육하여야 하며, 뇌전증 학생들의 사교성 키우기, 자존감 높이기, 또래와의 교제 등을 충분히 배려해 주어야 한다.

참·고·문·헌

강윤정(2011). 건강장애 이해 프로그램이 일반초등학생의 건강장애 학생에 대한 태도에 미치는 효과. 창원대학교 대학원 석사학위논문.

경상남도교육청(2011). 2011 경상남도 특수교육교육과정편성·운영지침. 경남: 경상남도교육청.

권태연(2003). 청소년기 소아당뇨인의 심리사회적 적응에 관한 연구. 이화여자대학교 대학원 석사학위논문.

고영선(2007). 소아암 자녀를 둔 부모의 심리적 경험에 대한 현상학적 연구. 백석대학교 대학원 박사학위논문.

고용노동부, 한국장애인고용공단 고용개발원(2013). 2013 장애인 통계. 경기: 한국장애인고용공단 고용개발원.

교육과학기술부(2012). 2012학년도 특수교육운영계획. 서울: 교육과학기술부.

교육인적자원부(2006). 건강장애 학생 교육지원 관련 설명자료. 서울: 교육인적자원부.

교육부(2013). 2013년 특수교육연차보고서. 서울: 교육부 특수교육정책과.

교육부(2014a). 2014 특수교육통계. 세종: 교육부.

교육부(2014b). 2014년도 특수교육운영계획. 세종: 교육부.

국민건강보험공단, 건강보험심사평가원(2011). 2011 건강보험 통계연보. 서울: 국민건강보험공단, 건강보험심사평가원.

국립특수교육원(2009). 특수교육학 용어사전. 서울: 하우.

김노은(2008). 간질 아동 부모의 삶의 질에 관한 연구. 이화여자대학교 사회복지전문대학원 박사학위논문.

김대복(2002). 신장장애인 가족스트레스와 대응방법에 관한 연구. 경성대학교 사회복지대학원 석사학위논문.

김영창(1999). 소아신경질환의 진단과 치료. 서울: 고려의학.

김유정(2004). 성인 선천성 심장환자의 신체상, 자아존중감 및 삶의 질에 관한 연구. 서울대학교 대학원 석사학위논문.

김은주(2006). 건강장애 학생의 교육지원 방안 및 병원학교 설치·운영사업 소개. 2006 건강장애 학생의 학습권 보장을 위한 병원학교 운영관련 워크숍 자료집. 교육인적자원부·경기도교육청.

김은주(2008). 건강장애 학생을 위한 병원학교 운영 지원체계의 타당화 연구. 이화여자대학교 대학원 박사학위논문.

김재영(2011). 소아암 환자 부모의 우울, 불안, 스트레스, 가족지지 및 사회적 지지가 삶의 질에 미치는 영향. 영남대학교 행정대학원 석사학위논문.

김정연(2010). 건강장애 학생의 교육 실행을 위한 지원과 역량강화. 2010. 전국병원학교 운영 워크숍. 서울: 교육과학기술부.

김혜영(2009). 건강장애 학생의 학습의욕과 사회적 지지 지각과의 관계. 한국교원대학교 교육대학원 석사학위논문.

노선옥, 김수연, 김애화, 김형일, 남상석, 박순희, 유장순, 이성봉, 이효자, 정영옥, 정은희, 최성규, 한경근(2009). 특수교육대상아동선별검사. 경기: 국립특수교육원.

노선옥, 김현진, 김은숙, 박성우, 신재훈, 이정현(2008). 2008 특수교육 실태조사. 경기: 국립특수교육원.

류신희(2008). 건강장애 학생의 교육실태 및 학교복귀지원에 대한 요구 조사. 조선대학교 교육대학원 석사학위논문.

박미숙(2010). 간질(뇌전증)장애인의 사회참여경험. 전북대학교 대학원 석사학위논문.

박윤정(2008). 희귀질환을 가지고 있는 중증장애학생의 교육적 고려 실태 및 지원방안 연구. 단국대학교 대학원 석사학위논문.

박은혜, 박지연, 노충래(2002). 교육취약계층 학습권보장을 위한 건강장애 학생 교육 지원 모형 개발. 서울: 교육인적자원부 · 학술진흥재단.

박화문, 김영한, 김창평, 김하경, 박미화, 사은경, 장희대(2012). 건강장애아동 교육. 서울: 학지사.

방준희(2012). 개별미술치료가 소아암 유아의 자아탄력성에 미치는 효과. 대구한의대학교 보건대학원 석사학위논문.

보건복지부, 한국중앙암등록본부(2003). 2002년 한국중앙암등록 사업 연례보고서. 서울: 보건복지부 · 한국중앙암등록본부.

보건복지부, 한국중앙암등록본부, 국립암센터(2013). 국가암등록사업 연례 보고서(2011년 암등록통계). 서울: 보건복지부 · 한국중앙암등록본부.

보건복지부, 한국중앙암등록본부(2003). 2002년 한국중앙암등록 사업 연례보고서. 서울: 보건복지부 · 한국중앙암등록본부.

서울특별시교육청(2012). 병원학교 운영실태 분석을 통한 내실화 방안. 2012 전국 병원학교 워크숍. 서울: 서울특별시교육청.

송병호(2012). 건강장애. 서울: 학지사.

송수미(2010). 소아당뇨 아동을 위한 절충적 부모-자녀 놀이치료의 효과: 심리사회적 적응, 치료순응, 대사조절을 중심으로. 중앙대학교 대학원 박사학위논문.

송주연(2010). 소아암 환아어머니의 희망과 삶의 의미가 외상후 성장에 미치는 영향. 카

틀릭대학교 대학원 석사학위논문.

송현석, 김보실, 이정화, 강희진, 김희진, 정은정, 김의정, 이향운(2006). 소아·청소년 간질 환자 및 가족의 삶의 질. 대한간질학회지, 10(2). 125-132.

신충호(2006). 소아 청소년기의 당뇨병 관리. 대한당뇨병학회 춘계학술대회, 19, 331-343.

안병즙(1995). 지체부자유아교육의 개념. 곽승철, 김삼섭, 박화문, 안병즙, 전헌선, 정재권, 정진자 (편), 지체부자유아교육. 대구: 대구대학교 출판부.

오가실, 심미경, 손선영(2003). 소아암 환자의 건강문제와 심리사회 적응. 대한간호학회지, 33(2), 293-300.

오진아(2006). 어린이병원학교 백혈병 환아어머니의 아동건강 및 학습 요구. 아동간호학회지, 12(2), 160-169.

이미선, 김용욱, 이석진, 김현진 역(2005). OECD 특수교육통계 및 지표. 경기: 국립특수교육원.

이윤로(2001). 의료사회사업론. 서울: 학지사.

장애인 등에 대한 특수교육법(일부개정 2013. 12. 30. 법률 제12127호)

장애인복지법(일부개정 2013. 07. 30. 법률. 제11977호)

장애인복지법 시행령(일부개정 2014. 11. 19. 대통령령 제25751호[행정자치부와 그 소속 기관 직제])

장희대(2010). 건강장애 학생부모의 불안의식과 양육태도, 자아존중감과의 관계 분석. 대구대학교 대학원 박사학위논문.

전북교육청(2014). 건강장애 학생의 교육에 대한 지침(병원학교, 화상강의). 전북: 전라북도 교육청.

전정숙(2010). 간질성 수반장애 뇌성마비 아동 보호자의 귀인성향 및 가족 탄력성의 관계 분석. 대구대학교 대학원 석사학위논문.

정낙균, 김지윤(2012). 치료종결후 건강관리. 서울: 한국백혈병어린이재단.

정동영, 김형일, 정동일(2001). 특수교육 요구아동 출현율 조사연구. 경기: 국립특수교육원.

정소영(2008). 소아당뇨 청소년의 자기관리에 영향을 주는 심리사회적 요인에 관한 연구. 한양대학교 대학원 석사학위논문.

차하나(2001). 만성신부전환자 가족의 적응에 관한 연구. 이화여자대학교 대학원 석사학위논문.

한국백혈병어린이재단(2012). 소아암 학생 가이드. 서울: 한국백혈병어린이재단.

한국장애인고용공단 고용개발원(2013). 2013 장애인통계. 경기: 한국장애인고용공단 고용개발원.

한국특수교육학회(2008). 특수교육 대상자 개념 및 선별 기준. 충남: 한국특수교육학회.

한은미(2013). 건강장애 학생 부모의 스트레스 대처행동 특성과 자아태도와의 관계 분석. 대구대학교 대학원 박사학위논문.

함기선, 신문균, 최홍식(1997). 신경생리학. 서울: 현문사.

현대건강신문(2014. 9. 29.). 소아당뇨환자에 대한 편견 개선해야. http:// www. iddm.kr.

홍지인(2008). 만성질환아의 희망, 낙관성, 지각된 사회적 지지가 정신건강에 미치는 영향. 가톨릭대학교 상담심리대학원 석사학위논문.

宮本信也, 土橋圭子(2005). 病弱・虚弱兒の醫療・療育・敎育. 京都: 金芳堂.

Bender, B. G. (1999). Learning disorders associated with asthma and allergies. *School Psychology Review, 28*(2), 204-214.

Hamburgen, M. H., Watson, R. K., & Deptula, D. (1987). Neuropsychological dysfunction in sleep apnea. *Sleep, 10*, 254-262.

Johnson, S. B. (1980). Psychological factors in juvenle diabetes. *Journal of Behavioral Medicine, 3*, 95-116.

Kavonen, M., Viik-Kajander, M., Moltchanova, E., Libman, I., Laporte, R., & Tuomilehto, J. (2000). Incidence of childhood Type 1 diabetes worldwide. Disbetes Mondiale(Diamond) Project Group. *Diabetes Care*, 23, 1516-1526.

Kokkonen, J., Winqvist, S., & Lanning (1997). Physical and psychosocial outcome for young adults with treated malignancy. *Pediatr Hematol Oncol, 14*, 223-232.

OECD (2004). *Equity in education: Statistics and indicators.* Paris: OECD Publication.

Ozno, S., Saeki, T., Mantani, T., Ogata, A., Okamura, H., & Yamawaki, S. (2007). Factors related to posttraumatic stress in adolescent survivors of childhood cancer and their parents. *Support care Cancer, 15*, 309-317.

Salzer-Muhar, U., Herle, M., Floquet, P., Freilinger, M., Greber-Platzer, S., Haller, A., & Schlemmer, M. (2002). Self-concept in male and female adolescents with congenital heart disease. *Clinical pediatrics, 41*(1), 17-24.

Silink, M. (2002). Childhood diabetes: A global perspective. *Hormone Research, 57*(1), 1-5.

Waber, D. O., Silverman, L. B., & Mullenix, P. J. (2000). Cognitive sequelae in children treated for acute lymphoblastic leukemia with dexamethasone or prednisone. *J.

Pediatr Heamtol/Oncol, 22(3), 206-213.

서울대학교병원 의학정보 http:// terms. naver.com/ list.nhn? cid=51007& categoryId=
　　51007&mobile

서울아산병원 뇌전증 클리닉 http://epilepsy.amc.seoul.kr

전국병원학교 http://hoschool.ice.go.kr

http://law.e-gov.go.jp

http://www.epilepsy.re.kr

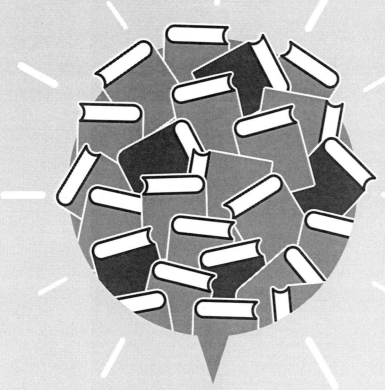

제 **16** 장

영재아 교육

아동의 영재성 발현을 위해 유아, 교사, 학부모가 얼마나 눈높이를 같이하느냐는 아동의 재능을 성공적으로 발휘하게 하는 데에 매우 중요하다.

1. 정 의

영재에 대한 개념은 영재교육의 방향성을 결정짓는 만큼 정의를 내린다는 것은 매우 중요하다. 수많은 연구자가 오래전부터 영재성에 관심을 가져 왔으나, 영재성에 대한 정의는 학자들에 따라 다르기 때문에 절대적인 개념을 찾기란 쉽지 않다. 영재를 어떻게 정의하느냐 하는 것은 영재를 어떻게 판별할 것이며, 어떻게 교육할 것인지를 결정하므로 매우 중요하다.

영재성(giftedness)은 일차적으로 능력 면에서 보통 아동과 구별되는 용어로서, 문화적 환경마다 다르게 의미를 갖거나 가치 평가를 달리하는 질적인 용어로 볼 수 있다(Freeman, 1985). 영재성에 대한 개념은 다양한 구성요소를 포함하고 있기 때문에 정의를 단정 짓는 것은 어렵다.

정의의 중심 주제는 크게 능력의 개념을 사용하는 것과 능력 요인과는 다른 인간의 정의적인 특성을 영재성의 정의에 포함시키는 것의 두 가지로 나눌 수 있다. 다음에 제시되는 영재의 개념은 영재에 대한 초기 개념과 영재성을 바라보는 학자의 관점에 따라 능력 요인과 정의적인 특성을 중심으로 정리하였다.

1) 영재 개념에 대한 초기 관점

초기의 연구에서는 사고과정에서 공통적으로 영향을 미치는 지능을 영재성의 핵심으로 보았으나, 점차 지능검사 자체의 신뢰도, 타당도 등에 대한 문제가 제기되면서 지능과 같은 단일 요인이 아닌 다요인적 입장(최성연, 2001)에서 영재를 정의하는 연구로 진행되고 있다.

영재성에 대한 연구는 지능 이론가들의 관심에서부터 시작되었다.

비네–시몽(Binet-Simon) 검사를 미국판으로 표준화하여 스탠퍼드–비네 검사를 개발한 Terman(1925)은 영재의 개념 규정을 지능이라는 단일 요인에 근거하여 연구하였다. 스탠퍼드-비네 지능검사(Stanford-Binet Intelligence Test) 결과 동일 연령 집단에서 상위 1% 이상인 자를 영재라고 정의하였다. 그중에서도 '학교 총 학생 수의 상위 1%에 드는 뛰어난 학생'으로 판별된 'IQ 135 이상의 높은 지능'을 영재라고 정의하였다. 그 이후 지능검사 결과를 기준으로 하여 상위 2~3%에 해당되는 사람이나 IQ 130 또는 140 이상인 사람을 영재로 정의하였다.

2) 미국 문교국의 정의

Terman이 정의한 지능이라는 단일 요인에 근거하여 영재를 정의한 개념에 대한 비판이 일면서 영재성에 다양한 재능을 포함시키는 다측면적인 영재성의 개념 확장이 제기되었다. 이에 영재성 정의에 대한 보다 포괄적인 정의가 제시되었다.

미국 교육위원회의 위원이었던 Marland(1972)는 문교국(USOE)에 제출한 보고서에서 영재를 "뛰어난 능력을 가지고 있어서 높은 성취를 보일 가능성이 있는 자로서 자신과 사회에 기여하기 위해서 정규 학교가 제공하는 것 이상의 특별한 교육 프로그램이나 도움을 필요로 하는 사람"이라고 정의하였다. 그리고 다음과 같이 6개의 영역으로 영재성을 구분하였다. 이 중에서 한 가지 또는 여러 분야에서 검증된 성취나 잠재력을 비롯하여 높은 수행력을 갖는 아동을 영재로 보았다.

- 일반적 지적 능력
- 특수 학문의 적성
- 창의적 · 생산적인 능력
- 리더십 능력
- 시각 및 공연예술 능력
- 정신운동 능력

3) Renzulli의 모형

　미국 문교국의 영재 정의와 함께 세계적으로 영재교육에 가장 많은 영향력을 끼친 사람은 Renzulli다(Gagné, 1985). Renzulli(1978)는 기존의 문교국의 정의 중 동기 유발적인 요소의 부족, 6개 영역으로 분리된 능력, 실제 교육 현장에서의 검사 위주의 영재성 판별 등의 문제점을 제시하면서 이를 보완하여 영재성을 결정하는 요인으로 평균 이상의 높은 능력과 창의성, 과제 집착력의 3요인을 공유해야 한다는 세 고리(three-ring) 모형을 주장하였다.

　Renzulli는 3요인의 비중을 동일하게 두고서 지적인 능력과 창의성뿐만 아니라, 과제 집착력 같은 성격적인 요인이 영재의 성취에 매우 중요하다는 점을 강조하였다(윤여홍, 2000). 과제 집착력은 어떤 일을 완료하기 위한 끊임없는 인내와 시간, 노력 등이 포함된다. 이것은 영재의 개념이 타고난 능력만으로 이루어지는 것은 아니라는 것이다. 타고난 능력이 있어도 뛰어난 업적을 성취하기 위해서는 개인의 노력과 적절한 교육환경이 제공되어야 한다는 것을 의미하는 것으로 영재의 개념을 새롭게 정의하고 있다.

　Renzulli는 세 가지 요소가 비슷하게 중요하며 각 특성이 85% 이상이면서 적어도 한 가지 특성에서는 98% 이상일 때 뛰어난 성취를 할 가능성이 더 높아지며, 일반학생의 15~20%가 영재교육의 대상이 되어야 한다고 주장하였다(이경화, 박숙희, 2004). 따라서 Renzulli에 따르면 영재교육의 대상이 되는 학생의 폭이

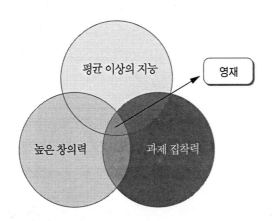

[그림 16-1] Renzulli의 세 고리 모형

확대된다고 볼 수 있다.

4) Tannenbaum의 정의

Tannenbaum의 정의는 사회·심리학적 정의라고 알려져 있다. Tannenbaum (1983)은 충분히 계발된 재능은 성인에게서 나타나고, 성인으로서 뛰어난 성취를 이루기 위해서는 뛰어난 일반지능, 뛰어난 특수한 재능, 비인지적인 촉진제, 환경적인 영향, 기회나 행운의 다섯 가지 구성요소가 필요하다고 보았으며, Renzulli 의 정의의 과제 집착력과 비슷한 의미로 영재성 안에 비인지적·환경적 요소 등의 정의적인 요인을 포함시키고 있다. 재미있게도 그는 운을 제시하고 있는데, 운은 영재가 인생을 살면서 만나는 예측 불가능한 사건으로 모든 능력이 갖추어져 있음에도 불구하고 기회가 닿지 않아 영재성이 발현되지 않고 사장될 수도 있음을 언급하고 있다. 따라서 운은 교육으로 통제하기 힘들지만, 영재아의 잠재력을 펼칠 수 있도록 환경적 요인과의 상호작용을 최적화하는 노력이 필요하다.

5) Gardner의 정의

Gardner(1983)는 '다중지능이론(multiple intelligence theory)'을 제시하며, 인간의 지능을 언어적 지능, 논리·수학적 지능, 음악적 지능, 공간적 지능, 신체감각 지능, 대인관계 지능, 개인통찰 지능의 일곱 가지 유형으로 구분하였다. 이 일곱 가지 지능 분야마다 영재성이 별도로 존재하며, 사람은 누구나 자신의 재능과 창의성을 발휘할 수 있는 분야가 다름을 제안하였다

6) Feldhusen의 정의

Feldhusen(1986)은 영재성과 재능은 높은 수준의 능력, 자아개념, 동기 유발, 창의성의 네 가지 중요한 영역이 상호작용하여야 한다고 주장했다. 앞의 다른 연구자들처럼 영재성 정의에 자아개념이라는 정의적인 요인을 포함시키고 있다.

7) Sternberg의 정의

Sternberg(1986)는 삼위일체 지능이론을 근거로 영재성의 개념을 설명하고 있다. 첫째, 요소적 하위이론은 지적 행동의 계획, 실행, 평가를 담당하는 정신적 기제다. 둘째, 경험적 하위이론은 새로운 것에 대한 적응이나 정보처리의 자동화를 설명하는 지적 행동과 관련이 있다. 셋째, 상황적 하위이론은 환경에 대한 적응, 적절한 환경의 선택 및 이를 바꾸어 나가는 능력 등을 설명하는 지적 행동과 관련이 있다.

이러한 능력들이 어떤 형태로 조합되는가에 따라 다양한 형태의 영재성이 나타날 수 있다고 주장하였다. 그의 이론은 영재성의 개념을 지적 영재의 입장에서 보고 있다.

8) 우리나라의 정의

우리나라에서는 「영재교육진흥법」(2000)에 영재교육 대상자의 판별 기준을 제시하고 있다. 「영재교육진흥법」에서 영재아동은 일반지능, 특수학문 적성, 창의적 사고능력, 예술적 재능, 신체적 재능, 기타 특별한 재능을 가진 아동으로 광의의 개념으로 정의하고 있다. 일반적으로 영재의 정의를 협의의 영재(gifted)와 광의의 영재(the gifted/talented)로 나눌 때, 협의의 영재는 지적인 영재, 광의의 영재는 지적인 측면과 더불어 다양한 측면에서 뛰어난 능력이나 잠재력을 보이는 아동도 포함한다고 정의 내리고 있다(박혜원, 2001).

우리나라 영재교육 추진체계는 [그림 16-2]와 같이 세 가지 체계로 구성되어 있다(교육과학기술부, 2008: 이신동, 이정규, 박춘성, 2009에서 재인용).

첫째, 영재교육기관은 영재학교, 영재교육원, 영재학급의 세 가지 유형이 있으며, 각 영재교육기관의 특성에 적합한 교육을 실시하고 있다. 둘째, 초등→중등→고등으로 영재교육의 수직적 연계성을 유지하도록 하는 체계다. 그러나 초 · 중등학교 영재교육 대상자는 많으나 고등학교로 갈수록 대학 입시의 영향으로 영재교육 대상자가 급감하여 영재교육의 연계성이 미흡하다는 문제점이 있다. 셋째, 국가 영재교육 정책을 수립하여 수행하는 정부 부처, 영재교육을 실

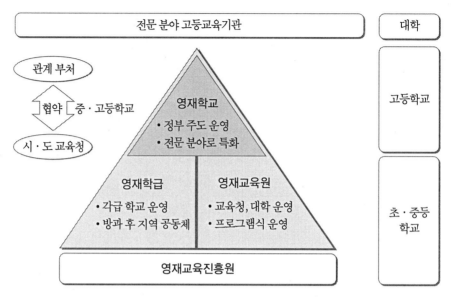

[그림 16-2] 우리나라 영재교육의 추진체계

* 출처: 이신동, 이정규, 박춘성(2009).

제로 실시하고 지원하는 전국 16개 시·도 교육청, 영재교육에 대한 연구와 지원
사업을 수행하는 영재교육연구원의 세 가지 주요 기관으로 이루어져 있다.

2. 진단 및 평가

영재를 객관적이고 타당하게 그리고 정확하게 판별할 수 있는가의 문제는 영
재교육에 있어서 중요한 부분이다. 영재의 판별은 영재의 정의가 심리검사의 취
약점 및 불명확한 규정 등으로 지금까지도 전문가들의 일치된 견해를 보이지 못
하고 있다. 이러한 실정에서 영재의 판별 기준을 명확히 설정한다는 것은 쉽지
않다.

그러나 영재교육이 실시되고 있는 현실에서 영재를 판별하기 위해서 사용되
고 있는 판별방법은 프로그램의 목적과 영재 프로그램 대상자인 영재의 특성을
발현하게 한다는 목적에 따라 다른 기준을 세울 수 있다. 그 기준에 따라 영재를
판별하는 방법으로, 일회적 검사 실시나 지속적 관찰 또는 다단계 판별 등 다양

하게 이용할 수 있다.

영재를 판별하는 다양한 판별도구에 대해 상세하게 정리하면, 첫째, 표준화검사(지능검사, 창의성검사, 성취도검사, 적성검사 등), 둘째, 행동특성 평정척도, 셋째, 교사 혹은 부모의 추천, 넷째, 지속적인 관찰 혹은 포트폴리오 등이다.

1) 영재를 판별하는 다양한 판별방법

(1) 표준화검사

① 지능에 따른 판별

일회적 검사 실시를 통한 영재 판별 기준으로는 지능지수를 가장 많이 사용하고 있다. 지능지수를 영재 판별의 준거로 사용하는 것에 대해서 반대하는 사람도 있지만, 많은 심리학자는 지능검사가 아직까지는 인간 지능의 일부이나마 비교적 타당하고 유용하게 측정한다는 점에서 영재를 판별할 때 지능지수 이외의 다른 기준과 병행하더라도 지능지수에 큰 비중(송영민, 2001)을 두는 경우가 많다.

일반적인 지능검사 점수는 일정 구간 연령의 아동들을 대상으로 동일한 문제를 제시했을 때 문제를 해결하는 점수를 상대 평가해서 우열을 가리는 것이다. 지능지수가 지능의 모든 것을 설명하지는 못하지만 학업 성적을 예상하는 면에서는 신뢰성이 있다고 볼 수 있다. 그래서 지능지수가 학교에서 영재를 판별하는데 중요한 의미를 갖게 되는 것이다. 그러나 대부분의 교육자는 능력과 성취도검사에서 사용하는 언어와 내용이 문화적 차이가 있을 수 있고, 사회경제적으로 낮은 계층의 학생들에게는 불리할 수도 있다고 주장한다.

• 스탠퍼드-비네 지능검사

1986년도 4판 스탠퍼드-비네(Stanford-Binet) 지능검사는 15개 하위검사로 언어추리, 수추리, 시각-추상추리와 단기기억을 평가한다. 이 지능검사는 3수준 계층을 측정한다. 제1수준은 일반능력 'g'를 측정하거나 일반적인 추리능력을 측정한다. 제2수준은 결정성 능력(경험을 통해 획득된 지식과 기술), 유동성-분석능력(익숙하지 않은 문제해결을 위한 정보의 사용과 획득), 단기기억의 세 가지 차원을 측정한다. 제3수준은 결정성 능력 차원이 언어적 추리와 양적 추리 척도로 나뉘고, 유동성—분석 능력 차원은 추상적 추리척도와 시각적 추리척도로 나뉜다(Davis & Rime, 2005).

표준 연령점수를 산출할 수 있는 장점에도 불구하고 이 검사는 영재를 판별하는 데 권장할 만하지 못한 점도 있다(Davis & Rime, 2005). 가장 큰 문제는 4판이 이전 판(LM형)보다 상한선(약 IQ 164)이 더 낮다는 것이다. 따라서 4판으로는 특출한 지적 능력(예: IQ 180)을 가진 학생들을 정확히 판별하지 못할 우려가 있다.

• K-WPPSI-유아용

웩슬러 지능검사는 지능을 각 영역별 능력이 개별적으로 존재하는 것이 아니라 다차원적인 속성을 가진 총체적인 지적 능력으로 보고 있으며, 이들 능력을 측정하기 위하여 소검사와 과제들로 구성하였다(박혜원, 곽금주, 박광배, 2002).

한국 유아용 웩슬러 지능검사(Korea-Wechsler Preschool and Primary Scale of Intelligence: K-PPSI, 도서출판 특수교육 발행)는 WPPSI-R을 모체로 표준화 연구를 시행하여 개발한 지능검사로, 만 3세에서 만 7세 3개월까지 사용할 수 있다. K-WPPSI는 언어성 검사와 동작성 검사로 구분되어 있으며, 각 척도는 6개의 소검사로 구성되어 있다. 각 소검사는 〈표 16-1〉과 같은 다양한 형태의 인지능력을 측정하고 있다.

검사는 충분히 훈련받은 숙련된 자가 시행하여야 하며, 검사를 진행하는 데는 약 1시간이 소요된다. 검사 장소는 유아가 검사 문제에 집중할 수 있고 검사자가 검사도구를 다루고 아동의 반응을 기록하는 데 불편함이 없도록 환경을 제공해 주는 것이 좋으며, 유아가 친숙하지 않아서 발생하는 다양한 문제점 등 방해 요소로 인하여 검사 진행에 차질이 생기지 않도록 검사자와 유아 간의 친밀감과 신뢰감(rapport) 형성이 중요하다.

웩슬러 검사를 해석할 때에는 개인 간 해석과 개인 내 분석을 동시에 해야 한다. 개인 간 해석은 규준에서의 개인의 위치를 결정하며, 개인 내 분석은 개인의 총체적 능력 안에서의 강점과 약점을 분석하는 것이다. 규준 분석 시 편차 지능지수(diviation IQ)를 사용하여 평균이 100, 표준편차가 15인 전체 지능지수, 언어성 지능지수, 동작성 지능지수의 3개 지표점수를 제공해 준다(이신동 외, 2009).

〈표 16-1〉 한국 유아용 웩슬러 지능검사의 소검사와 검사내용

소검사		측정내용
동작성 검사	모양 맞추기	불완전한 몇 개의 부분에서 전체를 지각하고 형성하는 사물의 표상화 능력을 측정, 부분을 전체로 통합하는 시각적 조직화 및 구성력을 측정, 융통성, 불확실한 자극에 반응하는 능력, 조각 맞추기의 경험, 인내력의 영향을 받음
	도형	단기기억, 시각-운동 협응력, 소근육 발달과 조정능력을 측정. 도형 인지, 연필 잡기 경험, 그리기 경험의 영향을 받음
	토막 짜기	공간 구성력, 추상적 자극에 대한 분석력과 종합능력, 시행착오적 학습능력과 모방을 통한 학습능력, 주의력, 지각구성 능력을 측정. 운동능력, 수행속도, 공간 지각력의 영향을 받음
	미로	계획능력, 지각 구성능력, 시각-운동 협응력, 문제해결 능력을 측정. 정확성, 전체를 보는 시각의 영향을 받음
	빠진 곳 찾기	일상생활에서 본질적인 것을 변별하는 능력과 추리하는 능력을 측정. 시각적 구성력과 시각적 기억력, 장기기억 능력을 측정. 사물에 대한 경험의 영향을 받음
	동물 짝짓기	눈과 손의 협응력, 정확성, 신속성을 측정
언어성 검사	상식	선천적 능력, 풍부한 초기 환경, 교육기관이나 환경으로부터 배우고 경험한 것에 의해 누적된 지식이 어느 정도인가 측정, 기본 지식의 양과 정보의 장기기억 능력을 측정. 문화적 기회와 지적 호기심, 폭넓은 독서의 영향을 받음
	이해	다양한 상황을 잘 이해하고 이에 따른 문제해결 방안을 찾아내는 등 적절하고 의미 있는 방법으로 자기의 과거 경험을 평가·종합하여 실제 상황에 응용하는 능력을 측정. 문화적 기회, 양심이나 도덕적 판단의 발달, 사회적 성숙도, 언어적 표현능력의 영향을 받음
	산수	언어적 지시의 이해와 주의지속 능력을 측정. 청각적 사고기능과 청각기억 그리고 수리능력이 필요. 주의력의 범위, 집중력, 불안, 학습경험의 영향을 받음.
	어휘	언어적 이해력, 언어적 개념화, 기본 정보와 지식의 객관성, 언어를 사용하여 논리적으로 생각하고 표현하는 능력을 측정. 문화적 경험, 풍부한 초기 환경, 지적 호기심의 추구, 폭넓은 독서의 영향을 받음
	공통성	논리적·추상적 사고력, 언어의 추상적 사고 형성 상위개념의 형성을 측정. 사실, 사건의 현상들을 의미 있는 집단으로 묶는 기능을 평가함. 융통성, 흥미, 구체적 수준의 사고, 폭넓은 독서의 영향을 받음
	문장	주의력과 단기기억을 측정

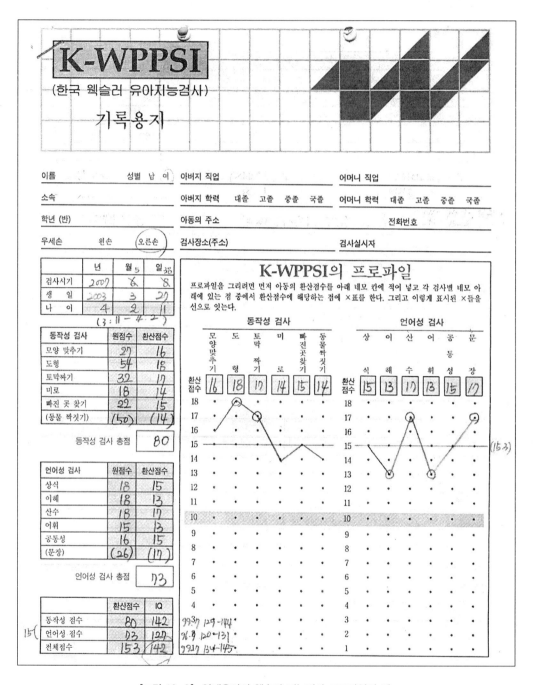

[그림 16-3] 영재유아의 웩슬러 지능검사 프로파일의 예

• WISC-아동용

한국 아동용 웩슬러 지능검사(Wechsler Intelligence Scale for Children)는 WPPSI-R 을 모체로 표준화 연구를 시행하여 개발한 지능검사다. 여러 전문가는 만 6세에 서 만 16세 아동을 위한 웩슬러 3판(WISC-III) 혹은 웩슬러 4판(WISC-IV)을 사용하 고 있다. 유아용과 마찬가지로, 적용하는 아동의 연령에 차이가 있을 뿐 언어 영 역의 영재뿐만 아니라 공간이나 기계 영역에 재능을 가진 학생을 판별하는 데 흔 히 사용된다. 언어성과 동작성 IQ, 전체 IQ가 산출되며, 평균 100, 표준편차 15로 해서 IQ를 산출한다.

WISC로 영재를 판별하는 데는 두 가지 문제점이 있다(Davis & Rimm, 2005). 첫 째는 웩슬러 검사에서 가장 높은 점수는 155점이라는 것이고, 둘째는 1991년판 WISC-III의 규준에서는 IQ가 전반적으로 약 5점 정도 내려가 있다는 것이다. 그 러나 영재들의 점수는 대부분 상위 극단에 있는 경우가 많은데, WISC-III 점수는 WISC-R(2판)보다 8~9점 정도 낮게 나오기 때문에 WISC-III로 검사를 받은 학생

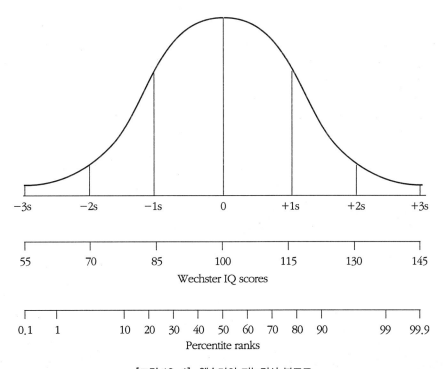

[그림 16-4] 웩슬러의 지능검사 분포도

* 출처: 이해명(2006).

과 WISC-R로 검사를 받은 학생을 공평하게 비교할 수 없다는 것이다.

다소의 단점을 가지고 있으나, 웩슬러 지능검사는 영재 판별을 위해 많이 사용되고 있다. 현재는 한국용 웩슬러 4판(WISC-IV)이 표준화 작업을 마쳐 사용되고 있다.

• K-ABC

카우프만 아동용 개별지능검사(K-ABC, 학지사 발행)는 1980년에 제작한 개인지능검사다. K-ABC는 인지심리학과 신경심리학의 지능이론에 근거하여 문항을 개발하였고, 비언어적 과제에 비중을 크게 두어 의사소통에 문제가 있는 특수아동이나 타 문화권 아동에게도 적용할 수 있도록 제작되었다. K-ABC의 장점은 영재아동의 지능과 성취를 구분하여 측정할 수 있다는 점이다(이신동 외, 2009).

K-ABC의 목적은 아동의 지능과 후천적으로 습득한 사실적 지식 수준을 측정하는 것으로서, 만 2세 6개월부터 12세 5개월을 대상으로 실시할 수 있고, 검사의 소요시간은 약 45~75분 정도다. 한국판 K-ABC는 5개의 하위척도, 즉 순차처리, 동시처리, 인지처리과정, 습득도, 비언어성 척도로 구성되어 있으며, 소검사는 총 16개로 구성되어 있다. 각 하위척도의 평균은 100, 표준편차는 15다.

이 검사의 특징(이경화, 박숙희, 2010)은 다음과 같다. 첫째, 동시처리 척도, 순차처리 척도, 인지처리과정 척도, 습득도 척도, 비언어성 척도의 다섯 가지 척도별로 지능지수가 산출된다. 둘째, 처리과정 중심의 검사로서 검사 결과에 근거한 교육적 처치가 가능하다. 셋째, 인지발달이론에 근거하여 연령별로 실시하는 하위검사를 차별화하였다. 넷째, 좌뇌와 우뇌의 기능을 고루 측정할 수 있는 하위검사들로 구성되어 있다. 다섯째, 검사의 실시와 채점과정을 최대한 객관화하였다. 여섯째, 문화공평성 검사를 지향하였다.

〈표 16-2〉는 K-ABC의 하위검사의 구성과 각 검사별 대상 연령에 관한 내용이다.

〈표 16-2〉 K-ABC의 하위검사의 구성과 각 검사별 대상 연령

	하위검사명	척도구분	연 령	하위검사명	척도구분	연 령
인지처리 과정 척도 하위검사	마법의창	동시처리	2/6~4/11	삼각형	동시처리/ 비언어성	4/0~12/5
	얼굴기억	동시처리/ 비언어성	2/6~4/11	단어배열	순차처리	4/0~12/5
	손동작	순차처리/ 비언어성	2/6~12/5	시각유추	동시처리/ 비언어성	5/0~12/5
	그림통합	동시처리	2/6~12/5	위치기억	동시처리/ 비언어성	5/0~12/5
	수 회상	순차처리	2/6~12/5	사진순서	동시처리/ 비언어성	6/0~12/5
습득도 척도 하위검사	표현어휘	습득도	2/6~4/11	수수께끼	습득도	3/0~12/5
	인물과 장소	습득도	2/6~12/5	문자해독	습득도	5/0~12/5
	산수	습득도	3/0~12/5	문장이해	습득도	7/0~12/5

② 창의성검사

창의성을 심리학적으로 규명하려는 학자들은 그들의 이론적 관점, 연구 대상
자의 연령층, 또는 창의성을 측정하는 도구적 방법에 따라 각각 다르게 창의성을
정의해 오고 있다. 따라서 대체로 창의성에 대한 관점은 다음과 같이 연구자들마
다 다양하다. 첫째, 창의성을 인지적 능력으로 간주하여 창의적 사고를 강조하는
관점이다(Guilford, 1967; Lubart, 1994). 둘째, 창의성을 어떤 문제를 해결해 가는
과정이나 정신적 과정으로 보는 관점으로 창의적인 해결과정에 초점을 둠으로
써 방법론적 측면을 강조한다. 셋째, 창의성을 성격발달 과정이나 성격특성론에
서 접근하여 정의적 특성을 강조하는 관점으로(Sternberg & Lubart, 1991) 정신분석,
인본주의, 개인적 속성 측면이 포함된다. 넷째, 통합적 접근으로(Amabile, 1983;
Lubart, 1994; Sternberg 1985) 창의성은 인지적·정의적·환경적 요인들이 동시에
통합되어 발현된다고 봄으로써 창의성의 다면적 특성을 강조한다.

창의성을 바라보는 다양한 관점을 통합하여 본다면, 창의성을 연구하는 대부
분의 심리학자는 창의성을 "일반적으로 새롭고(novel), 적절한(appropriate) 산물
을 내놓을 수 있는 능력"(Lubart, 1994)이라고 정의하고 있다. 그러나 포괄적인 창

의성 개념을 단일 개념으로 측정하는 것은 어려운 일이다. 창의성의 판별이나 측정은 창의성의 정의 및 구성요소에 대한 문제와 밀접한 관계가 있기 때문에(김수연, 2003; Han, 2000), 연구자들은 창의성에 대한 다양한 관점에 따라 창의성 측정도구를 개발해 왔다.

현재 사용되고 있는 창의성 측정방법으로는 아동의 인지 및 지각을 측정하는 창의적 사고검사, 아동의 창의적 인성·성격을 측정하는 검사 그리고 창의적 산물검사(문정화, 하종덕, 1999; 최인수, 2000) 등이 있다.

첫째, 창의적 사고능력을 측정하는 검사는 창의성을 발휘하기 위해 필요하다고 생각되는 인지능력을 측정하는 검사들이다(최인수, 2000). 예를 들면, Torrance(2006)의 TTCT(Torrance Tests of Creative Thinking), Mednick(1962)의 RAT(Remote Associates Test), Jellen과 Urban(1986)의 TCT-DP(Test for Creative Thinking Drawing Production), Wallach과 Kagan(1965)의 창의성검사, 김상윤(1998)의 칠교판 검사, 전경원(2006)의 유아종합창의성검사가 있다.

둘째, 창의적 행동 및 특성을 측정하는 창의적 인물들의 특성에서 추출된 인성변인이나 생애사를 검사하는 Gough와 Heibrun(1983)의 창의적 성격검사 ACL(Adjective Check List), Ochse(1990)의 생애사 검사(Biographical Inventory), Runco 등(1993)의 PECC(Parental Evaluation of Children's Creativity), Torrance 등(1976)의 카테나-토랜스 창의적 지각검사(Khatena-Torrance Creative Perception Inventory), Rimm(1982)의 PRIDE(Preschool and Primary Interest Descriptor), 이영, 김수연, 신혜원(2002)의 유아용 창의적 행동 특성 검사, 임인재(2000)의 초등학생용 창의성검사 등이 있다.

셋째, 창의적 산물검사에는 Besemer(1998)의 CPSS(Creative Product Semantic Scale)와 CAT(Consensual Assessment Technique) 등이 있으며, 주로 초등학교 이상의 아동을 대상으로 하는 것들이다.

현재 국내에서 많이 사용되고 있는 창의성검사는 TTCT(Torrance Tests of Creative Thinking; 김영채, 2006), 유아종합창의성검사(전경원, 2006), 통합창의성검사(이경화, 이신동, 2003), 초등학생용 창의성검사(임인재, 2000) 등이 있다.

Voss(1997)는 Torrance의 창의성검사의 공정성과 변별적 타당성을 검증한 결과, TTCT는 인종이나 사회경제적 지위에 따라 차이가 없는 것으로 나타났다.

[그림 16-5] 영재유아의 TTCT 도형검사를 실시한 예(유치원 만 5세)

즉, TTCT는 변별적 타당성과 공정성을 가진 것으로 검증되었으며, 현재 우리나라에서 표준화가 이루어져 폭넓은 연령층에서 다양하게 실시되고 있다.

[그림 16-5]는 창의성검사로 많이 사용되는 TTCT 도형검사를 실시한 예다.

③ 성취도검사

학업 성적은 교과 영역별 지식, 사고력, 성취 수준을 알려 주는 유용한 정보가 된다. 특히 표준화 학업성취검사는 학생들의 상대적 위치를 알려 주기 때문에 영재 판별에 유용한 자료가 될 수 있다(이신동 외, 2009).

그러나 다음과 같은 여러 가지 단점을 가지고 있을 수 있다. 첫째, 시험 문항이 암기력이나 암기된 지식, 원리, 개념을 단순하게 적용해서 해결하는 낮은 수준의 사고력, 문제해결력을 측정하는 경우가 많아 종합적인 사고력, 문제해결력 등을 측정하는 것이 아쉽다. 둘째, 영재 중에는 교사의 수업 방침, 학교의 획일적이고 억압적인 분위기, 흥미가 없는 수업내용 등으로 학교생활에 흥미를 잃은 학생들도 있고, 신경생리학적인 결함(난독증, 운동기능 결함 등)으로 학습 부진이 누적된 학생들도 있다. 이러한 학생들은 영재성을 지녔어도 학업 성적이 부진하여 발굴되기가 어렵다.

이러한 문제점에도 불구하고 표준화된 학업성취도검사가 실시될 경우, 해당 교과 영역에서 한 학생이 자신의 동급 학년생들과 비교해 어느 수준의 실력을 가지고 있는지에 관한 유용한 정보를 얻을 수 있기에 특정 교과 영역에서의 재능을 파악하는 데 도움이 된다(이신동 외, 2009).

④ 적성검사

적성이란 주로 학습에 영향을 받지 않는 특정 영영에서의 타고난 능력을 말한다. 영재아들의 경우 일반지능이 높기 때문에 대체로 모든 분야에서 높은 점수를 얻어 적성이 높은 것으로 나타날 가능성이 있다. 그러므로 영재들을 위한 적성검사는 검사 문항의 난이도가 높아야 그들의 적성 분야가 두드러질 수 있다. 그러나 현재까지 국내에서 개발된 적성검사들의 문항은 대체로 쉽다. 따라서 상급 학생들을 대상으로 한 적성검사를 실시하여야 영재들의 적성 분야를 파악할 수 있는 경우가 많다(이신동 외, 2009).

(2) 행동특성 평정척도

행동특성 평정척도란 체크리스트 형태로 영재들의 특성을 관찰하고, 이 내용을 척도로 표시하는 검사다. 행동특성 평정척도는 교사, 학부모, 동료가 할 수 있다.

검사자마다 판단 기준이 다르다는 문제점이 있어 이것만으로 영재성을 규명하기가 어렵다. 그러나 행동특성 평정척도는 과제 집착력, 관심 영역 및 동기의 정도, 학습 태도 등의 인성적 특성과 행동적 특성에 관한 정보를 제공하여 주기 때문에 매우 중요하다고 볼 수 있다(이신동 외, 2009).

교사에 의한 평정방법이 널리 사용되고 있는데, 교사는 아동을 지도하면서 여러 가지 행동을 관찰할 수 있어 영재의 특성을 잘 발견할 수 있지만, 때로는 성적 위주로 영재를 판별하기도 하여 사전에 교사 훈련이 필요하다(전경원, 2005).

부모에 의한 평정방법은 부모 자신이 교사와 달리 객관적인 입장을 취하기 어렵지만, 교사보다 많은 시간을 아동과 보내기 때문에 더 자세하게 관찰할 수 있어 효과적일 수도 있다.

영재판별 평정검사는 교사 및 부모의 평정에 근거한 영재판별 평정검사(GATES, Gilliam, Carpenter, & Christensen, 1996; GES-2, McCarney & Anderson, 1989; SRBCSS, Renzulli et al., 1976)와 학생의 평정에 근거한 영재판별 평정검사(GATES,

Gilliam, et al., 1996; GES-2, McCarney & Anderson, 1989) 등으로 나뉜다. 국내에서 개발된 영재평정척도로는 송인섭(1999), 박춘성(2006), 이순복, 최성열, 안지령 (2011) 등의 평정척도가 있다.

(3) 교사 혹은 부모의 추천

① 교사의 추천

교사가 학생에 대한 관찰 결과를 바탕으로 하여 학생이 영재인가 아닌가를 주관적으로 판단하여 지명하는 방법이다. 교사지명법은 공부 잘하고 모범적이고 말을 잘 듣는 학생들을 영재로 판별하는 경향이 강하기 때문에 객관성을 유지하는 데 약간의 어려움이 있지만, 분명히 가장 일반적인 판별방법 중의 하나다. 이 방법은 판별의 초기과정에서 유용하게 사용할 수 있다.

교사, 학교 혹은 교육청은 자체적인 지명 양식을 개발하여 교사가 성적, 능력 검사 점수, 성취도(특히 읽기, 수학), 부모나 또래 지명, 창의성 관찰, 동기, 리더십, 특별한 영재 프로그램에 적합한 기술이나 능력 등을 종합하는 것을 도와줄 수 있을 것이다(Davis & Rimm, 2005).

② 부모의 추천

아동의 특성에 대해서는 그들의 부모가 가장 잘 안다. 부모의 특성은 학교 이외의 상황에서 나타나는 영재성을 알려 주는 좋은 정보원이 될 수 있다. 아동을 영재로 추천할 때, 부모의 추천은 유용한 자료가 될 수 있다.

(4) 지속적인 관찰 혹은 포트폴리오

영재성은 학교 및 학교 이외의 상황에서의 여러 가지 행동이나 산출물 등을 통해서도 나타난다. 학교 상황에서 흔히 발견될 수 있는 것은 수업 중에 나타나는 아이디어와 과제의 수준과 질, 여러 교내 경시/경연대회, 발명품 전시회 입상 성적, 특별활동에서의 활동과 산출물 등이다(이신동 외, 2009). 특히 예술영재 판별에서는 포트폴리오 형태의 행동 및 산출물 평가 결과가 매우 유용한 것으로 알려져 있다.

포트폴리오를 통해서 수집한 자료를 활용하면 다음과 같은 장점이 있어 영재 판별 시 문제가 되어 왔던 점들이 어느 정도 해결될 수 있을 것으로 보인다(전경원, 2005).

- 다양한 정보원으로부터 다양한 판별자료를 수집할 수 있다.
- 다양한 형태의 판별자료들을 수집할 수 있다.
- 지속적으로 판별자료를 수집할 수 있다.
- 흥미와 적성 등을 정확하게 파악하여 적절한 영재교육 프로그램에 배치할 수 있다.
- 인지능력뿐만 아니라 다양한 정서·사회적 능력도 판별할 수 있다.
- 표준화검사를 통한 양적 중심의 자료에서 질적 중심의 자료를 수집할 수 있어 정확한 판별을 할 수 있다.
- 다양한 특수재능 영역에서 결과물뿐만 아니라 과정도 자세하게 알 수 있다.
- 창의성 발달과정을 일목요연하게 알 수 있다.

2) 영재 판별 원칙

다양한 영재 판별은 여러 가지 원리와 원칙 속에서 진행되는데, 특히 다음의 사항을 중요하게 고려하여야 할 것이다(이신동 외, 2009). Feldhusen과 Jarwin(2000)은 영재 판별의 원칙을 다음과 같이 제시하였다.

- 영재교육에서의 판별 절차는 인간 기질, 재능, 능력에 대한 가장 최근의 개념과 이론에 근거를 두어야 한다.
- 신뢰도와 타당도가 확증된 검사도구와 등급척도가 판별 절차에서의 사용을 위해 선택되어야 한다.
- 판별은 진행 중인 절차로 간주되어야 한다. 많은 검사를 통과했다 할지라도 영재성 있는 아동을 최종적이고 절대적으로 판별한다는 결론을 내려서는 안 된다.
- '영재'로 명명된 아동들은 보호되어야 한다. 즉, 선발되지 못한 아동에 대해

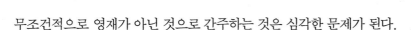

무조건적으로 영재가 아닌 것으로 간주하는 것은 심각한 문제가 된다.
- 판별은 본성, 강도와 기질 확인, 재능뿐만 아니라 문제, 약함 그리고 필요에 대해서도 항상 진단적이어야 한다.

국내에서도 영재 판별의 원리를 제시하고 있는데, 김홍원(2003)이 제시하는 영재 판별의 원리는 다음과 같다.

- 여러 가지 정보를 수집한다.
- 여러 단계에 걸쳐 판별한다.
- 지속적으로 수행한다.
- 판별 대상에 따라 적합한 방법을 사용한다.
- 되도록 조기에 실시한다.
- 충분히 신뢰성이 높은 검사를 사용한다.
- 나이에 따라 판별의 초점이 달라져야 한다.
- 배타성의 철학보다는 포괄성의 철학에 입각하여 판별을 실시한다.
- 영재판별검사에서 얻은 정보는 지속적으로 활용되어야 한다.

이와 같이 영재 판별의 원칙을 다시 살펴보면, 영재성의 정의, 판별의 목적을 먼저 인지하고 다양한 준거를 통하여 지속적으로 영재를 판별하는 것이 필요하고, 판별이 단지 판별에 목적을 두는 것이 아니라 영재교육이나 지도의 자료로 활용되는 것이 바람직하다.

3) 판별 시의 유의 사항

영재 판별 시 유의 사항을 영재 개념의 적절성, 복합 판별, 조기 판별, 지속적 판별, 판별의 타당성과 적절성으로 나누어 살펴보면 다음과 같다(전경원, 2006).

(1) 영재 개념의 적절성
영재의 정의 및 개념에 따라 판별의 준거 기준을 마련할 필요성이 제기된다.

영재를 어떻게 정의할 것인지, 그리고 영재의 개념은 무언인지에 대해 먼저 생각해 보아야 한다. 영재를 상위 1%까지의 지적으로 우수한 지능을 가진 자로 정의할 수도 있고, 상위 20%까지로도 볼 수 있을 것이다. 영재의 정의에 따라서 판별방법과 검사도구가 달라질 것이다.

(2) 복합 판별

단일 판별보다는 복합 판별과정(다단계 판별방법)을 사용한다. 최근에 개발된 영재 판별방법은 어느 한 가지 측정도구를 사용한 단일 판별보다는 다양한 판별 접근 방식을 취하고 있다.

복합 판별과정을 통하여 다양한 자료를 수합할 때에는 판별 대상의 지적·신체적 발달 특성에 따라 적합한 판별방법을 선택한다. 특히 아동의 집중시간과 언어적인 발달 상태를 활용하는 것이 중요하다. 또한 영역별 특성이 잘 나타날 수 있는 검사도구를 선정하도록 한다. 수학적 능력이 뛰어나고 언어능력이 떨어지는 학생의 영재성을 알아보기 위해 언어가 많이 포함되어 있는 수학 문제를 제공하면 영재성을 제대로 알아볼 수 없다.

(3) 조기 판별

영재의 판별은 조기에 실시되어야 한다. 영재성은 조기에 나타나는데, 이러한 능력이 조기에 발견되어 적절한 교육적 서비스를 제공받아야 영재성이 지속되고 계발된다. 만약 이 시기를 놓치게 되어 적절한 교육적인 자극을 받지 못하면 이러한 영재성이 사장되어 버린다.

영재의 판별 시기는 빠를수록 좋지만, 아동들의 심리적인 특성이 계속 변화하므로 안정되어 있지 않아서 판별의 오류가 발생하기 마련이다. 또한 만 3~5세 아동은 잠재적 재능을 측정하는 표준화된 검사도구가 부족하여 영재성을 제대로 측정하기가 어렵다(전경원, 2000). 그리고 검사도구가 아무리 잘 만들어졌다 할지라도 아동의 행동을 측정하기에는 한계가 있다(Renzulli & Smith, 1971). 게다가 아동을 대상으로 영재성을 판별하는 경우 일대일 개인검사 유형이 대부분이어서 아동의 능력과 특성을 파악하기에는 많은 시간과 비용이 소요된다.

조기 판별에 대한 부정적인 시각도 있으나, 조기 판별의 목적은 아동이 지니고

있는 영재성을 조기에 발굴하고 이에 적절한 교육을 제공하여 최대한으로 잠재
능력을 키워 주는 데 있다.

(4) 지속적 판별

영재의 판별은 일회성으로 끝나지 말고 지속적으로 이루어져야 한다. 다양한
정보를 수집하고, 다단계 판별을 했을지라도 영재성이 간과되는 경우도 있다.

가능한 한 많은 수의 잠재적 영재가 교육의 혜택을 받을 수 있도록 융통성 있
는 판별방법을 선택한다. 지속적인 관찰을 통한 판별은 일주일 이상의 캠프나 수
업 관찰 등을 통해 이루어지는 방법인데, 잠재되어 있는 영재들의 행동 특성을
확인하기에 매우 적합하다(Tannenbaum, 1993). 그러나 이는 표준화 방법에 비해
객관성이 결여될 수 있고 심리측정 시 신뢰도와 타당도가 부족하므로 영재성을
판단하는 방법 중에서도 보완적인 방법으로 사용이 가능하다.

Renzulli(1996)는 다단계 판별방법을 주장하는데, 1단계에서 전체 학생의
15~20%를 표준화검사 또는 교사의 추천으로 선발하여 이들에게 1부와 2부 심
화학습에 참여하게 한 후, 2단계에서는 학생 스스로 자신의 영재성을 판정하게
하고, 3부 심화학습에 참여 여부를 결정하도록 한다. 이 방법은 판별의 모든 부
분을 학생 스스로 자기 특성과 수준에 적절한 교육 프로그램을 선택할 수 있는
여지를 만들어 준다는 점이 특이하다(전경원, 2000).

조석희(2000)는 4단계에 걸친 다단계 판별방법을 소개하고 있다. 영재 판별의
제1단계에서는 학교에서의 학업성취에 대한 누가적인 기록 및 관찰내용에 의거
한 추천을 받고, 제2단계에서는 지능검사나 적성검사, 흥미검사, 창의성검사, 학
업성취도검사와 같은 표준화된 검사를 실시한다. 제3단계에서는 각 영역의 전문
가에 의한 문제해결 과정의 관찰 및 평가가 이루어지며, 마지막 4단계에서는 판
별된 영재를 영재교육에 필요한 프로그램에 배치한다.

(5) 판별의 타당성과 적절성

다양한 자료를 수집하고 다단계 판별 방식을 활용하여 얻은 자료와 정보는 최
대한 활용해야 한다. 이에 어떤 분야의 영재를 판별할 것인가를 고려하여 판별
계획을 세우도록 한다. 판별 결과에 따라 적절하고 교육적인 배치가 이루어져야

한다. 영재교육 프로그램에 따라 다양한 검사 결과의 비중을 어떻게 둘 것인가에 대해서도 고심해야 한다.

3. 출현율

영재 판별의 비율은 매우 다양한 것으로 알려져 있다. 영재아를 어떻게 정의하느냐에 따라 출현율은 달라진다.

고전적인 영재의 정의를 내린 Terman은 지능지수가 140 이상인 사람으로 정했다. 현대에 와서 미국 교육국에서 실시한 Marland(1972)의 보고서에 의하면 3~5% 정도로 추정하고 있다. 미국 영재교육부는 이 출현율을 받아들여 3~5%를 널리 사용하고 있다(전경원, 2005). 전체 학생의 3%에 속하는 지능지수 132 이상의 학생을 '일반영재'라고 하고, 지능지수가 148 이상으로 전체학생의 1%에 속하는 학생을 '특수영재'라고 한다.

보통 이상의 지적 능력을 영재아의 한 판별 기준으로 본다면 학령인구의 15~25%까지도 영재아로 판별될 수도 있다. Renzulli(1982)는 보통 이상의 지적 능력, 창의성, 과제 집착력에 따른 정의로 학령인구의 15~25%까지가 영재적인 잠재성을 갖고 있는데, 3~5% 정도로 출현율을 본다면 많은 수의 잠재적인 영재를 제대로 판별하지 못하는 오류를 범할 수 있다고 지적한다.

영재를 판별하기 위해서 지능지수를 사용할 때, 각 교육기관에서는 지능지수 115~180 및 그 이상까지의 범위 안에서 서로 다른 기준을 적용하게 된다. 어떤 연구자들은 전체 학생의 20%(지능검사에 따라 다름)에 해당하는 지능지수 116(표준편차 1 이상) 이상의 사람을 영재로 보는 경우도 있고, 어떤 연구자들은 지능지수 132(표준편차 2 이상)를 기준으로 보는 경우도 있으며, 또 148(표준편차 3 이상) 이상의 사람을 영재로 보기도 한다. 즉, 영재라는 개념 속에는 지능지수 115 정도 이상인 아동부터 1세기에 몇 사람밖에 나타나지 않는 '천재'까지도 포함하고 있다.

일반적으로 영재아, 일반아, 지적장애아의 분포표 및 지능지수 분포도를 살펴보면 [그림 16-6]과 같다.

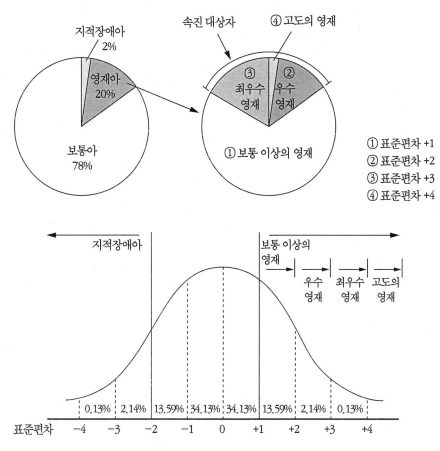

[그림 16-6] 영재아, 보통아, 지적장애아 분포표 및 지능지수 분포표

* 출처: 전경원(2005).

　Garné(1993)는 상위 15~20% 정도로 영재 선발 비율을 제시하였는데, 이는 Renzulli와 비슷한 영재 판별 비율이다. 그러나 미국 연방정부는 전체 아동의 상위 3~5%를 영재성의 비율로 보고 있으며, 송인섭(1998)은 미국 연방정부의 비율과 비슷하게 전체 아동의 상위 5%를 영재로 본다. 영재 판별의 비율은 높게는 20%에서 낮게는 3%까지의 범위다. 다시 말해, 영재성은 폭넓게는 20%까지며, 엄격한 범위 안에서는 3%까지다. 20% 집단은 정규분포곡선에서 평균보다 약 1 표준편차 이상의 집단이고, 3% 집단은 평균에서 상위 2 표준편차의 집단이다. 국내에서는 영재 판별 비율을 2010년까지 전체 학생의 1%로 상향 조정하고 있다.

이러한 비율은 엄격한 의미의 3%보다 적은 수치이기 때문에 더 많은 영재교육을 받을 대상의 학생이 있어야 할 것이다(이신동 외, 2009).

4. 특 성

영재아의 인지적·정의적·사회적 욕구와 특성은 일반아동과는 다르다. 영재들의 요구와 특성을 이해한다면 영재아의 잠재적 능력은 무한히 발현될 수 있다.

영재아의 특성을 조기에 확인하는 것은 교사와 학부모들로 하여금 영재아를 잘 인식하고 이해하도록 도와준다는 면에서 중요하다.

1) 신체적 특성

영재아들의 특성에 관한 Terman(1925)의 연구에서는 영재아들이 신체적으로 발달의 표준 수준에 비하여 대체로 우수하다고 보고한 바 있다. Terman의 연구에 포함된 영재아들은 일반아동보다 신장, 체중, 근력, 폐활량 등이 우수하고 건강한 경향이 있었고, 영재아들은 일반아동에 비하여 태어날 때부터 체중이 더 무거웠고, 1개월 정도 먼저 걸을 수 있었으며, 3.5개월 정도 먼저 말을 하는 것으로 나타났다. 이와 유사한 결과로, 듀크 대학에서 개최된 하계 영재아 및 재능아 프로그램에 참여한 842명의 성인을 대상으로 한 연구에서도 영재아들의 일반적인 건강은 일반아동들보다 더 좋은 것으로 나타났다(Davis & Rimm, 2001). 그러나 이러한 연구에 참여한 대부분의 아동이 일반아동들에 비하여 영양상태가 양호하고 건강검진을 주기적으로 받는 사회경제적 지위가 높은 가정 출신이었으므로 연구 대상의 표집과정에 문제가 있다는 지적을 받아 왔다(Hildreth, 1954).

Terman의 연구와 상반되는 결과를 내놓은 연구로, Frierson(1965)이 거주 지역이 동일한 아동을 대상으로 일반아동과 영재아들 사이에 신체적 특징에서 차이가 있는지 살펴본 연구가 있는데, 신장과 체중에서 차이가 없다는 결과를 보고하였다. 이와 마찬가지로 다른 여러 학자의 연구(Klausmeier, 1958; Laycock & Caylor, 1964) 결과에서도 영재아의 지적 능력과 신체적 특성 간에는 유의한 관계가 없는 것으로 나타나(이경화, 박숙희, 2004), 영재아와 일반아동의 신체적 특성에서 유의한 차이가 존재하지 않는다는 사실을 뒷받침하고 있다.

우수한 신체발달이 우수한 지적 발달과 관련이 있다는 증거는 충분하지 않다. 그러나 심리운동 기술을 근거로 판별된 예술 영재아들은 보통 조기에 재능이 나타나고 질적으로 다른 점이 일찍 나타나므로(이해명, 2006), 영재아가 아닌 경우에 비해 신체적 특성에서 차이가 있다고도 할 수 있을 것이다.

2) 인지적 특성

일반적으로 영재의 인지적 능력에 대한 많은 선행 연구에서는 영재아들의 인지적 능력이 탁월하다고 보고하고 있으며, 지적으로 매우 우수한 아동을 가르치는 교육자들 중에는 영재아들은 그렇지 않은 아동들과는 질적으로 다른 사고를 한다고 확신하는 사람들도 있다.

여러 학자가 공통적으로 제시하는 영재아의 전형적인 지적 특성을 제시하면 〈표 16-3〉과 같다.

영재아들의 지적 능력에 대한 연구를 살펴보면, Newland(1976)는 영재아들은 일반화하는 능력이 빠르고 정확하며, 추상성이 높은 상징을 매우 빠르게 학습할

〈표 16-3〉 영재아의 전형적인 지적 특성

• 어휘력이 뛰어나다.
• 취학 전에 책을 읽을 수 있다.
• 언어에 대한 이해력과 표현력이 좋아서 말도 잘하고 글도 잘 쓴다.
• 무슨 일이든 집중력이 강하다.
• 기본적인 기술을 빨리 배운다.
• 관심 분야가 넓다.
• 호기심이 강하고 '왜'라는 질문을 많이 한다.
• 남을 모방하지 않고 자기만의 방식으로 생각하고 시도하는 실험정신이 있다.
• 창의적·발산적 사고를 한다.
• 엄청난 양의 정보를 받아들이며 놀라운 기억력을 가지고 있다.
• 뛰어난 유머감각을 보인다.

* 출처: James, Elizabeth, & Stephanie (2006).

수 있고, 상징간의 복잡한 관계를 추론할 수 있으며, 뛰어난 기억력을 갖고 있다고 하였다(이경화, 박숙희, 2004). Rogers(1986)의 연구에서도 해결해야 할 문제인지를 아는 것, 문제를 해결하기 위한 절차를 발견하고 방향을 설정하는 것, 문제해결을 위한 정보를 선택하고 적용하는 것 등과 같은 문제해결을 위한 심사숙고 과정이나 문제해결 과정의 체계적 검사 등에서 영재아가 일반아동보다 지적 우수성을 보여 주고 있다고 보고하였다.

스탠퍼드-비네 지능검사를 통해 지적 우수아를 선발하여 종단연구를 실시한 Terman과 Oden(1947, 1959)에 의하면, 날카로운 관찰력, 끊임없는 질문, 모든 것에 대한 흥미, 유창한 언어 사용, 뛰어난 읽기능력, 독립적인 판단, 독창적인 생각, 언제나 요점을 잘 이야기하는 것이 영재아의 지적 특성이다.

일반적으로 영재아는 그렇지 않은 아동들보다 다음과 같은 부분에서 분명히 다른 특징을 갖고 있다(Clark, 1979). 많은 연구자의 연구 결과, 영재아는 지능, 창의성, 상위인지, 학습양식과 같은 인지능력이 일반아동보다 우수한 것으로 밝혀졌다.

먼저, 인간의 지적 능력인 지능(intelligence)에 대한 연구는 100여 년이 넘은 주제이나 지금도 많은 연구자가 활발히 연구하고 있는 것처럼 인간의 인지적 능력에 대한 연구는 심리학의 어느 분야보다 가장 오랜 역사를 지니고 있다. 1904년 정규학교 교육과 특수교육이 필요한 학생을 구분하기 위해 프랑스 정부는 비네에게 검사도구 개발을 요청하였고 이에 비네-시몽 지능검사가 개발되었다. 그후 100여 년간 지능에 대한 연구가 있었던 만큼, 지능의 개념과 정의 또한 지능을 연구하는 연구자들의 수만큼 다양하다고 할 수 있다. 지금까지 지능 연구자들의 지능에 대한 다양한 개념과 정의를 간략하게 정리하면, ① 지식을 습득할 수 있는 능력, ② 추상적으로 생각하고 추론할 수 있는 능력, ③ 새로운 문제를 해결할 수 있는 능력으로 요약할 수 있다(이신동 외, 2009).

Terman과 Oden(1947)은 1921년부터 40년간 영재아 종단연구를 통해 영재의 특성을 밝혀낸 바 있다. 1,528명의 영재아들이 참여한 이 연구에서 영재들의 지능은 스탠퍼드-비네 지능검사에서 상위 2%에 속했으며, 이 가운데 1,000명은 평균 지능지수가 151이었으며 나머지도 평균 140을 넘을 정도였다. Terman은 1920년 영재로 판별된 아동에게 1940년 다시 지능검사를 실시한 결과, 지능 상태를 그대로 보존하고 있음을 발견하였다. 또 이들은 학교에 들어가기 전에 읽기, 쓰기를 마쳤으며, 학업 성취에서 일반아동보다 앞서는 것으로 나타났다.

Gallagher(1966)의 연구에 의하면, 영재들은 손의 기민성이 요구되는 쓰기 및 예술 분야와 수학과 방면보다는 읽기에 뛰어났으며, 영재들의 지적인 능력은 IQ 140 이상으로 이들의 절반 이상이 6세 이전에 읽기가 가능했고, 학교생활에서 앞섰다. 이들의 형제들의 평균 IQ는 129 정도인 것으로 나타났다. 영재의 지적 특성은 일반아동보다 일찍 개념 이해를 하며 많이 습득하는 것이다.

다음으로 영재의 창의적 특성에 대해 살펴보면, 일반적으로 창의성은 '새롭고 가치 있는 산출물을 만들어 내는 능력'이라고 정의된다. 사회적으로 성공한 영재들을 대상으로 연구한 Renzulli는 "영재는 어떤 문제나 질문에 대한 아이디어나 해결방안을 많이 제시하며 종종 독창적인 해결방안을 제시한다. 영재들은 제공된 방법을 그대로 답습하기보다는 독립적으로 사고하고 행동하기를 좋아한다. 그러나 지적으로 우수한 아이들은 창의적인 영재일 수도 있고 아닐 수도 있다. 우수한 지적 영재들과 우수한 창의적 영재들의 학업 성취력을 비교한 연구에서는 두 집단 간에 유의한 차이가 나타나지 않았다."라고 밝히고 있다(Getzels & Jackson, 1962). 즉, 지적으로 우수한 영재라고 해서 반드시 창의적인 것은 아니라는 것이다. 지능과 창의성의 관계에 대한 연구 결과를 종합·분석해 볼 때, 일반적으로 지능과 창의성의 상관관계는 0.2~0.3 정도이며, IQ 120 이하에서는 지능과 창의성의 상관관계가 어느 정도 높고 비례관계이나 IQ 120 이상에서는 상관관계가 아주 낮은 것으로 나타난다.

그러나 영재성의 중요한 구인 중에 창의성이 포함되며 영재 판별 및 선발에 있어서도 창의성검사가 중요하다. 우리나라의 경우는 2007년부터 영재교육 대상자 선발검사에서 창의성검사를 포함하여 실시하고 있으며, 우리나라 영재교육의 목표를 살펴보면 '탁월한 잠재적 능력을 지닌 영재의 창의성, 도덕성, 자기주도적 학습 태도 함양'으로 설정하고 있다. 미국, 이스라엘, 싱가포르, 홍콩 등의 영재교육에서도 '창의적이고 생산적인 사고'를 영재성의 중요한 요인으로 선정하여 교육하고 있다.

영재아에게 나타나는 인지적 특성 중의 하나로 상위인지를 들 수 있다. 상위인지(meta cognition)란 자신의 인지과정을 인식하고 아는 것이며(Flavell, 1979), 학습

자 자신의 학습, 이해, 사고, 기억과정에 대한 사고능력을 의미하며, 개인의 지식
과 정보, 인지 활동의 통제 및 관리능력으로 정의된다(Brown, Bransford, Ferrara, &
Campione, 1983). 일반적으로 상위인지 과정은 개인으로 하여금 그들의 생각을
잘 통제하여 더욱 효율적이고 융통성 있는 학습자가 되게 한다. 상위인지는 메타
인지, 초인지라고도 불리며 영재아와 일반아동의 사고 간에 존재하는 질적인 차
이점을 검증하기 위한 유용한 틀을 제공하는 개념이다. 이와 같은 상위인지에 대
한 연구는 발달심리학자들 사이에서 광범위하게 연구되어 온 주제다.

영재성과 상위인지의 관련성에 관한 20여 개의 연구를 분석한 연구에서 Rogers
(1986)는 영재들은 해결해야 할 과제를 신속하게 인지하고 문제해결을 위한 적절
한 전략을 선택하며 문제를 해결하는 데 필요한 자원을 할당하는 데 보다 능숙하
다고 보고하였다. 또한 Benito(2000)는 영재의 상위인지 기술과 전략에 대한 심
층면접과 관찰을 통한 질적 연구에서 영재는 정보를 처리할 때 신속하게 하며,
누가 가르치지 않아도 효과적인 전략을 자발적으로 사용하는 경향이 있으며, 이
러한 경향은 6세 이후부터 가능한 것으로 보았다. 또한 문제해결 전략에 있어서
도 연역적 추리와 귀납적 추리를 포함하는 다양한 문제해결 전략을 사용하며 자
신이 어떤 종류의 전략을 사용해야 하는지뿐 아니라 사용한 전략을 말로 표현하
는 데도 능숙하다고 하였다. 이들 연구는 상위인지가 영재의 인지적 특성 중의
하나인 동시에 영재성을 결정짓는 중요한 요인임을 보여 준다.

발달심리학자들은 영아기부터 만 5세 사이의 지적 발달이 미래의 유아발달에
큰 영향을 미친다고 보았다(Bloom, 1964; White, 1975). 유아들은 유아기 시절에
민감기를 경험하게 되는데, 이때 유아들은 새로운 경험에 민감하고 뇌의 발달이
왕성하다고 주장한다. 그렇지만 일반적으로 대다수의 부모와 교사는 이런 점들
을 간과하고 있고, 영재유아의 능력이 사장될 것이라고 생각하지 않고 있다. 그
러나 Biber(1977)는 유아의 민감기 동안에 적절한 조치가 취해지지 않으면 잠재
적인 재능발달이 지연되거나, 재능발달이 위축되거나, 또는 재능이 사장될 수 있
다고 주장하였다(전경원, 2005에서 재인용).

따라서 부모와 교사들은 조기에 유아를 선발하여 교육을 시작하는 것이 좋으
며, 이때 교육하는 과정에서 관찰을 통하여 지속적으로 판별을 실시하는 것이 바
람직하다. 이러한 유아기의 영재성은 적절한 자극과 부모와 교사의 격려 및 지지

를 통해 발현될 것으로 보인다.

3) 사회·정서적 특성

영재들의 지적·학문적 특성 이외에도 영재들만의 독특한 정의적 발달에 대한 관심 또한 오래전부터 있어 왔다. 영재아의 사회성에 대한 대부분의 연구 결과는 일반적으로 알려져 있는 것과는 반대로 영재아들이 일반아동보다 사회성이 높다고 보고하고 있다. 그러나 영재아들이 일반아동보다 사회성이 높다는 연구 결과는 모든 경우에 해당하는 것은 아니다. 사회성이 높게 보이는 영재도 성격이 각기 다르다. 어떤 영재는 아동들에게 인기가 있지만, 학교 규칙에 어긋나는 행동을 같이 함으로써 인기를 얻는 경우도 있다. 어떤 영재의 경우는 유머감각이 뛰어나고 봉사정신이 투철하여 남을 잘 도와줌으로써 인기를 얻는 경우도 있다. 즉, 영재아가 일반아동보다 사회성이 더 높다고 보고되고 있지만, 영재아도 일반아동과 다름없이 사회적인 인정을 받기 위하여 노력한다는 것이다. 영재이기 때문에 사회성이 높은 것이 아니라 사회적인 인정을 받기 위하여 노력하기 때문에 원만한 사회관계를 유지한다는 것이다(이해명, 2006).

지적으로 약간 우수한 아동들은 성격 특성과는 상관없이 적응을 잘하는 경향이 있다는 연구들(Gallagher, 1958; Hollingworth, 1942; Liddle, 1958; Terman, 1925)이 많다. 이들 연구에 의하면 영재아는 사회성이 잘 발달되어 있고, 정서적으로 안정되어 있으며, 학교교육을 받는 기간이나 그 이후의 삶을 잘 영위하는 것으로 나타난다. 영재아를 대상으로 한 연구에서도 지적으로 우수한 아동들은 자신의 사회적 지위와 또래들의 지위를 잘 예측하는 경향이 있다(Gallagher, 1958; Miller, 1956)고 지적한다. 즉, 다른 사람의 요구를 잘 이해하고 그러한 요구에 적절히 반응한다고 볼 수 있으므로 정서와 사회성 발달에 유리하다고 볼 수 있다.

영재의 사회·정서적 특성에 관한 국내의 연구로 이신동 등(2009)은 영재의 사회·정서적 특성을 다음과 같이 설명하고 있다.

- 다른 사람의 기대에 민감하게 반응한다.
- 간섭 없이 혼자 해결하는 것을 좋아한다.

- 반복적인 것을 싫어하고 새로운 것을 시도한다.
- 도덕성이 높아 이상적인 가치를 추구한다.
- 사회적인 문제에 대해 수준 높은 도덕적 사고를 하고 토론하려 한다.
- 자신이 하는 일에 관심이 많고 과제 집착력이 높다.
- 학습 속도가 빠르기 때문에 정규학교 수업에 흥미를 잃고, 공부를 하지 않거나 문제행동을 일으키는 경우도 있다.
- 과제를 완벽하게 수행하려 하기 때문에 스트레스에 시달리기도 한다.
- 자아개념이 긍정적이고 자신감과 자기주장이 강하다.

앞의 결과에서 살펴보면 영재아의 사회 · 정서적 특성이 일반아에 비해 뛰어나거나 사회 관계의 적응에서 유리할 것이라는 판단을 하기는 어렵다.

영재아의 사회 · 정서적 발달에 관한 긍정적 보고와 상반되는 결과를 보고하는 연구들도 있다. Hollingworth(1926, 1942)는 영재아가 논리적으로 일찍 성숙했다 하더라도 정서적 판단의 세련됨까지 같은 속도로 발달하는 것은 아니기 때문에 지능이 매우 높은 아동들이 자신의 성장과정에서 일상적으로 발생할 수 있는 일들 때문에 심적 어려움을 겪게 된다고 지적하였다. 이와 마찬가지로 많은 연구자(Getzels & Dillon, 1973; Hollingworth, 1942; Newland, 1976; Terman & Oden, 1947)는 지적으로 매우 우수한 아동들은 사회적 적응에 어려움이 있을 것이라는 데 동의한다. 지적 능력이 매우 우수한 아동들이 더 큰 어려움을 겪을 것이라는 사실은 여러 요인으로 설명할 수 있다. 이들의 지적 수준과 신체발달 수준 간에는 매우 큰 차이가 있을 수도 있으며, 영재아의 지적 능력이 자신의 사회적 성숙도를 초과했을 때 생기는 지적 능력과 사회성 간의 차이는 영재아들이 보이는 부적응의 원인이 될 수 있다는 것이다. 이러한 아동들은 평균적인 지능을 가진 또래들과 사회적으로 유사한 동시에 자신들보다 훨씬 나이 든 아이들처럼 사고하고 추론한다. 발달 단계에서의 이러한 불균형은 지적으로 우수한 아동들이 지적 능력이 보통인 자신의 또래들과 지내야 하거나 지적으로 우수한 집단 내에서 자신이 가장 어린아이에 속할 경우 부적응의 상황을 겪게 할 것이다(Hollingworth, 1942; O'Shea, 1960).

만약 영재아들이 사회적 적응에 어려움을 겪는다면 이는 분명히 그들의 특별한 능력으로 인하여 고립된 것이라고 볼 수 있기 때문에, 영재아 자신이 또래들에 비해 부족한 사회적 기술을 습득할 수 있는 방법을 연구해야 할 것이며, 영재를 위한 교육내용에도 사회적 적응을 위한 사회·정서적 기술이 포함되어야 할 것이다.

5. 교육적 접근

우리나라에서 이루어지는 아동과 초등 수준의 영재를 위한 프로그램들은 중·상류층 가정의 아동을 중심으로, 즉 사회·경제적 수준이 높은 영재들에게만 교육적 혜택이 주어지고 있어 열악한 환경의 영재들이 소외되고 있는 문제점이 있다. 그러나 모든 영재아에게 그들의 능력과 자질 그리고 그에 따른 특별한 요구에 맞는 교육을 실시해야 할 필요성이 있다. 이에 그 합리적 근거를 제시하면 다음과 같다.

첫째, 국가의 자원이라는 측면에서 국가·사회에 의미 있는 방법으로 기여하는 인물로 성장하도록 뒷받침하기 위해서다. 둘째, 미래의 지식 기반 사회와 국가가 영재를 필요로 하기 때문이다. 지식 기반 사회에서는 고부가가치의 아이디어를 가진 창조적 전문가 집단을 필요로 할 것이며, 국가는 이러한 시대적 요구에 부응하기 위한 의도적 노력의 책무성을 가지고 있다. 이러한 책무성의 가시적 성과를 보여 줄 수 있는 노력이 영재교육이다. 셋째, 영재아들이 나타내고 있는 개인적 필요에 초점을 맞춘 맞춤교육, 즉 영재아 자신이 영재교육(영재들의 능력과 특성에 맞는 수요자 중심의 교육)을 필요로 한다는 것이다.

이와 같은 점에서 볼 때 영재교육은 특정한 학년이나 계층에 국한되어 실시되어서는 안 될 일이며 너무 어려서 영재교육을 받기가 부적합하다는 잘못된 신념 때문에 어린 영재아동이 때로는 영재교육의 주류에서 벗어나 있는 것은 안타까운 일이다.

영재교육의 방법은 크게 심화교육 과정과 속진교육 과정으로 나누어 볼 수 있으며, 어느 것이 더 효과적인지에 대해서는 논쟁의 쟁점이 되고 있다. 속진학습과 심화학습은 두 과정 모두 장점과 단점이 지적되고 있고 찬반이 제기되고 있음에도 불구하고, 영재교육의 실제에서 대표적인 교육방안이며 이를 토대로 많은 수업모형이 개발되어 있다.

심화학습이란 정해진 시간과 노력, 과정을 단축하여 수준 높은 내용을 보다 빨리 배울 수 있도록 교육과정을 특별하게 편성해서 소정의 교육과정을 마치도록 하는, 즉 지식의 양을 중시하는 교육방안이다(김정휘, 주영숙, 문정화, 문태형, 2004). 이는 깊이 있고 폭넓게 다룰 기회를 주는 영재교육의 운영 방식의 하나로 보다 넓고 깊게 가르치는 것을 말한다. 즉, 정규 교육과정을 마친 방과 후에 흥미와 관심 영역에 따라 관련 분야를 폭넓고 깊이 있게 탐구해 나가는 것이다. 심화교육을 위한 교육 프로그램에서는 교육과정의 깊이와 폭을 확장하기, 학습 속도, 교육자료의 종류 및 내용, 고차원적 사고력의 네 가지 측면을 고려하여 확장되어야 한다. 구체적으로 살펴보면 다음과 같다(김정휘 외, 2004). 첫째, 정규 교육과정의 폭과 깊이를 확장하는 것은 정규 교육과정에서 간단히 언급만 되어 있는 주제를 확대하여 심도 있게 가르치는 것을 말한다. 둘째, 수업의 진도와 속도를 빠르게 한다. 영재들은 빨리 배운다는 가정하에 정규 교육과정의 내용을 보다 빨리 가르치며, 배운 내용을 반복 연습하거나 복습시키는 부분을 생략하거나 간단히 한다. 셋째, 자료의 종류 및 내용을 영재의 특성과 흥미에 맞게 제공한다. 넷째, 고차적인 사고력의 습득을 목표로 한다. 영재교육은 지식을 생산하는 방법을 교육하는 것이다. 이를 위해서는 과정기술, 즉 문제해결력, 창의력, 비판적 사고력, 의사결정력 등과 같은 고차원적 사고력이 필요하다. 과정기술의 개발을 위해서는 스스로 탐구하는 탐구학습, 원리나 개념을 스스로 발견하게 하는 발견학습, 스스로 깊이 있게 탐구하는 개인 프로젝트 활동방법 등이 활용되는 것이 바람직하다.

속진학습이란 주어진 정규 교육과정을 정상보다 빠른 속도로 진행하는 것으로 학업내용을 더 빨리 학습하도록 하는 것이다. 학생의 흥미나 관심보다는 능력과 성취도에 중점을 두고 있는 속진학습은 소수의 뛰어난 영재에게 해당하는 학습방법으로 여러 가지 유형이 있다(김정휘 외, 2004).

첫째, 정상적인 입학 나이보다 어린 나이에 상급 학교에 진학하는 조기 입학이 있다. 이론적으로는 3~7개 학년을 뛰어넘어 상급학교로 진학할 수 있으나, 대체로 1~2학년 이상 높은 학년에 배치시키되 동일 학교급 내에서 진급하는 방식을 말한다. 둘째, 동일 학교급 내에서 동급생보다 상급 학년으로 조기 진급하는 방식이 있다. 조기 진급은 현재에 속한 학년 이상의 학습내용을 이미 학습한 학생으로 하여금 현재의 성취 수준에 해당되는 학년보다 1~2학년 높은 학년에 배치시키되 동일 학교급 내에서 진급하는 방식을 말한다. 셋째, 정규 교육과정을 규정된 기간보다 조기에 마치고 학력을 인정받는 방법인 조기 졸업이 있다. 넷째, 전문가와 학생을 맺어 주어 학생이 동급 학년의 수업 수준과 관계없이 자기 수준에 맞는 고차원의 교육을 받게 하는 교육제도인 사사제도가 있다(김정휘 외, 2004).

속진학습은 심화학습과는 달리 속진하는 대상의 학년과 전반적 발달 수준을 고려해 볼 때 적절해야 한다. 즉, 지적인 면만 뛰어나다고 해서 무조건 조기 입학이나 월반을 시킬 경우, 정서적인 면에서 문제가 발생할 수 있기 때문에 모든 발달 영역을 세심하게 고려하여 속진학습 여부를 결정해야 한다. 가시적인 효과 면에서 속진학습이 선호되는 경향이 있으나 개개인의 발달적 특성을 고려하지 않은 속진학습은 환경에 부적응하는 현상을 초래할 수 있다.

참·고·문·헌

교육인적자원부(2000). 영재교육진흥법.

김상윤(1998). 유아의 창의성측정도구로서의 칠교판 검사 연구. 고신대학 아동연구, 7, 1-11.

김수연(2003). 유아의 창의성과 어머니의 양육관련 변인 간의 구조 분석. 연세대학교 대학원 박사학위청구논문.

김정휘, 주영숙, 문정화, 문태형(2004). 영재학생을 위한 교육. 서울: 박학사.

김홍원(2003). 영재의 선별. 박성익 외 (편), 영재교육학 원론. 서울: 교육과학사.

문정화, 하종덕(1999). 또 하나의 교육 창의성. 서울: 학지사.

박춘성(2006). 초등영재선별을 위한 평정척도의 타당화 연구. 서울대학교 대학원 박사학위논문.

박혜원(2001). 지적 영재유아 판별의 절차와 과제. 영재교육연구, 11(2), 105-124.

송영민(2001). 가정의 심리적 환경이 유아영재의 사회성숙도에 미치는 영향. 건국대학교 교육대학원 석사학위청구논문.

송인섭(1998). 교육심리학에서의 영재교육. 교육심리연구, 12(1), 1-25.

윤여홍(2000). 영재의 심리적 특성과 정서발달을 위한 상담. 한국심리학회: 일반, 19(1), 79-101.

이경화, 박숙희(2004). 유아영재교육. 서울: 동문사.

이경화, 이신동(2003). 통합창의성검사. 서울: 마인드프레스.

이순복(2005). 부모의 특성이 영재유아와 일반유아의 창의성에 미치는 영향. 경북대학교 대학원 박사학위청구논문.

이순복, 최성열, 안지령(2011). 유아영재 대상자 선발을 위한 부모용·교사용 행동평정척도 개발. 경북: 경상북도 교육청.

이신동, 이정규, 박춘성(2009). 최신영재교육학 개론. 서울: 학지사.

이영, 김수연, 신혜원(2002). '유아용 창의적 행동특성 검사'의 개발을 위한 기초 연구. 대한가정학회지, 40(6), 85-98.

이해명(2006). 영재교육의 이론과 실제. 서울: 교육과학사.

임인재(2000). 초등학생용 창의성 검사. 서울: 진학사.

전경원(2000). 한국의 새천년을 위한 영재교육학. 서울: 학문사.

전경원(2005). 새로운 영재재능교육의 이론과 실제. 서울: 학문사.

전경원(2006). 유아종합 창의성 검사. 서울: 학지사.

조석희(2000). 영재교육 중장기 종합 발전 방안-영재교육진흥법 시행령(안) 제정에 대하여. 한국교육개발원 연구자료 RM 2000-12.

최성연(2001). 영재아의 부모 특성이 영재성에 미치는 영향에 대한 연구. 이화여자대학교 대학원 석사학위청구논문.

최인수(2000). 유아용 창의성 측정도구에 관한 고찰. 유아교육연구, 20(2), 139-166.

Amabile, T. M. (1983). *The social psychology of creativity*. N.Y.: Springer-Verlag.

Amabile, T. M. (1989). *Growing up creative: Nurturing a lifetime of creativity*.

Amabile, T. M. (1996). *Creative in the context*. Colorado: Westview Press, Inc.

Benito, Y. (2000). Metacognitive ability and cognitive strategies to solve maths and transformation provlems. *Gifted Education International, 14*, 151-159.

Besemer, S. P. (1998). Creative Product analysis matrix: Testing the model structure and a comparison among products-Three novel chairs. *Creativity Research Journal, 11*(4), 333-346.

Biber, B. A. (1977). Developmental-interaction approach: Bank Street College of

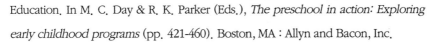

Education. In M. C. Day & R. K. Parker (Eds.), *The preschool in action: Exploring early childhood programs* (pp. 421-460). Boston, MA : Allyn and Bacon, Inc.

Bloom, B. S. (1964). *Stability and change in human characteristics.* New York: Wiley.

Brown, A. L., Bransford, J. D., Ferrara, R. A., & Campione, J. C. (1983). Learning, remembering, and understanding. In P. H. Mussen (Ed.), *Handbook of child psychology: Cognitive development* (pp. 77-166). New York: Wiley.

Clark B. (1979). *Growing up gifted.* Columbus, Ohio: Charles Merrill Co.

Colangelo, N. (1991). *Counseling gifted students.* In N. Colangelo & G. A. Davis (Eds.), *Handbook of gifted education* (pp. 273-284). Needham Heights, MA: Allyn and Bacon.

Davis, G. A., & Rimm, S. B. (2001). 영재교육의 이론과 방법(*Education of the gifted and talented.* Englewood) (송인섭, 이신동, 이경화, 최병연, 박숙희 편역). 서울: 학문사. (원저는 1986년에 출간).

Davis, G, A., & Rimm, S. B. (2005). 영재교육(제5판)(이경화, 최병연, 박숙희 역). 서울: 박학사.

Feldhusen, J. F. (1986). A conception of giftedness. In R. J. Sternberg & J. E. Davidson (Eds.), *Conceptions of giftedness.* New York: Cambridge Univ. Press.

Feldhusen, J. F., & Jarwin, F. A. (2000). Identification of Gifted and Talented Youth for Education Programs. In K. A. Heller, F. J. Monks, R. J. Sternberg, & R. F. Subotnik (Eds.), *International hankbook of gifted & talent.* Elsevier Science LTD.

Flavell, J. H. (1979). Metacognition and cognitive monitoring: A cognitive developmental inquiry. *American Psychologist, 34,* 906-911.

Freeman, J. (1985). Emotional aspects of giftedness. In J. Freeman (Ed.), *The psychology of gifted children* (pp. 247-264). John Wiley & Sons.

Frierson, E. C. (1965). Upper and lower status gifted children: A study of differences. *Exceptional Children, 32,* 83-90.

Gagné, F. (1993). Constructs and models pertaining to exceptional human abilities. In K. A. Hellen, F. J. Monks, & A. H. Passow (Eds.), *International handbook of research and development of giftedness and talent* (pp. 69-87). New York: Pergamon Press.

Gallagher, J. J. (1958). Peer acceptance of highly gifted children in elementary school. *Elementary school Journal,* 465-470.

Gallagher, J. J. (1966). *Research summary on gifted child education.* Springfield, IL:

Office of the Superintendent of Public Instruction.

Gardner, H. (1983). *Frames of mind: The theory of multiple intelligence*. New York: Basic Books.

Getzels, J. W., & Dillon, J. T. (1973). The nature of giftedness and the education of the gifted child. In R. W. M. Travers (Ed.), *Second handbook of research on teaching*. Chicago: Rand McNally.

Getzels, J. W., & Jackson, P. W. (1962). *Creativity and intelligence*. New York: Wiley.

Gilliam, J. E., Carpenter, B. O., & Christensen, J. R. (1996). *Gifted and talented evaluation scale*. Waco, TX: Prufrock Press.

Gough, H. G., & Heibrun, A. B. (1983). *The adjective check list manual*. Palo Alto, CA: Counsulting Psychologists Press.

Guilford, J. P. (1967). *The nature of human intelligence*. N.Y.: MaGraw-Hill.

Han, K. S. (2000). Varieties of creativity: Investigating the domain-specificity of creativity on young children. ERIC Document DAI, 61, No. 05A: 1796.

Hildreth, G. (1954). Three gifted children: A developmental study. *The Journal of Genetic Psychology 85*, 239-262.

Hollingworth, L. S. (1926). *Gifted children: Their nature and nurture*. New York: Macmillan.

Hollingworth, L. S. (1942). *Children above 180 IQ Stanford-Binet: Origin and development*. New York: World Book Co.

James, T. W., Elizabeth, A. M., & Stephanie, S. T. (2006). 영재교육백서(*Guiding the gifted child*) (지형범 역). 서울: 두드림. (원저는 1994년에 출간).

Jellen, H., & Urban, K .(1986). The TCT-DT: An instrument that can be applied to most age and ability groups. *Creative child and Adult Quarterly, 3*, 138-155.

Klausmeier, H. J. (1958). Physical, behavioral and other characteristics of high-and lower-achieving children in favored environments. *Journal of Educational Research, 51*, 573-581.

Laycock, F., & Caylor, J. S. (1964). Physiques of gifted children and their less gifted siblings. *Child Development, 35*, 63-74.

Landrum, M. S. (1987). Guidelines for implementing a guidance/counseling program for gifted and talented students. *Roeper Review, 10*, 103-107.

Liddle, G. (1958). Overlap among desirable and undesirable characteristics in gifted chidren. *Journal of Educational Psychology, 49*, 219-223.

Lubart, T. I. (1994). Creativity. In R. J. Sternberg (Ed.), *Thinking and problem solving* (pp. 289-332). NY: Academic Press.

Marland, S. (1972). Education of the Gifted and Talented. Report to the Congress of the U.S. by the U.S. Commissioner of Education, Washington: U.S. Government Printing Office.

McCarney, S. B., & Anderson, P. D. (1989). *Gifted Evaluation Scale: Technical Manual* (7nd ed.). Columbia, MO: Hawthorne Educational Services.

Mednick, S. A. (1962). The associative basis of the creative process. *Psychological Review, 96,* 220-232.

Miller, R. V. (1956). Social status and socioempathic differences among mentally superior, mentally typical, and mentally retarded children. *Exceptional Children, 23,* 114-119.

Newland, T. E. (1976). *The gifted in socioeducational perspective.* Englewood Cliffs, NJ: Prentice-Hall.

O'Shea, H. (1960). Friendship and the intellectually gifted child. *Exceptional Children, 26,* 327-335.

Ochse, R. (1990). *Before the gates of exellence: The determinants of creative genius.* New York: Cambridge University Press.

Renzulli, J. S. (1996). *Schools for talent development: A practical plan for total school improvement.* CT: Creative Learning Press.

Renzulli, J. S., & Smith, L. (1971). Two Approaches to identification of gifted students. *Exceptional Children, 38,* 211-214.

Rimm, S. B. (1982). *PRIDE: Preschool interest descriptor.* Watertown, WI: Educational Assessment Service.

Rogers, K. (1986). Do the gifted think and learn differently? Airview of recent research and its implication. *Journal for the Education of the Gifted, 10,* 17-39.

Runco, M. A. (1999). Developmental trends in creative abilities and potentials. In M. A. Runco, & S. R. Pritzker (Eds.), *Encyclopedia of Creativity, 1,* 537-540. CA: Academic Press.

Sternberg, R. J. (1985). Implicit theories of intelligence, creativity, and wisdom. *Journal of Personality and Social Psychology, 49,* 607-627.

Sternberg, R. J. (1986). A three-facet model of creativity. In R. J. Sternberg (Ed.), *The nature of creativity: Contemporary psychological perspectives* (pp. 125-147). Cambridge University Press.

Sternberg, R. J., & Lubart, T. I. (1991). An investment theory of creativity and its development. *Human Development, 34*, 1-31.

Tannenbaum. A. J. (1983). *Gifted children: Psychological and educational perspective.* New York: Macmillan.

Renzulli, J. S. (1982). Dear Mr. and Mrs. Copernicus: We regret to inform you⋯. *Gifted Child Quarterly, 26*(1), 11-14.

Terman, L. M. et al. (1925). The mental and physical traits of thousand gifted children. In L. M. Terman et al. (Eds.), *Genetic studies of genius.* Stanford, Calif.: Stanford Univ. Press.

Terman, L. M., & Oden, M. H. (1947). The gifted child grows up. *Genetic Studies of Genius, 4.* Stanford, CA: Stanford University Press.

Terman, L. M., & Oden, M. H. (1959). The gifted group at midlife: Thirty-five years' follow-up a superior group. *Genetic studies of genius: Vol. 5.* Stanford, CA: Stanford University Press.

Torrance, E, P. (2006). Khatena–Torrance 창의적 성격검사요강(*Khatena-Torrance Creative Perception Inventory*) (김영채 편역). 서울: 중앙적성연구소. (원저는 1976년에 출간).

Voss, D. H. (1997). Determining test fairness and differential validity of scores for the Torrance Tests of Creative Thinking for kindergarten students.

Wallach, M. A., & Kagan, N. (1965). *Modes of thinking in young children: A study of the creativity-intelligence distinction.* NYC: Holt, Rinehart, & Winston.

White, B. L. (1975). *The first three years of life.* Englewood Cliffs, NJ: Prentice-Hall.

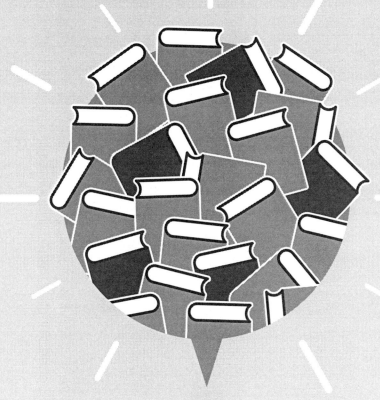

제 **17** 장

교육환경의 확대

1. 장애아동 조기교육
2. 장애아동 부모교육
3. 장애학생 전환교육

최근 특수교육에서는 특수교육 대상자를 위한 서비스 지원뿐만 아니라 부모 지원을 통해 부모의 역량을 강화시키고, 학교와 가정의 협력 및 연계교육, 조기교육, 전환교육 등 교육환경을 확대하고 적절한 지원을 함으로써 장애아동의 삶의 질을 향상시키는 데 주력하고 있다. 이와 같은 변화를 바탕으로 이 장에서는 장애아동의 조기교육과 부모교육, 전환교육에 대해 개괄적으로 살펴보고자 한다.

1. 장애아동 조기교육

1) 장애아동 조기교육의 필요성과 목적

대부분의 아동은 주위 환경으로부터 자극을 받음으로써 배우고 의사소통하며 일상생활의 기본기술을 자연적으로 습득해 간다. 그러나 장애를 가지고 있는 아동들은 스스로 주위 환경으로부터 배울 수 있는 능력이 부족하고, 방치될 경우 발달이 지연된다. 이런 경우일수록 전문적인 조기교육을 가능한 한 일찍부터 받아야 그에 따른 부수적인 장애나 발달지체를 예방할 수 있다. 발달지체는 어느 시기가 되어 간단히 따라잡을 수 있는 것이 아니다. 유아기에 발달지체를 가진 아동을 대상으로 20년간 추적연구를 한 Keogh, Bemheimer와 Guthrie(2004)는 유아기 때 지체를 가진 경우 성인이 되어서도 지속적인 문제를 가질 가능성이 있음을 밝혔다. 따라서 장애를 가졌거나 발달이 지체된 경우 조기교육은 가능한 한 빨리 실시하고, 조기교육 기관에서뿐만 아니라 가정에서도 지속적이고 일관성 있게 연계되어야 할 것이다.

특수교육은 예방교육, 조기교육, 학령기교육 및 학령기 이후의 재활 등으로 이어지는 일련의 과정으로 볼 수 있다. 특수교육은 장애 예방을 위해 노력하며 (McCollum & Maude, 1993), 장애에 따른 문제들을 극복할 수 있도록 도와주고, 발달을 촉진하며, 잠재능력을 최대한 끌어내어 삶의 질을 높여 주기 위한 목적을 지닌다. 특히 아동의 발달 특성상 변화와 발달 잠재력이 가장 풍부하고 가능성이

〈표 17-1〉 유아특수교육의 목표

- 가족들이 그들 자신의 목표를 성취하도록 지원한다.
- 아동의 참여와 독립성 그리고 습득을 촉진한다.
- 주요 영역의 발달을 촉진한다.
- 아동의 사회적 능력을 형성하고 지원한다.
- 기술의 일반화된 사용을 촉진한다.
- 정상화된 생활 경험을 제공하고 준비시킨다.
- 장애의 문제나 장애의 발생을 예방한다.

* 출처: Bailey & Wolery (1995), p. 47.

많은 발달 초기의 특수교육은 더욱 필요하고도 중요하다.

특히 장애아동의 조기교육은 유아교육의 당위성과 장애나 장애 위험 유아들에게 적절한 교육적 지원을 통해서 장애에 따른 부정적인 영향을 최소화한다는 특수교육적 당위성의 입장에서 주장될 수 있다. 또한 조기교육을 통해서 장애유아들의 가족을 지원하고 더 나아가 사회 · 경제적인 혜택으로 연결될 수 있다는 주장을 통하여 그 필요성이 강조된다(이소현, 2003).

한편 Bailey와 Wolery(1995)는 유아특수교육의 목적을 〈표 17-1〉과 같이 세부적인 목표로 제시하였다.

2) 장애아동 조기교육의 개념과 역사적 배경

장애아동의 교육과 관련하여 조기 개입, 유아특수교육, 특수아조기교육 등의 다양한 용어가 사용되고 있다. 이소현(2003)의 구분을 참고로 하여 볼 때 용어별 대상 연령과 내용은 다음과 같다. 조기 개입(early intervention)은 0~2세의 장애 신생아 및 영아들과 그 가족들을 위해서 제공되는 협력적이고 종합적인 특수교육서비스다. 유아특수교육(early childhood special education)은 3~5세 취학 전 장애유아들의 독특한 욕구를 충족하기 위해 제공되는 특수교육서비스다. 한편, 특수아조기교육(early intervention/early childhood special education)은 조기 개입과 유아특수교육을 모두 포함하는 용어로 '조기특수교육'으로도 사용되고 있으며, 출생 후부터 취학 전까지의 장애영유아를 지칭하는 용어로서 이 장에서 사용되는 조기교육 용어 역시 이 개념에 따르도록 한다.

즉, 장애아동의 조기교육이란 출생 후부터 만 5세까지의 특별한 도움을 필요로 하는 영유아와 그들의 가족을 위한 다양한 서비스를 의미하는 것이다. 또한 조기특수교육은 가족들이 자신들의 목표를 성취하도록 돕고, 아동의 주요 영역의 발달과 기술의 일반화된 사용을 촉진하며, 사회적 능력을 형성시키고 지원하는 것을 목표로 한다.

　특별한 도움을 필요로 하는 아동들에게 최초로 실시된 공교육은 1965년에 실시된 미국의 헤드스타트 프로그램(Head Start Program)이다. 헤드스타트 프로그램은 3~4세 저소득층 아동을 대상으로 아동의 건강과 사회·정서적 발달을 향상시키고, 인지기술과 자신감을 증진시키며, 책임감을 고무시키는 것이었다. 그 후 1975년 공법 94-142인 「전장애인교육법」이 제정되면서 학령기 아동의 교육에 결정적인 영향을 미치게 되었고, 1986년에는 조기교육의 중요성을 인식하기 시작하여 유치원 교육에 대해 무상 공립교육의 의무화를 실시하게 되었다. 1990년에는 「전장애인교육법」을 「장애인교육법(The Individuals with Disabilities Education Act)」으로 명칭을 변경하여 배제금지, 비차별적 평가, 개별화교육, 최소제한환경, 적법 절차, 부모와 아동의 참여와 같은 여섯 가지 원칙을 마련하였다. 이후 1997년에는 「장애인교육법」이 개정되면서 개별화교육 프로그램의 수정, 부모 참여 확대, 기능적 평가 등이 강화되었다.

　우리나라의 경우 장애아동의 교육 지원은 1977년에 제정된 「특수교육진흥법」이 1979년에 시행되면서부터인데, 1994년 「특수교육진흥법」에 따라 무상교육이 실시되었고, 그 후 2008년 「장애인 등에 관한 특수교육법」에서는 만 5세 이상 유아는 의무교육, 만 3세 미만은 무상교육을 실시하도록 하였다. 장애 영역도 영아 및 만 9세 미만의 발달지체 아동과 건강장애 아동이 특수교육 대상자로 포함되는 등 교육과 지원 대상의 범위가 확대되었다. 그 후 2012년 3월부터는 취학 직전의 만 5세 유아들에게 유치원과 어린이집으로 이원화되어 있는 교육·보육과정을 통합하여 공통과정인 누리과정을 시행하였고, 2013년 3월부터는 3~5세 연령별 누리과정을 전면 시행하였다.

3) 장애아동 교육 진단 · 평가

조기특수교육서비스를 받아야 하는 대상은 첫째, 장애를 지닌 아동이다. 우리나라의 경우 특수교육 대상자는 「장애인 등에 관한 특수교육법」(2008)에 따라 10개 범주—시각장애, 청각장애, 정신지체, 지체장애, 정서 · 행동장애, 자폐성장애, 의사소통장애, 학습장애, 건강장애, 발달지체, 그 밖에 대통령령으로 정하는 장애—로 구분된다. 둘째, 발달지체 아동이다. 즉, 신체, 인지, 의사소통, 사회성, 적응과 같은 각 발달 영역에서 하나 또는 그 이상의 중요한 지체가 있는 것으로 진단된 아동을 말한다. 셋째, 장애 위험 아동이다. 즉, 진단 당시에는 지체가 보이지 않으나, 발달지체 가능성이 높은 것으로 확인되는 신체 또는 정신 조건을 지닌 영아나 유아(미숙아, 정신지체 어머니에게서 양육되는 유아, 학대나 방치의 위험이 있는 유아 등)다.

아동과 그 가족들에게 필요한 교육서비스를 제공하기 위한 프로그램을 계획하고 실행하기 위해서는 아동과 관련된 정보를 먼저 수집해야 한다. 진단 · 평가는 이러한 정보를 수집하고 결정을 내리는 과정이다. 진단 · 평가는 몇 개의 단계로 나눌 수 있으며, 각 단계마다 독특한 기능과 목적을 지니고, 특별한 절차와 평가도구로 수행된다(McLean, Wolery, & Bailey, 2004). 즉, 〈표 17-2〉와 같이 크게 네 단계, 즉 선별(screening), 진단(diagnosis), 프로그램 계획(program planning), 평가(evaluation)로 요약할 수 있다.

〈표 17-2〉 **장애아동 진단 · 평가 과정**

소검사	측정하는 내용
1단계: 선별	장애 가능성이 있거나, 전문적이고 구체적인 검사를 받을 필요가 있는 아동임을 판단하고자 하며, 빠르고 간편한 검사방법 실시
2단계: 진단	조기 중재나 특수교육서비스 대상자로서 적격한지를 결정하기 위해 시행되는 발달의 모든 영역에 대한 구체적이고 포괄적인 사정 단계
3단계: 프로그램 계획	아동의 현재 수행 수준과 요구를 파악하여 IFSP/IEP의 목표를 설정하고 중재 활동을 계획하는 교육과정 중심 및 준거 중심의 사정
4단계: 평가	IFSP/IEP 목표의 진행과정과 프로그램의 효과를 평가하기 위한 교육과정 중심 및 준거 중심의 평가

(1) 선 별

선별은 좀 더 전문적인 진단이 필요한지를 결정하는 과정이다. 발달선별검사는 특정 검사도구나 점검표 혹은 부모 면담이나 아동관찰 방법을 사용한다.

우리나라는 장애아동의 조기 발견과 관련하여 선별 및 진단에 관하여 법으로 규정하여 그 중요성을 실현하고 있다. 「장애인 등에 관한 특수교육법」(2008) 제14조에서는 영유아의 장애 및 장애 가능성을 조기에 발견하기 위해 지역 주민과 관련 기관을 대상으로 홍보를 실시하고, 해당 지역 내 보건소와 병원 또는 의원에서 선별검사를 무상으로 실시하도록 규정하고 있다. 또한 장애를 가지고 있거나 장애를 가지고 있다고 의심되는 영유아 또는 학생을 발견할 때에는 교육장 또는 교육감에게 진단·평가를 의뢰하여야 한다. 다만, 각급 학교의 장이 진단·평가를 의뢰하는 경우에는 보호자의 사전 동의를 받아야 한다. 교육장 또는 교육감은 진단·평가를 의뢰받은 경우 즉시 특수교육지원센터에 회부하여 진단·평가를 실시하고, 그 진단·평가의 결과를 해당 영유아 및 학생의 보호자에게 통보하여야 한다.

선별을 위한 검사도구는 정확하고, 사용이 편리해야 하며, 교육, 건강, 행동, 환경 등의 다양한 측면을 포함하도록 다차원적이어야 한다. 또한 비용 면에서 경제적이어야 하고, 부모의 요구에 민감해야 하며, 부모 참여를 보장해야 한다.

현재 교육 현장에 소개되고 있는 발달 선별 검사도구에는 한국형 Denver II 검사(신희선, 한경자, 오가실, 오진주, 하미나, 2002), 영·유아 언어발달검사(SELSI; 김영태, 김경희, 윤혜련, 김화수, 2003), 아동발달 선별검사(DIAL-3; 전병운, 조광순, 이기현, 이은상, 임재택, 2002) 등이 있다.

(2) 진 단

장애 진단과정은 선별을 통해서 의뢰된 아동의 장애 유형과 상태 또는 발달지체의 성격과 정도를 정확히 판단하며, 특수교육적 도움이 필요한지를 결정하는 과정이다. 일반적으로 장애 진단과정은 면담이나 관찰과 같은 비형식적 검사와 공식적이고 표준화된 검사방법 등을 통해 정보를 수집한다. 또한 수집된 정보는 특수교육과 관련 서비스의 적격성을 결정하기 위한 기초자료로 사용되기 때문에 정확한 검사, 공식적인 전문가의 임상 판단, 가족을 포함한 간학문적 팀이 실시하여야 한다(Brown & Seklemian, 1993).

최근에는 아동들의 장애 진단과정에 생태학적인 측면이 강조되면서 장애 진단 시 교사, 보육시설 담당자, 양육자 등과 같은 다양한 출처로부터 정보 수집을 강조하고 있다. 특히 가족은 다양한 발달 영역에서의 현행 수준에 대한 중요한 정보를 제공해 주기 때문에 장애 진단팀에 반드시 포함하도록 한다(DEC Task Force on Recommended Practices, 1993). 장애 진단과 적부성 검사를 통해 특수교육이 필요한 것으로 결정되었다면 교육 진단에 따라 개별화교육 프로그램이 계획되어야 한다.

(3) 프로그램 계획

교육 프로그램을 계획하기 위한 진단은 아동을 위한 실제 교육과정과 관련되어야 한다. 교육과정 중심 평가(curriculum-based assessment: CBA)는 ① 아동의 현재 수행 수준 규정하기, ② 개별화가족서비스계획(IFSP)/개별화교육계획(IEP) 목표 선정하기, ③ 가장 적절한 중재 결정하기, ④ 아동의 진전 평가하기 등을 할 수 있도록 해 준다.

교육 진단을 위해서는 특수교육이 필요한 특정 영역에서의 현행 수준을 파악하고, 그것을 근거로 교육 목표를 설정해야 하므로 교육과정 관련 검사를 사용하거나 교사가 아동의 특성에 맞게 임의로 만든 형식적 검사도구를 사용한다. 교육 진단을 통해서 각 발달 영역에 따라 습득한 기술의 정도, 강점, 약점 등이 평가되어야 하며, 발달 영역은 여섯 가지 영역, 즉 ① 감각·신체적 발달, ② 언어 및 의사소통 능력, ③ 소근육 및 대근육 운동기능 발달, ④ 인지능력, ⑤ 자조 및 적응 기술, ⑥ 사회·정서적 성장을 반드시 포함해야 한다.

(4) 평 가

교육 진단을 거쳐 작성된 교육 프로그램이 실시되면 아동의 성취에 대한 진도 점검을 한다. 이 목적은 아동의 각 발달 영역에 대한 개별화교육 프로그램의 교수 목표가 달성되었는지를 점검하기 위한 것이다. 일반적으로 진도 점검은 관찰, 발달점검표, 발달척도 등을 사용하여 이루어진다.

다음으로 프로그램에 대한 평가는 진도와 중재 프로그램 전반에 걸친 효과를 점검하기 위한 객관적이고 체계적인 절차다. 프로그램 평가의 목적은 이 프로그램이 아동과 가족에게 미치는 영향을 진단하는 것으로서 프로그램 전반의 효율성과 질, 아동의 성취 결과, 부모의 만족도 측면에서 이루어진다.

4) 장애아동 교육과정과 교수방법

(1) 장애아동을 위한 교육과정 구성

장애아동들을 위한 교육과정은 일반아동들에게 실시하는 적절한 다양한 범주의 기술들을 포함하며, 다음과 같은 목적을 고려하여 설계되고 평가되어야 한다 (Pretti-Frontczak & Bricker, 2004). ① 가족이 목적을 성취할 수 있도록 그들을 지원한다. ② 아동의 참여, 독립성, 숙달을 증진시킨다. ③ 모든 주요 영역의 발달을 촉진시킨다. ④ 사회성을 신장시키고 지원한다. ⑤ 기술을 일반화하여 사용하도록 촉진한다. ⑥ 아동이 가정, 학교, 지역사회에서 정상적인 생활을 경험하도록 준비시키고 돕는다. ⑦ 순조로운 전이가 될 수 있도록 아동과 그 가족을 돕는다. ⑧ 미래의 발달 문제나 장애를 예방하고 최소화한다.

특수교육 교육과정 중 유치원 교육과정(교육과학기술부 고시 제2011-501호)은 목표, 편제와 시간 배당, 교육과정 편성·운영의 중점 등은 2011 개정 유치원 교육과정을 따르되, 개별화교육계획을 통하여 유아들의 발달을 최대한 촉진할 수 있도록 편성·운영하도록 하고 있다. 단, 필요한 경우 기본 교육과정을 유치원 교육과정의 영역에 따라 재편성하여 사용할 수 있다.

(2) 장애아동 교육과정의 내용

일반 유치원 교육과정은 유치원과 어린이집으로 이원화되어있던 교육과 보육과정을 통합하여 공통과정인 3~5세 누리과정을 2013년부터 전면 실시하였다. 누리과정의 내용은 신체운동·건강, 의사소통, 사회관계, 예술경험, 자연탐구 영역으로 구성되어 있다. 장애아동 교육과정은 2011 개정 유치원 교육과정을 따르되 필요한 경우 기본 교육과정을 유치원 교육과정의 영역에 따라 재편성하여 사용하도록 하고 있다. 따라서 누리과정과 기본 교육과정 등을 참고로 교육내용을 구성할 수 있다.

장애아동을 위한 교육과정의 내용은 일반적으로 운동기능, 의사소통, 인지, 사회성 · 정서, 자조기술/적응행동의 다섯 가지 주요 발달 영역을 중심으로 구성된다(이소현, 2003).

① 운동기능 발달

많은 장애아동은 운동기능의 지체와 결함을 보이기 때문에 조기 특수교육 프로그램은 반드시 운동기능 발달을 촉진할 수 있도록 구성되어야 한다. 운동기능 발달 촉진을 위한 교수는 아동이 환경과 상호작용하고 이동하기 위해서 필요로 하는 대 · 소근육 운동을 포함한 자신의 신체를 잘 조절하도록 촉진해 주는 것을 의미한다.

② 의사소통 발달

의사소통이란 모든 종류의 메시지를 전달하는 것을 의미하는 것으로 다른 사람들로부터 정보를 수용하고, 다른 사람들과 정보를 나누며, 자신의 행동과 인지를 중재하고, 환경을 조절하는 능력을 변화시키거나 촉진하는 것을 의미한다(Goldstein, 1993).

의사소통 발달 촉진을 위한 교수환경은 다양한 기능과 내용, 대상자, 의사소통 상황(예: 집, 교실, 지역사회)을 포함하는 의사소통 기회를 제공해야 하며, 의사소통 교수는 아동이 목표행동을 습득할 수 있도록 충분한 강도로 충분한 시간 동안 사용 가능한 다양한 전략(예: 환경교수, 반응적 상호작용, 대화적 교수, 직접교수)을 포함해야 한다.

③ 인지발달

인지발달은 지각, 지식, 이해, 추론, 판단 등의 능력과 이러한 능력들을 독립적인 활동과 사회적인 상호작용을 위하여 매일의 일과 속에서 사용할 때의 점진적인 변화를 의미하며, 구체적으로는 주의집중, 기억, 목적에 따른 계획, 의사결정, 의사소통, 식별, 사고 등의 다양한 능력을 포함한다(Dunst, Mahoney, & Buchan, 1996).

인지발달을 촉진하기 위해서는 학습뿐만 아니라 발달 촉진에 더욱더 초점을 맞추어야 한다. 발달을 장기 목표로 설정하고, 적절한 수행을 단기 목표로 설정하며, 행동 변화를 일으키기 위한 방법으로 강화된 경험을 사용한다면 교수 효과는 장기적으로 유지될 수 있을 것이다.

④ 사회성 · 정서 발달

양육자나 또래와의 상호작용으로 이루어지는 사회성 발달은 중요한 발달 영역의 하나로서 대부분의 아동은 양육자와 상호작용하고 또래와 즐겁게 놀이하는 기술을 자연적인 발달과정의 한 부분으로 성취해 간다. 사회성 발달 촉진을 위해서는 0~2세 영아들의 경우 양육자 상호작용 방법을 고려해야 하고, 3~5세 유아들은 또래 상호작용을 촉진할 수 있는 방법을 포함하도록 한다.

⑤ 자조기술/적응행동 발달

적응행동은 아동의 다양하면서도 독특한 환경의 욕구를 충족해 주는 생활연령에 적합한 기술을 모두 포함한다. 일반적으로 자조기술은 옷 입고 벗기 기술, 식사기술, 대소변 가리기, 몸단장하기(예: 세수, 양치질) 등을 포함하여 이웃, 여가 영역과 같은 지역사회 환경에서 성인의 감독하에 나이와 문화에 맞는 적절한 기능을 촉진하는 기술을 말한다.

(3) 장애아동을 위한 교수방법

① 시각장애

시각장애 아동들의 교육에서는 이동기술, 소근육운동 기술, 개념발달 및 분류, 사회적 상호작용, 언어 및 의사소통, 감각 · 운동 기능의 협응 등의 영역에 특히 관심을 기울여야 한다. 환경 구성에서는 특히 조명과 소음, 이동성을 고려해야 한다. 직접교수 활동에서는 일관성 있는 설명과 움직임에 대한 경험 제공과 더불어 시각적 정보에 대해서는 설명해 주어야 한다.

② 청각장애

청각장애 아동들의 교수 활동에서는 말하는 사람이나 시각적 단서가 가려지지 않도록 조명이나 좌석 배치 등을 고려해야 한다. 또한 주변의 소음 조절과 보청기 사용방법이나 작동기술을 알고 있어야 하며, 아동의 귀 상태가 괜찮은지도 잘 살펴보아야 한다. 의사소통 기능을 촉진하기 위해서 사회적 상호작용의 기회를 많이 제공해야 하며, 과도한 몸짓보다는 정상적인 음성과 몸짓 등을 사용하는 것이 바람직하다.

③ 운동기능 발달의 지체

운동기능 발달이 지체된 아동들을 교수할 때 주의할 점은 먼저 이동 공간이나 이동로가 확보되어 있는지와 교실 내의 모든 영역으로의 접근이 가능한지를 점검하는 것이다. 일반적으로 운동기능 발달의 지체를 보이는 아동들은 신체적으로 허약하거나 쉽게 피로를 느끼기 때문에 교수 활동과 관련해서 교육과정, 시간표, 활동의 길이나 성격 등을 잘 조절해야 한다.

④ 의사소통 발달의 지체

의사소통 발달의 지체는 인지발달, 감각 손상, 정서적인 문제, 운동기능 손상 등의 장애와 관련되며, 이러한 다양한 관련 요인과 원인에 따라 발달이 지체될 수도 있고, 다양한 일탈적 형태로 나타나기도 한다. 아동과의 적절한 의사소통 방법으로 ① 아동 주도 따르기, ② 성인의 올바른 의사소통 시범, ③ 환경과 경험을 이용한 단어와 설명 사용하기, ④ 주요 단어 및 어절의 반복, ⑤ 적절한 속도와 반응 기다리기를 제시할 수 있다.

⑤ 인지발달의 지체

인지발달에 지체를 보이는 아동들은 학습 속도가 느리고 기억력이 빈약하며, 행동 통제의 어려움을 보이거나 일반화 문제를 보이기도 한다(Hallahan & Kauffman, 2003). 인지발달이 지체된 아동들을 위해서는 가능한 한 구체적이고 직접적으로 조작 가능한 교재를 사용하는 것이 좋다(이소현, 2003). 또한 기술을 교수할 때는 과제분석(task analysis)과 같이 관찰이 가능한 작은 단계로 나누어 지도하는 방법이 가장 효과적이다.

⑥ 사회성·정서 발달의 지체

사회성·정서 발달에 지체를 보이는 아동들은 매우 다양한 행동적인 특성을 보이기 때문에 교수적 접근에서 개별화된 전략을 사용해야 한다. 자폐증 아동의 경우는 지나치게 자극적인 환경이나 특정 소리에 민감해서 문제행동을 보일 수 있으며, 신경학적인 손상이나 주의력결핍장애를 지닌 아동의 경우는 충동이나 공격성을 조절하기 힘들어 문제행동을 보이기도 한다. 이러한 문제행동은 행동의 발생 후에 주어지는 교정적인 대처보다는 예방적인 측면에서의 접근을 필요로 한다(이소현, 2003). 먼저 문제행동이 발생한 시간이나 장소 등에 대해 관찰하도록 하며, 과제의 난이도, 활동 소요시간, 공간의 적절성, 기대 수준의 적합성, 과제의 수 등 여러 가지 환경적인 요인에 따라서 문제행동을 보일 수 있으므로 이에 대한 정확한 분석이 필요하다.

5) 가족 지원

조기교육의 대상인 출생 후부터 취학 전 영유아의 교육에서는 부모와 가족의 영향력이 가장 크며, 이들의 참여가 반드시 필요하다. 아동 중심 교육에서 가족 중심 교육으로의 패러다임 변화와 함께 가족의 중요성이 강조되고 있으며, 그 효과는 이미 여러 연구에서 입증되었다. 부모나 가족들에게 충분한 정보와 지원을 제공함으로써 장애의 원인과 위험을 예방할 수 있고, 자녀의 교육에 적극적으로 참여할 수 있으며, 교육기관과 연계한 가정지도가 이루어질 수 있다. 아동의 출생과 더불어 가족이 장애아동에 대한 교육방법 및 여러 가지 상황에 대처할 수 있는 능력이 키워져 궁극적으로 전문가에 대한 의존 없이 각 가정이 스스로의 문제를 해결할 수 있다면 가장 바람직한 방법일 것이다. 따라서 가족의 능력을 신장하고, 필요한 자원을 지원할 수 있도록 개별화교육계획에 가족서비스계획이 포함되어야 하며, 부모교육이 활성화되도록 관심과 노력이 필요하다.

2. 장애아동 부모교육

1) 부모교육의 필요성과 효과

최근 특수교육에서는 특수교육이 아동과 전문가들의 관계에 따라서만 계획되고 실행되던 협의의 교육이어서는 안 됨을 인식하기 시작하면서, 장애아동의 교육에서 가족 참여의 중요성이 더욱 강조되고 있다. 이러한 변화와 더불어 장애아동 부모들은 과거와 달리 장애아동 관련 권리 행사나 장애아동 관련 서비스의 선별적 적용과 관련하여 보다 폭넓은 기능을 수행해 나가야 한다. 말하자면, 일반적인 아동발달에 관한 지식 이외에 보다 전문화된 기능과 관심 혹은 이해를 갖추도록 요구받게 된 것이다.

가족은 아동의 서비스 제공을 위하여 전문가와 함께 팀 협력을 이루어 아동의 교육적 효과를 극대화하는 데 중요한 역할을 한다(Lee, 2002). 가족과의 협력과 관련된 중요한 문제는 가족들의 관심, 우선순위, 다양한 자원과 가족이 서비스를 제공 · 계획하는 데 동반자로 참여한다는 것이며, 가족은 아동의 교육 프로그램에 대한 최종적인 의사결정자라는 것이다. 이러한 면에서 가족의 선택과 강점이 중요시된다고 하겠다(Allen & Peter, 1995).

가족은 아동이 가진 가장 중요한 자원인 동시에 강점이다. 특히 가족과의 상호작용은 아동을 지원하는 중재의 모든 영역에서 매우 중요하다. 그러나 많은 부모가 장애 자녀의 독특한 행동, 발달 특성을 정확히 인식하지 못하여 적절한 상호작용 형성에 많은 어려움을 겪고 있으며, 아동의 특정 문제를 어떻게 다루어야 하는지에 대한 지식과 기술 부족 그리고 이에 따른 감정 소비의 반복으로 부모의 스트레스를 가중시키고 있다.

장애 자녀의 가정에는 장애아동 양육에 따른 그들만의 독특한 요구가 있고, 따라서 부모들은 아동에 관한 교육과 원만한 가족기능을 위한 다양한 가족 지원에 대한 관련 정보를 필요로 하고 있다(Brown & Snell, 2000). 장애아동의 부모가 겪는 어려움은 장애아동이 성장하면서 보이는 여러 문제와 접하면서 대인관계 형성의 장애, 의사소통장애, 환경의 변화에 대한 적응장애, 여러 가지 문제행동 그리고 인지 및 정서적 장애 등 매우 다양하게 나타난다. 따라서 장애아동을 가진 많은 부모에게 전문적인 부모교육이 절실한 실정이다.

1990년대 이전에는 흔히 부모는 장애아동을 피동적으로 진단받게 하거나, 치료 및 교육받는 상태로 만족하는 경우가 대부분이었다. 그러나 오늘날은 장애 인구가 더 이상 눈에 드러나지 않는 소집단이 아니라, 일반교육이나 일반적인 일터에서 장애인도 집단 속의 한 구성원으로 인식되는 완전한 공동체 의식의 시대로 전환되고 있다.

최근의 부모교육 내용을 살펴보더라도 과거 비형식적 교육을 바탕으로 이루어지던 양육이 보다 구체적이고 제도적인 면을 강조하는 형식적 교육내용으로 전환되고 있다. 더욱이 아동발달의 대부분이 부모라는 혈연적 교사가 주도하고 있다는 단순한 사실이 보다 중요한 의미로 부각되기 시작하면서 부모의 교사적 역할 조정이 필요한 과제로 떠오르고 있다. 이와 같은 맥락에서 만약 장애아동의 부모가 자신의 아이를 이해하고 받아들일 수 있는 부모교육 기회가 없을 경우, 비록 전문가의 도움으로 장애의 보상이 가능하다 하더라도 지속적 발달에 따른 재활의 기회와 범위를 축소시킬 위험이 있다.

최근 부모교육의 효과는 다음 몇 가지 아동의 인지 및 정서적 측면에서 두드러진다. 즉, 장애아동 부모교육은, 첫째 아동의 인지능력이나 정서발달에 미치는 부모 역할의 중요성을 알고, 장애 자녀의 교육적 변화 가능성을 위한 중요한 환경 조성 중의 하나임을 알게 하는 점, 둘째 가족 간의 유대와 기능 강화를 통한 장애 자녀의 인지 및 정서적 교육 · 재활 가능성을 부여해 주는 것, 셋째 인지능력 발달과 연계된 언어적 교육 · 재활에 대한 부모 역할과 기능 습득의 기회를 증가시키는 점, 넷째 장애 자녀의 인지 및 정서 발달 수준에 맞는 가정교육 환경 조성과 자녀의 특성을 파악할 수 있는 부모의 교사적 기능 향상 등을 가능하게 해 준다는 점 등에서 장애인 교육 · 재활의 중요한 부분이 된다.

따라서 현대의 장애아동 부모는 보다 적극적인 자세로 장애 자녀의 특성을 파악하고, 그에 적절한 교육적 조치를 취할 수 있는 부모교육을 필요로 한다. 부모교육이란 부모의 참여와 지원을 위한 전략으로서 부모의 역할기능을 발달시키는 것이다. 또 부모들이 교육 프로그램의 계획과 실천, 평가, 수정 등 모든 주요 단계에 참여하여 부모의 의사결정권과 권리를 갖도록 한다. 즉, 부모의 역할 수행에 변화를 일으키고 자녀 양육의 질을 향상시키기 위한 것이다.

2) 장애아동 부모 역할

일반적으로 부모는 자녀 양육에 대한 전반적인 책임이 요구되며, 이에 따른 신체적·심리적 에너지가 필요하다. 부모는 가정의 중추적인 역할자로서 가정의 행복, 건강, 심리적 안정, 예의범절, 사고방식, 생활 습관, 인간관계 등을 교육해야 할 책임이 있으므로 자녀의 교사, 친구, 상담자, 인생의 선배 등으로서 행복한 가정을 꾸리는 역할을 해야 한다. 부모의 역할은 회의에 참여하는 것만이 아니라, 학령기에는 주변인으로부터의 실패감을 격려해 주고, 심리적 안정, 합리적 사고, 학습 경험 제공 등과 같이 자녀의 교육 수행에서 부모가 잘 가르칠 수 있는 방법을 아는 것이 중요하다.

그러나 장애아동의 부모는 일반적인 부모 역할 이외에 아동의 신체적·정서적 문제와 경제적인 문제로 야기되는 스트레스를 부가적으로 경험한다. 장애나 만성질환 혹은 심각한 문제행동을 가진 아동의 부모가 아닌 사람들은 부모로서의 그들의 하루나 일주일이 실제로 어떠한지에 대해 알기 어렵다(Fox, Vaughan, Wyatte, & Dunlap, 2002; Hutton & Caron, 2005). 그렇지만 교사는 장애아동이 가족 체계에 어떤 영향을 미치는지, 그리고 무엇으로부터 영향을 받는지에 대해 이해하도록 노력해야 한다.

장애아동의 부모에게는 다음과 같은 역할이 요구된다(Heward, 2009).

(1) 양육자

양육은 어떤 아동이든 부모에게 힘든 일이지만, 장애아동의 양육은 부가적인 스트레스를 줄 수 있다. 특히 자녀가 중증장애나 만성적인 문제를 가진 경우는 부모가 휴식시간을 가지기 어렵다. 많은 부모가 가족이나 친구들로부터 도움을 받고 있지만 충분하지 않다. 그런 의미에서 주간단기보호센터와 같은 단기간 장애아동 보호 시스템인 양육 안식(respite care) 프로그램은 자녀 양육의 책임으로 생긴 부모와 가족의 정신적·육체적 스트레스를 감소시켜 줄 수 있다.

(2) 부양자

일반적으로 자녀가 출생하여 성인이 될 때까지 의식주와 활동에 많은 비용이 든다. 더욱이 자녀가 신체적 장애를 가졌거나 만성적인 건강 문제를 가졌을 경우, 추가적인 경비가 부가적으로 들어가며, 더 나아가 부모 중 한 사람은 가정에서 장애 자녀를 돌보기 위해 직장을 시간제로 바꾸거나 그만두게 되어 수입이 줄어들면서 경제적 부담이 가중된다.

(3) 교 사

대부분의 아동은 특별히 가르치지 않아도 스스로 많은 기술을 자연스럽게 습득한다. 그러나 장애아동은 독립적으로 새로운 기술을 습득할 수 없다. 따라서 부모는 가정에서 아동을 가르치는 기술을 배워야 하고, 보청기나 휠체어, 섭식용 기구 등과 같은 특수보조장치의 사용법을 아동에게 가르쳐야 한다.

(4) 상담가

부모는 자녀의 정서, 감정, 태도 변화 등을 다루어야 한다는 점에서 상담가다. 부모는 아동과의 상호작용을 통하여 아동에게 자신감을 부여하고, 부정적이고 고립된 아동을 긍정적으로 변화시킬 수 있다.

(5) 행동 지원 전문가

아동의 과도한 행동과 바람직하지 않은 행동이 심할 경우 가족들의 일상생활을 어렵게 할 수 있다. 특히 공격성과 파괴성, 자해행동, 이식증과 같이 위험한 행동을 보일 경우 전문적 기술과 일관된 처치가 필요하기 때문에 부모는 이에 대처하기 위한 행동 지원 기술을 습득해야 한다.

(6) 비장애 형제들의 부모

장애아동의 형제자매는 장애와 관련된 문제들을 가질 수 있다. 즉, 장애가 자신에게 미칠 영향에 대한 불확실성, 친구들이 보이는 반응에 대한 부담감, 자신은 방치됐다는 느낌, 장애 형제나 자매를 위해 많은 것을 해야 한다는 부담감 등이다. 따라서 장애아동과 그 형제자매가 좋은 관계를 유지하는 데는 부모의 역할이 크다.

(7) 배우자

가정에 장애아동이 있는 것은 결혼생활에 스트레스를 가져올 수 있다. 배우자 간 서로의 행동에 대한 기대 불일치, 장애아동에게 시간과 돈, 에너지를 지나치게 많이 사용하는 것에 대한 부담감과 같은 부정적인 영향이 있을 수 있다. 반면에 자녀에 대한 문제를 분담하기 때문에 부부 관계를 한층 강화한다는 긍정적인 면도 있다.

(8) 대변자

자녀의 교육에 관여하는 것이 모든 부모들에게 바람직한 일이지만 장애아동의 부모에게 대변자 역할은 필수적인 것이다. 그들은 장애아동을 위한 관련 서비스에 대한 전문지식을 배워야 하고, IEP에 효과적으로 참여하는 방법에 대해서도 알아야 하며, 자녀의 학습 목표와 배치 등에 대해 자신들의 의견을 확실하게 제안해야 한다. 또한 자녀의 평가나 교육, 자녀와 관련된 권리나 사회 참여 등에 관한 의사결정을 수행해야 한다.

3) 장애아동 가족 지원

(1) 가족 지원의 중요성

가족 지원은 1980년대부터 사용하기 시작한 용어로, 장애아동의 가족들이 자녀의 양육이나 교육과 관련하여 자신들에게 필요한 정보를 제공받아 적절하게 활용하고, 사회적 지원을 받을 수 있는 관계망을 형성하는 능력을 갖도록 도와줌으로써 이들의 삶에 질적 향상을 가져오게 하고, 결과적으로 장애 자녀의 교육과 삶에 긍정적인 영향을 미치게 하는 것을 의미한다(이소현, 2003).

이와 같은 중요성을 인식하면서 특수교육에서는 아동을 보는 관점으로 아동을 독립된 개인으로만 보지 않고 가족의 한 구성원으로 보고 구성원간 서로 영향을 미치며, 더 나아가 이웃과 지역사회 구조 속에서 유기적인 관계를 맺고 있는 것으로 보는 생태학적 모델이 제시되었다. 이처럼 가족은 하나의 조직적인 단위로 존재하며, 서로에게 지속적으로 영향을 미치며, 아동을 대상으로 하는 모든 중재가 가족에게 영향을 미친다고 인식하기 시작하였다.

또한 장애아동의 교육에서 모든 결정에 부모가 참여하게 되면서 가족들이 전문가로 인식되기 시작하였다. 특히 진단과 교수 활동 계획 시 가족들은 전문가들과 동등한 구성원으로서의 역할을 한다. 이와 같은 가족의 중요성에 대한 인식의 변화와 함께 최근에는 가족 지원이 장애아동 교육의 주요 목표의 하나로 포함되고 있다(이소현, 2003).

(2) 가정-학교 간 의사소통

학교와 가정 간 의사소통은 장애아동의 교육과 가족 지원에서 중요하다. 교사들이 학생의 가족을 존중하고 참여시키며 협력적으로 일하려 노력할 때 그 효과는 매우 크며, 교사들이 아동의 가족을 이해하는 것은 가족과의 협력 관계를 형성하고 유지하는 데 중요하다. 교사의 노력은 수동적인 가족 구성원이 아동의 학교생활과 아동의 진보에 관심을 갖도록 영향을 줄 수 있다. 교사가 가족의 요구에 민감하지 않다고 부정적으로 반응하는 가족도 있지만, 가족을 이해하고 가족과 파트너가 되어 일하는 교사는 결국 좋은 성과를 이룬다. 학교 전문가와 가정이 협력을 시도하고 문제에 대한 적절한 조치를 취하기 위해 함께 노력할 때 그 유익은 아동에게 돌아갈 것이다. 〈표 17-3〉은 교사와 가족 상호 간의 중요성을 설명하고 있다(O'Shea, O'Shea, Algozzin, & Hammitte, 2006).

〈표 17-3〉 교사와 가족 상호 간의 중요성

교사에게 학생 가족의 중요성	가족에게 교사의 중요성
• 학생의 교실행동에 대한 개인적인 정보 제공 • 아동의 배경 정보와 의학적 과거력 제공, 아동행동과 학습 유형의 이해에 도움을 줌 • 교사 지원(자원봉사) • 아동의 장기 목표 및 직업 목표 설정 시 학생의 관심사에 대한 정보 제공으로 교사의 결정 지원 • 아동에게 적합한 효과적인 학습전략에 대한 정보 제공 • 아동 개인의 강점과 요구에 대한 정보 제공으로 적절한 교수 목표 설정에 도움을 줌	• 가족에게 아동의 진보와 성공에 대한 문서화된 정보 제공 • 가족에게 활발한 아동교육 참여를 제공함 • 아동의 성공적인 수행을 위해 필요한 사회적 기술을 가르치고 강화하여 지역사회에 기여하도록 함 • 아동의 부적절한 행동과 학업 수행상의 어려움에 대한 정보를 가족에게 제공 • 아동에게 중요한 교육 및 지역사회 정보를 가족에게 제공하여 아동에게 적용할 수 있는 기회 부여

교사는 가정과 학교 간의 의사소통 방법을 개발하여 가족과의 의사소통 빈도를 늘리고 자주 접촉하도록 해야 할 것이다. 어떤 부모들은 회의나 면담과 같은 대면법을 선호하기도 하고, 어떤 가족들은 문서화된 메시지나 전화 또는 전자메일을 통한 의사소통을 더 선호한다. 따라서 교사는 부모들이 어떤 의사소통 방법을 선호하는지 알아보아야 한다.

(3) 부모의 참여방법

가족은 다양한 방법을 통해 아동의 교육에 참여하게 되는데, 교사는 부모나 가족이 효율적으로 참여할 수 있도록 안내하고 개발해야 한다. 부모나 가족의 참여 형태로는 보조교사, 협력교사, 자원봉사자, 학교 혹은 학급의 운영위원, 놀이모임, 부모회의, 부모교육 등이 있다(최민숙, 2007).

① 보조교사

보조교사로서의 가족의 역할은 교사의 역할을 감소시킴으로써 교사로 하여금 아동의 개별화교육을 실시할 수 있는 시간을 갖게 한다. 다만 교사와의 세부적인 역할 분담을 통해서 공동 영역과 책임 영역을 명확히 문서화해야 한다. 학교 현장에서 보조교사가 할 수 있는 일은 간식 준비와 간식시간 동안 소집단 지도, 자유놀이 시간에 교사의 손이 미치지 못하는 곳에서 아동을 보호하고 아동의 요구에 응해 주는 것, 소집단 학습 시 학습 보조, 동화, 노래 지도, 게임 등의 보조 역할이 있다.

② 협력교사

협력교사는 부모 중에서 직업이나 취미와 관련하여 수업의 일부분을 담당하거나 혹은 특별강좌를 만들어 운영하는 형태다.

③ 자원봉사자

학급에 자원봉사자를 두는 이유는 크게 다음과 같다. 첫째, 교사로 하여금 잡무에서 벗어나게 한다. 둘째, 제한된 시간에 각 장애아동에게 필요한 서비스를 교사 혼자 제공하기 어렵기 때문이다. 셋째, 아동으로 하여금 학교에서 얻을 수

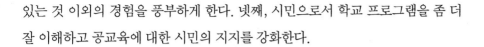

있는 것 이외의 경험을 풍부하게 한다. 넷째, 시민으로서 학교 프로그램을 좀 더 잘 이해하고 공교육에 대한 시민의 지지를 강화한다.

④ 전화나 서신을 통한 참여

매일매일 그날 아동의 일과에 대한 전체평가(예: 알림장에 웃는 얼굴, 찡그리는 얼굴)나 사전에 부모와 합의된 특별한 행동에 대해 서신을 통해 보고하는 방법이다. 일 년에 3~4회 정도 아동의 수행평가를 실시할 수 있으며, 부모 모임 시 수행평가 내용과 수행평가 방법을 설명해 준다. 평가 형식은 서술식으로 상세화하거나 간략한 체크리스트 방법을 사용한다.

⑤ 소식지

소식지는 행사나 교수방법에 대한 소개와 결과에 대한 내용 보고 등을 기재한다. 발행 횟수는 1~2주나 한 달에 한 번 정도로 하고 너무 쪽수가 많지 않게 하여 자투리 시간에 읽을 수 있도록 한다. 교사와 부모, 아동이 공동으로 참여하고 역할 분담을 하여 제작한다.

⑥ 부모-교사 모임

부모와 교사가 모임을 갖는 경우는 아동의 수행평가와 IEP 작성을 위한 모임이다. 수행평가는 사회적응 행동(예: 자기통제, 집단 활동), 의사소통(예: 대화기술, 듣기, 말하기), 자조기술(예: 화장실 이용법) 등에 대해 교사가 아동을 위해 수행해 왔던 프로그램을 설명하면서 자료들을 보여 준다.

IEP 모임은 부모와 전문가가 아동의 교육 프로그램 계획을 위해 공식적으로 만나는 자리다. 교사는 사전에 모임의 의미와 참여하는 사람, 모임의 절차, 실시된 검사에 대한 정보를 알려 주도록 한다.

4) 가족 지원 프로그램의 내용

(1) 정보 제공

장애아동 가족은 각기 다른 다양한 요구를 가지고 있고, 아동이 성장함에 따라 그 내용도 달라진다. 정보는 아동의 장애를 이해하고 그 장애가 아동의 발달과 학습에 미치는 영향을 파악하여 실제적인 기대 수준을 설정할 수 있도록 해 주며 부모나 가족 구성원이 자신의 역할에 도움이 되는 자료를 찾을 수 있도록 해 준다. 권요한, 박종흡, 박찬웅, 최성규, 홍종선(1998)의 연구에 따르면, 장애아동 부모들이 부모교육에서 가장 필요로 하는 정보로 모든 연령 집단에서 장애아동의 법적 지위와 직업 및 복지에 관한 내용, 특수교육, 일반교육 및 생활지도 순으로 요구하고 있음을 제시하였다. 가족 지원 프로그램은 가족들에게 필요로 하는 특정 정보를 제공해 줌과 동시에 가족들이 자신들의 다양한 욕구에 따라서 이러한 정보들을 어떻게 접근하고 취할 것인지를 알 수 있도록 지원해야 한다.

(2) 교육과 훈련

장애아동 가족들은 부모교육과 훈련을 필요로 한다. 많은 장애아동 가족이 부모교육을 통해 아동의 발달과 학습을 촉진하고 행동을 조절할 수 있게 되며, 긍정적인 양육행동을 형성하고, 적극적인 옹호자의 역할을 하게 된다. [그림 17-1]은

내 용	성 과
• 자녀의 현재 발달 상태 및 학습 욕구에 관한 정보 • 일반적인 양육전략 • 일반적인 부모-자녀 상호작용 전략 • 목표가 있는 상호작용 전략 • 특정 기술 • 자녀의 일상생활 기능 촉진전략 • 문제행동 관리 • 특정 기술을 위한 직접적인 교수전략 • 시간이 지남에 따른 복잡한 기술에 대한 체계적인 접근의 실행	• 지식의 증가 • 더 나은 자녀 양육 제공 • 부모-자녀 간 사회 · 정서적 관계의 강화 • 부모-자녀 간 의사소통 및 긍정적인 사회적 행동의 증가 • 자녀의 특정 기술 습득

[그림 17-1] 부모교육의 훈련 내용 및 성과

* 출처: 이소현(2003), p. 480.

부모교육 및 훈련의 내용과 그에 따른 성과를 보여 주고 있다(이소현, 2003).

(3) 사회 · 정서적 지원

장애아동의 가족은 개별 가족의 특성에 따라 다양한 정서적 상태를 겪어 나가기 때문에 이들을 위한 사회 · 정서적 지원은 개별 가족에 따라 적절하게 제공되어야 한다. 가족에 따라서는 상담을 필요로 하는 경우도 있고, 같은 문제를 가진 다른 가족들과의 교류와 접촉을 원하는 가족들도 있으며, 특정 관심이나 전문성을 중심으로 구성된 지원망을 통해서 지원받기를 원할 수도 있다. 그러므로 가족지원 프로그램은 부모들이 마음을 열고 자녀와 관련된 모든 이야기를 할 수 있는 공동체 및 우정을 지원해 주어야 한다(이소현, 2003).

(4) 주간 단기 보호 프로그램

장애아동 부모들은 때때로 장애 자녀의 양육 의무로부터 벗어나기를 원한다. 모든 부모에게 양육이라는 과업은 힘든 일이지만, 장애아동의 양육은 부가적인 스트레스를 줄 수가 있다. 장애의 유형과 정도에 따라 다르지만 수면과 식사 시간까지도 방해받는 경우가 많다. 이들은 개인 활동과 기타 가정 일을 위해 시간적인 자유를 원하기 때문에 주간 단기 보호 프로그램과 같은 체계적인 지원을 필요로 한다. 많은 부모가 가족이나 친구들로부터 도움을 받고 있지만, 이러한 부담을 가족들에게만 전적으로 부과하는 것은 바람직하지 않다. 국가적 · 사회적 차원에서 질적으로 우수한 주간 단기 보호 프로그램을 운영함으로써 장애아동 가족이 양육의 의무에서 조금이나마 가벼워질 수 있도록 지원해야 한다.

3. 장애학생 전환교육

1) 장애학생의 삶의 질과 전환교육

일반적으로 고등학교를 졸업하고 성인 생활로 나아갈 때 학생이었던 때와는 다른 성인으로서의 위상에 맞는 역할이 요구된다. 고등학교를 졸업한 성인의 경

우 지역사회에서 사람들과 관계를 맺고, 직업을 가지거나, 이사를 가거나, 시민
단체에 가입하는 등 지역사회의 소속감을 경험하고 누리게 된다. 성인 생활은 정
지된 상태라기보다 변화로 특징지어지며 모두에게 어려운 일이 된다. 특히 장애
학생에게는 이러한 전환이 더욱 어렵다. 부족한 기술, 낮은 기대와 차별에 따른
제한된 기회, 필요한 지원의 결핍 등은 장애학생의 성공적인 전환에 방해물로 작
용한다(Heward, 2009).

지역사회 시민으로서 특권과 책임을 누리고 경험할 수 있도록 그들의 능력과
잠재력을 자원으로 활용하기 위해서는 잠재력에 대한 믿음과 확신이 필요하고,
많은 시간과 노력, 지원이 필요하며, 교육적 지원이 지속적으로 제공되어야 한
다. 직업 활동과 사회 구성원으로서의 참여 등 장애인의 삶의 질을 향상시키기
위해서는 장애인 진로교육의 총체적인 서비스 활동이라고 할 수 있는 전환교육
이 필요하다.

비록 장애학생에게 심신의 장애가 있지만 비장애학생과 마찬가지로 높은 삶
의 질을 추구하고 만족하기를 희망한다. 따라서 가장 효과적인 교육은 학교생활
중에 얻은 교육 경험을 졸업 후 자신의 사회생활에 연결시키는 주체적인 역할을
할 수 있도록 교육하는 것이다(조인수, 2005). 특수교육의 궁극적인 효과 중의 하
나가 전환교육일 것이다.

2) 전환교육의 정의

전환교육은 직업훈련의 성격이 강한 직업교육으로부터 시작되어 진로교육에
서 전환교육으로 패러다임의 변화와 함께 개념 정의가 변화되어 왔다(Sitlington,
Clark, & Kolstoe, 2000). 시대적인 전개과정에 따른 용어의 정의를 살펴보도록 한다.

1960년대는 중등교육을 전개하는 과정에서 직업교육이 논의되었으나 직업훈
련 프로그램이 피상적이고 소수 직업 영역에 국한되어 진로와 직업 선택에서 제
한적이었으며, 기금 부족으로 직업훈련서비스를 받지 못하였다. 미국의 경우 이
러한 직업교육의 문제점에 따라 장애인들에게 의미 있는 직업교육의 필요성이
커지면서 「직업교육법」(1963)을 통과시키기에 이르렀고, 다양한 직업 프로그램
과 정책을 입안하게 되었다.

이러한 직업교육의 '직업훈련'(Marland, 1974)적인 협소한 직업 준비 접근방법과 직업교육 프로그램의 선택권에 대한 지적과 함께 이에 대한 대안으로 1970년대에는 진로교육 운동이 전개되었다. 진로교육의 개념은 Marland가 최초로 제시한 것으로 단지 생계를 유지하기 위한 준비뿐 아니라, 생활 자체를 배우는 방법으로서 정의하였다(Marland, 1974). 또한 Hoyt(1975)는 진로교육을 "한 사람이 그의 생활 방식의 한 부분으로서 직업에 대해 배우고 그것에 참여하기 위해 준비하는 경험의 총체"라고 정의하였으며, 나중의 설명(1977)에서는 "개인이 직업을 의미 있고, 생산적이며, 만족스러운 자신의 삶의 일부분으로 만들기 위해 필수적인 지식, 기술, 태도를 습득하고 활용하도록 지역사회의 교육에 맞추려는 노력과 행동"이라고 규정하였다.

이와 같이 1960년대의 직업교육이 1970년대 진로교육으로 정의됨에 따라 중등 프로그램의 이동은 선택의 폭이 넓어지고 사회의 성인으로서 살아가기 위한 다양한 역할을 담당하는 생활 중심 훈련으로 패러다임이 옮겨 갔다.

특수교육에서 사용하는 전환교육은 1980년대 중반 미국에서부터 사용되기 시작했는데, 전환, 전환적 서비스, 학교로부터 사회로의 전환 등 다양한 의미로 사용되었다(Wehman, Kregel, & Barcus, 1985). Wehman 등(1985)은 전환교육을 "학교와 지역사회의 다양한 인사 및 부모나 본인의 참여로 전환 계획이 수립되고 학령기 동안에 적절한 자격을 갖출 수 있도록 구안된 체계적인 과정"으로 보았다.

1990년대 중반부터는 '전환교육'이라는 용어와 더불어 전환과정, 직업 전환, 전환서비스, 전이, 전이서비스 등의 용어로 사용되기 시작하였다.

「미국장애인교육법」(1990)에서는 '전환서비스'라는 용어를 사용하며 서비스 제공체계로서의 전환서비스를 정의할 때 전환서비스의 생활 중심 성과의 초점을 규정하였다. 즉, 전환서비스는 장애학생을 위한 종합적인 교육 활동을 의미하며, 성과 중심의 교육과정 안에서 고안되었고, 학교에서 학교 이후의 활동으로의 이동을 촉진하는 것으로, 중등 이후 교육, 직업훈련, 지원 고용을 포함한 통합 고용, 평생교육, 성인서비스, 독립생활 혹은 지역사회 참여를 포함한다고 규정하였다.

또한 Halpern(1994)이 구성한 미국특수아동협회의 진로발달 · 전환분과(DCDT-CEC)에서는 전환의 개념을 서비스 전달 개념으로 제한하지 않고, 학교에서 성인기 삶으로의 전환과정을 강조한다. 즉, 그는 "전환이란 주로 학생으로서 행동하던 것에서부터 지역사회 내에서 나타나는 성인 역할로 가정되는 위상으로의 변화를 의미한다. 이러한 역할은 고용, 중등 이후 교육의 참여, 가정 부양, 지역사회에의 적절한 참여, 만족스러운 대인적·사회적 경험 등을 포함한다. 전환을 강화하는 과정은 학교 프로그램, 성인기관서비스, 지역사회 내의 자연적 지원에의 참여와 협응을 포함한다."라고 언급하였다.

이와 같이 1990년대 DCDT와 IDEA의 개념 정의에서 가장 핵심이 되는 것은 장애학생을 위한 종합적인 지원체제로의 이동이라는 점이다.

한편, 우리나라에서는 근대 특수교육의 효시라고 할 수 있는 Hall 여사가 직업훈련 교육을 실시하였고, 교육과정에 직업교과 교육과정이 도입된 것은 1983년 말(문교부 고시 제 83-13호)에 고시된 교육과정부터다.

우리나라의 직업교육에 대해서는 「특수교육진흥법」에 명시되어 있었으나 「장애인 등에 대한 특수교육법」(2008)에서는 '진로 및 직업 교육'이라는 용어로 사용하고 있으며, 장애학생의 학교 졸업 이후의 폭넓은 삶을 고려하고 있다. 동법 제2조에서는 "특수교육 대상자의 학교에서 사회 등으로의 원활한 이동을 위하여 관련 기관의 협력을 통하여 직업재활 훈련·자립생활 훈련 등을 실시하는 것"이라고 정의하고 있다. 또한 전환교육 지원에 대하여 동법 제23조에서는 중학교 과정 이상의 각급 학교의 장은 특수교육 대상자의 특성 및 요구에 따른 진로 및 직업 교육을 지원하기 위하여 직업평가·직업교육·고용지원·사후관리 등의 직업재활 훈련 및 일상생활 적응훈련, 사회적응 훈련, 자립생활 훈련을 실시하고, 자격 있는 전문인력을 두고, 진로 및 직업 교육을 실시하는 데 필요한 시설과 설비를 마련해야 하며, 특수교육지원센터는 효과적인 진로 및 직업 교육을 지원하기 위해 관련 기관과의 협의체를 구성하도록 하였다.

3) 전환서비스 모델

장애학생들에게는 적절한 직업이나 전환교육 프로그램을 제공해야 한다. 또한 가능한 한 효과적인 전환 프로그램을 실시하여 장애학생들의 지역사회 내 성공적인 고용을 보장하여야 한다. 그러나 장애학생들은 실제적으로 시장성 있는 작업기술을 개발하는 프로그램을 접하지 못하는 경우가 많고, 낮은 임금, 임시 직업 등의 고용환경에 배치되는 경우가 많다. 이러한 작업 특성에 따라 모든 개별화교육 과정은 전환교육 계획을 통합하는 방안으로 이루어져야 할 것이다. 또한 전환교육은 다음과 같은 원리가 반드시 지켜져야 할 것이다. 첫째, 한 사람의 진로는 한 가족의 구성원, 시민, 근로자로서의 일생을 통한 한 개인의 진로 혹은 전환이다(Sitlington et al., 2000), 둘째, 전환교육 프로그램은 모든 고등교육의 기반이 되어야 하며, 부차적이거나 보충이 되어서는 안 된다. 셋째, 아동이 필요로 하는 선호도, 필요, 능력, 취미를 기반으로 해야 한다(조인수, 2005, p. 83).

이와 같은 내용을 바탕으로 몇 가지 전환교육의 모델을 살펴보고자 한다.

(1) Will의 학교에서 직업으로의 다리모델

장애 청년들이 초기 성인기에 직업과 지역사회 생활에서 실패하는 것에 대한 우려에서 미국 국회는 1983년 「장애아교육법」을 개정하면서 장애 청년들을 대상으로 하는 중등특수교육과 전환교육서비스를 위한 재원을 마련하였다. 1984년에는 특수교육 및 재활서비스국(OSERS)의 책임자인 Will이 전환교육서비스에 대한 모델을 제시하였다. 이 모델은 세 가지 유형의 서비스로 구성되어 있다. 각 서비스 유형은 중등특수교육과 직업 적응을 연결하는 다리로 개념화되어 있으며 (Will, 1984), 장애학생이 학교에서 성인기의 직업으로 성공적인 전환을 하는 데 필요한 서비스의 특성이나 범위에 따라 구분된다. 첫 번째 유형은 '일반적 전환서비스'인데, 특별한 전환서비스가 필요하지 않은 장애학생을 대상으로 한다. 주로 중등특수교육을 받은 경도 장애학생들이 이에 해당되는데, 이들은 지역사회의 일반적인 직업서비스를 이용할 수 있다. 두 번째 유형은 '시간제한적 전환서비스'인데, 이 경우는 직업재활기관이나 성인서비스기관에서 장애인들을 대상으로 지역사회의 일반 직업에 적응하도록 특별하게 만든 서비스를 제한된 시간 동안에 제공받게 된다. 세 번째 유형은 '지속적인 직업서비스'로서 중도장애인들이 직업 적응을 하는 데 필요한 계속적인 직업재활서비스를 제공하는 것이다 (Heward, 2009).

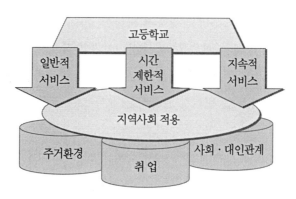

[그림 17-2] Halpern의 전환교육모델

* 출처: Halpern (1985).

(2) Halpern의 전환교육모델

Halpern(1985)은 직업 적응의 측면만을 유일한 목표로 삼는 것은 잘못된 것이라고 지적하였다. 그는 지역사회에서 성공적으로 생활하는 것이 전환교육서비스의 목표가 되어야 한다고 주장하며 Will이 말한 세 가지 유형의 서비스(일반적 서비스, 시간제한적 서비스, 지속적 서비스)는 장애인이 지역사회에서 성공적으로 적응하는 것을 돕는 방향으로 제공되어야 한다고 하면서 더욱 확장된 전환교육모델을 제기하였다. 이 모델은 [그림 17-2]와 같이 지역사회 생활을 세 가지 영역, 즉 주거환경, 적절한 사회 · 대인관계 기술, 의미 있는 취업으로 나누었다.

전환교육이 직업적 측면뿐만 아니라 비직업적인 측면 등 성인생활에 해당하는 모든 영역을 전부 포함해야 한다는 Halpern의 전환교육모델은 오늘날에도 적용되고 있다. 이 전환교육모델은 1990년과 1997년에 개정된 「장애인교육법」에 포함된 전환서비스를 정의하는 데 많은 영향을 미쳤다.

(3) 종합적 전환교육모델

한 사람의 진로는 한 가족의 구성원, 시민, 근로자로서의 일생을 통한 한 개인의 진로 혹은 전환이라는 원리에서 볼 때 연령과 발달 단계에 따라 습득해야 할 지식과 기술 영역 그리고 그에 적절한 서비스 전달체제가 필요할 것이다. 〈표 17-4〉와 〈표 17-5〉는 연령/발달 단계, 학생이 한 수준에서 다른 수준으로 이동할 때의 전환 진출 시점 및 전환교육과 전환서비스를 전달하기 위해 필요한 교육

〈표 17-4〉 종합적 전환교육모델

지식과 기술 영역	전환 진출 시점과 성과	
	발달/생애 단계	진출 시점
• 의사소통과 학업 수행 • 자기결정 • 대인관계 • 통합된 지역사회 참여 • 건강과 체력 • 독립적/상호 의존적 일상생활 • 여가와 레크리에이션 • 고용 • 고등학교 이후 교육과 훈련	영유아기 및 가정훈련	학령 전 프로그램과 통합된 지역사회에의 참여
	학령 전 교육기관 및 가정훈련	초등학교 프로그램과 통합된 지역사회에의 참여
	초등학교	중학교 프로그램과 연령에 적합한 자기결정과 통합된 지역사회에의 참여
	중학교	고등학교 프로그램, 초보 고용, 연령에 적합한 자기결정과 통합된 지역사회에의 참여
	고등학교	중등 이후 교육이나 초보 고용, 성인 평생교육, 전업주부, 자기결정을 통한 삶의 질 향상과 통합된 지역사회에의 참여
	중등 이후 교육	특수한 기술적, 전문적 혹은 관리직 고용, 대학원이나 전문학교 프로그램, 성인 평생교육, 전업주부, 자기결정을 통한 삶의 질 향상과 통합된 지역사회에의 참여

〈표 17-5〉 종합적 전환서비스모델

지식과 기술 영역	교육과 서비스 전달체제
• 의사소통과 학업 수행 • 자기결정 • 대인관계 • 통합된 지역사회 참여 • 건강과 체력 • 독립적/상호 의존적 일상생활 • 여가와 레크리에이션 • 고용 • 고등학교 이후 교육과 훈련	• 가정과 이웃 • 가족과 친구 • 공립 및 사립 영유아 프로그램 • 관련 및 지원서비스를 동반한 일반교육 • 관련 및 지원서비스를 동반한 특수교육 • 일반 지역사회 조직과 기관(고용, 건강, 법, 주거, 재정) • 특별한 지역사회 조직과 기관(위기관리서비스, 시간제한적 서비스, 지속적 서비스) • 도제 프로그램 • 학교와 지역사회의 직업 중심 학습 프로그램 • 중등 이후의 직업 혹은 응용기술 프로그램 • 지역사회 대학(전문대학) • 4년제 단과대학과 종합대학교 • 대학원 혹은 전문학교 • 성인 및 평생교육/훈련

서비스 체계에 걸친 결정적인 학생의 성과에 대한 것들을 반영한 것이다. 발달 혹은 생애 단계는 유아기에서 시작하여 생애의 모든 단계와 생애 기간의 연속체를 포함한다. 이 모델은 유치원에서부터 중등 이후와 성인기의 평생교육에서도 다루어져야 할 필요가 있는 교육적 내용이다. 종합적 전환교육모델은 한 학생이 교수, 지역사회 경험, 고용 및 다른 중등 이후 성인생활의 영역에서 전환서비스를 충족하기 위하여 무엇이 필요한지를 결정하고 IEP의 요구 사항에 반응하기 위한 틀로서 아홉 가지 영역이 제안된다(Sitlington et al., 2006).

지식과 기술 영역은 생애발달 단계와 전환 진출 시점에 맞추어 성공적으로 대처하는 데 중요하다고 믿는 기술 혹은 수행 영역을 나타낸다. 하위 영역별 내용은 다음과 같다.

첫째, 의사소통 기술은 표현기술(예: 말, 수화, 보완·대체 의사소통 기술)과 듣기기술(예: 구어적 이해, 수화 읽기, 말 읽기)을 말한다. 학업기술은 정보나 즐거움을 습득하기 위한 기초적 읽기기술에서부터 향상된 읽기 속도와 어려운 자료의 이해뿐 아니라 쓰기(문법, 구문론, 철자), 수학 이해, 수학 계산 기술까지를 포함한다. 둘째, 자기결정 기술에 대해 Field와 Hoffman(1994)은 자아에 대한 인식과 자아를 가치 있게 여기는 것에서부터 시작한다고 하였다. 스스로 결정한 행동은 계획이 선행되며, 성과를 경험하고, 전체 과정으로부터 학습하기 위한 발판을 세운다. 셋째, 대인관계 기술 혹은 사회화 기술은 연령 수준에 따라 변화하지만 가족, 학교 및 지역사회 관계에서 사용되는 기본적인 대인관계 기술로 구성된다. 넷째, 통합된 지역사회 기술은 지역사회 환경에 접근하는 방법부터 환경에 참여하는 실제적인 지식과 기술을 포함한다. 예를 들면, 지역 축제, 공원, 레크리에이션, 종교 활동, 자원봉사, 투표, 도서관 이용 등을 포함한다. 다섯째, 신체적 건강과 체력 관련 영역은 일반적인 건강 문제(예: 건강 상태, 영양, 몸무게, 만성적인 증후군, 약물)와 신체적 체력(예: 건강 양호도, 신체적 조건, 체력, 운동과 관련된 신체적 조건)과 관련된다. 여섯째, 독립적 생활기술은 적절한 훈련이나 지원을 통해 대부분 독립성을 습득한다. 독립된 생활의 지표는 연령 수준에 따라 변화한다. 아동들의 경우 독립적인 행동은 적응행동(예: 옷 입기, 먹기, 목욕하기, 개인 소유 관리하기)을 의미한다. 청소년의 경우 일상생활 기술과 개인위생 기술, 기본적인 음식 준비, 대중교통 이용하기, 용돈 관리하기, 규칙 지키기 등이 포함된다. 성인적응 행동은 가정과 지역사회 참여, 고용, 개인적인 의사결정, 사회생활 책임지기 등이 있다. 일곱째, 여가 및 레크리에이션 기술에 대해 Brannan(1999)은 인간 경험의 고유한 측면이며 건강과 복지에 필수적이라고 하였다. 여덟째, 장애청년을 위한 고용기술은 일반적 고용기술, 일반적 직업기술, 구체적 직업기술을 의미한다. 일반적 고용기술은 지시 따르기, 과제수행 행동, 오류 인식과 수정, 시간 엄수, 지시와 비평 수용능력 등이다. 일반적 직업기술은 구직기술, 작업과제의 속도와 정확성, 작업환경 변화 적응, 직업유지 기술을 포함한다. 구체적 직업기술은 용접, 기계 조작 등 산업기술과 비서, 컴퓨터 조작 등과 같은 사무실 업무와 목수, 전기, 석동 등과 같은 건설기술 등 작업수행 훈련이나 경험을 통해 학습되는 구체적인 기술이다. 마지막으로, 고등학교 이후 교육과 훈련기술은 공교육체계를 떠난 이후의 공식교육이나 훈련 경험을 위한 준비도를 의미한다. 여기에는 대학교육과 직업교육, 성인교육, 평생교육 등이 포함된다.

이와 같은 모든 시기별 전환에 대한 의사결정과 문제해결은 관계자들이 상호 협력했을 때 더욱 효과적이다. 학교의 교사만 전환교육과 서비스를 제공하는 것이 아니라, 가정, 가족, 이웃, 친구들이 중등특수교육 프로그램 대상의 학생들을 위해 교육적 및 지원적 체계로서의 유용성과 커다란 잠재적 힘을 가지고 있는 것이다. 〈표 17-5〉의 종합적 전환서비스모델은 모든 개인의 전환 계획에서 고려될 수 있는 기술 영역과 다양한 서비스 전달 체제 간의 연계를 반영한다.

4) 개별화전환교육계획

(1) 전환교육계획 수립

모든 장애학생을 대상으로 만 14세가 되면 전환교육을 수립해야 하는데, 이 계획서는 직업과 가정 그리고 지역사회 활동에서 요구되는 기술을 중심으로 하여 장기 목표와 단기 목표를 설정해야 한다. 전환교육서비스는 이를 담당할 기관, 직업 배치, 추수 활동을 포함하되 구체적으로 작성해야 한다. 또한 장애학생의 전반적인 요구를 종합적으로 충족할 수 있도록 전 영역을 기술하여야 한다. 즉, 구체적인 직업기술 훈련, 지역사회서비스 이용방법, 용돈 관리하기, 혼자서 출퇴근하기, 대인 간 상호작용 기술과 같이 지역사회에서 일하는 데 요구되는 기

594 제17장 교육환경의 확대

술들을 진술하여야 한다.

(2) IEP와 연계한 전환교육 영역별 교육 활동

IDEA에서는 모든 학생이 14세가 되면 전환서비스에 대한 진술을 포함하도록 하고 있다. 〈표 17-6〉은 학생의 연령/발달 단계에 따라 IEP에 포함될 수 있는 가정, 지역사회, 여가, 직업의 네 가지 영역의 교육 활동을 소개하고 있다(Heward, 2009).

〈표 17-6〉 IEP에 포함될 수 있는 전환교육 영역별 교육 활동

	가정생활 영역	지역사회 영역	여가 영역	직업 영역
초등학교	• 장난감과 물건 치우기 • 가족과 설거지하기 • 침대 정리 • 옷 입기 • 몸치장 • 식사기술 • 용변기술 • 옷 정리 • 청소하기 • 식탁 차리기	• 음식점에서 식사하기 • 음식점에서 화장실 사용하기 • 쓰레기 버리기 • 시내버스 요금을 동전으로 준비하기 • 물건 구입하기 • 도로의 안전 표시에 적절하게 반응하기 • 이웃집에서 점심식사하기	• 보드게임 • 술래잡기 • 전쟁놀이 • 색칠하기 • 자전거 타기 • 인형놀이와 나이에 맞는 장난감으로 놀기 • 지역사회 축구팀에 참여하기	• 장난감과 물건을 보관 장소에 돌려놓기 • 방과 후에 교실 청소하기 • 정해진 시간 동안 과제 수행하기(10~15분) • 식사 후 식탁 치우기 • 2~4단계의 지시 따르기 • 전화 받기 • 쓰레기통 치우기 • 메시지 전하기
중학교	• 세탁하기 • 간단한 음식 만들기 • 침실을 청결하게 유지하기 • 간식 만들기 • 낙엽 청소하기 • 구입할 식품목록 만들기 • 목록에 따라 물품 구입하기 • 청소기 사용과 먼지 털기 • 알람시계 맞추고 사용하기	• 안전하게 길 건너기 • 백화점에서 물건 구입하기 • 셀프 음식점에서 음식 구입하기 • 레크리에이션센터에 가기 위해 대중교통 이용하기 • 지역 스카우트 단체에 참여하기 • 토요일에 이웃집에서 점심식사하기 • 가족이나 친구와 같이 시내버스 타기	• 배구하기 • 에어로빅 강습 받기 • 학교에서 하는 농구 시합 구경 가기 • 상가에서 쇼핑하기 • 수영하기 • 지역 레크리에이션센터에서 공예 강습 수강하기	• 걸레질/왁스 칠하기 • 창문 닦기 • 옷을 걸고 정리하기 • 테이블 치우기 • 주말에 가족과 1~2시간 일하기 • 싱크대, 욕조, 비품 청소하기 • 기계 작동하기(설거지기계나 왁스기계) • 학교 사무실에서 인턴십하기 • 일상 스케줄 지키기

			• 조깅하기	• 관리 일하기(대형마트 등

고
등
학
교
	• 방 청소하기
	• 주간 예산 짜기
	• 음식 만들기
	• 냉 · 난방기 온도 조절
	  하기
	• 정원 손질하기
	• 개인의 욕구 유지하기
	• 옷을 손질하고 보관하기
	• 생리대 처리하기
		• 지역사회 운행 버스 이
		  용하기
		• 은행통장에 입금하기
		• 지역 백화점 이용하기
		• 지역 식료품점 이용하기
		• 지역 의료센터 이용하
		  기(의원이나 약국)
			• 대학농구 시합 시청
			  하기
			• 컴퓨터 게임하기
			• 카드 게임하기
			• YMCA에서 수영 강습
			  받기
			• 정원 꾸미기
			• 휴가 가기
			• 잡지나 만화책 보기
			• 친구 집에 놀러 가기
				에서)
				• 지역대학의 캠퍼스 관리
				  작업하기
				• 음식점 시중 들기
				• 지역 세탁소에서 일하기
				• 지역 은행 이용하기
				• 식료품 가게에서 식품 정
				  리하기
				• 회사에서 경비 업무하기

* 출처: Wehman & Thoma (2006).

(3) 전환의 결과

직업을 가지게 되고 일을 하게 되는 것은 돈을 벌게 할 뿐만 아니라 사회적 상호작용과 직업기술을 사용하고 향상시킬 수 있는 기회를 제공한다. 장애 청년들은 비장애 청년들보다 일의 종류와 결정에 있어서 선택의 범위가 아주 좁다. 특히 직업기술에 어려움을 가지고 있을 경우 직업선택은 더욱 제한이 따른다. 그럼에도 불구하고 대부분의 장애인에게 직업을 갖거나 유지하는 것은 인생의 중요한 도전이자 목표다. 장애인의 고용은 크게 경쟁고용, 지원고용, 보호작업 고용으로 나누어 볼 수 있다. 첫째, 장애인의 경쟁고용은 고용주가 요구하는 일을 수행하고 비장애 동료들과 같이 통합된 환경에서 정부가 정한 최저임금 이상의 보수를 받으며 일을 하는 형태를 말한다. 둘째, 지원고용은 경쟁고용이 어렵고 지속적인 지원서비스가 필요한 장애가 심한 장애인이 통합된 직업환경에 고용된 형태를 말한다. 셋째, 보호작업 고용은 분리된 환경에서 심한 장애를 가진 성인에게 가장 일반적인 형태다.

5) 전환교육의 방향

과거에 비해 많은 장애인이 지역사회에 통합되었고, 직업을 가지고, 여가를 즐기고 있다. 그러나 지역사회 안에서 통합되고 직업을 가지고 있다는 것만으로 삶의 질이 더 나아졌다고는 할 수 없다. 지역사회 안에서 함께 사는 것뿐만 아니라 장애인지원서비스의 실제적이고 의미 있는 결과는 그들의 삶의 질을 향상시킨다. 그들에게는 직업은 물론이고, 직장에서 고립되지 않고 의미 있는 상호작용을할 수 있는 대인관계 기술이 필요하다. 삶의 질이란 친밀한 관계, 가족생활, 우정, 표준적 생활, 직업, 이웃, 주거, 건강한 자아를 포함하는 다차원적인 것이다. 또한 삶의 질은 신체적·물질적·정서적·사회적·생산적 영역을 고려해야만한다. 성인으로서의 역할을 수행한다는 것은 지역사회 적응, 지역사회 통합, 독립생활과 상호 의존적인 생활 등 환경과 건강하게 상호작용하는 것을 의미하며, 이러한 성인의 역할을 완전하게 수행했을 때 삶의 질이 향상될 수 있다.

따라서 가정과 학교, 지역사회, 국가 차원에서 전환교육서비스를 위한 많은 시간과 노력, 지원이 지속적으로 제공되어야 한다.

학교를 졸업하고 성인 역할을 하게 될 학생들을 준비시키는 생활교육 관점은 실생활의 지역사회 기반 기술과 학습 일반화 경험에 따라 좌우된다. 기능적 기술교수는 반드시 신중하게 계획되어야 하며, 가족과 교사와 함께 실행되어야만 한다. 학생들의 고용과 중등 이후의 교육과 독립생활의 요구에 대하여 직접적으로관련된 교육과정 기회를 제공해야 할 것이다.

참·고·문·헌

권요한, 박종흡, 박찬웅, 최성규, 홍종선(1998). 장애학생 부모교육 프로그램. 국립특수교육원.

김영태, 김경희, 윤혜련, 김화수(2003). 영·유아 언어발달 검사. 서울: 도서출판 특수교육.

신희선, 한경자, 오가실, 오진주, 하미나(2002). 한국형 Denver II. 서울: 현문사.

이소현(2003). 유아특수교육. 서울: 학지사.

전병운, 조광순, 이기현, 이은상, 임재택(2004). 한국판 DIAL-3: 유아선별검사 지침서. 서울: 도서출판 특수교육.

조인수(2005). 장애인의 삶의 질 향상을 위한 전환교육. 대구: 대구대학교 출판부.

최민숙(2007). 장애아동 교육을 위한 가족참여와 지원(2판). 서울: 학지사.

Allen, R. I., & Peter, C. G. (1995). *Family-centered service delivery: A cross-disciplinary literature review & conceptualization.* Lawrence, KS: University of Kansas, Beach

Center on Families & Disability.

Bailey, D. B., & Wolery, M. (1995). 장애 영유아를 위한 교육(*Teaching infants and pre-schoolers with disabilities*) (이소현 역). 서울: 이화여자대학교 출판부.

Brannan, S. A. (1999). Leisure and recreation. In S. H. Defur & J. R. Patton (Eds.), *Transion and school-based services: Interdisciplinary perspectives for enhancing the transition process* (pp. 273-308). Austin, TX: Pro-Ed.

Brown, C. W., & Seklemian, P. (1993). The Individualized functional assessment process for young children with disabilities: Lessons from the zebley decision. *Journal of Early Intervention, 17*(3), 239-252.

Brown, F., & Snell, M. E. (2000). Development and implementation of educational programs. In M. E. Snell & F. Brown (Eds.), *Instruction of students with severe disabilities* (5th ed., pp. 115-172). New Jersey: Prentice-Hall Inc.

DEC Task Force on Recommended Practices. (1993). *Recommended practices: Indicators of quality in programs for infants and young children with special needs and their families.* Reston, VA: Council for Exceptional Children, Division for Early Childhood.

Dunst, C. J., Mahoney, G., & Buchan, K. (1996). Promotion the cognitive competence of young children with or at risk for developmental disabilities. In S. L. odom, S. R. McConnel, & M. A. McEvoy (Eds.), *Social competence of young children with disabilities* (pp. 159-196). Baltimore: Paul H. Brookes.

Field, S., & Hoffman, A. (1994). Development of a model for self-determination. *Career Development for Exceptional Individuals, 19,* 169-176.

Fox, L., Vaughan. B. J., Wyatte, M. L., & Dunlap, G. (2002). "We can't expect other people to understand": Family perspectives on problem behavior. *Exceptional Children, 68,* 437-450.

Goldstein, H. (1993). Intervention to promote communication skills. In Division for Early Childhood, Council for Exceptional Children (Eds.), *DEC recommended Practices: Indicators of quality in programs for infants and young children with special needs and their families* (pp. 69-74). Reston, VA: Author.

Hallahan, D., & Kauffman, J. (2003). *Exceptional learner: Introduction to special education* (9th ed.). Boston: Allyn & Bacon.

Halpern, A. S. (1985). Transition: A look at the foundation. *Exceptional Children, 51*(6),

479-486.

Halpern, A. S. (1994). The transition of youth with disabilities to adult life: A position statement of the division on career development and transition, the council for exceptional children. *Career Development for Exceptional Individuals, 17*, 115-124

Heward, W. L. (2009). *Exceptional children: An introduction to special education* (9th ed.). Upper Saddle River, NJ: Pearson Education, Inc.

Hoyt, K. B. (1975). An introduction to career education. Policy Paper of the United States Office of Education. Washington, DC: U.S. Government Printing Office.

Hoyt, K. B. (1977). *A primer for career education.* Washington, DC: U.S. Government Printing Office.

Hutton, A. M., & Caron, S. L. (2005). Experience of families with children with autism in rural New England. *Focus on Autism and Other Developmental Disabilities, 20*, 180-189.

Keogh, B. K., Bemheimer, L. P., & Guthrie, D. (2004). Children with developmental delay twenty years later: Where are they? How are day? *American Journal of Mental Retardation, 109*, 219-230.

Lee, B. I. (2002). A study of famaly supports for young children with developmental delay in early childhood special education. *Korean Journal of Special Education, 37*(1), 319-340.

Marland, S. P., Jr. (1974). *Career education: A proposal for reform.* New York: McGraw-Hill.

McCollum, J., & Maude, S. (1993) Portrait of a changing field: Policy and practice in early childhood special education. In B. Spodek (Ed.), *Handbook of research in early childhood education* (pp. 352-371). New York: Macmillan.

McLean, M., Wolery, M., & Bailey. D. B. (2004). *Assessment infants and preschools with special needs* (3rd ed.). Upper Saddle River, NJ: Merrill/Prentice Hall.

O'Shea, D. J., O'Shea, L. J., Algozzine, R., & Hammitte, D. J. (2006). 장애인 가족지원 (*Families and teachers of individuals with disabilities*) (박지연, 김은숙, 김정연, 김주혜, 나수현, 윤선아, 이금진, 이명희, 전혜인 역). 서울: 학지사.

Pretti-Frontczak, K., & Bricker, D. (2004). *An activity-based approach to early intervention* (3rd ed.). Baltimore: Brookes.

Sitlington, P. L., Clark, G. M., & Kolstoe, O. P. (2000). *Transition education and services*

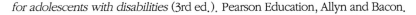

for adolescents with disabilities (3rd ed.). Pearson Education, Allyn and Bacon.

Sitlington, P. L., Clark, G. M., & Kolstoe, O. P. (2006). 장애청소년 전환교육(*Transition education and services for adolescents with disabilites*) (박승희, 박현숙, 박희찬 역). 서울: 시그마프레스.

Wehman, P., & Thoma, C. A. (2006). Teaching for transition. In P. Wehman (Ed.), *Life beyond the classroom: Transition strategies for young people with disabilities* (4th ed., pp. 213-214). Baltimore: Brookes. Used by Permission.

Wehman, P., Kregel, J., & Barcus, J. M. (1985). From school to work: A vocational transition model for handicapped students. *Exceptional Children, 52*(1), 25-37.

Will, M. (1984). *OSERS Programming for the transition of youth with disabilities: Bridges from school to working life.* Washington, DC: Office of Special Education and Rehabilitative Services.

찾아보기

내용

저자 소개

■ 권요한(Kwon Yohan)
대구대학교 대학원 특수교육학 전공(문학박사)
현) 창원대학교 특수교육과 교수

■ 김수진(Kim Soojin)
대구대학교 대학원 특수교육학 전공(문학박사)
현) 백석대학교 특수교육과 교수

■ 김요섭(Kim Yoseob)
미국 럿거스 대학교(Rutgers University) 대학원 특수교육학 전공(교육학박사)
현) 가야대학교 초등특수교육과 교수

■ 박중휘(Park Joonghui)
대구대학교 대학원 특수교육학 전공(문학박사)
현) 영동대학교 초등특수교육과 교수

■ 이상훈(Lee Sanghoon)
대구대학교 대학원 특수교육학 전공(문학박사)
현) 가톨릭대학교 특수교육과 교수

■ 이순복(Lee Soonbok)
경북대학교 대학원 아동가족학 전공(이학박사)
현) 위덕대학교 유아교육과 교수

■ 정은희(Jeong Eunhee)
대구대학교 대학원 특수교육학 전공(문학박사)
현) 조선대학교 특수교육과 교수

■ 정진자(Chung Jinja)
대구대학교 대학원 특수교육학 전공(문학박사)
현) 우석대학교 특수교육과 교수

■ 정희섭(Jung Heesup)
대구대학교 대학원 특수교육학 전공(문학박사)
현) 원광대학교 중등특수교육과 교수

특수교육학개론 (2판)
Special Education (2nd ed.)

2010년 3월 20일 1판 1쇄 발행
2013년 9월 25일 1판 5쇄 발행

2015년 2월 27일 2판 1쇄 발행
2022년 3월 20일 2판 4쇄 발행

지은이 • 권요한 김수진 김요섭 박중휘 이상훈
　　　　이순복 정은희 정진자 정희섭
펴낸이 • 김 진 환
펴낸곳 • (주) **학지사**
　　　　04031 서울특별시 마포구 양화로 15길 20 마인드월드빌딩 5층
대표전화 • 02) 330-5114　　　팩스 • 02) 324-2345
등록번호 • 제313-2006-000265호
홈페이지 • http://www.hakjisa.co.kr
페이스북 • https://www.facebook.com/hakjisabook

ISBN 978-89-997-0615-8 93370

정가 20,000원

이 도서의 국립중앙도서관 출판시도서목록(CIP)은 서지정보유통지원시스템
홈페이지(http://seoji.nl.go.kr)와 국가자료공동목록시스템(http://www.nl.go.kr/kolisnet)
에서 이용하실 수 있습니다.
(CIP제어번호: CIP2015004887)

출판 · 교육 · 미디어기업 **학지사**

간호보건의학출판 **학지사메디컬** www.hakjisamd.co.kr
심리검사연구소 **인싸이트** www.inpsyt.co.kr
학술논문서비스 **뉴논문** www.newnonmun.com
원격교육연수원 **카운피아** www.counpia.com